PRINCIPLES OF PROJECT FINANCE
SECOND EDITION

프로젝트 파이낸스 원리

저자 | E.R. Yescombe
번역 | 이주흥
감수 | 이주희

Principles of Project Finance 2nd edition by E. R. Yescombe

Copyright © 2014, 2002 YCL Consulting Ltd. Published by Elsevier Inc. All rights reserved.

This Korean edition was published by Namkang Design & Printing in 2022 by arrangement with ELSEVIER OMC. through KCC(Korean Copyright Center Inc.), Seoul.

이 책은 (주)한국저작권센터(KCC)를 통한 저작권자와의 독점계약으로 (주)남강 기획인쇄에서 출간되었습니다. 저작권법에 의해 한국 내에서 보호를 받는 저작 물이므로 무단전재와 복제를 금합니다.

옮긴이의 말

한국수출입은행 프로젝트금융본부에 발령받는 직원들은 아래 세 권의 프로젝트 파이낸스 책을 읽도록 권유받는다. 한 권은 Graham Vinter가 쓴 「Project Finance - A Legal Guide」, 또 한 권은 John Dewar가 편저자인 「International Project Finance」, 그리고 마지막 한 권은 이 책이다. 물론 빠른 시간 내 프로젝트 파이낸스 업무의 뼈대를 훑어보기 위해 선배들이 저술한 「프로젝트 파이낸스 원리와 응용」(서극교 저), 「국제 프로젝트 파이낸스」(배인성 저) 등을 활용하기도 한다.

많은 직원들이 용기내어 책 읽기에 도전하지만, 현업에 투입되어 매일같이 쏟아지는 자료를 읽고 처리하는 동시에 실무와는 다소 거리가 있는 두꺼운 영어책을 철저하게 읽어내는 것은 그리 간단한 일이 아니다. 또한 직원들에게 프로젝트 파이낸스란 독서를 통해 이론적으로 접근해야 할 대상이라기보다는 당장 처리해야 하는 업무의 일부이기 때문에, 책은 결코 실무경험의 대체재가 되지 못한다는 사실에도 의심의 여지가 없다. 사업주, 변호사, 엔지니어, 기술·사회환경 자문사, 그리고 다양한 금융기관 및 정부 관계자 등 많은 이들을 만나 대화하고 설득하고, 또 설득당하는 과정을 통해 서서히 금융 전문가로 성장하기 때문이다.

그러나 다른 영역의 많은 경우와 마찬가지로 경험이 쌓이면, 중요한 것과 그렇지 않은 것을 어느 정도 구분할 수 있는 능력이 생기면, 그리고 당장의 업무처리로 인하여 허덕이지 않을 여유가 생기면 밥벌이로 하고 있는 업무의 속살을 들여다보고 싶은 생각이 들게 마련이다. 그리고 열정을 가지고 들여다보기 시작하면, 놀랍게도 매우 독특하다고 생각했던 프로젝트 파이낸스의 속성들이 금융의 기초와 밀접하게 연관되어 있다는 사실을 깨닫게 된다. 그리하여 세계에서 가장 유명한 소총인 AK47을 개발한 칼라슈니코프가 종종 언급한 게오르그 슈파긴의 말을 떠올리게 된다. "복잡한 건 쉽다. 단순한 게 어렵다." 그래서 역자는 가끔 후배들에게 농담삼아 "프로젝트 파이낸스 전문가가 되는 건 쉽다. 금융 전문가가 되는게 어렵다"고 얘기하곤 한다.

한국수출입은행에서 프로젝트 파이낸스 전문가로 인정받고 있는 분들은 분명 이런 과정을 거쳤을 것이다. 그러나 공공기관의 숙명인 순환근무, 그리고 변화하는 금융환경으로 인하여 소수의 전문가들에게 의존하는 시스템은 분명 한계를 예고하고 있다. 변화가 필요한 시점이라고 생각했고, 이 책의 번역은 그러한 고민에서 시작됐다.

금융기관 출신인 E.R.Yescombe의 책은 프로젝트 파이낸스를 처음 접하는 이들에게 추천하는 책(저자 또한 제1장에서 이 책이 '프로젝트 파이낸스를 처음 접하는 이들에게는 안내서의 역할'을 할 것으로 기대한다고 밝혔다)으로, 구체적인 수치를 활용하여 프로젝트 파이낸스에서 쓰이는 주요 개념들을 친절하게 설명한다. 이 책은 다수의 미국 MBA 과정에서 프로젝트 파이낸스 과목 교과서로 활용되고 있다. Dewar의 책은 프로젝트 파이낸스의 다양한 주제에 대하여 해당 분야 전문가들의 논의를 펼쳐낸 책이다. 부록에 실어놓은 산업 분야별 리스크 매트릭스와 주요 프로젝트 계약의 체크포인트 등은 실무에서 바로 사용할 수 있는 유용한 가이드라인 역할을 할 수 있을 것이다. Vinter의 책은 프로젝트 파이낸스 협상 과정에서 빈번하게 쟁점이 되는 이슈들에 대한 논리적인 설명이 돋보이는 책이다. 특히, limited/non recourse, floating charge와 receivership, step-in right 등 프로젝트 파이낸스에서 중요하게 활용되는 개념들에 대하여 구체적인 법률과 판례를 들어 상세하게 설명하고 있다.

프로젝트 파이낸스 업무를 취급하는 금융기관 직원에게 추천하는 독서 순서는 우선 Yescombe의 책(금융기관 직원의 관점), 다음으로 Vinter의 책(변호사의 관점)이다. 이 두 책을 읽고 부족한 부분이 있으면 Dewar 책의 관련 chapter를 읽으면 좋을 것이다.

그러나, 각각의 책 내용을 세세하게 다 이해하지 못했다고 하더라도, 혹은 세 권의 책을 다 읽고도 이해하지 못하는 부분이 있더라도 실망할 필요는 없다. 여러 각도로 해석될 수도 있는, 혹은 아무리 읽어도 이해가 잘 되지않는 문구를 놓고 혼자서 씨름하기보다는 프로젝트 파이낸스 업무를 전문적으로 취급하는 업계 관계자들에게 자문을 구하는 것이 더 빠를 뿐 아니라, 더 좋은 방법이다. 학문적으로 프로젝트 파이낸스를 연구하는 이가 아니라면 이 책을 읽는 이들의 최종 목표는 실무를 보다 잘 처리하는 것에 포커스가 맞춰져 있을 것이기 때문이다. 게다가 이 책들의 많은 내용은 선진국에 소재하고 있는 프로젝트들을 대상으로 하고 있다. 이 점에서 프로젝트 파이낸스 수요가 주로 개도국인 우리나라의 금융 여건과도 다르다.

또한, 프로젝트 파이낸스에 대한 개념이 어느 정도 잡혔다면, '파이낸스'에만 집중할 것이 아니라 '프로젝트'로 시야를 넓힐 것을 추천한다. 프로젝트 파이낸스는 금융이 실물과 밀접하게 관계를 맺고 있는 특수 금융이다. 그러므로, 예컨대, 자신이 유가스 에너지 부문을 담당하고 있다면 「LNG, Fuel for Changing World」(Tusiani Shearer), 「The Oil & Gas Industry」(Joseph F. Hilyard), 「Petroleum Refining」(William L. Leffler), 「The Oil & Gas Pipelines」(Thomas O. Miesner and William L. Leffler) 등의 책 일독을 권한다. 이 책들은 엔지니어링 배경지식이 없어도 크게 어려움 없이 읽을 수 있다. 한편, 프로젝트가 예상대로 잘 운영될 수도 있지만, 어려움에 빠질 수도 있다. 구조조정은 어쩔 수 없이 발생하는 금융의 한 단면이며, 이 때 발생하는 많은 문제들을 잘 처리하기 위해서는 국제 금융시장의 구조조정 원칙들과 시장 관행들을 학습할 필요가 있다. 국제 구조조정에 대하여 잘 정리해 놓은 책으로는 Chris Howard와 Bob Hedger가 쓴 「Restructuring Law and Practice」가 있다.

여기서 강조하고 싶은 것은, 프로젝트 '파이낸스' 책만 탐독해서는 '프로젝트' 파이낸스 전문가가 될 수 없다는 것이다. 산업계 종사자들의 고충을 나의 고충처럼 이해할 수 있을 때 비로소 금융의 전문성이 빛을 발하기 때문이다. 이런 면에서 프로젝트 파이낸스 전문가는 예술적인 부분 뿐 아니라 실무적인 부분도 중요시하는 건축가(예술가)와 같다. 이 둘의 경계는 생각보다 희미한 것일 수도 있다.

마지막으로, 역자 스스로가 경영학이나 법학을 전공하지 않았고 전문번역가도 아니기 때문에 번역이 매끄럽지 않고, 오역의 가능성도 존재한다. 이 때문에 유수의 영국 법률법인인 Linklaters 한국 대표인 이주희 변호사님의 감수를 거쳐 오역의 가능성을 최소화하려 노력하였다. 프로젝트 파이낸스 업무를 담당하다 보면 변호사들에게 시간이 얼마나 귀중한 것인지 알 수 있다. 귀중한 시간을 내어 준 이 변호사님께 진심으로 감사의 말씀을 드린다. 또한 각자 현업으로 바쁜데도 불구하고 번역본 리뷰를 위해 소중한 시간을 할애해 준 한국수출입은행 자원금융부 직원들, 그리고 평생 동료인 아내에게도 고마움을 전한다. 그러나 이처럼 많은 이들의 노력에도 불구하고 불쑥불쑥 발견되는 오역은 전적으로 역자의 책임이라는 것을 밝히며, 이에 독자들의 질정을 기대한다.

2022. 4월
한국수출입은행
이 주 홍

감수자의 말

글을 시작하려니 감회가 새롭습니다. 2015년 파리행 비행기에서 이주흥 팀장님과 러시아 야말 LNG 프로젝트를 논의했던 일, 2019년 저희 마드리드 사무소에서 아제르바이잔 SOCAR 석유화학 프로젝트에 대해 협의했던 일 등이 하나하나 떠오릅니다. 더 거슬러 올라가 제가 처음 프로젝트 업무를 시작했을 때도 생각이 납니다. 언제 이렇게 시간이 흘렀을까요?

M&A와 자본시장 업무를 주로 하던 4년차 변호사였던 저는 회사(Linklaters)에서 "프로젝트"를 해보면 어떻겠냐고 물었을 때, "프로젝트"가 무엇인지도 모르면서 덥썩 하겠다고 회사에 답하고, 이제 10년 넘게 프로젝트 업무를 하고 있습니다. 그 후 회사에서는 "프로젝트(Projects)"라는 그룹명을 누구나 보다 쉽게 이해할 수 있는 "에너지 및 인프라(Energy & Infrastructure)"로 변경하였습니다.

모든 일의 시작은 언제나 생소할 수밖에 없습니다. 프로젝트 업무를 처음 시작하시는 분들께 프로젝트라는 어쩌면 방대하고, 어쩌면 대단히 단순한 개념도 얼마나 생소할까 생각됩니다. 저 또한 그러했고, '내가 프로젝트를, 그 본질을 비로소 이해하게 되었구나' 생각하기까지 족히 삼년은 걸렸던 것 같습니다.

역자의 말에서도 적으셨듯, 책이 실무 경험의 대체재가 될 수는 없을 것입니다. 하지만, 이 책을 통해 프로젝트라는 생소한 분야의 기본 골격을 이해하고, 실무를 통해 그 살을 붙여 나간다면, 기본이 단단한 프로젝트 금융 전문가로 성장하는 데에 큰 도움이 될 것이라고 믿습니다.

통상 전문서는 건조하고, 특히나 번역서의 경우, 국어인지 영어인지 알 수 없는 번역투로 인해 읽는 것이 괴롭다고 느끼는 경우가 많습니다. 국어를 수려하게 쓰는 것은 영어를 수려하게 쓰는 것보다 훨씬 어려운 일인 것 같습니다. 이 책의 번역서 초안을 읽으면서, 국내에 없는 정말 멋진, 국어로 된 프로젝트 파이낸스 전문서가 나왔다고 거듭 감탄했습니다. 누구에게나 주어진 시간은 똑같고, 모두 격무에 시달리는데, 역자는 어떻게 이 책을 번역할 생각을 하시고, 또 언제 이렇게 번역을 하셨을까요? 그 점에서도 영감을 주는 책입니다.

이 책은 역자의 군더더기 없는 수려한 문장과 십여년에 걸친 (초기 파이낸싱부터 프로젝트 구조조정에 이르는) 프로젝트 업무 경험에 바탕한 깊은 이해 없이는 나올 수 없는 책입니다. 누구나 쉽게, 막히지 않고 읽을 수 있게 쓰였습니다.

프로젝트 업무를 이제 시작하시는 분, 영어 개념이 도대체 와 닿지 않으시는 분, 시작해서 열심히 일하고 계시지만 체계가 잘 잡히지 않으시는 분, 특정 사항(예를 들어 특정 리스크의 통상적 처리 방법)에 대해 조금 더 깊게 이해하고 싶으신 분 모두에게 이 책을 권합니다.

2022. 4월

Linklaters LLP

이 주 희

목차

01   프로젝트 파이낸스(Project Finance) 소개 ······ 1

02   프로젝트 파이낸스란 무엇인가? ············· 5

         2.1 도입 ·· 6
         2.2 정의 및 기본 특징 ·· 6
         2.3 프로젝트 파이낸스의 발전 ································· 9
         2.4 프로젝트 파이낸스 구성요소 ····························· 12
         2.5 프로젝트 파이낸스 구조의 예시 ························ 14
         2.6 왜 프로젝트 파이낸스를 활용하는가? ················ 20

03   프로젝트의 개발과 관리 ························· 29

         3.1 도입 ·· 30
         3.2 사업주와 기타 투자자들 ································· 30
         3.3 프로젝트 개발 ·· 34
         3.4 자문사의 역할 ·· 35
         3.5 합작투자와 관련된 이슈들 ······························ 38
         3.6 프로젝트 회사 ·· 40
         3.7 공공조달 ·· 44

04   프로젝트 파이낸스 시장 ························· 61

         4.1 도입 ·· 62
         4.2 상업은행 ·· 62
         4.3 채권 ·· 68
         4.4 비은행권 대주들 ··· 74
         4.5 기타 민간금융 재원들 ····································· 75

05   대주단 ·· 79

         5.1 도입 ·· 80
         5.2 상업은행 ·· 80
         5.3 채권 ·· 91

5.4 은행 대출 vs 채권 · 94
5.5 대주단 실사 및 외부 자문사들 · 95
5.6 대주단과 공공조달절차 · 98

06 사업계약(Project Agreement) · 101

6.1 도입 · 102
6.2 BOT, BTO 등 · 103
6.3 생산물구매계약(Offtake Contract) · 104
6.4 가용성 기반 계약(Availability-Based Contract) · 113
6.5 양허계약(Concession) · 121
6.6 기타 '유사 PPP' 계약들 · 123

07 사업계약의 공통 내용들 · 127

7.1 도입 · 128
7.2 계약 기간 · 128
7.3 대금지급방법 · 131
7.4 생산물구매자/계약당국의 계약 모니터링 · 134
7.5 계약이행보증 및 기타 보증 · 136
7.6 보상 이벤트(Compensation Event) · 137
7.7 면제 사유(Excusing Cause) · 141
7.8 구제 이벤트(Relief Event) · 141
7.9 생산물구매자/계약당국의 개입 · 143
7.10 사업계약의 해지 · 143
7.11 소유권 변경 · 158
7.12 분쟁해결방안 · 158

08 서브계약 및 관련 계약들 · 159

8.1 도입 · 160
8.2 건설계약 · 161
8.3 O&M 계약 · 170
8.4 빌딩-서비스 계약 · 173
8.5 연료 또는 기타 원재료 공급 계약 · 173

8.6 보험 ·· 179
8.7 사업부지 리스 및 기타 이용권 ··· 187
8.8 허가 및 기타 권리 ··· 187
8.9 서브계약의 수정 및 교체 ·· 189
8.10 모기업 보증 ·· 190
8.11 직접계약(Direct Agreement) ··· 190

09 상업적 리스크 ·· 193

9.1 도입 ··· 194
9.2 리스크 평가 및 배분 ··· 194
9.3 상업적 리스크 분석 ·· 196
9.4 상업성 ·· 197
9.5 완공 리스크 ·· 199
9.6 수입 리스크 ·· 215
9.7 운영 리스크 ·· 226
9.8 원재료 공급 리스크 ·· 231
9.9 보험가입 불가능한 리스크와 관련된 이슈들 ······························· 236
9.10 환경위험 ·· 239
9.11 잔여가치 리스크 ·· 243
9.12 계약 미스매치 ·· 243
9.13 사업주 앞 소구 ·· 245
9.14 생산물구매자/계약당국의 리스크 ··· 247
9.15 프로젝트 실패 이유 ·· 248
9.16 Default시 손실액 ·· 250

10 거시경제 리스크 ·· 251

10.1 도입 ··· 252
10.2 화폐의 시간가치 ·· 252
10.3 이자율 리스크 ·· 260
10.4 인플레이션 ·· 273
10.5 환리스크 ·· 280
10.6 리파이낸싱 리스크 ·· 286

11　규제 및 정치적 리스크　289

11.1 도입　290
11.2 프로젝트와 정치　290
11.3 법률 변경　292
11.4 투자 리스크　295
11.5 보다 넓은 정치적 리스크　300
11.6 서브소버린(sub-sovereign) 리스크　303
11.7 정부지원약정(Sovereign Support Agreement)　303
11.8 정치적 위험에 대한 보험 또는 보증　305

12　금융 구조화　307

12.1 도입　308
12.2 투자자의 분석 및 자본 구조　309
12.3 대출금 커버비율(Debt Cover Ratios)　316
12.4 D:E ratio　320
12.5 대출 원리금 상환 스케쥴　323
12.6 이자율 및 수수료　330
12.7 추가 비용　332
12.8 금융구조 최적화　333

13　재무모델　337

13.1 도입　338
13.2 재무모델의 기능　338
13.3 모델 가정　340
13.4 거시경제 가정　341
13.5 사업비 및 재원조달　344
13.6 운영수입 및 비용　346
13.7 회계 및 세무 이슈　347
13.8 재무모델의 결과값　355
13.9 민감도 분석　355
13.10 Banking Case, Base Case 및 금융종결　356
13.11 금융종결 후 재무모델의 활용　357

14 프로젝트 파이낸스 금융계약 작성 ··············· 359

14.1 도입 ··· 360
14.2 대주단의 Term Sheet ······································ 361
14.3 건설단계 - 대출금 인출 ··································· 361
14.4 운영단계 - 현금흐름 통제 ································ 363
14.5 보고서 제출 의무 ·· 370
14.6 대출약정 취소 및 조기상환 ······························ 371
14.7 대주단의 채권보전장치 ···································· 373
14.8 선행조건(Conditions Precedent) ······················· 377
14.9 진술 및 보장(Representations and Warranties) ··· 380
14.10 약정사항(Covenants) ····································· 381
14.11 허가, waiver 및 수정 ···································· 384
14.12 Events of Defaults(EoD) ······························· 385
14.13 대주단의 의사결정 절차 ································· 388
14.14 대주단간 이슈 ··· 390
14.15 준거법 및 관할지 ·· 395
14.16 대출금 리파이낸싱 ··· 396
14.17 지분 매각 ··· 408

15 공공부문 금융지원 ·································· 411

15.1 도입 ·· 412
15.2 공공부문의 간접 금융지원 ································ 412
15.3 공공부문의 직접 금융지원 ································ 413
15.4 메자닌 대출 ··· 416
15.5 예비금융(Standby Credit) ································· 418
15.6 완공 후 리파이낸싱 ··· 418
15.7 갭(Gap) 파이낸싱 ··· 419
15.8 정책금융기관 ·· 419
15.9 신용보증금융(Credit Guarantee Finance) ·········· 421
15.10 자본비용 보조금(Capital Grant) ······················ 422
15.11 Viability-Gap Funding ··································· 423
15.12 프로젝트 건설 지원 ······································· 424
15.13 보조적 투자(Complementary Investment) ······ 424
15.14 100% 채무보증 ··· 425

15.15 1차 손실 채무보증 ·· 425
15.16 Pari-Passu 채무보증 ······································ 425
15.17 차입금 보조(Debt Underpinning) ···················· 426
15.18 최소수입보장(Minimum Revenue Guarantee, 'MRG')
·· 427
15.19 요금 보조 ··· 429
15.20 공공부문 프로젝트 회사 ··································· 429
15.21 보증기금(Guarantee Funds) ····························· 430

16 공적수출금융기관과 개발금융기관 ············· 431

16.1 도입 ·· 432
16.2 ECA ·· 433
16.3 투자자들을 위한 정치적 위험 보험 ···················· 440
16.4 ECA 및 양자 DFI ·· 442
16.5 다국적 DFI(MDFI) ·· 450
Annex: 미국수출입은행의 '프로젝트 지원기준 및 제출자료'
·· 464

17 최근 시장의 발전 및 프로젝트 파이낸스의 전망
·· 469

17.1 도입 ·· 470
17.2 2008년 금융위기의 파급효과 ······························ 470
17.3 바젤 협약 ·· 472
17.4 비은행 대주 ·· 473
17.5 프로젝트 파이낸스 신용위험의 개선 ··················· 476
17.6 새로운 모델 ·· 479
17.7 프로젝트 파이낸스의 미래 ·································· 484

용어 및 약어 ·· 487

표목차

표 2.1 2000년-2012년 민간부문 프로젝트 파이낸스 약정금액 ········ 12
표 2.2 투자수익률에 미치는 레버리지의 효과 ········ 21
표 2.3 레버리지가 생산물구매자 및 계약당국의 비용에 미치는 영향 ········ 22
표 3.1 2012년 상위 20개 금융자문사 ········ 36
표 4.1 2000년-2012년 상업은행 프로젝트 파이낸스 약정금액 ········ 63
표 4.2 2000년 프로젝트 파이낸스 대출금 기준 상위 20개 금융주선사 ········ 65
표 4.3 2012년 프로젝트 파이낸스 대출금 기준 상위 20개 금융주선사 ········ 66
표 4.4 미국 채권시장 - 신규발행 규모 ········ 69
표 4.5 2001-2011년간 프로젝트 파이낸스 채권 발행규모 ········ 72
표 4.6 2012년 상위 10개 프로젝트 파이낸스 채권 주선기관 ········ 74
표 5.1 투자적격 신용등급 ········ 92
표 5.2 은행 대출 vs 채권 ········ 94
표 6.1 SMART 결과물의 특정 ········ 115
표 6.2 PFI 학교 프로젝트에 대한 가용성 비중 산정 ········ 117
표 7.1 기회비용 산정방법 ········ 151
표 10.1 DCF 산정 ········ 253
표 10.2 IRR 산정 ········ 255
표 10.3 DCF 및 규모가 다른 프로젝트 ········ 256
표 10.4 IRR 과대계상 ········ 257
표 10.5 IRR 및 MIRR ········ 258
표 10.6 IRR 및 현금흐름 창출기간의 차이 ········ 258
표 10.7 현금흐름이 마이너스에서 플러스, 다시 마이너스로 변경 ········ 259
표 10.8 이자율 스왑 ········ 262
표 10.9 이자율 스왑 breakage cost 산정 ········ 263
표 10.10 이자율 스왑 - 시간에 따른 breakage cost ········ 263
표 10.11 채권 조기상환 비용 ········ 270
표 10.12 프로젝트 현금흐름에 대한 인플레이션 영향 ········ 274
표 10.13 계약대금과의 과도한 연동으로 인한 효과 ········ 277
표 10.14 인플레이션 연동 채권 ········ 278
표 10.15 D:E ratio 및 환율변동 효과 ········ 284
표 10.16 복수 조달통화와 D:E ratio ········ 285
표 12.1 Payback period 및 discounted payback period ········ 314
표 12.2 대출원리금 상환비율 계산 ········ 319
표 12.3 최소 커버비율 - 최대 차입금액에 대한 효과 ········ 320
표 12.4 건설기간을 감안한 평균대출기간 ········ 325
표 12.5 원금균등상환 효과 ········ 327
표 12.6 연금형 상환방식(원리금균등상환) 효과 ········ 327

표 12.7 목표상환방식 및 최소상환방식 ·················· 329
표 12.8 최적화 프로세스 ·················· 335
표 13.1 이자율 예측 - 피셔 방정식 ·················· 342
표 13.2 구매력패러티 ·················· 343
표 13.3 배당 트랩 ·················· 350
표 13.4 환율과 세금 ·················· 353
표 14.1 대출금 Term Sheet - 핵심 사항들 ·················· 361
표 14.2 조기상환 순서 ·················· 373
표 14.3 차입금 리파이낸싱 효과 ·················· 398
표 14.4 리파이낸싱 이익을 계산하는 다양한 방법 ·················· 401
표 14.5 지분매각 효과 ·················· 408
표 15.1 공공부문 금융지원의 종류 ·················· 415
표 15.2 한국의 MRG 프로그램의 발전 ·················· 428
표 16.1 Berne Union 멤버들의 프로젝트 파이낸스 비즈니스 ········· 435
표 16.2 주요 수출신용기관들과 양자 DFI - 프로젝트 파이낸스 대출 및 보증
·················· 442
표 16.3 MDFI - 프로젝트 파이낸스 대출 및 보증 ·················· 450

그림목차

그림 2.1 공정 플랜트 프로젝트 ·· 15
그림 2.2 유료도로 양허계약 ·· 18
그림 2.3 PFI 모델 ·· 19
그림 3.1 GPA의 PPP 조달절차 ··· 50

01

프로젝트 파이낸스(Project Finance) 소개

01 프로젝트 파이낸스(Project Finance) 소개

프로젝트 파이낸스는 개별 프로젝트의 현금흐름에 기반한 '금융공학' 기법을 활용, 대규모 프로젝트에 대한 중장기 금융을 제공하는 방법이다; 프로젝트의 건설과 운영, 그리고 수입(revenue) 리스크에 대하여 상세하게 분석을 한 후, 분석된 리스크를 계약 또는 협약 등을 통해 투자자, 대주단, 그리고 기타 당사자들에게 적절하게 분배하는 것이 핵심이다. 2012년 중 프로젝트 파이낸스 기법으로 자금을 조달했거나 리파이낸싱을 실시한 프로젝트 규모는 최소 $3,750억에 달한다.

'프로젝트 파이낸스'란 '프로젝트에 대한 파이낸스(financing projects)'와는 다르다; 각각의 프로젝트에 대하여는 다양한 방식으로 파이낸싱(금융)이 이루어질 수 있기 때문이다. 선진국 대형 공공 프로젝트의 재원은 통상 공채 발행을 통해 마련된다; 민간 대기업이 추진하는 프로젝트의 재원은 일반적으로 기업금융이다. 개도국 정부는 국제금융시장에서 차입을 하거나 세계은행 또는 ECA 등의 개발금융기관으로부터 차관을 받는다. 그러나 이러한 방식은 이제 변했다; 민영화, 규제완화 및 PPP를 활용한 민간금융 도입 등 재원조달 부담의 상당 부분을 민간에 이양하는 방식으로 대규모 인프라 프로젝트 투자방식에 변화가 이루어졌기 때문이다.

다른 금융기법과는 달리 프로젝트 파이낸스는 프로젝트 개발과 계약적 관계 전체에 빈틈없이 걸쳐있는 망이며, 이로 인하여 프로젝트 파이낸스는 그 자체로만 존재할 수 없다. 만약 어떤 프로젝트에 대해 프로젝트 파이낸스 방식을 활용하고자 한다면, 사업주의 재무이사와 대주단 뿐 아니라 다양한 관계자들 (즉, 프로젝트 개발자, 엔지니어, 건설회사, 납품회사, 원재료 공급자, 생산물구매자, 그리고 공공 인프라와 관련하여서는 공공기관 관계자들 등) 또한 프로젝트 파이낸스의 기본 작동원리와 자신이 담당하고 있는 부분이 프로젝트 파이낸스 전체 구조에서 어떻게 연결되고 상호 영향을 주고 받는지에 대해서 이해할 필요가 있다. 한편, 프로젝트를 구성하는 다양한 계약적 연결고리에 대해 상업적 관점에서만 바라봐서는 안된다; 금융적 관점 또한 그 못지않게 중요한데, 이를 통해 실제로는 작동하지 않지만 그럴듯하게 보이는 프로젝트를 구상하느라 쓸데없이 돈을 낭비하는 것을 방지할 수 있기 때문이다.

이 책은 은행원으로서, 그리고 금융자문사로서의 저자의 경험에 기초하여 프로젝트 파이낸스의 원칙, 그리고 상업·금융 협상에서 애로를 발생시키는 각종 이슈들에 대하여 가이드를 제공하고자 하는 것이 목적이다. 이 책은 프로젝트 파이낸스를 처음 접하는 이들에게는 안내서의 역할을 하고, 프로젝트 파이낸스를 개발하고 협상하는 이들에게는 비망록의 역할을 할 수 있을 것이다. 금융 시장이나 금융 조건들에 대한 사전지식은 따로 요구되지 않는다.

'악마는 디테일에 있다'는 것이 프로젝트 파이낸스 전문가들이 한결같이 하는 얘기다. 그리고 이 주제에 대한 일반적 학습자료 또는 모호한 요약이 아닌 실무적인 가이드가 되기 위해서는 꽤 많은 양의 상세설명이 필요하다. 그러나 시스템적인 접근방식과 이러한 디테일 뒤에 숨어있는 원칙을 이해한다면 복잡한 숲을 헤쳐나가는 것도 크게 어렵지 않을 것이다.

이 책에서 소개된 프로젝트 파이낸스에 대한 주제는 일반적인 프로젝트가 금융시장에 소개되는 방식과 유사하다.(cf. 5.2.8) 즉,

- **프로젝트 파이낸스 시장에 대한 배경과 주요 관계자들의 역할**
  - 제2장은 프로젝트 파이낸스의 발전 배경, 특징, 다른 금융기법과의 차이, 그리고 프로젝트 파이낸스 활용 이유에 대해 설명한다.
  - 제3장은 투자자들이 프로젝트를 개발하는 방법, 그리고 프로젝트 파이낸스를 활용하여 공공부문 프로젝트를 추진하는 방법에 대해 설명한다.
  - 제4장은 민간부문 프로젝트 파이낸스를 조달하기 위한 시장을 소개한다.
  - 제5장은 민간부문 대주들로부터 금융을 조달하는 절차를 설명한다.

- **프로젝트 파이낸스의 토대가 되는 상업계약에 대한 리뷰**
  - 제6장은 다수 프로젝트 파이낸스 구조의 핵심이 되는 중요 사업계약(Project Agreement)에 대한 특징들을 개괄한다.
  - 제7장에서는 대부분의 사업계약에 공통적으로 적용되는 조건들을 살펴볼 것이다.
  - 제8장에서는 프로젝트 파이낸스 구조의 뼈대를 구성하는 서브계약들(Sub-Contract) - 프로젝트 건설, 운영, 유지보수, 연료공급, 원재료 공급계약 및 보험 등 - 을 살펴볼 것이다.

- **프로젝트 파이낸스 리스크 분석**
  - 제9장은 대주단의 프로젝트 리스크 분석 및 리스크 경감방법을 설명한다.
  - 제10장은 프로젝트 파이낸스에 대한 거시경제적 리스크(인플레이션, 이자율 및 환율 등)의 영향과 이의 경감방안을 논의한다.
  - 제11장은 규제 및 정치적 리스크, 그리고 이에 대한 경감방안을 논의한다.

- *프로젝트의 금융구조와 계약서 작성과정에 대한 설명*
  - 제12장은 프로젝트의 기본적인 금융구조가 어떻게 마련되는지에 대하여 설명한다.
  - 제13장은 프로젝트 재무모델에서 활용되는 독립변수, 그리고 재무모델의 결과값을 투자자들과 대주단이 어떻게 활용하는지에 대해 설명한다.
  - 제14장은 프로젝트 파이낸스 협상시 대주단이 일반적으로 요구하는 사항들에 대하여 설명한다.

- *프로젝트에 대한 외부 지원*
  - 제15장은 공공부문이 금융구조를 재무적으로 뒷받침할 수 있는 방법에 대하여 설명한다.
  - 제16장은 개발금융기관과 ECA의 역할을 설명한다.

마지막으로 제17장에서는 최근의 시장 현황, 새로운 금융 모델, 그리고 프로젝트 파이낸스에 대한 미래 전망을 살펴볼 것이다.

이 책에서 사용되는 기술적인 용어 중 프로젝트 파이낸스에서만 독특하게 활용되는 것들은 대문자로 표시하였으며, 용어 및 약어집에서 간단히 설명하였다. 용어 및 약어집은 해당 용어에 대한 충분한 설명이 담긴 섹션에 대한 정보도 제공한다. 기타 전문적인 금융용어들과 약어들 또한 다루었다.

이 책에 담긴 다양한 도표에 대한 상세한 자료가 담겨있는 엑셀자료는 www.yescombe.com에서 다운로드 받을 수 있다.

다른 서적과 자료들에 대한 참고자료는 특정 주제에 대하여 보다 관심을 가지고 읽어보려는 이들을 위해 마련하였다; 이 책에서 서술한 내용에 대해 권위를 더하려는 것보다는 서술된 내용들이 전부가 아니라는 것을 알게 하기 위해서이다. 이 참고자료들은 이 글을 쓰는 시점에 인터넷에서 쉽게 다운로드 받을 수 있었다. (* 마크를 해 두었다) 덧붙이면, 참고자료들과 기타 자료들은 www.yescombe.com에서 찾아 볼 수 있다.

02

프로젝트 파이낸스란 무엇인가?

# 02 프로젝트 파이낸스란 무엇인가?

2.1 도입

이 장에서는 프로젝트 파이낸스의 기본 형태(2.2), 발전 요인(2.3), 프로젝트 파이낸스 구조의 '빌딩 블럭'(2.4)들을 예시(2.5)와 함께 살펴볼 것이다.

프로젝트 파이낸스 활용에 따른 이점들도 다양한 프로젝트 참여자들의 관점에서 살펴보고자 한다.

2.2 정의 및 기본 특징

프로젝트 파이낸스 구조는 산업마다, 그리고 각각의 거래마다 고유한 특징들을 보유하고 있어 서로 다르다. 그러나 기저에 존재하는 공통적인 원칙들은 분명히 존재한다.

미국수출입은행(cf. 16.4.4)은 아래와 같이 프로젝트 파이낸스를 정의하였다:

"... 다수의 계약적 관계를 통해 정의되는 현금흐름에 기초한 프로젝트에 대한 파이낸스. 이러한 종류의 프로젝트들은 성공적인 완공 및 운영을 위해 다수의 밀접한 계약적 관계에 의존한다. 리스크는 이러한 계약적 관계를 통해 관련 리스크를 가장 잘 감당할 수 있는 당사자들에게 고루 분배되어야 하며, 리스크 부담에 따른 혜택 또한 균형있게 배분되어야 한다. 모든 프로젝트 계약들은 금융조달에 적합하며 프로젝트 성공에 기여할 수 있는 방식으로 빈틈없이 서로 들어맞아야 한다."[1]

신용평가기관인 Standard & Poor's(cf. 5.3.1)는 아래와 같이 정의하였다:

---

[1] www.exim.gov – Home 〉 Products 〉 Loan Guarantee 〉 Project & Structured Finance 〉 Our Approach to Project Finance*

"... 특정 프로젝트가 생성하는 현금흐름만을 대출 원리금 상환의 재원 및 채권보전장치로 삼을 수 있는, 단일 또는 다수 자산에 대한 무소구(non-recourse) 조건의 금융이다. 대주단의 채권보전장치 또는 담보는 주로 프로젝트 계약들과 물리적 프로젝트 자산이다. 대주단은 통상 사업주에 대한 소구권을 보유하지 않으며, 프로젝트의 독특한 법률적 구조로 인하여 사업주의 재무위험으로부터 절연되어 있을 수도 있다.

프로젝트 파이낸스 거래들은 일반적으로 대주단, 사업주 및 기타 관계자들간의 계약들로 구성되어 있다. 이들 관계자들은 서로 협력하여 비즈니스 조직을 설립하는데, 이 조직은 설립 초기 차입금을 조달하여 정해진 기간 동안 특정 비즈니스를 운영하게 된다."[2]

보다 '공식적인' 프로젝트 파이낸스에 대한 정의는 'Basel II'의 Basel Committee on Banking Supervision에서 찾아볼 수 있다(cf. 17.3):

"... 프로젝트 파이낸스는 대주단이 단일 프로젝트에서 생성되는 현금흐름을 대출 원리금 상환의 재원과 채권보전장치로 하는 금융 수단이다. 이러한 종류의 금융은 일반적으로 대규모의 복잡하고 비용이 많이 드는 시설물들, 예컨대 발전소, 석유화학공장, 광산, 교통 인프라, 환경 사업, 그리고 통신 인프라 등을 짓는데 활용된다. 프로젝트 파이낸스는 신규 프로젝트를 추진하거나 기존 프로젝트(시설 개보수를 포함할 수도, 그렇지 않을 수도 있다)를 리파이낸싱 하는데 활용된다. 그러한 거래에서 대주단은 예컨대 발전소가 판매하는 전력수입과 같이, 해당 시설과 관련된 계약에서 생성되는 현금흐름을 통해 대출 원리금을 상환받는다. 차주는 통상 특수목적법인(SPE, Special Purpose Entity)이 되는데, SPE는 해당 시설을 개발하고, 소유하고, 또 운영하는 것 이외 다른 기능을 수행하지 않는다. 그 결과 대출 원리금 상환은 일차적으로 프로젝트의 현금흐름과 프로젝트 자산의 담보가치에만 의존하게 된다."[3]

경제협력개발기구(OECD, Organization for Economic Cooperation and Development)는 OECD 가이드라인(cf. 16.2.3)에서 프로젝트 파이낸스의 '공식적' 정의를 밝히고 있다.

"a) 특정 경제단위에 대한 금융으로, 대주단은 해당 경제단위의 현금흐름과 수입만을 대출금 상환 재원으로 하며, 프로젝트 자산을 대출금에 대한 담보로 취득
b) 스스로 수익을 낼 수 있는 투자 프로젝트와 관련하여 (법적·경제적으로) 독립된 프로젝트 회사 (project company), 즉 특별목적회사의 수출거래에 대한 금융
c) 민간 또는 공공의 신용도가 양호한 주주, 수출자, 대주단, 생산물구매자 등 프로젝트 관계자들

---

[2] Updated Project Finance Summary Debt Rating Criteria (Standard & Poor's, New York, 2007)*
[3] Basel Committee on Banking Supervision, *International Convergence of Capital Management and Capital Standards - A Revised Framework* (Bank for International Settlements, Basel, 2005), p.49*

간 적절한 리스크 분배(적정 수준의 자본금 투입 포함)
d) 대출기간 중 운영비용과 차입금을 커버하기에 충분한 프로젝트 현금흐름 창출
e) 운영비용과 대출원리금 상환에 프로젝트 현금흐름을 우선 할당
f) 정부보증(생산물구매계약에 대한 보증 등 계약이행보증은 미포함)이 제공되지 않는 민간부문 구매자/차주
g) 프로젝트 현금흐름/자산에 기초한(asset-based) 채권보전장치; 즉 양도담보, 질권 및 프로젝트 계좌 등
h) 완공 후에는 프로젝트 민간부문 주주/사업주 앞 제한소구 또는 비소구" [4]

그러므로 프로젝트 파이낸스의 원칙들은 다음과 같이 요약할 수 있다:

- 통상 긴 건설기간과 긴 운영기간이 필요한 대형 인프라 사업과 관련되어 있다.
  - 그러므로 금융기간 또한 장기(일반적으로 15-25년 정도)이다.

- 대주단은 프로젝트가 생성하는 미래 현금흐름을 자신의 대출 원리금 상환과 수수료 수입 재원으로 삼는다.
  - 그러므로 프로젝트는 다른 것들과 '구분되어야(ring-fenced)' 한다 (즉, 법적·경제적으로 자족할 수 있어야 한다)
  - 그러므로 프로젝트는 일반적으로 특별한 목적을 지닌 법인(일반적으로 유한회사)에 의해 수행되는데, 이 법인(프로젝트 회사, Project Company)의 유일한 비즈니스는 프로젝트 그 자체가 되어야 한다.

- 매우 높은 수준의 D:E ratio('레버리지', 'gearing')가 활용된다 - 대략 프로젝트 전체 사업비의 70-90%는 대출금으로 조달된다.
  - 높은 레버리지를 통해 자본조달비용을 절감할 수 있다.

- Default가 발생한 프로젝트 회사의 물리적 자산의 매각가치는 통상 대출잔액에 미치지 못한다.
  - 게다가 공공 인프라와 관련된 프로젝트의 경우 매각이 이루어지기도 어렵다.
  - 그러므로 주요 채권보전장치는 현금흐름의 원천이 되는 프로젝트 회사의 계약, 라이센스, 또는 기타 권리들이다.
  - 또한 대주단은 프로젝트의 리스크들이 무엇인지, 그리고 이러한 리스크들이 계약을 통해 어떻게 다양한 참여자들에게 분배되는지에 대하여 상세하게 분석한다.

---

4 Organization for Economic Co-operation and Development, *Arrangement on Officially Supported Export Credits* v. TAD/PG(2013)1 (OECD, Paris, 2013), Annex X: "Terms and Conditions Applicable To Project Finance Transactions', Appendix 1: 'Eligibility Criteria for Project Finance Transactions", I.: Basic Criteria*

- 프로젝트는 한정된 기간 동안 운영되는데, 이는 계약이나 라이센스의 기간이나 천연자원 매장량 등의 요인에 따라 결정된다.
  - 그러므로 프로젝트 파이낸스 대출금은 프로젝트 운영기간 동안 전부 상환되어야 한다.

- 프로젝트 파이낸스 대출금에 대하여 프로젝트 회사의 주주는 채무보증을 제공하지 않는다.
  - 그러므로 '비소구' 금융이다.[5]

그러므로 프로젝트 파이낸스는 기업금융(corporate finance)과는 여러가지 차이를 보이고 있다.

- 기업금융은 회사의 재무제표, 그리고 과거의 현금흐름과 수익성을 바탕으로 예상할 수 있는 미래 재무상태에 기초한 금융이다.
- 기업금융은 특정 프로젝트에 국한된 현금흐름이 아니라 차주 비즈니스 전체에 걸친 현금흐름을 채권보전장치로 삼는다 - 그러므로 개별 프로젝트가 실패하더라도 기업금융 대주단은 대출금을 상환받을 수 있을 것으로 기대한다.
- 기업금융에서 회사는 계속해서 비즈니스를 운영할 수 있을 것이라고 간주되며, 그 결과 대출금은 지속적으로 갱신(roll over)된다. 즉, 장기대출이 필요하지 않다.
- 기업금융에서도 사무소나 공장 등 회사의 물리적 자산이 채권보전장치로 활용될 수 있다. 그 결과 대출금이 제때 상환되지 않는다면 이를 매각하여 대출금 상환재원으로 활용할 수 있다.

2.3 프로젝트 파이낸스의 발전

프로젝트 파이낸스는 자원개발 분야에서 오랫동안 활용되어 왔다. 천연자원을 채굴하여 발생하는 현금흐름을 기초로 하여 금융이 이루어졌던 것이다. 1880년대 프랑스계 은행인 Crédit Lyonnais는 러시아 바쿠 유전 개발에 이러한 방식의 금융을 제공한 바 있다.[6] 금융 기법은 이후 1930년대 텍사스 유전개발 사업을 거치면서 더욱 발전하였다. 이러한 천연자원에 기초한 프로젝트 파이낸스는 1970년대 유가상승에 편승하여 활발히 이루어졌다 - 특히 초기 북해 유전 개발에 핵심적 역할을 담당하였고, 호주 및 여타 개도국의 자원개발 프로젝트에도 많이 활용되었다. 2000년대 초반 원자재(commodities) 호황에 힘입어 성황을 이루기도 하였다.

마찬가지로 공공 인프라 프로젝트에 대한 프로젝트 파이낸스 또한 새로운 것은 아니다: 영국의 도로시스템은 18세기 및 19세기 초 통행료에 기반한 민간부문 재원으로 재개발되었다; 철도, 상하

---

5 제한적인 투자자 보증이 있는 경우도 있는데, 이 경우는 '제한소구' 금융이다.(cf. 9.13)
6 Daniel Yergin, *The Prize* (Simon & Schuster, New York, 1991), p. 60.

수도, 천연가스, 전기, 그리고 통신 산업은 20세기 초반 민간부문 채권 발행을 통하여 개발되었다.[7] 20세기 초중반 많은 국가들이 민간부문의 역할을 넘겨받았으나, 그 추세는 1980년대 다시 반대방향으로 향하였다. 이와 유사하게, 1950년대 및 1960년대 개도국에서 발생했던 외국인 투자에 대한 몰수사태는 민간투자를 위축시켰으나, 1980년대 들어 이러한 추세도 변하였다.

전 세계적 규제완화, 유틸리티 산업에 대한 민영화, 그리고 민영화가 가능하지 않은 공공 인프라에 대한 민간금융의 활용 등은 1980년대 이후 프로젝트 파이낸스 발전에 크게 기여하였다. 프로젝트 파이낸스는 상대적으로 안정적인 현금흐름이 발생하는 자본집약적 프로젝트에 적합한 중장기 금융으로서, 이러한 변화에 요구되는 금융을 제공하는데 큰 역할을 담당하였고, 프로젝트 파이낸스의 현대적 발전과 구조는 사실 이로부터 기인한 것이다. 이러한 변화는 선진국 뿐 아니라 개도국에서도 동시에 발생했다. 또한 대규모 인프라 프로젝트에 대한 투자의 국제화에 의해서도 촉진되었다: 선도적인 사업개발자들은 전 세계에 걸쳐 사업개발 포트폴리오를 운영하고 있으며, 한 국가에서 얻은 경험을 다른 국가 프로젝트에 활용할 능력을 가지고 있다. 은행들과 금융자문사들도 마찬가지이다. 정부와 공공부문은 이들이 지니고 있는 경험의 공유를 통하여 혜택을 얻을 수 있다.

이와 같은 최근의 발전은 연속적인 '흐름'으로 읽힐 수 있다:

- 자원개발사업에 대한 프로젝트 파이낸스는 위에서 언급한 대로 1970년대에 발전하였다.
- 전력부문 독립민자발전(IPP, Independent Power Producers) 사업에 대한 프로젝트 파이낸스는 1978년 미국의 Private Utility Regulatory Policies Act('PURPA')에 의거 처음 개발되었는데, 이 때 규제부문인 유틸리티의 한계비용 가격으로 전력을 장기판매하는 것을 허용함으로 열병합발전소 투자를 촉진하였다. 이러한 목적을 통해 발전된 프로젝트 파이낸스 테크닉은 1980년대 필리핀과 칠레 등 개도국에서 활용되기 시작하였고, 1990년대 영국의 전력시장 민영화와 더불어 유럽에 상륙하였으며, 이후 빠른 시일 내 전 세계에 퍼졌다. 최근 프로젝트 파이낸스는 재생에너지 부문(풍력발전 및 태양열발전 등)에서도 활발하게 쓰이고 있다.
- 기타 경제 인프라(economic infrastructure)(특히 교통운송)와 관련된 프로젝트 파이낸스는 1980년대 중반에 개시되었는데, 최초의 대형 민간 인프라 프로젝트는 영국과 프랑스를 연결하는 Channel Tunnel(1987년)이었다. 이후 영국의 통행료 징수 방식의 교량 프로젝트, 호주(1980년대) 및 칠레(1990년대)의 통행료 징수 방식의 민자도로 프로그램 등이 뒤를 이었다.
- 사회 인프라(social infrastructure, 학교, 병원, 교도소, 공공주택 및 정부청사 또는 경찰서 등 공공건물 등)에 대한 프로젝트 파이낸스는 1990년대 초반 영국의 PFI(Private Finance Initiative)의 도입과 함께 최초로 등장하였다; 이후 PFI 방식은 전 세계에서 널리 활용되고 있다.

---

7 Barry Eichengreen, *Financing Infrastructure in Developing Countries: Lessons from the Railway Age* (World Bank Policy Research Working Paper 1379, Washington DC, 1994)*; Charles D. Jacobson & Joel A. Tarr. *Ownership and Financing Infrastructure: Historical Perspectives.* (Policy Research Working Paper 1446, World Bank, Washington DC, 1995)*

- 폭발적으로 성장하는 무선통신 부문에 대한 프로젝트 파이낸스는 1990년대 중반에 도입되었으나, 최근에는 큰 비중을 차지하고 있지 않다.

프로젝트 파이낸스를 포함, 1970년대에 도입된 금융기법들은 다음과 같다:

- *상업은행들의 장기 기업금융 취급* - 과거 상업은행들은 예금과의 매칭을 위해 단기금융만을 취급하였다.(cf. 10.3)
- 대규모 프로젝트에 있어 ECA의 활용(cf. 16.2)
- 장기용선계약을 채권보전장치로 하여 은행들이 대형 선박 건조에 필요한 자금을 제공하는 *선박금융*의 도입 - 계약에 기반한 현금흐름에 기초한 건조비용 대출. 차주는 선박을 소유하는 특별목적회사로, 프로젝트 파이낸스 구조와 매우 유사
- 장기 현금흐름(임대수익) 예측에 기반한 *부동산 금융*(건설자금대출 포함)
- 은행들을 복잡한 현금흐름에 익숙하게 만든 계기가 된 *세제를 활용하는(tax-based) 금융리스*

프로젝트 파이낸스 발전의 마지막 중요한 퍼즐은 (1980년대 개발된) 사용자 중심의 엑셀 프로그램이다.

표2-1은 산업부문별 최근 민간부문 대주들의 프로젝트 파이낸스 승인 금액이다. 2008년 글로벌 금융위기의 효과는 매우 컸으나, 2010년 이후 반등 추세를 나타내고 있다. (상세한 지역별 분석은 4.2.1 참조) 발전 부문은 지속적으로 가장 중요한 시장이었다. 그러나 표2-1은 2001년 $650억에서 Enron 사태가 발전산업에 끼친 파급효과로 인해 2002년 $250억으로 현격하게 축소된 모습을 잘 나타내고 있지는 않다. 2000년대 들어 인프라, 특히 교통부문은 자원개발 부문과 함께 크게 증가하였다. 반대로 붐을 이뤘던 통신 부문은 크게 축소되었다.

이러한 통계는 다음과 같은 사항들을 포함하지 않고 있다:

- 비은행권 민간부문 대주들이 제공하는 직접금융(direct lending) (또는 프로젝트 파이낸스 대출펀드를 통한 대출금) (cf. 4.4, 17.4)
- 공공부문이 제공하는 금융(제15장)
- 수출신용기관(ECA, Export Credit Agency), 양자 및 다자 개발금융기관(DFI, Development Financial Institution)이 제공하는 금융(제16장)

위에서 언급한 기타 재원들까지 합할 경우 2012년 프로젝트 파이낸스 총 차입규모는 $3천억을 초과할 것이다. 차입금이 사업비의 80% 수준을 차지한다고 가정한다면, 총 $3.7천억의 신규투자 또는 리파이낸싱이 프로젝트 파이낸스로 이루어진 것이다. (cf. 14.16 - 이 수치는 리파이낸싱을 포함한 것이다)

그러나 일부 구조화 대출도 프로젝트 파이낸스로 분류할 수 있는지에 대하여서는 논란이 존재한다.(cf. 5.2.2) 그리고 프로젝트 파이낸스와 프로젝트에 대한 파이낸스의 경계가 분명한 것도 아니고(제1장), 통계기관마다 서로 다른 수치를 발표하기도 한다.[8]

표 2.1 2000년-2012년 민간부문 프로젝트 파이낸스 약정금액

(백만$)	2000	2007	2008	2009	2010	2011	2012
발전	56,512	76,518	90,236	57,642	78,177	85,947	73,416
자원	16,518	56,432	67,859	38,005	50,589	59,756	75,485
- 광물	629	4,607	11,486	4,071	10,858	11,158	4,745
- 유가스	12,552	34,311	42,960	31,137	28,425	43,983	66,139
- 석유화학	3,337	17,519	13,413	2,979	11,306	4,615	4,601
인프라	16,755	67,620	65,212	40,233	64,998	56,676	65,610
- 교통		44,027	54,789	25,451	52,315	43,607	60,467
- 기타 인프라		16,423	6,940	8,890	9,838	11,348	21,060
- 쓰레기&재활용		2,989	550	1,194	1,267	724	842
- 상하수도		4,181	2,933	4,699	1,578	997	3,241
제조	3,538	17,473	11,979	3,454	6,306	12,155	6,833
레저 및 부동산	1,638	22,759	20,836		14,424	15,439	
통신	36,735	5,556	6,260	8,118	13,383	5,314	1,529
농업		452	61		86	479	
계	131,696	246,809	262,442	147,452	227,964	235,766	222,873

자료: Project Finance International, 185호(2000. 1. 26), 353호(2008. 1. 9), 400호(2009. 1. 9), 424호(2010. 1. 10), 448호(2011. 1. 13), 472호(2012. 1. 12), 496호(2013. 1. 16). 이 수치들은 제4장 상업은행 대출과 채권과도 관련이 있다.

2.4 프로젝트 파이낸스 구성요소

프로젝트 파이낸스의 구조를 보다 가까이서 들여다보면, 두 가지 요소를 지니고 있음을 알 수 있다:

• 하나는 프로젝트 투자자들이 제공하는 자본금이며,
• 다른 하나는 대주단이 제공하는 프로젝트 파이낸스 차입금이다.

프로젝트 파이낸스 차입금은 프로젝트가 생성하는 현금흐름에 대한 최우선분배권을 갖는다; 투자

---

[8] 예컨대 Dealogic은 2011년 총 프로젝트 파이낸스 투자액(자본금 및 차입금을 합한 금액)은 $3.58천억, 2012년 $4.06천억으로 발표하였다. *Project Finance International*과 Dealogic의 분야별 대출규모 분류 기준 또한 모호하다.

자들의 투자금 회수는 프로젝트의 성공에 크게 의존한다. 투자자들은 높은 리스크를 지는 만큼 높은 수익을 희망하며, 대주단은 그 반대이다.

금융조달은 프로젝트 회사가 서명한 계약서에 기반하여 이루어진다. 통상 '사업계약'이 이러한 계약적 구조의 핵심에 위치하고 있는데, 사업계약은 일반적으로 아래 두 가지 중 하나의 형태를 띤다:

- 생산물구매계약(Offtake Agreement) - 생산물구매자가 장기간에 걸쳐 정해진 가격에 프로젝트 생산물을 구매하는 계약[9]
- 중앙정부, 지방정부 또는 다른 공공기관(이하 '계약당국(Contracting Party)')과 체결하는 계약 - 이 계약에 근거하여 프로젝트 회사는 프로젝트를 건설하고 그로부터 수입을 창출한다.[10]

프로젝트 회사는 자신이 생산한 제품을 시장에 판매(예컨대 발전사업 또는 자원개발사업)할 수도 있고, 특정 산업부문(예컨대 민영화된 공항/항구 또는 무선통신 네트워크 등)에서는 법률이 부여한 라이센스를 바탕으로 사업을 영위할 수도 있다. 아래에서 보다 상세하게 논의하겠지만, 이러한 경우에는 생산물구매계약이나 사업계약이 존재하지 않는다.

프로젝트 회사는 금융을 제공받기 위하여 통상 서브계약을 체결하여야 하는데, 이러한 계약들은 리스크를 프로젝트 회사로부터 다른 계약당사자들 앞으로 이전시키는 역할을 하는 것과 동시에 대주단에게는 채권보전장치로 기능한다.

사업계약과 서브계약을 합하여 '프로젝트 계약(Project Contract)'이라고 한다. 사업계약은 제6장과 제7장에서, 서브계약은 제8장에서 상세히 다루기로 한다.

---

9 생산물구매계약은 민간 뿐 아니라 계약당국과 체결할 수도 있다.
10 계약당국의 다른 명칭들은 '공공기관', '공공부문', '정부구매부처'. '기관', '공공당국', '당국' 또는 '허가권자' 등이 존재한다. 이와 같은 맥락에서 프로젝트 회사는 '민간부문'으로 불리기도 한다.

2.5 프로젝트 파이낸스 구조의 예시

이 섹션에서는 부문별 - 공정 플랜트 프로젝트(2.5.1)와 PPP 등 인프라 프로젝트(2.5.2) - 예시를 통하여 위에서 언급한 구조가 적용되는 형태를 살펴보기로 하자.

2.5.1 공정 플랜트(Process-Plant) 프로젝트

원재료가 일련의 공정과정을 거쳐 산출물로 출하되는 공정 플랜트 프로젝트들의 예시는 아래와 같다;

- *화력발전소*: 원재료는 석탄이나 천연가스, 공정과정은 연소/증기 발생, 산출물은 전기(또는 열)
- *정수장*: 원재료는 처리 전 물, 공정과정은 정수, 산출물은 음용수
- *쓰레기 소각장*: 원재료는 가정 또는 상업 쓰레기, 공정과정은 소각, 산출물은 전기(또는 열) 및 재
- *LNG(액화천연가스) 터미널*: 원재료는 LNG 선박으로 운송된 액화천연가스, 공정과정은 재기화, 산출물은 파이프라인용 천연가스

가스화력발전소 프로젝트의 일반적인 기본구조는 그림2-1과 같다.

그림2-1에서 사업계약은 생산물구매계약으로 볼 수 있는 전력구매계약(PPA, Power Purchase Agreement)인데, 동 계약에 따라 전력회사는 정해진 요금(tariff)[11]으로 프로젝트의 산출물인 전기를 구입한다.(cf. 6.2) 전력회사는 사업소재지국 전력시장의 자율화 여부에 따라 민간이 될 수도 있고 공공부문이 될 수도 있다. 핵심 서브계약들은 다음과 같다:

- *EPC(Engineering, Procurement and Construction) 계약*[12] - 화력발전소의 디자인 및 건설 담당
- *원재료공급계약(Input-Supply Contract) 계약* - 화력발전소 프로젝트와 관련하여서는 가스공급계약(Gas Supply Agreement)
- *유지보수계약(O&M Contract)* - 발전소 운영경험이 있는 이와 체결

---

11 PPA 또는 기타 공정 플랜트 프로젝트에서 수취하는 요금, PFI-Model Contract에 기반하여 계약당국이 지급하는 서비스 요금(Service Fee), 양허계약(Concession)에 기반한 사용자 요금(User Charge)을 합하여 이 책에서는 '계약대금(Contract Payment)'으로 통칭한다. 프로젝트 계약에 의거 산정되는 계약대금 산정방식은 '대금지급 메커니즘(Payment Mechanism)'으로 칭한다.
12 DPC(Design, Procurement and Construction) 계약으로 불리기도 한다.

그림 2.1 공정 플랜트 프로젝트

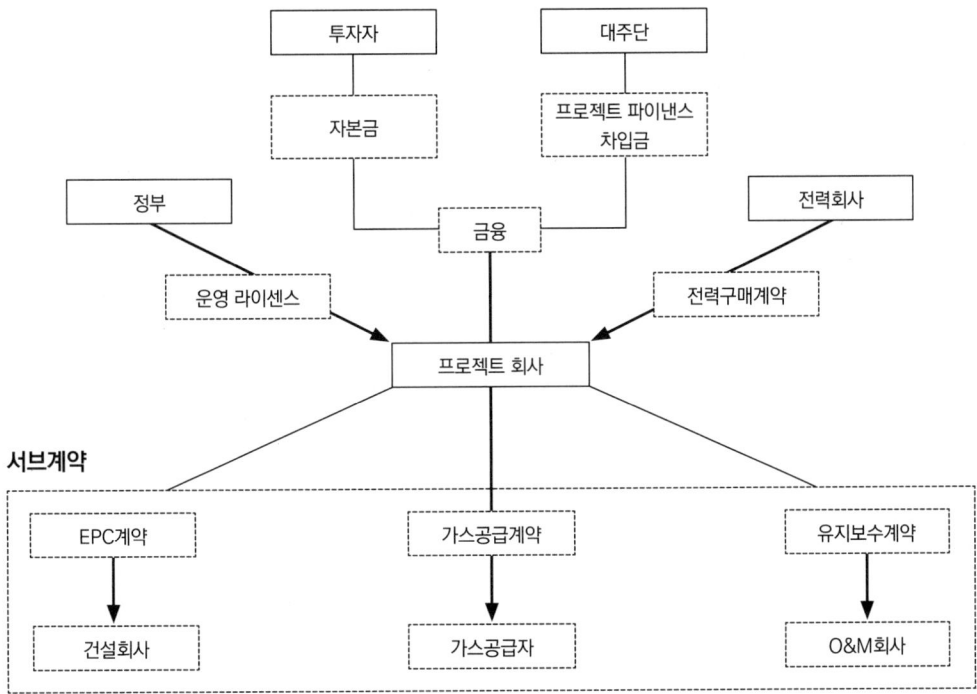

2.5.2 인프라(infrastructure) 프로젝트

인프라 프로젝트는 세 가지로 분류할 수 있다.[13]

민영화 또는 민간부문 인프라. 항만과 공항과 같은 공공시설물 또한 민간이 운영할 수 있다. 이 경우 인프라 회사는 회사 전체의 현금흐름에 기반하며 회사 자산을 채권보전장치로 하는 기업금융[14] 방식으로 대출을 받을 수도 있고, 신규 프로젝트(예컨대 기존의 민영화된 항만이나 공항에 신규 터미널을 추가 건설 등)에 대하여 프로젝트 파이낸스 방식으로 대출을 받을 수도 있다. 통상 후자의 경우에는 사업계약이 존재하지 않으나, 항공사나 해운사와 같은 시설사용자들과 서브계약을 체결하게 된다. 이 때 체결하는 시설물 사용 계약은 생산물구매계약과 매우 유사한 형태를 띤다.

유사하게, 경기장과 같은 순수 민간 인프라 프로젝트의 경우에도 장기 지정석 사용계약에 기반한 현금흐름을 바탕으로 금융이 이루어질 수 있다.

---

13 물론 발전소와 기타 공정 플랜트 프로젝트 또한 인프라로 볼 수 있으나(그리고 공공부문 프로젝트일 수도, 그렇지 않을 수도 있으나), 그 특수성을 감안하여 별도로 취급키로 한다.
14 기업금융은 종종 '자기자본 파이낸스'로 일컬어지기도 하는데, 이는 대출금이 특정 프로젝트와 직접 연관되어 있지 않기 때문이다. 그러나 용어 자체가 혼란스럽다.(왜냐하면 이는 프로젝트 파이낸스의 자기자본을 연상시킬 수 있기 때문이다)

민간투자사업(PPP, Public-Private Partnership).[15] 민간 프로젝트 회사가 공공 인프라 사업에 대하여 금융을 조달하고, 사업을 운영하고, 사용료를 받아가는 모델이다; 관련 인프라 시설 소유권은 통상 계약기간이 끝나면 공공부문이 다시 가져간다. 이러한 프로젝트는 통상 PPP 사업이라고 불리는데, 프로젝트 회사와 계약당국간 체결하는 계약에 기초하고 있다. PPP 사업은 크게 두 가지로 분류된다;

- 양허(Concession) : 통행료, 요금, 또는 사용자가 지급하는 대금(사용자 요금, User Charges)[16]에서 프로젝트 수입이 발생하는 도로, 교량, 터널, 공항, 항만, 철도 등 공공 인프라의 건설 또는 개보수 사업 등
- PFI 모델[17] : 계약당국이 서비스 요금(Service Fee)[18]을 지급하는 (학교, 병원, 교도소, 공공주택 또는 정부청사 등) 공공건물 또는 (도로, 철도, 정수장, 하수처리장 등) 기타 공공 인프라의 건설과 개보수 사업 등[19]

PPP란 용어는 매우 광범위하에 쓰이고 있으며, 반드시 프로젝트 파이낸스를 포함하는 것은 아니다. (cf. 6.6)

양허계약은 통상 경제 인프라 시설과 연관성이 높으며 PFI 모델은 사회 인프라 시설과 연관성이 높으나 그 구분은 명확치 않다. 양허계약 방식으로 구조화될 수 있는 프로젝트는 언제든지 PFI 모델 PPP로 구조화될 수 있다. (물론 그 반대방향은 드물지만 말이다): 그 차이는 단순히 대금지급의 재원이다.

2.5.1에서 논의한 바 있는, 계약당국이 생산물구매자인 공정 플랜트 프로젝트 또한 PPP 사업으로 불리기도 하나, 구조가 상이하며, 종종 민간부문과 체결하는 생산물구매계약이 존재하며 또 유사한 기준을 통해 작동한다는 점 등을 감안할 때 이 책에서는 별도 군으로 다루기로 한다. 역으로

---

15 PPP에 대한 보다 상세한 내용은 E.R.Yescombe의 *Public-Private Partnerships: Principles of Policy and Finance* (Butterworth-Heinemann, Oxford, 2007), *Public-Private Partnerships Handbook* (Asian Development Bank, Manila, 2008)*; European PPP Resource Center, *The Guide to Guidance: How to Prepare, Procure and Deliver PPP Projects* (EIB, Luxemburg, 2011)*; *Public-Private Partnerships Reference Guide* (World Bank/PPIAF, Washington DC, 2012)*을 참조하라.
16 최근의 PPP 양허사업은 (수에즈 운하나 파나마 운하와 같은) 과거의 양허사업들과 구분되어야 한다. 과거 양허사업들은 통상 매우 장기(100년 이상)에 걸친 계약에 기초하고 있는 반면, 상세한 계약적 통제권이나 최근의 양허사업에 포함되는 상세한 조건(제6장 및 제7장)들이 적용되지 않았고, 또 치외법권(국내법 적용 면제)과 같이 최근 양허사업에게는 주어지지 않는 권리를 누렸기 때문에 오히려 민영화 사업에 가깝다고 볼 수 있다. 과거의 양허사업들은 동등한 쌍방간의 계약이라기보다는 경제적 식민지화의 일환이었다. PPP 양허계약은 자원개발 양허계약과도 차이를 보이고 있다.
17 이 용어는 1992년 영국 정부가 최초로 대형 프로젝트에 적용하였고 이후 전 세계에 널리 퍼지게 된 Public Finance Initiative 프로그램을 의미한다. PFI는 2012년에 PF2(약어가 아님!)로 개명되었다.
18 이는 종종 Availability-based(가용성 기반) 모델로 불리는데, 대부분의 경우 계약당국이 프로젝트를 활용할 수 있는 상태가 되면 (실제 사용과는 무관하게) 프로젝트 회사는 대금을 지급받을 수 있기 때문이다. 그러나 모든 PFI 모델을 가용성 기반 모델이라고 볼 수는 없다. 왜냐하면 'Shadow Toll' 도로사업(cf. 6.4.6) 등 통행량에 따라 계약당국이 대금을 지급(즉, 계약당국이 이용자를 대신하여 통행료를 지급)하는 사업처럼 이러한 구조를 사용하지 않는 PFI 모델도 존재하기 때문이다. 그러나 이 책에서는 적절하다고 판단되는 경우 계속 이 용어를 사용하기로 한다.
19 이 모델에서, 실제로 공공에게 서비스를 제공하는 주체는 공공부문이 될 수도 있다; 즉, 학교건물은 PPP 모델로 지어질 수 있지만, 학교에서 제공하는 수업은 여전히 공공의 영역이다.

PPP 사업에서 활용되는 것과 유사한 계약이 민간부문과 체결되기도 하나, 이는 흔치 않다.

인프라 민영화 사업과 PPP 사업을 합하여 민간참여인프라(PPI, Private Participation in Infrastructure)라고 일컫기도 한다.

Revenue Bond. (미국에서만 활용되는) 이 방식은 공공부문이 소유하고 운영하는 프로젝트에 대하여 프로젝트 파이낸스 방식의 민간금융을 활용할 수 있는 길을 열었다. (cf. 4.3.1)

그림2-2는 유료도로 양허사업의 일반적인 구조이다. 여기서 사업계약은 양허계약이며, 양허계약의 주요 내용은 도로 사용자가 프로젝트 회사 앞 통행료를 지급하는 것이다. 주요 서브계약으로는 아래와 같은 것들이 있다:

- *D&B(Design & Build) 계약* - 도로 디자인 및 건설[20]
- *운영 계약* - 통행료 징수
- *유지보수 계약* - 도로 유지보수

---

20 EPC 계약과 D&B 계약의 차이는 기자재 공급과 관련된다. EPC 계약의 핵심 건설회사는 통상 사업비의 가장 큰 비중을 차지하는 기자재(예컨대 발전소 프로젝트의 경우, 터빈)를 공급하고 나머지 토목공사(부지정리와 빌딩 건설 등)는 하청회사가 수행케 한다. D&B 계약에서는 (도로건설과 같은) 토목공사가 핵심 역할을 담당하고 오히려 기자재 구입은 하청으로 이루어진다. '건설계약(Construction Contract)'이라는 용어는 향후 맥락에 따라 EPC 계약 또는 D&B 계약을 의미한다.

그림 2.2 유료도로 양허계약

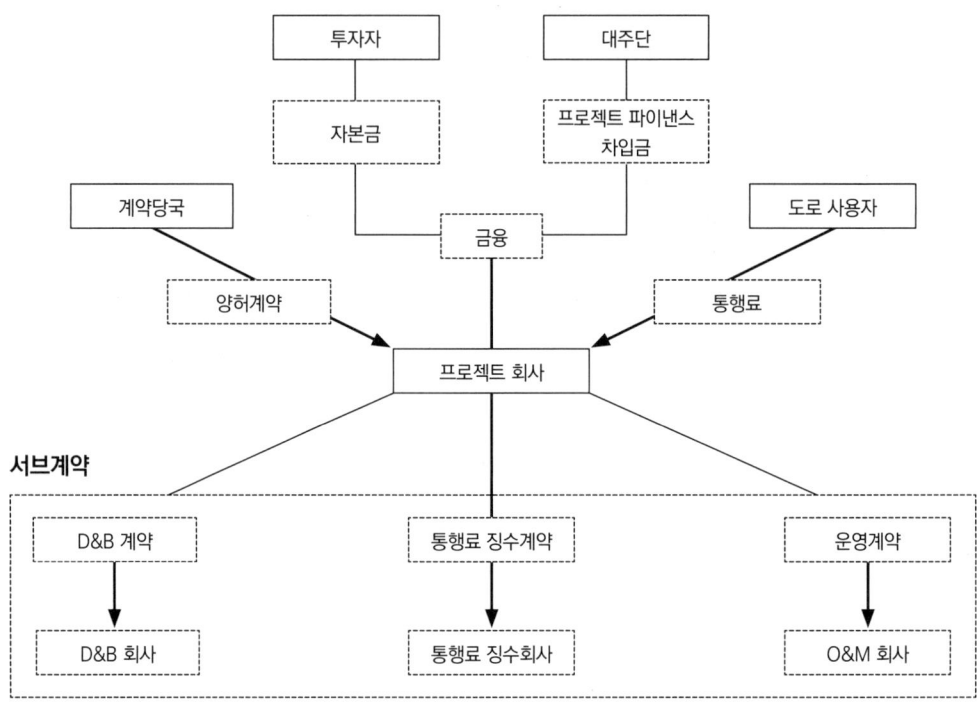

그림2-3은 학교와 병원과 같은 사회 인프라 시설에 활용되는 일반적 PFI 모델이다. 사업계약은 프로젝트 회사에게 지급하는 요금과 관련하여 계약당국과 체결하는 계약이다. 주요 서브계약으로는 아래와 같은 것들이 있다:

- *D&B(Design & Build) 계약* - 건물 디자인 및 건설
- *운영 계약*[21] - 건물과 핵심 기자재의 유지보수
- 단일 또는 복수의 '빌딩-서비스 계약(Building-Service Contracts)' - 청소, 식음료 및 보안 등 서비스 제공[22] (유지보수 계약의 일부로 취급될 수도 있다)

---

21 시설관리(Facilities Maintenance, FM) 계약으로 불리기도 하는데, 'Hard' FM 계약과 'Soft' FM 계약이 존재한다. (이에 대해서는 아래를 참조하라)
22 빌딩-서비스 계약은 사업계약 패키지의 일부분을 구성할 수도 있고, 독립적인 계약으로 존재할 수도 있다. 빌딩-서비스 계약은 'Soft' FM 계약으로 불리기도 한다.

그림 2.3 PFI 모델

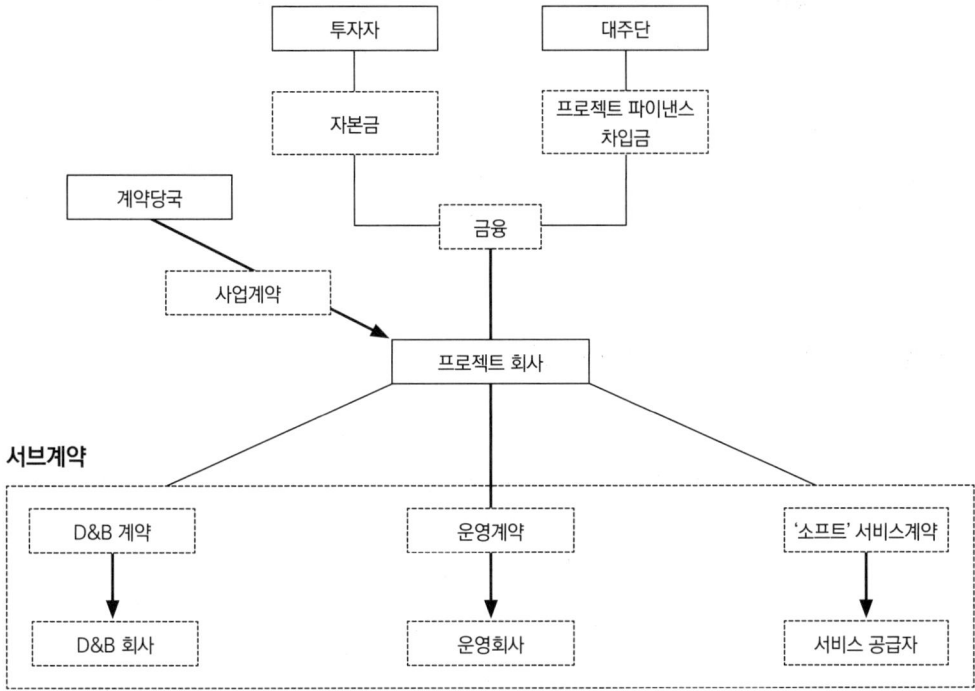

2.5.3 기타 구조

위에서 언급된 구조 이외에도 다양한 구조가 존재하며, 그림2-1에서 그림2-3까지에서 나타난 요소들이 모든 프로젝트 파이낸스에서 발견되는 것은 아니다. 예컨대,

- 다양한 종류의 프로젝트들은 사업계약에 따라 운영되지 않는다. 석유, 천연가스, 광물 또는 통신 프로젝트나 머천트(merchant) 발전 프로젝트(cf. 9.8.2) 등은 생산물이나 서비스를 상품시장이나 개방형 경쟁시장에 판매하는 방식으로 운영된다. 다만, 사업계약과 유사한 기능을 수행하는 라이센스 등이 존재한다.
- 항만과 공항과 같은 민영화된 인프라 시설은 사업계약이 아니라 라이센스에 의거 운영된다. (그러나 PPP 프로젝트의 경우 일반적으로 사업계약이 활용된다)
- 유지보수 서비스를 위탁하는 것이 아니라 프로젝트 회사가 직접 수행할 수도 있다. 이는 통상 주주와 체결한 기술지원 계약을 통하여 이루어진다.
- (석유와 같이) 프로젝트 생산품에 대하여 광범위한 상품시장이 존재한다면 생산물구매계약이 반드시 필요하지는 않다. (그리고 그림2.2에서 보는 바와 같이 양허사업에는 생산물구매계약이 존재하지 않는다)
- (수력·풍력·태양열 발전소와 같이) 연료나 원재료를 사용하지 않는 프로젝트는 원재료공급계약

이 필요치 않다.
- 무선통신 프로젝트 (또는 유사한 네트워크 방식의 프로젝트)는 단일한 건설계약에 의거 추진되기 보다는 단계적으로 추진되며, 생산물구매계약은 존재하지 않는다.

물론 이러한 구조나 계약적 관계가 프로젝트 파이낸스에만 존재하는 것은 아니다: 모든 회사는 투자금을 받으며, 계약을 체결하고, 정부로부터 라이센스를 취득한다; 그러나 이러한 사항들의 상대적인 중요성, 그리고 이들간 서로 관계를 맺는 방식이 프로젝트 파이낸스의 특징적인 모습이다.

2.6 왜 프로젝트 파이낸스를 활용하는가?

개별 프로젝트에 대한 금융은 프로젝트 파이낸스 방식이 아니라 기업금융 방식으로 조달할 수도 있다. 이 경우 회사는 자신이 보유하고 있는 현금과 금융기관 대출금을 활용하여 프로젝트 비용을 대고, 필요하면 증자를 하거나 신규로 차입한다. 회사의 재무제표가 양호할 경우 기업금융은 프로젝트 파이낸스에 비해 상대적으로 단순하며, 빠르고, 비용도 적게 든다.

프로젝트 회사는 기존 회사와 달리 대출심사의 대상이 될 수 있는, 사업 운영경험이 존재하지 않는다. (프로젝트 파이낸스 자체가 리파이낸싱되는 경우가 아니라면 말이다) 그럼에도 불구하고 대주단은 자신의 대출금을 상환받을 수 있다는 확신이 존재해야 한다. 이는 프로젝트 파이낸스의 특징인 높은 레버리지 비율을 감안하면 더욱 중요한 문제이다. 이는 프로젝트가 제때, 그리고 예산범위 내로 완공될 수 있으며, 설계한 대로 작동되며, 그리고 대출 원리금을 상환할 수 있을 정도의 적절한 현금흐름이 창출될 수 있을 것이라는 강한 믿음이 필요하다는 것을 의미한다. 또한 일시적 문제를 견딜 수 있을 정도로 건실한 프로젝트 경제성이 요구된다.

그러므로 대주단은 건설비용, 그리고 운영기간 중 현금흐름의 기초가 되는 프로젝트 계약들에 대해 까다롭게 심사하고, 프로젝트에 내재된 리스크를 정량화하여 살펴본다. 대주단은 프로젝트 리스크를 프로젝트 회사가 아닌 다른 당사자들에게 분배하거나, 불가능할 경우 다른 방식으로 리스크가 경감되었다는 것을 확인하고 싶어한다. 그러한 과정은 '실사(due diligence)'라고 일컬어진다. 실사과정은 프로젝트 개발자의 입장에서는 매우 느리고 갑갑하게 느껴질 것인데, 이는 대주단이 직간접적으로 프로젝트 계약 협상에 관여하기 때문이다. 그러나 이는 프로젝트 파이낸스의 어쩔 수 없는 측면이다. (실사 과정에서 발생하는 이슈들은 제9장에서 제13장까지에서 다루어진다)

또한 대주단은 그들이 분석한 리스크의 형태가 변하지 않도록 프로젝트 회사의 활동들을 모니터하고 통제하려 한다. 그 결과 투자자들은 기업금융과 대비하여 회사 경영에 많은 제약을 경험하게 된다. (대주단이 부과하는 통제장치들은 제14장에서 논의하기로 한다)

느리고, 복잡하며, 프로젝트의 통제권을 일부 상실하는 것 외에도 프로젝트 파이낸스 비용은 상당히 비싸다는 특징이 있다. 대출 마진은 기업금융 대비 2-3배 이상 높다; 대주단의 실사 및 통제 과정과 이를 위해 고용된 자문사 비용(cf. 5.5) 또한 이에 크게 기여하고 있다.

그리고 애시당초 금융조달이 불가능한 프로젝트에 대해 프로젝트 파이낸스가 활용될 수 없다는 점 또한 강조되어야 할 것이다.

2.6.1 왜 투자자들은 프로젝트 파이낸스를 활용하는가?

상기 요인에도 불구하고, 왜 투자자들은 프로젝트 파이낸스를 활용하려 하는가?[23] 몇 가지 이유가 존재한다:

높은 레버리지(leverage). 발전소나 도로 사업의 사업기간은 상대적으로 길지만, 높은 수익성을 보장해 주지는 않는다: 높은 레버리지는 투자수익률을 제고하는데 도움이 된다.

표2-2는 레버리지의 효과를 보여주는 (매우 단순화된) 예이다. Low Leverage 경우 및 High Leverage 경우 모두에서 투자자는 1,000을 투자했고, 영업이익은 100이 발생했다. Low Leverage 경우처럼 총 사업비의 30%가 차입금으로 조달되었다면(신용도가 양호한 기업의 통상의 기업금융이 이러한 모습을 띤다), 투자수익률은 12%가 된다. 반면, (프로젝트 파이낸스 스타일의) 80%의 높은 레버리지를 활용하면 금융비용(대주단이 지는 높은 리스크를 반영)에도 불구하고 투자수익률은 22%를 시현할 수 있다.

표 2.2 투자수익률에 미치는 레버리지의 효과

		Low Leverage	High Leverage
프로젝트 비용		1,000	1,000
a) 차입금		300	800
b) 자본금		700	200
c) 영업이익		100	100
d) 차입금에 대한 이자율		5%	7%
e) 이자비용	[(a)×(d)]	15	56
f) 순이익	[(c)-(e)]	85	44
투자수익률	[(f)÷(b)]	12%	22%

즉, 프로젝트 파이낸스는 (상대적으로 조달비용이 저렴한) 차입금을 보다 많이 활용하여 투자수익률을 높일 수 있는 수단이 되는 것이다.

---

23 Benjamin C. Esty, *The Economic Motivations for Using Project Finance* (Harvard Business School, Boston MA, 2003)*

상기 예시는 매우 단순화된 것이다. 그리고 나중에 다시 살펴보겠지만 레버리지는 일차적으로 대주단의 요구하는 현금흐름 쿠션(cushion) 수준에 의해 결정되며, 이는 다시 프로젝트에 투입하여야 하는 자본금 수준을 결정한다.(cf. 12.8) 그리고 표2.2는 현금흐름의 시간가치(cf. 10.2)를 반영하지 않았다.

기업금융 이론에서 보다 레버리지가 높은 기업에 투자하는 투자자는 높은 리스크를 수용하는 것이므로, 이에 상응하는 높은 수익률을 기대하는 것을 전제로 하고 있다. 역으로 대주단은 레버리지가 낮으면 수익률이 낮아도 상관없다고 본다. 결과적으로 D:E ratio와는 무관하게 총 금융비용은 동일해야 한다고 보는 것이다.[24] 그러나 이러한 상관관계는 프로젝트 파이낸스에서 보다 약하게 나타나는데, 프로젝트 파이낸스에서의 높은 레버리지 자체가 높은 리스크를 나타내는 것은 아니기 때문이다 - 높은 레버리지를 가져가려면 리스크는, 예컨대 서브계약자들에게 전가하는 방식으로 제한되어야 한다.

저렴한 비용. 프로젝트 회사가 전기, 또는 LNG를 시장에 판매하는 경우, 금융비용이 낮을수록 제품 판매가격도 낮아지므로, 사업주의 가중평균 자본(대차대조표의 자기자본 및 타인자본) 비용이 높다면 레버리지를 높이는 것이 효과적일 수 있다. (표2-3)

표 2.3 레버리지가 생산물구매자 및 계약당국의 비용에 미치는 영향

		Low Leverage	High Leverage
프로젝트 비용		1,000	1,000
a) 차입금		300	800
b) 자본금		700	200
c) 투자수익	[(b)×15%]	105	30
d) 차입금에 대한 이자율		5%	7%
e) 이자비용	[(a)×(d)]	15	56
요구되는 영업이익	[(c)+(e)]	120	86

차입 규모. 프로젝트 파이낸스를 활용할 경우 차입규모를 늘릴 수 있다; 더욱이 프로젝트 회사가 차입한 무소구 금융은 모기업의 차입금으로 처리되지 않는다. (그러므로 재무제표에 표시되지 않는 것이다) 이에 따라 투자자는 차입 규모를 늘려, 다수의 대형 프로젝트들을 동시에 진행할 수 있다.

---

24 (Miller-Modigliani 이론으로 알려져 있는) 이 원칙은 기업의 가치는 자본조달 방법과 무관하다는 것이다; 이 이론에 따라 기업의 가중평균 자본비용은 자본구조(D:E ratio)와 상관없이 항상 동일하다. 그러나 이를 반박할 수 있는 대표적인 예외 사례는 차입금에 대한 이자는 비용으로 인정되는 반면 배당금은 그렇지 않다는 것이다 (아래 세제효과 논의 및 12.2.2 참조) 이는 프로젝트 파이낸스를 활용하는 또 다른 이유이다. 게다가 이 이론은 차입금과 자본금에 대한 금융시장이 완벽해야 한다는 가정을 해야 하는데, 이는 사실 개도국에서는 기대하기 어렵다.

리스크의 제한. 프로젝트 파이낸스 방법을 통하여 자금조달을 하는 사업주들은 통상 대출금 상환에 대한 채무보증은 제공하지 않는다[25] - 그러므로 사업주의 리스크는 자본금에 국한된다. 프로젝트가 성공할 경우 투자자는 양호한 투자수익을 얻을 수 있지만, 그렇지 않을 경우 사업을 포기하면 그만이고, 이 때 자신이 투자한 투자액만큼만 손실을 보게 된다. 투자자는 사실상 상대적으로 적은 수수료(자신의 투자금액)로 '옵션'을 사는 셈인데, 이를 통하여 프로젝트가 성공적일 경우 사업을 계속 수행하고, 자신의 다른 비즈니스에 영향을 미칠 정도로 손실이 발생할 것으로 예상되는 경우 프로젝트에서 손을 떼버리면 된다.

리스크 분산/합작투자. 프로젝트 규모가 너무 커서 다수의 투자자들이 합작투자 방식으로 프로젝트 회사를 설립해야 할 수도 있다. 이 때 다수 투자자들 앞 리스크를 분산시키면서 동시에 무소구 방식의 프로젝트 파이낸스를 활용한다면 리스크 규모를 상당 부분 제한할 수 있다.

사업 개발에는 큰 비용이 들기 때문에, 프로젝트가 진척이 되지 않는다면 투자비용을 모두 잃을 수 있다.(cf. 3.3) 이러한 리스크에 대비하기 위하여 프로젝트 개발자는 다른 파트너들을 모집하려 할 것이다.

프로젝트에 '유한책임사원'을 참여시키는 방식이 활용될 수 있는데, 프로젝트 회사의 지분 일부를 생산물구매자 앞 제공하고 생산물구매자는 지분 취득대금을 지불하는 대신 생산물구매계약을 체결하는 것이다.

사업 개발자의 레버리지. 종종 자금여력은 없으나 아이디어가 풍부한 사업 개발자가 투자자들을 모집하는 방식으로 프로젝트가 추진되기도 한다. 자기자본이 적게 드는 프로젝트 파이낸스 구조는 자금력이 부족한 사업 개발자가 다른 투자자들과 동등한 지위에 설 수 있도록 해 준다. 요구되는 자기자본 규모가 적으면 사업 개발자가 부담하는 부분도 축소되기 때문이다.

균질하지 않은 파트너십. 높은 레버리지로 인하여 프로젝트 규모 대비 상대적으로 적은 자기자본만이 요구되기 때문에, 자금력이 각각 다른 사업주들이 협업할 수 있는 환경이 조성된다. 예컨대 재무투자자(인프라 펀드 등), 건설회사, 유지보수 회사 등으로 투자자 그룹이 구성될 수 있는데, 이들의 재무적 능력이 서로 상이하더라도 각각의 전문성을 바탕으로 파트너십을 구성할 수 있다. 합작투자 방식으로 각자의 전문성을 활용함으로써 리스크를 분산시키는 것이다. 이 경우 각각의 프로젝트 계약(즉, 건설, 유지보수 또는 서비스 계약 등)들은 해당 부문에 전문성을 지닌 파트너가 체결하게 된다.

장기 금융. 프로젝트 파이낸스의 대출기간은 통상 기업금융 대비 장기이다. 단기간에 투자금을 회수할 수 없을 정도로 사업비가 큰 사업의 경우, 결국 제품가격에 이전될 수 밖에 없는 비용을 증가

---

[25] 그러나 제한소구 방식의 보증은 제공할 수도 있다. (cf. 9.13)

시키지 않으려면 장기금융이 필수적이다. 그러므로 발전 프로젝트의 대출기간은 20년 내외이며, 인프라 프로젝트는 이보다 길다. (자원개발사업의 경우 매장량이 빨리 감소하기 때문에 대출기간 또한 짧으며, 통신망 사업의 경우 기술이 빠르게 변하기 때문에 대출기간이 짧다)

신용등급 영향. 만약 어떤 기업이 추진하는 프로젝트에 대한 리스크가 프로젝트 파이낸스를 활용하여 제한될 수 있다면, 동 기업의 신용등급이 부정적인 영향을 받을 가능성은 낮아질 것이다.

또한 생산물구매자의 신용등급이 투자자보다 높다면(계약당국이 PPP 계약을 체결하는 경우 등), 투자자가 기업금융을 통해 조달할 수 있는 것보다 유리한 조건으로 금융을 조달할 수도 있다.

외부투자자 참여 필요성 감소. 프로젝트 회사가 높은 레버리지를 추구하는 또 다른 이유는, 자기자본이 많이 필요하여 다수의 외부 투자자들의 참여가 요구되면 (특히 사업 입찰 및 개발 단계에서) 프로젝트를 관리하기가 복잡해지기 때문이다. 이에 더하여 외부 투자자들의 수가 늘어나면 기존 투자자들의 프로젝트 통제력이 약해지는 결과를 낳는다.

세금 혜택. 높은 레버리지가 매력적인 또 다른 이유 중 하나는 많은 국가들이 배당금과는 달리 이자비용에 대해서는 세금을 부과하지 않기 때문이다. 이로 인하여 타인자본의 비용이 저렴해진다. 표2-2의 예를 보면, 세율이 30%일 경우 Low Leverage의 세후수익은 60(85 × 70%)이며 이를 투자수익률로 환산하면 8.5%이다. 이에 비해 High Leverage의 세후수익은 31(44 × 70%)이며, 이를 투자수익률로 환산하면 15.4%이다.

그러나 대규모 프로젝트에서는 자본비용이 세금납부액에서 차감되기 때문에(cf. 13.7.1) 사업 초반에 절세효과가 크게 발생하며, 그 결과 이자비용을 통해 추가로 세금을 절감할 수 있는 규모는 크지 않다. 한편, 주주들이 부담해야 할 비용의 대부분을 자본금이 아닌 후순위대출로 충당했다면, 후순위대출에 대한 이자비용을 통하여 절세효과를 누릴 수도 있다. (cf. 12.2.2)

부외효과(off balance-sheet financing). 만약 투자자가 직접 대출금을 차입하여 프로젝트에 투입한다면 투자자는 이를 자신의 재무제표에 표시하여야 한다. 프로젝트 파이낸스 구조를 활용하여 합작투자방식으로 프로젝트의 소수지분만 보유하게 된다면, 반드시 그렇게 하지 않아도 된다. 차입금을 드러내지 않음으로 인하여 투자자는 자본시장에서 보다 높은 신용등급을 부여받을 수도 있다. 그럼에도 불구하고 주주들과 대주단은 일반적으로 주석사항으로 표기되는 이러한 부외거래에 대한 리스크를 고려한다; 합작투자회사는 위에서 언급한 다양한 이유로 프로젝트 파이낸스 방식으로 대출금을 차입하지만, 순수하게 부외효과만을 위해 이를 활용하는 경우는 드물다.

그러나 연결대상이 아닌 합작투자회사를 통하여 프로젝트에 투자하는 것은 (회사의 나머지 비즈니스에 '사중(dead weight)'으로 작용하는) 프로젝트 건설단계에 매우 유용할 수 있는데, 이 기간 동안에는 아무런 수익을 창출할 수 없으면서 매우 큰 규모의 자본투자가 요구되기 때문이다.

2.6.2 프로젝트 파이낸스의 제3자 앞 효용

생산물구매자와 계약당국에게도 이득이 되는 부분이 존재한다.

보다 저렴한 제품가격 또는 서비스 비용. 프로젝트의 생산물이나 서비스를 저렴하게 공급받고 싶다면, 생산물구매자와 계약당국은 프로젝트 회사가 최대한 차입금을 많이 활용할 것을 희망할 것인데, 이 때 프로젝트 파이낸스가 도움이 될 수 있다. 이는 표2-3을 거꾸로 계산해보면 알 수 있다; 투자자가 표2-3에서 나타난 바와 같이 최소한 15% 이상의 투자수익률을 희망한다면 Low Leverage의 경우 120의 영업이익이 필요한데 비해, High Leverage의 경우 86만 필요하다. 프로젝트 사업비 또한 그만큼 줄어드는 것이다.

그러므로 생산물구매자 또는 계약당국이 가장 저렴한 프로젝트 비용을 희망하고 또 금융조달방안을 스스로 선택할 수 있다면, 프로젝트 파이낸스 요건에 맞는 사업계약을 체결함으로써 프로젝트 파이낸스를 활용할 수 있을 것이다.

공공 인프라에 대한 추가적 투자. 프로젝트 파이낸스 방식을 활용할 경우, 공공부문 투자예산에 대한 경제적 또는 재무적 제약으로 인하여 투자가 어려운 PPP 기반 인프라 사업을 추진하기 위한 추가적인 재원을 마련할 수 있다.

물론 장기 사업계약에 따라 계약당국이 비용을 지급해야 하므로, 이러한 방식으로 조달된 금융은 단순히 부외거래 금융일 뿐이며 공공부문 예산에는 포함되어야 한다고 주장할 수도 있다. 그러나 공공부문 투자예산에 제약이 존재한다면 그러한 회계 관련 이슈는 큰 문제가 되기 어려울 것이다.

Capital at Risk. 프로젝트 파이낸스 구조를 활용하면 초과 건설비용 또는 유지보수 비용 등의 리스크를 생산물구매자/계약당국으로부터 프로젝트 회사에게 이전할 수 있다.(제9장) 또한 가동률 등 특정 목표가 달성되어야만 대금을 지급받게 함으로써 운영리스크도 프로젝트 회사가 지게 할 수 있다.

프로젝트 파이낸스 구조를 활용할 때 리스크 이전이 보다 효율적으로 이루어지는 까닭은 사업주 및 대주단 모두 큰 금액을 투입하기 때문이다. 프로젝트 파이낸스를 활용하지 않는 프로젝트의 경우, 주계약자, 즉 건설회사나 유지보수 회사는 해당 거래를 통해 벌어들이는 금액 범위 내에서만 책임을 진다; 즉, 유지보수 회사의 최대 책임범위는 약 2년간의 서비스 요금 정도인 것이다(cf. 8.3.4). 그 결과 유지보수 비용이 예상보다 훨씬 높은 것으로 나타나는 경우 이러한 초과비용은 유지보수 회사가 책임지지 않을 가능성이 크다. 프로젝트 파이낸스의 경우 그러한 초과비용은 일차적으로 서브계약자가 부담한다. 이후 서브계약자의 책임한도가 소진되면 다음으로는 투자자가 부담하고, 그 다음으로 대주단이 부담한다. 초과비용 규모가 너무 커서 투자자 및 대주단 모두가 프로젝트를 보호하기 위하여 추가 자금을 투입할 까닭이 없다고 판단할 경우에만 프로젝트를 포기하게 된다. (이에 따라 투자 및 대출금에 대한 손실이 발생한다). 그러나 이런 극단적인 상황은 대부분의 프로젝트에서는 보기 힘들다.

사업비 절감. 위에서 언급한 대로, 과거에는 공공부문에 의해 건설되고 운영되었던 인프라 사업들이 오늘날에는 민간금융을 통하여 이루어지고 있다. 공공부문 예산 부담을 덜어줄 수 있을 뿐 아니라 PPP 프로젝트의 경우 민간부문이 공공부문보다 훨씬 효율적으로 운영할 수 있는 장점이 있다.

보다 낮은 사업비는 다음과 같은 요인에 의해 가능하다:

- 공공부문은 프로젝트를 불필요하게 구조화하거나, 복잡하게 만드는 경향이 있다.
- 프로젝트 건설과 운영에 대하여 민간부문의 전문성과 역량을 활용할 수 있다. (민간부문의 경우 인센티브 제도를 활용하기가 쉽기 때문이다)
- 초과 건설비용 및 운영비용 등 공공부문에서 자주 발생하는 리스크를 민간부문 앞으로 이전할 수 있다.
- 프로젝트 유지관리 비용이 공공부문 재원조달 가능 여부에 의존하는 것이 아니라 프로젝트 초기부터 총사업비에 포함되어 관리된다.

그러나 이러한 비용절감 효과가 상대적으로 비싼 민간금융 비용을 상쇄할 수 있는지 여부를 확인하는 것은 계산 과정에서 수많은 가정을 활용해야 하기 때문에 쉽지 않다.

그리고 이러한 비용절감은 프로젝트 파이낸스의 속성이라기 보다는 사실 민간부문의 참여로 이루어지는 것이다.

제3자의 실사(due diligence). 생산물구매자와 계약당국은 독립적인 자문사들의 실사 및 대주단의 통제권 행사로 혜택을 누릴 수도 있다. 왜냐하면 이들 또한 사업계약의 모든 의무가 확실하게 이행되고 있는지, 그리고 기타 프로젝트 계약들을 통해 리스크가 적절히 경감되고 있는지를 확인하기 때문이다.

투명성. 프로젝트 파이낸스는 '자족적'(특정 프로젝트의 자산, 부채, 비용 및 수입에만 관련되어 있다)이기 때문에 제품 생산 또는 서비스 공급에 대한 비용을 산출하고 점검하기가 상대적으로 쉽다. 또한 투자자가 규제산업(송전사업 등)을 영위하고 있다면, 규제대상이 아닌 비즈니스는 프로젝트 파이낸스를 활용하여 별도로 추진할 수 있다.

추가 투자기회. 프로젝트 파이낸스는 기존 방식으로는 불가능했던 개도국 신규 인프라 투자 기회를 창출할 수 있다. 더욱이, 발전소와 같은 대규모 사업에 대한 성공적인 프로젝트 파이낸스는 추가적인 투자를 위한 좋은 본보기가 될 수 있다.

금융시장 발전. 프로젝트 파이낸스는 단기금융 위주의 개도국의 금융시장 발전에 도움을 줄 수 있다. DFI 및 기타 해외 금융기관들(제16장)이 참여하여 개도국 금융시장을 발전시킬 수 있을 것이다.

기술 이전. 프로젝트 파이낸스는 자원과 기술이 부족한 개도국에서 시장을 통해 (자원과 기술이 필요한) 인프라 투자기회를 창출할 수 있다.

03

프로젝트의 개발과 관리

03 프로젝트의 개발과 관리

3.1 도입

프로젝트는 세 단계로 구분할 수 있다.

- *개발단계*. 프로젝트 개요를 설계하고, 각종 계약을 체결하고, 자본금과 대출금을 인출할 수 있는 단계 – 이 마지막 단계는 '금융종결(Financial Close)'이라고 부른다.[1] 이 단계는 언뜻 생각하는 것보다 복잡하며, 몇 년이 걸릴 수도 있다.
- *건설단계*. 프로젝트 파이낸스 대출금이 인출되어 공사가 진행되는 단계 – 이 마지막 단계는 '사업완공(Project Completion)'이라고 부른다.
- *운영단계*. 프로젝트가 상업적으로 운영되어 그로부터 창출되는 현금흐름으로 대출 원리금을 상환하고 투자자들에게 배당을 지급하는 단계이다.

사업개발 단계에서 가장 중요한 역할을 수행하는 사업주(3.2)는 외부 자문사들(3.4)의 자문을 받아 이 절차를 관리(3.3)한다. 사업주가 복수일 경우 합작투자 구조에 대하여 합의하여야 한다.(3.5) 프로젝트 회사는 통상 개발단계의 마지막 순간에 설립되며, 금융종결(3.6) 이후 절차를 관리한다. PPP 사업에서는 사업주가 아니라 계약당국이 설계한 입찰을 통해 사업이 추진되기도 한다.(3.7)

3.2 사업주와 기타 투자자들

프로젝트 파이낸스를 조달하려면 사업주는 배당을 받기 전 대주단이 우선 대출 원리금을 상환받을 수 있도록 현금흐름을 구조화 하는데 동의하여야 한다. 그러므로 투자자는 프로젝트에 대한 가장 큰 리스크를 지지만, 프로젝트가 계획대로 추진될 경우 (투입한 자금에 비례하여) 프로젝트에서 창출되는 이익의 가장 큰 몫을 차지한다.

---

[1] '효력발생일(Effective Date)', 즉 모든 프로젝트 계약이 효력을 발생하는 날이라고 불리기도 한다.

프로젝트 투자자들은 '사업주(sponsors)'[2]라고 부르는데 그들의 역할은 프로젝트를 기획하고, 개발하고 또 관리하는 등 사업 전반에 걸쳐있다. 프로젝트 파이낸스가 통상 비소구 금융(즉, 대주단이 사업주로부터 채무보증을 받지 못함)이라 하더라도, 사업주들은 여전히 중요하다. 대주단이 프로젝트 파이낸스 참여 여부와 관련하여 가장 먼저 고려하는 요소가 사업에 적합한 당사자들이 사업주로 참여하고 있는가이기 때문이다.

대주단은 아래와 같은 사업주를 희망한다:

- 관련 산업에 대한 경험이 풍부하여 프로젝트에 필요한 기술 및 운영 노하우를 제공해 줄 수 있을 것
- (만약 사업주인 동시에 서브계약자라면) 프로젝트 회사와 동등한 지위에서 서브계약을 체결할 수 있을 것
- 프로젝트에 상당 규모의 자본금을 투입하여, 프로젝트에 문제가 발생했을 때 적극적으로 문제해결에 나설 인센티브를 보유하고 있을 것[3]
- 투자에 대한 적정수준의 배당: 배당수준이 너무 낮을 경우 사업주의 프로젝트 회사에 대한 관심이 떨어질 수 있으며, 대출금 커버비율도 충분하지 않을 수 있다.(cf. 12.3)
- 프로젝트가 어려움에 직면할 때 (의무는 아니지만) 도움을 줄 수 있는 재무적 능력 보유

프로젝트 파이낸스를 활용하는 통상적인 사업주들의 범주는 아래와 같다:

- 프로젝트에 대한 투자를 계기로 건설계약을 수주하고 싶어하는 건설회사
- 프로젝트에 대한 투자를 계기로 기자재 공급계약을 체결하고 싶어하는 기자재 공급업체
- 프로젝트에 대한 투자를 계기로 사업의 유지보수 계약을 체결하고 싶어하는 운영사나 유지보수 전문기업
- 프로젝트에 연료나 원재료를 공급하고 싶어하는 기업 (예컨대 발전소에 LNG를 공급하는 회사)
- 프로젝트 건설에 직접적으로 자금을 투입하기 어렵거나 (또는 불가능하거나) 정부정책에 의해 금지되어 있지만 일부 지분투자는 할 수 있는 (또는 생산물구매계약 체결 대가로 지분을 일부 받는), 프로젝트 회사 제품(예컨대 전기)의 생산물구매자
- 기업금융 방식으로 금융을 조달하는 방식 대비 투자수익률을 높이고 싶어하거나, 광범위한 산업 포트폴리오를 통해 리스크를 분산하고 싶어하는 기업들(cf. 2.6.1)

---

2 '사업 프로모터(promoter)', '디벨로퍼(developer)'란 용어가 사용되기도 한다. PPP 프로젝트에서 계약당국 또한 사업주란 이름으로 불리면서 혼란을 주기도 한다.
3 이런 맥락에서, 만약 사업주 중 하나가 많은 사업개발 수수료(development fee)를 받는다면(cf. 12.2.5), 이는 그가 투입하는 자본금의 규모를 그만큼 축소시키며 그 결과 프로젝트에 대한 주인의식이 희석될 수 있다. 그러므로 대주단은 이런 식으로 프로젝트를 개발한 후 수수료를 받고 실질적으로 프로젝트에서 물러나는 디벨로퍼에 대해 회의적인 시각을 갖고 있다.

사업주가 프로젝트 회사와 계약을 체결하면 갈등이 발생할 소지가 있다. 대주단의 실사과정을 무난히 거치기 위해서는 이러한 계약적 관계가 서로 동등한 입장에서 이루어져야 할 것이다. 프로젝트 회사가 시장의 기대수준에 크게 못미치는 건설회사와 건설계약을 체결하게 된다면, 금융조달 가능성은 낮아질 것이다.(cf. 9.5.4)

사업주에 대하여 주의깊게 살피는 이는 대주단만이 아니다. 프로젝트 회사와 계약을 체결하는 이들도 별도의 보증서가 제공되지 않는다면 통상의 경우 대비 대금지급 리스크를 엄격하게 심사할 것이다. 예컨대 건설회사들의 경우 대주단이 인출을 중단하면 건설대금을 받지 못한다는 것을 잘 알고 있다.(cf. 9.5.1) 건설회사들과 좋은 관계를 맺고 있으며, 다른 프로젝트를 완공한 경험이 있는 사업주들의 존재는 그들의 재무적인 기여만큼이나 중요하다. 마찬가지로 생산물구매자나 계약당국 또한 프로젝트가 제대로 개발되고, 금융조달이 이루어지고, 잘 운영되는 것을 확인하고 싶어 할 것이다.(cf. 9.14)

요약하자면, 그럴 듯 해 보이나 능력이 없는 사업주가 추진하는 프로젝트에 대해서는 – 비소구 조건의 프로젝트 파이낸스라 하더라도 – 금융이 지원되지 않을 가능성이 높다. (9.13에서 논의하겠지만 그들이 제한소구 방식의 보증을 제공함으로써 프로젝트 리스크의 '갭'을 메울 필요가 있을 경우 사업주들의 재무능력 또한 매우 중요하게 간주될 것이다)

3.2.1 수동적/2차 투자자

사업주들은 아래와 같은 보다 '수동적(passive)'인 투자자들을 모집할 수도 있다:

- 인프라 부문 등 프로젝트 파이낸스 지분투자에 특화된 인프라 펀드 (그러나 이들이 사업주와 동일한 역할을 할 수도 있다)
- 생명보험회사[4]나 연기금[5]처럼 투자펀드를 통해서가 아니라 직접적으로 프로젝트에 투자할 수 있는 기관투자자들
- 프로젝트 회사의 상장주식에 대한 투자자들
- 계약당국(cf. 3.2.2)
- 사업주가 외국투자자일 경우, 현지 파트너사
- IFC(International Finance Corporation)와 같은 DFI(cf. 16.5.2). 이들은 직접 또는 투자펀드를 통해 참여할 수 있다.
- 최근 이 부문에 관심을 보이는 국부펀드들. 이들 또한 직접 또는 투자펀드를 통해 참여할 수 있다.

---

4 일부 생명보험회사들은 자체적으로 인프라 투자펀드를 운용하기도 한다.
5 이들은 미국(예컨대 California Teachers), 캐나다(예컨대 Canada Pension Plan, Ontario Teachers) 및 일부 유럽 국가들(영국, 프랑스, 네덜란드, 스웨덴)과 기타 지역(호주, 브라질, 칠레)에 소재하는 대규모의 공적 연기금 등이다. 보다 규모가 작은 펀드들은 통상 제3자가 운영하는 투자펀드를 통하여 투자한다. Raffaele Della Croce, *Trends in Large Pension Fund Investment in Infrastructure* (Working Paper on Finance, Insurance and Private Pensions No.29, OECD, Paris, 2012)*

수동적 투자자들은 통상 금융종결 시점에 합류하게 된다. 공공조달 입찰방식으로 사업이 추진되는 경우 입찰비용을 부담하고 싶어하지 않기 때문에, 혹은 프로젝트가 계약당국에 의하여 추진되는 경우 개발비용을 부담하고 싶어하지 않기 때문이다. (cf. 3.3, 3.7, 12.2.5)

금융종결 시점에 투자하는 이들은 '1차 투자자(primary investor)'라고 불린다. '2차 투자자(secondary investor)'는 1차 투자자로부터 지분을 인수하는 이들을 일컫는다. (cf. 14.17)

대주단은 최초 사업주들이 프로젝트 건설이 완료된 이후 일정기간 동안 지분을 유지하기를 희망한다; 그렇지 않다면 사업주들이 프로젝트에 제공하는 혜택이 유지되기 어렵기 때문이다. (cf. 6.3.2, 7.11, 9.13) 건설회사 또는 기자재 공급처의 역할을 하는 사업주로서는 프로젝트에 대하여 장기간의 이해관계를 지니기 어렵지만, 프로젝트에 대하여 장기간의 이해관계를 지니고 있으며, 또 건설업체나 기자재 공급처와 동등한 입장에서 거래관계를 맺을 수 있는 다른 사업주들이 존재한다면 대주단은 이를 크게 문제삼지 않을 것이다.

3.2.2 공공부문 투자자

계약당국(또는 공공부문) 또한 PPP 프로젝트, 또는 전력구매자가 공공부문인 경우 등 자신이 이해관계를 지니고 있는 프로젝트에 사업주로 참여할 수 있다. 사업주로 참여하는 동기는 다음과 같다:

- 투자수익을 통하여 계약대금 지급액을 마련하는 방식으로 프로젝트 비용 축소(그러나 이 경우 보다 불확실한 투자수익과 상대적으로 확실한 계약대금 지급액의 성격상 차이를 감안하여야 할 것이다 – 즉, 투자수익에 대해서는 리스크를 감안하여야 한다)
- 지분매각 방식으로 민간부문이 벌어들이는 이익 공유 (cf. 14.17.1)
- 프로젝트 개발단계 모니터링

이 때 발생하는 어려움은 프로젝트가 문제에 봉착했을 때 발생할 수 있는 갈등이다 – 만약 계약당국이 PPP 계약에 따른 자신의 권리를 행사할 경우 자신의 지분을 잃을 수도 있다. 그러나 특정 시장에서는 이처럼 공공부문이 프로젝트 지분을 보유하는 것이 일반적이다. 중동의 공정 플랜트 프로젝트들이 그 좋은 예이다. 영국 재무성은 2012년, PFI 모델에 대한 개선방향의 일환으로 미래 PPP 프로젝트에 대하여는 공공부문이 지분을 취득해야 한다고 발표하기도 하였다. (cf. 2.5.2, 17.5.5) 그리고 이해상충 문제를 경감하기 위하여 재무성 산하 별도 기구가 지분을 보유하도록 하였다.[6]

---

6 제15장에서 다시 살펴보겠지만 이해관계 불일치 문제는 계약당국이 프로젝트 회사의 채무에 대하여 채무보증을 제공하는 경우에도 발생한다.

3.3 프로젝트 개발

여타 프로젝트 관리 업무들처럼, 프로젝트 파이낸스를 활용할 경우 복잡한 사항들을 효율적으로 처리하기 위해 시스템적 접근방법이 요구된다. 프로젝트 파이낸스에서는 사업주가 진행해왔던 일들에 대해 대주단 및 그 자문사 등 제3자가 리뷰를 한다. 이는 추가적인 작업과 시간을 필요로 한다. 그러므로 금융조달이 사업추진의 중요한 요소가 되는 것이다.

모든 신규 투자의 경우와 마찬가지로 사업주는 사업 초기에 타당성 조사를 수행한다. 프로젝트 파이낸스를 활용하는 경우, 사업타당성 결과로 파악된 구조적인 요구사항(예컨대 프로젝트 계약 조건)들은 조기에 검토되어야 되는데, 이는 이러한 요구사항들이 프로젝트의 상업적 접근방법 및 사업타당성에 영향을 미칠 수 있기 때문이다.

사업주는 사업개발팀과 함께 개별 사업의 특성에 맞춰 아래 사항들에 대한 가이드라인도 수립해야 한다.

- 디자인, 엔지니어링, 건설
- 유지보수
- 법률적 사항
- 회계 및 세무적 사항
- 재무구조
- 재무모델 등

사업개발팀은 잘 구성되어야 한다; 사업개발 단계에서 가장 흔하게 발생하는 문제 중 하나는 상업적으로는 별다른 문제가 없으나, 프로젝트 파이낸스 관점에서는 받아들이기 힘든 프로젝트 계약이다. 예컨대, 연료가격은 저렴하나 연료공급계약이 대출기간을 커버하지 못하거나, 건설계약은 낮은 가격으로 체결되었으나 정해진 시간에 완공을 달성하지 못하거나 필요한 성능을 내지 못할 때 건설회사가 이에 대해 금전적으로 책임지게 하는 부분이 대주단이 보기에 만족스럽지 않거나 하는 경우이다. (cf. 8.2.8) 사업주가 이 모든 업무를 처리하기 위한 전문성을 보유하고 있지 않을 경우, 외부 자문사(cf. 3.4)를 고용하여야 할 것이다.

프로젝트 개발단계는 몇 달, 어떤 경우에는 몇 년이나 지속될 수 있기 때문에 사업주는 이와 관련된 비용을 과소평가해서는 안된다. 사업주의 직원들은 다수의 해외출장을 다녀오거나 현지 사무소를 설립하는 등의 방식으로 단일 프로젝트를 위하여 오랫동안 시간을 투여하여야 한다. 외부자문사 고용시에는 추가 비용이 발생한다. 사업개발비용은 총 사업비의 5-10% 수준을 차지하며, 프로젝트가 예상대로 진척되지 않아 이 비용을 전부 손실처리하여야 하는 리스크도 존재한다.[7] 그러므로 비용 통제가 매우 중요하다. (물론 규모의 경제가 존재한다 - 그러나 대규모 프로젝트는 그만큼 프로젝트 구조가 복잡하며, 그 결과 개발비용 또한 상대적으로 높은 비중을 차지하게 된다)

만약 사업주들이 프로젝트를 자체 개발하기보다 공공조달 입찰에 참여하는 경우라면(cf. 3.7) 입찰에 참여한 수많은 사업 중 일부에 대해서만 낙찰을 받게 될 것이며, 그 결과 낙찰되지 못한 사업에 대한 개발비용은 낙찰받은 사업에서 보전받을 수 밖에 없을 것이다. (cf. 12.2.1)

3.4 자문사의 역할

프로젝트 개발 및 금융조달 단계에서 다양한 외부 자문사들이 활용된다. 외부 자문사들은 사업주보다 많은 경험을 보유하고 있기 때문에, 사업주가 기존 경험이 없는 프로젝트에서 중요한 역할을 할 수 있다; 사업주가 지속적으로 프로젝트들을 개발하지 않는다면, 단 하나의 사업을 위하여 해당 사업 전문성을 지닌 전문가들을 직접 고용하기는 어려울 것이다. 또한 다수의 프로젝트를 성공적으로 수행한 경험이 있는 외부자문사를 고용할 경우, 대주단이 만족감을 표할 수도 있다.

사업주는 다양한 프로젝트 참여자들을 자문 역할에 활용할 수도 있다 - O&M 계약자가 사업주는 아니라 하더라도, 그는 현재 운영중인 유사 프로젝트에 대한 실무 경험을 통해 프로젝트 디자인에 대한 조언을 할 수 있을 것이다.

대주단은 사업주와 마찬가지로 자신들만의 실사를 위하여 별도로 전문가들을 고용(금융자문사 제외)하려 할 것이다. (cf. 5.5)

3.4.1 금융자문사(Financial Advisor)

사업주들이 프로젝트 개발에 경험이 풍부하지 않다면, 금융시장에서 받아들여지기 어려운 프로젝트 계약들로 인하여 나중에 문제가 발생할 가능성이 있다. 그러므로 내부 프로젝트 파이낸스 전문성을 보유하지 않은 사업주의 경우 프로젝트 개발 단계에서부터 금융자문사를 선정해야 한다.

금융자문 서비스는 상업은행, 회계법인 또는 전문자문사(advisory boutique) 등이 제공해 줄 수 있으며, 다음과 같은 사항들을 포함한다;

---

[7] PPP 공공조달과 관련, Gerti Dudkin & Timo Välilä의 "Transaction Costs In Public-Private Partnerships: A First Look At The Evidence", *Economic and Financial Report* (EIB, Luxemburg, 2005) 참조

- 독자적으로 프로젝트를 개발하는 사업주에 대한 자문
- 공공조달을 추진하는 계약당국 앞 자문 (cf. 3.7.1)
- 공공조달 입찰에 참여하는 예비 사업주 앞 자문

표3.1은 금융종결 시점의 프로젝트 규모에 기반하여 작성한 프로젝트 파이낸스 시장의 '상위 20개' 금융자문사 순위이다. 상업은행들은 금융주선사(lead arranger)와 금융자문사 역할을 동시에 수행하기도 한다 (cf. 5.2.3) - 그 결과 제4장에서 살펴볼 바와 같이 주요 대주로서 이름을 올리기도 한다. 표에서 보는 바와 같이 상업은행이 아닌 금융자문사로는 회계법인, 투자은행 및 전문자문사 등이 있다.

표 3.1 2012년 상위 20개 금융자문사

자문사	종류	국가	금액(U$백만)
Crédit Agricole	은행	프랑스	41,270
Mizuho	은행	일본	40,000
Royal Bank of Scotland	은행	영국	16,625
Macquarie	은행	호주	13,392
HSBC	은행	영국	12,053
KPMG	회계법인	영국	9,830
Rothschild	투자은행	영국	9,570
Société Générale	은행	프랑스	9,470
Ernst & Young	회계법인	영국	9,915
PwC	회계법인	영국	8,439
Sumitomo Mitsui Banking Corp	은행	일본	8,065
BNP Paribas	은행	프랑스	4,696
ING	은행	네덜란드	4,000
State Bank India	은행	인도	3,342
Citigroup	은행	미국	3,109
Natexis	은행	프랑스	2,468
Green Giraffe Energy Bankers	전문자문사	프랑스	1,745
Bank of Tokyo-Mitsubishi UFJ	은행	일본	1,600
Unicredit	은행	이탈리아	1,238

자료: Project Finance International, 496호(2013. 1. 16)

프로젝트 파이낸스의 금융자문사는 기업금융에 비해 많은 역할을 수행한다. 프로젝트 구조는 프로젝트 파이낸스의 요건을 충족하여야 하는데, 그 결과 금융자문사는 대주단의 실사 과정에서 나타날 수 있는 사항들을 미리 인지하여 프로젝트 계약 체결 등에 있어 문제가 없도록 하여야 한다.

금융자문사의 역할은 통상 사업주가 체결하는 금융자문 계약에서 다뤄진다. (사업주는 후기 프로젝트 개발단계에서 이 역할을 프로젝트 회사 앞 이전시키기도 한다) 금융자문 계약의 내용은 아래와 같다:

- 프로젝트 최적 금융구조에 대한 자문
- 프로젝트 재무모델(financial model) 작성
- 재원조달 방안 마련
- 금융조달 및 금융조건 자문
- 프로젝트 계약의 재무적 영향 분석 및 계약협상 자문
- 프로젝트 제안설명을 위한 투자설명서(information memorandum) 작성
- 금융제안 평가
- 상업은행 선정 또는 채권발행 자문
- 금융계약 협상 자문

금융자문사들은 고정비용과 시간당 비용을 받으며, 금융종결시 성공보수를 받는다. 출장비용 등과 같은 실비도 사업주가 부담한다. 이러한 비용은 사업개발 비용으로 프로젝트 회사 앞 계상된다. (cf. 13.5.1)

금융자문사는 유사한, 그리고 (가능하다면) 해당 프로젝트가 위치한 국가에 소재한 프로젝트에 대한 성공적인 금융조달 경험을 보유하여야 한다. 사업주는 금융자문사의 일반적인 평판보다는 실제로 일을 추진하는 개인이 얼마나 능력이 있는지를 검토하여야 한다.

이러한 금융자문 서비스는 성공적인 프로젝트 개발에 꼭 필요하나, 적지 않은 비용이 든다. (일반적인 규모의 프로젝트의 경우 총 사업비의 1% 수준이나, 이의 대부분은 성공불이다) 소규모 전문자문사나 개인을 활용할 경우 비용을 줄일 수는 있으나, 경험이 부족한 사업주의 경우 '잘 알려진' 금융자문사를 쓰지 않을 경우 불안감을 느낄 수도 있을 것이다. 또한 금융자문사(능력이 출중하다고 알려져있다 하더라도)가 금융조달에 어려움이 없다고 판단하였더라도, 실제 금융시장의 현실은 그렇지 않을 수도 있다.

3.4.2 법률자문사(Legal Advisor)

법률자문사는 프로젝트 계약 뿐 아니라, 이러한 계약들이 어떻게 프로젝트 파이낸스 요건과 서로 잘 맞아떨어지게 할 것인지에 대하여 자문할 수 있어야 하며, 프로젝트 파이낸스 문서작성 업무에도 능통하여야 한다. 이러한 업무는 미국과 영국의 잘 알려진 소수 법무법인들이 과점하고 있다. 그러나 미국과 영국 외에 소재하고 있는 사업에 대하여는 현지 법무법인의 도움이 필요하다. 그 결과 "국제" 법률자문사와 "국내" 법률자문사 둘 다 필요하다.

프로젝트 파이낸스 업무의 상당부분이 각종 계약들을 구조화하는 것이기 때문에, 법률자문사의 역할은 핵심적이다. 그러나 법률자문사에 대한 비용이 고정금액[8]이 아니라 시간당으로 지급된다면, 이들을 보다 효율적으로 활용할 필요가 있다. 예컨대, 상업적 의사결정에는 변호사들이 개입하지 않도록 해야 하며, 계약의 상업구조의 틀이 마련되기 전까지 변호사들이 계약을 직접 핸들링하지 않게 하여야 한다. 반면, 이들이 보유하고 있는 기존 프로젝트에서의 상업적 문제 해결 경험은 사업주에게 큰 도움이 될 수도 있다.

3.4.3 기타 자문사

그 외에도 다양한 자문사들이 존재하나, 이들에 대한 비용은 금융자문사와 법률자문사의 비용에 비해 크게 낮다.

기술자문사. 사업주의 엔지니어링 자문 (cf. 8.2.4)

환경자문사. 대부분의 국가에서 대규모 사업을 수행하기 위해서는 환경영향평가(EIA, Environmental Impact Assessment)를 수행하여야 하는데, 이를 위해 사업주는 환경자문사를 선임한다. 환경관련 이슈는 매우 심각한 결과를 낳을 수 있어, 대주단이 직접 책임을 지는 일이 없다 하더라도 이들은 환경관련 이슈가 있는 프로젝트에는 참여하기 꺼려한다.

회계자문사. 이들은 회계적 이슈 또는 세무 이슈와 관련하여 사업주 또는 프로젝트 회사에게 자문 서비스를 제공한다. (금융자문사가 이 역할을 담당할 수도 있을 것이다.)

재무모델 자문사. 사업주가 금융조달에 자신이 있다면, 금융자문사를 필요로 하지 않을 수도 있다. 그러나 그 경우에도 재무모델 자문사는 필요할 것이다. 이 역할은 통상 회계법인이나 전문 모델자문사가 수행한다.

보험자문사. 보험 브로커의 역할은 8.6을 참조하라.

3.5 합작투자와 관련된 이슈들

소위 '컨소시엄'(consortium, 법적인 의미는 없음)으로 불리는 복수의 사업주들이 프로젝트 회사

---

8 금융자문사와 법률자문사의 '고정비용'이 실제로 100% 고정되는 경우는 드물다: 고정비용은 통상 특정 업무에 대한 비용상한(cap)으로 작용한다. 즉, 특정 날짜까지 금융종결이 이루어지지 않는다면 그 이후의 업무에 대해서는 추가적인 비용을 지급해야 한다. 통상 프로젝트 개발계획은 모든 것이 잘 이루어질 것이라는 가정하에 세워지므로, 비용초과 문제는 번번히 발생하게 된다.

의 지분을 보유하는 경우가 존재한다.

합작투자 방식으로 프로젝트를 개발할 경우 복잡성이 배가된다; 사업주 중 일부는 프로젝트 파이낸스에 대해 익숙하나, 다른 일부는 그렇지 않을 수도 있다; 프로젝트 파이낸스 실사 과정에서 문화적 차이 또한 두드러진다; 게다가 사업주들간 합의에 도달하기 전 대주단과 먼저 협상이 진행되기도 한다. 대주단과의 갈등 때문이 아니라 사업주들간의 문제 때문에 프로젝트가 지연되는 경우도 왕왕 발생한다.

프로젝트 파이낸스를 활용할 경우 사업주들간 원활한 커뮤니케이션은 매우 중요하다. 사업개발을 위하여 한 몸과 같은 팀을 구성하고, 서로간의 역할과 책임에 대하여 명확히 해 두어야 한다. 예컨대, 한 사업주는 금융에 대하여 책임지며, 다른 사업주는 건설계약을 담당할 수 있을 것이다. 사업주 중 하나가 프로젝트 회사와 서브계약을 체결하는 경우에는 이해상충 문제를 해결하기 위하여 다른 사업주가 프로젝트 회사의 입장에서 협상을 진행하여야 한다.

사업을 공동으로 개발하는 사업주들은 다음 사항들을 커버하는 사업개발 계약(development agreement)을 체결하게 된다.

- 프로젝트의 범위와 구조
- 배타성 약정
- 경영관리 역할과 책임
- 사업타당성 조사, 자문사 고용, 건설회사 및 기타 프로젝트 계약 당사자들과의 협상, 대주단과의 협상
- 의사결정 규칙
- 개발비용(프로젝트 개발단계에서 사업주 직원들 인건비 및 외부 자문사 비용 등) 조달과 관련된 사항, 그리고 (비용이 발생한 당시 소요된 금액 및 시간을 고려하여) 사업주의 출자금액에 비례한 비용 분배 (cf. 12.2.5)
- '계약자 지위(reserved role)' 조항 (예컨대 사업주 중 하나가 경쟁입찰 과정 없이 건설계약을 체결하게 되는 경우 등); 이는 역무범위와 가격 기준에 대하여 동시에 합의할 수 없다면 매우 합의하기 어려운 조항이다.
- 하나 또는 복수의 사업주가 제공하는 완공, 초과비용 등과 관련된 보증(cf. 9.13)
- 프로젝트 철수 및 지분매각과 관련된 사항
- 분쟁해결조항

특정 사업주가 받아들이기 힘든 방식으로 프로젝트가 추진된다면 해당 사업주는 프로젝트 자금조달에 참여하지 않으려 하기 때문에, 대부분의 중요한 의사결정은 만장일치로 이루어진다. 자문사 선정 등과 같이 덜 중요한 이슈들은 다수결로 결정될 수도 있다. 한 사업주가 자신의 지분을 매각

하고 싶어할 경우 다른 사업주들이 이를 우선 취득할 수 있도록 하는 조항도 포함된다.

사업개발 계약은 프로젝트 회사가 설립되어 동사가 프로젝트에 대한 책임을 이관받게 되면 통상 주주계약서(shareholder agreement)로 대체된다. (cf. 3.6.2)

3.6 프로젝트 회사

3.6.1 구조

프로젝트 회사는 프로젝트 파이낸스에서 모든 계약적·재무적 관계의 중심에 위치하고 있다.[9] 이러한 관계들은 프로젝트 파이낸스 '박스'에 모두 포함되어야 하는데, 이는 프로젝트 회사는 프로젝트를 구성하지 않는 업무는 수행할 수 없다는 뜻이다. (왜냐하면 프로젝트 파이낸스는 해당되는 단독 사업에 대한 대주단의 평가에 따라 이루어지는 금융 방식이기 때문이다) 그러므로 대부분의 경우 해당 프로젝트만을 수행하기 위한 신설회사가 설립된다. 대주단은 채권보전 및 통제 측면에서 차주가 법인의 형태를 띠는 것을 선호한다. (cf. 14.7.2)

프로젝트 회사는 일반적으로 프로젝트가 소재하는 국가에 설립되나, 경우에 따라 그렇지 않을 수도 있다.

사업주는 보다 우호적인 세제혜택을 주는 제3국에 중간 지주회사를 설립할 수도 있다. 예컨대, 프로젝트 회사 지분매각시(즉, 지주회사 지분 매각시) 자본소득을 회피하거나, 배당에 대한 소득세를 피할 수 있기 때문이다. (cf. 13.7.6) 대주단의 채권보전을 위하여 지주회사의 형태를 띠는 경우도 존재한다. (cf. 14.7.2)

일부 프로젝트에서는 유한회사가 아닌 형태를 띠기도 한다. 가장 흔히 볼 수 있는 다른 형태는 유한합명회사(limited partnership)이다. 이 경우 사업주의 책임은 유한회사의 주주로서의 책임과 동일하나, 프로젝트의 매출에 대하여 부과되는 세금은 사업주에 대하여 직접 적용하며, 자본비용에 대한 과세처리 또한 사업주의 다른 소득과 합산하여 처리된다.

유가스 개발 사업에서 사업주들은 비법인합작투자(unincorporated joint venture) 방식을 활용할 수도 있다. 사업주들은 공동운영계약(joint operating agreement)을 체결하는데, 이를 통해 사업주들 중 일방을 운영사(operator)로 정하고 그 운영사가 (운영위원회의 지시를 받아) 일상적

---

[9] 프로젝트 회사는 '특별목적회사(SPV, Special Purpose Vehicle)', '특별목적기구(Special Purpose Entity)' 또는 PPP의 경우, '계약자' 또는 '민간부문'으로 불리기도 한다.

인 업무를 수행케 하는 방법이다. 운영사는 (시추계약 등과 같은) 프로젝트 계약을 체결하며, 이에 소요되는 비용을 미리 합의한 기준에 따라 각각의 사업주들에게 cash call 방식으로 청구한다. 사업주들 중 하나가 이에 응하지 않고, 또 일정기간 내 이러한 상태가 치유되지 않으면 해당 사업주의 지분은 몰수된다. 제3자에 대한 운영사의 책임은 사업계약에 분명하게 서술되어야 한다: 운영사가 직접 책임을 지고 대금을 지급한 후 자신이 쓴 비용에 대하여 cash call을 통하여 보전받는 것인가, 아니면 사업주의 대리인으로서 비용을 발생시키는 것인가? 이러한 구조가 활용될 경우 사업주들은 집단적으로 해당 비용을 마련하기 위해 노력하기보다는 개별 사업주별로 SPV를 설립하여 자신의 몫에 대한 자금조달을 추진하게 된다. 신용도가 높은 사업주는 기업금융을 통해 저렴하게 자금을 조달할 수 있으나, 그렇지 않은 사업주의 경우 프로젝트 파이낸스 방식을 활용하여야 할 것이다. (그러나 이런 구조는 대주단의 채권보전장치로서는 이상적이지 않다.)

3.6.2 주주계약

사업주가 복수인 경우, 프로젝트 회사가 설립되고 프로젝트를 주도적으로 추진하는 때부터 사업주들간의 사업개발계약(Development Agreement)은 통상 주주계약(Shareholder Agreement)으로 대체된다. (물론 하나의 계약으로 할 수 있지만 말이다) 주주계약서는 일반적으로 아래와 같은 사항을 다룬다:

- 지분 비율
- 자본금 납입 절차
- 주주총회에서의 의결권
- 임원 선임 및 의사결정권
- 경영진 선임 및 관리
- 이해충돌 (예컨대 사업주 중 하나가 건설계약자인 경우, 해당 사업주는 건설계약과 관련된 이사회 또는 의사결정 과정에 참여하지 못한다)
- 예산
- 배당
- 기존 사업주의 지분매각. 이는 통상 타 사업주에게 우선 거부(매수)권을 부여하거나, 'tag along' 권리, 즉 하나의 사업주가 일정 가격에 제3자에게 지분을 매각할 경우 나머지 사업주들도 동일한 가격에 제3자에게 자신들의 지분을 매각할 수 있는 권리가 부여된다.
- 모든 주주들이 만장일치로 의사결정할 사항
- 분쟁해결절차

이 중 몇몇은 주주계약서가 아니라 프로젝트 회사의 정관에 포함되기도 한다. 사업주들은 건설에 소요되는 비용을 자본금으로 납입하기 위하여 프로젝트 회사와 자본금 납입 계약(Equity Subscription Agreement)을 체결하기도 한다. (cf. 12.2.3); 해당 계약은 대주단의 채권보전장치

의 일부로 대주단에게 양도담보로 제공된다. (cf. 14.7.1)

프로젝트 파이낸스에서 사업주들간 지분비율을 50:50으로 하는 경우가 흔한데, 이 경우 종종 의사결정과 관련된 문제가 발생한다. 사업주가 다수로 구성된 경우에도 소수 지분을 보유한 사업주가 중요한 사안에 대하여 반대한다면 컨센서스에 도달하기 어렵다. 중재나 소송으로 이를 해결하는 경우는 드물다. 사업진척이 어려울 경우, 일방이 타방의 지분을 미리 정해둔 절차에 따라 매입하기도 한다. 자주 사용되는 방법 중 하나는 분쟁당사자들끼리 상대방의 지분을 매입하겠다는 의사를 밝히고, 보다 비싼 가격을 제시한 당사자가 상대방의 지분을 인수하는 방법이다.

3.6.3 경영관리 및 운영

프로젝트 회사는 프로젝트와 직접 관련이 없는 자산이나 부채는 보유하지 않아야 하는데, 바로 이러한 이유로 다양한 채무를 보유하고 있는 기존 회사를 활용하기 보다는 새로운 회사를 설립하는 것을 선호하게 된다. 또한 프로젝트 회사는 미래에 별도의 자산이나 부채를 보유하지 않겠다는 것을 대주단에게 약속한다. (cf. 14.10.2)

프로젝트 회사는 (허가를 미리 받아야 하거나, 프로젝트 계약을 일찍 체결해야 하는 상황이 아니라면) 사업개발단계 후반에 설립되는 것이 보통인데, 이는 프로젝트 파이낸스 금융을 조달하기 전까지 프로젝트 회사가 별도로 수행해야 할 일이 없기 때문이다. 사업주들이 우선 프로젝트 계약(예컨대 건설계약)을 체결하고 추후 프로젝트 회사에게 이를 이관할 수도 있다. (cf. 8.2.2)

마찬가지로, 사업주 직원들이 프로젝트 개발 업무를 직접 수행하기 때문에 한참이 지날 때까지 공식적 조직형태를 갖추고 있지 않을 수도 있다. 그러나 개발단계에 필요한 역량과 프로젝트 회사가 설립되어 프로젝트가 본격적으로 추진될 때 필요한 역량 사이에는 유사점이 적기 때문에, 금융종결 이후에는 새로운 팀이 프로젝트의 경영관리를 책임지게 된다. 프로젝트의 단계별 전환이 보다 원활히 이루어지도록 하기 위해서는 적절한 조치가 이루어져야 한다. 예컨대, 금융종결 이후 투입되는 팀을 적정 시점에 각종 협상과정에 참여케 하여 사업주의 입장에서 무엇이 필요한지 이해할 수 있도록 해야한다. 또한 프로젝트 개발팀으로 하여금 추후 계약서 작성에 필요한 가이드 역할을 하며 대주단의 요구사항을 요약한 프로젝트 파이낸스 '운영 매뉴얼'을 작성하게 하면 큰 도움이 될 수 있다.[10]

사업개발 단계에서 금융종결 단계로의 전환이 잘 관리되어야 하는 것처럼 건설기간에서 운영기간으로 전환할 때에도 새로운 팀이 필요할 수 있으며 또 유사한 전환관리 정책이 요청된다.

---

10   생산물구매자/계약당국이 유사한 업무를 수행하는 것과 관련하여서는 7.4를 참조하라.

금융종결 이후 프로젝트 회사를 조직하는 방법은 두 가지가 있다. 하나는 프로젝트 회사 직원들이 직접 프로젝트를 운영하는 것이며, 나머지 하나는 프로젝트 운영의 전부 또는 일부를 사업주나 제3자에게 위탁하는 (그리고 이에 대한 비용을 지불하는) 것이다. 양자를 혼합한 방법이 있을 수도 있는데, 이 경우 일부 업무는 프로젝트 회사 직원들이 수행하고 일부 업무는 외주를 주게 된다. 어떤 기능을 내부적으로 또는 외주를 주는 방식으로 처리할지는 기본적으로 효율성과 연관된 문제이다. 만약 사업주가 유사한 방식의 프로젝트를 다수 수행하고 있다면, 복수의 프로젝트 회사에 대하여 중앙집권적으로 관리하는 방식이 보다 경제적일 것이다.

그러므로 건설단계의 프로젝트 회사 구성원들은 내부 직원과 건설회사 직원, 기술 자문사(cf. 8.2.4) 등과 같은 외부직원들이 혼합된 형태가 될 수도 있다. 프로젝트가 완공되면, 프로젝트 회사 또는 O&M 계약(cf. 8.3)을 체결하는 제3자가 프로젝트를 운영하게 된다.

사업주들 중 하나가 경영관리 역할(8.3에서 다시 논의할 유지보수 운영자로서의 역할은 제외)을 수행하게 된다면, 그러한 서비스의 범위와 비용을 정하는 경영관리 계약(management contract)이 필요할 것이다. (물론 계약내용에 대하여서는 대주단의 동의가 필요하다) 동 계약은 회계, 세무, 그리고 인사관리 등의 내용을 포함하게 된다.

사업주들은 금융종결 시점에 엔지니어링과 건설관리와 관련된 부분은 잘 관리할 수 있으나, 종종 프로젝트 회사의 금융과 관련된 부분은 소홀히 하기 쉽다. 새롭게 설립되는 프로젝트 회사는 금융계약의 복잡한 요구사항들을 잘 이해할 수 있는 인적자원이 필요한데, 그는 금융계약 조건에 맞게 자금을 인출하고 사용하는 것 뿐 아니라 대주단 앞 보고자료 제공(cf. 14.5) 등과 관련된 업무들을 적절하게 처리할 수 있는 능력을 보유하여야 한다.

만약 프로젝트 회사가 자체 직원만으로 프로젝트를 운영하기로 결정하였다면(즉 외부 O&M 회사와 계약을 체결하지 않기로 하였다면), 대주단은 그러한 직원들이 충분한 능력과 경험을 보유하고 있는지 확인하고 싶어할 것이다. 해당 직원들 전부가 프로젝트 건설 단계에서부터 업무에 투입되어야 하는 것은 아니지만, 핵심 직원들은 건설 초기단계부터 업무에 투입되어야 할 것이다. 이는 첫째, 그들이 프로젝트 운영자의 관점에서 프로젝트의 디자인이 적절한지 확인해야 하며, 둘째, 대주단은 그들의 자금을 투입하기 전 핵심 직원들이 프로젝트에 투입되었다는 사실을 확인하고 싶어하기 때문이다. 프로젝트 회사는 경영진의 구조와 권한에 대하여서도 명확한 가이드라인을 마련해야 하며, 이사회가 결정해야 할 사안도 분명히 해야한다: 이 부분은 통상 주주계약서(cf. 3.6.2)에서 다뤄진다.

프로젝트 운영능력과 경험을 보유하고 있는 주주와 기술이나 필요부품 등을 제공하는 지원서비스 계약(Support Services Agreement)[11]을 체결하게 된다면 대주단은 환영의 뜻을 나타낼 것이다.

---

11 기술지원계약(Technical Support Agreement)으로 불리기도 한다.

물론 그러한 계약이 존재하지 않는다 하더라도 주주들은 자신의 투자를 보호하기 위하여 그러한 기술 및 운영과 관련된 지원을 할 것이지만 말이다.

실제로 지원이 이루어지는 경우가 아니라면 단순히 계약을 체결한 것만으로는 비용이 발생하지 않기 때문에, 프로젝트 회사의 입장에서는 대주단이 이를 희망한다면 계약에 서명하지 않을 이유가 없다. 그러나 사업주의 입장에서는 대주단의 이러한 요구를 받아들인 결과, 프로젝트가 제 성능을 발휘하지 못하는 경우 사업주가 금전적으로 책임져야 하는 일(예컨대 사업주의 부주의에 대하여 책임지도록 계약조항을 작성함으로서)이 발생하지 않도록 유의해야 할 것이다.

3.7 공공조달

상기 프로젝트 개발단계에 대한 설명은 동 과정 전부가 사업주의 통제하에 있는 것을 전제하였으나 그러한 경우만 존재하는 것은 아니다. PPP 계약에 의거 공공부문 앞 제품/서비스를 제공하는 프로젝트들은 계약당국의 주도하에 발전되어 왔다. 계약당국이 금융조달과 건설, 그리고 제품/서비스를 제공하는 사업을 일괄하여 발주하는 방식으로 말이다. (민간 생산물구매자 - 예컨대 발전소가 필요한 민영 전력 송배전회사 등 - 또한 동일한 절차를 밟을 수도 있다) 물론 지금까지 논의한, 사업주 주도 방식의 사업개발 절차는 그들이 계약당국이 입찰에 부친 사업에 참여하는 경우 상당부분이 그대로 이루어지게 된다.

PPP 사업은 복잡한 절차를 거쳐야 한다. 표준적인 조달절차에서는 계약당국이 프로젝트를 디자인하고 이를 발주한다. PPP에서 조달의 범주는 더 넓다:

- 디자인과 건설은 일반적으로 통합되어 있다.
- 프로젝트의 장기적 운영방안도 감안하여야 한다.
- 계약당국은 프로젝트 파이낸스 조건, 그리고 입찰제안서들의 금융가용성에 대해 판단할 수 있어야 한다.

사업주들과 마찬가지로 계약당국 또한 조달과정(3.7.1)을 효과적으로 관리하기 위해 프로젝트 관리 절차를 수립하고, 자문사들(3.7.2)도 활용해야 한다. 또한 각각의 프로젝트 개발단계(3.7.3)는 공식적인 승인 절차가 필요하다.

다양한 조달시스템(3.7.4)이 존재하지만, 일반적으로 입찰절차는 아래와 같은 복수의 단계로 진행된다;

- 자격심사(Pre-qualification) (3.7.5)

- 자격심사를 통과한 이들에게 송부하는 제안요청서(Request for Proposal, RfP) (3.7.6)
- 협상(3.7.7)
- 제안서 평가(3.7.8)

입찰 과정(3.7.9)에서 다양한 이슈들이 발생할 수 있다. 어떤 경우에는 프로젝트 회사의 서브계약 체결 또한 동일한 절차를 거쳐야 할 수도 있다. (3.7.10) 계약당국은 사업주 개발사업 입찰(unsolicited bid)에 대응해야 할 수도 있다. (3.7.11) 입찰참여자를 지원하는 예비 대주단 또한 이 과정에서 중요한 역할을 한다. (3.7.12)

프로젝트가 완공을 달성하면, 그때부터 계약당국은 효과적인 계약 모니터링 시스템이 필요하다. (3.7.13)

3.7.1 프로젝트 관리

계약당국이 할 수 있는 최선의 PPP 프로젝트 관리방안은 프로젝트 팀으로부터 분리된 프로젝트 위원회를 구성하는 것이다.

프로젝트 위원회(Project Board). 프로젝트 위원회는 계약당국 및 기타 공공부문 관련 당사자들의 대표자들로 구성된다. 위원회의 역할 중 하나는 조달절차를 감독하고 중요한 정책을 승인하는 것이다. 물론 이는 장관이나 별도 정치적 기구에서 최종 승인을 받게 된다. 위원회는 개별 협상에는 참여하지 않는 대신 가이드라인을 마련하여 이를 프로젝트 팀에게 위임해야 한다. 위원회의 위원장은 통상 '회계관(accounting officer)'이라고 불리는 계약당국의 고위 공무원이 담당하는데, 그의 일차적인 역할은 프로젝트가 적절한 방식으로 추진되도록 하는 것이다.

프로젝트 팀(Project Team). 프로젝트 팀은 프로젝트 매니저가 이끄는데, 그는 이 업무에만 집중할 수 있어야 하며 계약당국의 다른 업무에는 관여하지 않아야 한다. 프로젝트 매니저는 프로젝트 위원회 앞 정기적으로 보고할 의무를 진다. 기타 프로젝트 팀 멤버들은 계약당국의 기술 및 재무 전문가들로 구성되는데, 해당 업무와 관련하여서는 기존 보고계통을 거치지 않아야 한다. 일부 멤버들은 자신의 다른 업무를 동시에 수행할 수도 있으나, 핵심 기술인력 등은 그래서는 안된다.

이러한 업무를 수행하기 위하여 계약당국 내에서 직원들을 차출하는 일은 결코 쉽지 않다. 공무원들은 PPP와 관련된 업무를 수행한 경험이 없을 수도 있으며, 미래에 다시는 PPP 업무를 담당할 기회가 없을 수도 있다. PPP 업무는 그들의 경력에 도움이 되지 않으며, 사업이 잘못될 경우 책임져야 하는 리스크를 더 크게 느끼기 때문에 해당 업무를 잘 맡으려 하지 않는 경향이 있다. 대형 PPP 사업에 경험이 있는 공무원들의 경우 훨씬 높은 연봉을 제공하는 민간부문으로 이전할 수도 있으며, 이 경우 공공부문의 역량은 개선되지 않고 여전히 민간부문에 비해 열위에 놓이게 된다. 그러한 경우가 아니더라도 해당 공무원이 원래 자신이 소속되어 있던 부서로 복귀하면, 다른 부서에서 추진하는 PPP 사업에는 참여하지 못하는 경우가 발생한다 – 다시 말해 공공부문의 PPP 경험 토대는 쉽게 훼손된다.

이러한 문제는 PPP 조달을 지원(또는 어떤 경우에는 통제)하기 위한 중앙조직이 존재하는 경우 부분적으로 해결될 수 있다. 꼭 그러한 것은 아니지만 다수의 국가들이 일반적으로 재무부 소속으로 그러한 별도조직을 두고 있다.[12] 그러한 조직은 프로젝트 위원회 및 프로젝트 팀 앞 지원을 제공해 줄 수 있으며, 범정부 차원에서 PPP 계약에 대한 일관성을 담보해 줄 수 있다. (물론 여전히 이들이 민간부문으로 빠져나가는 사태를 완벽하게 막을 수는 없다)

3.7.2 자문사

계약당국 또한 3.4에서 이미 언급한 사업주들과 유사한 이유로 외부 자문사들을 활용한다. 자문사들은 프로젝트 팀의 일원이 된다. 그러나 계약당국이 프로젝트 관리를 충실하게 수행하지 않아 자문사들이 조달절차를 주도하게 해서는 안 될 것이다.[13]

자문사 고용 비용은 꽤나 비싸며(특히 법률자문사 및 금융자문사), 계약당국이 해당 비용을 지불할 만큼 예산이 넉넉지 않을 수도 있다. 이에 대한 대응방안으로는:

- *입찰참여자가 해당 비용을 내게 한다.* 입찰참여자가 계약당국의 자문사 비용을 포함하여 응찰케 함으로써 자문사 비용은 추후 계약대금으로 받는 방식이다. 이 방식을 추진할 때 발생가능한 문제는 계약당국이 해당 프로젝트를 취소하고자 할 때이다. 이런 경우 이미 발생한 비용은 내야 하는데, 최악의 경우 이 문제를 해결하기 위한 방법으로 취소해야 마땅한 프로젝트를 계속 추진하는 경우도 있다.
- *재무부가 부담하게 한다.* 재무부가 자문사 비용을 지급하기 위한 재원을 마련하고, 사업계약이 체결되면 이를 통해 회수하게 하는 방법이다.[14] 자주 활용되는 방법이긴 하나, 여전히 좋은 사업이 아니더라도 딜을 추진시켜야 하는 압박이 생기는 문제는 여전히 발생한다.
- *프로젝트 준비기금(Project Preparation Facility)을 활용한다.* 개도국에는 프로젝트 개발을 위

---

12 *Public-Private Partnership Units: Lessons for their Design and Use in Infrastructure* (World Bank/PPIAF, Washington DC, 2007)*, *Dedicated Public-Private Partnership Units: A Survey of Institutional and Governance Structures* (OECD, Paris, 2010)*; Emila Istrate & Robert Puentes, *Moving Forward on Public Private Partnerships: U.S. and International Experience with PPP Units* (Brookings Institution, Washington DC, 2011)*
13 *Toolkit: A guide for hiring and managing advisors for private participation in infrastructure* (World Bank/PPIAF, Washington DC, 2011)* 참조
14 몇몇 국가들은 유사한 역할을 수행하기 위해 특별목적 펀드를 설립하여 운영하기도 한다. 예컨대 2008년 설립된 India Infrastructure Project Development Fund(IIPDF)의 경우 최대 75%까지 프로젝트 개발비용을 지원한다.(나머지는 계약당국이 부담) 물론 해당비용은 추후 낙찰자가 부담하게 한다.

해 존재하는 다수의 무상기금 등이 존재한다.[15]

3.7.3 프로젝트 개발(project development)

PPP 공공조달 절차를 최적으로 수행하기 위해서는 프로젝트 개발 및 조달 각 단계마다 공식적인 (예컨대 재무부 PPP 담당부서의) 리뷰절차 및 승인절차를 거치게 해야 한다. 그리고 이를 통해 다음 단계로 나아가는 것이다. 일반적인 리뷰 절차는 다음과 같다:

최초 검토(Initial Business Case)[16]. 정부의 정책적 목적에 부합하는지 여부를 확인하기 위해 보다 큰 관점에서 프로젝트를 검토하고, 프로젝트를 달성하기 위한 여러 가지 대안을 검토하며, PPP 방식으로 추진하는 것이 적정한지를 검토하는 단계이다. 최초 검토에 대하여 승인이 이루어지면 계약당국은 통상 이 시점에서 외부 자문사를 고용한다.

개요 검토(Outline Business Case)[17]. 이 단계에서는 비용/효용 분석(이는 대규모 공공 투자에서 항상 적용된다)을 통해 프로젝트 추진 필요성을 검토한다. 이 분석에 기초하여 PPP 계약의 범위와 비용을 상세하게 추정하며, 추정치(이는 'Shadow Bid Model'이라고 불린다)를 바탕으로 재무모델을 작성한다. Shadow Bid Model은 예상 자본비용(건설비용)과 프로젝트 운영비용, 그리고 민간부문 프로젝트 파이낸스의 구조 및 비용 등을 고려하여(제12장 및 제13장 참조) 계약당국이 감당해야 하는 프로젝트 전체 비용을 추정한다. 이를 통해 계약당국의 해당 프로젝트 추진 실익을 검토할 수 있다. (PFI 모델을 활용하는 경우 또는 공정 플랜트 프로젝트의 경우에는 자신의 예산범위 내로 사업을 추진할 수 있는지를 검토하고, 양허계약 방식일 경우에는 시설이용자들이 사용료를 감당할 수 있는지('affordable')를 검토한다)

이러한 과정을 거쳐 작성된 PPP 비용 추정치는 동일한 프로젝트를 추진하기 위해 공공부문이 직접 조달할 때의 비용과 비교(이는 '공공부문 조달비교(PSC, public-sector comparator)'로 알려져 있다)된다. 당연히 민간금융 조달비용이 더 비싸기 때문에 이러한 비교는 PPP 방식이 열위에 놓이게 되는 결과를 낳는다. 그러나 공공부문 조달비용은 프로젝트에 내포되어 있는 리스크를 감안하지 않고 있다. (이 리스크는 일반적으로 납세자들이 부담한다)[18] 이에 비해 민간금융 조달비용은 동 리스크를 감안한 비용이기 때문에, 이러한 부분들이 PSC에 반영되어야 한다. 이에 더하여

---

15 Infrastructure Consortium for Africa(ICA), *Infrastructure Project Preparation Facilities: User Guide–Africa* (ICA/PPIAF, Tunnis, 2006)*; James Leigland & Andrew Roberts, *The African project preparation gap* (Grindlines Note No. 18, PPIAF, Washington DC, 2007)*; Cambridge Economic Policy Associates, *Assessment of Project Preparation Facilities for Africa* (Report for ICA) (African Development Bank, Tunis, 2012)* 참조
16 이는 '사전 타당성조사(pre-feasibility study)' 또는 '전략적 비즈니스 검토(strategic business case)'라고 불리기도 한다.
17 이는 타당성조사와 동일한 절차이다.
18 Michael Klein, "Risk, Taxpayers, and the Role of Government in Project Finance", *Policy Research Working Paper No. 1688* (World Bank, Washington DC, 1996)*

전통적으로 공공부문 조달시 흔히 경험하게 되는 '긍정 편향성(optimism bias)'(프로젝트의 유용성을 과대 평가하고 비용을 과소 평가하는 경향)도 염두에 두어야 한다. 리스크와 긍정 편향성에 대한 계량화는 쉽지 않으며, PSC에 담긴 수치에 대해서도 의문을 제기할 여지가 다분하다.[19] 그러므로 PSC는 상대적 비용에 대한 실제 측정치라기보다는 PPP 방식과의 대강의 비교 정도로만 보아야 한다. 게다가 예산제약 또는 프로젝트 재원조달을 위해 차입을 해야 할 필요성 때문에 프로젝트 추진을 위한 예산이 부족한 상황이라면 PSC의 중요성은 크게 저하된다.[20]

시장 검토(Readiness for Market). PPP 프로젝트 조달절차를 추진하는 공공부문이 자주 저지르는 실수는 시장접근 준비가 부족한 것이다 - 이는 '프로젝트 준비 갭(project preparation gap)'[21] 으로 일컬어진다. 이는 프로젝트 팀의 잘못이 아닐 수 있다; 정치적 압력으로 인하여 '뭔가 하는 것처럼' 보여야 할 수 있으나, 그러한 정치적인 긴요성을 충족시킬 만큼 준비과정이 확연히 드러나지는 않는다. 사실 조달 과정에서 정치적 일정과 현실적이고 신중한 접근 사이에는 항상 갈등이 존재한다.

프로젝트는 민간금융에게 매력적으로 어필할 수 있어야 한다; 즉, 민간으로 이전되는 리스크는 '금융조달이 가능한 정도(bankable)'여야 한다. (cf. 9.3) 사전 시장조사[22]가 - 예비 입찰참여자들로부터 '입찰의향서(EoI, Expression of Interest)'를 받기도 한다 - 진행되기도 하는데, 해당 프로젝트에 금융을 제공해 줄 수 있는 시장이 존재하는지, 그리고 관련 경험을 보유하고 있는 이들이 입찰에 참여할지 여부를 미리 체크하는 것이다. 프로젝트에 관심을 보이는 모든 이들에게 공식적으로 프로젝트를 소개하는 자리가 만들어지기도 한다. 예비 입찰참여자들과의 비공식적인 토론이 이루어지기도 하며, PPP 계약 초안에 대하여 의견이 교환되기도 한다. 계약당국은 이들로부터 받은 피드백을 기초로 계획을 수정하여 RfP를 발송한다. (3.7.6)

프로젝트 준비 과정에는 이해당사자(stakeholders)들의 참여도 포함된다 - 계약당국과 프로젝트 이용자, 그리고 일반 시민들간의 원활한 커뮤니케이션은 PPP 사업을 추진하는 이유에 대한 수용성을 높인다. 또한 해당 프로젝트 - 특히 사용자 요금을 징수하는 프로젝트 - 추진을 통해 대중이 경제적 이익을 본다고 느끼게 하는 것이 중요하다. 이는 새로운 서비스를 제공하거나 기존의 부적절한 서비스를 개선함으로써 달성할 수 있다. 대중의 '지불의사'는 유료도로 사업 등에 있어 중요한 리스크 요인이다. (cf. 9.6.3)

---

19 민간부문 앞 리스크 이전은 'deal creep'(3.7.7 참조)으로 인해 어려워지기도 한다.
20 동 이슈에 대해 보다 상세한 논의는 E.R.Yescombe, *Public-Private Partnerships: Principles of Policy and Finance* (Butterworth-Heinemann, Exofrd, 2007), 제2장 및 제5장; James Leigland and Chris Shugart, *Is the public sector comparator right for developing countries?* (Grindlines Note No. 4 PPIAF, Washington DC, 2006)*; Federal Highway Administration, *Value for Money; State of the Practice* (US Department of Transport, Washington DC, 2011)* 등을 참조하라.
21 동 절차와 관련된 구체적인 내용은 Edward Farquharson, Clemencia Torres de Mästle & E.R.Yescombe with Javier Encinas, *How to Engage with the Private Sector in Public-Private Partnerships in Emerging Markets* (World Bank/OOIAF, Washington DC, 2011)*을 참조하라.
22 종종 'soft' 시장조사로 일컬어지기도 한다.

PPP 사업은 종종 정치적 논란에 휩싸이기도 쉽다. (cf. 11.2); 리스크 이전요소를 고려하지 않은 공공조달과 PPP간 비교나, 공공부문의 건설비용과 PPP 전체 기간동안 소요되는 비용을 비교하는 일이 종종 발생한다. 반대자들은 민간부문이 공공서비스를 제공할 경우 이윤을 기대하지 않아야 한다고 주장하기도 한다 – 그러나 민간부문은 이미 다양한 방법으로 공공서비스를 제공하고 있다. 그러므로 사업추진 초기에 충분한 커뮤니케이션을 통해 대중의 이해와 지지를 이끌어내야 한다.

그러므로 프로젝트의 '시장 검토'는 중요한 리뷰 및 의사결정 과정이다.

최종 검토(Final Business Case)[23]. 이는 한 명의 입찰참여자(종종 '우선협상대상자(Preferred Bidder)'로 일컬어진다)로 좁혀지고, 개요 검토 이후 프로젝트 구조, 리스크 이전 및 비용에 변경이 이루어진 경우에도 PPP 프로젝트가 여전히 당초의 목적을 충족하는지 확인하는 절차이다.

3.7.4 조달 시스템

(예컨대 PFI 모델 계약처럼) 공공의 재원이 소요되거나, (양허계약 사업처럼) 공공 서비스가 제공되는 경우는 통상 경쟁입찰이 법적으로 요구된다. 또한 MDFI나 세계은행이 대출이나 보증을 제공하는 경우에도 일반적으로 경쟁입찰이 요구된다.[24] 공공조달에 대한 주요 프레임워크는 대부분의 선진국들이 가입한, WTO가 작성한 GPA(Agreement on Government Procurement)이다. GPA는 1972년 체결되었으며, 1994년에 마지막으로 개정되었다. GPA 절차는 GPA에 서명하지 않은 국가들도 참조할 수 있는 좋은 제도로 간주되고 있다. 그림3.1에 GPA 조달절차가 요약되어 있다.

---

23 '입찰보고(bid report)' 또는 '입찰평가(bid evaluation)'로 불리기도 한다.
24 조달절차에 대한 유용한 매뉴얼은 South Africa National Treasury, *Public-Private Partnership Manual* (Pretoria, 2004)*를 참조하라.

그림 3.1 GPA의 PPP 조달절차

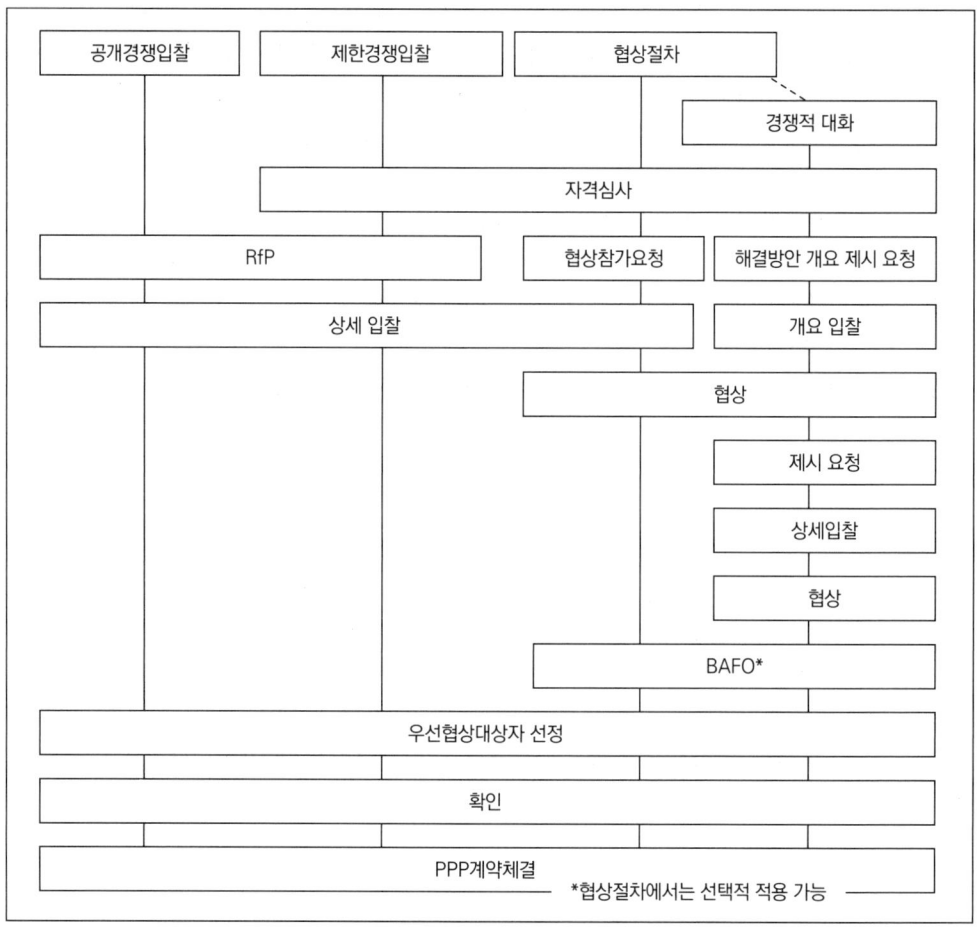

공개경쟁입찰(Open Bid). 모든 이가 입찰에 참여할 수 있다. 즉, 자격심사 단계가 필요치 않다. (cf. 3.7.5; PPP의 복잡성을 감안할 때, 비적격자들로 인한 시간낭비 요인을 최소화하기 위해 입찰참여자에 대한 자격심사를 진행하는 것이 선호된다.)

제한경쟁입찰(Restricted Bid). 이 절차에서는 자격심사를 진행하고, 입찰조건에 대하여 예비 참여자들과 토론을 거친 후 RfP(cf. 3.7.6)가 발송된다. 입찰서류에 대하여 확인작업이 이루어지지만, 서류가 제출된 이후 수정이 이루어질 수는 없다: 이미 제출한 입찰서류에 기초하여 낙찰자가 결정되며, 사소한 확인작업을 진행하기는 하지만 중요한 사항에 대하여 협상을 하지는 않는다. 낙찰자는 자신이 제출한 입찰서류에 기입한 대로 PPP 계약을 체결하여야 한다.

이 접근방법은 상대적으로 빠르며, 입찰참여자들의 비용부담이 크지 않은 장점이 있다. 또한 입찰서류 제출 후 막후협상이 이루어지는 방식의 부정부패 가능성이 있는 나라에서 선호되는 방식이다. 그러나 이 방식은 프로젝트 요구조건들과 PPP 계약의 조건들에 대하여 시장의 컨센서스가 존재하여 별도의 상세협상이 필요치 않은 - 즉, 입찰참여자들은 계약당국이 작성한 사업계약 및 관련 계약에 서명만 하면 되는 - 곳에서만 활용가능하다.

협상절차(Negotiated Procedure). 이는 계약당국의 요구사항이 입찰 초기 단계에서 충분히 반영되기 어려운 복잡한 계약의 경우, 그리고 요구되는 서비스에 대해 다양한 입찰참여자들이 다양한 해결책을 제시할 수 있는 경우에 주로 활용된다. 즉, 입찰서류를 제시한 이후 협상을 개시하는 제도이다. 이는 다음과 같은 절차로 진행된다:

- 자격심사(Pre-qualification) (3.7.5)
- 자격심사를 통과한 이들을 상대로 '협상제안서(ITN, Invitation to Negotiate)' 발송 - 이는 기본적으로 RfP(cf. 3.7.6) 송부와 동일하다.
- 입찰서류를 접수하고, 모든 응찰자들과 협상이 개시된다. 그리고 그 결과 우선협상대상자가 선정된다.[25]
- 우선협상대상자가 선정된 이후라면 제출서류에 대한 확인작업만 가능하다. 그러나 현실적으로 확인작업과 입찰조건 변경 간의 차이를 구분하는 것은 어려운 일이다.
- 이 제도를 운영하였던 영국의 경우만 살펴보아도 우선협상대상자 선정 이후 금융종결까지 많은 시간(2년 이상)이 걸렸다는 사실을 확인할 수 있다. 사실 단순 확인작업만의 문제라면 그 정도의 시간이 걸리지 않았을 것이라는 사실은 명확하다. 사실상 고질적인 'deal creep'(3.7.7) 문제가 존재할 수 밖에 없다는 증거이다.

경쟁적 대화(Competitive Dialogue). 이는 2006년 EU에 도입되었던 협상절차 중 부적절한 부분을 개선한 결과물이다. (영국에서 적용되는) 통상의 절차는 다음과 같다:

- 자격심사(Pre-qualification) (3.7.5)
- 이후 계약당국은 자격심사를 통과한 이들에게 '해결방안 개요 제시 요청서(ISOS, Invitation to Present Outline Solutions)'를 발송한다. 응찰자들은 세부내용까지는 제출하지 않아도 된다; 이 단계에서는 단순한 개념적 디자인, 가격, 그리고 기본적인 리스크 부담과 관련된 내용만 서술하면 된다.
- ISOS에 대한 제안서 심사 후, 응찰자들의 능력과 프로젝트 요구사항 충족 의지 등을 바탕으로 2개사를 선정한다.
- 이후 계약당국은 '해결방안 상세내용 제시 요청서(ISDS, Invitation to Present Detailed Solutions)'를 발송한다. 이는 기본적으로 RfP(cf. 3.7.6) 송부와 그 성격이 동일하다.

---

25 협상과정을 거친 후 응찰자들이 각각 자신들의 '최종제안(BAFO, best and final offer)'을 제출하고, 이를 검토하여 낙찰자를 선정하는 방법이 활용되기도 한다.

- 계약당국은 2개사와 프로젝트의 범위와 요구사항, 그리고 PPP 계약 조건 등에 대하여 상세토론을 진행한다.
- 2개사는 협상결과를 바탕으로 BAFO(최종제안)를 제출[26]한다.
- BAFO 제출 이후에도 확인과정은 존재하나 최소화되어야 하며, 가급적 지체없이 PPP 계약을 체결하여야 한다.

이 방식은 비용이 많이 든다: 계약당국 입장에서는 최소한 두 번의 상세 협상을 진행하여야 하며, 두 개의 입찰참여자 중 하나는 최종적으로 낙찰에 실패하게 되므로 많은 비용(즉, 디자인/엔지니어링 비용, 법률비용 등)을 낭비하게 된다. 그러나 입찰과정 내내 경쟁의 긴장이 존재하게 되므로 이를 통해 계약당국에게 보다 나은 결과를 도출할 수 있다는 점은 의심할 여지가 없다. (cf. 3.7.7)

3.7.5 자격심사(Pre-qualification)

자격심사 절차는 프로젝트 발주내용을 공공 발간물이나 주요 무역/금융 일간지 등에 공고하는 것으로 시작된다. 관심이 있는 이들에게는 프로젝트 개요와 요구사항이 요약 기재되어 있는 '입찰참가요청서(RfQ, Request for Qualification)'를 제공한다. 예비 입찰참여자들은 프로젝트를 수행하기 위해 아래와 같은 자격사항을 제출[27]하게 된다.

- 프로젝트를 수행할 수 있는 기술적 역량
- 사업을 직접 수행할 인력들의 경험
- 유사 프로젝트 수행 경험 및 실적
- 프로젝트를 수행할 수 있는 재무적 역량

이에 더하여 예비 대주단의 금융지원 의향서도 제출한다.

이후 계약당국은 관심있는 이들에게 사업내용을 설명하고, 조달절차에 대하여 질의응답을 하는 '예비입찰자 컨퍼런스'를 개최하기도 한다.

최소 자격요건을 갖추지 못한 이들은 이 단계에서 제외되고 나머지 이들만 입찰에 참여하게 된다.

관련 규정이 허용하는 경우(예컨대 세계은행은 이를 허용하지 않는다), 숏리스트(통상 4개사 이하를 선호)를 작성하는 등 추가적인 단계를 거치기도 한다. 너무 많은 이들이 입찰에 참여하는 경우 개별 입찰참여자로서는 낙찰 가능성이 낮아진다. 하여, 입찰서류를 작성하는 과정에서 소요되는

---

26 이는 '최종입찰서류 제출(CFT, Call for Final Tenders)'로 불리기도 한다.
27 이는 '사전질의(PQQ, Pre-qualification questionnaire)'로도 알려져 있다.

시간과 비용을 감안한다면, 이런 절차를 도입하여 낭비요소를 줄일 수 있을 것이다. 물론 입찰참여자가 줄어든다면 입찰관리가 보다 수월하게 될 것은 의심의 여지가 없다.

3.7.6 제안요청서(Request for Proposal)

자격심사를 거친 이들 또는 숏리스트 앞으로 공식 제안요청서(RfP)[28]가 발송되는데, RfP에는 다음과 같은 내용이 포함된다;

- 프로젝트 개요
- 일반적 법률사항
- 프로젝트 추진 배경 및 필요성
- 프로젝트 가용성(availability), 서비스 및 기타 결과물에 대한 요구조건(cf. 5.6)
- 리스크 매트릭스
- (특히 양허계약 사업에 있어) 시장자료, 교통흐름정보 등
- 가격 책정 메커니즘
- PPP 계약 초안
- 문의 및 추가정보 요청 연락처
- 일정
- 입찰서류 제출 방식
  - 공통 금융가정 : 입찰자들이 동일한 가정을 활용하지 않는다면 입찰서류를 상호 비교하기 어렵기 때문이다. 공통 금융가정들은 다음과 같다:
    · 이자율
    · 환율
    · 계약대금에 대한 인플레이션 연동(cf. 10.4.1)
  - 금융조달방안 제출 서식 : 입찰참여자는 아래 사항에 대하여 상세한 내용을 기재하여 제출하여야 한다.
    · 건설 및 운영비용
    · 금융 구조(대주단 금융지원 여부 포함)
    · 계약대금 산정 방식 (다수의 입찰서류를 비교하기 위해 계약당국이 제시한 재무모델을 활용하여야 한다)
- 입찰서류 유효기간
- 입찰평가 기준(cf. 3.7.8)
- 입찰절차를 중단할 수 있는 계약당국의 권리

---

[28] '입찰참여요청서(ITT, Invitation to tender)'로 불리기도 하며, 협상절차에서는 '협상제안서(ITN, invitation to negotiate)'라고 불리기도 한다.

RfP에 요구사항을 지나치게 상세하게 기술하는 것은 적절치 않다. 또한 (제품이나 서비스 등) 결과물에 대한 요구사항은 구체적으로 기술할 수 있으나, 원재료나 결과물이 산출되는 과정에 대하여는 그렇게 할 필요가 없다. (cf. 6.4.2) 예컨대 발전소 사업을 입찰에 부친다면, RfP에서는 메가와트 단위의 용량만 기술하되, 전력을 생산하기 위한 터빈의 종류까지 언급할 필요는 없는 것이다. 그러나 프로젝트의 수명이 매우 길고, PPP 계약기간이 종료되면 해당 자산이 계약당국에 귀속되는 일부 프로젝트의 경우(cf. 7.10.7)에는 보다 상세한 기술이 요구될 것이다.

RfP에 대한 회신에는 일반적으로 다음과 같은 사항들이 포함된다;

- 기술
- 디자인 및 엔지니어링
- 건설 프로그램
- 제공되는 역무와 서비스
- 건설 및 운영기간 동안의 경영관리 구조
- 품질 및 안전
- 상업성 (교통량 및 제품 수요전망 등)
- 유지관리 정책
- 보험
- 금융 전략 및 금융구조
- RfP 계약 또는 기타 요구조건에 대한 수정제안 내지 제약사항
- 계약대금 지급 구조

입찰자들은 자신들의 제안의 산정근거가 되는 재무모델을 입찰서류에 포함시켜야 한다. 비밀유지와 관련된 이슈가 있을 수 있으나 계약당국은 반드시 재무모델이 필요하다. 이를 통하여 입찰의 금융타당성을 심사할 수 있으며, 또한 추후 발생할 수 있는 상황의 변경(cf. 7.6.5) 및 조기 계약해지 대금(cf. 7.10.1)과 관련된 이슈에 대하여 보다 잘 대응할 수 있기 때문이다.

RfP의 요구사항에 단순히 응답하는 것 이외에도, 입찰참여자들은 다음과 같은 점을 잘 설명할 수 있어야 한다;

- 프로젝트에 대한 이해도
- 계약당국의 요구사항을 어떻게 충족시킬 수 있을 것인지에 대한 방법
- 경쟁자들 대비 경쟁력

입찰 절차에서 공정성과 투명성은 핵심적이다; 만약 입찰자들이 입찰절차에 대한 신뢰가 없거나, 또는 자신도 낙찰될 수 있을 것이라고 판단할 수 있는 진정한 경쟁이 부재하다고 믿는다면, 최선의

결과가 도출되기 어려울 것이다. 그러므로 입찰서류 평가에 대한 상세한 자료, 그리고 왜 특정 입찰자가 낙찰되었는가에 대한 자료는 잘 챙겨두어야 한다.

3.7.7 협상

입찰서류가 제출된 후에도 협상이 개시되는지 여부는 3.7.4에서 살펴본 바와 같이 입찰절차에 따라 다르다. 협상이 필요한 경우, 계약당국은 모든 입찰자들에게 동일한 정보를 제공해야 한다. 이는 다양한 방법으로 진행될 수 있다:

- 미팅이나 현장방문 실시. 이를 통해 입찰참여자들이 프로젝트에 대하여 가질 수 있는 궁금함을 해소할 수 있을 것이다.
- 하나의 입찰참여자가 제시한 질문에 대하여 (질문한 이를 밝히지 않고) 모든 이들에게 회신; 그러나 특정 입찰참여자와 관련된 비밀자료는 다른 이들에게 공개되어서는 안된다.

어떤 입찰절차를 활용하는가와 무관하게 계약당국은 경쟁으로 인한 긴장이 입찰절차가 끝날 때까지 계속 존재하는 것을 희망한다. 입찰참여자가 하나가 되는 순간 계약당국의 협상력은 축소된다. 프로젝트의 조속한 진행을 희망하는 정치적 압력이 존재할 경우, 계약당국은 우선협상대상자의 PPP 계약 조건 수정 요구에 적절히 대응하기 어렵게 된다. 이러한 'deal creep'의 위험은 프로젝트 요구사항들을 초기에 상세하게 밝히지 않았을 때, 그리고 복잡한 대규모 프로젝트에서 자주 발생하는 것에서 잘 알 수 있는 것처럼 우선협상대상자 선정 이후 요구사항들이 변경되었을 때 발생할 가능성이 크다. 민간금융을 활용하는 혜택의 상당부분이 이 과정에서 사라지는 경우가 허다하다. 이상적으로는 우선협상대상자가 자신의 지위를 남용하려는 경향을 보일 경우 여차하면 하나 또는 다수의 다른 입찰참여자들로 하여금 우선협상대상자의 지위를 대신할 수 있도록 대비하여야 할 것이나, 이와 관련되어 발생하는 비용문제 등으로 인하여 실제로 그렇게 하기는 어렵다. 만약 경쟁적 대화(cf. 3.7.4) 방식이 활용된다면 이러한 문제는 발생하지 않는다.

3.7.8 제안서 평가

계약당국은 다수의 제안서를 비교하게 된다. 제안서는 가능한 경우 동일한 가정(연료 및 원재료 비용, 이자율, 인플레이션 등)을 활용하여야 하며, 3.7.6에서 언급한 바와 같이 동일한 재무모델을 사용하여야 한다. 자격심사 절차를 거쳐 프로젝트를 수행하는데 필요한 (사업주로서) 재무적 능력, 기술 및 능력에 문제가 있는 이들은 제거되어야 하며, 그 결과 기초적인 사항과 관련된 정성적 비교는 이 단계에서 이루어져서는 안된다. 그러나 재무모델과 프로젝트 전반에 걸친 금융계획(즉, 프로젝트 파이낸스 금융의 조건들)은 신중히 살펴야 한다.

제안서를 비교하는 방식은 크게 두 가지이다:

가격비교. 제안서가 실질적으로 동일한 내용으로 제출되었다면, 가격경쟁력이 결정적인 평가요소가 될 것이다. (장기 PPP 계약에 따른 대금지급의 경우처럼) 가격이 시간에 따라 변화한다면, 미래 현금흐름을 현재가치로 할인하여야 한다.

배점방식. 그러나 제안서 내용이 서로 상이하면, 보다 정교한 평가시스템이 필요하다: 이러한 시스템은 입찰서류의 다양한 측면들 – 가격, 프로젝트 완공에 걸리는 시간, 신뢰성, 결과물에 대한 양과 질, 기술 및 기술지원, 입찰자가 부담하는 리스크(계약당국으로부터 리스크를 이전받음), 그리고 프로젝트에 중요한 다른 특성들 – 에 대한 배점을 하는 방식이다. 성능에 대한 과도한 추정이나 실현가능성이 떨어지는 금융계획 뿐 아니라 PPP 계약조건 대비 예외를 적용받는 비용에 대하여 조정이 이루어져야 할 수도 있다. 이를 통하여 현실적이면서도 가장 경제성 있는 프로젝트를 구현할 수 있는 제안을 채택하는 것이 최종 목표이다. 대부분의 경우, 각각의 배점 항목에서 받아야 하는 최소 점수를 요구하고 있다.

상기 두 가지 방법의 중간적 접근방식은 입찰과정을 가격평가와 기술평가 두 가지로 나누는 것이다. 우선 기술평가를 진행하여, 예컨대 75% 이상의 점수를 얻은 제안서들에 한하여 가격입찰을 실시하여 가장 경쟁력 있는 제안을 선정하는 것이다.

일부 조달절차는 제품이나 서비스의 비용이 아니라 공공부문이 제공하는 보조금 수준에 기반하여 진행되기도 한다. (cf. 15.19) 이런 접근방식은 사용자 요금으로 프로젝트 추진에 필요한 금융비용을 감당할 수 없는 양허방식 사업에서 주로 활용된다.

3.7.9 입찰 과정에서 마주하는 이슈들

입찰 과정에서는 다양한 이슈들을 접하게 된다:

양식에 부합하지 않는 제안서. 입찰참여자들은 프로젝트 수행과 관련하여 다양한 창의적인 (당초에는 고려조차 할 수 없었으나, 프로젝트에 유익한) 해결책들을 제시하기 때문에, RfP에 요구사항들을 너무 상세하게 기입할 필요는 없다. 이에 대응하는 표준적인 방법은, 모든 입찰자들이 양식에 부합하는 제안서를 1부 제출하게 하고, 이에 추가해서 필요하다면 별도로 대안을 제시하게 하는 것이다. 이를 통하여 계약당국이 양식에 부합하지 않은 제안서가 더 나은 것이라고 판단할 수 있다면, 이를 선택하면 된다.

수정. 입찰참여자들과의 논의 과정에서 프로젝트 요구사항이 수정될 수도 있다: 그러한 경우 추가 소요시간 등을 감안하여 일정을 조정하여야 한다.

컨소시엄 변경. 입찰에 참여하는 특정 컨소시엄이 사전점검을 통과한 후 멤버 중 하나가 참여를 포기하여 새로운, 아마도 사전점검을 통과하지 못했던 새로운 멤버를 영입하고 싶어하는 일이 종종 발생한다. 경쟁자들은 이러한 변경을 허용할 수 없다는 입장을 보일 것이나, 때로는 이러한 변경이 계약당국에 유리한 결과를 가져올 수 있기 때문에 이를 완전히 배제할 필요는 없다. (새로운 멤버가 기준을 충족한다고 증명해 보일 수도 있을 것이다) 대안으로는, 낙찰자가 선정된 후에만 컨소시엄 멤버 변경을 허용하는 것이다; 그러나 하나의 입찰자가 두 개 이상의 컨소시엄에 참여하게끔 하는 것은 정보유출 및 컨소시엄간 담합 가능성이 있기 때문에 허용하지 말아야 한다.

입찰보증(bond) 제출. 입찰참여자들은 자신들의 제안서 내용대로 입찰절차를 진행해 나가겠다는 약속을 담보하기 위해 은행으로부터 입찰보증(bid bond)을 발급받아 계약당국 앞 제출하기도 한다. 입찰보증은 계약 서명일 또는 건설공사 개시일에 반환된다. 입찰보증 금액은 꽤 크다. (총사업비의 1-2% 수준) 그 결과 입찰참여자의 이행의지 (예컨대, 금융조달이 불가능한 공격적인 제안을 한 후 또는 우선협상대상자로 선정된 이후 입장을 바꾸는 문제 등)와 관련된 문제를 해결하는데 도움을 준다. 그러나 참여의지가 높은 입찰자들의 경우, 계약당국이 불공정한 방식으로 보증 청구를 할 수도 있다는 우려 때문에 입찰참여를 꺼려할 수도 있다. 이에 따른 비용은 결국 계약당국이 부담하는 것이다.[29]

절차중단에 대한 보상. 입찰참여자들로부터 입찰보증 제출을 요구하는 경우, 입찰절차가 중단되면 그간 발생한 비용에 대하여 계약당국이 일정금액을 입찰자들에게 보상해 주어야 할 것이다. 입찰비용이 높은 복잡한 프로젝트에 많은 이들이 참가하도록 독려하기 위해 낙찰되지 못한 이들에게도 비용을 일부 보전해 줄 수도 있을 것이다.

법률적 갈등. 입찰절차에서 불공정한 대우를 받은 입찰참여자는 자신이 입은 피해(예컨대 기회비용 등)에 대하여 계약당국 앞 이의를 제기할 수 있고, PPP 계약의 무효를 주장할 수도 있다. 예컨대, 계약당국은 입찰 마지막 단계에서, 프로젝트를 추진하기 위한 유일한 방법은 우선협상대상자에게 보조금(cf. 15.10)을 제공하는 것 뿐이라고 판단할 수도 있다. 그러나 경쟁자들에게도 동일한 혜택을 부여할 수 없다면, 이들은 보조금을 감안하여 제안서를 제출할 수 있었을텐데 처음부터 그러한 기회가 없었다고 주장할 수도 있을 것이다. 대주단은 이러한 법률적 갈등이 해결되기 전까지 대출금 인출을 허용하지 않을 것이다.

또한 낙찰자의 제안서 내용을 크게 변경하는 것 또한 위와 같은 이유로 경쟁자들이 이의를 제기하게 하는 사유가 된다는 점도 명심해야 한다.

국가 보조(state aid). 이는 EU의 조달절차에서 발생하는 문제이다. EU 법은 회원국들로 하여금

---

29 여기서 사용된 보증(bond)이라는 용어와 4.3에서 다룰 금융조달 수단으로서의 채권(bond)과 혼동해서는 안된다. (7.5, 14.8.1 참조)

경쟁을 왜곡할 수 있는 방식의 금융지원을 하는 행위를 금지하고 있다. 즉, 그러한 보조금을 받을 수 없는 다른 회사와 경쟁하는 프로젝트 회사 앞으로 시장금리 이하의 갭파이낸싱(gap financing)(cf. 15.7)을 금지하는 것이다. 이 문제는 우선협상대상자(cf. 3.7.7)와 협상하는 과정에서 발생할 가능성이 크다. 그러므로 대주단은 해당 프로젝트가 정부 보조금을 받을 경우 법적으로 문제가 없다는 사실을 확인하려 할 것이다.

3.7.10 서브계약에 대한 경쟁입찰

서브계약 관련 EU 법은 프로젝트 회사가 자신의 주주 중 하나와 서비스 공급계약을 체결할 때 반드시 경쟁입찰 절차를 거치도록 하고 있지는 않다. 그러나 경쟁입찰 절차를 요구하는 경우도 존재한다.

세계은행은 만약 프로젝트 회사(또는 그 사업주)가 PPP 계약을 수주하기 위해 경쟁입찰 과정을 거쳐야 했다면, 서브계약과 관련하여서는 반드시 경쟁입찰 과정을 거칠 필요가 없도록 허용하고 있다. 그러나 세계은행의 금융을 제공받고 싶다면, 경쟁입찰 과정을 거쳐야 한다.

3.7.11 사업주 개발사업 입찰(unsolicited bids)

민간 사업주는 경쟁입찰 과정을 거치지 않고 자신이 직접 사업을 개발하여 계약당국 앞 PPP 프로젝트를 추진하겠다고 제안할 수 있다. 이는 여러가지 이유로 적절하지 않다:

- 제안사업의 가격이 적정하다고 판단할 근거가 미흡하다. 그러므로 경쟁입찰을 거칠 때와 비교하여 비용을 더 많이 지불할 가능성이 존재한다.
- PPP 프로젝트들은 계약당국의 전체 인프라 투자계획의 일부이다 – 그 결과 사업주 제안사업은 투자계획 내 우선순위를 왜곡시킬 수 있다.
- 제안사업을 검토하기 위하여 계약당국의 인적자원 배분이 요구되며, 이로 인해 우선순위가 왜곡될 수 있다.
- 종종 부정부패가 개입될 수 있다.

이러한 제안사업은 계약당국이 사업개발 비용을 별도로 쓰지 않아도 되므로 매력적으로 보이나, 경쟁입찰을 추진하는 경우와 마찬가지로 계약당국이 그 내용을 일일이 들여다 보아야 한다.

특수한 이유로 사업주 제안사업 방식으로 추진하는 것이 적정하다고 판단되는 경우에도 다음과 같은 경쟁절차는 반드시 필요하다. 즉,

- *BAFO*. 입찰절차를 거친다면 반드시 BAFO가 필요하다. 사업을 제안한 이는 BAFO 제출을 위한 사전단계를 거친 이로 간주하면 될 것이다.

- *사업개발 수수료(development fee)*. 사업을 제안한 이가 다른 경쟁자들과 함께 경쟁입찰을 실시하되, 낙찰자로 선정되지 않을 경우 개발비용을 보전해 줄 수 있다. (cf. 9.5.6) 이러한 사업개발 수수료에는 사업을 제안한 이가 자신의 개발계획에 포함시켰던 지적재산권에 대한 사용료도 포함된다. 대안으로는, 낙찰자가 개발비용을 부담케 하는 방법도 있다. (이는 총사업비에 포함되므로, 최종적으로 계약당국이 부담하는 것이 된다)
- *입찰 보너스*. 사업을 제안한 이가 입찰평가에서 추가 점수를 받는 방식이다.
- *스위스 챌린지(Swiss Challenge)*. 신규 사업이 제안되었다는 사실을 공고하고, 통상적인 조달절차를 개시한다. 사업 제안자보다 더 나은 제안을 제시(challenge)하는 이가 있으면 그를 낙찰자로 선정한다. 더 나은 제안에 대해 기존 사업 제안자가 매칭할 수 있는 권리를 부여할 수도 있다.

위와 관련하여 핵심적인 사항은 제안서 제출시까지 신규 입찰참여자들에게 부여되는 시간이다. 이와 관련하여 기존 사업 제안자가 유리한 지위를 점하게 되는 것이다.[30]

3.7.12 대주단과의 관계

우선협상대상자가 대주단으로부터 프로젝트 파이낸스 금융을 제공받을 수 있는지 여부는 절대적으로 중요한 이슈이다. 이 이슈는 5.6에서 다시 다룰 것이다.

3.7.13 계약 관리

(금융종결 후) 계약당국의 계약관리는 7.4에서 다룰 것이다.

---

30 이러한 옵션들을 고려할 때에는 John T. Hodges & Georgina Dellacha, *Unsolicited Infrastructure Proposals: How Some Countries Introduce Competition and Transparency* (Working Paper No. 1, PPIAF, Washington DC, 2007)*를 참조하라.

04
프로젝트 파이낸스 시장

04 프로젝트 파이낸스 시장

4.1 도입

민간부문 프로젝트 파이낸스 재원은 전통적으로 상업은행(4.2) 대출과 채권(4.3)이었다. 상업은행은 프로젝트 회사 앞 장기대출을 제공해왔다; 채권투자자들(통상 장기적인 현금흐름 수익이 필요한 보험회사, 연기금 등)은 프로젝트 회사가 발행한 (유통가능한) 장기 채권을 인수하였다. 최근 비은행권 대주들이 프로젝트 회사 앞 직접대출을 제공하는 경우도 늘고 있으며, 대출 취급을 목적으로 하는 펀드(4.4)에 투자하는 사례도 늘었다. 이와 다른 다양한 방식의 민간금융도 종종 활용된다.(4.5)

재무 및 법적 구조와 절차가 다르다 하더라도, 금융시장에서 금융이 조달되는 요건은 대동소이하다. (그러므로 이 책에서 '대주'는 은행, 채권투자자, 비은행 대주 또는 펀드 등을 동시에 의미한다)

개도국의 금융재원으로는 DFI(세계은행 등), 미국수출입은행과 같은 ECA 등이 있는데, 개도국 시장에서 발생하는 프로젝트 파이낸스 관련 이슈들은 제16장에서 다루도록 한다.

최근 시장 현황과 프로젝트 파이낸스에 대한 전망은 제17장에서 다루기로 한다.

4.2 상업은행

상업은행들은 프로젝트 파이낸스 차입금의 대부분을 담당하고 있다 – 2012년에는 민간부문 프로젝트 파이낸스 차입금의 90%를 차지하였다. 표2-1에서 살펴보았던 산업별 민간금융 참여현황은 상응하는 비율로 대출시장에도 반영되어 있다.

4.2.1 활동영역

표4-1은 상업은행이 제공한 프로젝트 파이낸스의 지역별 구분이다.[1] 이를 보면 큰 추세를 파악할 수 있다.

- 가장 확연하게 보이는 것은 인도의 프로젝트 파이낸스 시장 규모 확대이다. 2000년 규모는 매우 작았으나, 2010년 즈음에는 미국과 호주 시장을 합한 정도로 커졌다. 이는 인프라 PPP, 발전 및 자원개발 사업에 대한 대규모 민간투자에 의한 것이었다. 2011-2012년 규모는 다소 축소되었는데, 이는 은행들의 대출여력이 축소되었기 때문이다.[2] 그러나 인도의 프로젝트 파이낸스 시장은 양허계약에 기반한 100% 보증부 대출로 인하여 그 수치가 왜곡되어 나타나고 있다.[3]
- 기타 아시아 지역 및 호주 시장도 크게 성장하였는데, 이는 중국과 일본 시장을 염두에 둔 대규모 자원개발 프로젝트의 영향이 컸다. 2개에 불과한 LNG 프로젝트들이 2012년 호주 프로젝트 시장의 대부분을 점유하고 있다.
- 2012년 유럽시장은 2008년 금융위기 영향으로부터 완전히 벗어나지 못했다. (cf. 17.2) 미국 시장은 좀 나은 편이나 정점을 이루었던 2008년 수준에 미치지 못하고 있다.
- 북미와 중동에서 프로젝트 파이낸스는 석유화학사업, LNG, 발전 및 담수화 프로젝트에 주로 활용되었으며, 프로젝트 수가 적어 통계수치의 진폭이 크게 나타나고 있다.
- 사하라 이남 아프리카 지역의 프로젝트 파이낸스 규모는 상대적으로 규모가 작으며, 주로 자원개발사업에 집중되어 있다.

표 4.1 2000년-2012년 상업은행 프로젝트 파이낸스 약정금액

($백만)	2000	2007	2008	2009	2010	2011	2012
미주	52,795	44,476	42,086	20,058	25,535	38,383	39,321
- 미국	33,573	25,887	21,602	9,335	13,424	18,489	18,427
- 캐나다	2,526	3,799	4,747	1,540	4,318	5,134	4,135
- 브라질	9,217	3,178	7,257	5,548	3,059	8,278	3,505
- 칠레	1,618	810	2,814	1,619	120	1,118	2,861
- 멕시코	2,153	5,078	2,345	839	1,710	1,351	7,167
아시아태평양	12,085	44,842	70,741	56,614	98,708	91,764	91,523
- 호주	3,806	13,088	21,170	12,284	14,592	24,814	43,042
- 중국		8,381	865	88	154	240	1,935

---

1 은행대출과 채권을 합친 표2.1과 큰 틀에서 유사하다.
2 Clive Harris and Sri Kumar Tadimalla, *Financing the boom in public-private partnerships in Indian infrastructure: Trends and Policy Implications* (Gridlines Note No. 45, PPIAF, Washington DC, 2008)*
3 이러한 상황에서 인도의 도로 프로그램은 1990년대 멕시코 사례처럼 안타깝게 종료될 가능성이 크다. Jeff Ruster, *A Retrospective on the Mexican Toll Road Program(1984-94)*(Public Policy for the Private Sector Note No. 125, World Bank, Washington DC, 1997)* 참조

($백만)	2000	2007	2008	2009	2010	2011	2012
- 인도	129	10,882	19,246	29,944	54,802	44,933	21,219
- 인도네시아	303	913	2,727	1,652	2,405	1,886	1,838
- 일본	131	589	2,737	1,226	682	1,524	2,366
- 필리핀	1,510	1,538	819	377	1,174	538	420
- 싱가포르	1,857	3,041	5,442	1,322	2,715	6,479	7,666
- 한국	718	3,041	5,442	1,322	2,715	4,612	6,015
- 태국	1,718	665	1,423	875	2,818	2,736	2,593
유럽	36,123	73,485	91,317	38,565	60,726	51,763	37,838
- 벨기에		2,966	2,122	1,314	2,402	718	1,106
- 영국	11,490	17,399	21,582	8,186	13,021	10,318	12,019
- 프랑스	49	8,372	5,913	2,013	5,351	11,290	9,162
- 독일	12,806	2,859	6,839	2,340	2,133	4,039	4,196
- 이탈리아	5,310					7,118	3,409
- 그리스		6,535	208	251	376	36	
- 네덜란드	300	2,176	4,238	1,113	1,437	354	774
- 포르투갈	1,537	1,603	11,947	4,117	4,639	509	107
- 스페인	567	12,207	22,152	10,105	17,376	10,342	3,069
CIS(구 소련)	2,077	3,498	11,037	3,121	2,754	11,962	8,010
- 러시아	2,077	2,114	8,877	3,001	2,754	11,302	5,096
- 우즈베키스탄							2,914
중동 및 북아프리카	7,255	44,524	31,399	15,042	16,774	13,829	13,142
- 이집트		4,051	2,111		1,013		2,600
- 오만	513	3,317	446	802	1,361	1,502	43
- 카타르	852	9,547	4,396	949		4,184	
- 사우디아라비아	2,834	8,080	10,310	1,900	100,000	3,280	3,647
- 터키		4,295	5,673	2,730	1,720	2,745	3,110
- UAE	550	11,718	4,214	5,433	1,650	987	269
사하라 이남 아프리카		9,161	4,347	5,787	3,678	5,786	8,913
- 가나				2,750	1,002	3,085	3,830
- 나이지리아		4,405	915	355	777	749	
- 남아프리카공화국	127	959		1,138	510	235	2,706
계	110,885	219,986	250,928	139,186	208,174	213,487	198,746

자료: 표 2-1과 동일.

4.2.2 시장에서 활동하는 은행들

전통적으로 약 20여개의 대형 은행들이 전 세계를 대상으로, 그리고 핵심 지역을 중심으로 프로젝트 파이낸스에 대한 금융주선사로 활동하여 왔다. 시장을 선도하는 프로젝트 파이낸스 은행들은 복수의 프로젝트 파이낸스 데스크를 미국(북미/남미 커버), 유럽(유럽, 중동 및 아프리카 커버), 아시아/호주 등에 두고 있으며, 해당 데스크마다 최소한 50여명의 직원을 두고 있다. 이러한 은행들은 외국 투자자들과의 관계, 사업 구조화 능력, 다른 시장에서 획득한 경험 등을 바탕으로 해당 지역에서 확고한 지위를 구축하였다. 국제 프로젝트 파이낸스 은행들을 선호하는 또 다른 이유 중 하나는, 일부 아시아 시장에서는 현지화로 금융을 받는 것보다는 달러화로 대출을 받아 이를 현지통화로 스왑(currency swap)하는 경우(cf. 10.5.2) 금융비용이 더 싸기 때문이다.

그러나 과거 10년 동안 프로젝트 파이낸스 시장에 큰 변화가 있었다. 이는 2000년과 2012년 '상위 20개' 프로젝트 파이낸스 은행들을 각각 나타낸 표4.2와 표4.3을 비교하면 쉽게 알 수 있다.

현대적 프로젝트 파이낸스는 주로 미국계 은행들이 고안한 것이라는 점을 감안한다면, 2000년대에는 활발했던 미국계 은행들이 2012년에는 리스트에서 거의 사라졌다는 점은 특기할만한 사실이다. 이와 관련하여 두 가지 설명이 가능하다. 하나는 프로젝트 파이낸스 업무를 담당하는 직원들의 임금이 높고 또 수입이 불규칙하다(수입이 일정한 것이 아니라 프로젝트 서명일에 목돈을 받는다)는 것이고, 다른 하나는 미국 은행들은 장기대출(프로젝트 파이낸스에서 필수적으로 요청됨)을 선호하지 않는다는 것이다.

이러한 추세는 유럽계 상업은행들 또한 2000년에는 상당한 비중을 차지하였다가 2012년경 대폭 축소된 사실에서도 재확인할 수 있다. 이는 2008년 이후 유럽계 은행들이 직면한 자금조달 문제(cf. 17.2)와 연관되어 있다. 프랑스계 은행들을 제외한다면, 이 기간 중 두각을 보인 은행들은 일본계 은행들이었다. 이들은 성장하는 아시아 시장에서도 확고한 지위를 구축하고 있었다.

당연한 얘기지만 인도계 은행들도 두각을 나타내기 시작했다. 그러나 이들 중 가장 큰 State Bank of India는 인도정부가 과반의 지분을 보유한 국영은행이다. 그러므로 이 은행이 상업은행이지만, Project Finance International이 취합하는 리스트에 포함시키는 것이 옳은지에 대한 논란이 있을 수 있다. (동 매거진이 정리한 정책금융기관의 대출은 15.8에서 다루기로 한다) 마찬가지로 호주 시장의 크기를 감안할 때 다수 호주계 은행들이 상위 20위 이내에 포진하고 있다는 점은 놀랍지 않다.

표 4.2 2000년 프로젝트 파이낸스 대출금 기준 상위 20개 금융주선사

금융주선사	국가	금액($백만)	대출 수	평균대출금액($백만)
Citigroup	미국	11,927	51	234
Société Générale	프랑스	9,616	30	321
Bank of America	미국	9,370	33	284
ABN AMRO	네덜란드	7,875	31	254

금융주선사	국가	금액($백만)	대출 수	평균대출금액($백만)
JP Morgan	미국	7,472	24	311
Credit Suisse First Boston	미국	6,919	10	672
Westdeutsche Landesbank	독일	6,716	37	182
Deutsche Bank	독일	6,487	22	295
BNP Paribas	프랑스	3,712	24	155
Barclays Capital	영국	3,423	23	149
Dresdner Kleinwort Wasserstein	영국	3,155	24	131
Merrill Lynch & Co Inc	미국	2,631	4	658
Bank of Nova Scotia	캐나다	2,165	6	361
Mizuho	일본	1,976	14	141
Goldman Sachs	미국	1,832	3	611
HSBC Bank	영국	1,464	1	1,464
Crédit Lyonnais	프랑스	1,339	9	149
Bank of Tokyo-Mitsubishi	일본	1,272	7	182
Abbey National	영국	1,200	7	171
Bank of Montreal	캐나다	1,040	5	208

자료: 표 2-1과 동일.
* 이 은행들은 금융을 주선하고 인수한 은행들임.(cf. 5.2). 인수참여 또는 대출 참여 은행들은 포함되지 않았음; 금융주선사가 복수인 경우에는 금액을 비율별로 재분배하였음.

표 4.3 2012년 프로젝트 파이낸스 대출금 기준 상위 20개 금융주선사

금융주선사	국가	금액($백만)	대출 수	평균대출금액($백만)
Bank of Tokyo-Mitsubishi UFJ	일본	11,618	96	121
State Bank of India	인도	10,948	32	342
Sumitomo Mitsui Banking Corp.	일본	7,576	68	111
Mizuho Financial	일본	6,234	51	122
Korea Development Bank*	한국	5,411	27	200
HSBC	영국	4,394	34	129
Crédit Agricole	프랑스	4,159	36	116
Société Générale	프랑스	4,084	35	117
BNP Paribas	프랑스	3,793	35	108
Banco Bilbao Viscaya Argentaria	스페인	3,521	45	78
Lloyds TSB	영국	3,251	25	130
Commonwealth Bank of Australia	호주	3,158	21	150
Standard Chartered	영국	3,035	19	160
ING	네덜란드	2,946	29	102
National Australia Bank	호주	2,920	20	146

금융주선사	국가	금액($백만)	대출 수	평균대출금액($백만)
ICICI	인도	2,796	13	215
Unicredit	이탈리아	2,789	29	96
IDFC	인도	2,679	22	122
Axis Bank	인도	2,645	9	294
ANZ	호주	2,457	19	129

자료: 표 2-1과 동일.
* Cf. 16.4.2

선도적 지위를 유지하고 있는 국제적인 프로젝트 파이낸스 은행들(표4.2의 영국계, 프랑스계 및 일본계 은행들)은 프로젝트 파이낸스의 다양한 영역에 진출해 있고, 아래와 같은 업무도 취급한다;

- 국내 프로젝트 파이낸스(프랑스계 은행 파리 지점에서 프랑스 프로젝트 앞 유로화 대출)
- 자신들이 지점을 운영하고 있는 국가의 프로젝트 파이낸스(프랑스계 은행 시드니 지점에서 호주 프로젝트 앞 호주달러 대출)
- 역외 프로젝트 파이낸스(프랑스계 은행 파리 지점에서 호주 프로젝트 앞 미달러 대출)

특정 국가에 소재하는 프로젝트 입장에서는 해당국에 지점을 보유하고 있는 은행들로부터 대출을 받는 것이 유리한데, 왜냐하면 이들 지점이 현지 문화를 잘 이해하고 있으며, 또 해당국 통화로 대출제공이 가능하여 프로젝트 회사로서는 이를 통하여 환리스크(cf. 15.10)를 보다 잘 관리할 수 있기 때문이다. 그러므로 선진국 프로젝트들은 통상 현지 은행들이나, 해당국에 지점 또는 현지법인을 보유하고 있는 은행들로부터 금융을 조달하게 된다. 이러한 방식이 프로젝트 파이낸스 시장에서 가장 큰 비중을 차지하고 있다.

그러나 일부 개도국에서는 이러한 접근방식이 가능하지 않을 수도 있다. 국내 금융시장에서는 장기대출이 가능하지 않을 수도 있고, 국내 은행들이 프로젝트 파이낸스에 익숙하지 않을 수도 있다. 외국 통화 대출이 가능하지 않을 수도 있다. (인도나 브라질 같은) 일부 개도국에서는 현지 상업은행들이 수행하지 못하는 역할을 공공부문 개발은행들이 대신할 수 있으나, 그들의 역량은 제한적이다. (cf. 15.8) 개도국에서의 프로젝트 파이낸스는 제15장과 제16장에서 보다 상세히 다룰 것이다.

대형 국제 상업은행들 다음으로 프로젝트 파이낸스에 많이 참여하는 은행들은 신디케이트 시장 참여자들이다. 이들은 통상 자국 프로젝트 신디케이트에 참여하나, 대형 국제 상업은행들처럼 국제시장에 뛰어들 수도 있다. 그러나 5.2.8에서 살펴볼 것처럼 미국과 유럽에서의 신디케이션 시장은 크게 축소되었다.

최근의 시장 발전과 은행 프로젝트 파이낸스에 대한 전망은 제17장에서 다룰 것이다.

4.3 채권

차주 입장에서 볼 때 프로젝트 회사가 발행하는 채권은 은행 대출과 기본적으로 동일하다. 그러나 채권투자자들은 대부분 은행이 아니며, 채권은 대출과 달리 유통가능하다. (과거에는 종이서류였으나 최근에는 전자등록 방식을 채택하고 있다)[4] 발행인(즉, 프로젝트 회사)은 미래 정해진 날짜에 채권 원금과 이자를 상환하는 것을 약속한다. 프로젝트 파이낸스 채권 투자자들은 직접투자 리스크는 지지 않고 장기 고정적인 현금흐름을 희망하는 보험회사들이나 연기금들인데, 이들은 장기적인 현금유출이 발생하는 채무를 보유하고 있기 때문이다. 프로젝트 파이낸스 채권시장은 은행 대출시장 대비 그 규모가 상대적으로 작은데, 특정 국가에서는 매우 크다. 채권 가격은 같은 만기의 국채 수익률에 리스크를 감안한 마진을 더하여 산정된다.

채권의 종류는 공모채(증권거래소에 상장되며, 이론적으로는 광범위하게 유통된다)와 사채(상장되지 않으며, 제한된 기관투자자들만 투자한다)가 있다. 흔히 있는 일은 아니지만, 사채의 경우 투자은행의 도움 없이도(즉, 사업주가 채권투자자들을 직접 컨택하는 방식으로) 발행할 수 있다.

프로젝트 파이낸스 채권은 보험회사 및 연기금, 그리고 채권펀드를 통해 투자하는 투자자들의 성향과 잘 맞으므로, 프로젝트 파이낸스 채권시장의 발달이 더딘 것이 이상하게 느껴질 수도 있다. 그러나 프로젝트 파이낸스 채권은 아래와 같은 한계를 보유하고 있다:

- 통상 만기 20년짜리 채권은 만기에 일시상환된다; 그러나 만기 20년짜리 프로젝트 파이낸스 채권은, 예컨대 완공 후 2년부터 20년간 분할상환된다. 그러므로 장기물 투자를 희망하는 투자자들에게는 덜 매력적이다. (또한 불규칙한 상환스케줄로 인하여 다른 채권과의 비교를 어렵게 만든다)
- 프로젝트 파이낸스 채권에 대한 신용리스크 분석 및 프로젝트의 운영현황 모니터링은 이행하기 어렵다. 그리고 프로젝트 파이낸스 채권이 투자자 포트폴리오의 작은 부분만을 차지한다면, 프로젝트 모니터링만을 위하여 고임금 직원을 채용하는 것은 부담스럽게 여길 것이다.
- 프로젝트 파이낸스 채권의 신용등급은 아마도 최저 투자등급만을 부여받을 수 있을 것이므로(cf. 5.3.1), 채권투자자들이 이 점을 부담스럽게 생각할 것이다.
- 일부 국가에서는 채권 보험을 통하여 위와 같은 문제를 해결하였으나, 4.3.2에서 살펴볼 것처럼 현재는 보험가입이 용이하지 않다.
- 프로젝트 파이낸스 채권을 활성화하기 위한 조치들은 제15장에서 다시 다룰 것이다.

---

4 여기서 말하는 채권(bond)은 건설계약에서의 보증(bond)과는 무관하다. (cf. 8.2.9) Bond란 단어는 security, note 또는 debenture를 의미할 수 있다.

4.3.1 미국 채권시장

인프라 투자를 위한 채권 발행은 매우 긴 역사를 보유(은행 대출 프로젝트 파이낸스보다 훨씬 긴 역사)하고 있으나, 오늘날의 프로젝트 파이낸스 채권 시장 발전은 일차적으로 미국 모델에 의존하고 있다. 미국의 채권시장 규모는 압도적인 세계 1위이다.[5] (미국 기업들의 차입금의 53%는 채권, 47%는 은행 대출금으로 구성되어 있으나, 유럽과 영국에서는 은행 대출금이 85% 수준을 차지한다)[6]

표 4.4 미국 채권시장 - 신규발행 규모

(U$십억)	2011	2012
미 재무부	2,103	2,309
연방기구	839	677
기업*	1,012	1,360
모기지 관련	1,660	2,056
지방정부	295	379
자산담보부(증권)	126	199
계	6,036	6,979

자료: Securities Industry and Financial Markets Association 웹사이트(www.sifma.org)
 * 프로젝트 파이낸스도 포함

프로젝트 파이낸스와 관련있는 미국 채권시장은 두 종류이다 - 하나는 최근까지도 신용리스크를 커버하기 위해 보험사의 보험증서가 요구(cf. 4.3.2)되었던 지방정부채 시장(아래에서 보다 상세히 다룰 것이다)이며, 다른 하나는 회사채(민간 프로젝트 파이낸스 채권을 포함한다) 시장이다. 후자는 다른 국가에서의 프로젝트 파이낸스 채권시장과 유사하다. (cf. 4.3.3)

미국의 지방정부채(muni) 시장의 역사는 1세기 이상이다; 이 시장의 발전을 이끈 핵심 사건은 1895년 대법원이 지방정부와 지방 공공기관이 발행한 채권에 대하여 연방세를 매길 수 없다고 판결한 판례이다. 그러므로 (통상 펀드를 통해) 이러한 채권에 투자하는 이들은 별도 세제혜택을 받는 보험회사나 연기금이 아니라 절세를 목적으로 하는 개인들이다.[7]

---

[5] 표4.4 이외 이 섹션에서 인용한 통계수치는 The Bond Buyer's 2011 in Statistics (The Bond Buyers, February 13, 2012)*와 The Bond Buyer's 2012 in Statistics(The Bond Buyers, February 11, 2013)*에서 발췌하였다. 표4.4에서 SIFMA가 취합한 지방정부 채권 발행 총액과 The Bond Buyers의 수치간 다소 일치하지 않는 부분이 있다.
[6] European Commission Staff Working Document, *Long-term Financing of the European Economy* (SWD(3013)) 76 final, Brussels, 2013), p.14*
[7] 미국 국세청은 개인이 muni 투자를 통해 받을 수 있는 세금혜택이나 면세 투자한도 및 비용처리할 수 있는 금액 한도를 정한 Alternative Minimum Tax 제도를 도입하였다. 그러나 2009년 이후 인프라 투자를 활성화하기 위하여 이의 엄격한 적용에 대한 다수의 예외가 허용되었다.

2012년중 총 $3,760억 규모의 장기 muni 채권이 발행되었는데, 이 중 88%가 면세혜택을 받았다. 이 중 일부만 프로젝트 파이낸스 채권이라고 부를 수 있지만, 이 일부만 하더라도 매우 큰 시장의 일부이다. Muni 채권은 아래 두 가지로 분류된다.

General Obligation Bond (2012년 $1,360억 규모 발행) 이는 발행인인 지방정부의 '신용을 바탕으로' 발행하는 채권이다. 이러한 형태의 채권은 프로젝트 파이낸스에 적합하지 않다.

Revenue Bond (2012년 $2,400억 규모 발행) 이는 교육위원회, 상하수도청, 교통청 등 발행인(공공기관)의 현금흐름으로만 상환하는 채권이다. 공공기관은 이미 별도의 수입을 창출하고 있기 때문에, 이러한 측면에서 보면 프로젝트 파이낸스보다는 기업금융과 유사하다. 그러나 유료도로 등 새로운 프로젝트가 Revenue Bond를 발행할 수도 있는데, 이 때 채권투자자는 공공부문이 추진하는 특정 프로젝트에 대하여 프로젝트 파이낸스와 유사한 리스크를 지게 된다.

(PPP 등 민간부문 프로젝트 파이낸스에게 의미있는) Revenue Bond의 하부 카테고리로 PAB(Private Activity Bond)라는 것이 존재한다. PAB는 공공부문이 발행하나, 채권상환에 충분한 현금흐름을 창출할 수 있을 것으로 기대되는 민간부문 프로젝트 회사 앞 발행대금을 대여하는 방식을 채택하고 있다. 다음의 조건을 만족하는 muni 채권은 국세청 Code 141 섹션에 의거, PAB로 분류될 수 있다:

- 발행액의 10% 이상을 민간 비즈니스 활동에 활용
- 채권상환액 재원의 10% 이상이 민간 비즈니스 활동에서 창출

PAB는 발행액의 95% 이상이 국세청 Code 141 섹션의 목적(공항, 항만, 대중교통, 수자원관리시설, 하수처리장, 고체 폐기물처리장, 임대주택, 지역 전기 및 가스 공급시설, 지역냉난방시설, 유해물질 처리시설, 고속철도, 수력발전소의 환경개선시설, 공공교육 시설 등)에 맞게 사용되는 경우 면세혜택을 받을 수 있다. 이들 시설 중 대부분이 프로젝트 파이낸스 방식으로 추진될 수 있다.

면세혜택을 받는 PAB는 각 지방정부마다 발행총량이 정해져 있다; 그러나 이러한 한도는 '예외시설'과 관련하여서는 적용되지 않는다. 예외시설들의 목록은 다음과 같다: 공항, 항만, 수력발전소의 환경개선시설, 공공교육 시설, 정부가 소유하는 고체 폐기물처리장, 정부가 소유하는 고속철도, 민간 고속철도(발행대금의 75%까지만 적용) (또한, 세제혜택을 받기 위해서는 일반적으로 부동산 비용이 발행대금의 25%를 초과해서는 안된다)

2005년 제정된 Safe, Accountable, Flexible, Efficient Transportation Equity Act: A Legacy for Users (SAFETEA-LU)는 기존 한도 외 추가로 2015년까지 $150억 규모의 면세혜택을 받는 교통 프로젝트 PAB 발행을 허용하고 있다.

기타 準 프로젝트 파이낸스 구조 또한 존재하는데, '63-20 Bond'(비영리기업이 발행하며 면세혜택을 받음) - 번호는 국세청의 판례번호를 딴 것이다 - 가 그 중 하나이다. 그러나 이러한 채권은 자본금이 없는 회사가 발행해야 하므로, 이로 인하여 발생하는 구조적 공백은 다른 방식(예컨대 대주단을 보호하기 위하여 대출규모를 축소(cf. 12.3))으로 채워야 한다. 그러나 이 경우 금융조달액이 충분치 못할 수 있으므로 메자닌 대출(cf. 4.5.1)을 활용하는 방안도 검토해야 할 것이다.[8]

Muni의 또 다른 하부 카테고리인 Tax Increment Finance는 17.6.4에서 다루기로 한다.

4.3.2 보증부 채권(wrapped bond)

최근까지 PAB를 포함한 muni의 대부분은 채권보증보험회사(monoline)의 커버가 제공된 형태였다. 이들 회사들이 이렇게 불리게 된 이유는 채권보증보험 업무만을 전문적으로 담당했기 때문이다. (단일(mono) 비즈니스만을 수행했다)

채권보증보험회사의 커버가 존재하는 경우, 채권투자자들은 차주나 프로젝트의 리스크에 대하여 크게 신경쓰지 않고 채권보증보험회사의 신용등급에만 관심을 기울였다. 그리고 이는 민간 투자자들이 개별 채권의 리스크를 분석하지 않고 투자(도덕적 해이)하는 문제를 불러일으켰다. 2007년 이전 muni의 절반은 채권보증보험회사의 커버를 받았다.

그러나 채권보증보험회사들은 미국 서브프라임 모기지 사태에 깊이 관여되어 있었으며, 2008년 이후 대규모 손실을 기록하고 시장에서 사라졌다. 2012년 현재 단 한 개의 채권보증보험회사만이 업무를 수행하고 있다. 그 결과 같은 해 단지 $130억 규모의 채권만이 보험에 가입했으며, 시장은 보험의 효과에 대하여 의문을 품기 시작했다. 어느 정도는, 즉 PAB를 발행할 수 있는 규모의 프로젝트 파이낸스 시장에서 채권보증보험회사가 사라져서 발생한 갭은, 상업은행이 채웠다. (그러나 미국 은행들이 아니라 유럽계 및 일본계 은행들이 그 역할을 차지하였다)

4.3.3 국제 채권시장

표4.5에서 보는 바와 같이 국제 프로젝트 파이낸스 채권시장은 상업은행 시장보다 훨씬 규모가 작으며, 일부 국가에 집중되어 있다.[9] 여기서 '국제'라는 용어는 다소 어색한데, 일부 달러 표시 국제채가 존재하긴 하지만 대부분이 프로젝트 소재 국가에서 발행되고 거래되기 때문이다: 프로젝트 파이낸스 채권의 대부분은 미주 지역에서 발행되고, 소규모로 유럽과 중동, 그리고 아시아 지역에

---

8 Muni와 공공부문 및 PPP 프로젝트를 지원가능한 다른 수단(TIFIA 프로그램(cf. 15.4) 포함)의 차이점에 대한 보다 상세한 설명은 Federal Highway Administration, *Project Finance Primer* (US Department of Transport, Washington DC, 2010)*과 John R. Rartle, W. Bartley Hildreth & Justin Marlowe (eds), *Management policies in Local Government Finance*, (ICMA [International City/County Management Association], 6th edition, 2012) 제17장의 E.R.Yescombe, "Project Finance"를 참조하라.

9 시장 부문별 수치는 은행시장과 채권시장을 합한 표2.1과 거의 유사한 모습을 보이고 있다.

서 발행된다. 이 시장은 채권이 발행되는 국가에서의 세제혜택에 크게 의존하고 있지는 않다. 그것이 미국 프로젝트 파이낸스 채권 시장(muni 제외)이 상대적으로 작은 이유 중 하나이다: 사실상 이 시장은 면세 혜택을 받는 채권에 의해 '구축'된 것이다.[10]

표 4.5 2001-2011년간 프로젝트 파이낸스 채권 발행규모

($백만)	2000	2007	2008	2009	2010	2011	2012
미주	16,099	11,710	7,902	4,462	9,822	13,220	17,059
- 미국	11,313	7,055	5,266	3,385	4,905	4,264	7,111
- 캐나다	489	3,002	1,738	877	4,521	4,131	2,076
- 브라질	875					3,324	3,642
- 칠레	430						
- 멕시코	1,831	259	700			552	2,070
아시아태평양	1,384	4,605	1,015	327	6,432	2,628	2,932
- 호주	1,293	4,359	300	188	4,550	935	
- 말레이시아			473				2,406
- 한국				164	139		
서유럽	2,790	10,508	2,968		3,536	5,432	2,642
- 영국	2,498	4,355	2,968		3,276	4,732	2,538
- 프랑스		5,500					
중부 유럽 및 CIS	363						
중동 및 북아프리카				3,477		999	1,300
- 카타르							
- UAE				1,248			1,300
사하라 이남 아프리카				2,229			174
계	25,003	26,823	11,885	8,266	19,790	22,279	24,127

자료: 표 2-1과 동일.

미국 프로젝트 파이낸스 채권 발행시장은 1990년 SEC(Securities and Exchange Commission)가 채택한 rule 144a에 기반하고 있다. 사모채권 발행(private placement)은 SEC의 복잡한 등록 프로그램[11]을 거치지 않아도 되나, SEC의 일반규칙에 의거 2년간 제3자에게 이를 매도할 수 없도록 하고 있다.[12] 미국 채권투자자들은 이러한 제약 등으로 인하여 유동성이 부족한 채권은 선호하지 않는다. Rule 144a는 '적격기관투자자(qualified institutional buyer, QIB)' 앞 매도하는 경우

---

10 2009-2010년 중 연방정부가 이자지급액의 35%를 보조하거나 또는 35%의 연방세 공제를 받을 수 있는 muni 발행 프로그램인 Build America Bond는 면세기관들의 잠재적 수요를 보여주었다. 당시 $1,810억 규모의 채권이 발행되었다. (보조금 방식이 면세기관들까지 투자자들의 풀을 증가시켰기 때문에 일반적으로 보조금 방식이 더 선호되었다)
11 발행인이 US GAAP에 따라 재무제표를 발행할 것 등이다.
12 Muni는 SEC의 관리대상이 아니다: Municipal Securities Regulation Board (MSRB)가 muni 시장을 규율하며, 투자설명서 발간 등 공시절차에 대한 규정을 운영한다.

에 한하여 유통시장에서의 매매를 허용하고 있다. QIB는 최소한 1억불 이상의 채권을 포트폴리오로 운영하고 있는 기관을 의미한다. 그러므로 Rule 144a는 미국에서 프로젝트 파이낸스 채권(사모채 또는 보다 거래가 자유롭게 이루어질 수 있는 채권 등)을 발행할 수 있는 주요 근거조항이 될 수 있다.

달러화채권은 미국 외 지역, 특히 남미 지역에서도 발행된다. 모든 관련자들이 미국인이 아니며 또 미국 내에서 거래되지 않는다면 그러한 채권들은 1933 SEC Act의 Regulation S에 의거, SEC의 규제나 통제를 받지 않는다.

표4.5에 나타난 미국 프로젝트 파이낸스 채권은 대부분 유가스개발과 재생에너지 부문에 투자된 것이며, muni 시장의 PAB와 같이 면세혜택(cf. 4.3.1)을 받는 채권들은 제외되어 있다; 면세혜택을 받을 수 없는 인프라 채권들은 (전부는 아니지만) 대부분 면세채권에 의해 '구축'되었다.

채권보증보험회사들(cf. 4.3.2) 또한 호주, 영국 및 캐나다 등 국제 프로젝트 파이낸스 채권 시장 활성화에 크게 기여하였다; 이들은 통상 은행이 신용리스크를 부담하는 대가로 부과하는 마진의 절반 정도만을 수수료로 책정함으로써 채권의 경쟁력 제고에 이바지하였다. 그러나 이러한 가격의 차이는 은행 또는 채권보증보험회사들 중 하나는 가격책정에 오류가 있었다는 것을 의미한다. 또한 채권자들이 25년 또는 그 이상의 기간동안 프로젝트 자체의 사업성을 고려하지 않고 단지 보증서에만 의존하는 것이 옳은지에 대해 의문이 존재해왔다. 현재 기존 채권에 대한 채권보증보험회사의 보험은 거의 가치가 없으며, 투자자들은 투자원리금 상환을 프로젝트 자체의 사업성에만 의존하고 있는 실정이다. 그러나 4.3.2에서 논의한 문제에 노출되지 않았던 단 하나의 채권보증보험회사(Assured Guaranty)는 최근 국제 프로젝트 파이낸스 채권에 대한 보험제공을 재개하였다.

영국 시장은 채권보증보험회사의 커버를 받는 PFI 채권에 기반하고 있다; 대부분의 대규모 프로젝트들은 2008년 이전까지 이러한 방식으로 금융을 조달하였는데, 이는 채권시장이 보다 높은 수준의 유동성과 금리경쟁력을 보유하고 있었기 때문이다. 실제로 2005년 영국은 가장 큰 프로젝트 파이낸스 채권 시장이었다. ($170억으로 미국의 $130억보다 컸다) 그러나 채권보증보험회사가 사라짐에 따라 이 시장 또한 갑자기 붕괴되었다. 물론 PFI가 아닌 영역에서는 계속 채권이 발행되지만 말이다. 2010/11년 발행된 채권의 발행인은 대부분 철도차량 회사와 민영화된 인프라 회사였으며(둘 다 기술적으로는 프로젝트 파이낸스라기보다는 기업금융에 가까웠지만), 2012년 발행된 채권은 대부분 고속철과 관련되어 있다. (2008년 이후 최초로 채권보증보험회사가 커버한 PFI 채권은 2013년 발행되었다)

2012년 캐나다 채권은 대부분 PPP 교통 프로젝트와 관련이 있으며, 브라질 채권은 유가스 개발과 관련이 있다.

표4.6은 주요 프로젝트 파이낸스 채권 주선기관들인데, 대부분 대형 국제 상업은행들이다. 예컨대 HSBC는 말레이시아, 멕시코, 브라질, 파나마, 그리고 미국에서 채권발행을 주선했는데, 그 분야는 발전, 인프라 및 유가스 등 다양하다.[13]

표 4.6 2012년 상위 10개 프로젝트 파이낸스 채권 주선기관

금융주선사	국가	$백만	발행 횟수
HSBC	영국	2,584	9
Boa Merrill Lynch	미국	1,932	6
Barclays	영국	1,442	8
Crédit Suisse	스위스	1,279	4
Royal Bank of Scotland	영국	1,130	5
Bank of Montreal	캐나다	1,058	6
JP Morgan	미국	1,023	3
BNP Paribas	프랑스	1,015	4
Maybank	말레이시아	1,020	2
Royal Bank of Canada	캐나다	1,011	6

자료: 표 2-1과 동일. 인수액이 U$10억을 초과하는 기관 모두 표시

4.4 비은행권 대주들

비은행 대주들(주로 보험회사 및 연기금)은 특정 프로젝트 파이낸스 부문에서, 특히 호주, 영국, 캐나다, 프랑스와 미국에서 중요한 자금조달원이 되었다. 보험회사들은 한국에서도 중요한 대주로서의 지위를 굳혔다. 채권을 매입하기보다 직접 프로젝트에 대출을 함으로써 이들은 은행들과 같은 방식으로 프로젝트에 참여한다. (제14장 참조)

투자는 연기금(소규모)이 직접 실행하나 프로젝트에 대한 관리는 경험있는 펀드 매니저에게 위임하는 방식인 프로젝트 파이낸스 대출 펀드 또한 발전하고 있다.

17.4에서 이러한 다양한 프로젝트 파이낸스 재원 확대에 대하여 논의하기로 한다.

---

13 European PPP Expertise Centre, *Capital Markets in PPP financing: Where we were and where are we going?* (EIB, Luxemburg, 2010)*

4.5 기타 민간금융 재원들

4.5.1 메자닌(mezzanine) 대출

후순위대출은 상환 순위가 은행 대출금 및 채권보다는 낮으나, 투자자들의 자본금보다는 높으며, 프로젝트 default 발생시 선순위 대주단이 전부 상환받은 후에만 상환받을 수 있다. 이자율은 선순위보다 높으며, 통상 고정금리를 적용한다.

후순위대출금은 투자자들이 자본금 대신 납입할 수도 있다(그 이유에 대하여는 12.2.2 참조); 대주단과 투자자들 사이에서 그러한 후순위대출은 자본금과 동일하게 취급된다.

필요한 금융수요와 선순위대주단이 제공할 수 있는 대출금 규모 간 차이가 존재한다면, 추가 자본금을 납입하는 대신 (자본금을 납입하는 경우보다 프로젝트 회사가 보다 경쟁력있는 가격으로 제품을 생산할 수 있게 하거나(cf. 17.5.2), 투자수익률을 높이기 위하여) 보험회사나 특수펀드(인프라 펀드 등)와 같은 비은행권의 제3자가 후순위대출금을 제공하게 할 수도 있다. 이처럼 제3자가 제공하는 후순위대출은 메자닌 대출이라고 일컬어지는데, 주주들이 제공하는 후순위대출과 구분하기 위함이다.

15.4에서 논의하는 것처럼, 메자닌 대출은 공공부문이 제공할 수도 있다.

후순위대출이나 메자닌 대출을 활용하는 경우 각기 다른 그룹의 대주단간 원리금 상환 문제나 프로젝트에 대한 통제권 이슈가 발생할 수 있다. (cf. 14.14.5)

4.5.2 리스금융(Lease Finance)

리스금융을 활용하는 경우, 금융지원 대상 자산의 소유권은 리스임차인(lessee = 차주)이 아니라 리스임대인(lessor = 대주)이 지닌다. 리스임차인은 대출금에 대한 원리금을 상환하는 대신 리스이용료를 지급하나, 다른 모든 것이 동일하다면(즉, 리스이용료 지급에 포함된 금융의 내재적 (implied) 이자율이 대출 이자율과 동일하다면) 대금상환과 관련하여 리스와 대출간 차이가 없다.

여기서 말하는 리스는 프로젝트 회사가 금융을 조달하기 위한 기자재 리스라는 점을 분명히 해 둘 필요가 있다. 이는 BLT/BLOT 방식의 자산(부동산) 리스와는 구분된다. 자산 리스는 프로젝트 회사가 소유권을 보유하지 않고도 프로젝트를 통제할 수 있는 다양한 방안 중 하나이나, 금융조달과는 무관하다. (cf. 6.2)

리스는 자동차, 공장 기계 및 유사한 기자재 금융조달을 위해 흔히 활용되는데 크게 두 가지로 구분된다. 하나는 이외의 방식으로는 금융을 조달할 수 없는 이들에게 기자재의 가치에 기초한 담보권을 근거로 자금을 조달하는 방식('금융리스(finance lease)'라고 불린다)이며, 다른 하나는 리스임차인이 일정 기간동안 기자재를 활용한 뒤 리스임대인에게 돌려주며 리스임대인이 해당 기자재의 잔여가치 리스크를 부담하는 방식('운영리스(operating lease)'로 불린다)이다. 이 두 가지 리스 모두 직접대출보다는 비용이 비싸며, 통상적으로 프로젝트 파이낸스에서는 잘 활용되지 않는다. 리스는 아래에서 언급하는 바와 같이 벤더금융(vendor finance)에서 활용되기도 한다.

리스와 프로젝트 파이낸스의 연결점은 세금혜택이다. 일부 국가에서 리스임대인은 프로젝트 파이낸스의 대상이 되는 기자재를 직접 소유함으로써 가속상각법의 혜택을 받을 수 있다. 가속상각법은 기자재의 소유자가 감가상각제도를 활용하여 세금을 줄일 수 있을 경우에만 유용하나, 프로젝트 운영 초기에는 그런 상황이 발생하기 어렵다. (cf. 13.7.1) 그러므로 자신의 세전수입에서 감가상각비용을 차감할 수 있는 리스임대인이 기자재를 보유하는 것이 보다 경제적이며, 이렇게 발생하는 혜택을 프로젝트 회사(리스임차인)에게 보다 낮은 금융비용 형식으로(즉, 대출 원리금 상환액 수준보다 낮은 리스이용료로) 이전해 줄 수 있다. 리스 이용 고려시 프로젝트 회사는 이러한 방식의 금융비용 축소 혜택과 추후 감가상각비용을 활용하지 못하는데 따른 불리함을 동시에 고민해야 한다. 그러나 대부분의 국가에서 리스 활용에 따른 세제혜택은 축소되었거나 완전히 사라졌으며, 그 결과 요즘에는 프로젝트 파이낸스에서 리스가 사용되는 경우가 거의 없다.

리스를 활용하는 것이 가능하다 하더라도 이는 기존 구조에 덧붙여지는 정도일 것이며, 사업주 또는 대주단의 금융에 대한 기본적인 접근방법을 변경할 수는 없을 것이다.

4.5.3 벤더금융(Vendor Finance)

어떤 경우에는 기자재 공급자, 건설회사 또는 서비스 공급자(벤더들)가 금융을 제공해 줄 수 있다. 예컨대 기자재 공급자는 프로젝트의 기술적 리스크나 산업에 대하여 은행들보다 잘 이해할 수 있으므로 금융시장이 받아들이기 힘든 리스크를 수용할 수도 있을 것이다. 벤더금융은 기자재 공급자 등이 판매를 늘리고 새로운 시장을 개척하는데 활용될 수도 있다.

벤더금융은 대출(기자재 판매대금을 천천히 받는 방식), 기자재 리스 또는 은행 대출에 대한 보증의 형태를 띨 수 있다. 벤더가 단순히 금융을 제공해 줄 수 있는 은행을 소개하는 것(벤더가 보증을 제공하지 않음)은 벤더금융이 아니다. 벤더금융은 은행이 아닌 벤더가 리스크를 지는 것만을 의미한다.

그러나 벤더금융은 프로젝트 리스크와 어려움을 고려하지 않은 상태에서 단순히 입찰에서 낙찰을 받기 위한 방안으로 제시되는 경우도 있는데, 추후 동 벤더가 프로젝트 구조와 리스크에 대하여 충분한 이해를 한 뒤에는 금융제안을 철회하여 결과적으로 사업주의 시간만 낭비하게 할 수도 있다.

그러므로 벤더금융의 채권보전 구조나 리스크 분석은 은행이나 채권 시장에서 논의되는 수준으로 이행되어야 하는데, 이를 통해

- 견고한 금융구조를 구축할 수 있으며,
- 계약사항을 이행하려는 의지나 능력에 영향을 미칠 수 있는, 과도하거나 예상하지 못한 리스크를 벤더가 지지 않을 수 있으며,
- 벤더금융이 적정한 시점에 금융시장에서 리파이낸싱될 수 있도록 함으로써 벤더의 재무부담을 경감시킬 수 있다.

벤더금융은 사업주가 재원조달 대안을 마련하는 과정에서 고려될 수 있는데, 프로젝트 파이낸스 시장에서 이의 역할은 제한적이며 주로 전자통신 네트워크 구축에 국한되어 있다.

4.5.4 이슬람 금융(Islamic financing)

이슬람 금융의 핵심은 코란의 이자수취 금지(그러나 투자에 대한 수익은 금지하지 않고 있다)와 관련되어 있다. 이슬람 금융은 중동과 말레이시아 등에서 중요한 역할을 수행하고 있다. 이슬람 금융의 주요 구조는 아래와 같다:

- *Istisna'a*. 대주단은 프로젝트 회사가 프로젝트 자산을 건설하는 것을 내용으로 하는 계약을 프로젝트 회사와 체결한다. 이 계약에 기초하여 프로젝트 회사는 D&B/EPC 회사와 건설계약을 체결한다. 프로젝트가 완공되면 그 자산은 Ijara에 따라 관리될 수 있다.
- *Ijara* (이슬람 리스). 일반적인 리스와 유사한 성격을 지니고 있다. (즉, 고정 리스이용료를 내고 기자재를 일정기간 동안 사용할 수 있도록 한다. cf. 4.5.2)
- *Mudaraba* (할부판매). 대주단에게 이윤을 보장할 수 있는 가격에 할부 판매하는 방식이다.
- *Sukuk* (이슬람 채권). 자산에 대한 부분적인 소유권을 부여하며, 채권투자자가 자산의 현금흐름 일부를 수취할 수 있게끔 허용한다.

이슬람 은행 및 국제 상업은행들의 이슬람 금융 부서가 제공할 수 있는 다양한 금융수단들은 전통적인 은행 대출에 더해 프로젝트 파이낸스 패키지를 구성할 수 있을 것이다.

05
대주단

05 대주단

5.1 도입

이 장에서는 상업은행(5.2) 및 채권투자자(5.3) 등 민간부문 대주단으로부터 프로젝트 파이낸스를 조달하는 절차, 그리고 양자간 차이(5.4)에 대하여 논의한다. 대주단의 실사(due diligence) 절차와 대주단 자문사들의 역할에 대하여도 논의한다.(5.5) 5.6에서는 계약당국의 공공조달 과정 중 입찰참여자들이 예비 대주단과 소통하는 방법에 대하여 논의한다.

5.2 상업은행

5.2.1 조직구조

대부분의 상업은행에는 프로젝트 파이낸스 업무에 전문화된 부서가 존재한다. 그러한 전문화된 부서를 조직화하는 방법에는 세 가지가 있다.

프로젝트 파이낸스부(Project Finance Department). 가장 오래된 방식은 프로젝트 파이낸스 업무에만 전문화된 부서를 운영하는 것이다. 부서규모가 클 경우 인프라, 에너지, 그리고 자원개발 등 부문별로 팀을 두게 될 것이다. 프로젝트 파이낸스 전문역량을 한 부서에 집중시킬 경우 자원을 효율적으로 사용할 수 있으며, 각기 다른 산업에서의 경험을 바탕으로 풍부한 노하우를 보유하는 장점을 지니게 된다. 그러나 고객들에게 제공할 수 있는 금융서비스의 범위가 제한된다는 단점이 있다.

구조화금융부(Structured Finance Department). 5.2.2에서 서술하는 바와 같이 최근 프로젝트 파이낸스와 구조화금융의 구분은 점점 희미해졌으며, 그 결과 프로젝트 파이낸스는 구조화금융의 일부로 간주되기도 한다. 이러한 접근방법은 보다 다양한 금융서비스를 제공할 수 있다는 장점이 있지만, 해당 부서의 업무가 사업기간이 짧은 거래, 예컨대 LBO(아래 참조) 등에 집중하고 있다면 프로젝트 파이낸스와는 잘 맞지 않을 수도 있다.

산업별 편제(Industry-Based Departments). 또 다른 방법은 산업분야별(전력, 자원개발 또는 인프라 등)로 부서를 나눈 뒤 해당 부서가 모든 금융서비스를 제공하게 하는 방법이다; 만약 해당 산업이 주로 프로젝트 파이낸스를 이용한다면, 프로젝트 파이낸스 전문가들로 이루어진 팀이 존재할 것이다. 이는 특정 산업 고객들에게 원스탑 서비스를 제공할 수 있는 장점이 있다. 그러나 프로젝트 파이낸스 경험과 다양한 산업별 경험을 활용하기 어렵다는 단점이 존재한다.

그러나 은행 내 효율적인 커뮤니케이션과 협조가 조직적 형태보다는 훨씬 더 중요하다.

일반적으로 이러한 부서에서 프로젝트 파이낸스 업무를 담당하는 직원들은 금융 및 재무와 관련된 풍부한 경험을 보유하고 있다. 물론 경우에 따라 내부 엔지니어들이라든가 관련 산업경력을 보유한 전문가들도 존재한다. 대부분의 직원들이 건설, 엔지니어링 또는 기타 분야에 대하여 전문가는 아니지만 꽤 오랜 시간동안 다양한 거래를 접하면서 해당 산업에서 프로젝트 사업성과 관련된 다양한 기술적, 실무적 전문성을 쌓게 된다; 그럼에도 불구하고 은행들은 외부 전문가들(cf. 5.5)의 자문에 크게 의존한다.

프로젝트 파이낸스는 시간이 많이 소요되는 업무이며, 능력이 출중한 고임금의 직원들이 담당한다; 과거 선도적인 지위를 누렸던 몇몇 이들이 퇴사하기도 하였는데, 은행들이 수익성을 위하여 다른 구조화된 상품이나 기업금융 또는 소매금융에 집중하는 것이 낫다고 판단하였기 때문이다. (cf. 4.2.2)

은행들이 충분한 시간을 가지고 프로젝트 파이낸스 업무를 수행하기 위해서는 해당 딜이 충분한 수익을 낼 수 있을 정도의 사이즈를 지녀야 한다. 예컨대 $25백만 이하 딜에 대하여 프로젝트 파이낸스를 조달하는 일은 경제적이지 않으며(물론 동일한 양식을 활용할 수 있는 유사 프로젝트라든가 소규모 프로젝트들을 한꺼번에 묶어 한 번에 금융을 조달하는 경우를 제외하고는 말이다), 대부분의 대형 은행들은 $1억 이상의 딜을 선호한다.

5.2.2 프로젝트 파이낸스와 구조화 금융

프로젝트 파이낸스와 특정 사업을 추진하기 위해 높은 수준의 레버리지가 요구되는 다른 금융 사이 정확한 구분선은 존재하지 않는다. 이러한 경계는 신규 프로젝트가 성공을 거둔 이후 리파이낸싱 되는 경우(보다 기업금융과 유사한 특징을 보인다), 더욱 모호해진다.

은행들은 프로젝트 파이낸스와 구조화 금융의 구분을 이론보다는 편리성의 차원에서 구분한다. 왜냐하면 프로젝트 파이낸스에서 활용되는 기법들이 다른 유사한 방식의 금융에서도 사용될 수 있기 때문이다. 많은 은행들은 프로젝트 파이낸스를 '구조화 금융'의 일부로 취급하기도 하는데, 이 때의 구조화 금융은 기존 회사에 금융을 제공하는 기업금융과 달리 프로젝트 회사와 같은 특수목적회사(금융조달이라는 단일목적을 위해 설립되는 회사)가 차주가 되고, 현금흐름을 반영하여 자본금과 차입금의 크기가 정해지는 형태의 모든 금융을 의미한다. 이는 프로젝트 파이낸스 시장 통계에 대하여 조심스럽게 접근해야 하는 또 다른 이유가 된다. (프로젝트 파이낸스와 다른 방식의 금융의 경계에 있는 다수 프로젝트를 포함시키거나 제외할 수 있기 때문이다)

프로젝트 파이낸스와 구분되는 구조화 금융의 예는 아래와 같다:

매출채권 금융(Receivable Financing). 이는 프로젝트 회사를 차주로 하여 (그러나 실제로는 현금흐름의 실제 수혜자인 기존기업의 재무제표를 바탕으로 하여) 기존 비즈니스의 확정된 현금흐름을 담보로 금융을 조달하는 방법이다. 현금흐름은 일반적인 비즈니스(즉, 호텔 영업 등)에서 또는 특정 계약(신용카드대출, 기타 소비자금융, 판매계약 등)에서 창출될 수 있다. 매출채권 금융과 프로젝트 파이낸스간의 차이점은, 후자는 아직 완공되지 않은 프로젝트의 현금흐름에 기반한다는 것이다. 매출채권 포트폴리오는 5.2.10에서 다시 언급할 대출채권담보부 구조(collaterized loan obligation structure)를 활용하여 매각될 수도 있다.

네트워크 개발(Network Development). 이는 서비스를 제공하기 위해 필수적으로 요구되는 시스템이 구축되기 전에는 수요가 발생하기 어려운 유틸리티망, 케이블 TV, 이동통신 및 인터넷 네트워크 등의 프로젝트와 관련되어 있다. 이러한 방식은 프로젝트 건설을 위해 금융이 조달되나, 실제로 수익이 발생하기 전까지 인출이 이루어지지 않는다는 점에서 매출채권 금융과 '진짜' 프로젝트 파이낸스의 중간 정도에 위치하고 있다고 볼 수 있다.

그러한 프로젝트에 대한 일반적인 금융지원 방식은 최초 (네트워크) 사용을 정의하는 것으로 시작된다. 프로젝트 개발초기 자금은 자기자본에 의해서만 조달된다; 일정수준의 시장수요가 발생하고 (네트워크) 사용에 따른 수익이 발생하는 경우에만 추가 네트워크 확장을 위해 대출금 일부가 인출되며, 추가적 시장수요와 수익이 연속적으로 발생하는 경우 대출금도 추가로 인출되는 방식이다. 이는 '대출기반(borrowing base)' 모델이라고 일컬어진다. 보다 적극적인 방법으로는, 대주단이 유사한 다른 프로젝트의 진행속도, 사용률 및 수익 증가를 감안하여 대출금을 인출할 수 있도록 허용하는 것이다. (borrowing base 모델은 유가스 개발사업에서도 활용될 수 있다)

LBO(leveraged buy-out) 또는 MBO(management buy-out). 이와 같이 높은 레버리지를 활용하는 금융기법은 사모펀드와 같은 포트폴리오 투자자들이 기존 사업체를 인수(LBO)하거나, 경영권을 인수(MBO)하거나, 또는 양자를 혼합할 수 있는 도구를 제공한다. 이들은 비즈니스의 현금흐름과 자산가치의 혼합에 기초하고 있다. 이러한 방식들은 신규 프로젝트 건설에는 관여하지 않으며, 프로젝트 파이낸스처럼 사업계약을 채권보전장치로 취득하지도 않는다. 이러한 방식의 금융기

법을 활용하는 사업은 통상적인 프로젝트 파이낸스 거래보다 리스크가 높다. (cf. 17.3)

인수금융(acquisition finance). 인수금융은 레버리지가 높은 대출금을 활용하여 A회사가 B회사를 인수할 때 사용되는 금융기법이다. 이러한 점에서 LBO 및 MBO와 유사하지만, 인수금융은 두 개 회사의 비즈니스를 통합하는 경우에 활용된다.

자산금융(asset finance). 자산금융[1]은 선박, 항공기 또는 부동산(자산) 등 시장에서 거래될 수 있는 자산의 가치에 기반한 금융기법이다. 이에 반해 프로젝트 파이낸스는 시장 가치는 크지 않은 자산에서 생성되는 현금흐름에 기반한 금융기법이다. (물론 그러한 자산에 대한 시장가치는 현금을 창출할 수 있는 능력을 감안한 것이다)

리스. 리스는 자산금융의 특정 형태로서, 자산의 소유권이 리스임대인에게 있다. (cf. 4.5.2)

5.2.3 금융주선사(lead arranger)

프로젝트 파이낸스 대출금 차입을 위한 표준적인 절차는 프로젝트 회사 대출금을 인수할 수 있는 금융주선사(lead arranger)[2]를 선임하는 것이다. 금융자문사의 경우와 마찬가지로(cf. 3.4.1), 금융주선사를 선임시 중요 고려사항은 해당 금융주선사의 유사 프로젝트 및 사업소재지국에 대한 경험이다; 사업주들과의 관계 또한 중요하다. 금융주선사의 수수료는 대부분 성공불이나 소규모의 선급금을 받는다. 출장비용 등 경비 또한 사업주가 부담한다.

대출금의 규모가 크다면 복수의 은행들이 이를 인수하게 된다. 이러한 현상은 은행들의 재무여력이 축소되고 신디케이션 시장도 움츠러든 2008년 이후 보다 흔하게 되었는데(cf. 5.2.8), 이로 인하여 사업주들은 '클럽(club)' 방식으로 대출금을 인수 - 사실상 대출금에 대한 사전 신디케이션 작업(cf. 5.2.8) - 하는 복수의 금융주선사를 선임하게 되었다. 즉, 공동금융주선사를 선임하게 된 것이다.

금융과 관련하여 사업주가 가장 먼저 직면하게 되는 질문은 그러한 금융주선사를 언제 선임해야 하느냐는 것이다. 이상적으로는 금융조건에 대해 은행들간 최대한의 경쟁을 유도하기 위하여 (프로젝트 계약을 포함한) 모든 프로젝트 패키지가 확정된 후 은행들에게 제시하면 좋을 것이다. 이는 사업주가 경험이 있다면 직접(cf. 5.5.7), 그렇지 않다면 금융자문사를 활용(cf. 3.4.1)하여 이 모든 패키지를 준비하여야 한다는 것을 의미한다.

---

1 '목적물 금융(object finance)'라고 불리기도 한다.
2 이의 다른 이름은 lead manager이다.

이에 대한 대안으로는 프로젝트 개발 초기에 동일 은행을 금융자문사 겸 금융주선사로 선임하는 것이다. 이 방식은 자문수수료 및 인수수수료 등을 절약할 수 있으며, 자문내용이 보다 현실을 반영할 수도 있어 금융조달 가능성을 높이는데 일조할 것이다.

그러나 이러한 접근방식의 문제점은 은행들이 경쟁에 덜 노출된다는 것이며(물론 자문사 선정 초기에 경쟁이 존재하겠지만 말이다[3]), 그 결과 사업주는 가장 유리한 조건으로 금융을 조달하지 못할 수도 있다. 그러나 이는 보다 효율적인 절차 진행 및 금융조달의 확실성을 담보하기 위하여 지급해야 하는 비용이라고도 볼 수 있다. 물론 사업주와 은행들과의 관계, 그리고 사업주의 금융시장 경험이 이러한 결정에 영향을 줄 수 있다.

또한 금융주선사가 제시한 금융패키지에 대하여 사업주가 '시장 테스트'[4]를 수행한 결과 동 제안이 우수하다고 판단되지 않을 경우 다른 은행을 금융주선사로 선정할 수 있는 권리를 보유하는 방법을 활용할 수도 있다. 그러나 이러한 방식은 금융 관련 결정을 지연시키며, 기존 금융주선사의 제안이 시장조건과 너무 동떨어져 이미 발생한 시간과 비용, 그리고 추가 법률비용과 다른 비용들을 감수해서라도 금융주선사를 변경시킬 필요가 있는 경우가 아니면 큰 의미가 없을 수 있다.

대규모 프로젝트에서는 금융자문사와 금융주선사가 사업개발 초기에 선임되어 보다 균형잡힌 자문을 제공하는 것이 보통이다. 물론 비용은 더 든다.

금융자문사(또는 금융자문사 역할을 동시에 수행하는 금융주선사)는 프로젝트 계약 협상에 적극적으로 나서게 되는데, 프로젝트 계약이 금융에 미치는 영향을 고려해야 하기 때문이다. 사업주에 유리한 프로젝트 계약 변경은 통상 은행들에게도 유리한데, 이 때문에 사업주는 종종 금융주선사를 활용하여 자신들의 상업적 지위를 개선하는데 활용하기도 한다.

5.2.4 금융의향서(Letter of Intent, LOI)

은행들은 프로젝트 개발 초기에 사업주 앞 금융의향서(letter of intent, 또는 letter of interest)를 발급한다. LOI는 통상 짧으며(1-2 페이지), 프로젝트 금융지원에 관심이 있다는 일반적인 내용만을 언급한다. 금융의향서에 사업주가 특정 은행들에 국한하여 금융거래를 해야 한다고 기재되어 있는 경우, 이는 5.2.3에서 다룬 금융주선사 선임 계약의 성격을 띨 수 있다. 대안으로는 사업주가 복수의 은행들로부터 직접 LOI를 입수할 수 있다. 이를 통해 사업주는 금융시장이 해당 프로젝트에 관심이 있는지 여부를 체크할 수 있으며, 원재료공급자, 생산물구매자, 계약당국(cf. 5.6) 등에

---

3 주도적 자문사 역할을 수임하기 위한 경쟁을 의미한다.
4 이는 '재원조달 경쟁(funding competition)'이라고 불리며, PPP 프로젝트나 계약당국이 생산물구매자인 공정 플랜트 프로젝트의 요구사항이 될 수도 있다. 이러한 과정을 통하여 절감한 비용은 계약대금 지급액의 절감으로 이어진다. 자본금 납입 경쟁(equity funding competition)은 12.2.5를 참조하라.

게 확신감을 줄 수도 있다.

금융의향서는 법적 구속력이 있는 문서가 아니다. 이는 은행들이 계속 관심을 가지고 프로젝트를 지켜보겠다는 정도의 의미를 지니나, 그렇다고 해서 은행들이 아무 의미없이 금융의향서를 발급하지는 않는다.

금융주선계약은 통상 사업주와 (실사, 신용위원회 의결 및 보다 구체적인 금융조건에 대한 합의 등을 전제로 하여) 금융 인수 의사를 표현한 금융주선사간 체결한다; 초기 단계이니만큼 쉽지는 않겠지만, 금리 및 수수료 수준, 그리고 다른 금융조건들에 대하여서도 대략적인 내용을 기재할 수도 있을 것이다. 금융주선계약이 은행들로 하여금 금융을 인수하게 하거나 대출금을 제공하도록 강제하지는 못한다. 만약 금융주선사가 금융자문사로도 선임되었다면, 금융주선계약에는 금융자문 서비스와 관련된 내용도 포함될 것이다. (cf. 3.4.1) 금융주선계약은 프로젝트 개발단계에 따라 term sheet(cf. 5.2.7)을 부속서류로 포함하기도 한다.

5.2.5 은행들의 역할

복수의 은행들이 금융주선사로 선임된 경우, 이들은 실사 및 기타 업무에 대하여 역할을 분담하여 보다 효율적으로 자원을 활용하려 할 것이다. 이들간 역할분담은 통상 아래와 같다:

- *계약서 작성(documentation)*, 대주단 법률자문사(cf. 5.5.2)와 함께 수행하며, 사업계약과 금융계약을 구분하여 작업하기도 한다; 그러나 금융주선사로 선정된 은행 수가 너무 많은 경우가 아니라면, 모든 은행들이 계약서 작성에 참여하고자 할 것이다.
- *엔지니어링(engineering)*, 대주단 기술자문사(cf. 5.5.3)와 함께 수행
- *보험(insurance)*, 대주단 보험 자문사(cf. 5.5.4)와 함께 수행
- *재무모델 작성(financial engineering)*(cf. 5.2.6), 모델 감사인(cf. 5.5.5)과 함께 수행
- *시장 또는 교통량 점검(market or traffic review)*, 대주단의 시장 또는 교통량 자문사(cf. 5.5.6)와 함께 수행
- *투자설명서(information memorandum)*(cf. 5.2.8) 작성
- *신디케이션(syndication)*(cf. 5.2.8)
- *대출금 관리(loan agency)*(cf. 5.2.9)
- *계좌관리(account bank)*(cf. 14.4.1), 프로젝트 계좌 관리(종종 대출금 관리 업무와 함께 수행)

이러한 역할들에는 다양한 수준의 역량과 노하우(그리고 수수료)가 필요하며, 은행들이 각자의 역할 배분에 합의하지 못할 경우 사업주가 정리하기도 한다. 그러나 은행들은 프로젝트 파이낸스에서 팀으로 일하는 방식에 익숙하며 다른 방식의 금융에 비해 '협조적'인 성격이 강하다. (한 프로젝트에서는 서로 경쟁하지만, 다음 프로젝트에서는 서로 협조하기도 한다) 또한 다양한 프로젝트들

을 담당하면서 다른 은행들의 담당자들과 오래 일하는 동안 자신이 속한 기관의 직원들보다 더 친밀한 관계를 유지하기도 한다. 그러므로 통상 은행들은 사업주의 개입 없이도 원활하게 업무를 수행할 수 있다. 물론 사업주는 업무를 실제로 담당하는 직원이 해당 은행에서 가장 경험이 풍부한 이가 배정되도록 신경써야 할 것이다.

5.2.6 재무모델

금융자문사 또는 금융주선사들은 프로젝트 실사 과정에서 프로젝트에 대한 재무모델을 고안할 것이다. (이미 금융자문사가 만들었다면, 은행들에게 배포된다) 재무모델의 구조와 투입내용, 그리고 그 결과물이 활용되는 방식은 제13장에서 보다 상세히 다룰 것이다.

재무모델의 이상적인 개발방식은 사업주와 금융자문사/금융주선사가 각기 1-2명을 차출하여 공동으로 작업하는 것이다. 사업주가 이미 사업 초기단계에 기본적인 사업타당성을 점검하기 위해 재무모델을 개발하였다 하더라도 모든 프로젝트 관련자들이 동일한 모델을 활용하는 것이 좋을 것이다. 은행들이 딜에 참여하는 순간 기존 개발단계 모델은 잊고, 새로운 모델을 개발하는 것이 효율적이다.

유사하게, 공공조달 계약당국 또한 입찰 관련 시장조사(cf. 3.7.3)를 위해 프로젝트의 사업전망을 가늠해보는 재무모델을 만들 것이다. 또한 입찰참여자들의 제안들을 서로 비교할 수 있으려면, 이들은 계약당국이 제공한 재무모델에 자신들의 입력내용/결과값을 나타내도록 해야 할 것이다.

5.2.7 Term sheet, 인수(underwriting), 그리고 계약서 작성

금융구조가 보다 구체화되면, 금융제공의 기본 토대가 되는 내용들을 요약하는 term sheet을 작성하게 된다. (cf. 14.2)[5] 이 작업은 변호사들이 본격적으로 개입되면(비용이 꽤 든다) 꽤 복잡한 작업이 될 수 있다. 양자간 구분은 쉽지 않더라도 term sheet 단계에서는 법률적인 내용보다는 상업적인 내용에 집중하는 것이 바람직하다.

최종 term sheet이 마련되면 금융주선사는 이를 바탕으로 내부 신용위원회 의결을 거쳐 실제로 대출금을 제공할 준비에 나서게 된다. 은행의 프로젝트 파이낸스 팀의 심사 내용과 그 결과인 금융승인은 통상 별도의 심사평가팀의 검토를 거치게 되며, 필요시 공식적인 신용위원회에 부의된다. 은행들은, 특히 금융주선사로 활동하게 되는 경우, 프로젝트 파이낸스 팀과 신용평가팀 간 유기적인 관계를 구축하여야 한다: 프로젝트 파이낸스 딜을 개발하는데 오랜 시간이 걸리는데, 신용평가

---

5 Term sheet은 금융자문사가 예비 금융주선사들 앞 금융입찰을 위해 예비투자설명서(PIM, cf .5.2.8)에 첨부된 형태로 활용될 수도 있으며, 향후 금융주선사가 자신의 금융제공 의향을 확정하기 위하여 활용될 수도 있다. 또한 투자은행들이 채권발행과 관련하여 활용될 수도 있다. (cf. 5.3.1)

단계에서 문제가 발생한다면 사업주로서는 큰 충격을 받게된다. (은행의 프로젝트 파이낸스 팀도 마찬가지이다) 반면 은행 입장에서는 아직 프로젝트 구조가 확정되기 전인 프로젝트 개발 초기에 신용위원회의 승인을 받을 수는 없는 노릇이다. 그러므로 사업주는 이러한 은행 내부검토 절차를 잘 관리할 수 있는 경험과 능력이 있는 금융주선사를 선임할 필요가 있다.

최근 자본금 및 유동성에 대한 압박이 높아짐(cf. 17.3)에 따라 다수 은행들은 프로젝트에 대한 신용위원회의 승인을 받기 전 '투자 승인'을 받도록 하는 절차를 추가로 도입하였다. 이는 은행의 재원을 (非프로젝트 파이낸스 거래가 아닌) 해당 프로젝트에 할당하는 것이 합당한가에 대한 검토 절차이다.

신용위원회의 승인을 획득하면, 금융주선사는 term sheet에 서명함으로써 금융을 인수한다. Term sheet에는 금리, 핵심적 금융조건, 그리고 모든 계약들이 서명되어야 하는 날짜(즉, 유효기간) 등을 기재하게 된다. 이는 특정일까지 계약이 체결되지 않으면 은행으로서는 다시 신용위원회의 승인을 득해야 하기 때문이다.

Term sheet 서명은 여전히 '도덕적' 의무이다. 왜냐하면 은행의 금융제공 약정은 프로젝트 계약 및 관련 계약에 대한 추가 실사, 그리고 금융계약 및 담보계약에 서명을 해야 효력이 발생하기 때문이다. 그럼에도 불구하고 term sheet은 중요한 서류로 간주되며, 은행들은 프로젝트 자체 또는 프로젝트가 소재하는 국가에 중요한 문제가 발생하거나 시장상황이 크게 변하는 경우에만 인수약정을 철회하는 것이 일반적이다.

프로젝트 파이낸스 시장이 '타이트' 하다면, 은행들은 'market flex' 조항 삽입을 요구할 수 있다. 이 조항은 은행들이 금융을 인수하기로 약정하였다 하더라도 시장상황이 변경된다면 term sheet의 조건들에 대하여 개선을 요구할 수 있게 허용하는 조항이다. 사업주로서는 대안이 없을 경우에만 수용할 수 있는 조항이며, 이 때 금융주선사보다는 금융자문사의 조언이 중요하다. 공공조달과 관련하여서는 이로 인해 발생하는 추가부담은 계약당국이 지게된다.

다음 단계는 금융계약 협상인데, 중요 조항들은 제14장에서 살펴볼 것이다. 그리고 실사과정을 거쳐 (결과적으로 대주단의 담보로 기능하는) 프로젝트 계약에 대하여 금융가용성을 확인하게 된다. 협상 결과 금융 조건이나 리스크 형태가 변경될 수 있는데, 이 때 다시 한 번 신용위원회의 승인이 필요하다.

금융계약과 프로젝트 계약에 서명하였다 하더라도(이상적으로는 이 두 가지가 동시에 일어나는 것이다), 사업주는 프로젝트 회사에 대한 금융조달절차를 마무리한 것은 아니다. 대출금을 인출할 수 있으려면(cf. 14.8) 다수의 선행조건들이 충족되어야 한다. 프로젝트가 이 단계에 이르렀을 때 - 즉, 선행조건들이 충족되어 프로젝트 회사가 대출금을 인출할 수 있을 때, '금융종결(financial close)' 단계에 도달했다고 부른다.

이러한 절차들을 감안한다면 프로젝트 파이낸스 조달은 시간이 오래 걸리는 절차이다. 만약 금융조달 가능성이 확실하고 프로젝트 계약들이 서명된 상태에서 완결된 프로젝트 패키지가 예비 금융주선사에게 제공되는 상황을 가정한다면, 금융주선사가 금융계약에 서명하기까지 최소 3달은 걸릴 것이다. 그러나 완결된 패키지를 준비하는데 꽤 많은 시간이 걸리며, 그 이후로도 은행들의 실사 과정에 추가 시간이 소요된다. 대형 프로젝트의 경우 대주단 실사과정이 1년 이상 걸리는 경우도 흔하다. 그러므로 금융조달은 프로젝트 추진의 중요한 역할을 담당한다.

5.2.8 신디케이션 투자설명서(Information Memorandum)

금융주선사들은 자신이 인수한 금액을 금융시장에서 매각함으로써 자신의 익스포져를 축소할 수 있다.

금융주선사들은 이러한 신디케이션 절차를 촉진하기 위하여 정보 패키지를 작성하는데, 이 중 가장 중요한 것이 투자설명서(Information Memorandum, IM)이다. 최종 투자설명서(Final IM, FIM)는 사업주나 금융자문사가 작성한 예비 투자설명서(Preliminary IM, PIM)에 기초하여 작성된다. 신디케이션 절차를 주도하는 은행은 일반적으로 '북러너(book runner)'라고 부른다.

FIM은 다음을 포함한 해당 프로젝트에 대한 요약자료를 포함하여야 한다:

- 프로젝트 개요, 추진배경 및 이유
- term sheet
- 프로젝트 회사, 주주, 조직구조 및 경영진
- 사업주와 다른 주요 사업당사자들에 대한 재무 및 기타 필요한 정보. 특히 유사 프로젝트에 대한 경험과 본 건 프로젝트에 대한 그들의 지원내용
- 프로젝트 건설과 운영에 대한 기술적인 사항들
- (가능한 경우) 수요와 공급, 그리고 경쟁구도 등(cf. 9.4)과 같은 시장 상황(프로젝트의 상업적 타당성)
- 프로젝트 계약들에 대한 요약(cf. 5.6, 제7장 및 제8장)
- 프로젝트 비용과 금융 계획(cf. 13.4.4)
- 리스크 분석(제9장, 제10장 및 제11장)
- Base Case 재무모델(cf. 13.10) 및 민감도 테스트(cf. 13.9) 등을 포함한 재무분석

다시 말하면 IM이란 프로젝트의 구조와 전체적인 실사 과정에 대한 시놉시스를 제공함으로써 금융에 참여하는 대주단들의 내부심사 절차를 돕는 역할을 한다. (잘 작성이 된 경우, IM은 프로젝트

회사 직원들에게 프로젝트 파이낸스에 대한 유용한 매뉴얼 역할을 하기도 한다)

IM은 다음을 포함한 부수적인 리포트들을 제공한다:

- 법률자문사(cf. 5.5.2)가 프로젝트에 대해 법률적으로 검토한 사항
- 기술자문사(cf. 5.5.3)의 프로젝트 실사내용
- 보험자문사(cf. 5.5.4)의 보험 리포트
- 모델 감사인의 리포트(cf. 5.5.5)가 첨부된 재무모델
- 시장자문사(cf. 5.5.6)의 프로젝트 시장 현황 및 프로젝트의 현금흐름 추정 (만약 프로젝트의 생산물이 장기 사업계약 또는 생산물구매계약 등으로 모두 인수되는 상황이 아니라면 말이다. 그러나 그러한 경우라도 시장에 대한 배경정보는 유용하다)
- 원재료나 투입요소에 대한 시장정보 또한 유용할 수 있다.
- 환경영향평가 리포트(cf. 9.10)
- 프로젝트 관련자들에 대한 연차보고서 및 기타 금융정보들

사업주와 프로젝트 회사는 IM 작성에 적극적으로 참여하고, 최종 자료는 정확성을 기하기 위하여 이들의 리뷰와 승인을 거친다. (그러나 14.9도 참조하라)

프로젝트 정보를 은행들 앞 제공하는 공식 절차에 금융주선사, 사업주 및 다른 사업참여자들 모두가 참여할 수도 있는데, 때로는 세계 각국의 금융중심지에서 '로드쇼(roadshow)'를 진행하기도 한다.

정보를 제공받은 은행들은 통상 3-4주 이내 이를 검토하고 참여 의사를 밝히게 된다. 그들이 참여 의사를 밝힌 경우 금융계약 초안을 제공받는데, 이로부터 2-3주 내 금융계약을 체결할 것을 요구받을 수도 있다. 금융주선사들은 자신이 받은 주선수수료의 일부를 참여 은행들에게 재배분한다; 이후 남은 금액은 præcipium이라고 부른다.

프로젝트 회사는 신디케이션 절차의 성공여부와 관련하여 직접적인 리스크를 부담하지 않는다; 이미 대출계약은 서명이 되었으며, 금융주선사가 전체 금융금액에 대하여 인수약정을 하였기 때문이다. 사업주는 금융주선사가 인수 리스크를 제거하려는 목적으로 금융계약 체결을 지연하는 전략을 허용하여서는 안된다.

2008년 금융위기 이후 이러한 신디케이션 시장은, 특히 유럽, 미국에서 대부분 사라졌다. 그 결과 은행들은 자신의 인수한 몫에 대하여만 책임을 지게 되었기 때문에, 이제는 개별 프로젝트 금융에 대하여 복수의 인수 은행들이 필요하게 되었다. 이러한 절차는 '클럽' 절차로 불린다. 이 절차는 최초 금융주선사가 다른 은행들을 '클럽'으로 초청하거나 모든 '클럽' 은행들이 공동 금융주선사로 활동하는 방식이다.

5.2.9 대리은행(agent bank)

대출금이 금융주선사, 참여 은행들, 또는 '클럽' 은행들에 의해 신디케이션 방식으로 제공되는 경우, 금융계약이 체결되면 금융주선사 중 하나가 신디케이션 은행들 전체를 대리하는 대리은행으로 활동하게 된다: 이러한 대리은행(agent bank)[6]은 프로젝트 회사와 은행들 간 커뮤니케이션 통로 역할을 하는데, 이로써 프로젝트 회사가 다수의 은행들과 일일이 상대해야 하는 번거로움을 줄일 수 있다. 대리은행은 아래를 포함한 다수의 업무를 수행한다:

- 대출금 인출시 은행들로부터 자금을 받아 이를 프로젝트 회사 앞 이체
- 대주단을 위하여 담보 관리(cf. 14.7); 그러나 이 업무는 대리은행의 지시를 받아 업무를 처리하는 별도의 담보수탁인이 처리할 수도 있다.
- 이자율, 이자납입액 및 원금상환액 산정
- 프로젝트 회사로부터 대출 원리금 상환액을 수령하여 이를 대주단 앞 분배
- 대주단 자문사와 함께 프로젝트 진행상황에 대한 정보 수령 및 이를 대주단 앞 전달
- 프로젝트 회사가 금융계약에 따라 약정한 바를 준수하는지 점검 후 이를 대주단 앞 전달
- 프로젝트 진행상황에 대하여 보다 공식적인 정보습득을 위하여 프로젝트 회사와 사업주가 추진하는 미팅 및 현지방문 등 마련
- 프로젝트 회사가 금융조건에 대하여 waiver 또는 계약수정을 하고 싶어하는 경우 토론 및 의사결정 절차 준비
- Default가 발생할 경우 프로젝트 회사 또는 담보물에 대한 강제집행

대리은행은 프로젝트 파이낸스에 대하여 독자적인 의견(예컨대 프로젝트 회사에 대하여 default를 적용할 것인지 등)을 내지 않고, 대주단의 의견에 따라 행동한다. (cf. 14.13) 다수 은행들이 의사결정을 하게 함으로써 단일 은행이 모든 대주단 또는 프로젝트 회사에 대하여 몸값을 요구하는 행위를 하는 것을 방지할 수 있다.

5.2.10 대출담보부증권(collaterized loan obligation, CLO)

CLO는 은행 대출금을 비은행 대주들(예컨대 보험회사 또는 연기금)에게 매각할 수 있는 효과적인 방법이다 - 이 절차는 증권화(securitization)라고 부르기도 한다. 은행은 자신의 프로젝트 파이낸스(통상 PPP 등 유사한 대출자산) 포트폴리오를 모아 '패키지'를 만들어 이를 매각하는 것이다. CLO는 두 가지 종류가 있다:

---

6   facility agent라고 부르기도 한다.

- Synthetic CLO: 은행은 자신의 리스크를 새로운 대주들(이들은 은행에게 보증을 제공한다)에게 이전하나, 여전히 포트폴리오에 자금을 공급하며 관리하고, 마진의 일부분을 취득한다.
- Cash CLO: 은행(또는 은행들)은 대출자산 포트폴리오를 새로운 대주들에게 매각하나, 이들을 위해 여전히 이를 관리해주고 그 대가로 수수료를 받는다.

Synthetic CLO는 단순한 리스크 이전보다는 복잡하다: 은행은 일반적으로 리스크의 일부를 계속 보유한다. 은행이 포트폴리오 전체를 매각하는 경우에는 이해충돌 문제가 발생할 수 있으나, 리스크 일부를 보유함으로써 이 문제를 해결할 수 있다. (cf. 17.4.2)

CLO가 프로젝트 파이낸스 시장에서 광범위하게 사용되지는 않았으나, 일부 은행들은 이러한 방식으로 프로젝트 파이낸스 익스포져를 축소할 수 있었다. CLO는 신용카드 매출채권(cf. 5.2.2) 등을 매각하는 방식으로 흔히 활용된다. CLO는 '서브프라임' 모기지가 투자자들에게 판매된 방식 중 하나이다 - 2008년 금융위기의 핵심이었으며 이후로는 관심이 크게 떨어졌다.

5.3 채권

위에서 언급한 바와 같이(cf. 4.3), 채권은 일부 시장에서는 중요한 프로젝트 파이낸스 재원 조달방안이다.

채권과 대출금의 기본적인 차이는, 채권은 유통이 가능하여 이론적으로는 대출금이 지니지 못하는 유동성을 보유하고 있다는 점이다. 이러한 차이는 사실 생각보다 크지 않은데, 대부분의 채권의 경우 '사모사채'이며 이를 매입하는 채권투자자들은 시장에 매각하고자 하는 의지가 크지 않기 때문이다. 한편 대출금의 경우 사후적으로 은행들간 자주 거래된다.

채권은 장기간에 걸쳐 고정된 수익을 얻고자 하는 투자자들이 매입한다. 보험회사, 연기금 또는 개인 투자자(통상 채권펀드를 통해 투자)들이 그러한 이들이다.[7]

5.3.1. 투자은행(investment bank) 및 신용평가기관(credit rating agency)

채권투자자들은 은행들처럼 실사 과정에 직접적으로 많은 시간을 소비하지 않고 주로 신용평가기관이나 투자은행들의 분석 결과에 의존한다.[8]

---

7 특정 프로젝트에서는 물가연동부 채권이 발행되기도 한다. (cf. 10.4.3.)
8 채권 발행 절차에 대한 보다 상세한 사항은 European PPP Expertise Centre의 Financing PPPs with Project Bonds (EIB, Luxemburg, 2012)*를 참조하라.

투자은행(금융을 주선하고 인수하나, 일시적인 경우를 제외하고 자금을 제공하지는 않는다)은 주간사로 선정되어 마치 금융자문사가 은행 대출을 구조화(cf. 3.4.1)하듯 채권을 구조화하는 역할을 담당한다.

이후 투자은행은 프로젝트를 신용평가기관(프로젝트 파이낸스 업계의 리더는 Standard & Poor's와 Moody's Investors Service이다) 앞 제시하는데, 신용평가기관은 계약서 및 자문사 리포트 등을 검토하여 독립적으로 프로젝트에 대한 리스크를 평가하여 신용등급을 부여한다. 신용평가기관의 핵심 리스크 검토 사항들은 상업은행의 분석대상과 동일하다.

Standard & Poor's와 Moody's Investors Service가 부여하는 신용등급은 최상급인 AAA/Aaa부터 최저 투자등급(investment grade)인 BBB-/Baa3(등급이 이보다 낮을 경우 대부분의 주요 채권투자자들은 관심을 보이지 않을 것이다)까지이다. (표5.1 참조) 대부분의 프로젝트 파이낸스 채권 등급은 이 구간의 하부영역에 집중된다. (최저 투자등급 아래 등급은 BB+/Ba1 부터이다)[9]

표 5.1 투자적격 신용등급

Standard & Poor's	Moody's
AAA	Aaa
AA+	Aa1
AA	Aa2
AA-	Aa3
A+	A1
A	A2
A-	A3
BBB+	Baa1
BBB	Baa2
BBB-	Baa3

이후 투자은행은 은행 신디케이션에서 활용되는 IM(cf. 5.2.8)과 유사하지만 보다 내용이 축약된 예비 채권투자설명서(preliminary bond prospectus)를 작성한다. 투자은행과 신용평가기관이 이미 상당한 작업을 수행하였기 때문에 채권투자자들이 해야 할 실사과정은 크게 축소된다; 투자자가 채권 신용등급을 감당할 수 있는 경우, 채권투자자는 복잡한 실사과정 없이 채권 매입결정을 할 수 있다. 그러나 대형 채권투자자들은 신용등급에 의존하면서도 독자적인 실사를 실시한다. 이들은 때때로 은행 신디케이션 절차에 참여하기도 하며, 단독 대주로 활약하기도 한다. (cf. 17.4)

---

[9] 신디케이션 절차를 원활하게 하기 위해 은행 대출금에 대하여도 등급이 매겨지기도 한다. 이러한 등급은 5.2.10에서 다룬 바 있는 CLO 등의 방식을 통해 비은행 대주들에게 대출 채권에 대한 접근을 가능하게 한다. 그러나 이는 은행 중심의 프로젝트 파이낸스 시장에서는 잘 활용되지 않는다.

예비 시장조사(투자자 앞 로드쇼 등)를 마친 후 투자은행은 최종 채권투자설명서를 작성하고 채권 인수계약을 체결한다. 쿠폰(이자율)[10] 및 다른 중요한 조건들은 인수시점의 시장상황을 반영하여 확정되고, 채권발행액은 그로부터 며칠 후 프로젝트 회사 앞 지급된다. (물론 이 시점까지 금융종결이 달성되어야 한다) 투자은행은 인수한 채권을 투자자들에게 재판매하며, 채권을 유통함으로써 시장에 유동성을 공급하는 역할도 수행한다.

5.3.2 지급대리인(paying agent), 수탁인(trustee) 및 통제 채권자(controlling creditor)

은행 신디케이션에 대하여 대리은행이 역할을 수행(cf. 5.2.9)하듯, 채권 만기일까지 각종 업무를 관리하기 위하여 다수 관계자들이 다양한 업무를 수행한다(단, 단일 채권투자자 앞 사모사채 발행이 이루어진 경우는 제외).

- *지급대리인*. 채권발행 대금을 발행인에게 지급하고, 발행인이 투자자들에게 지급해야 할 금액을 지급한다.
- *채권 수탁인*[11]은 투자자들을 대리하여 담보를 관리한다. 전통적으로 채권 수탁인은 waiver 승인 등을 위한 의사결정을 위해 미팅을 주선한다.[12] 그러나 프로젝트 채권의 복잡성을 감안할 때 채권 수탁인은 그러한 업무를 수행하기 위한 이상적인 기관이 아니며, 채권투자자들 또한 일반적으로 사소하나 복잡한 계약서 변경 절차 등에 신경쓰는 것을 선호하지 않는다.
- *그러므로 통제 채권자(controlling creditor)*가 채권투자자들을 대신하여 그러한 결정을 내리고 채권 수탁인에게 결정된 내용을 지시한다. 통제 채권자는 프로젝트 파이낸스 업무에 정통하여야 하는데, 채권투자자들의 입장에서 이를 수행할 수 있는 이상적인 기관은 프로젝트 파이낸스 은행이다. 은행 또한 프로젝트 채권투자자일 경우 이는 손쉽게 이루어질 수 있지만, 그렇지 않은 경우 은행이 이 역할을 담당하고 싶어하지는 않을 것이다. 채권보증보험(cf. 4.3.2)이 제공되는 경우, 채권보증보험회사가 그 역할을 담당할 수 있을 것이다. 후순위 대주 또한 해당 역할을 담당할 수 있을 것이나, 그가 내릴 수 있는 결정은 채권투자자들의 채권 원리금 지급에 영향을 미치지 않는 문제들에 대한 것으로 국한될 것이다. 이러한 대안들이 모두 불가능하다면, 결국 투표를 통하여 의사결정을 하게 된다.

---

10 쿠폰이라는 용어는 채권의 이자지급에 사용되는데, 이는 종이로 된 채권에 이자지급일마다 채권발행인 앞 제시되어야 하는 쿠폰이 첨부되어 있었던 사실에 기인한다.
11 fiscal agent라고 부르기도 한다. 채권 수탁인의 역할과 지급대리인의 역할은 한꺼번에 수행할 수도 있다.
12 이 역할은 담보를 관리하고 있는 담보 수탁인(security trustee)과 채권자들을 대리하는 채권 수탁인(bond trustee)이 함께 수행할 수도 있다.

5.4 은행 대출 vs 채권

채권이 특정 프로젝트에 대한 금융지원의 옵션 중 하나라고 가정하면, 표5.2에서 보는 바와 같이, 많은 요소들이 상업은행 대출 또는 채권(또는 둘 다)을 활용할지에 대하여 영향을 미치게 된다.

일반적으로 채권은 선진국의 '표준화된' 프로젝트에 보다 적합하다. 또한 프로젝트가 완공되고 일정 기간동안 성공적으로 운영된 뒤 리파이낸싱(refinancing)되는 경우라면 더욱 그러하다. 반대로 보다 유연한 은행 대출금은 프로젝트 건설기간 및 초기 운영기간 동안 적합하다. 또한 보다 장기적인 유연성이 요구되는 프로젝트, 보다 복잡한 프로젝트 또는 까다로운 시장에서 추진되는 프로젝트에 적합하다.

표 5.2 은행 대출 vs 채권

은행 대출	채권
은행들은 금융가용성을 확보하기 위해 프로젝트 초기 단계부터 논의를 진행할 수 있다.(cf. 5.2.3)	채권투자자들은 프로젝트 마무리 단계에 개입한다. (물론 투자은행과 신용평가기관이 이들을 대신하여 업무를 수행한다 – cf. 5.3.1)
프로젝트 파이낸스가 사업주의 기업금융 한도를 소진할 수 있다. (단, 2.6.1 참조)	채권의 경우 다양한 투자자 풀을 접촉하며, 이에 따라 은행의 신용한도를 소진하지 않는다.
신용도만 좋으면 어떤 시장(국내 시장 또는 국제 시장)에서라도 활용할 수 있다.	특정 시장에서만 활용할 수 있다.(cf. 4.3)
프로젝트 계약에 대하여는 비밀유지가 요청된다.	프로젝트 계약의 조건들은 상장심사 서류 또는 투자설명서에 포함되어야 한다: 사업주는 상업적 이유로 이를 꺼려할 수도 있다.(예컨대 자신의 연료공급계약의 세부내용을 공개하고 싶어하지 않을 것이다.)
일부 시장에서 은행들은 장기 대출을 제공하지 않는다.	은행 대출 대비 상환기간을 장기로 가져갈 수 있다.
은행들이 금융 조건들에 대하여 미리 확정적인 대답을 하지 않지만(예컨대 마진 수준 등), 초기 제시했던 수준에서 크게 벗어나지 않는 경우가 대부분이다.	채권 조건들과 시장의 수요는 인수가 진행되는 채권발행 절차의 후반에 알려진다. (cf. 5.3.1)
헤지를 통하여 고정금리 대출을 제공한다. (cf. 10.3.1)	채권금리는 고정금리이다.
자금이 필요한 때 대출금을 인출한다.	채권발행 대금은 일시에 조달되어 사업비에 쓰일 때까지 별도 계좌에 예치된다 – 쿠폰 금리에 비해 예치계좌 금리가 낮아 금리손실(negative arbitrage)이 발생할 수 있다.(cf. 10.3.4)
은행들은 보다 유연한 원리금 상환스케쥴을 수용할 수 있으며 (cf. 12.5.4), 단기 운전자금도 공여할 수 있다.	채권 상환기일은 유연하지 않으며, 단기 자금공여는 불가능하다.
은행들은 프로젝트 계약의 모든 변경사항에 대하여 통제하며, 프로젝트 회사에 대하여서도 강한 통제권을 보유한다.	채권투자자들은 자신들의 채권원리금 상환이나 채권보전장치에 문제가 있을 때에만 관여하고자 한다; EoD로 인하여 조기상환에 이르는 경우는 보다 제한적이다.
은행들은 새로운 대출금 차입에 대하여 통제를 가하며, 신규 대출금 차입 기준에 대하여 미리 동의하지 않는다.	채권투자자들은 '계약변경채권(variation bond)'(cf. 7.6.3)을 통하여 미리 신규 차입금 조달 조건에 대하여 동의할 수 있어, (예컨대 사업 확장을 위한) 신규차입이 보다 수월하게 이루어진다.

은행 대출	채권
조기상환에 대하여 부과하는 페널티 수준은 낮으나(대출금이 조기상환되거나 보다 나은 조건으로 리파이낸싱이 될 수 있기 때문이다 – cf. 14.6.), breakage cost(cf. 10.3.1)는 꽤 클 수 있다.	조기상환에 대하여 높은 수준의 페널티가 부과된다. (cf. 10.3.4)
대출조건에 대한 waiver 또는 계약수정(cf. 14.13)은 건마다 별도로 다루어진다; 이러한 시스템은 건설기간 중 특히 유연하게 작동한다.	채권투자자들은 복잡한 결정을 꺼려하는 경향이 있으며 (채권투자자들은 다수이기 때문이다), 커버비율(cf. 12.13) 등과 같은 기계적 테스트에 의존하려는 경향이 있다; 이러한 비율에 대한 수정을 시도할 경우 수용성이 떨어질 것이다 (물론 채권투자자들은 은행이나 통제 채권자가 대신해서 결정을 내리도록 할 수 있다)
프로젝트가 어려움에 처할 경우 은행들과 협상하는 것은 상대적으로 쉽다.	(프로젝트가 어려움에 빠지거나 할 때) 주요 조건변경이 필요한 경우 어려움에 직면할 수 있다. 이는 은행 신디케이트보다 수동적인 태도를 보이는 채권투자자들과 직접 대화에 나서기가 어렵기 때문이다; 은행들은 이러한 이유로 채권투자자들과 함께 금융을 제공하는 것에 대해 꺼리는 경향을 보인다.
프로젝트가 어려움에 처한다면, 은행들과의 협상내용은 비밀로 유지되어야 한다.	채권투자자들과의 협상 내용은 공시될 수 있다.

5.5 대주단 실사 및 외부 자문사들

5.5.1 실사

프로젝트 파이낸스가 높은 레버리지로 인한 리스크에도 불구하고 프로젝트 금융조달의 효과적 도구로 기능할 수 있도록 하는 핵심요소는 대주단이 수행하는 (또는 채권투자자들을 대신하여 투자 은행 및 신용평가기관이 수행하는) 실사이다.

대주단은 자신들만의 외부 전문가들을 활용하여 사업주의 외부 전문가들이 수행한 업무를 체크한다.(cf. 3.4) 자문사 비용은 사업주가 부담함에 따라 사업비 부담을 꽤 증가시킬 수 있다 – 자문수수료는 (최소한 부분적으로는) 금융조달 여부와 상관없이 지불해야 한다. 이러한 이유로 인하여 자문사들에 대한 수수료 지급 조건은 사업주가 동의해야 한다.

대주단이 선임하는 자문사(lenders' advisors)들은 법률자문사, 기술자문사, 보험자문사, 모델 감사인 등이 있다.

5.5.2 법률자문사(legal advisor)

대주단의 법률자문사는 프로젝트 계약을 검토하며, 대주단의 금융계약 협상에 도움을 준다. 이를 위하여 국내 및 국제 변호사들이 개입된다.

5.5.3 기술자문사(technical advisor)

이제는 그러한 서비스를 제공하는 것이 일상이 되어버린 세계적인 대형 엔지니어링 회사 중 하나가 대주단의 기술자문사(lenders' engineer)로 선임된다.[13] 기술자문사의 업무는 여러 단계로 구성되어 있다:

실사. 기술자문사는 다음과 같은 사안을 검토하고 대주단에게 보고한다:

- 프로젝트 위치의 적절성
- 프로젝트의 기술 및 디자인
- 건설회사의 경험과 역량
- 건설계약의 기술적 측면
- 건설비용 추산
- 건설 스케줄
- 건설 및 운영 허가
- 사업계약, 원재료 공급계약 및 생산물구매계약의 기술적 측면
- 프로젝트 건설 및 운영을 위한 프로젝트 회사의 경영구조 및 인력의 적정성
- 프로젝트 운영에 관한 특정 기술에 대한 이슈 및 리스크
- 프로젝트 운영에 대한 예상(생산량, 가용성 등)
- 운영, 유지보수 및 전체 운영기간 중 소요되는 비용[14]
- 정유공장과 같은 공정 플랜트 프로젝트와 관련, 대주단을 위해 'hazop'(hazard and operation) 분석을 실시할 수도 있다. 이는 프로젝트에서 활용되는 프로세스에 의해 발생할 수 있는 손실에 대한 가능성과 안전과 관련된 공장의 설계도면 등을 분석하는 작업이다.

건설 모니터링. 프로젝트 건설이 개시되면, 기술자문사는 프로젝트 회사, 사업주의 엔지니어 및 건설회사와 협의하여 건설 진척현황에 대하여 대주단에게 주기적으로 보고하며, 중요한 문제에 대하여 조기경고를 하기도 한다. 대주단의 기술자문사는 건설회사가 제시하는 대금청구의 적정성을 확인하기도 하며, 프로젝트 완공 테스트(cf. 8.2.7)를 점검하기도 한다. 그러나 프로젝트 회사의 책임인 건설 프로세스를 감독하거나 통제하지는 않는다. (즉, 이러한 확인 작업은 별도의 독립 엔지니어사(cf. 7.4.1)가 수행할 수 있다)

운영 단계. 건설이 종료되고 프로젝트가 운영단계에 들어서면, 대주단 기술자문사는 운영 및 유지보수에 대하여 주기적으로 대주단에게 보고한다.

---

13 technical advisor로 불리기도 한다.
14 전체 운영기간 중 소요되는 비용에 대하여는 9.7.5를 참조하라.

5.5.4 보험 자문사(insurance advisor)

보험자문사(주로 대주단에게 이러한 서비스를 제공하는데 특화된 대형 보험 브로커 회사의 한 부서)는 프로젝트 계약의 보험 조항에 대한 적절성, 건설기간 중 제안된 보험 패키지 및 운영기간 중 보험 갱신 등(cf. 8.6)에 대하여 자문서비스를 제공한다. 보험금 청구가 이루어질 경우, 보험 자문사는 대주단을 대신하여 이를 모니터링한다.

5.5.5 모델 감사인(model auditor)

재무모델(cf. 5.2.6 및 제13장)이 실질적으로 확정되면, 모델 감사인(주로 대형 회계법인 또는 모델링 전문회사)이 선임되어 모델을 검증한다. 이 때 세금 및 회계 가정 등도 점검하며, 재무모델이 프로젝트 계약과 금융계약을 적절히 반영하는지도 점검한다. 그리고 다양한 민감도 시나리오 효과를 분석하기도 한다.

5.5.6 기타 자문사

프로젝트의 필요에 따라 다양한 영역에서 자문사들이 선임될 수 있다:

시장. 프로젝트 회사가 생산한 제품에 대한 생산물구매계약이 존재하지 않거나, 가격이 시장에 의존할 경우, 제품판매량과 가격에 대한 예상치의 적절성을 검증하기 위하여 시장 자문사가 선임된다.

연료 또는 원재료. 만약 프로젝트에 필요한 원료나 원재료에 대하여 장기공급계약이 존재하지 않거나, 가격위험이 생산물구매자에게 전가될 수 없다면 이와 관련된 리스크를 분석하여야 할 것이다.

교통량. 인프라 프로젝트 수입이 교통량에 달려있을 경우, 교통량 자문사가 필요할 것이다.

천연자원. 프로젝트의 운명이 프로젝트의 원재료 또는 천연자원 추출에 의존한다면, 대주단은 엔지니어 리포트(매장량에 대한 적절성, 채굴에 소요되는 시간과 비용 분석)와 더불어 매장량보고서를 요구할 것이다. 마찬가지로 대주단은 풍력발전 프로젝트와 관련하여서는 바람의 패턴, 수력발전소와 관련하여서는 수자원 공급에 대한 자문이 필요하다.

환경. 환경 이슈가 잠재되어 있을 경우, 대주단의 환경 자문사가 선임되어 사업주가 수행한 환경영향평가(cf. 9.10) 내용을 점검하게 될 것이다.

5.5.7 대주단 자문사 사전 선임

프로젝트 계약에 대한 협상이 종료되고 프로젝트 구조가 거의 확정되어(cf. 5.2.3) 금융주선사들의 경쟁적 입찰이 예상되는 경우에는 대주단이 정해지지 않은 상태에서 미리 사업주가 대주단 자문사를 선임할 수도 있다. 이 경우 대주단 자문사는 대주단이 주로 제기하는 이슈들이 적절히 다루어졌는지 검토하고, 실사 리포트도 작성하는 등 프로젝트 특징과 계약서를 꼼꼼하게 점검하는 역할(devil's advocate)을 한다. 금융주선사가 선정되면 이들은 금융주선사와 공동으로 통상의 작업을 수행하게 된다. 이러한 접근방법의 장점은 프로젝트 개발단계에서부터 금융조달 가능성을 확보하여 실제 금융입찰에 소요되는 시간을 줄일 수 있다는 것이다. 물론 금융주선사가 이들 대주단 자문사의 실사작업에 만족하지 못하여 추가적인 작업을 요구하는 경우 사업주의 비용이 추가로 증가한다는 단점도 있다.

5.5.8 자문사 활용

대주단은 통상 고정 수수료를 받으나(cf. 12.6) 대주단 자문사는 시간당 수수료를 받는다. 그러므로 은행의 입장에서는 최대한 자문사를 활용하여 은행 직원들의 시간을 최대한 절약하고자 할 것이다. 그 좋은 예는 법률자문사를 활용하여 상업적이나 금융적 이슈를 논의하는 미팅을 어레인지하게 하거나 term sheet(cf. 5.2.7)을 작성하게 하는 것이다.

그러므로 사업주는 대주단 자문사의 업무범위와 소요시간을 살펴서 과도하게 비용이 발생하지 않도록 하는 것이 중요하다.

5.6 대주단과 공공조달절차

계약당국에 의한 공공조달절차는 3.7에서 다룬 바 있다. 프로젝트 개발에 소요되는 자금을 조달하는 것은 민간 입찰참여자의 역무이기 때문에 계약당국의 프로젝트 팀이 대주단을 신경 쓸 이유가 없을 것이라고 생각하기 쉽다. 그러나 차입금 조달은 PPP 및 공정 플랜트 프로젝트의 핵심적인 부분이기 때문에, 대주단이 받아들이기 힘든 조건으로 입찰참여자와 계약을 체결하는 것은 무용한 일이다. 유사하게, 금융조달이 확정되지 않은 상태에서 프로젝트 계약에 서명하는 것도 좋은 방법이 아니다. 왜냐하면 금융협상 마지막 단계에, 특히 계약당국의 협상력이 크지 않다면, 계약당국이 보다 많은 리스크를 분담하는 방식으로 프로젝트 계약을 수정하도록 요구하는 일이 빈번하게 발생하기 때문이다. 이는 또 다른 deal creep(cf. 3.7.7)의 형태이다.

5.6.1 은행 대출

그러므로 조달절차 및 협상절차 전반에 걸쳐 확실한, 그리고 절차가 진행될수록 보다 분명해지는 대주단의 지원이 필수적이다.

시장조사. 이미 언급한 바와 같이(cf. 3.7.3), 프로젝트를 시장에 선보이는 준비는 금융조달 가능성이 있는지를 확인하는 절차를 포함하여야 한다. 예비 대주단과의 미팅은 그 좋은 예이다.

자격심사. 자격심사를 위한 제출서류의 일부로서 예비 대주단으로부터 금융지원의향서를 징구하여야 한다.(cf. 3.7.5) 대주단이 프로젝트에 대한 충분한 정보를 제공받은 것이 아닌 상태에서 발급하는 이러한 금융지원의향서는 법적인 문서는 아니나, 은행들은 금융제공 가능성이 크다고 보는 경우에만 이러한 의향서를 발급한다.

초기입찰. RfP에 근거한 초기 입찰 제안서에는 은행들의 금융지원의향서 및 term sheet이 첨부되어야 한다. (계약당국의 금융자문사는 프로젝트의 경제성에 악영향을 주는 조항이 없는지 제출된 내용을 검토한다) 입찰참여자가 별도의 금융자문사를 활용한다면, 이 자문사가 자신이 보기에도 프로젝트가 성공적으로 금융을 조달할 수 있을 것이라는 의견서를 발급하기도 한다.

협상. 입찰참여자들은 실제로는 대주단이 제기하지 않은 이슈를 문제로 삼아, 자신이 동의하기 어려운 입찰조건에 이의를 제기하기도 한다. 계약당국과 금융/법률 자문사는 프로젝트에 대한 금융 가용성을 확보하기 위하여 이의가 제기된 부분에 대하여 양보해야 할 여부를 결정하여야 한다. 그러나 대주단으로터의 지속적인 지원을 얻기 위하여 특정 사안들과 관련하여서는 대주단과 직접적으로 협상해야 할 필요가 있다.

BAFO. 이 단계에서 대주단은 실사(cf. 5.5) 과정이 끝났으며, 대출조건이 확정되어 금융계약(제14장)에 반영되었으며, 신용위원회 승인을 포함한 내부 절차(cf. 5.2.7)도 종결하였다고 선언할 수 있을 것이다. 이러한 금융지원 확정에 대한 반대급부로 대주단은 수수료를 부과할 것이다. 그러나 입찰참여자는 자신이 낙찰될 가능성이 확실하지 않은 상태에서 이러한 비용을 추가로 부담하려 하지 않을 것이다 - 이 경우 계약당국이 낙찰되지 않은 입찰참여자에게 비용을 보전해 주는 방법을 쓸 수 있을 것이다.

금융 입찰(Debt Funding Competition). 사업 입찰시에 금융조달 부분은 제외하고 입찰에 부칠 수도 있다 - 입찰은 공통 금융 가정을 바탕으로 진행하고, 우선협상대상자가 선정되고 프로젝트 계약이 체결되면, 금융패키지만 따로 입찰(즉, 시장 테스트 - cf. 5.2.3)에 부칠 수 있을 것이다. PPP 계약에 따른 계약대금 지급 구조는 실제 금융비용을 반영하여 조정될 것이다.

이러한 접근방법의 장점은 입찰참여자의 기술 및 금융제안은 양호하나(즉, 계약당국이 받아들일 수 있는 조건이며), 금융조건이 시장에서 조달할 수 있는 최적의 조건을 반영하지 않은 경우이다. 반면 대주단이 이 과정에서 우선협상대상자와 계약당국에 불리한 방식으로 프로젝트 계약 조건들을 수정하도록 요구할 수도 있다.

5.6.2 채권

은행 대출이 아니라 채권으로 프로젝트 소요 자금을 조달하는 일은 확실성을 담보하기가 더 까다로운데(cf. 4.3, 5.3), 이는 채권은 사전에 인수될 수 없기 때문이다. 그럼에도 불구하고 채권발행 가능성을 높이기 위해 계약당국이 취할 수 있는 몇 가지 조치가 존재한다:

시장조사. 채권발행을 통한 자금조달이 가능한지 살펴보는 것이다. 계약당국 금융자문사는 프로젝트 채권 신용등급에 대하여 논의를 개시하여야 할 것이다.

초기입찰. 입찰참여자가 채권발행을 통한 자금조달을 희망할 경우, 입찰참여자의 금융자문사로 하여금 금융지원의향서를 발행하게 할 수 있을 것이다. 계약당국의 금융자문사는 이를 검토하는 역할을 한다.

BAFO. 이 단계에서는 채권 신용등급이 확정되어야 한다. 통상적으로 A-/A3 이상의 등급이 요구(cf. 17.5)되며, 입찰참여자로 하여금 자신이 제안한 사업이 A-/A3 등급 아래로 떨어지지 않도록 할 의무를 지게 할 수 있다. (물론 그 결과 추가 비용이 발생한다) 입찰참여자가 채권발행을 위해 투자은행을 선임하였다면, 후자는 채권발행 및 쿠폰 금리 수준에 대한 사전조사 내용을 제시할 수 있을 것이다. (cf. 12.6.1)

주간사 입찰. 은행 대출 입찰과 유사하게, 채권 발행 주간사 역할을 입찰에 부칠 수 있다. 평가요소는 비용(주간사 수수료)과 채권투자자 모집 능력이다.

06

사업계약(Project Agreement)

06 사업계약(Project Agreement)

6.1 도입

프로젝트 계약(Project Contract)들은 프로젝트 회사의 건설 및 운영의 기초가 된다. (cf. 2.4) 이 중 가장 중요한 계약서는 사업계약(Project Agreement - 프로젝트 회사가 수입을 창출할 수 있는 기반이 되는 서류)이다.[1] 프로젝트 계약들을 구성하는 나머지 서브계약(Sub-Contracts)들에 대하여는 제8장에서 다루기로 한다.

BOT, DBFO 등의 용어는 혼란을 가져올 수 있으며 서로 겹치는 부분도 존재하므로, 이러한 용어들(6.2)을 사용할 필요는 없다.

사업계약에는 크게 세 가지 종류가 존재한다[2]:

- *생산물구매계약(Offtake Contract)*(공정 플랜트 프로젝트에서 활용). 프로젝트 회사가 제품을 생산하고 이를 생산물구매자(6.3)에게 판매
- *가용성 기반 계약(Availability-based Contract)*(PFI 모델에 기초 - cf. 2.5.2). 프로젝트를 가용한 상태로 유지할 경우 계약당국이 프로젝트 회사 앞 계약대금을 지급 (6.4)
- *양허계약(Concession Agreement)*. 프로젝트 회사가 공공서비스를 제공하고, 사용료를 징수한다. (6.5)

---

1 그러나 2.5.3에서 본 바와 같이 모든 프로젝트가 사업계약을 체결하는 것은 아니다.
2 사업계약의 표준 양식과 법적 프레임워크와 관련하여서는 United Nations Industrial Development Organization: *Guidelines for Infrastructure Development through Build-Operate-Trasnfer(BTO) Projects* (UNIDO, Vienna, 1996)*; United Nations Economic Commission for Europe : *Negotiation Platform for Public-Private Partnerships in Infrastructure Projects* (UNECE, Geneva, 2000)*; United Nations Commission on International Trade Law: *UNCITRAL Legislative Guide on Privately Financed Infrastructure Projects* (United Nations, New York, 2001)*; South African National Treasury PPP Unit, *Standardised Public-Private Partnership Provisions* (Pretoria, 2004)*; Infrastructure Australia, National PPP Guidelines, Vol. 3: "Commercial Principles for Social Infrastructure" (Canberra, 2008)* and Vol. 7: "Commercial Principles for Economic Infrasturcture" (Canberra, 2011)*; H.M.Treasury, *Standardisation of PF2 Contracts*, Version 5 (London, 2012)* - 이는 이후로 'SoPC'로 표기한다; 세계은행 PPP 웹사이트 Infrastructure Resource Center for Contracts, Laws and Regulations(PPPIRC) - http://www.worldbank/ppp 등 참조

이러한 사업계약들은 공통점들(제7장에서 논의)을 보유하고 있다. PPP로 간주되는 'PPP와 유사한'(대부분의 경우는 프로젝트 파이낸스를 필요로 하지 않는다) 계약들의 종류는 6.6에서 살펴보기로 한다.

많은 법적 이슈들을 이 책에서 다루고 있지만 프로젝트 계약 및 금융계약의 모든 법적 사항들까지 다룬 것이 아니며, 여기서는 생산물구매자/계약당국, 프로젝트 회사 및 대주단 간 상업적 협상 과정에서 도출되는 핵심 사항들에 집중하여 살펴보고자 한다. 제9장부터 제11장까지에서 다룰 예정인 계약 구조화에 동반하는 다양한 리스크 이슈들 또한 고려해야 한다.

6.2 BOT, BTO 등

공정 플랜트 또는 PPP 프로젝트는 각각의 사업단계에서 누가 프로젝트를 소유하는지에 따라 분류되기도 한다.

Build-Operate-Transfer ('BOT') 프로젝트[3]. 이러한 프로젝트에서 프로젝트 회사는 서비스를 제공하는 자산을 보유하지 않는다. 그러나 프로젝트 회사는 계약당국과의 사업계약에 의거, 프로젝트를 건설한 후 이를 운영함으로써 수입을 창출할 수 있는 권리를 갖는다. (프로젝트 회사는 프로젝트 부지와 빌딩, 그리고 자산을 리스하여 사용할 수도 있다. 이와 같은 경우는 Build-Lease-Transfer('BLT') 또는 Build-Lease-Operate-Transfer('BLOT')로 불린다.) 이는 자산의 성격이 공공성이 강하여 - 예컨대 도로, 교량 또는 터널 등 - 민간부문이 소유권을 보유하는 것이 적절치 않은 경우에 많이 활용된다. 그러므로 PPP 사업에서 많이 활용된다.

Build-Transfer-Operate ('BTO') 프로젝트. 프로젝트가 완공이 될 때까지 민간부문이 프로젝트에 대한 소유권을 보유하는 점에서 BOT와 차이를 보인다.

Build-Own-Operate-Transfer ('BOOT') 프로젝트. 프로젝트 회사가 프로젝트 자산을 건설하고, 소유하며, 또 일정기간 운영하여 수입을 창출하고, 해당 기간이 만료되는 시점에 프로젝트 자산을 생산물구매자/계약당국에게 인도하는 프로젝트이다. 예컨대 프로젝트 회사가 발전소를 짓고, 20년 동안 운영하여 전력구매자(즉, 국영 전력회사)에게 전력을 판매한 후, 최종적으로 발전소를 전력구매자에게 인도하는 방식이다.

Build-Own-Operate('BOO') 프로젝트. 이는 프로젝트 회사가 프로젝트 자산을 계속해서 보유하

---

[3] Design-Build-Finance-Operate('DBFO') 프로젝트로 불리기도 한다.

는 방식으로, 민영화된 전력시장에서의 민자발전소나 이동통신 네트워크 등이 좋은 예이다. 프로젝트 회사는 프로젝트의 잔존가치를 향유할 수 있는 이점이 있다. (민간부문과의 사업계약은 통상 이 범주로 포함된다)

서로 다른 프로젝트 구조에 대한 다양한 변형된 용어들이 존재하며, 프로젝트 파이낸스 시장은 이러한 용어들에 대한 일관성을 유지하며 사용하고 있지는 않다 - 예컨대 'BOT'는 Build-Own-Transfer를 의미할 수 있는데 이 경우는 'BOOT'와 동일한 의미이다.[4]

프로젝트 파이낸스 관점에서는 생산물구매자/계약당국이 프로젝트 자산을 인수하는지 여부, 프로젝트 회사가 계속 보유하는지 여부, 또는 프로젝트 회사는 자산을 소유할 수 없는지 여부는 중요하지 않다. 프로젝트 파이낸스 대상 자산의 가치는 자산의 소유권에 있는 것이 아니라, 해당 자산이 생성해내는 현금흐름에 있기 때문이다. 그러나 서로 다른 소유권 구조가 대주단에게 크게 중요하지 않다 하더라도 프로젝트 잔존가치는 생산물구매자/계약당국 및 투자수익률을 산정하는 투자자들에게 중요한 이슈이며, 담보가치 측면에서 대주단에게도 관련이 있다.

이러한 용어가 혼란스럽기도 하거니와, 핵심적인 사항은 프로젝트에 대한 사업계약 기간이 종료되는 시점에 생산물구매자/계약당국이 소유권 또는 통제권을 취득하는지 여부이니만큼, 이후로는 이러한 용어들을 사용하지 않을 것이다. 대신 잔존가치와 관련이 있는 경우, 'Reverting Asset' 기반 계약(즉, 계약기간이 만료되면 계약당국이 프로젝트를 보유/통제) 또는 'Non-Reverting Asset' 기반 계약(즉, 계약기간이 만료되더라도 프로젝트 회사가 계속해서 프로젝트를 보유) 등의 용어를 쓰기로 한다.

6.3 생산물구매계약(Offtake Contract)

생산물구매계약은 통상 공정 플랜트 프로젝트(cf. 2.5.1) - 즉, 상품 등을 생산하는 제조시설 등 -에 활용된다. 동 계약을 바탕으로 생산물구매자(예컨대, 전력구매자(power purchaser))는 안정적인 제품공급을 확신할 수 있으며, 프로젝트 회사는 정해진 가격에 생산한 제품을 판매할 수 있다. (생산물구매계약은 계약당국(즉, 국영전력회사) 또는 민간기업(즉, 민간전력회사)과 체결할 수 있다)

프로젝트 파이낸스의 제1원칙을 상기해 볼 때, 레버리지 수준이 높은 프로젝트 파이낸스를 조달하기 위해서는 프로젝트 회사는 자신이 생산하는 제품에 대한 판매 리스크를 최소화하여야 할 것이다; 생산물구매계약은 이를 달성할 수 있는 가장 용이한 방법 중 하나이다.

---

[4] Jeffrey Delmon, *Understanding Options for Public-Private Partnerships in Infrastructure: Sorting out the forest from the trees: BOT, DFBO, DCMF, concession, lease...* (Policy Research Working Paper 5173, World Bank, Washington DC, 2010)

6.3.1 생산물구매계약의 종류

생산물구매계약의 형태는 다양할 수 있다:

Take-or-Pay 계약. 생산물구매자는 제품을 구매하거나, 프로젝트 회사에게 이에 상응하는 대금을 지급하여야 하는 계약이다. 제품가격은 사전에 합의한 tariff(cf. 6.3.5)이다.

그러나 이러한 형태의 계약에서 어떠한 일이 있어도 구매 또는 대금지급을 요구하는 형태('hell-or-high water')는 드물다. 프로젝트 회사 역시 자신의 의무(일반적으로 제품을 인도할 준비)를 다 해야만 대금을 지급받을 수 있다.

전력구매계약(PPA)과 같이 제품 판매가 이루어지는 공정 플랜트 프로젝트(cf. 2.5.1)에서 주로 Take-or-Pay 계약이 사용된다.

Take-and-Pay 계약. 생산물구매자가 인수한 양에 대하여만 미리 합의한 가격으로 구매하는 것을 내용으로 하는 계약이다. 장기적인 제품 판매처가 확보되지 않는다는 점에서 프로젝트 파이낸스에서의 이러한 계약의 용도는 제한적이다. 그러나 연료 또는 기타 원재료 공급계약에서는 이러한 방식을 사용하기도 한다. (cf. 8.5)

장기판매계약(Long-Term Sales 계약). 생산물구매자가 미리 정해진 물량을 인수하나, 인수가격은 인수시점의 시장가격이나 시장 지표에 연동되는 방식이다. 프로젝트 회사는 물량 리스크는 지지 않으나, 가격 리스크를 지게 되는 것이다. 이러한 방식의 계약은 제품이 국제 시장에서 쉽게 거래될 수 있으나 생산물구매자가 가격 리스크를 회피하고자 하는 사업, 즉 광업, 유가스 및 석유화학 사업에서 주로 활용된다.

이러한 방식의 계약은 일부 LNG 프로젝트에서 사용되는 바와 같이 'floor'(최저) 가격을 산정할 수 있다 - 이는 floor 가격에서 take-or-pay 계약에 상응하며, 헤지 계약과 동일한 효과를 낼 수 있다.

헤지 계약. 헤지 계약은 상품시장에서 활용되는데, 아래와 같이 다양한 형태의 헤지 계약이 존재한다:

- 장기간에 걸친 고정가격 선물 판매(이는 실질적으로 take-or-pay 계약과 유사한 효과를 낸다)
- 상품가격이 미리 정한 floor 가격 이하로 떨어지는 경우, floor 가격에 거래하는 계약; 상품가격이 floor 이상일 경우 시장판매가 적용
- 이와 비슷하게, 상품가격이 ceiling 이상으로 오르는 경우, celing 가격에 거래하는 계약; 상품가격이 floor 이상이고 ceiling 이하일 경우 시장판매가 적용

예컨대 유가스 개발 프로젝트의 경우 유가변동 리스크를 헤지하기 위해 유가가 $100/bbl 이하일 경우 거래상대방에게 $100/bbl에 매각하고, 유가가 $125/bbl 이상일 경우 거래상대방에게 $125/bbl에 매각하는 계약을 체결할 수 있을 것이다. 이러한 방식으로 동 프로젝트는 자신이 생산하는 원유를 최소한 $100/bbl에 판매할 수 있다; 다만, 유가가 $125/bbl 이상이라면, 프로젝트는 손실을 입게된다.[5]

차액정산계약(Contract for Differences, CfD). 이 방식을 채택하는 경우 프로젝트 회사는 생산품을 생산물구매자가 아닌 시장에 판매하게 된다. 그러나 시장가격이 미리 정한 가격보다 낮을 경우, 생산물구매자가 프로젝트 회사 앞 차액을 지급하고, 시장가격이 미리 정한 가격보다 높은 경우 대금지급은 반대방향이 된다. 이러한 계약의 효과는 프로젝트 회사와 생산물구매자 모두 자신의 시장 가격 리스크에 대하여 헤지를 할 수 있다는 점이다; 그러나 헤지 계약과는 달리 생산물을 상대방에게 판매하는 것이 아니라 시장에 판매한다는 것이다; 그러므로 이는 순수한 재무적 계약이다.[6] 그 결과 tariff 수준을 미리 합의한 take-or-pay와 유사한 효과를 낳게 된다.

CfD는 전력시장에서 많이 활용된다: 사실상 일부 국가에서는 전력을 특정 전력구매자 앞 판매하는 방식이 아니라 전력풀 앞으로 판매하는 방식만 허용되기 때문에, CfD를 활용할 수 밖에 없는 상황이 존재한다.

Throughput 계약[7]. 이러한 방식은 파이프라인 금융에서 종종 활용된다. 파이프라인 사용자는 최소 일정량 이상을 파이프라인을 통해 이송하기로 약정하며, 이에 대한 요금을 지급한다.

Input-Processing 계약. 특정 공정 플랜트의 경우는 결과물보다 원재료를 관리하기 위하여 추진된다. 그 대표적 예는 아래와 같다:

- 고체 폐기물 소각소. 폐기물 소각은 계약당국의 허가를 필요로 한다; 그 결과물(이는 일반적으로 생산물구매계약의 대상이 아니다)은 통상 전기를 생산하는데 쓰이는 열, 그리고 별도 처리가 필요한 재이다.
- 하수처리장. 계약당국으로부터 하수를 공급받아 이를 정수한다. 찌꺼기는 비료의 원료로 사용된다.

여기서는 계약당국이 생산물구매자가 아니라 원재료 공급자로 기능한다.

---

5 이는 이자율 collar(cf. 10.3.2)와 유사한 구조이다.
6 이는 이자율 스왑(cf. 10.3.1)과 유사한 개념이다.
7 'transportation contract'라고 불리기도 한다.

프로젝트 파이낸스 시장에서는 용어, 특히 take-or-pay와 take-and-pay와 관련하여 상당한 혼란이 존재한다; 이 책에서는 위에서 정의한 내용에 따라 용어를 사용하기로 한다.

6.3.2에서 6.3.6까지에서는 통상적인 take-or-pay 방식의 생산물구매계약의 중요조항에 대하여 설명하기로 한다. 전력구매계약(power purchase agreement, PPA)이 프로젝트 파이낸스 시장에서 가장 흔한 생산물구매계약의 형태이며 다른 계약들도 PPA를 많이 참고하기 때문에 PPA를 예를 들어 설명한다. PPA는 PFI 모델 사업계약(cf. 6.4)의 모델로 활용되기도 하였다.

Take-and-pay 계약과 Long-term sales 계약이 커버하지 못하는 리스크에 대하여서는 일반적 리스크들을 다루는 9.6.1에서 다시 다룰 것이며, 생산물구매계약이 존재하지 않는 프로젝트는 9.6.2에서 다루고자 한다.

6.3.2 PPA 구조

PPA는 전력을 생산하는 프로젝트에서 활용되는 생산물구매계약이다. 독립민자발전(IPP) 프로젝트(예컨대 가스화력발전소) 구조에서 PPA가 차지하는 위치는 그림2.1를 참조하라.

PPA는 프로젝트 회사로 하여금 다음과 같은 기술적 특성을 지닌 발전소를 건설할 수 있도록 한다;

- 결과물(메가와트(MW) 단위)
- 열효율(일정한 전력을 생산하기 위하여 소모되는 연료량)
- 배출 및 기타 환경규제

PPA는 발전소가 특정일(6.3.3)까지 건설되어 정해진 기준에 맞추어(6.3.4) 운영되는 것을 전제로 하고있다. 발전소에서 생산된 전력은 전력구매자가 장기간에 걸쳐 정해진 가격(6.3.5)에 구매하게 된다. 전력구매자는 공공 또는 민간 송배전망 회사, 지역 배전망 회사 또는 대규모 사업장(예컨대 공장) 등이 된다. 그리고 계약조건을 지키지 못할 경우 페널티가 부과된다. (6.3.6)

생산물구매자(전력구매자)는 프로젝트 회사와 사업주가 발전소를 건설하고 운영하는데 필요한 기술적·재무적 능력을 보유하고 있는지, 적정한 건설회사와 계약을 체결했고 또 연료 공급을 확보했는지, 그리고 프로젝트 파이낸스의 조건들이 전력구매자를 간접적으로 위험에 노출시키지 않는지에 대하여 확인하고 싶어할 것이다. 그러므로 전력구매자는 능력있는 이들이 계속해서 프로젝트를 관리하도록 하기 위하여 사업주가 자신의 지분을 매각하는데 제한을 두게 할 수 있다.

6.3.3 건설단계

EPC 계약은 통상 프로젝트 회사가 체결한다; EPC 계약은 공기지연, 초과비용 발생 및 성능과 관련된 리스크를 건설회사 앞 이전하는 효과를 지닌다. (cf. 8.2)

PPA상 프로젝트 완공일은 상업준공일('Commercial Operation Date', COD)[8]이라고 불린다. COD를 달성하려면 프로젝트 회사는 전력구매자 앞 성능테스트를 통과하였다는 것을 증명하여야 한다. 이러한 성능테스트는 발전소가 달성가능한 최소 전력생산 능력을 증명하여야 한다. (왜냐하면 요금이 전력생산량에 연계되기 때문이다) Reverting Asset 기반 계약(cf. 6.2, 7.10.7)에서 발전소의 최종 소유자로서의 전력구매자는 여타 기술 및 성능 기준을 충족하는지에 대하여서도 관심을 기울인다. 전력구매자의 대리인이 EPC 계약자가 실시하는 성능테스트 현장을 모니터링하거나, 독립적인 성능테스트를 실시할 수도 있다. (당연한 얘기지만, PPA에 따른 성능테스트는 EPC 계약에 따른 성능테스트보다 엄격해서는 안 될 것이다 – cf. 8.2.8)

프로젝트 회사는 COD를 달성하기 위하여 다음과 같은 조건들을 충족시켜야 한다:

- 운영허가 획득
- 배출기준 충족
- 사전에 협의한 수준의 운영단계 보험 가입
- 충분한 예비 연료 보유

6.3.4 운영단계

사업당사자들끼리 운영 절차에 대하여 상세하게 협의할 수 있다; 예컨대, 전력구매자가 필요한 전력량을 프로젝트 회사 앞 미리 통보하고, 프로젝트 회사는 정기 유지보수 또는 비상 셧다운 상황으로 인하여 전력생산량 또는 급전대기에 변경이 생길 때 미리 통보하는 것 등이다. 또한 전력수요가 적을 때 유지보수를 실시하게 할 수도 있다. 그러나 이러한 조치들은 프로젝트 회사에 default가 발생한 경우(cf. 7.9)가 아닌데도 불구하고 전력구매자가 발전소의 운영이나 유지관리에 직접적으로 관여할 수 있다는 것을 뜻하는 것은 아니다.

발전 리스크(dispatch risk, 즉 직접적 또는 (송전망을 통한) 간접적이든 전력구매자가 발전소에서 생산되는 전력을 필요로 하는지 여부)는 전력구매자가 부담해야 한다. 프로젝트 회사는 급전대기만 하면 되는 것이다; 전력구매자가 지급하는 요금(tariff)은 급전(실제 발전소를 가동) 여부와는 무관하게 프로젝트 회사 앞 적정한 수익률을 보장하는 금액이다. 전력구매자가 발전 리스크를 부담

---

8 '완공일(Completion Date)' 또는 '실질 완공(Substantial Completion)'으로 부르기도 한다. (8.2.7)

하기 때문에, 발전소의 가동여부는 자연스럽게 전력구매자가 결정한다.

CfD(cf. 6.3.1)의 경우, 프로젝트 회사가 전력을 시장에 판매하지 못한다면 대금을 지급받지 못할 수도 있다. (프로젝트 회사가 발전 리스크를 부담한다) 이러한 경우 프로젝트 회사는 생산한 전력을 반드시 시장에 판매할 수 있도록 적절한 가격을 책정하여 전력시장 입찰에 참여해야 한다.

6.3.5 요금(tariff)

PPA 전력요금은 발전소의 최소 가용성(availability, 일상적인 유지보수와 예상하지 못한 셧다운을 감안, 발전소가 일정수준의 전력을 생산할 수 있는 날)을 기초로 하여, 발전소가 최소 가용성이나 기타 조건들을 충족시키지 못할 경우 부과하는 페널티 또는 감액(deduction)조치를 감안하여 산정된다. (cf. 6.3.6)

요금은 통상 전력구매자가 프로젝트 회사 앞 한 달에 한 번씩 지급하는데, 요금은 두 가지 요소로 구성되어 있다: 고정적 용량요금(capacity charge)[9]과 발전소 사용에 따라 변경되는 에너지요금(energy charge)[10]이 그것이다. 이에 더하여 기타 요금이 부과될 수 있다.

용량요금. 용량요금은 프로젝트 회사가 발전소를 짓고 급전 준비에 소요되는 고정비용(fixed cost)을 커버하는 요금이니만큼, 실제 발전 여부와 무관하게 지급되는 요금이다.

용량요금은 다음 비용을 커버하는 것이 목적이다:

- 고정운영비용. 임대료, 인건비, 보험료, 유지보수 및 부품교환 비용, 파이프라인 사용 등과 관련하여 연료공급자 앞 지급해야 하는 고정(용량)비용, 세금 등이다. 발전소의 회계적 감가상각은 실제 현금흐름이 아니기 때문에 포함되지 않으며 투자수익률 산정시에도 포함되지 않는다; 그러나 대출원리금 상환액이나 투자수익금 요소에서 감가상각 및 기타 프로젝트 자본비용을 고려한다.
- 대출원리금 상환액. 프로젝트 회사가 차입해야 하는 대출금 수준과 이자율에 기초하여 산정(미리 정한 수치를 사용)
- 투자수익금. 대출원리금 상환, 고정 운영비용 및 세금을 제한 후의 현금흐름(이 또한 미리 정한 자기자본 투입액을 기반으로 산정)

용량요금은 최적의 금융구조를 짜기 위해 위와 같이 세 가지 요소로 구성할 수도 있고, 대출원리금 상환액과 투자수익금을 합하여 두 가지 요소, 또는 단순히 하나로 할 수도 있다. (용량요금 구성요

---

9 Availability Charge(가용성 요금) 또는 Fixed Charge(고정 요금)라고 부르기도 한다.
10 Variable Charge(변동 요금) 또는 Usage Charge(사용자 요금)라고 부르기도 한다.

소 중 물가상승률에 연동되는 요소의 존재가 용량요금 구조에 영향을 미친다 - cf. 7.3.3)

용량요금은 통상 PPA가 체결되는 때 확정되는데, 이는 이후 프로젝트 건설비용이 상승할 수 있는 리스크를 프로젝트 회사가 진다는 것을 의미한다. 물론 이에 대한 예외도 존재하는데, 예컨대 운영기간 중 실제 납입한 보험료에 대하여 프로젝트 회사가 추후 보상을 받는 경우도 있다. (cf. 9.9.2)

에너지 요금. 에너지 요금은 프로젝트의 변동비(대부분은 연료비용)를 커버하기 위한 목적이다. 에너지 요금은 다음 요소들을 고려하여 산정된다:

- 발전소가 실제로 생산한 전력생산에 소모되었어야 하는 연료의 양(기존에 합의한 열효율 가정에 기초하여 산정)
- 프로젝트 회사가 부담한 실제 연료비용(또는 인덱스에 기초하여 산정되는 연료비용)
- 발전소 운영과 관련된 기타 변동비용

에너지 요금은 주요 유지보수 기간 중 현실적으로 발생하는 일부 성능저하(degradation)(그리고 사용연료의 점차적인 증가)를 감안하여 책정된다. (cf. 9.7.3)

일반적으로, 발전소가 실제 발전을 하지 않으면 에너지 요금은 지급되지 않으나, 프로젝트 회사가 연료비용에 대하여 take-or-pay 의무를 지고 있으며 또 발전량이 적어 계약에서 정한 만큼의 연료가 필요하지 않은 경우(발전소가 급전준비가 되어있지 않았기 때문에 발전을 못한 경우를 제외)에는 전력구매자가 이 비용을 커버해야만 할 것이다.

다른 종류의 공정 플랜트 프로젝트에서도 원재료 비용은 에너지 요금과 유사한 변동비 요금(variable charge)으로 커버되는 것이 일반적이다.

기타 요금. 기타 요금들도 tariff의 일환으로 지급될 수 있다. 예컨대 특정 횟수를 초과하여 발전소를 재가동 - 추가적 연료를 사용하게 되며 유지비용(cf. 9.7.3)을 증가시킨다 - 시키는데 드는 비용 또는 부분적 발전에 소요되는 추가비용 등이 그것들이다.

열병합발전소의 경우, 발전소에서 생산되는 증기는 인근 산업단지 앞 판매하거나 지역난방 용도로 공급할 수 있다. (일부 국가들에서는 발전소에서 생산된 스팀을 담수화(발전소를 짓는 주요 목적이 담수화라면 말이다)에 활용한다)

Tariff는 전력구매자의 다양한 요구를 반영하기도 하는데, 위도가 높은 지역에서는 겨울철 저녁에 공급되는 전력에 대하여는 보다 높은 가격이 책정되기도 한다.

생산된 전력은 양자가 공동으로 통제하는 방식으로 발전소에서 미터기를 통해 측정한다.

이러한 '고정/변동' tariff 구조를 활용할 경우, (발전소가 디자인 용량을 초과하여 운영되었기 때문에) 실제 생산량이 당초 예상했던 양을 초과하는 때에는 생산한 전력을 모두 전력구매자에게 팔아야 하는 의무를 부과받을 수 있다.

이러한 tariff 구조는 다양한 리스크를 프로젝트 회사(cf. 9.3) 앞 전가시킬 수 있다. 예컨대,

초과건설비용. 프로젝트 건설비용이 예상보다 많이 소요되어 추가적인 자본금과 차입금이 요구되는 상황이 발생한다 하더라도 tariff 수준은 변경되지 않는다.

급전대비. 만약에 발전소가 요구되는 전력을 생산할 준비가 되어있지 않으면, 발전소가 얻을 수 있는 수입은 없다. (또는 페널티가 부과된다 - cf. 6.3.6)

운영 비용. 예컨대 전력생산에 보다 많은 연료를 쓰거나 유지보수 비용이 예상 대비 높은 것으로 나타나는 등 발전소의 운영효율성이 예상보다 떨어지는 경우에도 이는 tariff를 변경시킬 요인이 되지 못한다.

6.3.6 페널티(penalties)

상기 언급한 tariff는 프로젝트 회사가 PPA에 맞춰 발전소를 운영할 때에만 받을 수 있다. PPA의 조건을 충족시키지 못한다면 페널티를 적용받게 되는데, tariff에서 일정 금액을 차감하여 지급받거나 별도로 페널티 비용을 납부하도록 하는 등이다.

이러한 페널티는 손해배상액의예정('liquidated damages', 'LD')으로, 생산물구매자가 감내해야 하는 손실규모를 미리 확정한 - 이에 따라 보상을 받을 수 있는 - 금액이다. 이러한 점에서 실제 발생한 손실을 반영하지 않는 페널티는 다수 국가에서 법적으로 보호받지 못할 수 있으므로 '페널티'라는 말은 오해의 소지가 있다. (cf. 8.2.8)

통상적인 페널티의 종류는 다음과 같다:

완공지연. 생산물구매자는 페널티 부과 여부와 무관하게 프로젝트 회사가 제 때 프로젝트 완공을 달성할 인센티브를 지니고 있다는 점을 유념해야 한다: 프로젝트 회사는 지연이 되는 기간 동안 수입을 창출할 수 없기 때문에(당연하지만 프로젝트가 완공을 달성하지 않으면 tariff를 지급받을 수 없다) 완공지연을 감당할 수 있는 능력은 제한적이다. 만약 생산물구매자가 완공지연에 따라 아무런 피해를 입지 않는다면 프로젝트 회사에 페널티를 부과하는 것은 부당하며, 법적으로 강제할 수

없을 수도 있고, 생산물구매자가 관련 리스크를 (정한 가격과 시간 내에 프로젝트를 건설할 책임을 지고 있는) EPC 계약자에게 전가(가능하다면 말이다)함으로써 사업비용만 늘리는 결과를 낳을 수도 있다.

그러나, 완공이 지연된 결과 전력구매자가 직접 발전을 해야하거나 보다 비싼 비용을 치르고 전력을 구매해야 하는 상황이라면, 프로젝트 회사는 이러한 손실을 반영하여 매 지연일마다 특정 금액을 내는 방식의 페널티를 내야 할 것이다. 물론 프로젝트 회사는 이러한 페널티, 그리고 페널티 금액의 한도를 EPC 계약의 LD 조항에 반영할 것이다. (cf. 8.2.8)

프로젝트 완공 달성에 대한 불확실성을 없애기 위하여, 특정일까지 COD가 발생하지 않으면 전력구매자는 PPA를 해지할 수 있다. 이 특정일은 통상 예정된 완공일보다 1년 정도 경과한 시점이다.

만약에 전력구매자가 송배전망 사업자라면, 전력구매자는 발전소와 송배전망 연결에 대한 책임을 지게된다. 발전소가 완공되었지만 송배전망 연결 문제로 인하여 완공테스트를 할 수 없는 상황이라면, 이는 완공지연에 따른 페널티 부과조건이 되기 어렵다. 오히려 전력구매자가 tariff의 용량요금을 지급해야 할 것이다. (cf. 9.5.9)

조기완공이 전력구매자에게 도움이 된다면, 조기완공 보너스 조항이 PPA에 반영될 수도 있을 것이다.

예상보다 낮은 초기 발전량. 기대 발전량이 x MW이나 실제 발전량이 (x-y) MW라면, 일정금액의 페널티가 부과되거나 용량요금 지급액이 축소될 수 있을 것이다. 물론 이러한 페널티 또한 EPC 계약의 LD 조항에 반영되어야 할 것이다.

예상보다 낮은 초기 열효율(heat rate). 전력생산에 예상했던 것보다 많은 원료를 쓴 경우의 해결방안은 두 가지이다: 에너지 요금 산정시 열효율의 차이를 감안하지 않고 추가 원료비용은 프로젝트 회사가 부담하게 하거나, 에너지 요금 산정 기준을 변경하되 이에 따른 페널티를 프로젝트 회사가 내게 하는 방법이다. 어떤 경우든 EPC 계약 LD 조항은 추가 연료비용이나 페널티 금액을 반영해야 한다.

낮은 가용성. 만약 발전소가 예컨대 1년에 90%에 해당하는 일(즉, 329일)만큼 100MW 급전대기할 것이 요구된다면, 이는 1년에 32,900MWh의 전력을 생산할 수 있어야 한다는 것을 의미한다. 그러므로 발전소가 급전대기를 할 수 있는 상태가 아니었거나 전력생산량이 정한 수준에 미달하는 등의 이유로 요구된 발전량을 채우지 못한다면, 프로젝트 회사는 페널티를 내야 할 것이다. (또는 용량요금에서 차감될 것이다)

가용성과 전력생산량을 정할 때에는 (가용성 기간을 산정하기 위하여) 정기 유지보수와 예상치 않은 셧다운도 감안하며, 주요 유지보수 기간 중 발생하는 자연적인 전력생산량 감소도 감안한다. 이를 통해 보다 미리 상세한 가용성 및 생산 스케쥴을 정하게 된다. 주로 1년 단위로 정하는데, 필요한 경우 짧은 기간에 대하여 조금씩 수정할 수 있다. 전력수요가 높은 시기(예컨대 북반구의 겨울 저녁)에 페널티가 더 높게 책정될 수 있으며, 정기 유지보수는 전력수요가 낮은 시기에 실시하도록 할 수도 있다.

어느 정도까지는 이러한 페널티를 O&M 계약자에게 전가할 수 있다. (cf. 8.3.4)

전력구매자는 페널티 대금지급을 확보하기 위하여 은행 보증서를 요구할 수 있는데, 동 보증서는 프로젝트 금융 패키지의 일부로서 대주단이 제공하기도 한다.

발전소의 가용성과 실제 전력생산량이 합의된 수준을 초과하는 경우 프로젝트 회사 앞 보너스를 지급하는 경우도 존재한다.

6.4 가용성 기반 계약(Availability-Based Contract)

이 섹션에서는 PFI 모델 프로젝트에서 광범위하게 사용되는 가용성 기반 계약의 구조를 살펴볼 것이다.[11] PFI 모델에서의 사업계약의 위치는 그림2.3을 참조하라.

가용성에 기반한 PFI 모델의 예시는 모두 공공 인프라 프로젝트(그러므로 PPP 형태이다)로 다음과 같다:

- 학교, 병원, 교도소, 공공주택 또는 정부 건물과 같은 공공건물로서, 계약당국은 빌딩의 가용성에 기반하여 사용료를 지급한다.[12]
- 실제 사용에 따라 대중이 (또는 계약당국이) 요금을 지급하는 방식이 아니라, 공공부문 시스템 운영자가 (계약당국으로서) 시스템 가용성에 따라 대금을 지급하는 도로, 터널, 교량, 철도 또는 신호체계 등 시스템의 일부를 이루는 교통시설 등이 있다.

가용성에 기반한 PFI 모델 계약의 중요 요소들은 PFI 프로젝트들이 최초로 선보이기 시작한 1990년대 PPA에서 도입되었는데, 당시 시장은 PPA에 익숙한 상태였으며, 그 결과 완전히 새롭게 시작

---

11 이러한 방식의 PPP는 대금지급 방식으로 인하여 'Annuity Contract'로 불리기도 한다. (cf. 7.3.2)
12 이러한 건물들과 관련된 가용성에 기반한 PFI 모델 계약은 'Accomodation Projects'라고 불리기도 하는데, 이 모든 사업들에 대한 사업계약 요구사항들은 매우 유사하기 때문이다.

하는 것보다 기존에 잘 알려져 있는 제도를 활용하는 것이 편리했기 때문이다.[13] 요약하자면, 위에서 언급한 통상적인 PPA는 세 가지 기본요소를 갖추고 있었다.

- 결과물: 해당 발전소는 x MW의 전력을 생산할 수 있는가?
- 가용성: 해당 발전소는 필요할 때 요구되는 성능을 발휘할 수 있는가? (급전대기 상태인가?)
- 연료소모량: 연료 사용에 대한 에너지 요금(일반적으로 이 경우와는 무관하다)

PPA는 어떻게 발전소가 디자인/건설 또는 유지되어야 하는지에 대하여 언급하지 않는다 – 이는 프로젝트 회사와 투자자들이 고민할 문제이다. 전력구매자와 관련하여 중요한 것은 새로 지어지는 발전소가 필요할 때 급전대기할 수 있으며, 미리 합의한 수준의 전력을 생산할 수 있는가 하는 것이다.

이러한 원칙들은 가용성 기반의 사업계약 서비스 요금(service fee)(6.4.1), 결과물의 특정(output specification)(6.4.2), 가용성(availability requirement)(6.4.3) 및 성능 관련 페널티(performance penalties)(6.4.5) 조항 등에 반영되어 있다. 어떤 서비스 요금은 시장의 상황에 따라 조정되기도 한다. (cf. 6.4.5)

6.4.6에서는 또 다른 중요한 PFI 모델 프로젝트인 'shadow toll'을 적용하는 교통 프로젝트를 살펴보기로 한다.

6.4.1 서비스 요금(Service Fee)

공정 플랜트와는 달리, 고정성 용량요금과 변동성 에너지 요금으로 구분(cf. 6.3.5)하는 것은 적절치 않으며, 서비스 제공에 대한 대가로 한 덩어리의 '서비스 요금'[14]을 지급하는 방식이다. 그러나 서비스 요금은 그 하부 구성요소인 고정비용(대출 원리금 상환 및 투자수익)과 변동비용(운영 및 유지보수 비용)을 커버할 수 있게 산정된다. 서비스 요금은 사업계약이 체결될 때 확정되며, 실제 비용과 차이가 나더라도 서비스 요금이 변동되지 않는다. 요금 지급 개시시점[15]은 통상 프로젝트 완공 시점이다. (cf. 7.3.1)

서비스 요금은 서비스가 제공되지 않는 기간에 대하여 차감되며, 기준에 미달하는 서비스가 제공

---

13 그러나 가용성이 두 종류의 계약 모두에 핵심 요소였으나, 공정 플랜트 프로젝트들은 이 책에서 가용성에 기반한 계약에 포함시키지 않았다. 이 용어는 PFI 모델 계약에만 쓰인다.
14 영국에서는 이를 'Unitary Charge'라고 부른다. 이러한 용어는 공공부문 회계처리와 부분적으로 관련되어 있다: 만약 서비스 요금이 명확하게 고정비용과 변동비용으로 구분될 수 있고, 고정비용은 대출원리금 상환과 자본비용에 대한 투자수익률을 커버하는 경우라면 (그리고 계약기간이 만료되면 계약당국이 프로젝트 자산을 인수한다면), 해당자산은 회계적으로 계약당국의 자산으로 처리해야 한다. 그 결과 프로젝트의 자산과 부채가 정부계정으로 계상된다. 그러므로 Unitary Charge라는 용어는 서비스 요금이 두 가지 종류로 구분될 수 없다는 점을 강조한 것이다. 이러한 특수한 회계원칙은 더 이상 적용되지 않으나, 이 용어는 여전히 영국과 기타 국가들에서 사용된다.
15 'Service Commencement Date', 'Service Avaiability Date' 또는 'Commercial Acceptance' 등의 용어도 함께 사용된다.

될 때에도 차감된다. 그러나 발전 프로젝트의 경우는 결과물과 가용성을 측정하기가 용이하지만, 예컨대 PFI 모델의 학교 프로젝트의 경우는 어떻게 측정할 것인가? 결과물의 특정이 유일한 측정 방식(즉, MW로 표시되는 발전량)이 될 수 없으며, 가용성은 발전소와 같이 '끄거나-켜는' 방식으로 정해질 수 없다. 그러므로 서비스 비용에 대한 각종 조정/페널티는 PPA에 비하여 까다롭다.

6.4.2 결과물의 특정(Output Specification)

결과물의 특정은 복잡하나 PFI 모델 사업계약의 핵심적인 요소이다. 이는 크게 두 가지 요소로 구분된다.

- *디자인 및 건설* : 예컨대, 새로 짓는 학교는 x개의 특정 규모의 교실, 식당, 스포츠 시설 등을 보유하여야 한다. 계약당국은 이러한 기본적 요인을 제외한 상세사항에는 관여하지 않으며, 프로젝트 회사가 계약당국의 요구를 반영할 수 있는 가장 효과적이며 경제적인 방안을 고민한다. 이를 가능케 하는 것은 경쟁입찰이다. (cf. 3.7) 그 결과 건설이 끝난 후 디자인에 문제가 발생한다면 프로젝트 회사가 이를 해결할 방안을 찾아야 한다.
- *성능/서비스* : 마찬가지로 사업계약은 유지보수의 방식, 보안, 청소 및 음식료 제공(이 또한 계약 내용의 일부라면) 등 매일매일의 서비스 제공방식에 대하여서도 별도로 언급하지 않는다. 요구사항을 충족시킬 의무는 프로젝트 회사에게 있는 것이다.

결과물의 특정은 어떻게가 아니고 무엇을 달성하고자 하는데 있다. 이를 'SMART'라는 약어로 표현하여 쉽게 기억할 수 있다. 즉,

Specific(구체적) – Measurable(측정가능) – Achievable(달성가능) – Realistic(현실적) – Timely(적시)[16]

표6.1은 PPP 학교 프로젝트에서 SMART가 어떻게 적용될 수 있는지를 보여준다.

표 6.1 SMART 결과물의 특정

	SMART	Not SMART
Specific	교육부 기준에 부합하게 학교 건물 신축	적정한 기준에 부합하게 학교 건물 신축
Measurable	건물이 튼튼하며, 공기순환, 조명 및 난방 장치가 잘 되어있을 것	학습에 적정한 건물상태를 유지
Achievable	외기 온도가 섭씨 Y도와 Z도 사이인 경우, 내부 온도는 섭씨 X도로 유지	내부온도를 항상 섭씨 X도로 유지

---

16 Edward Farquharson, Clemencia Torres de Mästle & E.R. Yescombe with Javier Encimas, *How to Engage with the Private Sector in Public-Private Partnerships in Emerging Markets* (World Bank/PPIAF, Washington DC, 2011)* p.34 and Table 4.1

	SMART	Not SMART
Realistic	난방장치에 문제가 있을 때 8시간 이내(하교 후까지 포함시 16시간 이내) 해결	난방장치에 문제가 있을 때 2시간 이내 해결
Timely	문제사항 기록 및 매달 보고	운영상태에 대하여 연례보고서 제출

이러한 '결과물' 중심 접근방법이 활용되는 까닭은 다음과 같다. 계약당국이 디자인을 한 후 프로젝트 회사에게 이후 수행해야 할 사항들을 구체적으로 지시(이는 '투입물' 중심 접근방법으로, PPP가 아닌 보통의 공공조달에서 활용된다)하는 경우, 디자인에 문제가 있거나 계약당국의 지시가 추가적인 비용을 발생시킬 때에는 프로젝트 회사가 관련 비용을 계약당국 앞 청구할 수 있기 때문이다. 즉, 계약당국은 실질적으로 이러한 리스크를 민간부문에 전가하지 않는 것이다.

6.4.3 가용성(Availability)

특정 기자재 또는 서비스를 공급하는 방식(예컨대 교통시스템, 항공관제 시스템 또는 항공운항 모의훈련 등)이라면 가용성 측정이 쉬우나, 교도소, 병원, 학교 또는 숙박시설 등과 같은 공공서비스를 제공하는 빌딩에 대해서는 측정이 쉽지 않다. 빌딩 전체 또는 부분의 서비스 제공이 가능하지 않은 경우는 아래와 같이 다양하다.

- 난방, 조명, 급수 또는 다른 서비스 제공 불가
- 핵심 부품 오작동, 통신 및 IT 인프라 문제 발생
- 빌딩을 운영가능한 상태로 유지하는데 필요한 요소 공급 불가
- 법적 의무 불이행(예컨대 보건 및 안전 규정 위배 등)
- 빌딩 전부 또는 부분을 활용할 수 없는 기타 사유

그럼에도 불구하고 빌딩이나 시설이 여전히 부분적으로 사용할 수 있거나 특정 부분이 다른 부분보다 더욱 중요한 경우, 가용성을 충족시키지 못함에 따라 페널티를 비례적으로 부과하는 문제는 매우 복잡하다. (그리고 프로젝트마다 사정이 서로 다르다)

표6.2는 PFI 학교 프로젝트를 예시로 든 간략 비중 계산표이다. 첫 번째 컬럼은 학교 내 다양한 종류의 공간을 정의하였다; 두 번째 컬럼은 동일한 종류의 공간에 대한 숫자를 표시하였다(예컨대 표준 사이즈의 교실은 총 20개이다); 세 번째 컬럼은 각각의 공간의 종류에 따른 가중치를 표시했는데, 예컨대 교실은 교무실 대비 2배, 보관소 대비 4배의 가중치를 뒀다. '숫자'와 '가중치'를 곱하면 프로젝트 전체의 '서비스 단위'를 산출해 낼 수 있는데, 이를 다 더하면 학교 프로젝트 전체의 서비스 단위가 된다. 서비스 요금에서 차감되는 페널티[17]는 영향을 받은 서비스 단위의 수에 비례한다.

---

17 abatement(감액)라고 부르기도 한다.

만약 한 개 교실이 하루동안 서비스 제공이 불가능한 상태라면 페널티 금액은 연간 서비스 요금의 1/365을 147로 나눈 후 4를 곱한 금액이 된다.

표 6.2 PFI 학교 프로젝트에 대한 가용성 비중 산정

구분	숫자	가중치	서비스 유닛
보관소	5	1	5
교무실	1	2	2
교실	20	4	80
실험실, 미술실 등	3	6	18
스포츠실	2	6	12
회의장	1	10	10
부엌, 식당	2	10	20
계			147

이러한 시스템을 넘어, 이론적으로 서비스 요금의 100% 이상을 차감할 수 있는 서비스 단위 시스템을 고안할 수도 있을 것이다. 즉 표6.2에서 교실의 비중을 5로 높이는 반면 총 서비스 단위는 147로 유지하는 방식 등이다. 유사하게 학교운영에 필수적이라고 판단되는 요소에 그러한 가중치를 부여할 수도 있을 것이다. 이는 프로젝트 회사로 하여금 빨리 문제를 해결할 인센티브를 부여하는 것이다. 한편 학기 중 또는 방학 기간 간의 비중을 달리 적용할 수도 있을 것이다. 물론 전자에 보다 높은 비중이 부여될 것이다.

6.4.4 성능

이러한 기본적 가용성 요구사항 외에도 서비스의 질과 관련된 요구사항도 존재한다. 크게 보면, 가용성은 핵심적인 서비스의 공급을 의미하는 것이며, 성능은 기본적인 가용성으로 커버되지 않는 부분을 다루는 것이라 볼 수 있다. 가용성과 성능 모두에 관련되는 부분도 있다: 이는(double-counting은) 바람직하지 않다 - 특정 문제는 특정 범주로 편입될 수 있어야 한다.

가용성과 마찬가지로 서비스 성능 또한 매우 복잡한다. 성능 평가기준이 매우 세밀하게 정의되어야 하기 때문이다. 이 때 사용되는 평가기준은 'KPI(Key Performance Indicators, 핵심성과지표)'라고 부른다. KPI는 'PMS(Performace Management System, 성과관리시스템)'를 통해 모니터링한다. PMS는 프로젝트 회사가 KPI에 의거하여 성능을 정기적으로 보고하는 시스템이다. 가용성 기반 계약으로 추진되는 도로건설 프로젝트의 KPI는 다음과 같다;

- 안전 (1km마다 상해 교통사고의 수)
- 도로 표면의 깊이; 마모; 바퀴자국; 미끄러짐 방지, 보수 등
- 고속도로 진흙

- 쓰레기
- 조경
- 사고 관리/응답성 (사고 후 얼마나 빨리 도로정리를 하는가)

빌딩의 KPI는 통상 측정할 수 있는 기준의 충족 등이다;

- 특정 기간동안 숙박서비스 제공
- 미리 정한 시한 내 유지보수 완료
- 숙박서비스가 제공 가능한 시기에는 엘리베이터가 작동되어야 함
- 정해진 기간마다 청소 시행
- 화재 및 기타 안전사고 관련 기자재 보유 및 주기적 테스트

프로젝트 회사는 빌딩의 사용자들이 쉽게 연락할 수 있고 또 이슈를 제기할 수 있는 '헬프 데스크'를 유지해야 한다. 서비스 질이 낮을 경우, 가용성 기준을 충족하지 못하는 PPP 계약에서처럼 즉각적으로 서비스 요금을 차감받는 것이 아니라 KPI 가중치에 따라 성능 포인트(Performance Point)를 적용받는다. 종종 '톱니바퀴' 식의 메커니즘이 적용되는데,

- 문제가 오래 지속되거나 자주 발생할수록 이에 비례하여 더 많은 성능 포인트를 적용한다.
- 성능 포인트가 일정 수준 이상이면 서비스 요금에서 차감한다
- 차감액은 KPI를 유지하기 위한 비용보다 조금 더 높은 수준에 기초하여 산정된다.
- 지속적으로 서비스 공급이 제공될 수 없는 수준으로 포인트가 쌓이면, PPP 계약은 해지될 수 있다. (cf. 7.10)

빌딩 유지관리 서비스 제공자가 PMS에 따른 의무를 이행하지 못하는 경우 프로젝트 회사는 이를 통상 계약당국에 보고하며(cf. 7.4.3), 필요한 경우 계약당국은 보고시스템을 점검할 수 있다. 계약당국이 직접 빌딩을 지속적으로 감독하는 것은 비용이 많이 드는 일이기 때문이다.

그러나 성능 기준에 영향을 줄 수 있는 중요한 당사자인 빌딩 유지관리 서비스 제공자는 제한된 수수료만을 지급받으며, 큰 규모의 페널티를 부담할 능력이 없다는 것을 염두에 두어야 한다. 예컨대 청소부 1인이 학교 전체를 사용할 수 없는 사태에 대하여 페널티를 낼 능력은 없다. 또한 프로젝트 회사 또한 하청업체보다 더 큰 규모의 책임을 질 수 있는 재무적 능력을 보유하고 있지 않다. 통상적으로 성능 미달에 따른 최대 페널티 수준은 관련 하청업체의 2년치에 해당하는 수수료이다. 이 수준에 도달하면 프로젝트 회사는 사업계약상 default 발생을 방지하기 위하여 하청업체를 교체할 수 있다.

어떤 경우에는 특정 성능 수준 도달에 실패하면 수수료를 차감하는 방식이 아니라, 특정 성능 수준

도달시에만 계약대금(contract payment)을 지급하는 방식을 사용하기도 한다. 도로 프로젝트와 관련된 가용성 기반 계약에서 혼잡관리 대금지급 방식이 그 좋은 예이다.

6.4.5 벤치마킹(benchmarking) 및 시장 테스트 방식의 빌딩-서비스 비용

운영비용이 예상보다 높은 것으로 나타난다 하더라도, 이러한 상황이 즉각 서비스 요금의 변동으로 이어지지는 않는다. 그러나 시장수준에 비교(벤치마킹)하거나, 경쟁입찰을 실시함으로써 직접 시장가격을 알아보는 방식의 리뷰 절차가 주기적으로(예컨대 5년마다) 이루어질 수 있다. 이러한 리뷰 결과 당초 예상했던 비용보다 높거나 낮은 경우 서비스 요금이 그에 맞게 조정된다.

이러한 절차의 필요성을 주장하는 서비스 제공자들은 자신들이 부담하는 비용의 대부분이 소비자 물가수준에 연동(cf. 7.3.3)되지 않는 인건비 등이기 때문에 장기간의 계약을 체결하기 곤란하다고 말한다. 반대로 업무처리 방식이 시간이 흐름에 따라 개선되어 낮은 비용으로 더 효과적인 서비스를 제공할 수도 있다.

이러한 절차를 도입한다는 것은 벤치마킹을 위한 적절한 데이터가 존재하거나(그러지 못할 가능성도 있다), 현 서비스 제공자가 우월한 지위를 누리고 있으며 또 (프로젝트 회사의 주주 중 하나라면) 과도한 리스크나 불공정한 조건을 자신의 하청업체 앞 전가하려 하는 경우라도, 다른 회사들이 경쟁입찰에 참여할 수 있어야 한다는 것을 의미한다. (그리고 관련 서비스 비용은 재무모델에 명확히 드러내야 한다 - cf. 13.6)

이러한 절차는 유지보수 계약이 필요한 수명이 긴 자산을 운영하는 방식으로는 적절치 않은데, 이는 단기적인 관점에서 자산을 바라보게 하기 때문이다. (cf. 9.7.5) PPP의 핵심 혜택 중 하나가 자산에 대한 장기 유지보수 의무를 민간부문에 넘기는 것 (그리고 공공부문에서 잘 이행되지 않는 유지보수를 확실하게 하는 것)이기 때문이다. 이 때문에 프로젝트 회사는 건설기간에 보다 많은 비용을 쓰지만 유지보수 비용을 줄일 수 있는 창의적인 방법을 고안해 낼 수 있는 것이다.

빌딩-서비스에 대한 대안적 접근방법은 계약당국이 이를 사업계약에서 제외하여 별도의 단기 서비스 계약을 체결하는 방식이다. (cf. 6.6 및 8.4) 그러나 이는 '인터페이스' 이슈를 발생시킬 수 있다. 예컨대 매일매일 빌딩 청소를 하는 것은 빌딩의 장기 유지보수 필요성에 영향을 끼치기 때문이다.

6.4.6 Shadow Tolls

가용성에 기반한 계약과는 달리, PFI 모델에는 프로젝트 회사가 사용률 리스크를 부담하는 프로젝트들도 존재한다. 그 좋은 예가 계약당국이 'Shadow' Toll(또는 요금)을 내는 프로젝트들이다. 사용자들이 아니라 계약당국이 요금(전자가 지급하는 대금은 '진짜 요금(real toll)'이다)을 지급하는 방식은 아래와 같은 경우에 활용된다;

- 연결도로 건설 등 다양한 이유로 인하여 통행료를 책정하기가 매우 복잡할 때
- 통행료 납부를 피하기 위하여 운전자들이 다른 길로 운전하여 교통흐름이 왜곡되는 경우
- 이용자가 너무 적어 적정한 수준의 통행료 수입이 보장되지 않을 때
- 통행료 납부에 대한 대중의 반대가 심할 때
- 프로젝트가 통합 교통 시스템의 일부이며, 프로젝트 회사가 제공하는 시스템의 일부에 대한 사용요금만을 별도로 책정하기 곤란할 때
- 모든 이용(교통량) 리스크를 민간부문에 전가하는 것이 적정하지 않을 때

이러한 경우 프로젝트 회사는 사용량(즉, 이용자 수 또는 차량운행거리에 따라)에 따라 요금을 받는다. 대금지급 메커니즘은 운행거리가 늘어남에 따라 점점 축소되는 형태이다. (최초 차량운행거리에는 높은 요금, 이후로는 낮은 요금이 책정되며, 차량운행거리가 일정 수준을 넘어설 경우 요금은 책정되지 않는 등의 방식) 이러한 구조의 목표는 두 가지이다:

- 차량운행거리 수준이 낮은 레벨에서는 해당 요금이 프로젝트의 운영비용과 대출원리금을 상환할 수 있는 수준으로 하고(이 또한 둘로 구분될 수 있을 것이다),
- 이보다 높은 레벨에서는 투자수익을 거둘 수 있도록 하는 것이다. (이 또한 기본 수익률과 초과수익률 등으로 구분할 수 있을 것이다)
- 요금으로 운영비용, 대출원리금 상환 및 투자수익이 커버되는 수준을 상회할 경우 정부는 더 이상 요금을 지급하지 않는다. (즉 해당 수준 이상의 차량운행거리 서비스 제공에 대한 한계비용은 0이다)

그러나 이러한 방법의 문제점은 통상 투자자들과 대주단은 매우 낮은 수준의 교통량 리스크만을 부담하려 한다는 것이다. 즉, 입찰자들은 대부분의 Shadow-Toll 대금을 낮은 수준의 차량운행거리 수준에 연계하기를 희망하는 것이다.[18] 게다가, 양허계약 방식의 도로 프로젝트 대비 리스크가 낮은 만큼 요금수준도 낮다. 그러나 리스크 전가가 제약되어 있는 만큼, 가용성 기반 계약방식이 PFI 모델 교통 프로젝트에는 보다 흔히 사용된다.

그러나 이러한 방식에서도 (아마도 공공부문의 다른 도로들도 포함하는 통행료 징수 시스템의 일부으로) '진짜' 통행료를 사용자들로부터 받을수도 있다는 것을 유념할 필요가 있다: Shadow-Toll 사업계약 범위 내에서 계약당국을 대신하여 프로젝트 회사가 직접 통행료를 징수할 수 있다. 계약당국은 Shadow-Toll 사업계약에 따라 종종 '진짜' 통행료를 징수하기도 한다.

---

18 교통량 리스크를 민간부문에 전가하는 것과 관련된 상세한 사항은 9.6.2를 참조하라.

6.5 양허계약(Concession)

양허계약은 프로젝트 회사와 계약당국간의 사업계약으로, 공공 인프라를 신규로 짓거나 개보수하기 위하여 프로젝트 디자인, 건설 및 운영을 하는 대가로 프로젝트 회사가 사용자로부터 통행료나 각종 요금 등을 징수할 수 있게 하는 계약이다. 프로젝트의 소유권은 공공부문이 보유하나, 프로젝트 회사는 양허계약에 따라 라이센스나 리스를 통해 해당 자산을 계약기간동안 이용한다. 계약기간이 종료되면 해당 자산은 계약당국 앞 반환된다.

양허계약의 예는 다음과 같은 프로젝트 신규 건설(또는 개보수) 및 운영 등이다;

- 이용자가 통행료를 내는 도로, 교량 및 터널
- 이용자가 사용료를 내는 교통시스템(철도 또는 지하철 등)
- 항공사 또는 선사가 사용료를 내는 공항 또는 항만

선례가 많은 PPP 구조인 양허계약을 둘러싼 프로젝트 계약 구조는 그림2.2를 참조하라. PFI 모델과의 핵심적 차이는, 양허계약의 경우에는 프로젝트 회사가 사용량에 대한 리스크를 지는 것이다. (그러나 6.4.6도 참조하라)

6.5.1 사용자 요금(User Charges)

사용자 요금은 PFI 모델 프로젝트에서의 서비스 요금 산정방식(cf. 6.4.1)과 유사하게, 프로젝트의 고정비용 및 변동비용을 커버할 수 있는 예상 수입에 의하여 산정된다. PFI 모델 프로젝트와의 핵심적 차이는 이용수준에 따라 수입이 변동하는 것이다.

사용자 요금은 통상 물가상승률(cf. 7.3.3 및 10.4) 및 환율(cf. 10.5)에 연동되어 그 한도가 정해져 있으며, 프로젝트 회사는 한도 내에서 요금수준을 결정할 수 있으나 특정 사용자에게 불리한 영향을 끼쳐서는 안된다. 그러나 이는 예컨대 고속도로에서 자동차보다 트럭에 대해 높은 요금을 징수하는 것을 금지하지는 않는다; 그러한 차이는 양허계약에 미리 반영해 놓을 수 있을 것이다. 마찬가지로 시간에 따라 통행료가 다를 수도 있다 - 즉 러시아워의 요금이 보다 비쌀 수 있다.

양허계약은 사용자 요금 징수에 대한 강제집행 조항도 담고 있다; 통행료를 내지 않는 차량 주인에 대하여 경찰이 체포할 수 있게 하거나 프로젝트 회사가 법원에서 해당 차량 주인에 대해 소송을 제기할 수 있게 하는 방법 등이다. (이 경우 프로젝트 회사는 경찰 서비스와 관련된 비용을 부담해야 할 수도 있다)

6.5.2 경쟁

어떤 양허계약은 사용자 요금수준을 미리 정하지 않고, 경쟁에 맡겨두기도 한다. 이러한 방식이 작동하려면 진짜 경쟁이 요구되는데, 예컨대 성능이 양호한 수준의 무료 도로가 존재하거나 양허계약 대상 항구 대신 이용할 수 있는 다른 항구가 존재할 수 있기 때문이다.

반면 사용료가 미리 정해졌다면, 경쟁하는 교통 체계와의 경쟁 그 자체가 양허계약의 대상이 될 수 있다. 예컨대 만약 계약당국이 양허계약의 대상이 되는 도로로부터 이용자들을 앗아가는 신규 (무료) 도로를 짓는다면, 프로젝트 회사는 상응하는 수입감소에 대하여 보상을 받아야 할 것이다. 이러한 방식의 문제는 계약당국이 도로나 다른 교통시스템에 대한 장기계획을 세우는데 방해가 되며, 최악의 경우 계약당국이 양허권을 다시 사들여야 할 수도 있다. (cf. 9.6.3)

6.5.3 수입 분배(Revenue sharing)

교통량이 당초 예상보다 높을 경우, 계약당국은 이로부터 창출되는 초과수익에 대한 배분을 요구할 수 있을 것이다. 이러한 원칙은 계약당국이 프로젝트에 금융지원을 하는 경우 더욱 중요하다. (cf. 15.18)

그러한 '초과수익 공유'는 투자수익률이 아닌 총수입에 기초하여야 하는데, 전자는 계약당국에 불리한 방식으로 조작될 수도 있기 때문이다. (즉, 비용을 과다하게 산입하여 수익률을 낮추는 방법 등이다)

6.5.4 사용자 이슈(User Issues)

사용자들이 시설을 사용하고, 이를 바탕으로 더 많은 것들을 요구할 수 있기 때문에 '고객 서비스'는 양허계약에서 더욱 중요하다. 물론 서비스 기준은 양허계약에 포함되어 있고, 기준에 미달한다면 페널티도 납부해야 한다. 사용자와 프로젝트 회사간 분쟁해결 메커니즘(전자청구서 등)도 필요하다. 보다 객관적인 방식으로 측정되는 '고객만족'(고객 전화 응대율 등)은 KPI의 구성요소가 될 수 있다.

6.5.5 기타 조건들

서비스 개시일, 결과물의 특정, 가용성 및 성능 요구사항들과 같은 사항들은 가용성에 기반한 계약과 유사한 방식으로 처리된다. 단, 페널티는 계약당국이 대금지급액을 차감하는 방식이 아니라 사용료 수입을 바탕으로 프로젝트 회사가 납부한다.

6.6 기타 '유사 PPP' 계약들

PPP에 대한 정해진 정의는 없다. 이 책에서의 '좁은' 정의 - 민간부문이 디자인, 건설, 금융제공 및 사업운영을 담당케 하는 장기계약 - 부터 공공부문과 민간부문간의 다양한 계약을 포함하는 '넓은' 정의 등 다양하다.[19] 좁은 정의는 양허계약과 PFI 모델 모두를 의미할 수 있으며, PPP는 PFI 모델 계약만을 의미하고 양허계약은 사용자가 요금을 내는 모든 방식의 계약을 의미할 수도 있다. '넓은' 의미에 포함될 수 있는 계약들의 종류는 다음과 같다:

프랜차이즈-임대차-리스(Franchise-Affermage-Lease). 프랜차이즈 계약[20]은 많은 면에서 양허계약과 유사하나, 핵심적인 차이점은 유료도로, 주차장 등 기존 공공 인프라가 프로젝트 회사 앞 이관되고, 이후 프로젝트 회사가 프로젝트 운영과 유지보수를 책임지고, 또 자신의 계산으로 요금을 징수한다는 점이다. 그러므로 프랜차이즈는 새로운 인프라를 건설하지 않는다. (물론 시간이 지남에 따라 개보수는 필요하다) 프랜차이즈 가맹주로서 프로젝트 회사는 가맹금을 일시금으로 계약당국에 지급한다. 이 가맹금은 프로젝트 미래 현금흐름의 현재가치를 반영하며 프로젝트 파이낸스로 조달할 수 있는 금액이다. 프랜차이즈의 좋은 예는 통행료 도로의 '민영화'이다 - 계약당국은 가맹금을 받는 대가로 양허계약을 체결한 것과 동일한 방식으로 프로젝트 회사로 하여금 일정 기간동안 도로를 유지하고 통행료를 걷을 수 있도록 허용한다.[21]

Affermage 계약[22]은 프랜차이즈와 유사하다: 상수도 사업 등과 관련, 프랑스에서 19세기부터 사용된 방식이다: 계약의 기간은 PPP 계약보다는 짧은 7년에서 14년 정도인데, 통상 신규 투자는 포함되지 않는다.

Affermage 계약에서는 종종 미래 투자를 위해 프로젝트 회사가 수익의 일부를 별도로 예치하여 이를 계약당국 앞 송금할 것을 요구하기도 한다.

여기서 리스 계약은 (4.5.2에서 본 금융리스와는 다르다) 자산 임차인으로 하여금 이를 일정기간 활용하여 수입을 창출하도록 허용한다 - 그러나 어떤 경우에는 수입이 사용자로부터 얻는 것이 아니라 계약당국이 매년 지급하는 대금에서 창출되기도 한다.

이러한 종류의 계약은 양허계약 대비 리스크가 낮은데, 건설위험이 없고 수요와 관련된 리스크만

---

19 PPP란 용어는 원조와 관련한 프로그램, 즉 말라리아 퇴치를 위한 PPP에도 사용되어 혼란을 가중시킨다. 이 책에서 언급되는 PPP는 혼란을 최소화하기 위해 종종 'PPPI(PPP for Infrastructure)'와 같은 용어를 사용할 것이다.
20 Franchise와 Affermage, 그리고 Lease 용어사용의 구분은 매우 복잡하다.
21 프로젝트가 제공하는 서비스를 통해 양의 현금흐름을 창출하지 못한다면 그 반대가 되어야 할 것이다 - 즉 계약당국이 프로젝트 회사 앞 대금을 지급해야 한다. (cf. 15.10)
22 현대 영어에는 이 프랑스어에 상응하는 용어가 존재하지 않는다. (중세영어의 조세징수도급(tax farming)에서의 '도급(farming)'에 상응하는 프랑스어이다) 이는 종종 이 계약의 프랑스 법률 용어를 직역한 '위임 서비스 계약'이라고 불리기도 한다.

존재하기 때문이다. (단, 예컨대 프로젝트 회사는 수도관 파손 손실 등을 줄이기 위해 결과물 목표는 달성해야 한다.)

포페이팅(Forfaiting). 이 구조는 독일, 이탈리아 및 스페인 등 일부 유럽 국가들에서 활용된다. 완공이 된 후 건설비용의 100%를 계약당국이 지급하든가 일정 기간에 걸쳐 대금을 지급하는데, 어떠한 경우에도 금융은 건설단계에만 요구된다. 건설비용이 즉시 지급되지 않는 경우에는 건설회사(단독 사업주이다 - 이러한 종류의 계약은 통상적인 공공조달 계약과 유사하므로 자본금 투입이 없다)가 계약당국 앞 보유하는 대금수급권을 대주단에게 이전하는 방식으로 비용을 보전하고 수익을 확보할 수 있다. 당연히 프로젝트는 공공부문에 계상되며, 투자금도 장기적인 리스크에 노출되지 않는다. (물론 프로젝트 회사는 운영기간 중 계속해서 리스크를 부담할 수도 있다) 이러한 구조는 정부가 프로젝트가 완공에 이를 때까지 이를 공공계정에 편입시키는 것(그리고 부채를 드러내는 것)을 지연하고 싶을 때 주로 사용된다.

Institutional PPP[23]. 계약당국과 민간부문 투자자가 투자한 기존 공공 인프라의 운영에 대한 계약이며, 민간부문이 프로젝트 회사의 운영에 보다 적극적으로 관여하는 방식이다. 민간부문 투자자들은 계약당국으로부터 프로젝트 회사 지분 일부를 취득하기 위하여 입찰에 참여한다. 프로젝트가 이미 완공되어 있으므로 프랜차이즈와 유사하나, 계약당국이 여전히 주주로 남아있으며, 타인자본이 필요없거나 이미 조달한 상태라는 것이 차이점이다.

공공재산 공급(Provision of Public Property). 이 방식은 개발업자가 오래된 학교부지 전부 또는 일부에 아파트를 짓는 것을 허용받는 것을 대가로 새로운 학교를 짓는 경우 등이다. 여기에는 장기간의 계약이 개입될 여지가 없다 - 건설이 끝나면 계약이 종료된다. 유사하게 공공부지는 관광호텔 건설 등을 위해 민간 개발업자에게 제공될 수 있는데, 호텔운영으로부터 나오는 수입을 공공부문과 민간부문이 서로 나눌 수 있을 것이다. 개발업자는 프로젝트 파이낸스보다 부동산 담보가치에 기반하여 금융을 차입한다. 이러한 방식의 변형 중 하나는 개발업자가 기차역과 같은 공공재산을 개보수하는 것이다. 개발업자는 그 대가로 신규 기차역에서 가게 등 상업건물을 유치할 수 있는 권한을 갖는 것이다.

서비스 계약(Service Contract)[24]. 이는 공공부문이 자신을 대신하여 민간부문이 서비스를 제공케 하고자 할 때 사용된다. 이는 PPP 계약(cf. 6.4.5, 8.4)의 일부를 이루는 건설 및 기타 서비스를 포함할 수 있다.

경영관리 계약(Management Contract). 이는 사회 인프라 부문의 이미 완공된 시설을 민간부문

---

23 합작투자로 묘사될 수 있다.
24 아웃소싱(outsourcing)이라고 불리기도 한다.

이 운영하는 것이다. 이러한 방식의 계약에는 민간부문의 자본투자가 없으며(물론 관리수수료에는 인센티브가 포함되어 있을 수 있다), 그 결과 프로젝트 파이낸스가 요구되지 않는다.

이를 보다 발전시킨 형태가 'GOCO' - government-owned, (private-sector) contractor-operated(정부가 소유하되 민간이 운영하는) - 프로젝트 회사이다. 이 방식은 민간부문이 관리수수료(여기에 효율성과 관련된 인센티브가 포함되어 있을 수는 있다)를 받기 때문에 프로젝트 파이낸스나 민간부문의 자본투자가 필요없다.

디자인 및 건설 계약(Design and Build Contract). 이러한 D&B 계약도 리스크를 민간부문 앞 이전시키기 때문에 PPP로 포함될 수 있다.

'성능기반계약(performance-based contracting)'은 좁은 의미의 PPP와 위에서 언급한 전부 또는 일부 다른 종류의 계약도 포함하는 것으로 종종 사용된다. 이 책이 말하고하 하는 핵심 포인트는 Franchise-Affermage-Lease 계약의 일부를 제외하고 나머지는 프로젝트 파이낸스를 필요로 하지 않는다는 점(그리고 통상의 PPP 대비 계약기간이 짧다는 점)이다.

07

사업계약의 공통 내용들

07 사업계약의 공통 내용들

7.1 도입

제6장에서는 생산물구매계약, 가용성 기반 계약과 양허계약의 특징들을 살펴봤고, 이 장에서는 사업계약 모두에 공통으로 존재하는 이슈들을 다룰 것이다:

- 계약 기간(7.2)
- 대금지급방법(7.3)
- 생산물구매자/계약당국에 의한 계약이행 모니터링(7.4)
- 이행성 보증 및 기타 보증(7.5)
- 보상 이벤트(Compensating Event)(7.6)
- 예외적용 조항(Excusing Clauses)(7.7)
- 구제 이벤트(Relief Event)(7.8)
- 생산물구매자/계약당국의 개입(7.9)
- 계약해지(7.10)
- 소유권 변경(7.11)
- 분쟁해결(7.12)

일부 대륙법 국가들(스페인, 포르투갈 및 남미 국가들 등)에서는 계약당국과의 사업계약 일부 내용은 일반법에서 이미 다루고 있기 때문에, 사업계약에서 다시 다루지 않는다. 계약의 조기해지(cf. 7.10)와 같은 사항이 그러하다.

7.2 계약 기간

사업계약의 기간은 계약서명일로부터 정해진 특정 기간이다. 완공이 지연될 경우 프로젝트 회사가 수익을 창출할 수 있는 기간이 줄어들고, 조기완공하는 경우에는 그 반대의 기회가 제공된다. 그러나 (물론 최종 완공일이라는 제약이 존재하긴 하지만) 사업계약 기간이 완공일로부터 시작되는 경우도 종종 존재한다. (즉, 완공일이 최종 완공일보다 늦어지는 경우, 최종 완공일을 기준으로 기간 계산)

7.2.1 프로젝트 운영기간

프로젝트를 더 이상 안전하게, 그리고 효율적/효과적으로 사용할 수 있는 지점을 지난 이후에는 프로젝트가 제공하는 제품이나 서비스를 위해 비용을 지출할 필요는 없을 것이다. 그러므로 프로젝트의 운영기간이 사업계약의 최대 기간을 정하게 되는 것이다. 그러나 프로젝트가 주로 기자재를 공급하는 경우라면, 이는 중요한 요소가 아닐 것이다.

다수 인프라 프로젝트들은 제한된 사용기간을 지닌 자산이 아니다 - 예컨대 도로. 그 결과 프로젝트 사용기간은 중요한 이슈가 아니다.

7.2.2 경제성

프로젝트 회사는 사업계약 기간 내 대출금을 상환해야 하고 투자자들은 투자수익을 확보해야 한다. 그러나 사업계약 기간이 짧으면 생산물이나 서비스 가격이 프로젝트 경제성을 확보할 수 없을 정도로 높게 책정될 수 있다. 즉, 대금지급액을 부담할 수 있는지 여부는 계약기간에 의해 영향을 받을 수 있다. 거꾸로, 사업계약 기간이 매우 길다면, 제품이나 서비스 가격은 낮아져야만 한다. 예컨대 1,000에 해당하는 투자금을 7% 수익률로 15년에 걸쳐 회수한다면 매년 109.8을 회수하여야 하지만, 25년에 걸쳐 회수한다면 85.8만 회수하면 된다.

7.2.3 대출기간

상식적으로 대출기간은 대주단이 자금을 공여해주는 기간이다. (cf. 12.5.1) 일부 금융시장은 장기 대출을 제공하지 않는다.

또한 사업계약이 대출기간보다 길면, 투자자들은 계약대금 산정시 고려한 대출금을 (보다 낮은 금리로) 리파이낸싱함으로써 공짜 수익(windfall profit)을 얻을 수 있다. (생산물구매자/계약당국은 얻는 것이 없다)

그러므로 대주단에게 이상적인 사업계약 기간은 대출기간보다 1-2년 정도(Debt Tail) 더 긴 기간이다.

7.2.4 투자수익률

투자자가 투자금을 회수하고자 하는 기간 또한 중요하다. 투자자들은 수익률만 고려하는 것이 아니라 투자금 회수에 걸리는 시간도 중요하게 생각한다. (cf. 12.2.4) 만약 투자자들이 15년 이내에 투자금을 회수하고자 한다면, 25년짜리 사업계약에 서명할 일은 없을 것이다. 투자자들에게는 프로젝트 운영기간 전반에 걸쳐 금전적 인센티브가 주어져야 한다: 사업 초기에 대부분의 투자수익을 얻을 수 있다면 이후에는 인센티브가 부족할 것이기 때문이다.

7.2.5 잔여가치(residual value)

Reverting Asset 기반 계약에서 생산물구매자/계약당국은 보다 짧은 사업계약 기간을 선호하는데, 해당 기간이 만료되면 생산물구매자/계약당국이 프로젝트 자산을 인수하여 잔여가치를 향유(효율적으로 그리고 경제적으로 운영)할 수 있기 때문이다. 그러나 프로젝트 사업비를 계속 지출해야 한다면, 짧은 사업계약 기간은 수용하지 않을 것이다. (cf. 7.2.2)

반대로 Non-reverting Asset 기반 계약에서 생산물구매자/계약당국은 잔여가치를 향유하지 못하기 때문에 장기간의 계약을 선호한다; 대안으로는 자산의 잔여가치를 감안하여 계약대금을 대출원리금 상환 및 투자수익을 커버하지 못하는 낮은 수준으로 설정하고, 프로젝트 회사가 사업계약 종료 후 프로젝트 자산이 재사용되거나 매각되지 못하는 리스크를 질 수도 있다. (cf. 7.10.9)

7.2.6 유연성(flexibility)

사업계약에 큰 수정을 가하는 것은 어렵고 비용이 많이 드는 절차(cf. 7.6.3)이며, 계약기간이 길수록 생산물구매자/계약당국으로서는 자신의 요구사항이 계속 지켜질지 여부를 확신하기 어렵다. 예컨대 특정 IT 서비스 제공과 관련된 계약의 경우, 사업계약에 관련 기술의 업그레이드 등을 미리 포함(이를 문서화 하기는 까다로운 일이다)시켜놓지 않는다면 계약기간을 장기간으로 가져가는 것은 비효율적(기술은 계속 변경되기 때문이다)이다. 유사하게, 학교나 병원은 새로운 건물을 지어 확장해야 하는 경우가 있다. 그러므로 프로젝트와 관련 일정 정도의 유연성은 허용되어야 한다.

7.2.7 리스크 이전 혜택('Whole-life' benefit)

사업계약 기간이 너무 짧다면 생산물구매자/계약당국의 입장에서는 프로젝트 유지보수 리스크를 프로젝트 회사 앞 이전하는 실익이 없다. (cf. 9.7.5) 또한 주요 유지보수 또는 개보수를 앞두고 사업계약을 해지하는 것은 바람직하지 않다.

7.2.8 절세

사업계약 기간은 프로젝트 회사(또는 그 투자자)가 절세효과를 누리기 위하여 선택될 수도 있다. 미국의 고속도로 프랜차이즈 기간은 지금까지 언급한 적정 기간보다 긴 75-99년인데, 이는 프로젝트 회사가 고속도로에 대한 소유권을 보유하게끔 하여 15년 동안 자산을 가속상각할 수 있도록 하기 위해서이다. (cf. 13.7.1) 이는 사업 초기 법인세를 감소시켜 투자자들의 수익성을 제고하는 효과를 낳는다.

7.2.9 기간의 변경(variable term)

다른 접근방법은 사업계약의 최대 기간을 설정해 둔 채, 대출금을 전부 상환하고 투자자들 또한 목표 수익률을 달성한 경우 사업계약을 해지하는 방법이다. 예컨대 교통량이 당초 예상보다 빠르게 증가하였다면, 이는 개별 프로젝트가 잘 설계되었다기보다는 지역적 또는 국가 경제 성장이라는 보다 큰 요인에 기인하였을 것이다; 그러므로 투자자들은 이로부터 발생하는 초과수익을 향유해서는 안된다.[1]

7.3 대금지급방법

대금지급방법은 여러가지이다.

7.3.1 완공시점 지급

통상 완공 전까지는 아무런 대금도 지급되지 않는다. 그러나 프로젝트가 단계별로 지어진다면, 각각의 단계가 완공될 때마다 대금을 지급하는 예외가 존재할 수 있다.

7.3.2 단계별 동일한 금액 지급(level payment)

특히 생산물구매자/계약당국의 예산사정이 좋지 않다면 사업계약 초기에는 다소 낮은 수준의 금액, 후기에는 높은 수준의 금액을 지급하고자 하는 요인이 있을 것이다. 그러나 이는 다음 세대가 보다 큰부담을 지게 하는 방식이므로 일반적으로는 적절치 못한 방식이라고 하겠다. 게다가 이는 대주단이 요구하는 대출 원리금 상환 스케줄과 잘 맞아떨어지지 않을 것이다. (cf. 12.5.2)

---

1 이러한 측면에서 9.6.2의 '수입의 현재가치(Present Value of Revenues)' 모델을 참조하라.

반대로 사업주는 자신의 투자금을 빨리 회수하기 위하여 사업 초기에 대금을 회수하고자 할 요인이 있다. 이러한 방식은 대주단의 영향력 또한 상당부분 감소되는 사업 후반에 투자자들이 프로젝트에 신경을 덜 쓰게 할 유인이 있기 때문에 생산물구매자/계약당국이 선호하지 않는다.

계약대금 지급액은 프로젝트 회사가 차입한 대출금을 반영할 수 밖에 없다. 그러므로 계약기간 만료 시점에 근접할수록 대출금 상환액이 축소되는 점을 반영하여 계약대금 지급액도 줄어들어야 한다고 볼 수도 있다. 그러나 이 경우에도 투자자들과 대주단의 프로젝트에 대한 장기적 관심, 그리고 이들이 투입한 자본(capital at risk)에 대한 이슈들은 여전히 존재한다.

그러므로 원칙적으로 계약대금 지급액 규모는 물가상승률 연동분을 제외하고는 사업계약 기간동안 동일하여야 한다.

7.3.3 물가상승률 연동

그러나 대금지급액의 일부는 물가상승률에 연동(즉, 시간이 흐름에 따라 물가상승률에 연동되어 증가)되어, 항상 명목적으로 동일한 금액으로 결정되지는 않는다. (그러나 10.4.1도 참조)

예컨대, PPA에서 용량요금은 다음과 같이 조정될 수 있다:

- *고정 운영비용*: 소비자물가지수 또는 관련 비용이 발생하는 국가의 산업 지수에 연동시키거나, (보험 등의 경우) 실제 보험료 납부액에 연동시킬 수 있다.
- *대출원리금 상환*: 통상적으로 물가와 연동되지 않는다.
- *투자수익*: 연동될 수도, 그렇지 않을 수도 있다.

고정 운영비용이 외국환으로 발생하거나 자본금 또는 차입금이 외국 통화로 조달된 경우, 계약대금 지급액을 해당 통화에 연계시킬 수 있을 것이다. 이 경우 대금지급은 당시 시장환율을 적용한 현지통화로 이루어진다. (cf. 10.5.1)

PPP 및 에너지 요금이 존재하는 유사한 계약처럼 계약대금 지급액이 실제 비용에 기반하는 경우에는 물가 연동이 필요없다. 어떤 경우 에너지 요금 자체가 공시된 연료비용 인덱스에 연계되어 있기도 하다. 이와 같은 경우 프로젝트 회사는 공시된 가격으로 연료를 도입하지 못하는 리스크를 질 수 있다.

유사한 원칙은 다른 사업계약에도 적용된다 - 계약대금 지급액은 인플레이션에 연동되는 사업비의 일부, 즉 주로 운영비용과 관련된 범위 내에서만 인플레이션에 연동되어야 한다. (cf. 10.4)

인덱스 연동은 타이밍 이슈를 발생시킨다. 통상 경제활동과 관련된 인덱스는 현실과 시간차를 두고 발표되기 때문에, 이를 반영하기 위하여 역산하여 계약대금 지급액을 산정해야 하는 수가 있다. 환율이 개입된다면, 지급 요청일과 실제 대금 지급일간 환율변동도 감안하여야 한다.

계약대금 지급액이 수정될 수 있는 기타 사항들은 7.6에서 다루기로 한다.

7.3.4 제3자로부터의 수입(third-party revenue)

몇몇 프로젝트의 경우 계약대금 외의 별도 수입을 얻기도 한다:

- 열병합발전소의 경우, 스팀(즉, 열)을 산업 플랜트에 매각할 수 있다.
- 폐기물 소각 프로젝트는 폐기물 처리비용을 계약당국으로부터 받지만, 전력과 열을 생산하여 판매할 수도 있다.
- 학교 프로젝트의 경우 방과 후 또는 방학기간 중 건물을 제3의 임차인에게 대여할 수 있다.
- 병원의 경우 고객 주차장 이용대금을 징수할 수 있고, 구내매점 판매수입을 획득할 수 있다.

이러한 수입을 통하여 계약대금 지급액 규모를 축소할 수 있으며, 미리 정한 수준을 초과하는 수입의 경우 생산물구매자/계약당국이 나눠가질 수 있으므로 이러한 별도 수입은 생산물구매자/계약당국에게도 이득이 된다.

그러나 대주단의 경우 이런 식의 확정되지 않은 현금흐름에 큰 가치를 부여하지 않으며, 보수적으로 볼 것이다. 즉, 대출금 산정시 이런 식의 불확실한 현금흐름은 감안하지 않을 것이다.

열병합발전 프로젝트의 경우 스팀인수자가 자신의 공장 가동을 중단할 수도 있다. 물론 이러한 경우에도 대주단은 스팀을 발전에 활용, 장기 전력가격에 기반한 현금흐름을 감안할 수 있을 것이다.

양허계약과 같은 일부 프로젝트에서는 신규 도로 옆에 마련되는 추가 부지 등과 같이 프로젝트가 완공된 이후 가치를 높일 수 있는 부동산이 존재할 수 있다. 계약당국은 추가 부지를 양허계약에 포함시킴으로써 그 가치를 미리 향유코자 할 것이다. 즉, 계약당국은 프로젝트 회사로 하여금 주유소, 식당, 가게, 사무실 등을 짓게 하고 이로부터 나오는 수입을 통하여 사용자 요금을 줄이려 할 것이다. 사업주가 그러한 부대설비에 대한 리스크를 수용한다 하더라도 대주단은 그러한 식으로 발생하는 현금흐름에 큰 가치를 두지 않을 것이기 때문에 부대설비와 관련된 부분은 계약당국이 별도로 처리하는 것이 바람직하다.

7.4 생산물구매자/계약당국의 계약 모니터링

생산물구매자/계약당국은 실제로 프로젝트를 관리하는 것은 프로젝트 회사라는 점을 염두에 두고, 금융종결 후 적절한 계약 모니터링 방안을 마련하여야 한다. 물론 프로젝트 개발단계에 따라 그 내용이 변경되어야 한다. 이러한 시스템을 마련할 때 고려해야 하는 이슈들은 아래와 같다:

- 디자인 및 건설(7.4.1)
- 운영(7.4.2)
- 서브계약자들과의 관계(7.4.3)
- 대주단과의 관계(7.4.4)

7.4.1 디자인 및 건설

프로젝트 회사는 요구사항에 적합하게 프로젝트를 디자인하는 업무, 완공일을 충족시키기 위하여 건설계획을 수립하는 업무 및 완공 결과 원하는 수준의 제품을 생산할 수 있도록 하는 업무에 대하여 전적인 책임을 진다. 생산물구매자/계약당국은 자신이 요구하는 바와 같이 프로젝트가 건설되도록 하기 위하여 원하는 제품이나 서비스를 상세하게 설명하여야 한다. 그러나 어떠한 방식으로 건설업무를 추진할지는 일차적으로 프로젝트 회사의 판단이다; 생산물구매자/계약당국은 사업계약에 서명하기 전 건설과 관련된 제안내용을 받아들일 수 있을 것인지 확인하여야 한다.

생산물구매자/계약당국의 사전 경험은 보다 상세한 디자인 또는 건설과 관련된 이슈가 발생했을 때 큰 도움이 되며, 생산물구매자/계약당국이 디자인을 리뷰하고, 부지를 방문하고, 관련업무를 감독하고, 진행상황을 점검할 권리를 갖는 것은 매우 합리적이다. 왜냐하면 이들이야말로 건설되는 프로젝트가 자신이 원하는 방식으로 지어지기를 가장 바라는 이들이기 때문이다.[2] 이러한 이슈들을 다루기 위해 생산물구매자/계약당국 및 프로젝트 회사의 대리인들로 구성된 '프로젝트 위원회'를 설립할 수도 있다. (이는 단순한 위원회일 뿐이며, 의사결정권을 가져서는 안된다) 그러나 생산물구매자/계약당국이 제기한 이슈를 이 위원회에 부의할지 여부를 결정하는 주체는 여전히 프로젝트 회사이다. 그 결과, 만약 제기된 이슈들이 공식 승인 절차에서 다루어지거나, 또는 생산물구매자/계약당국이 디자인 및 건설과 관련하여 제시한 특정한 의견이 반드시 받아들여지기를 바랄 경우, 그 결과에 따라 향후 문제가 발생한다면 프로젝트 회사가 책임져서는 안된다. 즉, 생산물구매자/계약당국이 완공위험(completion risk, construction risk)의 일부를 부담하여야 한다. (cf. 9.5)

---

[2] 건설회사와 관련된 프로젝트 회사의 고유 역할은 8.2.4를 참조하라.

어떤 경우는 프로젝트 회사와 생산물구매자/계약당국이 공동으로 독립 엔지니어(independent engineer)[3]를 선임하여 디자인 및 건설의 각 단계에 대하여 승인 및 확인을 하게끔 한다. 이런 방식은 계약당국이 사업부지를 사용하지 않는 양허계약에 보다 흔한 형태인데, 이 경우에도 계약당국은 완공 승인절차에 어느 정도의 영향력을 확보하고 싶어하기 때문이다. (건설기간 중 대주단 기술자문사의 역할은 5.5.3 및 프로젝트 회사의 역할은 8.2.4를 참조하라)

7.4.2 운영

이 단계에서 계약 모니터링의 성격은 프로젝트 종류에 따라 크게 다르다. 공정 플랜트 프로젝트의 경우 상대적으로 단순하며, 빌딩 프로젝트 모니터링은 보다 복잡하다. 그러므로 생산물구매자/계약당국의 조달담당 팀이 최초로 수행해야 할 작업 중 하나는 계약 모니터링 팀이 활용할 '운영 매뉴얼'을 작성하는 것이다. (프로젝트 회사가 수행하는 유사한 업무는 3.6.3을 참조하라)

모니터링 시스템은 사업계약에 반영되어야 한다 - 가용성을 모니터링하는 작업은 명확해야 하는데, 가용성이 확보되지 않을 경우 계약당국이 직접적으로 영향을 받기 때문이다; 그러나 모니터링을 실제로 수행하는 일은 보다 복잡하다. 통상적으로 프로젝트 회사는 매우 복잡한 점검작업을 수행해야 하는데, 프로젝트 회사는 이를 계약당국에 보고하고 계약당국은 동 자료를 검토할 수 있는 권한을 보유한다. 모니터링 업무의 중요한 부분을 프로젝트 회사가 아니라 사용자들의 리포트에 기반하게 할 수도 있다. 계약당국은 실제 운영현황 및 프로젝트 회사의 보고방식에 대하여 점검을 할 수 있으며, 이 절차의 운영은 KPI에 포함될 수도 있을 것이다.

7.4.3 서브계약(Sub-Contract)

생산물구매자/계약당국은 프로젝트 회사가 사업계약의 요구사항을 충족시킬 수 있을지 여부를 체크하고, 모니터링(cf. 6.4.4) 목적으로 여타 프로젝트 계약의 조건들도 검토해야 하지만[4], 서브계약자들에게 직접적인 지시를 할 수는 없다.

사업계약이 조기에 해지되는 경우, 서브계약자에게 해지보상금을 내야 할 수도 있다(cf. 7.10.2); 생산물구매자/계약당국은 보상금 수준이 합리적이 되도록 이를 관리해야 한다.

생산물구매자/계약당국은 통상 서브계약자들과 직접계약(direct agreement)을 체결하는데, 프로젝트 회사가 default를 발생시킬 경우 생산물구매자/계약당국은 직접계약에 기반하여 해당 계약 및 담보에 대한 권리를 취득한다. (cf. 8.11)

---

3 독립 검사자/확인자 또는 maître d'œuvre로 불리기도 한다.
4 서브계약의 LD(cf. 8.2.8) 조항 또한 검토해야 한다.

7.4.4 금융

동일한 원칙이 금융계약에도 적용된다. 생산물구매자/계약당국은 신용도가 양호한 대주단으로부터 프로젝트 완공에 필요한 재원이 조달될 수 있을지 확인하고자 할 것이다. (cf. 5.6) 그런 경우가 아니라면, 프로젝트의 실행 가능성에 영향을 미칠 수 있는 주요 이슈 중 하나는 유지보수 계좌 등 적절한 프로젝트 계좌(project account) 설정 여부이다.

그러나 금융 조달가능성을 위협하거나 생산물구매자/계약당국의 계약 해지 책임 규모를 증가시킬 수 있는 차입금 증액 등 금융과 관련된 일부 사항도 통제할 필요가 있다.

7.5 계약이행보증 및 기타 보증

생산물구매자/계약당국은 프로젝트 완공을 위한 담보의 일환으로 프로젝트 회사로부터 계약이행보증[5] 발급을 요구할 수 있다. 그러나 이는 대주단이 프로젝트 회사로 하여금 건설회사가 계약이행보증을 제출하도록 요구(cf. 8.2.9)하게 하는 것과 동일하다. 이 경우 생산물구매자/계약당국이 직접계약(cf. 8.11)을 통해 이행성보증 의무 이행을 요구할 수 있으나, 관련 추가 비용은 결국 생산물구매자/계약당국이 부담하게 된다. 더욱이, 대부분의 경우 프로젝트 회사가 적기에 프로젝트를 완공하게 하는 인센티브는, 그렇지 않을 경우 프로젝트 운영수입을 취득할 기회를 상실한다는 사실이다. (cf. 7.2) 그리고 7.4.3에서 언급한 바와 같이 만약 사업계약이 조기에 해지되었으나 대주단이 개입하지 않는다면, 생산물구매자/계약당국은 직접계약을 통하여 건설회사가 프로젝트 회사 앞 제공한 담보권을 취득할 수 있다.

동일한 원칙이 프로젝트 운영기간 중 계약이행보증에 대하여 적용된다. 대주단은 통상 운영기간에 대하여서는 계약이행보증을 요구하지 않는다. 그러나 대주단이 대출금을 거의 상환받아 더 이상 프로젝트에 관여하지 않는 계약기간 후반에 생산물구매자/계약당국이 유지보수와 관련된 계약이행보증(maintenance bond)을 요구하는 경우도 있다. (cf. 7.10.7)

생산물구매자/계약당국은 중요한 서브계약자의 계약이행 능력과 관련하여 모기업의 보증을 요구할 수도 있다 - 그러나 이는 대주단과 프로젝트 회사간의 협상 과정에서 가장 잘 다뤄질 수 있기 때문에 동일한 요구를 생산물구매자/계약당국이 반복할 필요는 없다.

---

5   입찰보증은 3.7.9, 선행조건 보증은 14.8.1 참조: 동일한 이슈들이 여기에서도 적용된다.

7.6 보상 이벤트(Compensation Event)

'보상 이벤트(Compensation Event)'가 발생할 경우, 그러한 사태의 발생으로 인해 드는 추가 비용이나 손실에 대한 보상을 프로젝트 회사가 생산물구매자/계약당국 앞 요구할 수 있다. 생산물구매자/계약당국이 프로젝트에 대한 리스크를 부담한다는 것의 논리적 귀결은 리스크가 현실화되는 경우 이들이 프로젝트 회사에게 보상을 해 주어야 한다는 것이다. 통상적인 보상 이벤트의 종류는 다음과 같다:

- 생산물구매자/계약당국의 의무 불이행(7.6.1)
- 완공 지연(7.6.2)
- 계약내용 변경(7.6.3)
- 법률 변경(7.6.4)

보상액은 '재무적 회복(Financial Equilibrium)' 원칙에 기반하여 산정된다. (cf. 7.6.5)

시장상황의 악화(인건비 및 기자재 비용이 예상보다 높은 상황)는 통상 보상 이벤트에 포함되지 않으나, 그러한 비용은 프로젝트 운영기간 중 물가상승률에 연동되는 방식으로 처리된다. (cf. 10.4)

7.6.1 의무 불이행

생산물구매자/계약당국이 예컨대 건설부지를 마련하거나 연결도로를 건설하는 등의 의무를 이행하지 못하고, 그 결과 프로젝트 회사는 건설지연 등으로 인하여 추가비용이 발생하거나 수입창출의 기회를 상실한다면, 프로젝트 회사는 이에 대하여 보상을 받아야 할 것이다.

마찬가지로 만약 생산물구매자/계약당국이 프로젝트 회사의 수입에 영향을 주는 행위 - 예컨대 양허계약 대상 도로 인근에 무료 도로를 건설(cf. 6.5.2) - 를 한다면, 이에 따른 보상금을 지급해야 할 것이다.

7.6.2 완공 지연

중요한 인허가(cf. 8.8.1), 특히 건설계획 허가 결정에 대하여 소송이 제기되어 건설이 지연된다면 해당 이벤트는 전부 또는 부분적으로 보상 이벤트로 간주될 수 있다.

마찬가지로 건설을 지연시킬 수 있는 지질학적 유물 또는 화석 등이 발견될 경우 이 또한 보상 이벤트로 간주될 수 있을 것이다. (cf. 9.5.2)

7.6.3 계약내용 변경(Change order)

생산물구매자/계약당국은 통상 필요사항에 대한 변경('계약내용 변경(Contract Variation)'[6])을 요구할 권리를 보유하고 있다. 어떤 사업계약은 예컨대 중유발전소를 가스발전소로의 전환을 요구할 수 있는 등 매우 특이한 내용을 포함하기도 한다. 그러나 일반적으로는 보다 평이한 내용이 담긴다.

계약내용 변경은 수입창출 기회 상실, 추가 운영비용/자본비용 발생 등을 야기할 수 있으며, 이에 따라 보상이 이루어져야 한다; 계약내용 변경 결과 보다 효율적인 운영이 가능하다면 계약대금 지급액을 축소시킬 수도 있을 것이다.

계약내용 변경 및 기타 보상 이벤트와 관련된 핵심 이슈들은 아래와 같다:

계약내용 변경 요구권의 제한. 프로젝트 회사 및 대주단 모두가 우려할 수 있는 사안에 대하여서는 충분한 검토가 이루어져야 하므로, 생산물구매자/계약당국의 계약내용 변경 요구 권리에 대하여 합리적 제약이 존재하여야 한다.

- 계약내용 변경은 프로젝트에 내재하는 리스크를 증가시키거나 (양허계약의 경우) 프로젝트 사용률을 떨어트릴 수 있다; 이 경우는 프로젝트 회사와 (대주단의) 동의를 득하여야만 한다.
- 계약내용 변경 요구는 그 범위가 합리적이어야 한다 - 신규 발전소를 짓는 것과 사실상 동일한, 발전용량을 두 배로 늘리라고 요구할 수는 없을 것이다. 이는 단일 (또는 다수) 계약내용 변경에 따른 비용증가액 한도를 당초 대비 10% 수준으로 정하는 등의 방법으로 달성할 수 있다.

비용. 보상 이벤트로 인하여 추가적인 자본적 지출이 발생하는 경우 생산물구매자/계약당국이 지급해야 하는 비용이 적정하며 합리적인지 확인하기가 어렵게 된다. 만약 프로젝트 회사의 서브계약자가 해당 역무를 수행하겠다는 제안서를 제시한 유일한 회사라면, 제안가가 가장 경쟁력이 있는지 여부를 확인하기가 곤란하다. 이 문제를 해결하는 방법은 아래와 같다:

- 해당 가격은 빌딩-서비스 비용(cf. 6.4.5)의 경우와 유사한 방식으로 다른 비교대상 프로젝트, 비용 등에 '벤치마킹' 해 볼 수 있을 것이다 - 그러나 이는 달성하기 어렵다.
- 프로젝트 회사가 투명한 입찰절차를 따르도록 요구할 수 있다 - 그러나 기존 서브계약자들은 다른 입찰자들보다 정보 우위를 점하고 있다.

사업계약에 프로젝트 회사와 서브계약자들이 얻을 수 있는 마진수준을 미리 포함시켜 놓을 수도

---

6 수정(modification), 계약변경(Contract Changes) 또는 체인지 오더(change orders) 등으로도 불린다.

있다 - 그러나 경쟁이 부재한다는 점은 여전히 문제로 남는다.

금융. 추가적인 자본적 지출은 당초 금융계획에 포함되어 있지 않을 것이다 - 이에 따라 프로젝트 회사로 하여금 추가적으로 차입을 하도록 하고 계약대금 지급액을 조정하도록 하는 방법을 채택할 수 있을 것이다. 그러나 여기에는 또 다른 독점 관련 이슈가 존재한다: 기존 대주단은 신규 차입금의 조건, 그리고 신규 대주단과의 담보를 공유하는데 동의해야 한다. (cf. 14.14) 그러므로, 사실상 프로젝트 회사는 기존 대주단으로부터만 신규 대출금을 차입할 수 있다.

만약 대주단이 추가적인 금융을 제공하지 않거나, 금융조건에 대하여 생산물구매자/계약당국이 계약대금 지급액에 미치는 영향을 부정적으로 본다면, 생산물구매자/계약당국은 계약내용 변경 제안을 포기하거나, 대주단을 교체(이는 매우 비용이 많이 드는 옵션이다)하거나, 아니면 해당 재원을 스스로 마련하여야 한다.

그러나 대주단이 추가 금융을 제공하지 않는다 하더라도 계약내용의 변경은 여전히 대주단의 승인을 받아야 하는데(이는 기존의 리스크 구조를 변경시키기 때문이다), 이 경우 생산물구매자/계약당국은 더욱 불리한 처지에 놓이게 된다.

그러나 재원조달 방안으로 채권을 선택하였고, 계약내용 변경(예컨대, 교통량이 증가하면 추가적인 도로 건설 등)이 예상되는 경우라면, (사전에 합의한 재무목표를 달성한다는 전제 하에서) '계약 변경 채권(variation bond)'을 발행할 수 있는 권리를 미리 확보해 놓을 수도 있다. 이러한 채권은 기존 채권과 동일한 조건으로 발행되어야 하나, 프로젝트 회사가 전액 보유하고 있다가 향후 시장 상황에 맞게 매각하게 된다. (즉, 할인매각이 이루어지는 경우 100 수준의 비용을 커버하기 위하여 채권을 100 보다 많이 발행해야 한다)

소규모 계약내용 변경. 위에서 언급한 복잡한 계약내용 변경 절차는 변경내용이 크지 않을 때, 즉 학교 프로젝트에 게시판을 달거나 문에 옷걸이를 달 때 등에 적용하기에는 과한 면이 있다. 그러므로 이러한 사소한 변경에 대하여는 보다 빠른 절차를 활용할 유인이 있다. 이러한 소규모 변경은 건당 비용이 x달러 이하인 경우에 적용할 수 있을 것이다. 이 때의 비용 기준은 관련 기자재 비용, 미리 정한 시간당 임금에 의한 인건비, 그리고 프로젝트 회사의 수익률 등에 기초하여 산정될 것이다. 생산물구매자/계약당국은 실제 비용이 발생할 때 대금을 지급한다.

건설기간 중 계약내용 변경은 가급적 지양되어야 하지만 - 생산물구매자/계약당국은 자신이 원하는 바를 명확히 해야 하며 이를 지키도록 노력해야 한다 - 계약내용 변경이 어쩔 수 없이 이루어지는 경우, 프로젝트 회사는 건설계약에 이를 반영할 수 있는 권리를 보유할 수 있어야 한다.

위에서 언급한 바와 같이 생산물구매자/계약당국은 계약내용 변경이 이루어질 경우 가장 경제적인 방법으로 이루어질 것이라는 것을 확보하기 쉽지 않다. 이 사실은 장기 사업계약에서의 유연성(최적 계약기간을 결정할 때 이를 잘 고려해야 함) 부족 이유를 잘 설명해 준다. (cf. 7.2.6)

7.6.4 법률 변경(Change in law)

프로젝트 회사의 비즈니스와 관련된 법률이나 규정이 변경되는 경우 프로젝트 회사 앞 추가 자본비용이나 운영비용을 발생시키기 때문에 생산물구매자/계약당국이 보상을 해 주어야 한다. (cf. 11.3)

7.6.5 재무적 회복(Financial Equilibrium)

보상 이벤트가 발생하여 생산물구매자/계약당국이 프로젝트 회사 앞 지급하는 보상액은 '재무적 회복'[7] 원칙에 의해 산정된다. 이 원칙은 보상 이벤트가 발생하기 전과 비교하여 프로젝트 회사와 투자자, 그리고 대주단에게 '더 좋지도 나쁘지도 않은' 상태를 의미한다.

보상 이벤트가 수입이나 운영비용에 영향을 준다면, 계약대금 지급액은 프로젝트 회사의 순수입 부족분을 반영하여 증가시키면 된다. 대안으로는 사업계약 기간을 증가시킬 수도 있다. (물론 후자의 방식은 재무적 회복 원칙을 유지하는 동시에 양자 모두에게 공평한 방법으로 처리하기가 쉽지 않다)

만약 보상 이벤트가 발생하여 자본 비용이 추가적으로 발생한다면, 이는 다음과 같은 방법으로 처리할 수 있다(cf. 7.6.3):

- 생산물구매자/계약당국이 프로젝트 회사 앞 해당 비용을 일시에 지급
- 프로젝트 회사가 추가로 차입하고, 이를 반영하여 계약대금 지급액을 증가: 이는 투자자들이 당초에 기대했던 수익률을 충족시키기 위하여(cf. 12.2) 재무모델의 계약대금을 변경시키는 방식으로 달성할 수 있다. 그러나 이는 신규 투자에 대하여서만 적용되어야 하며, 동일한 대출금 커버비율(cf. 12.3)도 유지되어야 한다.[8]
- 사업계약 기간 연장을 검토할 수도 있지만 여전히 재무적 회복을 달성할 수 있는 방안을 찾기 힘들다 - 예컨대 대주단이 대출기간을 연장해 주지 않을 경우 (실제로 대출기간 연장은 쉽게 이루어지지 않는다), 계산방식이 왜곡될 수 있으며, 사업주는 향후 차입금을 보다 만기가 긴 금융으로 리파이낸싱함으로써 손쉬운 수익을 거둘 수도 있다. (cf. 14.16)

---

7 '재무적 균형(Financial Balance)'이라고 부르기도 한다.
8 그러나 재무모델이 모든 상황을 반영할 수 없는 경우도 있고, 실제 계산방식에 대하여서도 양자간에 서로 합의하지 못하는 경우도 발생한다. 또한 생산물구매자/계약당국이 재무모델을 확인하지 못하거나 프로젝트 회사가 자신의 운영비용 및 수익을 공개하고 싶어하지 않는(그러나 이는 권장할 만한 방법이 아니다) 예외적인 경우에는 결국 중재재판소로 향하는 경우도 발생한다.

- 보다 규모가 작은 자본 비용(그러나 소규모 계약변경보다는 금액이 큰 수준)에 대하여는, 사업계약 기간 동안 적정 이자율을 적용하여 연금 방식(cf. 12.5.3)으로 이를 상환(계약대금 지급액을 조정)케 하는 방식을 사용할 수도 있다. 물론 이 방식은 프로젝트 회사와 관련 서브계약자(cf. 9.12)들간 대금지급 미스매치 또는 대출 원리금 상환 미스매치가 발생하지 않는다는 것을 전제한다. 사실 일시지급 방식이 가장 단순하고 명확한 방법이다.

위의 논의는 Reverting Asset 기반 계약에 적용될 수 있으며, Non-reverting Asset 기반 계약의 경우는 보다 복잡하다. 재무적 회복을 온전히 이룰 수 있는 대금지급액은 생산물구매자/계약당국이 프로젝트의 최종 소유자라는 사실을 전제로 한다. 그렇지 않다면, 위에서 언급한 자본적 지출에 대한 대금지급은 잔여 사업계약 기간과 이보다 더 긴 프로젝트 자산이 경제적으로 사용될 수 있는 잔여기간에 비례하여 분배되어야 한다.

7.7 면제 사유(Excusing Cause)

'면제 사유(Excusing Cause)'가 발생할 경우 프로젝트 회사는 페널티나 계약대금 감액을 적용받지 않는다. (계약해지도 마찬가지이다) 그러한 사유는 매우 제한적이나, 아래와 같은 경우를 포함할 수 있다:

- 생산물구매자/계약당국과의 합의에 따른 일시적인 사업장 셧다운
- 계약내용 변경 또는 법률변경 관련 사항 이행(cf. 7.6.3, 11.3)
- 비상상황을 맞아 생산물구매자/계약당국의 지시 이행

7.8 구제 이벤트(Relief Event)

'구제 이벤트(Relief Event)'는 어떤 당사자도 통제할 수 없는 이벤트이다. 사실상, 이는 일시적인 불가항력(force majeure)[9] 사태이다. 피해가 복구되고 건설에 방해가 되는 요소가 해소된 경우에만 프로젝트가 정확히 어느 지점에서 중단되었는지 밝혀낼 수 있다. 구제 이벤트가 발생한다면, 예컨대 완공지연과 같은 default(cf. 7.10.1)로 인하여 사업계약이 해지되지는 않을 것이다. 그러나 프로젝트 회사는 수입창출 기회를 상실하거나, 페널티를 내야 하거나 계약대금을 보다 적게 수령

---

9 Force majeure은 'superior force'라는 뜻의 프랑스어이다. (동일한 의미의 라틴어 vis major이라는 단어가 사용되기도 한다) 이에 정확히 상응하는 영어단어는 없다. ('신의 행위(Act of God)'는 보다 협소한 의미이다.) 이후로 *force majeure*는 그 효과가 영구적 *force majeure*에 국한하여 사용하기로 한다; 구제 이벤트는 일시적인 *force majeure*의 의미로 사용한다.

하게 될 것이다. (그러므로 구제 이벤트는 면제 사유보다 빈번하게 발생한다)

보상 이벤트(cf. 7.6)는 프로젝트 회사 앞 '시간과 돈' - 문제를 해결할 시간과 재무적 회복을 달성하기 위한 금전적 보상 - 을 확보해 주는 것으로 알려져 있다. 그러나 구제 이벤트는 '시간은 주어지나 금전적 보상은 없다'는 것으로 알려져 있다. 즉, 생산물구매자/계약당국으로부터 보상금을 받지 못하며, 서비스를 제공하지 않을 경우 서비스 요금도 받지 못하며, 사업계약에 따른 일반적인 페널티와 계약대금 감액도 계속해서 적용된다 - 그러나 프로젝트 회사는 default를 발생시킨 것으로 취급받지 않으며, 그 결과 문제를 해결할 수 있는 추가적인 시간을 갖는다.

그러므로 다수의 구제 이벤트들은 프로젝트 회사가 재무적 회복을 달성할 수 있도록 보험으로 커버되어야 한다. (cf. 8.6)

구제 이벤트의 범위는 프로젝트 계약을 협상하는 과정에서 논의된다: 사업주는 대다수의 경우를 보상 이벤트로 정의하고 싶어하지만 일반적으로 아래와 같은 경우들은 구제 이벤트로 정의될 것이다:

- 화재, 홍수, 폭풍 등으로 인한 시설물 피해
- 프로젝트에 대한 우연한 피해
- 사전에 예측하기 어려운 건설부지 조건 및 건설기간 중 발견한 화석 등 발견물(cf. 9.5.2)
- 사전에 예측하기 어려운 기상 조건
- 인허가 취득 지연(cf. 9.5.3)
- 유틸리티 공급자 및 관련된 이들의 역무 불이행(cf. 9.5.9)
- 전기 등 기타 유틸리티 공급 문제
- 대규모 파업, 원자재 공급처의 노동쟁의 등

사업계약의 구제 이벤트는 전반적 리스크 분배구조에 따라 서브계약에 반영되어 있을 수도, 그렇지 않을 수도 있다. (cf. 8.2.6) 만약 구제 이벤트 발생으로 인하여 완공(cf. 7.10.1)이 지연된다면, 기간연장이 주어질 수도 있다.

구제 이벤트와 관련된 문제를 더 까다롭게 하는 것은 그러한 상황을 대비할 수 있도록 하는 보험이 존재하지 않거나, 매우 까다로운 조건으로만 가능한 경우이다. 이러한 상황이 발생할 가능성은 낮지만, 이는 PPP 교도소 프로젝트와 같은 특정 분야에는 큰 문제로 비화될 수 있다. 이 상황에서 생산물구매자/계약당국은 양자택일을 해야 한다 - 스스로가 최종 보험 인수자가 되거나(이 경우 보험료만큼 계약대금을 감액해야 할 것이다) 사업계약을 해지해야 한다. (cf. 7.10.4)

(전력구매자의 송전망에 문제가 발생하는 것처럼) 생산물구매자/계약당국에게 영향을 끼치는 일

시적인 문제가 발생하는 경우, 프로젝트가 사용될 수는 없지만 사용가능한 상태이기 때문에 생산물구매자/계약당국은 tariff 또는 서비스 요금을 지급해야 한다.

7.9 생산물구매자/계약당국의 개입

프로젝트 회사에 default가 발생할 경우, 중단없는 제품 또는 서비스 공급을 위하여 생산물구매자/계약당국이 일시적으로 직접 프로젝트를 운영할 수도 있다. 계약당국은 프로젝트 회사가 default에 처하지 않더라도 국가적 비상사태, 공공안전 및 안보 문제 발생시 개입(emergency step-in)을 할 수 있다. (cf. 11.4.2)

프로젝트 회사가 default에 처했는지와 무관하게 만약 생산물구매자/계약당국이 프로젝트를 운영하게 될 경우, (발생한 비용을 차감하고, 페널티 및 계약대금 감액조치를 한 후) 여전히 계약대금을 지급해야 할 것이며 프로젝트 회사에 손실이 발생한다면 이를 보상해 주어야 할 것이다.

물론 투자자들과 대주단은 이러한 광범위한 개입권을 호의적으로 보지 않을 것이므로, 대주단의 개입권과 서로 상충하지 않도록 조율해야 할 것이다. (cf. 8.11)

7.10 사업계약의 해지

사업계약은 프로젝트 회사의 default(7.10.1) 또는 생산물구매자/계약당국의 default(7.10.2)에 의해 만기 전 해지될 수 있다. 생산물구매자/계약당국은 통상 계약을 해지할 수 있는 권리를 보유하고 있다. (7.10.3) Force majeure로 인하여 프로젝트 완공 또는 운영이 불가능한 경우 계약이 해지될 수도 있다. (7.10.4) 만약 계약당국과 사업계약을 체결하는 경우라면, 부정부패나 사기 등 사유로 계약이 조기 해지될 수 있는 조항이 통상 포함될 것이다. (7.10.5) 계약의 조기해지에 따른 계약해지대금(termination sum)에 적용되는 세금 또한 고려하여야 할 것이다. (7.10.6) 계약 만료일에 프로젝트 소유권 이전에 대한 조항들도 마련해야 한다. (7.10.7)

위에서 언급한 이슈들은 Reverting Asset 기반 계약과 관련있는 사업계약을 전제로 하고 있다. 이 경우 계약기간 만기가 도래하면, 프로젝트는 명목적 가격으로 생산물구매자/계약당국 앞 인계된다. 만약 사업계약이 조기에 해지되면, 소유권 이전[10] 이슈 또한 빨리 발생하게 된다. 이는 생산물구매자/계약당국이 문제를 빨리 해결할 수 있다고 판단하는 경우 프로젝트를 빨리 인수받고 싶어

---

10 또는 일반적인 PPP에서와 같이 생산물구매자/계약당국이 이미 해당 프로젝트의 소유주인 경우 통제권 이전이 이슈가 될 것이다.

하기 때문이다.

그러므로 Non-Reverting Asset 기반 계약의 조기 해지에 대한 입장에 대하여는, 그러한 프로젝트의 최종 계약만기(7.10.9)에 대한 다양한 옵션에 대하여 검토가 필요한 것처럼 별도의 검토(7.10.8)가 필요하다.

7.10.1 조기해지: 프로젝트 회사의 default

프로젝트가 생산물이나 서비스를 더 이상 제공할 수 없을 경우(프로젝트 회사의 EoD), 생산물구매자/계약당국은 사업계약을 해지할 수 있다. 일시적인 가용성 또는 성능 문제는 계약 해지보다는 계약대금 감액이나 페널티를 적용하는 것이 더 낫다. 보다 '근본적인' 문제는 아래와 같은 것들이다:

- 프로젝트 건설 또는 운영 불가능(사업포기, abandonment)
- 대주단의 인출중단 선언(cf. 14.12); 이는 프로젝트에 문제가 발생하는 경우 생산물구매자/계약당국이 조기에 개입할 수 있도록 하는 장치이다. 그러나 대주단이 스스로 문제를 해결할 수 있다고 판단하는 경우, 대주단의 저항에 직면할 수도 있다.
- 최종완공일(back stop date)[11](통상 계획된 완공일로부터 1년 후)까지 프로젝트를 완공하지 못하는 경우, 또는 독립적 기술자문사가 최종완공일까지 완공을 달성하지 못할 것으로 판단하는 경우
- 프로젝트가 최소 성능을 충족하지 못하는 경우
- 페널티 미납부
- 가용성을 충족하지 못하여, x달 동안 계약대금 차감 누적액 또는 페널티가 일정 정도를 상회하는 경우
- 누적된 성능포인트(performance point)가 일정정도를 상회하는 경우
- 다른 (성능포인트에는 이르지 못하는) 작은 문제들이 지속적으로 발생하고, 관련 당국으로부터의 경고에도 불구하고 문제가 해결되지 않는 경우 – 이는 '지속적 위반(Persistent Breach)'이라고 알려져 있으며, 동 조항에 대한 협상은 매우 까다롭다.
- PPP 계약의 다른 조항들에 대한 위반, 즉 보험에 가입하지 않거나, (프로젝트 회사가 의도하지 않은) 보건/안전 문제에 대한 중대한 위반(단, 일정 치유기간 부여) 등
- 프로젝트 회사의 부도
- 생산물구매자/계약당국의 동의(cf. 7.11) 없는 프로젝트 회사의 지분/통제권 변동

---

11 '일몰일(Sunset Date)'이라고 부르기도 한다.

프로젝트 회사의 서브계약자에 의한 default는 위에 열거한 default를 야기하지 않는다면 사업계약의 default로 연결되어서는 안된다: 기본적으로 이는 프로젝트 회사의 (그리고 투자자 및 대주단의) 문제로, 그들이 알아서 해결해야 할 문제인 것이다 - 이는 그들의 투자(capital at risk)(cf. 2.6.2) 리스크이다.

Reverting Asset 기반 계약에 관련된 사업계약 협상의 핵심 이슈는 프로젝트 회사 default로 인한 계약의 조기해지 이후 발생하는 것들이다. 특히, 생산물구매자/계약당국이 최종적으로 프로젝트를 인수하는 주체이므로 ('계약해지대금(Termination Sum)'이라고 알려진) 보상금을 지급해야 하느냐 하는 문제와, 만약 그러하다면, 보상금을 어떻게 산정할 것인지에 대한 문제이다. 대주단은 이러한 문제들에 대하여 오히려 사업주보다 완강한 입장을 보인다. 왜냐하면 사업주는 프로젝트 회사가 default에 처한 경우라면 이미 자신이 투여한 자본금의 가치가 거의 없게 된 상황이기 때문이다. 그러므로 대주단이 사업계약의 당사자가 아니라 하더라도 이 이슈는 대주단과 생산물구매자/계약당국간의 협상 이슈가 된다. 물론 대주단은 통상 직접계약(cf. 8.11)에 의거, 개입권과 문제해결 기간을 부여받는다.

프로젝트 운영개시 후 프로젝트 회사 default에 의한 계약의 조기종료 문제는 일반적으로 다음과 같은 방식으로 다루어진다:

- 생산물구매자/계약당국의 손실에 대한 보상금 지급
- 생산물구매자/계약당국의 사업 포기
- 해지대금 지급없이 프로젝트를 생산물구매자/계약당국 앞 이전
- 프로젝트 및 사업계약을 시장에서 매각
- 생산물구매자/계약당국이 시장가격에 상응하는 계약 해지대금 지급

이를 보다 상세히 살펴보면[12],

생산물구매자/계약당국의 손실에 대한 보상금 지급. 이는 프로젝트 회사의 default가 발생한 경우 당연한 것처럼 보일 수 있으며, 아래에서 보듯(cf. 7.10.8) Non-Reverting Asset 프로젝트의 경우 우선적 선택일 수 있다. 그러나 프로젝트 회사는 통상 그럴 만한 재원을 가지고 있지 않으므로 이러한 방식은 현실적으로 실행하기가 어렵다. 게다가 생산물구매자/계약당국의 손실은 어떤 방식으로 산정할 것인가?

생산물구매자/계약당국의 사업 포기. 생산물구매자/계약당국은 Non-Reverting Asset 프로젝트

---

12 상기 일부 방식들에 대한 변형은 제15장에서 다루어진다.

를 포기할 권리를 보유할 수 있으므로, 프로젝트의 잔여가치를 현금화 하는 것은 프로젝트 회사와 대주단의 몫이다 – 그러나 프로젝트가 만약 핵심적인 공공서비스를 제공한다면 선택하기 어려운 옵션이다.

해지대금 미지급. 프로젝트 회사가 일단 운영을 개시하면 사업계약에 대한 default는 잘 발생하지 않는다. 가장 발생가능성이 높은 시나리오는 사업운영 수입이 낮아 투자자들이 투자수익률을 포기하고 프로젝트를 저버리는 것이다. 이는 양허계약 체결시 지나치게 긍정적인 사용률을 전망하였기 때문에 발생하기 쉬운 시나리오이다. (그러므로 이러한 접근방법은 양허계약과 관련하여 계약당국에게 보상하는 방식과 함께 호주에서 채택되었다[13])

해지대금 수령 없이 생산물구매자/계약당국 앞 프로젝트를 이전할 수 있다는 주장의 논거는, 프로젝트에 발생한 문제가 투자자들이 사업을 포기할 정도로 심각하다 하더라도 채권보전을 위해 대주단이 프로젝트를 직접 인수(즉, 직접계약을 통한 개입 – cf. 8.11)하는 경우가 발생한다는 것이다. 그러므로 사업계약이 실제로 해지되는 일이 발생하지 않는 만큼, 생산물구매자/계약당국이 문제해결에 개입하는 것은 필요치 않다는 것이다.

이에 대한 반론은, 잘 운영되지 않는 프로젝트라 하더라도 최소한의 기업가치를 보유하고 있으므로 default가 발생했다 하더라도 (그리고 가능성이 낮다 하더라도) 대주단과 투자자들에게 손실을 끼치면서까지 생산물구매자/계약당국이 무상으로 프로젝트를 취득하는 것은 옳지 않다는 것이다.

대출금 잔액에 상응하는 대금지급. 생산물구매자/계약당국이 프로젝트를 인수하면서 지급할 수 있는 해지대금의 규모는 단순히 대출금 잔액과 같은 금액으로 산정할 수도 있을 것이다. (자본금에 대하여서는 지급하지 않는다) 물론 이러한 방식은 투자자들이 자본금을 모두 잃게 하는 방식이다.

프로젝트에 문제가 발생할 경우 지분가치가 거의 사라지기 때문에 투자자들은 이러한 접근방식에 동의할 수도 있을 것이다. (또한 이러한 방식의 대출에 대한 채무보증은 프로젝트가 적정 기준을 충족시키면서 완공이 된 경우에만 제공하는 것이 바람직할 것이다) 이러한 접근방법은 개도국에서 흔히 사용된다; 이는 터키의 첫 세대 BOT 방식 프로젝트(1980년대에 BOT라는 용어가 처음 사용)들에 적용되었다.

그러나 프로젝트 회사의 default 발생시 대출 원리금이 자동적으로 상환된다면, 대주단이 프로젝트 리스크를 지지 않기 때문에 대주단의 실사, 통제 및 일반적 모니터링은 상대적으로 약한 수준으로 이루어질 것이다 (cf. 15.14)

---

13 Infrastructure Australia, *National PPP guidelines*, Vol.7: "Commercial Principles for Economic Infrastructure" (Canberra, 20101), 24.3, 25.1*

어느 정도의 대출금이 상환되어야 하는가? 대출금 상환 방식의 해지대금 산정(아래 조기 계약해지 섹션을 참조하라)에 있어 항상 문제시되는 부분은 얼마만큼 상환되어야 하는가 하는 부분이다 - default가 발생했을 당시 상환스케쥴에 따른 대출잔액인가 아니면, 실제 대출잔액인가? 프로젝트에 문제가 있었다면 당초 스케쥴대로 대출 원리금을 상환하기 어려웠을 것이므로 예상했던 금액보다 실제 대출잔액이 클 것이다. 생산물구매자/계약당국이 이에 대한 책임을 져야 하는가? 이 이슈는 리파이낸싱(cf. 14.16)을 통하여 추가 대출금을 차입하는 경우 (프로젝트가 매우 성공적이어서 사업계약 만료 전에 차입금 규모를 늘릴 수 있거나, 프로젝트에 문제가 생겨 대주단이 어쩔 수 없이 추가적인 자금을 지원한 경우) 더욱 첨예해진다.

추가적인 대출금을 커버해야 하는 생산물구매자/계약당국은 대출금 추가차입에 대한 승인권을 보유하고자 할 것이나, 투자자들과 대주단은 프로젝트 문제발생시 이를 해결할 수 있는 능력에 제약을 가져오는 것으로 인식할 것이다. (cf. 14.16.4) 추가 차입금을 적절한 수준(예컨대 당초 차입한도의 110% 이내 등)으로 제한하고, 이를 넘어서는 금액은 생산물구매자/계약당국의 승인을 받는 방식으로 타협안을 마련할 수도 있을 것이다. (물론 승인을 받지 않더라도 추가로 차입을 할 수는 있겠지만, 생산물구매자/계약당국의 경우 자신의 default로 인한 계약해지나 선택적 계약해지를 제외하고서는 추가 차입금에 대하여 책임지지 않으려 할 것이다)

생산물구매자/계약당국이 대출금을 상환할 경우, 다양한 항목들이 가감될 것이다. 즉,

미수이자(그러나 지연배상금은 제외)
  + 이자율 스왑, 고정금리 대출 또는 이자납부일 전 변동금리대출 상환액 등과 관련하여 실제로 대주단에게 발생한 breakage cost (cf. 10.3.1, 10.3.4)[14]. 단, 조기상환수수료나 페널티는 포함되지 않아야 한다.
  - breakage profit
  - 보험금 포함 프로젝트 계좌(cf. 4.4.1)에 예치되어 있는 현금. 대주단은 현금을 인출하여 대출 원리금의 상환재원으로 활용할 수 있기 때문이다.
  - 대주단이 보유하고 있는 다른 채권보전장치 (단, 채권보전장치가 생산물구매자/계약당국 앞 이전되지 않는 경우에만 적용 가능)

이와 같이 생산물구매자/계약당국이 대출금을 상환하는 경우, 예상치 못한 예산상 제약으로 인하여 (프로젝트 리스크 인수를 반영한 가격으로) 시간에 걸쳐 대출금을 천천히 상환할 수 있는 옵션을 보유하고자 할 것이다.

---

14 이는 어떠한 종류의 이자율 헤지 또는 고정금리대출은 생산물구매자/계약당국의 사전 승인을 얻어야 한다는 것을 의미한다.

시장 매각. '시장가치' 접근 방식에서는 신규 투자자가 프로젝트를 인수하고, default를 발생시킨 문제를 해결하고, 사업계약이 요구하는 방식으로 프로젝트를 운영할 수 있도록 '있는 그대로의 상태'의 사업계약이 시장에 매물로 제시된다.[15] 매각대금은 매각관련 비용을 제하고 프로젝트 회사 앞 지급된다. 이 방식은 프로젝트의 새로운 주인이 프로젝트 회사가 default에 빠진 원인을 정확히 파악하고 있다는 상황을 전제한다.

이 방식은 대주단과 투자자 모두를 보다 높은 수준의 리스크에 노출시키며, 실제로 문제가 발생했을 때 적절한 시장이 존재하지 못할 가능성도 크다. 프로젝트에 아무도 관심을 보이지 않으면 대주단이 회수할 수 있는 금액은 전혀 없기 때문에 그들이 가장 큰 우려를 보일 것이다. 그러므로 이는 '유동적 시장(Liquid Market)' 조항, 즉, 프로젝트에 관심을 보이는 이가 존재하지 않으면 (또는 예컨대 3인 보다 적으면) 매매는 이루어지지 않고 별도로 정한 사항을 적용한다는 조항을 전제로 활용하여야 한다.

예상시장가치. 그러므로 시장매각 방식의 대안으로 프로젝트의 시장가치를 산출해 보려는 방식이 활용될 수 있을 것이다. 즉,

계약대금 감액이나 페널티가 적용되지 않는다는 전제 하의 미래 계약대금 수령액
- 당초 예상했던 프로젝트 운영비용에 대한 Base Case(cf. 13.10)[16]
- default로 인하여 발생한 문제 해결비용 또는 default의 결과로 발생한 기타 손실 (즉, 다른 곳에서 제품이나 서비스를 구매)

이를 Base Case 프로젝트 IRR(cf. 12.2.4)로 할인 - 이를 통하여 미래 수입으로부터 투자수익률과 자금조달비용 요소를 제거하여 자본금과 차입금의 현재가치를 산정할 수 있다.

이러한 방식은 전반적으로 보아 대주단에게 유리하나, (시장가치의 대안이니만큼 그럴 수 있으면 좋겠지만) 실제 시장가치를 의미하지는 않는다. 가장 큰 문제점은 Base Case 프로젝트 IRR(cf. 10.2.2., 12.2.4)을 할인율로 쓰는 것인데, 이는 실제로 default가 발생했을 때 매수인이 적용하는 시장 할인율이 아니기 때문이다. 이 문제는 다음과 같은 방법으로 처리될 수 있다:

- Base Case 프로젝트 IRR을 동일한 평균만기를 가지는 정부채(cf. 12.5.2) 금리의 변동에 연동시킴으로써 보다 시장 친화적인 할인율을 적용할 수 있을 것이다. 예컨대 당초 채권금리가 6% 였고 지금은 4% 수준이라면, Base Case 프로젝트 IRR은 (4 / 6)만큼 조정하는 방식이다. 이 경우 당초 Base Case 프로젝트 IRR이 10% 였다면, default 발생시 6.7%로 하는 것이다. 그러나 이

---

15 이 개념은 1999년에 SoPC 최초 버전으로 제시되었으며, 현재 광범위하게 활용되고 있다.
16 이는 당사자들간 미리 협의를 마친 투명한 Base Case 재무모델이 존재한다는 것을 의미한다.

러한 방식은 두 가지 문제점을 내포하고 있다.
- 만약 default를 해소하는데 드는 비용이나 기타 손실이 프로젝트 IRR로 할인되고, 또 이러한 비용들이 시간에 걸쳐 미래에 발생한다고 가정한다면, default를 치유하기 위해 산정한 금액의 현재가치는 충분치 못할 수 있다. (왜냐하면 동 금액을 프로젝트 IRR만큼 높은 곳에 투자하기 쉽지 않기 때문이다)
- 어쨌거나 Base Case 프로젝트 IRR을 조정한 수치가 실제 시장 할인율이라는 것을 의미하지 않는다. 이는 같은 종류의 실패한 여타 프로젝트들에 대한 수요와 공급 등 다른 요인들로 인하여 결정된다. 사실상 해당 프로젝트는 이미 큰 문제점을 노출하였기 때문에, 실제 프로젝트 매수에 관심을 보이는 이들은 조정된 프로젝트 IRR보다 높은 할인율을 적용할 것이다.

- 위의 논의를 뒷받침하는 추가적인 논리는, 만약 default 치유에 드는 (그러한 상황에서 상승하기 마련인) 비용을 조정하지(즉, 증가시키지) 않는다면, 높아진 리스크를 반영하여 할인율을 조정(증가)하여야 할 것이라는 것이다.
  - 그러므로 프로젝트 회사의 가치를 평가하는데 적정한 할인율을 정하기 위하여 독립 평가사를 활용할 유인이 된다. (이러한 가치평가는 default 치유에 필요한 비용을 산정하기 위해서라도 필요하다)
  - 반면, 결정을 내리기 어려워하는 가치평가사에게 이를 맡겨두고 싶어하지 않는 이들도 존재한다. 이들은 적용될 할인율을 사전에 파악하기 위하여 기존 산식을 고수하려 할 수 있다.

완공 전 default. 만약 프로젝트 회사에 완공 전 default가 발생하였다면, 선택지는 아래와 같을 것이다:

- 생산물구매자/계약당국이 프로젝트 자산을 취득하지 않는 경우, 계약해지 대금 미지급
- 현재까지 발생한 비용에서, 이 비용과 완공까지 드는 비용의 현재가치의 합이 Base-case 예산 (cf. 13.5.1)을 초과하는 부분을 차감하여 지급 - 예컨대 Base-case 예산이 100이고, 현재까지 발생한 비용이 70이며, 완공까지 드는 비용이 50이라고 가정하면, 프로젝트 회사가 50[100-50]을 수령(총 20만큼 손실 발생)
- 상기 방식들 중 하나; 그러나 프로젝트 회사가 완공시키지 못한 프로젝트에서 발생할 것으로 예상되는 미래수익의 현재가치(예상시장가치 산식에 따라 산정)를 프로젝트 회사 앞 지급하는 것은 과도한 것으로 보인다.

대주단과의 관계. 대주단은 가능한 한 많은 프로젝트 자산을 담보로 취하려 할 것이다. (cf. 14.7.1) 그러나 이러한 요구가 default로 인한 계약해지에 따라 생산물구매자/계약당국이 프로젝트 자산을 인수하는 것을 방해해서는 안 될 것이다.

7.10.2 조기해지: 생산물구매자/계약당국의 default

생산물구매자/계약당국의 default의 가장 흔한 경우는 tariff/서비스 요금을 내지 못하는 경우일 것이므로, 계약해지대금에 대하여 협상을 하는 것은 시간낭비일 가능성이 크다. 그러나 계약해지 대금에 대하여 보증서를 담보로 취득할 수도 있으며(즉 정부가 생산물구매자/계약당국의 채무를 보증), 그렇지 않더라도 막대한 계약해지대금은 생산물구매자/계약당국이 default를 발생시키는 것을 방지하는 역할을 한다. 또한 계약해지대금은 사업계약상 중대한 의무(건설부지를 제공하거나 통행권을 부여하는 것 등)를 저버려 당초에 의도한대로 프로젝트를 완공하거나 운영하지 못하게 하는 것을 방지하는 역할도 한다; 계약당국이 다른 보조금이나 재무적 도움을 주지 않는다고 가정하면, 이러한 방식이 계약당국이 양허계약에서 default를 발생시킬 수 있는 유일한 방법이다.

생산물구매자/계약당국이 지급하는 계약해지대금은 통상 다음과 같은 요소를 포함하고 있다[17]:

대출잔액. 만약 이 상황에서 대출잔액을 전부 상환받을 수 없다면, 대주단들은 애초에 대출금을 제공하지도 않았을 것이다. 7.10.1에서 정의된 것과 같은 대출잔액 상환은 합리적인 접근방법이다. 물론, 예컨대, 호주 양허계약에서 상환해야 하는 대출금(breakage cost 제외)은 Base Case 재무모델 예상 대출잔액과 계약해지일 실제 대출잔액 중 낮은 금액을 적용하긴 하지만 말이다.[18]

서브계약상 채무. 사업계약 조기해지는 서브계약의 조기해지로 이어진다. 서브계약에는 프로젝트 회사가 지급해야 할 페널티(cf. 8.2.10 및 8.3.4) 조항이 포함되어 있을텐데, 이는 결과적으로 생산물구매자/계약당국이 책임져야 하는 금액이다. (cf. 8.9) (O&M 또는 빌딩-서비스 계약에 적용되는 페널티 수준은 통상 2년간의 서비스 요금이다)

프로젝트 회사의 기회비용. 만약 기회비용 요소가 포함되지 않는다면, 생산물구매자/계약당국에게는 완공 직후 건설원가로 프로젝트를 인수하기 위하여 (그 결과 투자자들은 리스크를 감수한 대가를 제대로 지급받지 못하는) default를 발생시킬 유인이 생길 것이다. 제3자에게서 발생하는 수입(cf. 7.3.4)이 있다면 이 또한 (Base-case 예상치와 과거 수년간 실제발생 수입 중 낮은 금액을 적용) 포함시켜야 할 것이다.

서브계약 채무액은 산정하기 어렵지 않지만 기회비용은 산정하기가 까다롭다. 그리고 자본금에 대한 기회비용 산정은 더욱 어렵다. 표7.1은 다양한 산정방식이 존재한다는 것을 보여준다. 이 예시는 Base-case IRR 15%(cf. 12.2.1)인 20년짜리 계약에 대하여 10년차(프로젝트 수입은 매년 2.5%씩 상승하는 것을 가정)에 계약을 해지하는 경우를 염두에 두고 계산하였다.

---

17 사업계약이 해지되지 않았다고 가정할 때 프로젝트 회사의 가치에 해당하는 계약해지 대금이 아래 모든 요소들을 포함해야 한다고 주장할 수 있으며, 또 실제로 그렇게 될 수도 있지만, (프로젝트에 문제가 많거나, 생산물구매자/계약당국이 해당 시점에 default를 발생시켰다면) 이론적으로 꼭 그렇지 않으며, 대주단들은 자신의 대출금이 반드시 포함되어야 한다고 주장할 것이다.
18 투자자들이 제공한 후순위대출(12.2.2)은 대출금으로 포함되지 않고 자본금으로 취급된다.

표 7.1 기회비용 산정방법

Base Case											
연도	0	1	2	3	4	5	6	7	8	9	10	20
현금흐름	-700.0	100.0	102.5	105.1	107.7	110.4	113.1	116.0	118.9	121.8	124.9	159.9
자본금 IRR	15%											
10년차 계약해지												
1. 방법1 – 계약해지일까지 자본금 IRR												
연도	0	1	2	3	4	5	6	7	8	9	10
현금흐름	-700	100.0	102.5	105.1	107.7	110.4	113.1	116.0	118.9	121.8	745.0
10년차까지 자본금 IRR	15%										
2. 방법2 – Base Case 자본금 IRR로 미래 현금흐름을 할인											
연도:	10	11	12	13	14	15	16	17	18	19	20
현금흐름	124.9	128.0	131.2	134.5	137.9	141.3	144.3	148.3	152.2	156.0	159.9
NPV	812.1										
3. 방법3 – 자본금의 시장가치											
	10%										
연도:	10	11	12	13	14	15	16	17	18	19	20
현금흐름	124.9	128.0	131.2	134.5	137.9	141.3	144.8	148.5	152.2	156.0	159.9
NPV	989.3										

- *방법1.* (과거 배당지급액 등을 감안하여) 대금 지급일까지 투자자들이 Base-case 자본금 IRR을 받을 수 있을 정도의 충분한 금액 지급. 표7.1에서는 이에 해당하는 금액이 745로 나타났다. 이 방식의 위험성은 프로젝트 운영 개시 직후 default 발생 또는 사업계약 해지 옵션 행사(cf. 7.10.3)를 조장할 수 있다는 점이다. 즉, 생산물구매자/계약당국이 투자자들이 인수한 건설위험을 고려하지 않은 비용에 프로젝트를 인수할 수 있게 한다는 점이다.
- *방법2.* 미래 Base-case 현금흐름을 Base-case 자본금 IRR로 할인한 금액을 지급하는 방식. 이 방식에 따라 산정한 금액은 표7.1에서 812로 나타났다; 이는 7.10.1에서 논의한 예상시장가치 대금지급 방식과 동일한 문제를 내포하고 있다.
- *방법3.* Default가 없었을 경우를 가정하고, 독립된 제3자를 고용하여 프로젝트의 시장가치를 산정; 이 방법은 자본금에 대한 미래 투자수익을 2차 자본 수익률(secondary equity return)(cf. 14.17)로 할인함으로써 구해진다; 할인률이 낮은만큼 대금은 989로 보다 높게 산정된다. 물론 투자자들은 이 방식을 가장 선호할 것이다.[19]

---

19 이 방식은 아래와 같이 더욱 정교하게 다듬을 수 있다.
    - 프로젝트 현금흐름은 성능을 감안하여 수정될 수 있다 – 만약 프로젝트가 성공적으로 운영되고 있다면 이는 투자자들에게 유리하게 작용할 것이다.
    - Base-case 자본금 IRR은 시장 이자율을 반영하기 위하여 국채수익률의 변동을 감안하여 조정될 수 있다. (프로젝트 IRR 관련 7.10.1 참조)

위와 같이 산정된 계약해지 대금을 지급함으로써 생산물구매자/계약당국은 프로젝트를 인수하게 된다.

7.10.3 생산물구매자/계약당국의 계약해지 옵션

생산물구매자/계약당국은 '자신들이 원하는 바에 따라', 즉 자신들이 프로젝트를 직접 운영하기 위하여, 또는 정책 변경 등의 이유로 사업계약을 조기에 해지할 수 있는 옵션(optional termination)을 보유할 수도 있다.[20]

옵션이 행사된다면 생산물구매자/계약당국의 default와 동일한 방식의 계약해지대금 산정방식이 적용될 것이다.

7.10.4 조기 계약해지: force majeure[21]

Force majeure은 계약당사자의 일방이 자신의 잘못이 아니며 미리 예상할 수 없었던 상황으로 인하여 자신의 의무를 이행할 수 없도록 하는 사태를 일컫는다. Force majeure 조항은 대부분의 사업계약에 반영되어 있다: Force majeure에 대한 일반적인 계약적 내용은 각각의 당사자가 자신에게 발생한 손실을 부담토록 하는 것인데, 아래에서 논의되는 바와 같이 생산물구매자/계약당국과의 계약에서는 항상 그렇지는 않다. 이런 점에서 각각 다른 프로젝트 계약의 조항들을 조화시키는 것이 중요하다. (cf. 9.12).

Force majeure 사건은 크게 두 가지 종류로 구분할 수 있다:

- 자연재해 force majeure ('신의 행위'로도 일컬어진다) - 즉, 화재, 폭발, 홍수, 비정상적 기후조건 등
- 정치적 force majeure - 즉, 전쟁, 테러 또는 소요사태(cf. 11.4.3) 등[22]

다양한 Force majeure 사태는 프로젝트를 더 이상 건설하거나 운영할 수 없게끔 하기 때문에 사업계약의 해지로 이어지기도 한다.

자연재해 force majeure. 자연재해 Force Majeure는 프로젝트를 파손시킬 수 있지만, 이러한 사태는 기본적으로 보험으로 커버되어야 하며, 보험금으로 프로젝트를 재건할 수도 있기 때문에 자동적으로 사업계약의 해지로 이어지지 않는다. 그러나 보험금(cf. 8.6.5)으로도 복구가 불가능하다

---

20   이는 '자발적 해지' 또는 '일방적 해지'로 일컬어진다.
21   '잘못없는 해지(no fault termination)'로 일컬어진다.
22   '정치적 폭력사태'로 일컬어지기도 한다.

면, 이를 프로젝트 회사의 default로 처리하는 것이 일반적이다. (cf. 7.10.1) 가입한 보험의 수준에 따라 대주단은 보험금으로 대출 원리금을 상환받을 수 있을 것(cf. 9.9.1)이며, 투자자들이 보상받을 수도 있을 것이다.

정치적 force majeure. 프로젝트가 Reverting Asset 계약에 기초(생산물구매자/계약당국이 자산의 최종 소유자)하여 생산물구매자/계약당국이 장기적인 사업주 리스크(owner's risk)를 부담해야 하는 경우, 정치적 force majeure 사태가 프로젝트 운영을 불가능하게 한다면 생산물구매자/계약당국은 계약해지대금을 지급하는 것이 가장 합당할 것이다. 이 금액은 보험금 수령액에 상당하는 금액을 뺀 금액으로, 대출잔액을 상환하고 투자손실 보상에도 일부 쓰일 수 있을 것이다.

이러한 상황에서 투자액의 기회비용까지 보상하는 것은 과도하다. 이를 처리하는 방법 중 하나는 순투자금을 보상하는 것이다 - 즉, 총 투자액에서 계약해지일까지 받은 배당금(cf. 14.4.2)을 차감한 금액을 지급하는 것이다. 대안으로는 계약해지 당시 프로젝트 회사의 재무제표에 표시된 자본금의 일부(예컨대 절반)를 지급하는 방법이 있다.

그러나 개도국의 경우 생산물구매자/계약당국의 default의 경우와 마찬가지로 (위에서 정의한) 대출잔액과 투자자의 기회비용을 합한 금액을 지급하는 경우도 존재한다.

계약해지대금을 지급하였다면 생산물구매자/계약당국은 프로젝트를 '현재 상태로' 인수하게 된다.

사업소재국 정부의 행위(즉, 프로젝트 몰수 또는 환전/송금 금지 등 - cf. 11.4.1 및 11.4.2 참조)는 통상 공공부문 생산물구매자/계약당국의 default와 동일한 방식으로 처리된다.

7.10.5 계약의 조기해지: 부정부패 또는 사기

계약당국과 사업계약을 체결한 경우, 즉 공공부문 계약을 체결한 경우, 조달절차 도중에 발생하는 부정부패나 사기와 관련된 조항들이 존재할 것이다. 가장 단순한 접근방법은 사업계약을 해지하고, 계약당국이 대출금은 상환하되 투자금에 대하여서는 보상하지 않는 조건(대주단보다는 투자자가 부정부패 등으로 혜택을 볼 수 있다는 점을 고려)으로 프로젝트를 인수하는 것이다.

7.10.6 계약해지대금과 관련된 세금 이슈

마지막으로, 계약해지대금과 관련된 세금 이슈를 검토할 필요가 있다; 만약 계약해지대금 수령액이 과세 대상이 된다면 투자자들과 대주단이 지급받은 금액이 충분치 않아 추가적인 보상(gross up, 세후 지급액을 고려하여 계약해지대금을 증액시키는 것)을 요구할 것이다. 이는 대출잔액을 상환하기로 하는 계약해지대금 조항에는 항상 반영될 것이다. (즉, 생산물구매자/계약당국의

default 또는 계약해지 옵션 행사, force majeure 또는 부정부패와 동일하게 처리된다) 그러나 생산물구매자/계약당국이 대출잔액을 상환할 의무가 없는 계약과 관련하여 프로젝트 회사가 default를 발생시킨 경우, 또는 프로젝트의 가치산정 방식이 세전 현금흐름에 기초한 경우는 그렇지 않을 것이다.

투자금 보상과 관련, 보상금에 대하여 투자자들이 세금을 내야하는 한 gross up은 없을 것이다. 그러나 투자자들이 자본금 대신 후순위대출금을 제공한 경우에는 반드시 그러하지는 않다. (cf. 12.2.2)[23]

7.10.7 Reverting Asset 기반 사업계약의 최종 만기

Reverting Asset 기반 사업계약의 조항들에는 '이전(handback)', 즉 '계약만기에 프로젝트 자산을 생산물구매자/계약당국 앞 이전'과 관련된 내용(프로젝트가 여전히 경제적인 가치가 있다는 것을 가정)이 반드시 포함된다. 그러므로 (통상 완공시에 적용되는) '자산등록(Asset Register)' 절차가 다루어진다. 즉, 프로젝트 운영을 위해 필요한 모든 자산들을 나열하고, 사업계약 만기에 이를 반환하는 내용이 언급된다. 자산들의 목록들은 다음과 같다:

- 토지 또는 건물
- 공장 및 기자재
- 회계장부와 기록물 (유지보수 및 보건안전 매뉴얼 등도 포함)
- 설계도
- 예비부품, 도구 및 기타 자산
- 유효한 계약서들
- 지적재산권(cf. 9.5.12)
- 인허가(cf. 8.8)

프로젝트의 유지보수 및 부품교체 등에 필요한 사항들을 기재한 '자산관리계획(Asset Management Plan)' 또한 작성할 수 있을 것이다. 프로젝트 회사에게는 계약 만기가 다가올수록 프로젝트 자산의 유지보수를 성실히 이행하지 않을 유인이 존재한다. 자산관리계획을 사업계약에 포함시켜 계약 만기가 도달하기 전에 모니터링을 실시하도록 할 수 있을 것이나, 그럼에도 불구하고 프로젝트 회사는 이미 주주에게 잔여 현금을 모두 배당으로 지급하여 불성실한 유지보수에 따른 페널티 지급 재원이 고갈되어 있을 수 있다.

---

23 Jonathan S. Shefftz, "Taxation Considerations in Economic Damages Calculations", *Litigation Economics Review* Vol. 6 No 2(National Association of Forensic Economics, 2004), p. 45*

그러므로 만약 계약기간 만기까지 유지관리가 제대로 수행되기를 희망한다면 생산물구매자/계약당국이 다음과 같은 사항들을 고려해 볼 수 있을 것이다:

- 프로젝트를 점검할 수 있는 권리, 유지보수 업무 수행을 명령할 수 있는 권리 보유
- 계약만료일 직전 수년간의 계약대금 지급액 일부를 프로젝트 회사와 생산물구매자/계약당국이 공동으로 관리하는 유지보수 계좌 또는 하자보수 계좌에 예치; 이 대금은 유지보수가 필요할 경우 인출하여 사용하고, 남는 금액은 프로젝트 회사 앞 반환
- 프로젝트 회사가 예컨대 계약만기 직전 2년간 유지보수 업무를 성실히 이행하지 않으면 생산물구매자/계약당국이 직접 유지보수 업무를 수행하고, 이를 계약대금 지급액에서 차감
- 계약만기 직전 유지보수 의무를 이행하도록 하기 위해 프로젝트 회사가 담보 - 사업주 또는 은행 보증 또는 유지보수 계약이행보증(cf. 7.5) - 제공

운영과 관련된 정보, 매뉴얼 등을 이전하는 절차에 대한 조항도 있어야 할 것이다.

7.10.8 Non-Reverting Asset 기반 사업계약의 조기해지

Non-Reverting Asset에 기반한 계약의 경우, 위에서 언급한 각각의 계약 조기해지 시나리오를 그대로 적용하기는 곤란하다. Reverting Asset 기반 계약의 경우 생산물구매자/계약당국은 프로젝트 자산을 다시 인수하나, 해당 자산의 가치보다 높은 대금을 지급하지는 않는다. (물론 위에서 언급한 바와 같이 반드시 그러한 것은 아니다) 그러므로 투자자들이 제공하는 보증에는 미치지 못하지만 생산물구매자/계약당국 또한 잘 대비되어 있다. 특히 사업계약의 목적물이 (대신할 사용처가 없는) 공공 인프라일 경우 항상 대비체계가 갖추어져야 한다.[24]

아래 논의에서 밝혀지겠지만, Non-Reverting Asset 기반 사업계약의 경우 문제점들이 명확히 정의되지 않는다. 이러한 문제점은 민간부문 시장에서도 운영될 수 있는 발전소, 폐기물 소각장, 하수처리장 등 공정 플랜트 프로젝트에서 주로 나타나나, 대체 사용처가 있을 수 있는 공공 임대주택 또는 정부건물 프로젝트 등에서도 나타난다.

프로젝트 회사의 default. 프로젝트 회사가 프로젝트의 소유권을 보유하고 있는 만큼, 생산물구매자/계약당국은 이상적으로는 프로젝트 회사에 default가 발생하면 사업계약을 해지하고, 손해(다른 곳에서 대체 서비스나 제품을 조달해야 하는 추가 비용)에 대하여 배상을 청구하거나 미리 합의한 LD를 청구할 수 있을 것이다. 그러나 문제는 프로젝트 회사가 이러한 손해배상에 응할 재무능력을 보유하고 있지 않다는 것이다.

---

24 또한 계약기간 만료 이후 프로젝트가 아무런 잔여가치를 보유하고 있지 않다 하더라도 계약당국은 여전히 프로젝트 부지를 회수하고자 할 것이다.

이 이슈를 해결할 수 있는 유일한 방법은 계약 해지대금과 관련해 사업주가 보증을 제공하는 것인데, 그러한 우발적 채무에 대한 신용리스크는 측정하기 어렵다. 즉, 실제로 default가 발생했을 때 사업주가 계약해지대금을 지급할 것인지에 대하여 생산물구매자/계약당국은 확신하기 어려우며, 그러한 보증이 제공된 경우 사업주 앞 구상 조건의 프로젝트로 성격이 변하게 되는 것인데 이는 현실적으로 이루어지기 힘들다.

이러한 문제점들을 감안할 때 프로젝트 회사가 손실에 대한 배상금을 지급할 수 없다면, 7.10.1에서 보았던 Reverting Asset 기반 계약에서 사용되는 산식이 최후의 수단으로 활용될 수 있을 것이다. 그러나 추가적 문제는 계약대금 지급액이 이미 잔여가치(cf. 7.10.9)를 반영하여 감소된 상태일 수 있으며, 그러므로 만약 프로젝트 회사가 잔여가치를 상실하게 된다면 계약해지대금은 이를 감안하여 조정되어야 할 것이다.

마지막으로, 만약 생산물구매자/계약당국이 프로젝트 부지를 제공하였다면, 프로젝트 회사가 프로젝트를 운영하기보다는 default를 발생시킨 후 부지를 팔아버릴 생각을 하지 않도록 대비하는 것이 중요하다. 즉, 계약해지대금에 대한 추가적인 수정과 함께 부동산 리스(cf. 8.7) 관련 문안을 적절하게 다듬어야 한다.

생산물구매자/계약당국의 default, 또는 해지 옵션. 여기서도 이상적인 접근방법 - 즉, 생산물구매자/계약당국이 사업계약을 조기에 해지할 경우 프로젝트 회사에게 끼친 손실을 보상 - 은 잘 작동되지 않을 수 있다.

기회비용만을 보상해 주는 방식의 문제는 대주단에게는 보상을 하지 못한다는 것이다 - 대주단은 생산물구매자/계약당국과의 사업계약이 존재한다는 전제로 프로젝트에 참여했기 때문이다. 생산물구매자/계약당국이 지급하는 보상액은 대출금 일부를 조기상환하는데 쓰일 수 있지만, 상환받지 못한 대출금에 대하여 대주단은 보다 높아진 프로젝트 리스크를 감수해야만 한다. 대주단이 이를 받아들일 수도 있지만, 생산물구매자/계약당국이 보장하는 수입이 없는 프로젝트에는 더 이상 참여하고 싶어하지 않을 수도 있거나, 최소한 사전적으로는 이러한 방식을 승인하지는 않을 것이다.

마찬가지로 Reverting Asset에 사용되는 방법들이 최후의 수단으로 활용될 수도 있을 것이다.

Force majeure. Force majeure에 대한 일반적인 접근방법은 계약이 해지되고 손실은 '발생하는 지점에 남겨두는' 방식, 즉, 각자가 각자에게 발생한 손실을 부담하는 것이다. (그리고 프로젝트 회사가 여전히 자산을 보유하면서 자신이 할 수 있는 최선을 다하는 것이다) 그러나 대주단은 Reverting-Asset 기반 계약에서와 동일한 입장을 보일 수 있다.

부정부패 또는 사기. Reverting Asset에서 활용된 조항들을 사용하는 것이 가장 쉬운 접근방법일 것이다 - 투자금은 돌려받지 못할 것이지만, 대출금은 보상을 받는 방식이다. 대안은 사업계약을 취소하고, 어떠한 대금도 지급하지 않으며 자산도 이전하지 않는 것이다.

7.10.9 Non-Reverting Asset 기반 계약의 최종 만기

원칙적으로, Non-Reverting Asset 기반 계약의 최종 만기에 도달하면, 프로젝트 회사는 자신이 판단하기에 최선의 방식으로 프로젝트 자산을 계속 활용하며, 생산물구매자/계약당국은 더 이상 프로젝트에 개입하지 않는다. 그러나 이는 생산물구매자/계약당국이 계약대금으로 프로젝트 비용을 다 지급하지 않은 경우, 즉 잔여가치(cf. 7.2.5)를 감안하여 계약대금 지급액이 감소된 경우에만 수용가능할 방법이다.

만약 잔여가치가 계약대금에 반영되었다면, 프로젝트 회사에 귀속되는 잔여가치를 반영하여 생산물구매자/계약당국이 프로젝트를 인수할 수 있는 옵션을 사업계약에 반영할 수 있을 것이다. 즉,

- 사전에 합의한 고정된 금액으로 프로젝트를 취득할 수 있는 옵션
- 해당 시점의 시장가치로 프로젝트를 취득할 수 있는 옵션
- 해당 시점의 시장 조건으로 사업계약을 연장할 수 있는 옵션
- 재계약을 새로운 경쟁입찰에 부칠 수 있는 옵션 (현재의 프로젝트 회사도 참여가능); 낙찰자는 프로젝트 회사의 시설들을 (미리 정해진 산식을 통해 책정된 가격에) 구매할 수 있다.

만약 잔여가치가 최초 계약대금에 반영되지 않았다면, 생산물구매자/계약당국은 잔여가치의 상업적 혜택의 대부분을 프로젝트 회사가 아닌 자신에게 귀속되도록 할 것이다. (왜냐하면 그때쯤이면 프로젝트의 자본비용을 대부분 지급했기 때문이다). 즉, 다음과 같은 옵션을 포함시키려 할 것이다:

- 명목적 가격에 프로젝트를 구매할 수 있는 옵션 (이는 실질적으로 프로젝트를 Reverting Asset 기반 계약으로 되돌리게 되는데, 이는 Reverting Asset 기반 계약의 최종 만기 조항 또한 적용된다는 것을 의미한다);
- 프로젝트 자산이 경제적으로 운영될 수 있는 잔여기간 동안 사업계약 기간을 연장하되, 프로젝트 회사의 투자자들이 이미 자신들의 수익률을 달성한 점을 반영한 조건을 적용한다; 그러므로 만기연장은 'cost-plus' 방식이 되는데, 유지보수 비용에 사전 합의한 이윤을 더하여 프로젝트 회사에게 지급하는 것이다.[25]

---

25 공공조달 규정이 적용될 경우 계약기간 연장은 새로운 계약으로 취급될 수 있다: 이 문제는 프로젝트 회사로 하여금 이러한 가격결정공식을 초과하지 않는 범위 내로 신규 입찰서류를 제출하게 함으로서 해결할 수 있다.

7.11 소유권 변경

생산물구매자/계약당국은 사업주가 자신의 지분을 타인에게 매각하는 것을 바라지 않을 수 있다. 이들은 사업주가 투자수익만을 획득하고 사업에서 빠져나가는 것보다는 오랫동안 프로젝트를 성실히 운영해 주기를 기대하기 때문이다. (cf. 3.2.1) 일반적으로 이러한 제약사항은 건설기간 동안에만 유지되는데, 일단 완공 - 지분매각이 발생하기 쉬운 시점(cf. 14.17) - 이 이루어지면 그러한 제약사항이 소멸된다. 그러나 만약 프로젝트가 사업주 중 하나가 공급한 특정 기술에 의존하는 경우, 보다 오랫동안 지분을 유지할 것이 요구된다.

7.12 분쟁해결방안

일반적으로 이러한 종류의 복잡한 계약들과 연관된 법적 다툼은, 최소한 첫 단계에서는, 전문가 또는 널리 알려진 중재재판소에서의 중재로 다루는 것이 낫다.

이러한 맥락에서 발생할 수 있는 다른 소소한 이슈는 프로젝트 계약 및 금융계약이 작성된 언어이다. 일반적으로 국제 시장에서 금융을 조달하고자 하는 프로젝트 회사는 보다 많은 대주들에게 접근하기 위하여 프로젝트 계약들을 영어로 작성할 것을 희망한다; 영국 또는 뉴욕법을 준거법으로 하는 프로젝트 계약 또는 금융계약 또한 영어로 작성되면 좋을 것이다.

해외 투자 및 대출에서 발생할 수 있는 다른 이슈들, 특히 공공부문 생산물구매자, 계약당국, 또는 기타 프로젝트 계약 당사자들이 존재하는 경우의 이슈들은 11.5.1에서 다룰 것이다.

08

서브계약 및 관련 계약들

08 서브계약 및 관련 계약들

8.1 도입

이 장에서는 주요 서브계약, 즉 제7장에서 다룬 사업계약을 제외한, 프로젝트 회사가 체결하는 프로젝트 계약들 및 기타 관련 계약들에서 사용되는 핵심 조항들을 요약해서 살펴볼 것이다. 즉,

- 건설계약(8.2)[1]
- O&M 계약(8.3)
- 빌딩-서비스 계약(8.4)
- 연료 또는 기타 원재료 공급계약(8.5)
- 보험(8.6)
- 사업부지 리스(8.7)
- 인허가 및 기타 권리 - 계약은 아니나 모든 프로젝트 계약을 뒷받침하는 중요한 권리(8.8)
- 서브계약자들과 관련하여 제공되는 모기업 보증(8.10)
- 대주단을 (그리고 생산물구매자/계약당국을) 프로젝트 계약에 연결시켜주는 직접계약(8.11)

이미 언급한 바와 같이(cf. 2.5.3), 이러한 계약적 빌딩블록들이 모든 프로젝트 파이낸스에 전부 적용되지는 않으나 일부는 반드시 적용되며, 또한 프로젝트 파이낸스가 구축될 수 있는 기반의 중요한 요소를 형성하고 있기 때문에, 이러한 빌딩블록들의 일반적 범위, 목적, 그리고 구조를 이해하는 것이 중요하다.

프로젝트 계약에 대한 변경은 통상 대주단의 동의를 필요로 한다.

---

1 엄격한 용어를 사용하면 건설서브계약, O&M 서브계약 등으로 사용되어야 하나, 간략하게 표현하기 위하여 '서브'란 말은 일반적으로 생략한다.

8.2 건설계약

대형 프로젝트에서 활용되는 통상적인 절차는 다음과 같다. 프로젝트 개발자 또는 계약당국이 건축사/엔지니어를 고용하여 프로젝트 디자인, 세부 내용, 건설에 사용될 기자재 수 계산 등의 작업을 지시한다. 이는 직후 이루어질 건설계약 입찰의 토대가 된다; 특수하게 요구되는 기자재는 별도로 조달하여야 한다. 그러나 사업주 또는 계약당국이 다양한 계약들과 다수의 관계자들을 조율할 수 있는 역량과 경험을 보유하고 있다 하더라도, 이러한 방식의 업무처리는 프로젝트 완공에 대하여 '원스탑' 책임을 질 이를 필요로 하는 프로젝트 파이낸스 대주단에게는 받아들여지지 못한다. 왜냐하면 대주단은 건설업무를 제대로 수행하지 못한 책임을 누가 지게 하느냐에 대하여 프로젝트 회사가 고민해야 하는 상황을 바라지 않기 때문이다.

그러므로 프로젝트 파이낸스에서의 건설계약은 프로젝트 디자인/엔지니어링을 수행하고, 공장을 건설하거나 필요한 기자재를 구매하며, 프로젝트를 건설하여 완벽하게 작동 가능한 프로젝트를 제공할 '턴키(turnkey)' 방식으로 체결될 것이다. 이는 D&B 또는 EPC 계약의 형태로 이루어진다.

대규모 프로젝트에 대한 다른 건설 방식은, 건설회사나 엔지니어 회사를 건설관리자로 고용하여, 동사로 하여금 일정 정도의 수수료를 받고 건설의 모든 과정을 관리하도록 하는 것이다. 관리비 수준은 최종 건설비용에 따라 변동될 수 있다. 이는 대규모 프로젝트를 경제적으로 관리할 수 있게 하는 방법처럼 보이지만, 건설비용이 변동되는 방식은 초과비용 리스크로 인하여 대주단에게 받아들여지기 힘들 것이다. 이 경우 초과비용에 대한 재원이 존재하지 않을 수도 있고, 아니면 이로 인하여 프로젝트가 경제성을 잃을 수도 있기 때문이다. (cf. 9.5.4) 그러므로 건설계약은 건설회사가 고정된 가격으로 프로젝트를 건설할 수 있도록 하여야 한다.

마지막으로 완공은 특정일까지 마무리되어야 한다. 그러므로 건설계약에는 정해진 완공일이 존재해야 한다.

그러한 턴키, 고정가격, 완공일이 확정된 건설계약은 대부분의 건설과 관련된 책임(그리고 위험)을 건설회사 앞 이전시킨다. 나아가 건설회사는 하청업체의 역무를 자신이 부담해야(wrap, 즉, 보증해야) 하며, 이와 관련된 추가적인 리스크를 부담한다. 이러한 추가적인 위험은 건설회사가 건설비용에 보다 높은 수준의 예비비를 책정하는 원인이 되며, 원가가산방식(cost-plus)보다 비용이 높게 책정되는 결과를 낳는다. 통상적으로 턴키, 고정가격, 완공일이 특정된 건설계약은 그렇지 않은 계약에 비해 건설비용이 20% 정도 높은 것으로 알려져 있다. 그러나 원가가산방식의 건설비용 또한 건설기간 중 20% 정도 상승하여, 비용 측면에서 동일한 결과를 낳기도 한다.[2]

---

[2] Frederic Blanc-Brude, Hugh Goldsmith & Timo Valila, "Ex Ante Construction Costs in European Road Sector: A Comparison of Public-Private Partnerships and Traditional Public Procurement", Economic and Financial Report (EIB, Luxemburg, 2006)* 는 유럽 PPP 방식 도로의 사전 건설비용이 공공조달 방식의 사전 건설비용 대비 24% 높으나, 사후적으로는 양자가 크게 다르지 않다고 밝혔다. (한편, 일부 연구자료들은 공공조달 방식의 건설비용이 22% 더 낮다고 보았다) 즉, 리스크와 결과는 건설계약의 방식과 무관하다는 것이다 – PPP의 경우, 리스크는 이를 비용에 반영하는 D&C 건설회사가 부담한다.

고정가격, 확정 완공일 방식의 건설계약은 대부분의 공정 플랜트 및 인프라 프로젝트의 표준으로 사용되고 있다. 다른 방식의 건설계약을 체결하고자 하는 사업주는 일반적으로 대주단에게 완공보증을 제공하게 되는데, 이는 무소구 금융의 원칙을 살짝 훼손하는 것이다. (cf. 9.13) 광물 및 유가스 탐사개발 등 일부 종류의 프로젝트에서는 그러한 계약이 잘 사용되지 않으며, 수요를 보아가며 점진적으로 네트워크 확충에 투자해야 하는 통신 프로젝트에서도 잘 활용되지 않는다. (cf. 9.5.12)

건설회사가 턴키 의무를 지지 않는 다른 예외적 상황은 프로젝트가 제3자의 라이센스에 기반하여 지어지는 경우로, 정유공장 또는 석유화학공장 프로젝트가 대표적인 예이다. 건설회사는 공장의 성능이 제3자의 라이센스에 기반하는 경우, 이에 대한 성능을 보장하지 않는다.

국제컨설팅엔지니어링연맹(International Federation of Consulting Engineers, FIDIC)의 표준 건설계약은 프로젝트 파이낸스에서 잘 활용되지 않는다. 그 까닭은 우선 FIDIC 양식은 건설회사에게 너무 유리하게 작성되어 있으며, 둘째 프로젝트 파이낸스에서 요구되는 구조와 많은 차이점을 보이기 때문이다.[3]

프로젝트 파이낸스 관점에서 건설계약의 핵심사항은 아래와 같다:

- 역무 범위(8.2.1)
- 역무의 개시(8.2.2.)
- 계약대금, 대금지급방법, 그리고 계약내용 변경(variations)(8.2.3)
- 건설감독(8.2.4)
- 발주처 리스크(Owner's Risk)(즉, 보상 이벤트)(8.2.5)
- 구제 이벤트(8.2.6)
- 프로젝트 완공의 정의(8.2.7)
- LD 및 계약해지(8.2.8)
- 담보(8.2.9)
- 건설회사에 의한 유예(suspension) 및 계약해지(8.2.10)
- 분쟁해결절차(8.2.11)

8.2.1 역무 범위

건설계약은 프로젝트의 디자인, 기술적 상세내역 및 성능에 대한 기준 등과 관련된 모든 것들을 망라하고 있어, 프로젝트 건설에 대한 '패스트트랙'으로 간주된다. 이를 통하여 상세한 디자인 작업이

---

3 EPC 계약에 대한 유용하고 상세한 내용은 United Nations Commission of International Trade Law: *UNICITAL Legal Guide on Drawing up International Contractor for the Construction of Industrial Works* (United Nations, New York, 1988)*을 참조하라.

진행되기 전이라도 계약에 서명하고 건설을 개시할 수 있게끔 하기 위해서이다. 일부 상세한 내역이 누락되었더라도 건설회사는 발주처가 요구한 대로 프로젝트를 건설할 책임을 진다. 이러한 상세 디자인이 건설회사에 의해 마련되었기 때문에 프로젝트 회사는 이를 거부할 권리를 보유할 수도 있다. (이러한 점에서 이는 생산물구매자/계약당국의 입장과는 차이를 보인다 - cf. 7.4.1)

건설회사는 자신의 하청업체를 자율적으로 선정할 수 있으나, 경우에 따라 프로젝트 회사가 주요 하청업체나 기자재 공급업체를 지정할 수도 있다. 이는 적정한 기술을 보유하고 있는 이들이 하청업체나 기자재 공급업체로 참여하도록 하기 위해서이다.

건설과 관련된 보험료는 건설계약 가격에 포함되지 않는다.(cf. 8.6.1)

세무적인 이유로 외국계 건설회사와의 건설계약은 복수의 계약, 즉 서비스(디자인 등) 및 기자재 공급계약 등의 역외 계약과 역내 계약(통상적으로 외국계 건설회사의 하청업체로 참여하는 국내 건설업체의 역무)으로 분리 발주되기도 한다. 이는 다수 계약들이 적절히 연계되어 있고, 효과적으로 통제될 수 있다면 수용 가능하다.

8.2.2 역무의 개시

건설계약 서명일과 금융종결일이 일치하지 않을 수 있으며, 이 경우 건설회사는 금융조달이 보다 확실해지는 금융종결일이 도달할 때까지 역무를 개시하지 않으려 할 것이다. 그러므로 건설계약에서는 프로젝트 회사가 금융종결일에 발급하는 공식 역무개시 요청인 착수통지서(Notice to Proceed, NTP)를 활용한다. 이 경우 완공일은 NTP 발급일로부터 기산하게 된다.

금융종결이 지연되는 경우 건설대금에 영향을 줄 수 있다 - 통상 NTP가 발급되어야 하는 기한이 존재하며, 해당 기한이 만료되면 건설회사는 건설대금을 상향 조정(또는 물가상승률에 따라 자동적으로 상승)할 수 있거나 아예 역무를 수행하지 않아도 되기 때문이다. 마찬가지로 역무개시가 지연되면 프로젝트 완공도 지연될 가능성이 높은데, 이는 프로젝트 사업성 전체를 위태롭게 할 수 있다. 그러한 상황이 걱정되는 경우, 사업주는 자신의 보증으로 건설회사가 역무를 개시하도록 할 수 있다. 물론 그 경우 사업주는 조만간 금융종결이 달성되어 자신의 보증을 회수할 수 있을 것으로 기대할 것이다. 이와 관련, 건설계약에 'pre-NTP' 역무를 포함시킬 수 있다: 이는 (상대적으로 비용이 적게 드는) 예비 디자인 업무 또는 (비용이 많이 드는) 선발주기자재(lead-time equipment)만을 발주하는 방식이다.[4]

---

[4] 만약 금융종결 전에 건설계약 (또는 다른 주요 서브 계약들) 서명이 이루어진다면, 이는 '상업종결(Commercial Close)'라고 부른다. (NTP 발급여부와는 무관) 상업종결은 빠른 시간 내 금융종결이 달성되지 않는다면 무용지물이 될 것이나, 건설대금이 증가할 수 없도록 하는 역할을 할 수 있다.

프로젝트 회사는 언제라도 건설회사에 미리 정해진 산식에 의해 보상금을 지급하고 건설계약을 해지(이는 '편의에 의한 해지'라고 한다)할 수 있는 권리를 보유하여야 한다.

8.2.3 계약대금, 대금지급방법, 그리고 계약내용 변경(variations)

건설대금은 단계별로 지급된다: 착수금을 지급한 뒤에는 건설회사가 일정한 단계, 즉 특정 건설역무를 달성하였거나 주요 기자재를 도입한 경우, 또는 총 건설대금 대비 달성한 역무의 가치에 비례하여 대금이 지급된다.

건설대금은 프로젝트 회사 명의 계좌에 대금을 우선 입금시키고 동 자금을 인출하여 건설대금을 지급할 수도 있고, 대주단이 직접 건설회사 앞 지급할 수도 있다. (cf. 14.3.2)

수출신용이나 구속성(tied) 금융(cf. 16.2; 16.4)을 활용한 경우라면, 건설회사는 기자재 또는 서비스 조달과 관련된 사항을 쉽게 변경시킬 수 없을 것이다. (만약에 이를 쉽게 변경시킬 수 있다면 프로젝트 회사는 수출신용이나 구속성 금융을 조달할 수 없었을 것이기 때문이다)

원칙적으로 건설계약 대금이 고정되어 있기는 하지만, 건설대금을 증가시킬 수 있는 몇몇 예외적인 방법이 존재하기는 한다. 즉,

- 프로젝트 회사가 플랜트 디자인 및 성능에 변경을 요구하는 경우 또는 계약에 새로운 내용을 삽입하기를 희망하는 경우
- 프로젝트 회사가 책임져야 하는 부분의 건설이 지연되는 등 추가적인 비용을 발생시키는 경우 (cf. 8.2.5; 9.5)
- 법률변경으로 인하여 프로젝트 디자인 및 건설을 변경해야 하는 경우(cf. 11.3)

건설회사는 일반적으로 (추가 비용을 발생시킬 수 있는) 사업부지의 상태와 관련된 문제에 대해 책임을 진다. 물론 과거 채굴이 이루어진 지역이나 지면 하부 상태가 불확실한 지역에서 건설을 할 때 발생할 수 있는 문제에 대하여서는 책임지지 않으려 할 것이지만 말이다.

건설계약액이 어떻게 구성되었는지에 대하여 프로젝트 회사는 알 수 없다; 그러나 프로젝트 회사의 세무업무와 관련하여 건설계약 대금의 구성요소를 파악할 필요가 있을 수도 있다. (cf. 13.7.1)

8.2.4 건설감독

건설회사가 프로젝트 완공에 대하여 책임을 진다 하더라도, 프로젝트 회사는 계약내용대로 건설이 잘 이루어지는지 확인하기 위하여 건설과정을 감독하려 할 것이다. (이와 관련된 대주단의 기술자

문사 및 생산물구매자/계약당국의 역할은 cf. 7.4.1; 5.5.3을 참조하라.)

사업주의 자문사(owner's engineer)가 고용되어 프로젝트 기술 디자인을 마련하고, 입찰을 준비하고, 건설계약을 협상하며, 건설회사의 업무를 감독하고, 또 대금지급 청구가 합당한지 여부를 판단하기도 한다. (대주단의 기술자문사 또한 대금지급과 관련된 사항을 확인하기도 한다.)

건설계약에 따라 독립적인 기술자문사를 선임하여 다양한 단계의 건설업무가 제대로 수행되었는지 확인할 수도 있다. 한편, 기술자문사는 사업계약을 통하여 동일한 기능을 수행하기도 한다. (cf. 7.4.1)

프로젝트 핵심 건설인력들을 지정하여 프로젝트 회사의 동의 없이는 바꿀 수 없도록 하는 경우도 있다.

8.2.5 발주처 리스크(Owner's Risks)

건설계약에 따라 대금을 지급하는 것 이외에도 프로젝트 회사(건설회사의 입장에서는 '발주처')는 아래와 같은 사항들을 처리한다:

- 프로젝트 부지 준비(cf. 9.5.1)*
- 부지 접근권 확보*
- 건설 및 관련 허가 취득 (건설회사가 아니라 프로젝트 회사가 취득해야 하는 경우라면 말이다 – cf. 9.5.3)
- 건설에 필요한 유틸리티 확보 (전기, 물 등)
- 플랜트 테스트를 위한 연료나 원재료 제공
- 발전 프로젝트와 관련, 연료공급 및 송변전 계통 연결, 사업계약에 따른 생산물구매자/계약당국 또는 제3자의 도로/철도 건설(cf. 9.5.9)*

이러한 사항들은 일반적으로 프로젝트 회사가 책임지는 부분이자, 보상 이벤트(cf. 7.6)에 해당하는 항목이다. 별표(*)로 표시한 부분은 프로젝트 계약에 따른 보상 이벤트로 간주되어 생산물구매자/계약당국이 책임져야 한다. 그러나 건설회사와 관계가 있는 부분에 대하여서는 프로젝트 회사가 여전히 책임을 져야한다.

부지 조건과 관련된 다른 리스크의 분배는 9.5.2에서, 그리고 환경영향과 관련된 사항은 9.10에서 다루기로 한다.

8.2.6 구제 이벤트

건설계약에 있어 구제 이벤트는 경험있는 건설회사라 하더라도 사전에 예측할 수 없었으며 건설회사의 통제 밖에서 발생한 이벤트이며, 그에 따라 완공지연에 대하여 건설회사가 책임지지 않는 이벤트이다. 그러나 이러한 이벤트로 인하여 발생한 추가 비용에 대하여 건설회사는 발주처 앞 청구할 수 없다.

건설계약에 따른 구제 이벤트는 가능한 한 프로젝트 계약에 상세히 반영되어야 한다. (cf. 7.8: 9.12)

8.2.7 프로젝트 완공(Project Completion)

건설계약은 프로젝트 회사가 수용할 수 있는 완공의 조건을 정해놓는다. 프로젝트 완공은 다수의 단계를 거쳐 달성된다.[5]

기계적 완공(Mechanical Completion). EPC 계약에 따라 프로젝트 가동 준비 및 성능테스트를 포함한 테스트가 가능한 상태를 일컫는다; 이러한 테스트는 프로젝트가 운영 및 성능 기준을 만족한다는 점을 확인하는 것이다. (그렇지 않으면 LD를 지급해야 한다 - cf. 8.2.8)

실질 완공(Substantial Completion)[6]. 프로젝트 회사에게 프로젝트가 이전되는, 건설계약에 따른 기본적인 요건들을 충족한 상태이다. (그렇지 않으면 LD를 지급해야 한다)

최종 완공(Final Completion)[7]. 건설계약에는 포함되지만, 플랜트 운영에는 지장을 주지 않는 잔여작업(punch list 또는 snagging items)마저 마친 상태이다. 대주단의 기술자문사(cf. 5.5.3)는 해당 업무가 완결되었는지 확인하는 작업에 참여한다.

기계적 완공 및 실질 완공이 이루어져야 하는 날은 건설계약에 명기되어 있으며, 이 날짜들은 프로젝트 회사의 지시에 따라 업무를 수행하다 발생한 경우 등 예외적인 상황에서만 연장될 수 있다. (cf. 8.2.5)

기자재 또는 완공된 플랜트에 대한 소유권은 통상 대금이 지급되는 때 건설회사로부터 프로젝트 회사에게 이전된다. 그러나 건설회사는 실질완공시까지는 기자재에 손실이 발생하거나 피해가 발

---

5 이러한 단계들을 구분할 필요가 있지 않는 한, 앞으로는 이들을 구분하지 않고 프로젝트 완공이라는 용어를 사용하기로 한다. 그러나 프로젝트 완공은 프로젝트가 가동할 수 있는 준비가 되었다는 것을 의미할 뿐이라는 점을 강조코자 한다. 왜냐하면 가동을 위해서는 인허가 등이 필요할 수 있기 때문이다. (그러므로 인허가 취득 또한 완공 테스트의 일부를 이루게 된다.)
6 초기 준공(initial acceptance)으로도 알려져 있다.
7 최종 준공(final acceptance)으로도 알려져 있다.

생한다면 이에 대하여 책임을 져야 한다. 물론 이에 대비하기 위한 보험이 존재한다. (cf. 8.6.1)

대주단의 기술자문사는 완공에 대한 사항을 확인하는 역할을 담당한다: 즉, 이 단계에 이르게 되면 사업주 기술자문사의 확인서로는 충분하지 않다고 판단하는 것이다.

8.2.8 손해배상의예정(Liquidated Damages, LD) 및 계약해지

LD는 완공지연 또는 (건설회사의 잘못으로 인해) 프로젝트가 요구되는 성능을 발휘하지 못하는 경우 프로젝트 회사에 발생하는 손실을 커버하는 금액으로 계약당사자들끼리 합의한 금액이다. 사전에 이에 대해 합의하지 못하는 경우, 분쟁이 발생하면 이를 해결하는데 오랜 시간이 걸린다: 분쟁해결에 소요되는 시간은 프로젝트 회사에게 부정적으로 작용하므로 대주단은 이러한 불확실성을 제거하고 싶어한다.[8]

LD는 페널티가 되어서는 아니되며(많은 국가에서 페널티는 법적으로 강제집행이 어렵다), 실제 발생한 손실에 대한 적정한 보상이어야 한다.

LD 금액을 제외하고선 프로젝트 회사는 건설회사 앞 기회비용 또는 추가로 발생한 비용에 대한 보상을 요구할 수 없다. 단, 건설계약 해지의 경우는 별도이다. 대주단은 프로젝트 파이낸스가 활용되지 않는 프로젝트 대비 높은 수준의 LD를 요구할 것이다. LD는 기회비용을 보상하거나 프로젝트 계약과 관련된 페널티를 지급하는데 사용될 수도 있다. 물론 건설회사는 공기 및 공사대금을 제시할 때 보다 높은 수준의 LD에 대한 리스크를 반영할 것이다.

공기지연 LD(Delay LD). 프로젝트 회사에 귀책이 있거나 구제 이벤트가 발생하지 않는 한 지급해야 하는 LD로, 대부분의 건설계약에서 표준적으로 사용된다.

공기지연 LD는 지연이 되는 매 일에 대하여 적용된다. 그 수준은 협상의 대상이나, 최소한 프로젝트 회사의 대출이자와 고정비용, 그리고 완공지연에 따라 생산물구매자/계약당국에게 지급해야 하는 페널티를 커버(즉, 지연에 의하여 프로젝트 회사에게 발생하는 비용)할 수 있는 수준이 되어야 한다. (cf. 6.3.6) 이상적으로는 (변동비용, 즉 연료비용 등을 제외한) 기회비용을 모두 커버할 수 있으면 좋을 것이다.

LD에는 한도가 존재한다. 대주단은 동 한도로 6개월간의 완공지연을 커버할 수 있기를 희망할 것이다. 통상적인 LD의 총 한도는 건설대금의 15-20% 수준이다.

---

8 LD는 'buy-down 대금', 즉 제 성능을 내지 못하는데도 불구하고 프로젝트를 수용하는 경우 지급해야 하는 대금으로 불리기도 한다.

성능미달 LD(Performance LD). 성능미달 LD는 공정 플랜트(발전소, 정유공장 또는 석유화학공장 등) 또는 시스템 성능을 포함하는 프로젝트에 적합한 개념이다. 예컨대 PPA에는 프로젝트가 최소한 x 메가와트 이상의 출력을 내야하며, 매 y 메가와트당 z 단위 이상의 연료를 소모해서는 안된다는 내용이 포함되어 있을 것이다.

이 경우 LD는 프로젝트 운영기간 중 성능미달로 인한 기회비용이나 추가로 발생하는 운영비용을 현재가치(cf. 10.2.1)로 할인한 금액이 될 것이다. 성능미달 LD도 각각의 사안에 대하여 건설계약액의 10% 수준에 해당하는 한도가 적용된다.

총 LD 한도. 총 LD 한도는 모든 종류의 LD의 합에 대한 한도로 통상 EPC 계약액의 25-30% 수준(D&B 계약치고는 낮은 편이다)에 해당한다. 프로젝트 파이낸스가 활용되지 않는 딜의 경우는 이보다 낮다. 그러므로 LD는 건설회사가 더 이상 건설역무를 이행할 수 없는 상황에 따른 보상이 아니라는 점을 기억하는 것이 중요하다: 이 때에는 계약해지(아래 참조)를 통해 문제를 해결할 수 있다.

환경보증. 건설회사는 프로젝트로 인한 환경에 대한 영향(예컨대 플랜트의 배출가스 수준 등)에 대해 보증할 수 있을 것이다. 만약 배출가스 수준이 법적인 요구사항이라면, LD와의 관련성은 다소 떨어질 것이다 – 기준을 무조건 충족해야 하며, 그렇지 못할 경우 성능 테스트를 통과할 수 없다.

보너스. 건설회사는 공기보다 일찍 완공을 달성하면 보너스를 받을 수도 있다: (사업계약이 이를 허용한다면) 이를 통해 달성한 혜택은 프로젝트 회사와 건설회사간 나눌 수 있어야 할 것이다.

프로젝트 회사에 의한 계약해지. 프로젝트 회사는 금액이 제한되어 있는 LD만으로는 건설회사의 부실한 시공에 대하여 충분히 보상받을 수 없을 것이다: 그러므로 프로젝트 회사는 특정일까지 완공이 달성되지 못할 경우 계약을 해지할 수 있는 옵션을 지니게 된다. 이 맥락에서 LD의 소진 또는 환경요건 미충족 등은 프로젝트 완공 실패가 될 것이다.

이러한 경우 프로젝트 회사는 계약을 해지하고, 제3자를 고용하여 건설을 지속하도록 할 수 있다. 이 때 발생하는 추가비용은 기존 건설회사가 부담하게 된다. (여기에도 한도는 존재하나, 계약대금의 100% 수준으로 훨씬 높다) 또는 기존 건설회사로 하여금 건설부지를 초기화하도록 하고, 지금까지 지급한 금액을 건설회사로부터 돌려받는 방법이 있다.

생산물구매자/계약당국의 입장. 생산물구매자/계약당국은 예컨대 프로젝트의 완공지연에 대하여 LD를 부과하고 싶어할 것이다. 그러나 대주단이 요구한 수준의 LD 보다 더 높은 수준을 책정하기는 쉽지 않을 것이다. 계획된 시간 이내 완공을 확보할 수 있는 주된 인센티브는 그 이전까지는 프로젝트 회사가 수익을 내기 어렵다는 것이다. (cf. 7.3.1; 9.14)

8.2.9 채권보전장치

건설회사는 건설계약에 따른 자신의 의무 이행을 담보할 목적으로 여러가지 채권보전장치를 제공한다. (통상 '보증서 제공(bonding)'[9]으로 알려져 있다):

유보금(retainage). 매 기성대금 지급액의 일부(5-10% 수준)를 완공 때까지 프로젝트 회사가 유보하는 것이다. 이는 건설회사가 계약완료 시점에 이르러 잔여 역무를 빠르게 처리하는 유인이 된다. 건설회사는 유보금 보증서를 제공하고 유보금[10]을 돌려받을 수 있다.

계약이행보증(Performance Bond)[11]. 유보금 수준이 LD를 낼 만큼 충분하지 않기 때문에 건설회사는 보통 건설계약대금의 10-15%에 해당하는 금액에 대하여 계약이행보증서를 제출할 것을 요구받는다.

선수금환급보증(Advance-Payment Guarantee). 역무를 개시하기 전 건설대금을 지급하였다면 (예컨대 10% 수준) 건설회사는 이에 대한 반대급부로 선수금환급보증을 제출하게 되는데, 이는 완공 전 계약이 해지될 경우 그때까지 수행하지 못한 역무에 대해 선수금으로 지급받은 금액을 비례배분 방식으로 반환하는 메커니즘이다.

하자보증(Warranties). 완공 이후 건설회사는 통상 불량건설, 기자재 불량 등에 대하여 수년 간 ('하자보증 기간(defect liability period))'[12]의 하자보증을 제공한다.

이러한 채권보전장치들은 은행 신용장이나 보험회사의 보증서로 제출되어야 하는데, 이를 통하여 프로젝트 회사는 분쟁해결절차 또는 법정 다툼을 하는 번거로운 과정을 거치지 않고 즉시 현금화할 수 있다. 그렇지 않다면 문제가 발생할 때 프로젝트 회사는 현금부족 위기를 겪을 수 있다.

8.2.10 건설회사에 의한 일시중단 및 계약해지

프로젝트 회사가 건설대금을 지급하지 않거나 매우 중요한 사항을 위반(예컨대 건설부지 미제공 등)하여 default가 발생하였을 경우, 건설회사는 건설계약을 해지하고 발생한 손실에 대한 보상을 청구할 수 있는 권리를 가질 수 있다.

그 중간단계로 건설회사는 계약을 해지하기 전 일정기간 동안 건설업무를 중단할 수도 있다. 예컨

---

9 이는 4.3에서 논의한 채권(bond)와는 무관하다.
10 Retention amount라고 부르기도 한다.
11 완공보증 또는 건설보증이라고 부르기도 한다.
12 유지보수보증이라고 불리기도 한다.

대, 만약 프로젝트 회사가 대금을 지급하지 않았다면, 대금지급일로부터 30일이 경과하는 날로부터 역무를 중단할 수 있다. (계약을 해지하지는 않고 말이다) 이러한 일시중단 기간은 대주단과 체결한 직접계약에 의하여 다소 연장될 수 있다. (cf. 8.11)

프로젝트 회사가 문제를 치유하여 건설공사가 재개된다면, 일시중단 기간만큼 완공일을 연장하게 되며, 프로젝트 회사는 일시중단 기간에 소요되는 추가비용(인건비 및 기자재 보관비용 등)을 지급해야 할 수도 있다.

8.2.11 분쟁해결절차

사업계약의 경우(cf. 7.12)와 마찬가지로 건설계약에 있어서의 분쟁해결은 법정 소송보다는 중재절차를 선호된다. 보다 빠른 결론을 얻을 수 있기 때문이다. 보다 사소한 사항일 경우 양자가 동의한 전문가를 선임하는 방식으로 해결한다.

분쟁이 발생한다 하더라도 건설회사는 계속해서 프로젝트 건설 업무를 지속해야 하는 의무를 지니고 있다.

8.3 O&M 계약

O&M 계약은 (프로젝트의 종류에 따라 다르겠지만) 프로젝트 운영비용이 예산범위 내로 유지될 수 있도록 하며, 프로젝트가 당초 예상대로 운영될 수 있도록 한다. 프로젝트 회사는 프로젝트 운영에 대한 경험을 지니고 있지 않으므로, 대주단은 경험이 풍부하고 재무능력이 탄탄한 별도의 회사가 해당 업무를 담당하는 것을 희망하기도 한다.

사업주 중 하나가 프로젝트를 운영한다 하더라도 사업주의 역할을 정확히 정의하기 위해 별도의 계약이 필요하다.

8.3.1 계약의 범위

O&M 업무는 프로젝트 성격에 따라 적합한 경우(예컨대 발전소) 단일 회사와 계약을 체결하는 방식을 활용할 수 있다. 또는 복수의 회사들이 해당 업무를 담당하게 할 수도 있다. (예컨대 유료도로 프로젝트에서 통행료 징수와 도로의 유지보수는 별도의 전문성을 필요로 한다) 다른 방법으로는 EPC 계약자 또는 기자재 공급자가 주요 장기 유지보수 서비스를 제공(cf. 8.3.5)케 하고, 중요성이 떨어지는 유지보수와 일반적인 운영업무는 O&M 업체 앞 맡기는 방법이다. 유지보수 업무는 통상 한 개의 회사가 전담하지만, 빌딩-서비스는 다수의 회사들이 담당하기도 한다. (cf. 8.4)

8.3.2 서비스

프로젝트 회사의 책임을 명확히 하기 위해서라도 역무범위는 정확하게 정의되어야 한다. 프로젝트 회사는 O&M 회사의 업무를 모니터링할 수 있는 권리를 가져야 한다: 인사, 재무 등의 업무는 하청업체가 아니라 프로젝트 회사가 직접 통제하여야 한다. 요약하자면, O&M 회사는 프로젝트 자체와 관련된 사항만 관장해야 하며, 프로젝트 회사는 최소한 행정, 재무, 보험, 인사(O&M 담당 직원 관련 업무 제외) 등의 업무를 통제해야 한다.

표준 O&M 계약에서는 O&M 회사가 핵심 인력(예컨대 공장 매니저)을 파견한다. 그 외의 인력은 프로젝트 회사나 O&M 회사가 고용할 수 있다. O&M 회사는 초기 훈련 및 프로젝트 가동 개시에 필요한 노하우를 전수하기 위하여 (이와 관련하여 일정정도 책임이 있는 건설회사와 협력하여) 추가적인 인력을 자신의 회사로부터 파견받을 수도 있다. 또한 프로젝트 운영 중 문제가 발생할 경우 이를 해결할 수도 있다. 빌딩 프로젝트에 대한 유지보수 계약은 통상 하청업체의 인력이 담당하는 경우가 많다.

서비스는 일반적으로 3단계로 구분된다:

계획단계. O&M 회사는 운영과 관련된 이슈와 관련된 프로젝트 디자인에 대하여 의견을 제시하고, 운영과 관련된 필요 사항들과 비용 또한 산정하여 제시한다.

가동준비단계(mobilization). O&M 회사는 건설이 완공단계에 이르게 되면 프로젝트를 EPC 회사로부터 이전받아 운영을 할 준비를 돕게 되는데, 이 때 공장 시운전 및 프로젝트 테스트에 필요한 자문을 제공할 수 있다.

운영단계. O&M 계약은 프로젝트가 운영가능한 단계에 접어들어야 그 효력이 발생한다. 그 이후의 책임의 범위는 프로젝트 종류에 따라 크게 다를 수 있지만, 일반적으로 다음과 같은 사항들을 포함한다:

- 운영허가 획득
- 프로젝트 일반 관리(즉, x년마다 외벽 도색)
- 산업기준에 부합하는 방식으로 프로젝트 운영 및 사업계약에서 요구되는 방식으로 매일매일의 업무 수행
- 연간 예산 수립
- 원재료에 대한 주문 및 관리
- 예비부품 유지관리
- 연간 예산 범위 내 운영비용 관리

- 보건안전기준 유지
- 운영, 유지보수 및 인력에 대한 기록관리
- 운영 매뉴얼 업데이트 (초기 매뉴얼은 건설회사가 작성할 가능성이 높다)
- 건설회사의 하자보증(cf. 8.2.9)을 감안하여 통상적, 그리고 주요 유지보수 업무 계획 및 이행
- 기자재 교체(cf. 9.7.5)
- 긴급 보수

8.3.3 서비스 요금

O&M 회사의 요금은 고정금액일 수도 있고, 비용에 마진을 가산하는 'cost plus' 방식일 수도 있다.

고정 요금은 빌딩, 도로 또는 유사한 토목공사에 적합한 방식이며, 이는 소비자물가상승률 또는 산업물가 인덱스에 연동된다. 그러므로 프로젝트 회사는 불확실한 장기적인 유지보수와 관련된 비용과 관련된 리스크를 유지보수 회사 앞 이전시킬 수 있다.

Cost plus 방식은 공정 플랜트에 잘 맞는 방식이다. O&M 회사는 인건비에 일정 마진을 더한 고정 요금과 필요에 따라 발생하는 다른 비용들(예컨대 부품 교체비용 등)을 프로젝트 회사로부터 보전받는 방식이다.

8.3.4 인센티브와 페널티

공정 플랜트 프로젝트에서 공장 운영이 예상보다 높은 효율로 이루어질 경우 O&M 회사는 보너스를 받을 수도 있고, 그 반대의 경우 페널티(즉, LD)를 적용받을 수도 있다. 보너스는 보다 효율적인 회사운영에 따라 발생하는 혜택을 프로젝트 회사가 O&M 회사간 나누어 갖는 방식으로 산정된다. 보너스는 단순 유지보수 계약 또는 빌딩-서비스 계약에는 보통 적용되지 않는다.

O&M 계약에 따라 프로젝트 회사 앞 지급해야 할 페널티의 한도는 통상 1년에서 2년에 해당하는 서비스 요금이다. (cf. 6.4.4, 9.7.2) 계약해지에 대한 구제 등 페널티 적용의 예외사항들은 일반적으로 사업계약에 반영된다. (7.6-7.8)

8.3.5 주요 유지보수 계약

기자재 제작회사는 정해진 수수료를 받고 프로젝트의 성능 또는 주요 부품(예컨대 발전소의 터빈 등)들에 대하여 유지보수 책임을 질 수도 있다.

이 경우 유지보수 비용을 일정하게 할 수 있는 장점(cf. 9.7.5)이 있으며, 예산수립도 수월하다. 그러나 다른 O&M 계약에서와 마찬가지로 제조회사는 부실한 유지보수에 따른 결과적 손실(기회비용이나 페널티 등)에 대해서는 책임지려 하지 않을 수 있다. 그리고 일부 부품에 대해서만 유지보수 계약을 체결한다면 문제가 발생했을 경우 책임소재가 분명하지 않을 수도 있다.

8.4 빌딩-서비스 계약

빌딩-서비스 계약은 주로 PPP 영역에서 빌딩 프로젝트에 사용되며, 청소, 우편, 세탁, 케이터링(catering), 쓰레기 처리, 주차, 리셉션, 보안 및 통신 등의 서비스를 제공한다. 이 계약은 유지보수 계약과 결합하여 동일한 이가 전체 서비스를 제공하게 할 수도 있을 것이다. 주요 요구사항들은 계약의 서비스 목록에 상세하게 포함된다.

6.4.5에서 살펴봤던 바와 같이 이러한 계약은 주기적으로 벤치마킹 또는 시장 테스트를 받을 수 있다. 성능은 프로젝트 계약서의 KPI에 견주어 평가될 수 있으며, LD는 통상 2년간의 수수료 수입을 한도로 할 것이다.

계약당국은 빌딩-서비스에 대하여 단기간(매년 또는 수년) 별도 계약(즉, 프로젝트 범위 밖의 계약)으로 체결하는 것이 보다 경제적(VfM, cf. 9.2)이라고 판단할 수도 있다.[13] 계약당국은 빌딩의 기본 구조와 무관한 부분, 즉 내부 인테리어, 바닥재, 창문 청소, 부서진 창문 수리, 토지 유지관리 등과 관련된 사항들을 직접 챙길 수도 있다. 계약당국이 이와 같은 방식을 선택할 경우 단기 서비스를 제공하는 이들과 프로젝트 회사 및 빌딩-서비스 계약자들 간의 인터페이스 문제를 계약적으로 분명히 해 둘 필요가 있다. 예컨대 프로젝트가 단기 서비스 제공자의 문제로 운영이 불가능해지는 경우 계약대금에는 영향을 주지 않으나(즉, 면제사유(Excusing Event)가 된다), 반대로 단기 서비스 제공자가 업무를 제대로 수행하지 못하는 경우 계약대금에서 차감하는 내용 등을 분명히 해 두어야 한다. 이러한 인터페이스 이슈는 꽤나 복잡하다.

8.5 연료 또는 기타 원재료 공급 계약

생산물구매자의 존재와 무관하게 연료나 원재료에 대한 대용은 공정 플랜트 프로젝트의 운영비용의 대부분을 차지한다. (이는 서비스 제공 프로젝트와 대비되는 부분이다) 적정한 가격으로 원재료

---

[13] 교도소와 같이 별도 계약으로 처리할 수 없는 종류의 프로젝트들도 있다.

를 확보하는 것은 이러한 종류의 프로젝트 파이낸스에서 매우 중요하며, 이는 통상 장기간의 원재료 공급계약을 통해 달성할 수 있다.

어떤 경우에는 원재료 공급과 관련하여 프로젝트 회사가 수입을 창출할 수도 있다 – 예컨대 소각장이나 하수 처리 프로젝트 등이 도시 쓰레기나 폐수 등을 공급받는 경우이다.

만약 프로젝트 회사가 생산물구매계약을 체결한 상태라면, 원재료 공급 계약은 가격 기준, 계약 기간, force majeure 등과 관련하여 가능한 한 전자의 조건과 매칭이 되어야 할 것이다. 생산물구매계약이 존재하지 않는 경우라도 원재료 공급계약은 최소한 대출만기까지는 유지되어야 할 것이다.

물론 프로젝트 회사 입장에서의 원재료 공급계약은, 원재료 공급계약자의 입장에서는 생산물판매계약이 될 것이므로 양 계약은 유사한 내용을 포함하고 있을 것이다.

8.5.1 공급 방식

프로젝트 회사는 통상 독점적으로 원재료들을 공급받는다. 원재료 공급계약은 원재료에 대한 기술적 사항들을 정해둔다. 즉 물량이나 질을 검증하기 위하여 미터계나 기타 측정방식을 정하며, 정해놓은 기준에 부합하지 않을 경우 이를 거부할 수 있는 권리를 부여하기도 한다.

공급이 개시되는 날은 통상 COD이다. 이 날짜는 완공이 지연될 경우 조정될 수 있도록 유연하게 구조화되어야 한다. (완공 전이라도 테스트를 위하여 공급을 개시할 수 있도록 하는 문언이 필요할 수도 있다. 상식적으로 물량과 타이밍은 불확실성이 높은 요소이니, 이와 관련된 사항들은 유연하게 구조화되어야 한다)

프로젝트 회사가 요구하는 원재료의 양은 프로젝트의 생산물과 연계된다. PPA에서처럼 전력구매자가 전력을 원하지 않을 경우 셧다운을 지시하고 용량요금만을 지급하는 경우처럼, 생산물에 대한 수요가 구매자에 달려있는 경우가 있기 때문에 프로젝트 회사가 생산물을 통제할 수 없는 경우도 있다. 이 경우 프로젝트 회사는 이에 상응하는 정도로 원재료 공급을 줄일 수 있어야 한다.

계약에서 정한 원재료를 공급하지 못할 경우 공급자는 (force majeure 등의 사유로 면제받는 경우를 제외하고는) 페널티를 적용받게 된다; 그러나 공정한 원재료 공급계약(원재료 공급자와 구매자간 특수관계가 아닌 경우)은 해당 페널티 금액을 프로젝트 회사의 기회비용이 아니라, 부족한 양을 다른 곳에서 조달할 때 발생하는 추가적인 비용으로 제한해야 한다.

원재료 공급계약은 공급자의 입장에서는 생산물판매계약이기 때문에, 통상의 생산물구매계약(cf. 6.3.1)에서처럼 다양한 방식이 사용된다. 예컨대 원재료 구매와 관련, 프로젝트 회사가 약정하는

수준이 다양할 수 있다:

Take-or-Pay 계약. (생산물구매자가 서명하는 Take-or-Pay 계약과 구분하기 위하여 'Put-or-Pay'라는 용어를 사용하기도 한다) Take-or-Pay 계약은 프로젝트 회사로 하여금 최소한의 원재료를 구매하도록 강제한다. 만약 프로젝트 회사가 요구되는 만큼의 물량이 필요하지 않는 경우 프로젝트 회사 또는 원재료 판매자가 잔여분을 시장에서 매각할 수도 있지만 이 경우 계약에서 정한 금액이 시장에서 판매되는 가격보다 높을 경우 손실이 발생한다.

Take-and-Pay 계약. 이 경우 프로젝트 회사는 실제로 필요한 만큼의 물량에 대하여서만 대금을 지급한다. 이 경우 잔여분량에 대한 처분 리스크는 원재료 공급자가 부담한다.

Tolling 계약. Tolling 계약에서는 원재료와 관련된 비용이 발생하지 않는다. 즉, 프로젝트 회사는 용량요금 방식으로 '가공비(toll)'를 받고 원재료를 공급받아 이를 생산물로 가공해준다. (Toll은 원재료의 공급여부와 무관하게 지급받는다) Tolling 계약에는 두 가지 종류가 있다:

- **Pull tolling.** 생산물 구매자가 원재료 공급에 대하여 책임을 지는 방식(즉, 전력구매자가 화력발전 프로젝트 회사 앞 천연가스를 공급하는 경우 등)이다; 원재료 공급자와 구매자가 동일인이기 때문에, 생산물 구매자가 원재료 공급대금을 별도로 책정할 이유가 없다. 이는 동일한 이가 자기의 돈을 한 쪽에서 다른 쪽으로 옮기는 것과 같기 때문이다.
- **Push tolling.** 생산물은 시장에서 팔고, 이 때 원재료 공급자가 가격 리스크를 부담하는 방식이다. 이 경우 용량요금은 생산물 구매자가 아닌 원재료 공급자가 지불하며, 판매대금 또한 원재료 공급자에게 직접 지급된다. (예컨대 석유개발회사가 정유공장 프로젝트 회사에게 정제를 위탁하는 경우, 또는 광물개발회사가 제련공장 프로젝트 회사 앞 제련을 위탁하는 경우 등이다)

원재료 공급자가 확약할 수 있는 정도 또한 다양하다:

고정 또는 변동 공급. 원재료 공급자는 정해진 스케쥴(변동 가능하다)에 따라 고정된 물량을 프로젝트 회사 앞으로 공급할 수도 있고, 양자간 합의한 최대-최소 물량 범위 내에서 프로젝트 회사가 요구하는 물량만을 공급할 수도 있다. 어떠한 경우든지 원재료 공급자는 요구되는 물량을 공급할 수 있어야 하며 이 때 take-or-pay 또는 take-and-pay 방식이 적용된다.

전량 공급(Output Dedication)[14]**.** 원재료 공급자는 특정 공급처에서 나오는 물량 전부(즉, 자신의 공장에서 생산되는 모든 물량)를 프로젝트 회사에게 공급하는 방식이다. (또는 계약당국이 폐기물 전체를 소각장으로 보내는 방법이다); 이 경우에도 마찬가지로 take-or-pay 또는 take-and-pay

---

14 '독점 공급'으로도 불린다.

방식이 적용된다. 물론 원재료 공급자는 프로젝트 회사와 사전 합의하지 않은 물량에 대하여서는 (산업기준에 따라 성실하게 업무에 임하겠다는 것 외) 어떤 책임도 지지 않는다.

매장량 공급(Reserve Dedication). 이는 전량 공급 방식과 유사하다 – 예컨대 원재료 공급자가 광산을 보유하는 경우, 여기에서 채굴되는 모든 것들을 프로젝트 회사 앞 제공하는 방식이다. 이 방법에서도 마찬가지로 원재료 공급자는 성실하게 채굴하겠다는 것 외 별도 의무를 지지 않으나, 해당 광산에서 나오는 광물은 프로젝트 회사의 사전 동의 없이 제3자에게 매각될 수 없다.

중단 가능한 공급(Interruptible Supply). 천연가스와 같은 원재료의 경우, '공급 중단 가능한' 조건으로 하여 보다 낮은 비용으로 조달할 수도 있다 – 종종 파이프라인을 통해 조달하는 경우가 이에 해당한다. 프로젝트 회사가 매년 정해진 최대 기간동안 공급이 중단될 수 있다는 데 동의할 수 있다면, 이를 감안하여 공급가격을 하향조정할 수 있을 것이다. 동일한 내용이 생산물구매계약에 반영될 수 있다면, 이는 프로젝트 회사와 생산물구매자 모두에게 도움이 될 수 있을 것이다.

Tolling 계약. Tolling 계약에서는 원재료 공급자가 부담하는 사항은 없으며, 공급물량을 다른 곳에서 더욱 비싸게 팔 수 있다면 그렇게 해도 된다. 그러나 해당 물량의 프로젝트 회사 앞 공급여부와 무관하게 용량요금은 프로젝트 회사 앞 지급해야 한다.

8.5.2 물리적 수송 리스크

원재료에 대한 소유권과 멸실의 위험은 통상 프로젝트 부지 앞 수송이 완료된 때 프로젝트 회사에게 이전된다.

원재료 제공자가 프로젝트 부지에 이르는 물리적 연결장치(예컨대 파이프라인 등)를 지어야 한다면, 프로젝트 회사는 생산물구매계약에서 용량요금을 적용받는 것과 동일한 방식으로 파이프라인 등 건설비용을 커버할 수 있는 용량요금을 지급하여야 할 것이다. (원재료를 실제로 공급받는 것과는 무관하게 말이다) 이러한 대금의 지급도 (보상 이벤트 또는 구제 이벤트로 인해 연기될 수는 있지만) 통상 프로젝트 완공일로부터 개시된다.

물리적 연결장치가 제 때 지어지지 않는다면, 원재료 공급자는 프로젝트 회사가 다른 곳에서 필요한 물량을 구입하는데 드는 추가비용에 대하여 보상을 하여야 한다.

원재료공급계약에 따른 구제 이벤트는 물량을 프로젝트 부지로 수송하기 위해 필요한 제3자 책임의 연결장치와 관련된 문제(예컨대 철도 문제 등) 등을 포함한다. 이 경우 원재료 공급자는 페널티를 지급해야 할 수도 있지만, 원재료 공급계약은 해지되지 않고 유지될 수 있다.

8.5.3 가격 책정 메카니즘

생산물 구매계약이 존재하는 경우 원재료에 대한 가격은 동 계약에 연계되는 것이 일반적이다. 즉,

생산물구매계약에 따른 가격 산정방식은 원재료 구매 비용에 기초한다(예컨대 PPA 하에서 에너지 요금); 이 방식은 원료가 석유나 가스와 같이 시장에서 활발하게 거래될 수 있는 경우 주로 적용된다.

또는,

원재료 공급계약의 가격은 생산물 구매계약에 의거 판매되는 생산물의 가격에 기초한다. 이러한 방법은 원재료가 석유화학제품과 같은 보다 특수한 상품이거나, 생산물구매계약이 없고 리스크가 원재료 공급자에게 이전되는 경우에 주로 활용된다.

생산물 구매계약이 존재하지 않는 경우, 원재료 공급가격은 협상에 따른 가격을 적용하거나 시장에서 판매되는 가격을 적용하기도 한다.

물론 tolling 계약을 활용하는 경우에는 원재료에 대한 가격을 지급할 필요가 없다.

8.5.4 채권보전

원재료 공급자는 다음과 같은 사항과 관련하여 프로젝트 회사로부터 채권보전장치를 요구할 수 있다:

프로젝트 완공. 원재료 공급자가 파이프라인과 같은 연결 인프라를 짓는데 비용을 썼다면, 프로젝트가 완공되지 않을 경우 원재료 공급자가 연결 인프라 비용을 상환받을 수 있도록 사업주나 대주단이 보증을 해 주어야 할 수도 있다. (물론 프로젝트 회사의 보증은 큰 가치가 없을 것이다)

원재료에 대한 대금지급. 원재료에 대한 대금지급은 통상 외상거래이다. 즉, 몇 달 후에 대금을 정산한다. 이에 대하여 대주단이 보증을 제공하는 경우도 존재한다. 대안으로, 원재료 공급자는 (이러한 방법으로 몇 달 간의 공급량을 커버할 수 있다면) 공장의 원재료 재고자산에 대하여 담보권을 설정하거나 공장 건물에 대하여 대주단보다 우선하는 담보권을 설정할 수도 있다. 대주단은 통상 자신보다 순위가 앞서는 담보권을 허용하지 않지만, 원재료에 대하여 그들이 보증을 제공한 경우와 결과적으로 달라지는 내용은 크지 않기 때문에 원칙적으로 이에 대해 반대할 까닭은 없을 것이다. 대안을 활용할 경우 보증서 발급에 대한 수수료를 아낄 수 있다.

8.5.5 구제 이벤트와 법률 변경

구제 이벤트(일시적인 force majeure)가 발생하면 원재료 공급자는 물품 공급 의무를 면제받는다; 프로젝트 완공 또는 운영에 영향을 주는 구제 이벤트가 발생할 경우 프로젝트 회사는 물품을 인수하지 않아도 된다.

법률변경은 수송비용 증가(원재료의 이송과 관련하여 보다 엄격한 절차 준수 필요 등) 또는 마진 축소(새로운 세제 등) 등의 방법으로 원재료 공급자의 물품공급 관련 비용을 증가시킬 수 있다. 프로젝트 회사 입장에서는 해당 리스크를 생산물구매자 앞 이전시킬 수 있다면 원재료 공급자의 요구를 수용할 수 있을 것이다.

8.5.6 Default 및 계약해지

원재료 공급자가 계약을 해지할 수 있는 요건은 엄격해야 하며, 그렇지 않을 경우 프로젝트 파이낸스가 수용할 수 없는 불확실성을 증가시키게 된다. 아래의 default가 발생하는 경우 원재료 공급자는 공급계약을 해지할 수 있다.

- 프로젝트 회사의 대금 미지급
- 프로젝트 포기, 프로젝트 자산 매각 또는 특정일까지 프로젝트 완공 미달성 (물론 이는 구제 이벤트 또는 보상 이벤트 발생시 조정가능하다)
- 프로젝트 회사의 부도 및 차입금에 대한 기한이익상실 발생

프로젝트 회사가 계약을 취소할 수 있는 경우는 다음과 같다:

- 원재료 공급자가 공급을 제대로 하지 않는 경우 (구제 이벤트 발생시 제외)
- 원재료 공급자의 부도 및 차입금에 대한 기한이익상실 발생
- 원재료 공급계약에 대한 보증인의 부도

원재료 공급을 불가능하게 하는 영구적 force majeure이 발생할 경우 양자 모두 계약해지를 주장할 수 있다.

프로젝트 회사는 원재료 공급이 원활히 이루어지지 않았다는 이유로 계약을 해지하거나 손실에 대한 보상을 청구하기보다는, 계약이행을 강제(즉, 계약이행에 대한 법원의 명령 등)하는 방안을 선호할 수 있다. 그러한 강제방안의 존재 여부는 국가마다 다르다. 원재료 공급계약에 공급자가 다른 공급처로부터 물품을 공급하게 하는 문안을 포함시킬 수도 있을 것이다.

8.6 보험

보험이, 또는 보험이 불가능하다면 사업계약이 어느 정도로 force majeure 리스크를 커버할 수 있는지는 9.9에서 다시 다룰 것이다.

엄밀하게 말해 보험은 서브계약이 아니나, 보험은 프로젝트 파이낸스 계약에서 중요한 위치를 차지하고 있다. 프로젝트 파이낸스에서 보험과 관련된 요구사항은 매우 많으며 그 결과 납부해야 하는 보험료도 크나, 프로젝트 개발단계에서는 무시되는 경우가 많다. 납부해야 하는 보험료를 미리 고려하지 않았기 때문에 사업비가 과소계상되는 경우가 종종 발생하며, 대주단이 필요로 하는 보험가입이 지연되면서 금융조달에 문제가 발생하기도 한다.

보험 브로커는 프로젝트에 대한 정보를 보험회사 앞 전달하는 역할도 한다. 특정 국가에서 보험계약은 uberrimoe fidei(최고의 신뢰가 필요한) 계약이기 때문에 이 역할은 매우 중요하다; 만약 중대한 정보가 사전에 공개되지 않았다면 보험회사는 보험금을 지급하지 않아도 되기 때문이다. (cf. 8.6.5 non-vitiation과 관련된 사항 참조) 브로커는 프로젝트 회사 및 사업주와 긴밀히 협력하여 이러한 일이 발생하지 않도록 잘 준비하여야 한다.

브로커는 통상 보험료의 일부를 수수료로 받으나, 이 경우 보험료를 낮게 책정하려는 유인을 앗아 간다. 그러므로 수수료는 고정급으로 하는 것이 좋을 것이다.

보험은 두 단계에 걸쳐 가입한다: 첫 번째 단계는 프로젝트 건설단계(스타트업 및 테스트 포함)에 대하여 가입하며, 두 번째 단계는 프로젝트 운영기간 중 매년 갱신하여 가입한다. (첫 해를 제외한) 운영기간 중 보험은 미리 가입할 수 없으며, 보험료 또한 미리 정할 수 없다는 점을 명심해야 한다. (cf. 9.9.2)

이에 더하여 프로젝트 회사 또는 건설회사는 법적으로 요구되는 보험들, 즉 공공책임보험, 사용자보험, 자동차보험 등에도 가입해야 한다.

8.6.1 건설기간 중 보험(construction phase insurance)

프로젝트 파이낸스로 금융이 조달되지 않는 경우 건설기간 중 보험은 통상 건설회사가 가입하며, 보험료를 건설대금에 포함시켜 발주처 앞 제시한다. 표준 건설계약에 따르면 보험사고가 발생함에 따라 손실을 입는 이는 건설회사이기 때문에 이러한 접근방법은 논리적이다; 화재로 인하여 프로젝트 일부가 훼손된 경우 건설회사는 보험가입 여부와 상관없이 이를 복구해야 한다.

그러나 건설회사가 보험에 직접 가입하는 방식은 여러가지 면에서 프로젝트 파이낸스에 잘 들어

맞지 않는다:

- 이후 자세히 살펴보겠지만, 대주단은 통상 가동지연보험(Delay in Start-up insurance) 가입을 요구하는데, 이와 관련하여 별도의 손해를 보지 않는 건설회사가 이 보험에 드는 것은 쉽지 않다. (물론 공기지연에 따른 결과에 대해서는 책임을 져야 할 수도 있지만 말이다 - cf. 8.2.8) 이러한 목적으로 프로젝트 회사가 별도로 보험에 가입할 경우, 두 개의 보험증서 조건들이 서로 일치하지 않을 가능성이 존재한다.
- 프로젝트 파이낸스에서는 공사기간 중의 보험과 첫 해 운영기간의 보험을 패키지로 함께 가입하여 건설기간에서 운영기간으로의 이전이 문제없이 이루어질 수 있도록 하는 것이 관행이다; 이러한 방식 또한 건설회사가 쉽게 처리할 수 있는 성격의 것은 아니다.
- 단계에 걸쳐 완공이 되는 프로젝트(예컨대 공정 플랜트에서 두 개의 생산라인이 구축되는 경우 등)의 경우 건설보험과 운영보험이 동시에 존재하는 경우가 있다; 이는 하나의 패키지로 관리되어야 하며, 건설회사는 운영기간에 대하여 이해관계가 없기 때문에 프로젝트 회사가 직접 처리해야 한다.
- 대주단은 보험조건과 보험금 청구요건 등과 관련, 이를 건설회사에 맡겨두기 보다는 프로젝트 회사와 함께 협의하여 정하는 것을 희망한다.
- 보험이 프로젝트 회사 명의로 가입되지 않는 경우, 대주단이 요구하는 사항들이 보험증서에 반영되기 어려운 경우가 존재한다. (cf. 8.6.5)
- 대주단이 통상 보험금 처분방식을 통제한다.

건설회사가 마련한 보험이 더 싸게 보일 수 있으나 이는 통상 보험의 커버범위가 대주단이 요구하는 수준보다 협소하기 때문일 가능성이 높다.

그러나 대주단이 통제하는 보험은 건설회사에게 문제를 일으킬 수도 있다. 건설회사는 완공 전 물리적 손실 또한 손해에 대하여 책임을 지며, 문제를 해결해야 하는 책임을 진다. 건설회사는 보험금 지급 청구가 완료될 때까지 마냥 기다릴 수 없다. 이렇게 기다리는 것은 건설계약상 구제 이벤트로 간주되지 않기 때문이다. 그렇기 때문에 보험회사가 보험금을 지급할지 또는 대주단이 이를 대출금 상환에 쓰지않고 복구에 사용하도록 허용할지 여부(cf. 8.6.5)가 확실치 않더라도 선제적으로 교체 기자재를 주문하고 대금도 지급해야 한다. (건설회사는 보험청구 절차와 관련한 정보에의 접근은 제한되어 있다) 이는 프로젝트 회사, 건설회사, 그리고 대주단 간 첨예한 협상사항이 된다.

프로젝트 건설기간 중 요구되는 (그리고 매년 갱신되는 것이 아니라 건설기간 전체를 커버하는) 주요 보험은 아래와 같다.

건설공사보험(Construction and Erection All Risks, CEAR).[15] 이 보험은 프로젝트 건설 및 기자재 등에 물리적 피해가 발생할 때 보상을 해 주는 보험이다. 가능하다면 기계적 문제와 전기문제로 인한 파손도 커버하면 좋을 것이다. 보험이 커버하는 범위는 통상 수입관세 및 설치비용 등을 포함, 파손된 부분을 복구할 수 있는 수준으로 정해진다. 보험금 지급가능한 이벤트는 전쟁, 화재, 자연재해와 같은 force majeure 및 디자인, 자재, 시공 문제와 부적절한 스타트업과 테스트 등 광범위하다.

복구를 기준으로 하여 커버 범위를 산정하는데 적합하지 않은 경우는 프로젝트가 한 번에 전부 파괴된다는 것을 상상하기 어려운 경우(즉, 도로 또는 파이프라인 프로젝트)이다. 이런 경우에는 '1차 손실(first loss)' 개념이 사용되는데, 이는 개별 보험사고시 발생할 수 있는 최고 손실을 커버할 수 있는 수준이다.

해상적하보험(Marine Cargo). 프로젝트 부지로 기자재를 운송하는 도중, 또는 운송 전 창고에서 보관 중 발생한 손실에 대해 보상하는 보험이다. 커버범위는 1회 선박 운송 중 발생할 수 있는 최대 손실 범위 내이다. 커버하는 내용은 CEAR과 유사하다.

공공책임보험(Public Liability)[16]. 통상 CEAR과 함께 취급되며, 제3자가 청구할 수 있는 다양한 피해보상 요구를 커버한다. 보험료 수준이 높지 않기 때문에, 커버 수준은 통상 높게 책정된다.

고용주책임보험(Employer's Liability). 프로젝트 부지에서 발생한 피고용인의 상해에 대하여 보상하는 보험이다.

건설회사의 오염 책임보험(Contractor's Pollution Liability). 건설회사가 기존 오염정도를 악화시키거나 새로운 오염원을 방출할 경우 제3자가 요구할 수 있는 피해보상을 커버하는 보험이다.

환경보험(Environmental). 알려져 있지 않던 오염이나 유해 폐기물이 건설부지에서 발견되는 경우를 대비하는 보험이다. (cf. 9.10.3)

가동지연보험(Delay in Start-Up, DSU[17]**).** CEAR 보험 목적물에 발생한 손실로 인한 공장가동 지연시 기회비용 및 추가 비용(또는 최소한 대출이자, 고정비용, 완공지연에 따라 배상해야 할 페널티를 포함) 등을 보상해주는 보험이다. DSU 보험은 매 지연일에 대하여 일정한 금액을 지급하며, 최대보상기간이 미리 정해진다. 커버 범위는 프로젝트 핵심 기자재에 발생한 손실이나 피해에 따

---

15 Construction All Risk(CAR) 또는 Builder's All Risks 등으로도 알려져 있다.
16 제3자 책임보험(third party liability insurance)으로도 불린다.
17 이미 언급한 바와 같이 기회비용을 보상하지 않을 수도 있지만 기회비용 보험(Advance Loss of Profits, ALOP)으로 불린다.

라 발생할 수 있는 공기지연을 커버할 수 있어야 할 것이다. 예컨대 발전 프로젝트에서 터빈을 교체하기 위해서는 18개월이 요구되며, 학교 건물과 같은 프로젝트에서는 1년이면 충분하다. DSU 보험은 비싸다 – 건설공사보험보다 약 두 배 비싸며, 보험 커버 범위는 대주단과 사업주간 협상의 산물이다.

해상적하지연보험(Marine DSU). 선박으로 운송되는 기자재 파손 등으로 인하여 발생하는 완공지연을 보상하는 보험이다.

Force majeure 보험. 동 보험은 프로젝트에 직접 피해를 끼치지 않는(직접 피해를 끼치는 이벤트는 DSU로 커버되어야 한다) 일시적인 force majeure 이벤트로 인하여 완공이 지연되거나 할 경우 대주단 앞 원리금을 상환할 수 있도록 도움을 주는 보험으로 다음과 같은 보험사고를 커버한다:

- 자연재해 force majeure. 자연재해 등으로 인하여 운송 중 또는 기자재 공급자의 부지에서 발생한 피해를 보상 (DSU에서 커버되지 않는 부분을 보상)
- 노동쟁의. 단 프로젝트 회사와 그 직원간의 노동쟁의는 불포함
- 프로젝트 참여자의 통제 밖에 있는 이유로 발생하는 손실. (제3자의 연결시설에 영향을 미치는 손실 등) 단, 금융 관련 default나 부도 등으로 발생한 손실 등은 제외

사실상 force majeure 보험은 DSU가 커버하지 않은 부분을 보완해주는 역할을 한다.

LD 보험. 건설회사는 성능문제로 인한 LD를 커버할 수 있는 보험(efficacy insurance)에 가입할 수 있을 것이다.

8.6.2 운영기간 중 보험

운영기간 중 보험은 건설기간 중 보험과 그 성격이 기본적으로 유사하나, 매년 갱신되기 때문에 보험료 수준을 통제하기 어려운 면이 있다. (cf. 9.9.2)

운영보험(All Risks). 물리적 피해를 보상한다. 커버하는 수준은 프로젝트나 기자재를 교체하는 비용이다. (위에서 언급한 바와 같이 1차 손실이 적용되는 경우는 제외). 이 보험은 재산(중대한 손실) 보험과 기계적 파손 보험으로 분리할 수 있다.

공공책임보험/고용주책임보험/오염책임보험. 건설기간 중 보험과 성격이 유사하다.

사업중단보험(Business Interruption, BI). 이는 프로젝트가 운영을 개시한 경우 DSU 보험과 유사한 역할을 한다. 커버 범위는 프로젝트 핵심 기자재를 교체하기 위하여 운영을 중단하는데 따른

손실(또는 최소한 대출이자, 고정비용, 완공지연에 따라 배상해야 할 페널티를 포함)을 커버할 수 있어야 할 것이다.

Force majeure 보험. 건설기간 중 보험과 유사하게 프로젝트가 운영되지 못할 경우 대출원리금을 커버할 수 있는 보험이다.

환경보험(Environmental). 알려져 있지 않던 오염이나 유해 폐기물이 건설부지에서 발견되는 경우를 대비하는 보험이다. (cf. 9.10.3; 9.10.4)

8.6.3 자기부담금(Deductibles)

모든 보험에는 자기부담금(보험금이 지급되기 전 프로젝트 회사가 감수해야 하는 손실)이 있다. 프로젝트 회사는 자기부담금 규모를 크게 정하여 보험료 수준을 낮게 책정할 수 있을 것이다. 건설회사는 CEAR 및 해상적하보험의 자기부담금 수준을 가능한 한 적게 책정하여 자신이 책임져야 하는 부분을 최소화하려 할 것이다. 대주단 또한 리스크를 축소시키기 위하여 자기부담금 수준을 최소한으로 정하기를 희망할 것이다.

8.6.4 Supplier's Extension 또는 Buyer's Extension

기회비용에 대한 보험금은 보험에 가입한 이의 시설에 피해가 발생했을 경우만 지급한다는 일반 원칙에도 예외가 존재한다. Supplier's Extension은 원재료 공급자가 자신의 공장에 문제가 생겨 의무를 이행하지 않아 프로젝트 회사에 발생한 기회비용을 보상하는 장치이다. 유사하게 Buyer's Extension은 구매자가 자신의 문제로 인하여 프로젝트의 생산물을 인수하지 못해 발생하는 기회비용을 보상하는 장치이다.

8.6.5 대주단의 요구사항

보험은 대주단의 주요한 채권보전장치이기 때문에, 보험증서의 약관 및 조건과 보험회사의 신용등급에 대하여 대주단이 수용할 수 있어야 한다.

대주단이 일반적으로 요구하는 특정 조건들이 존재한다(이를 '은행의 조항(banker's clause)'이라고 한다):

추가 수혜자(Additional Insured). 대주단의 대리은행이나 담보수탁인이 보험증서의 추가적 수혜자(또는 공동 수혜자(co-insured))로 등재되어야 한다. (프로젝트 회사 외 생산물구매자/계약당국, 건설회사 및 O&M 회사 등도 추가적 수혜자가 될 수도 있다) 추가 수혜자로서 대주단은 별도

보험증서에 가입한 것처럼 대우를 받으나, 이와 관련된 의무는 지지 않는다. (즉, 보험료를 내지 않는다)

독립성(Severability). 각각의 보험 수혜자에게 독립적인 보험혜택을 부여하는 방식으로 작동하여야 한다.

보험약관의 변경 또는 철회. 보험회사는 보험계약 철회 또는 중대한 보험약관의 변경이 제안된 경우 대주단에게 먼저 알릴 의무가 있으며, 대주단의 동의 없이 보험증서가 변경되거나 철회될 수 없다.

보험료 미납. 보험회사는 보험료 미납에 대하여 대주단에게 통보해야 한다. 추가 수혜자로서 대주단은 프로젝트 회사가 보험료를 납부하지 않을 경우 보험료를 납부할 의무는 지지 않으나 납부할 권리는 갖는다.

보험금 수취인(Loss payee). 대주단의 대리은행 또는 담보 수탁인은 보험이 커버하는 보험사고에 대한 실제 손실액 또는 미리 합의한 보상금 중 작은 금액에 대하여 유일한 보험금 수취인이 된다. (그러나 제3자 책임보험에 대한 보험금은 제3자에게 직접 지급된다) 어떤 국가에서는 이에 기하여 대주단이 보험회사 앞 직접적으로 대금청구를 할 권한을 부여하기도 하나, 어떤 경우든 보험증서에 대한 양도담보를 대주단의 채권보전 장치에 포함시키게 된다. (cf. 14.7.1) 보험금 수취인에게 보험금 청구권을 부여하지 않는 경우에는 대주단을 추가 수혜자(위 내용 참조)로 하는 것이 선호된다.

대위권 포기(Waiver of Subrogation). 보험회사는 대주단에 대한 대위권을 포기한다; 일반적인 보험관련 법에서는 차후 대주단이 손실을 회복할 경우 보험금을 지급한 보험회사가 이에 대한 권리를 주장할 수 있도록 허용하고 있으나, 대출금이 전부 상환되기 전에는 그러한 권리를 행사하지 않을 것이 요구된다는 것이다.

Non-vitiation. 대주단은 보험증서에 non-vitiation 조항[18]이 포함되는 것을 선호한다. 이 조항이 포함될 경우 다른 보험가입인이 보험증서를 무효화하는 행위(예컨대 중요한 정보의 비공개 등)를 하더라도 대주단에게 제공된 보험의 효력이 여전히 유지될 수 있다. 이는 일반적이지 않은 방식으로 보험회사의 잠재적 리스크를 증가시키기 때문에 협상이 어려운 영역이다. 보험시장 여건이 좋지 않을 경우 보험회사들은 이러한 조항을 포함시키는데 대하여 동의하지 않을 것이며 – 이 경우 보험자문사는 대안이 없다고 대주단에게 보고할 것이며 – 이 경우 대주단은 어쩔 수 없이 현실을 받아들여야만 한다.

---

18 '약정 위반(breach of provision)' 또는 '보장 위반(breach of warranty)'이라고 불리기도 한다.

종종 이와 관련된 리스크에 대하여 별도 보험을 가입하는 방식이 사용되기도 한다. 어떤 국가에서는 대주단을 추가 수혜자로 가입시킨 후 독립조항(severability)을 포함시켜 타인의 행위가 대주단의 권리를 침해하지 못하도록 조치하기도 한다.

조기상환(head for the hills) 또는 사업 복구. 대주단은 보험금으로 사업을 복구시키기 보다는 대출금을 상환하는 것을 희망할 수 있다 - 이는 조기상환(head for the hills) 옵션으로 불린다. 그러나 이는 다소 비현실적이다. 공정 플랜트처럼 부지에 대부분의 자산이 위치하고 있는 프로젝트에서도 완전 멸실은 일어나기 힘들며, 다수 부지에 산재하고 있는 프로젝트나 도로와 같은 프로젝트에서는 완전 멸실 가능성은 없기 때문이다. (cf. 8.6.9): 그러므로 프로젝트 운영기간 후반이 아니면 보험금은 대출금 전액을 상환할 만큼 큰 금액으로 지급되지 않는다. 게다가 보험회사는 사업 복구를 보험금 지급조건으로 요구할 수도 있다. 마찬가지로 건설회사 또한 보험금이 대출금을 상환하는데 쓰이기보다는 사업 복구에 쓰이는 것을 희망할 것이다. (프로젝트가 여전히 건설중이라면 말이다). 사업계약이 존재한다면 생산물구매자/계약당국 또한 비슷한 입장일 것이다. 그럼에도 불구하고 보험금이 청구된 시점에 프로젝트가 더 이상 경제적으로 운영될 수 없는 상황을 대비하여 대주단은 여전히 해당 옵션을 보유하고자 할 것이다. 이는 사업계약의 보험관련 조항에 '경제적으로 운영될 수 있는' 이라는 내용이 포함되어야 한다는 점을 의미한다: 통상적으로 이는 복구된 프로젝트가 대출금 원리금을 상환할 수 있는지와 연계된다. 최소한 대주단은 보험금이 어떻게 처리되는지에 대하여는 통제하려 할 것이다.(cf. 14.4.1)

기회비용을 커버하는 보험금(DSU, BI 또는 force majeure 보험금) 지급은 프로젝트 회사의 일반적인 수입과 마찬가지로 대주단이 통제한다. (cf. 14.4.2)

생산물구매자/계약당국 또한 프로젝트의 지속성, 그리고 force majeure로 인하여 사업계약이 해지되었을 경우 해지대금을 확보하기 위하여 적절한 보험이 유지되기를 희망한다. 그러므로 사업계약에는 대주단이 요구하는 것과 유사한 사항들이 포함될 것이다.

8.6.6 재보험(reinsurance)

대규모 프로젝트를 커버하는 대부분의 보험회사들은 자신의 책임져야 할 보험금 일부에 대하여 재보험에 가입한다. 대주단은 1차 보험회사에 대하여서만 걱정하면 되므로, 대주단이 특별히 관심을 가지는 바는 아니다. (다만 해당 보험회사의 신용도는 중요하다)

그러나 어떤 국가에서는 모든 보험을 현지 보험회사에 가입하도록 강제하고 있다. 그러나 개도국 보험회사는 대형 프로젝트를 커버할 만한 신용등급이나 능력을 보유하고 있지 않은 경우가 많다.

그러므로 현지 보험회사들은 국제 시장에서 재보험에 가입한다: 대주단은 현지 보험회사를 거치지 않고 바로 국제 재보험사에게 보험금을 청구할 수 있으므로, 현지 보험회사들의 신용등급 문제를 해결할 수 있다. (그러나 재보험금에 대한 법적인 수급권자인 현지 보험회사들이 파산하게 되는 경우 문제가 될 수 있다 – 물론 이 문제 또한 현지 보험사가 보험금에 대한 양도계약을 체결하는 방식으로 회피할 수 있다)

8.6.7 소송에 대한 통제

통상적으로 보험회사들은 자신의 보험증서에 따라 지급해야 하는 금액에 변경을 가져올 수 있는 소송에 대하여 통제하고 싶어한다. 생산물구매자/계약당국은 일반적인 정책 및 전례를 이유로, 보험회사가 보험금 청구요청에 대하여 합의를 희망하는데도 불구하고 소송을 진행하고자 하는 경우가 존재한다. 이 문제는 생산물구매자/계약당국이 추가적인 법적 비용, 그리고 소송 없이 합의가 이루어졌을 경우 대비 청구액 증가분을 커버하는 것에 대하여 합의할 수 있다면 해결될 수 있을 것이다.

8.6.8 보험료 및 부보가 불가능한 리스크

보험료 리스크는 9.9.2에서 다루고, 보험가입 불가능 리스크에 대하여서는 9.9.3에서 다룰 것이다.

8.6.9 선형적 프로젝트 또는 다수 부지에 위치해 있는 프로젝트

프로젝트가 도로와 같이 '선형적(linear)' 프로젝트(cf. 8.6.10)이거나 독립된 다수 부지에 설치된 프로젝트라면 프로젝트 전체가 파손되는 위험에 대한 보험은 필요없을 것이다. 프로젝트 전체 파손 리스크는 거의 없는 것과 마찬가지이므로, 보험가액은 논리적으로 예상되는 최대손실액이 적정할 것이다.

8.6.10 포트폴리오 보험/셀프 보험

만약 사업주가 유사한 다수의 프로젝트를 보유하고 있다면, 개별 프로젝트에 대하여 보험을 가입하기 보다는 전체 프로젝트 포트폴리오에 대하여 가입하는 것이 가격면에서 효율적일 것이다. 자신들의 이익이 적정하게 커버될 수 있다면 대주단 또한 반대하지는 않을 것이다.

대안으로는 생산물구매자/계약 당국은 셀프 보험 개념을 활용하여, 보험사고가 발생할 경우 스스로 이에 대한 보험금을 제공할 수 있을 것이다. 이는 사업주가 유사한 형태의 프로젝트 포트폴리오를 보유하고 있어 보험사고 리스크가 분산되는 경우 적용할 수 있다. 포트폴리오 자산 전체 대비 일부 자산에 문제가 생겨 발생하는 비용은 평균적으로 보험료 지급액과 유사할 수 있기 때문이다. 마찬가지로 도로나 교통 프로젝트의 경우 프로젝트 회사를 통해서는 운영보험에 가입하기 어려울 수 있다. 이 경우 공공부문은 전통적으로 셀프 보험에 가입한다. (즉, 보험가입 없이 스스로 위험을 인수하는 것이다. 리스크가 넓게 분포되어 있기 때문에 고려 가능한 방식이다)

또한 특정 종류의 프로젝트에는 그에 맞는 적정한 보험상품이 존재하지 않는 경우도 있다. PPP 교도소 프로젝트에서 교도소에 대한 보험이 존재하지 않으면 문제가 될 수도 있고, 방산 프로젝트에 대하여서도 보험상품이 존재하지 않을 가능성이 크다. 그러한 경우 생산물구매자/계약당국의 셀프 보험이 유일한 해결책이 될 것이다.

8.7 사업부지 리스 및 기타 이용권

공공부문 생산물구매자 또는 계약당국이 존재하는 경우, 특히 Reverting Asset이 프로젝트 목적물인 경우 이들이 사업부지를 제공하는 일이 잦다. 프로젝트 회사는 사업계약 기간동안 해당 부지를 이용할 권리를 갖는다. 이러한 권리는 법적 환경에 따라 리스 또는 허가의 형태를 띨 수 있다.

프로젝트 회사 및 대주단은 재산권과 관련된 법률구조가 프로젝트 회사의 의무를 증가시키지 않고, 또 사업계약에 따라 프로젝트 회사가 보유하는 권리가 축소되지 않기를 희망할 것이다.

생산물구매자/계약당국은 프로젝트 회사가 프로젝트와 리스를 분리하여 완공 전에 리스 권리를 매각할 유인을 갖지 않도록 하는 것이 중요하다. (cf. 7.10.7)

8.8 허가 및 기타 권리

프로젝트 건설과 운영을 위한 허가 및 기타 권리들은 계약으로 체결되는 것은 아니지만, 프로젝트 계약의 효력을 확보하고 금융종결을 달성하기 위한 중요한 선행조건들이다.

허가는 크게 두 가지로 분류된다: 하나는 통행권과 지역권(8.8.2) 등과 같이 프로젝트의 건설과 운영(8.8.1)에 필요한 허가, 그리고 제3자와 공동으로 사용하는 시설에 대한 허가(8.8.3)이다. 다른 하나는 일부 국가에서 요구되는 것으로, 프로젝트 회사에 대한 출자 및 금융에 대한 허가이다. (8.8.4)

8.8.1 프로젝트 허가

허가의 사항은 국가마다, 그리고 프로젝트마다 크게 다르다. 허가권자는 중앙정부가 될 수도 있고 지방정부가 될 수도 있다. 공공부문 생산물구매자 또는 계약당국이 당사자가 되는 사업계약의 경우, 자동적으로 허가를 받거나 최소한 정부가 이를 지원할 것이라는 확신을 가질 수 있다.

대규모 프로젝트의 경우 다양한 허가를 필요로 하며, 적시에 이를 발급받지 못할 경우 프로젝트 진행에 부정적인 영향을 끼치게 된다. 사업주와 프로젝트 회사는 법률자문과 함께 조직 내 허가와 관련된 업무를 하는 이를 포함하도록 노력해야 한다.

건설허가. 건설과 관련된 다양한 허가가 요구될 수 있다. 그러한 허가를 발급받는 주체는 해당 영역에 전문성을 지니고 있는 건설회사가 되는 것이 보통이며, 제 때 허가를 발급받지 못하여 발생하는 손실에 대하여 책임을 진다. 어떤 종류의 허가는 건설회사가 아니라 프로젝트 회사가 신청해야 하나, 이 경우 건설회사가 허가를 발급받기 위한 신청서 작성에 도움을 주게된다.

허가는 수입물품 또는 건설장비의 일시적인 수입과 관련되어서도 요구된다.

운영허가. 프로젝트 운영을 위한 허가도 필요하다. 특정 산업플랜트의 운영에 대한 것일 수도 있으며, 프로젝트로부터 발생하는 오염물 배출이나 소음에 대한 것일 수도 있으며, 프로젝트 내에서의 보건안전과 관련된 것일 수도 있다. 연료나 원재료 수입을 위한 허가도 필요하다. 프로젝트의 실제 배출량이나 소음 수준 등을 측정해야 하기 때문에 그러한 허가는 프로젝트 완공 전에는 발급되지 않는 것이 보통이다. (cf. 9.5.3)

8.8.2 통행권(right of way)과 지역권(easement)

이러한 공식적인 허가 이외에도 프로젝트 회사는 프로젝트 부지 주변의 토지를 소유하는 이들로부터 통행권(프로젝트 건설, 운영 또는 연료공급을 위한 파이프라인 연결 등의 목적으로 부지에 접근)과 지역권(폐수를 처리할 수 있는 권리 등)을 획득하여야 한다.

8.8.3 공동시설

특정 프로젝트의 경우 단계별로 추진될 수 있으며, 각각의 단계에 대하여 별도의 재원을 조달해야 한다. (독립적인 두 개의 생산시설 또는 발전라인을 갖는 공정 플랜트나 발전소 등) 이 경우 프로젝트의 1단계 건설은 두 개의 생선시설/라인 모두에게 필요한 시설에 대한 건설도 포함하게 된다.

마찬가지로, 생산된 스팀을 산업용으로 판매하는 열병합발전소의 경우 스팀 구매자와 용수 공급, 폐수 처리 및 기타 유틸리티 등 시설을 공동으로 사용해야 한다.

그 경우 다음과 같은 사항들을 포함하여 각자의 권리가 명확히 기술되어야 한다:

- 신규 프로젝트 건설을 위한 접근권
- 공동 시설을 사용할 권리 (우선사용권 포함)
- 공동 시설을 관리할 의무
- 프로젝트를 포기하거나 압류되는 경우, 동 프로젝트에 의존하는 다른 프로젝트에 대한 보호조항

8.8.4 투자 및 금융 허가

선진국에서는 프로젝트 회사 앞 출자나 금융에 대하여 허가가 요구되는 경우는 거의 없으나, 개도국에서는 투자 및 외환통제 관련 허가가 요구될 수 있다.

투자 허가. 외국 투자자(사업주 포함)가 프로젝트에 투자를 하는 것, 그리고 배당 또는 다른 금액을 해외 투자자 앞 지급할 수 있는 허가

예외적용. 예컨대 투자자 앞 지급한 배당금이나 이자 또는 대주단 앞 지급한 이자에 대한 원천징수 의무 등을 면제받을 수도 있다.

외환통제. 외환통제를 실시하는 국가는 환전 및 송금을 제한할 수 있다. 외환통제는 프로젝트 회사에 대하여 다음과 같은 사항들을 제한한다:

- 외환계좌 보유
- 국외 계좌보유
- 외환 차입 및 외환대출 조건변경
- 국외 기자재 공급자 앞 대금지급

이러한 경우, 프로젝트 파이낸스에 필요한 거래를 하기 위해 해당국의 중앙은행 또는 재무부의 특별허가를 받아야 한다.

8.9 서브계약의 수정 및 교체

생산물구매자/계약당국은 서브계약의 수정에 대해 일정정도의 통제를 가하고 싶어한다. 왜냐하면 향후 사업계약을 체결할 때 이러한 서브계약들 및 특정 계약자들에 대해 리뷰를 하는 것이 실사과정의 일부로 간주되기 때문이다. 반면에 프로젝트 회사는 아무런 방해를 받지 않고, 특히 문제가 발생했을 때, 자신의 서브계약을 통제하기를 희망할 것이다. 통상의 절충안은 생산물구매자/계약당국의 책임을 증가(예컨대 계약의 조기해지에 따른 대급지급 - cf. 7.10.2)시키거나 사업계약상 의무에 영향을 줄 경우, 생산물구매자/계약당국의 승인을 받게하는 것이다. 나머지 이슈들은 대급

지급 메커니즘에서 다룰 수 있다.

마찬가지로 프로젝트 회사는 합의한 수준의 성과를 내지 않는 서브계약자를 자유롭게 교체할 수 있기를 희망할 것이다. 통상 프로젝트 회사가 성과에 대한 책임을 지기 때문에 생산물구매자/계약당국은 이에 대하여 매우 제한적인 권리(서브계약자의 재무역량 및 기술역량에 대한 객관적인 검토에만 근거)만 갖는다.

8.10 모기업 보증

종종 그러하듯 서브계약자가 대기업의 자회사일 경우, 대주단은 자회사의 계약상 의무에 대하여 모회사가 보증을 제공할 것을 요구할 것이다. (cf. 9.5.4) 예컨대, O&M 업무가 별도 재원이 없는 별도로 설립된 SPV에 의해 수행되는 경우, 초과비용에 대한 리스크 이전에 문제가 발생할 수 있다. 이에 대한 해결책은 SPV가 지급해야 하는 LD 또는 다른 채무에 대하여 모기업이 보증을 제공하는 것이다.[19]

8.11 직접계약(Direct Agreement)

생산물구매자/계약당국, 건설회사, O&M 회사, 빌딩-서비스 회사, 원재료 공급자 및 다른 핵심 프로젝트 계약 당사자들은 통상 대주단과 직접계약을 체결한다. (프로젝트 회사 또한 당사자가 된다)[20]

유사한 계약이 생산물구매자/계약당국과 이들간에도 체결되는데, 계약이 조기에 해지되고 대주단이 개입하지 않을 경우 생산물구매자/계약당국이 프로젝트 계약을 통제하는 것이 그 목적이다.[21]

직접계약이 프로젝트 계약으로 분류되어야 하는지 금융계약으로 분류되어야 하는지는 모호하나, 직접계약은 프로젝트 계약 협상시 같이 협상되며 일반적으로 프로젝트 계약의 부속서류를 이루고 있다.[22]

---

19 SPV가 업무를 수행하는 다른 프로젝트 계약에 있어서도 마찬가지이나, 유지보수 비용이 장기적으로 발생하기 때문에 고민거리가 되는 것이다. 그러나 모회사 보증은 보다 짧은 기간의 건설회사의 채무에 대하여서도 요구될 수 있다.
20 이들이 대주단의 입장을 인정하고, 사업계약에 대하여 양도를 하는데 동의하는 것이기 때문에 '인정 및 동의(acknowledge and consents)'로 불리며, 계약 당사자가 셋(대주단, 프로젝트 회사 및 관련 서브계약 회사)이기 때문에 '3자간 계약(tripartite deed)'라고도 불린다.
21 직접계약의 목적이 이것이라면 '양도 동의(consent to assignment)'라고도 불린다.
22 이미 협상을 끝낸 프로젝트 계약에 직접계약을 다시 끼워맞추는 것은 매우 어렵다. 그러므로 직접계약을 프로젝트 계약의 부속서류로 하는 것이다.

직접계약은 다음과 같은 역할을 한다:

- 프로젝트 계약에 대한 대주단의 담보 관련 이해관계를 인지
- 생산물구매자/계약당국의 계약대금 지급액을 (대주단이 담보로 취득한) 은행계좌 또는 대주단이 지정한 계좌에 입금
- 생산물구매자/계약당국은 대주단의 허락을 구하지 않고 프로젝트 계약 변경 금지
- 대주단은 프로젝트 회사가 관련 계약에 default를 발생시킨 경우 통보를 받으며, 문제를 해결하기 위한 토론에 참여
- 대주단은 계약이 해지되기 전 '치유기간(cure period)'(프로젝트 회사에게 부여된 시간 외 별도로 대주단이 프로젝트 회사의 문제를 해결할 수 있는 시간)을 부여받는다. 프로젝트 회사가 대금을 제때 지급하지 못하는 경우 치유기간은 1-2주일 정도(건설계약상 서스펜션이 적용되는 경우 제외, cf. 8.2.9)이나, 비재무적 default(프로젝트가 최소한의 성능을 시현하지 못하는 경우 등)일 경우 치유기간은 6개월 정도로 훨씬 길다.
- 생산물구매자/계약당국은 치유기간 중 대금(예컨대 연료공급 대금 등)이 제때 지급되는 한 치유기간 동안 자신의 의무를 다해야 한다.
- 대주단은 치유기간 중 '개입'(Step-in)'할 수 있는 권리를 갖는다. 이는 대주단이 지명하는 이를 통하여 프로젝트 회사의 권리를 행사할 수 있도록 하는 것이다; 지명인은 프로젝트를 통제하나, 프로젝트 회사는 여전히 자신의 채무에 대하여 책임을 져야 한다. 개입하는 기간은 대주단에 달려 있으며, 언제든지 중단할 수 있다.
- 대주단은 '대체자(substitution)', 즉 프로젝트 회사 대신 의무를 수행할 이를 세울 수 있다. 이 경우 프로젝트 회사는 더 이상 프로젝트 당사자의 지위를 누리지 못한다. (물론 대출금이 전액 상환된 뒤에는 잔여 현금, 그리고 관련 프로젝트 계약의 재이전을 요구할 수 있지만 말이다) 대주단이 지명한 이의 기술적/재무적 능력에 대해 프로젝트 계약 상대방들이 수락할 수 있어야 할 것이다.
- 대주단은 일반적으로 개입 또는 대체의 결과에 따라 발생하는 추가적인 책임은 지지 않으려 할 것이다.
- 개입이나 대체는 치유기간을 연장시키지 못한다; 해당 행위는 치유기간 중에 발생해야 하며, 치유기간 종료 전 default 상황이 해소되어야 한다.
- 프로젝트 계약에 default가 발생하지 않았다 하더라도 금융과 관련된 default로 인하여 대주단이 개입권을 행사할 수도 있다.
- 프로젝트 회사는 금융계약상 EoD가 발생한 경우 대주단의 개입 또는 대체를 방해하지 않을 것을 약정(직접계약 또는 금융계약에 반영)한다.
- 프로젝트 회사의 default에 따른 계약해지대금이 정해져 있는 사업계약과 관련(cf. 7.10.1), 생산물구매자/계약당국은 대주단이 담보권을 행사할 경우 사업계약을 자동적으로 해지하고 계약해지대금을 지급하는데 동의할 수 있을 것이다. (생산물구매자/계약당국은 이에 대한 반대급부로

대주단이 프로젝트 건설에 대한 자금지원을 중단하는 경우 사업계약을 해지할 수 있는 권리를 갖기를 희망할 것이다)
- 직접계약에 다른 내용들이 포함될 수도 있다. 예컨대 사업소재지국 정부는 대주단이 대출금에 대한 기한의 이익을 상실시키고 담보권을 행사하는 경우, 프로젝트 자산이나 매각대금의 국외반출을 허용한다는 것을 확약할 수도 있다.
- 프로젝트 회사가 프로젝트 계약들의 조건을 간접적으로 향상시키기 위하여 대주단이 직접계약 협상에 나서게 할 수도 있을 것이다.
- 프로젝트 계약 상대방의 계약이행능력을 담보하기 위하여 사업소재지국 정부가 추가적인 보증을 제공할 수도 있다.
- 사업소재지국 정부는 프로젝트에 영향을 주는 정책적 사안(예컨대 생산물구매자의 민영화 등)에 대하여 추가적인 확약을 제공할 수도 있다.

공공부문 생산물구매자 또는 계약당국은 대주단이 담보권을 행사할 경우, 예컨대 우선매수권을 부여받을 수도 있을 것이다.

이와 관련된 일부 조항들은 정부지원약정(Government Support Agreement, cf. 11.7)에서 다루어지는데, 대주단은 동 계약과 관련된 직접계약을 통하여 혜택을 받을 수 있다.

직접계약에 포함된 많은 조항들이 실제적으로 대주단에게 어떤 도움이 될 수 있는지에 대하여 논란이 있는 것도 사실이다. (게다가, 공공부문은 그러한 계약에 서명하기를 꺼려할 것이다) 프로젝트 회사의 경우, default가 발생하면 직접계약이 자신을 밀어내고 대주단과 프로젝트 계약 상대방들간 직접적인 관계를 형성시키기 때문에 그다지 관심이 없을 것이다. (물론 직접계약을 통하여 프로젝트 계약의 조건들을 향상시키는 경우는 제외하고 말이다) 실제로는 직접계약의 존재와 무관하게 문제가 발생하면 관련자들 모두가 모여 문제해결을 위해 논의를 하게 된다. 그러나 대주단의 입장에서는 가장 중요한 채권보전장치가 프로젝트 계약이라고 볼 수 밖에 없기 때문에, 프로젝트 회사가 default를 발생시킨다면 재빨리 개입하여 다른 이들이 계약을 갱신케 함으로써 계약의 가치를 보전할 수 있다는 점에서 직접계약은 여전히 중요하다고 여길 것이다. (cf. 14.7)

대주단은 건설회사 또는 프로젝트 회사에게 서비스를 제공하는 다른 이로부터 '담보보증(collateral warranties)'를 제공받을 수도 있는데, 이는 계약이행에 대하여 대주단에게 직접적으로 책임을 지도록 하는 장치이다.

09
상업적 리스크

09 상업적 리스크

9.1 도입

프로젝트 파이낸스 리스크는 크게 네 가지로 분류할 수 있다. (대주단의 입장에서는 이들을 종합하여 신용리스크로 명명할 수 있을 것이다[1]):

상업적 리스크(프로젝트 리스크로도 알려져 있다)는 9.3에 요약되어 있으며, 프로젝트 자체에 내재하거나 프로젝트가 작동하는 시장의 리스크와 관련된 사항들이다.[2]

거시경제적 리스크(재무 리스크로도 알려져 있다)는 프로젝트와 직접 연관성이 없는 외부 경제적 요인들(예컨대 물가상승률, 이자율, 환율 등)과 관련된 사항들이다; 이 사항들은 제10장에서 다루기로 한다.

규제 및 정치적 리스크. 즉, 법률변경, 정부의 행위와 관련있는 리스크, 또는 전쟁 및 내란(후자는 국가 리스크(country risk)로도 불리며, 프로젝트가 해외 투자인 경우 특별히 문제가 된다)과 같은 정치적 force majeure 등이다; 이에 대해서는 제11장에서 다루기로 한다.

9.2 리스크 평가 및 배분

리스크 평가는 프로젝트 파이낸스의 핵심이다. 프로젝트 파이낸스 리스크 분석은 다음에 기초하고 있다:

---

1 Marco Sorge, "The Nature of Credit Risk in Project Finance", BIS Quarterly Review (Bank for International Settlements, Basel) December 2004, p.91*.
2 각각의 프로젝트는 독립된 특성이 있으므로, 이 장에서 논의하는 상업적 리스크의 분류체계는 가이드의 역할을 할 뿐이라는 것을 명심해야 한다.

- 프로젝트와 관련된 모든 필요한 정보들을 확인하는 실사 과정
- 실사 결과에 따른 프로젝트 리스크 판별
- 프로젝트 계약의 조항들을 통하여 프로젝트 리스크를 적정 관련자들 앞 배분
- 프로젝트 회사 및 대주단이 부담해야 하는 잔여 리스크에 대한 계량화 및 수용가능성 검토

물론, 실사와 리스크 평가는 프로젝트 파이낸스의 전유물이 아니며, 모든 금융은 리스크를 수반한다. 그러나 계약적 리스크 분배 및 이에 기반한 금융조달은 프로젝트 파이낸스의 특징이라고 할 수 있다.

프로젝트 파이낸스의 리스크 배분 이론은 리스크를 가장 잘 통제하고 관리할 수 있는 이가 해당 리스크를 부담하며 그 결과에 대하여 재무적으로 책임을 지는 것이다: 예컨대, 프로젝트 완공 리스크 및 이에 따른 재무적인 책임은 건설회사가 지는 것이 바람직할 것이다. 물론 건설회사의 책임이 아닌 사유로 완공이 지연될 경우가 있지만, 이 경우는 보험으로 커버할 수 있다.

리스크와 프로젝트 회사. 프로젝트 계약 당사자들은 프로젝트 회사가 높은 레버리지의 금융을 조달하기 위해서는 자신이 감당할 수 있는 리스크는 제한되어야 한다는 것을 인정하여야 한다: 리스크가 실제화되었을 때 그 재무적 결과를 감당할 능력이 되지 않는 프로젝트 회사에게 리스크를 분배하는 것은 적절치 않기 때문이다. 유사하게, 생산물구매자/계약당국이 계약대금 지급액을 최소화하고 싶다면, 생산물구매자/계약당국이 보다 높은 수준의 리스크를 분담해야 한다는 것을 의미한다. (cf. 2.6.2) 프로젝트 계약 협상 초기 단계에 자주 하는 실수가 가능한 한 많은 리스크를 프로젝트 회사가 분담케 하는 것인데, 이는 향후 금융조달 과정에서 문제를 발생시킬 수 있다. 반면, 모든 리스크를 프로젝트 회사가 아닌 여타 관련자들에게 넘기는 것은 불가능하다; 다른 이들이 보다 높은 수준의 리스크를 수용한다면, 이들은 보다 높은 수익률을 요구하게 될 것이다. 이러한 요구사항이 프로젝트 회사 투자자들에게 미치는 효과는 명약관화하다.

리스크와 합당한 가치(Value for Money, VfM). 생산물구매자/계약당국이 프로젝트 회사 앞 리스크를 이전하는 것을 검토할 때 핵심 이슈는 그런 리스크를 이전하는 것이 과연 합당한 가치(VfM)가 있는지 여부이다. 모든 리스크 이전에는 대가를 지급해야 하지만, 리스크를 감당할 능력이 없는 프로젝트 회사가 리스크를 부담한다면, 결과적으로 프로젝트 회사는 사업계약에 높은 마진을 포함시킨 계약대금을 제시할 수 밖에 없을 것이다. 이러한 높은 마진은 생산물구매자/계약당국 입장에서는 비용 낭비이기 때문에 VfM 차원에서 생산물구매자/계약당국이 직접 해당 리스크를 부담하는 것이 합리적인 선택이다.

리스크와 대주단. 사업주와 대주단간 리스크 분배에 있어 반드시 기억해야 할 사항이 있다: 사업주는 '업사이드(upside)'를 가지며, 대주단은 '다운사이드(downside)'를 가진다. 즉, 사업주는 프로젝트가 원활하게 운영될 경우 투자금에 대한 초과수익을 누리는 반면, 프로젝트에 문제가 발생할 경

우 투자금 전부를 잃을 수 있다. 대주단은 프로젝트가 원활하게 운영된다 하더라도 고정된 이자만 수취할 수 있는 반면, 프로젝트에 문제가 발생할 경우 대출금 전부를 잃을 수 있다. 이러한 관점에서 대주단은 원칙적으로 리스크의 최소화를 요구하는 것이다 – 이에 따라 다음과 같은 얘기를 하는 것이다: '은행원은 비가 오지 않을 때 우산을 빌려주는 곳이다'[3]

사업주가 협상 과정에서 대주단 또한 '투자자'라는 말을 쓸 수는 있지만, 실제로 그렇지는 않다. 대주단이 투자자라면, 투자수익을 누릴 수 있어야 하지만 그렇지 않기 때문이다; 성공적인 프로젝트의 경우 투자수익률은 최소한 대출이자율의 2배를 상회하며, 이는 대주단과 사업주간 리스크 분담 역할을 간접적으로 반영하는 것이기도 하다. 프로젝트 회사가 감당할 수 있는 리스크는 자본금 납입액에 국한되어 있는 만큼, 일부 리스크가 프로젝트 회사에서 사업주로 이전되는 경우도 발생한다. (cf. 9.13)

대주단의 리스크 평가는 해당 리스크가 현실화될 가능성 뿐 아니라 해당 리스크가 프로젝트에 재무적으로 영향을 주는지에 대해 초점이 맞추어져 있다: 그러므로 '발생가능성이 낮으나 발생시 영향이 큰 리스크'가 대주단이 특히 염두에 두는 부분이다.[4] 그 결과 사업주는 대주단이 발생할 가능성도 낮은, 그러므로 상업적으로 중요하지 않은 부분에 지나치게 집중한다고 느끼게 되는 것이다.

대주단이 실사 및 리스크 평가 과정을 수행해야 하지만, 상식적으로 사업주나 생산물구매자/계약 당국이 이러한 절차를 우선 마치지 않았다면 애초에 금융조달 검토 자체가 가능하지 않을 것이다.

9.3 상업적 리스크 분석

상업적 리스크 분석 과정에서 고려되어야 하는 중요한 사항들은 아래와 같다:

- *상업성*: 모든 관련자들에게 상업성을 보장하는가?(9.4)
- *완공 리스크*: 시간과 예산에 맞게 완공될 수 있는가?(9.5)
- *수입 리스크*: 프로젝트는 예상한 수입을 얻을 수 있는가?(9.6)
- *운영 리스크*: 프로젝트가 예상된 수준/비용으로 운영될 수 있는가?(9.7)
- *원재료 공급 리스크*: 원재료나 기타 투입물을 예상된 비용으로 공급받을 수 있는가?(9.8)
- *보험 리스크*: 보험으로 커버되지 않는 리스크가 존재하는가?(9.9)
- *환경 리스크*: 프로젝트가 주변 환경에 미칠 수 있는 영향은 무엇인가?(9.10)

---

3 Mark Twain으로부터 유래한 말인데, 실제로 그가 이런 얘기를 하거나 글로 썼다는 증거는 없다.
4 대주단에게 몬테카를로 시뮬레이션(cf. 12.2.4)이 중요한 것으로 간주되지 않는 까닭이다.

- *잔여가치 리스크*: 사업계약 기간이 종료되고 나면 프로젝트에 어떤 일들이 발생할 수 있는가?(9.11)
- *계약 미스매치 리스크*: 각종 계약서들의 내용들이 서로 부합하는가?(9.12)
- *사업주 지원*: 사업주 지원이 추가로 필요한 부분은 없는가?(9.13)
- *생산물구매자/계약당국 부담 위험*: 그 수준을 적정한가?(9.14)
- *사업실패의 이유*: 프로젝트가 실패한 사업들의 공통분모를 지니고 있는가?(9.15)
- *Default에 따른 손실규모*: 프로젝트에 default가 발생할 경우 대주단이 예상하는 손실규모는 어느 수준인가?(9.16)

프로젝트에 대한 실사과정은 상기 주제들을 바탕으로 프로젝트에 내재한 리스크를 살펴보는 것이다. 이를 통해 어느 수준까지 다양한 프로젝트 계약을 통해 리스크를 커버 또는 완화할 수 있는지, 그리고 프로젝트 회사가 감당하는 리스크 수준이 합리적인지를 살펴보는 것이다. 흔히 사용되는 방법 중 하나가 다음과 같은 '리스크 매트릭스(risk matrix)'[5]이다:

- 무엇이 리스크인가?
- 프로젝트 계약을 통해 해당 리스크가 커버되는가?
- 계약 이외의 방법(즉, 보증 및 보험 등)으로 리스크를 완화할 수 있는 방법이 있는가?
- 잔여 리스크가 프로젝트 회사에 (그리고 대주단에) 미치는 영향은 무엇인가?

사업계약의 리스크 분배의 최종 결과는 리스크를 보상 이벤트(cf. 7.6), 면제 조항(cf. 7.7) 또는 구제 이벤트(cf. 7.8) 등으로 분류하는 것이다. 이들이 사업계약에 반영되어 있지 않다면, 프로젝트 회사가 해당 리스크를 부담하게 되는 것이다. 그러나 프로젝트 회사 또한 이러한 리스크를 서브계약에 포함시켜 서브계약자들 앞 전가시킬 수 있다. 예컨대 완공지연 리스크가 사업계약에서 커버되지 않는다면 건설회사에 책임을 물을 수 있을 것이다. (cf. 8.2.8) 즉, 리스크가 현실화될 경우 건설회사가 프로젝트 회사 앞 보상하게 할 수 있다. 어떤 경우에는 사업주가 그 리스크를 부담한다. (cf. 9.13)[6]

9.4 상업성

모든 프로젝트의 첫 번째 실사 절차는 상업성 존재 여부이다. (프로젝트 회사의 생산품/서비스에 대한 시장이 존재하는가?) 첫 번째 질문은 프로젝트 회사가 이미 체결한 계약들의 조건과는 상관

---

5 '리스크 등록'이라고 부르기도 한다.
6 (발전 프로젝트와 관련된) 프로젝트 리스크 분류는 Jeff Ruster, "Mitigating Commercial Risks in Project Finance", Public Policy for the Private Sector, Note 69 (World Bank, Washington DC, 1996)* 참조

이 없다. 프로젝트 파이낸스는 장기간에 걸친 비즈니스이며, 한 쪽 당사자에게만 유리한 계약의 조건들은 불안정할 수 밖에 없다; 프로젝트 계약에 영향을 줄 수 있는 미래의 모든 상황들을 미리 고려할 수는 없으며, 그 결과 계약으로 인해 손해를 보는 쪽은 불합리하다고 생각하는 의무를 회피하기 위해 계약적 흠결을 파고들게 된다. 그러므로 프로젝트 계약은 양쪽 모두에게 장기적인 혜택을 가져오는 방식으로 체결되어야 한다.

상업성 점검시 제기되는 질문들은 아래와 같은 것들이다:

- 프로젝트의 생산물 또는 서비스에 대한 시장이 존재하는가?
- 시장에 어떠한 경쟁관계가 존재하는가, 또는 미래에 존재할 것인가?
- 현재 시장에 판매되고 있는 생산물이나 서비스 가격이 합리적인가, 그리고 미래의 경쟁도 고려되었는가?
- 검증된 기술을 활용하는가?
- 시장에서의 대규모 구조적 변화(즉 규제완화 또는 신기술)를 예측할 수 있는가, 그리고 그 효과는 어떠할 것인가?
- 프로젝트는 생산물구매자/계약당국의 예산 범위 내에 있는가, 또는 예상되는 최종 사용자가 생산물 또는 서비스를 구매할 능력이 있는가? (그리고 그들이 구매를 할까?)
- 시장참여자들이 겪고있는 어려움들은 무엇인가?
- 건설회사 또는 원재료 공급자들이 제시하는 가격은 합리적인가?
- 프로젝트가 완공이 되었을 경우 정상적 작동을 방해하는 요소(발전소의 경우 송배전망 미비, 교량의 경우 연결 도로 미비, 원재료 공급 문제 등)가 존재하는가, 그리고 이러한 상황에 대비할 수 있는 준비가 되어있는가?

아래는 매우 양호한 계약적 구조를 갖추었으나 상업성이 없는 프로젝트의 예시이다:

- 건설회사가 매우 낮은 가격을 제시하였을 수 있으나, 아마도 이는 동 건설회사의 실적이 부족해서일 것이다. 건설계약으로 인하여 손실이 발생할 것으로 예상되는 경우 건설회사는 계약조건의 흠결 등을 이유로 들면서 추가적인 돈을 요구할 가능성이 크다. 이로 인하여 분쟁이 발생할 경우 완공이 지연되고, 그 결과 프로젝트 상업성에 영향을 주게 된다.
- 사업계약에 따라 판매되는 생산물이나 서비스의 비용이 동일한 생산물이나 서비스의 가격에 비추어 경쟁력이 없거나 (또는 경쟁력을 상실할 것으로 예상되거나), 최종 소비자의 지불능력에 비해 지나치게 높은 경우이다. 생산물구매자/계약당국은 프로젝트 회사와 최종 소비자의 사이에 껴서 계약이행을 회피하려고 할 것이다.
- 발전 프로젝트는 발전소를 송배전망에 연결하는 국영 전력회사에 의존한다; 생산물구매자는 송배전망이 아직 건설되지 않은 경우에도 용량요금을 지급한다. 이 조항이 PPA에서는 합리적이더라도 전력을 제공하지 않고 용량요금만 받아가는 발전소는 전력구매자에게 골칫거리이며, 그 결

과 전력구매자는 송배전망이 건설되지 않을 경우 PPA 의무를 저버릴 방법을 고민하게 될 것이다.
- 시장에 의존하는 원재료 공급자의 경우, 갑작스러운 시장가격 상승 상황에 직면할 수 있다. 원재료 공급계약상 가격이 시장가격에 연동되는 방식으로 구조화되어 있지 않다면, 분쟁 또는 원재료 공급계약에 default가 발생할 가능성이 높다.
- PFI 모델을 활용한 병원이 사업계약에서 요구된 바 대로 건설되어 운영중이나, 계약당국의 연간 예산이 예상보다 낮게 책정되고 병원의 서비스 요금이 동 계약당국 예산의 상당부분을 차지하여, 동 계약당국의 다른 사업들이 축소되어야만 하는 경우가 존재한다 – 즉 사업계약을 유지하기가 힘든 경우이다. 이러한 상황은 프로젝트에 대하여 정치적 논쟁을 유발한다.

불완전한 계약(Incomplete Contract). 위에서 언급한 것처럼 미래에는 계약 당사자들이 미리 생각하지 못했던 일들이 발생할 리스크가 존재하는데, 법률가들은 이를 '불완전한 계약(incomplete contract)'[7]이라고 부른다. 불완전한 계약은 재협상 또는 소송을 통해 해결할 수 밖에 없는 공백, 미비한 조항 또는 애매모호함 등을 포함하는 계약이다. 계약서가 복잡할수록 불완전할 가능성이 크다. 그 결과 사업계약의 상업성에 치명상을 입힐 수 있다. 이 문제에 대한 정답은 없으며, 리스크를 인지하고 실사 및 리스크 분석을 가능한 한 치밀하게 하는 방법 뿐이다.

프로젝트 회사 관리. 대주단은 프로젝트 회사의 경영 구조를 검토하면서 프로젝트 회사의 직원 또는 관리계약(cf. 3.6.3)을 체결한 회사의 직원들이 필요한 능력을 보유하고 있는지를 확인하려 할 것이다.

9.5 완공 리스크

이와 관련된 최초의 질문은 프로젝트가 제때, 예산범위 내로, 그리고 요구된 기술수준에 맞춰 건설될 수 있는가 하는 것이다 – 이 질문은 상식적으로 건설 과정에 내재해 있는 리스크와 관련된 것이다.

핵심적인 건설관련 리스크[8]는 다음과 같다:

- 사업부지 취득 및 접근(9.5.1)

---

7 다수 프로젝트에서 주인/대리인 문제가 존재한다. 대리인(이 경우 투자자들)은 프로젝트의 매일매일의 운영을 담당하며 주인(이 경우 계약당국)보다 많은 정보와 자원을 보유하고 있다. 그러므로 프로젝트 주인을 희생하며 대리인만 이득을 보는 경우도 존재하는 것이다. 이와 관련된 간단한 예는 회사의 이사들(대리인)이 스스로에게 높은 연봉을 지급하기로 의결하는 것인데, 주주들(주인)이 이를 통제하기 어렵다.
8 완공 리스크로도 알려져 있다. Robert Bain & Jan Willem Plantagie, *The Anatomy Of Construction Risk: Lessons From A Millennium of PPP Experience* (Standard & Poor's, 2007)* 참조

- 사업부지 여건(9.5.2)
- 인허가(9.5.3)
- 건설회사와 관련된 리스크(9.5.4)
- 건설계약 관련 초과비용 발생(9.5.6)
- 기타 건설단계 초과비용 발생(9.5.6)
- 건설기간 중 수입(9.5.7)
- 완공 지연(9.5.8)
- 제3자 리스크(9.5.9)
- 완공시 성능 미비(9.5.10)

건설회사는 프로젝트 회사와 계약을 체결하기 때문에 재무적 리스크에 노출되는 부분을 염두에 둘 것이다.(9.5.11)

계약금액이 고정되지 않고, 완공일이 확정되어 있지 않고, 턴키 방식이 아닌 건설계약에 대한 리스크도 신중히 검토하여야 한다.(9.5.12)

9.5.1 사업부지 취득 및 접근

일반적으로 대주단은 이와 관련된 리스크를 부담하지 않으며, 프로젝트 회사가 사업부지에 대한 소유권[9] 및 접근권, 그리고 추가적으로 필요한 사업부지를 취득하는 조건으로만 금융지원을 결정할 것이다. 선형적인 인프라 프로젝트, 즉 도로나 철도를 건설하기 위해 사업부지 취득이 필요할텐데, 건설이 개시된 시점에 일부 사업부지에 대한 소유권 취득이 완료되지 않았을 때 문제가 될 수 있다.

PPP에서는 통상 생산물구매자/계약당국이 사업부지 취득과 관련된 책임을 진다. 공공부문에는 소유권이 분산되어 있는 대규모 토지에 대한 강제적인 수용을 할 수 있는 권한이 부여되어 있기 때문이다.

9.5.2 사업부지 여건

프로젝트 부지 여건이 건설에 영향을 줄 수 있는 방법은 다양하다. 이는 건설비용을 증가시키거나 완공을 지연(또는 양자 모두)시키는 방식으로 작동한다.

지질학적 구조. 일반적으로는 건설회사가 지질학적 문제와 관련된 리스크를 부담해야 한다. (부지

---

9 건설부지가 공공부지라면 소유권이 아닌 생산물구매자/계약당국으로부터의 라이센스 형태가 될 수도 있다.

정리 및 파일 설치 비용 등으로 반영) 건설계약을 체결하기 전 테스트 시추 – 이는 프로젝트 회사 또는 생산물구매자/계약당국이 시행해야 할 것이다 – 를 해 볼 수는 있을 것이나, 사전조사에서 발견되지 않은 문제들을 100% 제거할 수는 없다. 이 문제는 선형적 구조를 지닌 프로젝트, 즉 도로, 파이프라인 또는 전력 송배전망 등 하나의 부지만 점유하는 것이 아니라 긴 띠 형식의 부지가 필요하여 이에 대한 상세조사가 불가능한 프로젝트의 경우 보다 첨예한 이슈로 대두될 수 있다.

기존 부지사용. 기존에 프로젝트 부지를 사용한 방식이 리스크로 드러날 수도 있다. (cf. 9.10.3) 대주단은 기존에 사용된 적이 없는 부지를 선호한다. 사업부지가 상업적으로나 산업적으로 사용된 경우 문제가 클 수도 있다. 반대로, 농지, 주거지, 사무실 또는 창고로 사용된 부지에 대한 리스크는 상대적으로 낮다. 이와 관련되어 인지된 높은 수준의 리스크는 사업계약과 건설계약 모두에서 보상 이벤트로 지정해야 할 수도 있다.

향후 발견되는 문제. 프로젝트의 일부를 이루며 또 향후 사업부지에 계속 남게되는 구조물에 대하여서도 이러한 원칙이 적용된다. 어떤 경우에는 해당 자산의 상태를 쉽게 확인할 수 없으며(즉, 과거의 빌딩, 교량 또는 터널 등과 관련하여 향후 문제가 발견될 수 있다), 대주단은 알려지지 않은 리스크를 프로젝트 회사가 수용하는 것을 원하지 않을 것이다.

이미 오염된 부지. 9.10.3을 참조하라.

부지에서 발견되는 유물 등. 화석, 고고학적 유물, 묘지 등을 발견함에 따라 건설이 지연될 수 있다; 이와 관련된 리스크는 통상 건설회사가 진다.

상기 문제들을 미리 예상할 수 없었고, 그 결과 프로젝트 계약에 반영이 되어있지 않다면, 대주단의 입장에서 바라보는 주요 리스크 경감방안은 프로젝트 비용이 아직 자본금 투입분을 초과하지 않은 초기에 이러한 문제를 인지하는 것이다; 그럼으로써 문제가 심각하다고 인지하는 시점에 더 이상 대출금 인출을 허용하지 않는 것이다. (cf. 14.3.3, 14.12) 즉, 자본금의 추가투입을 요구하는 것이다.

많은 경우에 있어 부지 여건으로 인해 발생하는 완공지연은 사업계약 및 건설계약에서 구제 이벤트로 다루어진다.

9.5.3 인허가

대주단은 인허가 문제로 인하여 공기지연이 발생하지 않도록 대출금이 인출되기 전에 관련 공사 인허가(cf. 8.8.1)를 득할 것을 요구한다. 사업초기에 인허가를 얻지 못하는 경우라면, 대주단은 통상 인허가 취득에 대한 구체적인 일정을 확정하기를 요구할 것이다. 또한 대주단은 인허가 취득 리스크는 가급적 건설회사(이를 취득하지 못한다면 공기지연에 따른 책임을 지는 이)가 부담하는 것을 선호한다.

프로젝트와 관련성이 없는 이들로부터 통행권, 지역권 등(cf. 8.8.2)을 획득하는 것은 보다 까다로운 문제이기 때문에 건설회사가 이를 부담하려 하지 않을 것이다; 이러한 인허가를 금융종결 전에 획득하지 않았다면 이는 대주단에게 부담으로 느껴질 것이다.

투자 및 금융 허가(cf. 8.8.4)는 금융계약이 효력을 발생하기 전에 획득해야 한다. 일부 국가에서 대출계약이 서명되고 중앙은행에 등록되기 전까지는 허가가 나지 않을 수 있다. 이는 대출계약 서명과 금융종결 간 시간차가 발생할 수 밖에 없다는 것을 의미한다.

최종 완공 또한 프로젝트가 배출물 및 기타 환경 관련 허가(cf. 9.10), 그리고 보건안전 규정을 충족했다는 확인을 받아야만 달성할 수 있다. 종종 이러한 허가를 미리 받을 수 없는 경우가 있으나, 그러한 허가를 받는 것(또는 허가를 받기 위한 기준을 충족하는 것)은 가능한 한 건설회사가 부담하게 하는 것이 좋다: 이러한 사항이 건설계약상 완공의 조건으로 포함된다면(cf. 8.2.5), 인허가 획득 리스크는 건설회사 앞 이전된다.

정부지원약정(cf. 11.7)은 인허가와 관련된 리스크를 축소시키는데 도움이 될 수 있다; 인허가를 받아야 하는 사실 자체를 변경할 수는 없지만, 정부 부처 및 산하 기관들로부터 협조를 받는데 도움이 될 수 있다. 중앙정부는 자신이 직접 통제하지 않는 지방정부 관할 인허가 발급에 대하여는 책임지려 하지 않을 것이다. 개도국 소재 프로젝트와 관련, 프로젝트 회사가 인허가 취득을 위해 충분히 노력했다는 것을 소명할 수 있다면 인허가 미취득과 관련된 책임은 생산물구매자/계약당국이 부담할 수도 있을 것이다.

9.5.4 건설회사

'계약상대방에 대한 리스크(counterparty risk)'는 명확하게 정의하고, 또 분석하여야 한다. 이러한 리스크들 - 대부분 기술적이며 재무적 역량과 관련된 사항들 - 은 프로젝트 회사가 프로젝트 계약 또는 서브계약을 체결하는 모든 계약상대방들과 관련이 있다; 건설회사, 계약당국(특히 중앙정부가 아닐 경우 그러하다, cf. 11.6), 원재료 공급자(cf. 9.8.1), 그리고 O&M 계약자(cf. 9.7.2) 등이다. 계약상대방을 손쉽게 바꿀 수 있다면 해당 리스크는 축소될 수 있을 것이다. O&M 계약자는 쉽게 교체할 수도 있을 것이나, 건설회사는 쉽게 교체할 수 없다. 민간부문 계약상대방의 의무 이행을 담보하기 위해 모기업의 보증(cf. 8.10)을 징구해야 할 수도 있다.

건설회사[10]에 대한 리스크 분석은 다음과 같은 사항들을 고려한다:

• 역무를 수행할 수 있는 능력
• 기술 리스크
• (관련있는 경우) 사업주로서의 지위
• 역무에 대한 가격이 적정한지 여부
• 건설회사의 규모에 비해 건설계약의 범위가 과다한지 여부
• 건설회사의 전반적인 신용도

이러한 종류의 계약상대방에 대한 리뷰는 건설계약에서의 리스크 분배를 고려하기 전 우선적으로 실시해야 한다.

능력. 건설회사는 대부분의 프로젝트에서 핵심적인 역할을 담당하기 때문에 리스크 분석의 첫 번째 단계는 해당 건설회사가 해당 역무를 감당할 수 있는 충분한 기술인력을 보유하고 있는지를 보는 것이다. 관련 건설회사가 유사한 업무를 훌륭히 수행한 경험이 있다고 확신하지 않는 한, 대주단은 금융지원을 꺼릴 것이다. 프로젝트 건설이 복잡할수록 이는 중요한 이슈로 부각된다: 발전소를 짓는 것에 비해 학교를 지을 경우 건설회사에 대한 능력 검증은 덜 중요하다.

LD, 이행성보증, 그리고 건설계약에 따라 제공되는 다른 채권보전장치들(cf. 8.2.8, 8.2.9)은 건설회사의 능력을 쉽게 대체할 수 없다. 지급된 공사대금을 건설회사가 전부 반환하는 계약해지 보상금 또한 프로젝트가 완공되지 않을 경우 프로젝트 회사가 입게되는 손실을 충분히 보상할 수 없을 것이다. 왜냐하면 공사대금은 (기회비용을 제외하고서라도) 총사업비의 60-75% 수준에 불과하기 때문이다.

그러므로 사업주가 이미 잘 알고있는 건설회사가 아니라면 통상 사전심사(pre-qualification, PQ) 과정을 거치게 되는데, 이 때 건설회사는 제시된 프로젝트를 성공적으로 건설할 수 있는 능력이 있다는 것을 설명한다. 즉 유사한 건설경험, 그리고 필요하다면 당시 사용한 기술도 설명자료로 제시한다. 대주단의 기술자문사 또한 제출된 내용을 세밀하게 검토하며, 해당 건설회사의 시장 평판에 대하여서도 조사한다. 주요 하청업체들에 대하여서도 유사한 조사가 진행되며, 건설계약에는 프로젝트 회사가 수락하거나 거부할 수 있는 하청업체의 리스트가 기재된다. (어떤 경우에는 하청계약의 조건에 대하여서도 프로젝트 회사가 거부할 수 있는 권리를 부여한다. 단, 하청계약 금액은 일반적으로 공개되지 않는다)

---

10 다른 핵심 프로젝트 상대방에 대하여서도 유사한 분석이 이루어져야 한다.

만약 해외에서 건설작업이 수행되어야 한다면, 사업소재지에서의 경험, 그리고 현지 하청업체와의 관계 또한 중요한 고려요소가 될 것이다.

마지막으로 실제로 역무를 수행하는 건설회사의 핵심 인력들의 전문성 또한 면밀히 살펴야 한다.

사업주 기술자문사(cf. 8.2.4)와 프로젝트 회사의 인력들이 건설회사의 역무를 감독함으로써 이러한 리스크를 경감할 수 있다. 건설이 건설회사의 고유한 역무라 하더라도 대주단은 해당 역무에 대한 적절한 감독이 이루어지는 것을 희망하고, 그러므로 프로젝트 회사의 인력과 사업주 기술자문사가 그런 역할을 수행할 수 있는 자격과 경험을 보유하고 있기를 희망한다. 대주단의 기술자문사 또한 추가적인 관리감독을 하게된다.

기술위험. 이는 EPC 계약에서 이슈가 될 수 있는데, 이에 대해서는 9.7.1에서 다룰 것이다.

사업주의 일원으로서 건설회사. 사업주이자 동시에 건설회사인 경우, 건설회사로서의 이해관계와 프로젝트 회사에 대한 투자자로서의 이해관계가 충돌하는 상황을 겪게 된다. (cf. 3.2) 부적절한 계약 체결 또는 느슨한 관리감독 등의 리스크가 존재하며, 이 경우 대주단은 EPC 계약이 합리적인 내용으로 체결되었기만을 기대하는 수 밖에 없다.

이러한 리스크는 다양한 방법으로 경감할 수 있다;

- 건설계약의 당사자가 아닌 다른 사업주가 (그럴 수 있는 능력을 보유하고 있는 경우) 건설계약의 역무내용과 협상을 담당하게 하는 방법
- 건설계약에 대한 관리감독은 사업주 기술자문사의 도움을 받아 건설회사와 관련이 없는 프로젝트 회사의 직원이 수행하게 하는 방법
- 프로젝트 회사의 건설회사 출신 이사들을 건설계약 관련 회의에서 배제하는 방법
- 대주단 기술자문사가 보다 중요한 역할을 담당하게 하는 방법

그러나 인프라 프로젝트의 경우처럼 건설회사가 프로젝트의 중요한 사업주 중 하나라면, 건설계약 관련 논의에서 배제시킬 수 있는 가능성이 크지 않다. 그러한 경우, 건설회사는 내부적으로 투자업무와 건설업무가 분리되어 있다고 대주단을 설득할 수 있어야 할 것이다.

건설계약에 대하여 제한적인 참여. 건설회사는 일반적으로 역무의 많은 부분에 대해 하청업체를 동원한다; 예컨대 기자재 공급을 주 업무로 하는 메인 건설회사는 토목업무의 대부분을 하청에 맡길 것이다. (그리고 EPC 계약의 조건과 동일한 조건으로 하청업체 앞 LD를 부과하며 채권보전장치를 징구한다)

건설회사가 중요한 기자재 공급 또는 토목공사를 담당하는 것이 아니라 하청업체들이 수행한 업무에 '포장'만 하는 수준의 역할만을 한다면, 이 하청절차는 과도하게 이루어질 수도 있다. 건설회사의 자체 인력이 충분치 않아 하청업체에 의존하는 경우도 존재한다.

이와 같이, 전반적인 프로젝트 통제의 약화와 관련된 리스크는 건설회사로 하여금 하청업체와 함께 합작투자회사를 설립하도록 함으로써 경감할 수 있을 것이다.

지나치게 낮거나 높은 건설대금. 건설회사가 지나치게 낮은 건설대금을 제시(우선 보기에는 매력적인 제안이지만)할 경우 발생하는 리스크는 상업성(cf. 9.4) 논의에서 간략히 다룬 바 있다. 사업주 기술자문사는 건설대금의 적정성에 대하여 체크를 해야하며, 대주단 기술자문사 또한 이중으로 체크를 해야 한다.

역으로 (프로젝트 수입을 통하여 커버할 수는 있지만) 가격이 너무 높다면, 건설회사와의 모종의 관계가 의심될 수 있으며, 문제가 발생할 경우 대주단의 입장이 어려워질 수 있고, 최악의 경우에는 부정부패 문제가 발생할 수도 있다.

건설계약 사이즈. 건설계약 사이즈는 건설회사의 다른 비즈니스와 견주어 보아 과다하지 않아야 한다. 그렇지 않을 경우 프로젝트에 문제가 발생하면 해당 프로젝트가 건설회사 비즈니스 전체에 미치는 영향이 너무 커서 문제를 제대로 해결하지 못할 가능성이 크다. 건설계약의 사이즈는 일반적으로 건설회사의 연간 매출액에 비추어 그 적정성을 검토해야 한다; 예컨대 10%를 초과할 경우 건설계약의 사이즈가 너무 크며, 보다 기업규모가 큰 다른 회사와 함께 합작투자를 하는 방안을 고려할 수 있을 것이다.

신용 리스크. 건설회사의 신용도가 낮다면 프로젝트 리스크를 건설회사 앞 이전시키는 것은 무의미할 것이다. 만약 건설회사의 전반적 비즈니스가 어려움을 겪게 된다면 프로젝트 또한 문제를 겪게 될 가능성이 높다. 그러므로 건설회사의 신용도가 프로젝트에 부정적인 영향을 미치지 않을지 미리 점검해야 한다.

만약 건설회사가 보다 큰 그룹의 일원이라면, 신용리스크를 커버하기 위한 모기업의 보증이 활용될 수도 있을 것이다.

LD 미지급, 클레임 등과 관련된 리스크는 은행 보증 등으로 경감할 수 있을 것이나, 위에서 언급한 이유로 인하여 채권보전장치는 양호한 신용등급의 대체재가 될 수는 없다.

9.5.5 건설계약과 관련된 초과비용

공사기간 중 예산을 초과하는 비용의 효과는 아래와 같다:

- 프로젝트 완공을 위한 비용이 부족할 수 있다. 사업주는 기존 투자금을 보전하기 위하여 자신들이 약정하지 않은 추가 자본금을 투입해야 할 수 있으며, 대주단에게 추가자금 지원 요청을 함으로써 각종 불리한 약정(그리고 이에 따라 높은 이자율과 불리한 대출조건 수용)을 추가로 체결해야 할 수도 있다.
- 추가 재원이 마련된다 하더라도 프로젝트 사업비, 그리고 대출금 상환비용이 증가하게 된다. (수입은 증가하지 않고 말이다): 그러므로 투자자의 수익률도 낮아진다. 최악의 경우 추가적 비용이 상업성을 크게 훼손하여 사업 포기에 이르게 할 수도 있다.
- 대주단의 관점에서 대출금 증가는 커버비율(cf. 12.3)에 부정적으로 작용하여 대출금 상환위험이 높아졌다고 느끼게 된다.

건설기간 중 비용을 통제하기 위하여 예산은 대주단의 동의를 받게 되어있으며, 프로젝트 완공을 위한 충분한 재원이 있다 하더라도 큰 비용이 들거나 발생할 것으로 예상되는 항목에 대하여서도 대주단의 동의를 얻게 되어있다. (cf. 14.3.2) 그러나 대주단은 지나치게 상세한 항목에 대하여 통제를 하려 해서는 안된다: 대부분의 비용은 고정된 건설대금이거나 금융비용이며, 전반적인 사업비가 크게 변하지 않는다면 일정 정도의 자율권은 프로젝트 회사에 부여해야 하기 때문이다.

그러므로 리스크 분석은 건설예산(construction budget)의 주요 항목들을 지정하고(cf. 13.5.1), 이 항목들을 어떻게 통제하고 또 초과비용 발생 가능성은 어느 정도인지 파악하는 것에 집중해야 한다.

건설계약은 통상 사업비의 가장 큰 부분을 차지한다-약 60-75% 수준이다. (기타 예산항목들은 9.5.6에서 다룬다) 그러므로 건설계약을 통제할 수 있어야 하며, 이 때문에 고정가격의 턴키 방식의 계약이 의미하는 바가 크다. 건설계약이 고정가격이 아니라면 추가적인 리스크 분석이 요구된다.

그러나 고정가격이라 할지라도 100% 고정되어 있는 것은 아니며, 건설계약의 다양한 조항에 따라 건설회사가 추가적으로 대금을 요구할 수 있는 리스크는 존재한다. 추가적 대금요구 사유는 크게 아래와 같다:

역무개시 지연. 계약 서명 후 실제 역무개시는 인허가 취득의 어려움, 금융조달의 어려움 및 대주단이 요구하는 선행조건 충족 미비 등의 사유로 바로 시작되지 않을 수 있다. (cf. 8.2.2, 14.5) 건설회사는 계약대금을 영원히 고정시킬 수 없으며, 고정가격이 적용될 수 있는 기한을 정하게 된다.

즉, 해당 기한 이후에는 CPI 또는 기타 지수를 적용하여 고정가격을 조정하게 된다. 이러한 방식의 고정가격 조정 메커니즘이 사전에 정해지지 않으면, 대주단은 금융지원 의사를 표명하기 어려워 할 것이다. (가장 큰 비용요소가 고정되어 있지 않기 때문이다)

사업부지 리스크. 9.5.2에서 살펴본 바와 같이 건설회사가 건설 부지 리스크를 부담하지 않는 경우, 이와 관련하여 발생하는 추가비용은 프로젝트 회사가 감당해야 하며, 이는 결과적으로 (보상이벤트 조항을 적용하여) 생산물구매자/계약당국 또는 사업주의 부담으로 귀속될 것이다.

디자인 리스크(design risk). 이는 대부분의 프로젝트에 적용된다: 우선, 기본 디자인 업무가 충분히 상세하게 이루어져, 상세 디자인 과정에서 지나치게 큰 추가 비용이 발생하지 않는지에 대한 것이다. 다음으로는, 디자인이 너무 복잡하여 건설단계에서 문제가 발생할 수 있는지 여부이다. 건설회사는 건설계약을 체결한 후 세부 디자인 수립 업무에 착수하는데, 이 작업으로 인하여 건설대금이 변경되어서는 안된다. 그러나 디자인 및 기타 요구사항이 건설계약에 충분히 반영되어 있지 않을 가능성이 존재한다. 대주단은 이러한 상황은 받아들이지 않을 것이다.

프로젝트 회사 리스크. 8.2.5에서 살펴본 바와 같이, 프로젝트 회사 또한 건설계약에 따라 특정 의무를 부담해야 한다. 만약 이러한 의무를 이행하지 않아 추가비용이 발생한다면, 건설회사는 이에 대한 대금지급을 프로젝트 회사 앞 청구할 것이다. 이러한 리스크에 대한 경감방안은 프로젝트 회사 리스크를 최소한의 범위에 국한할 수 있는 방향으로 건설계약을 체결하는 것이다.

계약내용 변경. 모든 계약내용의 변경은, 그 결과 발생하는 비용이 최소한의 수준이 아니라면, 대주단의 승인을 득해야 한다. 대주단은 승인 검토 과정에서 관련 비용을 커버할 수 있는 재원이 마련되어 있으며, 또 그러한 변경에 따른 혜택(운영비용 축소 등)이 자본비용을 초과하거나, 계약대금 증액 등으로 커버될 수 있다는 점을 확인하려 할 것이다.

법률변경. (배출량 감소 등의 규제는) 프로젝트 건설 비용을 증가시킬 수 있다; 계약사양 변경과 마찬가지로, 건설회사와 관련된 리스크는 프로젝트 회사에 귀속한다. (cf. 8.2.3) 그러나 이는 사업계약으로 커버할 수도 있다. (cf. 11.3)

예비부품. 예비부품이 필요한데도 불구하고 관련 비용이 EPC 계약에 포함되어 있지 않을 수 있다. 그 결과 실제 발생 비용이 예산을 초과할 수 있다. 그러나 예비부품 비용은 상대적으로 소액일 것이다.

위의 사항들과 같이 다양한 고려요소들이 존재하지만, 대주단의 요구사항을 충족할 수 있는 잘 작성된 건설계약이 체결된 경우, 일반적으로 건설기간이 가장 리스크가 큰 기간으로 간주됨에도 불

구하고 초과비용 리스크는 상대적으로 낮다.[11]

9.5.6 기타 건설기간 중 비용

초과비용을 야기할 수 있는 기타 건설기간 중 비용[12]들은 아래와 같다:

- 사업개발비용
- 인력동원 비용
- 보험료
- 기타 프로젝트 회사 비용
- 자문사 수수료
- 예비비(contingency)
- 금융비용 - 건설대금 다음으로 큰 비중을 차지하는 비용이다. (cf. 13.4.1) 그 결과 위 항목들에 대한 금액이 증가하면 금융비용도 자동적으로 늘어나게 된다.

아래에서 이를 보다 상세히 살펴보기로 하자.

사업개발비용. 프로젝트 개발비용(cf. 3.5, 12.2.5)은 금융종결 전 사업주가 쓴 비용으로, 건설기간 중 초과비용이 발생하지 않을 것처럼 보인다. 그러나 대주단과 건설예산에 합의하는 때와 금융종결이 이루어지는 때의 시간차가 발생하여 법률비용 등의 추가비용이 발생하여 예산을 초과하는 일이 종종 발생한다.

사업개발비용은 (전액 자본금 투입으로 간주되지 않는다면) 금융종결시 사업주에게 환급되나, 초과비용이 발생하는 경우 충분한 재원이 존재하는 것이 확인할 수 있는 완공 시점까지 환급이 연기될 수 있다.

인력동원 비용. 인건비 - 프로젝트 운영을 위해 직원들을 훈련시키는 비용 - 는 건설회사 또는 O&M 회사가 고정비용으로 커버할 수도 있으므로 이 부분이 리스크가 되는 일이 발생해서는 안 될 것이다.

보험료. 건설기간 중 보험료는 고정되어 있으며, 통상 계약기간 초기에 지급된다. 그러므로 최종 예산안 확정 시점과 금융종결 시점간 시간 차가 발생하지 않는다면 초과비용을 야기하지 않을 것이다. 그럼에도 불구하고 보험 브로커는 이와 관련된 리스크를 최소화하기 위하여 시장 보험료 수준

---

11 Frederic Blanc-Brudé & Dejan Makovsek, *Construction Risk in Infrastructure Project Finance* (EDHED Business School, Lille/Nice, 2013)*
12 'hard cost'라고 불리는 건설대금과 대비하여 'soft cost'라고 불리기도 한다.

을 정확하게 조사하여 보고하여야 한다. 완공지연이 발생할 경우 커버기간이 길어지기 때문에 보험료가 상승할 수 있다. 완공 직전에 지급하여야 하는 첫 해 운영기간 보험료(이는 건설기간 중 예산에 포함된다)가 문제가 될 수도 있다: 그러므로 이 비용은 보험 패키지의 일부로서 미리 고정시켜 놓는 것이 좋다.

자문사 비용. 프로젝트 회사의 자문사(cf. 3.4)들은 건설기간 중에도 계속 업무를 수행하고, 문제가 발생할 경우 추가적인 별도 자문을 제공해야 할 때가 있다. 이에 더하여 기술자문사 등 대주단의 자문사(cf. 5.5) 관련 비용도 계속 발생한다. 이러한 비용들은 고정되어야 하며, 예산운용에 큰 제약이 되어서는 안된다. 그럼에도 불구하고 프로젝트 계약에 변경사항이 발생하여 법률자문사 및 금융자문사의 서비스가 필요해진다면, 해당 기간 중 자문비용은 꽤 큰 수준으로 발생할 가능성이 높다.

프로젝트 회사의 자체 비용(project company cost). 이는 위에서 커버되지 않은 잔여 비용으로, 금융종결 후에도 발생하는 것들이다. 이와 관련된 주된 항목은 프로젝트 회사의 임차료, 사무실 집기, 인건비, 기술자문사 앞 수수료 등이다. 이 비용은 전체 예산 대비 소규모여야 하며, 예산에 맞게 운용할 수 있어야 한다.

예비비. 아무리 예산이 잘 운영된다 하더라도 초과비용을 발생시키는 갑작스러운 이벤트가 발생할 수 있다. 위에서 언급한 리스크 경감방안을 모두 마련한다 하더라도 대주단은 예비비를 마련할 것을 요구할 것이다. 어림잡아 건설계약액의 10% 내외 또는 총사업비의 7-8% 내외가 예비비로 요구된다. 예비비는 완공지연시 건설회사가 LD를 내지 못할 때 이를 커버하는데 활용될 수도 있다.

이러한 예비비는 총사업비의 일부로 계상된다. (cf. 12.4.2) 이러한 예비비는 건설기간 중 발생하는 초과비용과 완공지연(cf. 9.5.8)의 효과를 커버하기 위한 것이며, 다른 방법으로 커버되어야 하는 이자율, 물가상승률 및 환율변동 등과 관련된 리스크를 커버(cf. 10.3-10.5)하는 용도가 아니라는 점을 기억해야 한다.

9.5.7 건설기간 중 수입

몇몇 프로젝트에서는 자본금과 차입금 뿐 아니라 건설기간 중 운영을 통해 발생하는 수입으로 건설대금을 충당하기도 한다. 예컨대 기존의 교량 또는 터널 통행료를 프로젝트 회사 앞 지급하여 이를 통해 새로운 교량이나 터널을 동시에 짓는 등이다. 유사하게 프로젝트는 단계별로 건설될 수도 있다. 이를 통하여 초기 단계에서 발생하는 수입으로 후기 단계 건설비용을 충당하게 하는 것이다.

이러한 건설단계 수입이 매우 안정적인 경우가 아니라면, 프로젝트 건설 재원을 안정적으로 뒷받침할 수 없다. 건설기간 중 수입 예상액은 보수적이어야 하며, 이러한 불확실성에 대비하여 예비비

수준을 높여야 할 수도 있다. 더욱이, '자본금'의 대부분이 투자금이 아니라 건설기간 중 수입으로 충당될 예정이라면, 이는 투자자들의 리스크 회피전략으로 읽혀 대주단에게는 좋은 이미지를 주기 힘들 것이다. 이러한 문제를 부분적이나마 해결하기 위한 방법 중 하나는 사업주들이 건설기간 중 수입에 대하여 보증을 제공하는 것이다. 건설비용 일부가 유휴부지를 매각하여 조달(cf. 15.10)하는 경우라면 유사한 이슈가 제기될 수 있을 것이다.

생산물구매자/계약당국은 PPP 프로젝트의 자본비용에 대하여 다양한 금융을 제공할 수 있을 것이다. 이에 대해서는 제15장을 참조하라.

9.5.8 완공지연

완공지연은 다음과 같은 사유로 인하여 발생 가능하다:

- 건설회사가 건설계약 의무 미이행
- 건설회사에 영향을 미치는 보상 이벤트 또는 면제 이벤트 발생(cf. 7.6, 7.8, 8.2.5, 8.2.6)
- 제3자가 프로젝트에 필요한 연결 인프라 제공 실패(cf. 9.5.9)

완공지연은 아래와 같은 일련의 결과를 낳을 수 있다:

- 대출잔액이 보다 오랫동안 유지되기 때문에 건설기간 중 이자비용(cf. 10.3) 등 금융비용이 더 늘어나게 된다: 이는 사실상 초과비용이다.
- 프로젝트 운영을 통한 수익창출이 지연되거나 사라질 수 있다.
- 생산물구매자 또는 원재료 공급자 앞 페널티를 지급해야 할 수 있다.

그러므로 완공지연의 효과는 여타 초과비용과 비슷한 방법으로 추가비용을 발생시킨다. (cf. 9.5.5)

아래에서 완공지연 리스크를 보다 상세히 살펴보자:

건설회사에 의한 완공지연. 날짜가 확정된 턴키 방식의 건설계약은 완공지연에 대한 가장 중요한 보호장치이다; 완공이 지연되면 건설회사는 LD를 내야 하는데, 이는 일정기간 동안 프로젝트가 재무적으로 영향을 받지 않도록 하는 역할을 한다. (cf. 8.2.8) 그러므로 LD는 발생할 수 있는 문제에 대하여 건설회사가 선제적으로 필요한 조치를 취하게 하는 장치로 작동한다. 그러나 지연이 6-12개월 이상 계속되면 LD 한도는 곧 소진될 것이며 이후 건설회사가 느끼는 부담은 크게 줄어든다.

완공 즈음에 발생하는 성능문제가 아니라면, 프로젝트 추진 상세 프로그램이 마련되어 있는 경우 완공지연은 통상 예상 가능하다. 왜냐하면 핵심공기사안(critical-path item)(해당 부분이 늦어지면 프로젝트 전체 진행도 늦어질 수 밖에 없는 사안)들이 스케쥴보다 늦어지는 것이 보이기 때문이다. 그러므로 프로젝트 회사와 기술자문사는 핵심공기사안에 지연요소가 존재하는지 면밀히 살펴야 하며, 건설회사가 이를 해결할 수 있도록 협조(또는 압박)하여야 한다. 대주단 기술자문사 또한 그 과정을 모니터링해야 한다. (cf. 14.3.2)

구제 이벤트 구제 이벤트는 추가적인 시간을 허용하므로(cf. 8.2.6), 완공지연을 야기할 수 있다는 점은 명확하다.

프로젝트 완공의 정의. 완공은 다양한 계약에서 등장하는 개념이다 - 건설계약에서, (존재한다면) 원재료 공급계약, 그리고 금융계약에서 요구되는 마일스톤(milestone) 등으로 말이다. 그러므로 이러한 계약들에서 등장하는 프로젝트 완공의 정의가 프로젝트 회사 관점에서 서로 잘 들어맞도록 할 필요가 있다. 완공지연으로 인하여 프로젝트 회사가 페널티를 (예컨대 생산물구매자에게) 지급해야 한다면, 해당 계약에서는 완공의 정의가 가능한 한 유연하게 정의되어 완공을 쉽게 달성할 수 있도록 하여야 한다. 반면에 프로젝트 회사는 건설회사에게 완공을 쉽게 달성하지 못하도록 통제하여야 한다.

대주단은 성급한 완공 달성에 대하여 우려(문제가 남아있는 경우에도 프로젝트 회사와 생산물구매자가 완공을 선언하여, 건설회사의 의무를 쉽게 벗겨주는데 대한 우려)를 표할 것이다: 이에 따라 대주단은 대주단의 기술자문사가 승인을 하기 전 프로젝트 회사가 완공을 달성하였다고 선언하지 못하게 할 것이다. 이에 더하여 대주단의 관점에서 완공은 건설계약에서의 완공의 개념보다 광범위하고 보수적일 것이다. (예컨대 제3자의 연결 인프라 완성 등 - 아래 참조)

9.5.9 제3자 리스크(third-party risk)

제3자와 관련된 다양한 리스크도 완공을 지연시킬 수 있다: 이는 사업계약상 구제 이벤트로 취급된다. (cf. 7.8)

프로젝트에 필요한 연결 구조물 및 유틸리티. 건설회사는 프로젝트 건설을 위하여 필요한 사업부지에의 연결 구조물 등을 원재료 공급자나 생산물구매자 등 제3자에게 의존할 수도 있다. 유사하게, 프로젝트 운영을 위하여 그러한 연결 구조물이 필요할 수도 있다. 예컨대, 파이프라인이나 용수배관이 건설부지에 연결되어야 할 수도 있고, 연료를 공급하기 위하여 철도가 필요할 수도 있으며, 발전소로부터 전력을 송출할 송전망이 필요할 수도 있으며, 유료도로나 교량 프로젝트와 관련하여 연결 도로가 필요할 수도 있다. 이러한 연결 구조물을 제공하는 제3자 또한 다른 이들에게(예컨대 통행권과 관련) 의존해야 할 때도 있다.

프로젝트 계약을 통해 생산물구매자/계약당국, 원재료 공급자 등이 연결 구조물을 건설하는 것으로 정해졌다면, 그들의 업무지연으로 인하여 프로젝트 회사가 입는 손실이나 페널티에 대하여서는 그들이 직접 책임지게 하는 것이 일반적이다.

이러한 연결 구조물을 제공하는 제3자가 프로젝트와 직접적인 관련을 맺고있지 않다면 이들은 프로젝트가 제때 준공되는 것에 큰 관심을 두지 않을 것이며, 연결 구조물 건설 지연에 따라 프로젝트가 입는 손실은 연결 구조물 건설 비용에 비례하게 정하려 하지 않을 것이다. 이와 같은 경우 프로젝트 회사가 리스크를 평가하는 방법은 이 제3자가 동일한 상황에 처했을 때 어떻게 행동하였는지 조사해보는 방법, 그리고 제3자와 협조하거나 모니터링을 꼼꼼하게 실시하는 수 밖에 없다. 제3자와 건설회사 간의 관계 또한 중요할 수 있다.

유틸리티 이전. 마찬가지로, 도로건설과 같은 프로젝트는 유틸리티를 이전시켜야 할 때가 있다. (예컨대 가스, 수도 또는 폐수 파이프라인이 도로 아래로 설치되어야 할 때가 있다) 관련 유틸리티는 이 절차에 대하여 통제권을 가지고 있을 것이므로, 상호 협조가 요구된다. 마찬가지로, 유틸리티는 프로젝트가 제때 완공되는 것에 큰 관심을 보이지 않기 때문에, 이 과정에서 공기지연이 발생할 수 있다. 그러나 이는 건설과정에서 늘 마주치는 문제이기 때문에 프로젝트 회사는 이 리스크를 건설회사 앞 이전할 수 있을 것이다.

항의. 공공 인프라 건설을 포함하는 프로젝트는 대중의 반대를 야기할 수 있는데, 이 경우 공기가 지연될 가능성이 크다. 최악의 경우 단순히 건설업무를 방해하는데 그치지 않고 정치적인 폭동으로 연결될 수도 있다. (cf. 11.4.3)

일반적으로, 프로젝트가 공공 인프라 건설을 포함하고 있다면 공공부문이 상기와 같은 이유로 공기가 지연되는 것에 대하여 책임을 져야 한다. 즉, 건설회사가 업무를 수행할 수 있도록 적절한 보안조치를 취해야 하며, (PPP의 경우) 이와 같은 사유로 발생한 지연은 (지연에 따른 기회비용을 보상하지는 못하더라도 최소한) 구제 이벤트로 처리함으로써 프로젝트 회사에게 default를 적용하지 않아야 한다.

다른 프로젝트에 의존하는 프로젝트. 가장 심각한 제3자 리스크 - 종종 치명적인 영향을 끼치기도 한다 - 는 하나의 프로젝트가 다른 프로젝트에 의존하는 것이다. 예컨대 가스발전 프로젝트의 경우 그 자체가 프로젝트 파이낸스의 대상인 가스 파이프라인 프로젝트에 의존하는 경우가 있을 수 있다. 파이프라인 완공이 보장되지 않는다면, 발전 프로젝트 또한 금융을 조달하는데 어려움을 겪을 것이다; 역으로 발전 프로젝트 완공이 보장되지 않는다면, 파이프라인 프로젝트 또한 금융을 조달하기 어려울 것이다. 두 개의 프로젝트를 하나처럼 처리하는 방식으로 이 문제를 해결할 수는 있을 것이나, 한 프로젝트의 사업주가 다른 프로젝트의 사업주와 동일하지 않을 수 있으며, 각자는 상대방 프로젝트의 완공을 보장하는데 관심이 없을 수도 있다. 그런 경우 계약당국이 중간에 나서서 프로젝트간 인터페이스 리스크를 직접 부담할 수 있을 것이다.

9.5.10 성능미달

(부적절한 디자인 또는 기술로 인한) 성능 리스크(performance risk)로 인하여 완공일에 프로젝트가 예상 수준에 미치지 못하는 성능을 시현할 수 있다. 이는 주로 빌딩이나 토목공사보다는 공정 플랜트 프로젝트와 연관이 깊다. 왜냐하면 전자의 문제는 완공 후 오랜 시간이 지나야 드러나는 것이 보통이기 때문이다.

요구되는 성능을 보이지 못한다면 EPC 계약자가 성능미달 LD를 지급해야 한다. 동 금액은 프로젝트 운영기간 동안 성능미달로 인하여 발생하는 재무적 손실의 현재가치를 커버하기에 충분한 금액이어야 한다. (cf. 8.2.8) 성능미달 LD는 대출금을 조기 상환하는데 사용되는데, 이를 통해 예상했던 성능을 보였을 경우와 동일한 수준의 커버비율을 충족시키고자 하는 것이다. (cf. 12.3, 14.6) (남는 금액은 투자수익률 감소를 보상하기 위하여 투자자들 앞 지급된다)

그러나 초기 LD 금액 산정시 가정이 잘못되어 있을 수 있다; 예컨대 프로젝트가 당초에 예상했던 것보다 많은 양의 원재료를 사용한다면, 이와 관련된 추가 비용은 LD로 커버되어야 하나, 원재료 단가에 대한 가정 자체가 여러 가지 이유로 인하여 잘못되어 있을 수도 있다; 만약 이 단가가 예상보다 높은 것으로 나타난다면, LD는 프로젝트 회사의 경제적 손실을 다 커버하지 못할 것이다.

나아가서, 완공 시점의 성능 테스트는 짧은 시간 동안의 스냅샷에 불과하여, 시간이 지나면 드러나는 성능의 문제에 대해서는 LD가 적용되지 않는다.

그러므로 성능미달 LD를 정하는 것은 어림한 수치를 잡는 것에 다름아니며, 완공달성 후 수 년이 지난 후에 성능문제가 발생할 경우 (하자보증 등에 따른 청구가 아니라면) EPC 계약자에게 보상을 요구할 수도 없다. 프로젝트 회사는 이러한 가정의 불확실성에 대하여 인지하고 있어야 하며 이와 관련하여 EPC 계약자와 LD 금액 협상을 할 때 일정 정도의 마진을 포함시킬 수 있어야 한다.

마지막으로, 프로젝트에 새로운 기술이 적용될 경우 성능미달 LD로는 충분치 않다: 대주단이 기존 기술을 사용하는 경우보다 높은 수준의 성능미달 LD를 수용할 수도 있지만, 개념적으로 완전히 새로운 기술과 관련하여서는 그렇지 않다. (cf. 9.7.1)

9.5.11 건설회사의 채권보전장치

건설회사는 프로젝트 회사가 대금을 제 때 지급할지 여부와 관련하여 담보를 제공하라고 요구할 수도 있다 - 건설회사의 입장에서는 이 부분이 가장 큰 리스크이기 때문이다. 대주단은 프로젝트 자산에 대하여 1순위 담보권을 보유하고 있다. 일반적으로 사업주나 대주단은 건설회사에 보증을 제공하지 않는다. (물론 사업주 중 하나가 건설회사인 경우가 있으며, 그 경우에는 보증이 필요치

않을 것이다)

일반적으로 건설회사의 유일한 채권보전장치는 금융계약의 존재이며, 대주단은 건설기간 중 건설대금 지급을 중단하지 않을 것이라는 믿음이다. 그러므로 건설회사는 다음과 같은 조건이 충족되기 전에는 역무를 개시하지 않을 것이다:

- 모든 프로젝트 계약 및 금융계약 체결 완료
- 건설계약에서 정한 바에 따라 제때 대금이 지급될 수 있도록 사업주와 대주단으로부터 충분한 자금지원이 이루어지고, 또 대출금 인출이 자의적으로 이루어지지 않을 것이라고 확신
- 금융종결 달성

종종 사업주는 금융종결 달성 전 건설회사가 역무를 개시할 것을 요청할 수 있으며, 금융종결 달성 전 수행한 역무에 대하여 일시적인 보증을 제공할 수도 있다. (cf. 8.2.2)

건설회사는 건설계약상 대금지급 스케줄이 자신의 직접 비용 및 하청업체와 기자재 공급업체 앞 대금지급 스케줄과 최대한 밀접하게 연계시켜, 만일 프로젝트 회사에 문제가 발생하더라도 건설회사의 손실은 최소화 될 수 있도록 하여야 한다.

9.5.12 고정가격, 확정일 및 턴키 건설계약이 없는 프로젝트

고정가격, 확정일 및 턴키 건설계약은 프로젝트 파이낸스에서 중요한 리스크 경감방식이다. 그러나 아래와 같이 그러한 계약이 적합하지 않거나, 가능하지 않는 종류의 프로젝트도 존재한다:

광산 및 기타 탐사개발 프로젝트. 광구나 유전개발은 궂은 날씨, 접근성 저하, 기술적/노무적 문제 등으로 인하여 평균 대비 높은 건설위험을 감수해야 한다. 고정가격, 확정일 및 턴키 건설계약이 존재하는 경우에도 LD가 이러한 리스크를 커버하지 못한다. 이 경우에는 주로 사업주가 서브계약자들과 함께 스스로 건설업무를 담당한다.

정유공장/석유화학공장. 이러한 프로젝트들은 통상 기존 운영자들이 보유하고 있는 특허에 의존한다. 프로젝트 회사는 특정 공정을 활용하기 위해 이러한 권리를 구매한다. 이는 EPC 회사가 프로젝트에 필요한 핵심 지적재산권을 제공할 수 없어, 턴키 계약을 체결할 수 없는 결과를 낳는다. 이러한 프로젝트들도 사업주가 직접 건설업무를 수행하는 경우가 많다.

시스템 설치. 일정 기간에 걸쳐 시스템을 설치하는 프로젝트(예컨대 케이블 TV나 무선통신 네트워크 등)의 경우, 설치 속도는 수요에 달려있다. 대주단은 고객으로부터 벌어들이는 수입이 빠르게 늘어날 경우 대출금도 보다 신속하게 인출할 수 있게 허용한다. 그 결과 건설도 속도를 낸다. 그 반

대의 경우도 마찬가지이다. 건설에 걸리는 시간이 불확실함에 따라 건설회사는 쉽사리 금액이 고정된 건설계약을 제시하지 못한다. 물론 이러한 종류의 프로젝트에는 완공일이 중요하진 않다.

위와 같은 경우 대주단은 완공 리스크를 줄이기 위하여 사업주로부터 완공보증을 요구한다. (즉, 금융조건이 무소구에서 제한소구로 변경된다 - cf. 9.13) 사업주가 완공을 보증하는 경우 다음과 같은 사항들이 자연적으로 따라온다:

- 사업주가 완공에 부족한 자금을 댄다.
- 완공이 지연되는 경우 사업주가 대출금 전액을 상환하거나, 원리금 상환 스케쥴에 따라 대출 원리금을 상환한다.

그러므로, 프로젝트 파이낸스에 적합한 건설계약이 존재하지 않는 경우 사업주가 감당해야 하는 재무부담이 매우 커질 수 있다. 더욱이 이런 경우 프로젝트 완공에 대한 정의는 매우 세심하게 이루어져야 한다. 프로젝트 종류에 따라 단순히 시설에 대한 완공 뿐 아니라 일정기간 동안 프로젝트가 안정적으로 운영될 수 있는 능력도 요구될 것이기 때문이다.

9.6 수입 리스크

프로젝트 회사가 운영비용을 대고 대출 원리금을 상환하며, 투자자들에게 적절한 수익률을 거둘 수 있도록 하기에 충분치 못한 수입만을 창출하는 리스크는 프로젝트 파이낸스의 핵심 리스크이다.

프로젝트가 (공정 플랜트 또는 자원개발 프로젝트 공통으로 적용되는) 생산물을 생산한다며, 리스크는 (예정대로 운영된다고 가정할 때) 프로젝트가 다음과 같은 사항들을 충족시킬 수 있는가 하는 것이다:

- 생산물의 양 - 물량 리스크
- 생산물의 가격 - 가격 리스크

이러한 리스크는 생산물판매계약 또는 유사한 계약(9.6.1) 등을 통해 경감할 수 있다. 그렇지 않다면 프로젝트 회사는 시장 리스크를 부담해야 한다. (9.6.2)

민영화 또는 PPP 양허방식의 인프라 프로젝트의 경우, 핵심 수입 리스크는 예상 통행료 및 사용료를 받을 수 있도록 당초 계획된 수준의 서비스를 제공할 수 있는가 하는 것이다. 이는 사용량 리스크(9.6.3)이다.

가용성에 기반한 사업 계약에서 사용량 리스크는 계약당국이 진다. 그 결과 가장 중요한 수입 리스크는 계약당국이 계약대금을 지급할 수 있는 능력을 보유하고 있는지 여부이다. (9.6.4)

가용성 또는 성능과 관련된 페널티 및 PPP 계약대금 차감 리스크는 아래 운영 리스크(9.7)에서 다루기로 한다.

9.6.1 생산물구매계약 및 유사 계약

이 섹션에서는 생산물구매계약 및 3개의 유사 계약 – 헤지 계약, 차액결제계약 및 장기판매계약(long-term sales contract) – 에 대한 리스크를 검토한다. 각각은 유사한 특징을 지니고 있지만 서로 다른 리스크 이슈를 지니고 있다:

- 생산물구매계약은 물량 리스크와 가격 리스크 모두 커버한다.
- 헤지 계약은 물량 리스크와 가격 리스크 모두 커버하거나, 가격 리스크만 커버할 수 있다.
- 차액결제계약은 가격 리스크만 커버한다.
- 장기판매계약은 물량 리스크만 커버한다.

물량 리스크와 가격 리스크가 계약적으로 해결된 경우, 프로젝트 회사에게 가장 중요한 것은 운영 리스크(cf. 9.7)이다.

생산물구매계약. Take-or-pay 방식의 생산물구매계약(cf. 6.3.1)이 존재하는 경우 물량 리스크와 가격리스크는 생산물구매자가 진다. 이 경우 원칙적으로 프로젝트 회사에게는 수입 리스크가 크지 않다. 이런 종류의 계약을 체결한 공정 플랜트 프로젝트는 레버리지 비율을 높게 가져가면서 이를 통해 경쟁력 있는 생산물을 제조하여 판매할 수 있을 것이다.

생산물구매계약을 체결한 프로젝트 회사의 가장 큰 리스크는 생산물구매자의 의무이행 능력일 것이다. 프로젝트 회사와 대주단은 사실상 생산물구매자에 대하여 장기적인 신용리스크를 감수하는 것과 동일하다. 이 리스크를 평가하기 위해 첫 번째로 거쳐야 하는 것이 재무제표에 기반한 기업의 신용평가이나, 이 방법만으로는 생산물구매자의 신용리스크가 적절한지 판단하기가 어렵다. 리스크가 존재하는 기간(통상 15-25년)은 일반적인 기업금융 대출기간보다 훨씬 길어 (아무리 신용도가 좋은 기업이라 하더라도) 먼 미래에 대한 신용 리스크를 적절히 평가하기가 곤란하기 때문이다. (물론 채권의 경우 만기가 꽤 길 수 있으며, 신용평가기관들이 장기채권에 대한 신용등급을 부여하기도 한다)

그러므로 이러한 리스크에 대한 평가는 프로젝트의 상업성(cf. 9.4)을 검토하는 것이기도 하다. 프로젝트가 장기적인 상업성을 보유하고 있다면(예컨대 생산물 제조비용이 산업평균보다 낮다면),

생산물구매자가 다른 곳에서 문제가 있다 하더라도 생산물구매계약 의무는 지키려 할 것이다. 일부 전문가들은 생산물구매계약의 존재가 프로젝트의 기본적인 상업성(실질적인 대주단의 채권보전장치)에 대한 검토 필요성을 감소시킬 수 있다는 이유로 장기 생산물구매계약이 없는 것이 더 낫다는 의견을 표명하고 있다. 그러나 대부분의 대주단은 가능한 한 생산물구매계약이 존재하는 것을 선호할 것이다.

생산물구매자가 - 민간회사라면 - 안정적인 환경에서 영업을 할 수 있는지 여부와 생산물구매자의 비즈니스가 장기적으로 발생할 수 있는 문제들에 대하여 잘 대응할 수 있는지 여부 또한 이슈이다. 예컨대, 산업플랜트에 전기를 공급하는 발전 프로젝트의 경우 산업플랜트에서 생산하는 제품에 대한 장기적인 판매 리스크를 수용하는 것과 다름없다.

생산물구매자가 공공기관일 경우, 일반적이지 않은 장기적인 신용리스크 이슈가 부각될 수도 있다. 단기적으로는 대주단은 생산물구매자가 공공기관이라는 사실을 중요하게 판단하고, 또 필요한 경우 (정부 보증이 존재하지 않는다 하더라도) 정부가 재정지원을 할 것이라고 가정할 수 있을 것이다. 그러나 사업소재지국 정부가 생산물구매자의 지분을 보유하고 또 해당 산업을 규율하고 있다면, 사업소재지국 정부는 자신들이 해당 리스크를 가장 잘 통제할 수 있다는 판단 아래 자신들이 생산물구매자에 대한 장기 신용리스크를 직접 부담하려 할 수도 있을 것이다.

정부의 공공부문 생산물구매자에 대한 (또는 생산물구매자 비즈니스의 일부에 대한) 민영화 결정이 해당 기관의 신용등급에 큰 영향을 줄 수도 있을 것이다. 어떤 국가도 정부운영 방침과 관련있는 민영화 조치를 취하지 않겠다고 약속하지 않을 것이나, 이 이슈를 해결할 수 있는 다양한 선택지들이 존재한다:

- 사업소재지국 정부가 생산물구매자의 의무를 보증한다면, 프로젝트는 생산물구매자의 민영화 또는 다른 방식의 구조조정에 영향받지 않을 것이다.
- 생산물구매자의 신용등급이 요구되는 수준에 미치지 못하는 경우 사업 소재지국 정부는 민영화와 동시에 보증을 제공해야 할 수도 있다.
- 대주단은 민영화 대상 회사가 재무적으로 튼튼하거나 비즈니스 환경이 탄탄한 경우에만 민영화가 추진될 수 있다는 관점을 가질 수도 있다: 실제로 민영화가 이루어진 이후 신용등급이 상승할 수도 있고, 그 결과 프로젝트의 기반이 탄탄하기만 하다면 대주단은 크게 신경쓰지 않을 수도 있다.

생산물구매자의 신용등급이 낮다면, 프로젝트 회사의 입장을 강화하기 위하여 생산물구매자의 현금흐름을 담보로 취득할 수도 있을 것이다. 예컨대 PPA를 체결한 생산물구매자가 지역 전력회사일 경우가 있을 것이다; 동사의 신용등급이 양호하지 않다면, 동사가 고객들로부터 받는 요금을 프로젝트 회사 명의의 에스크로 계좌(escrow account)에 입금시켜, 이 대금으로 PPA에 따른 대금지급이 이루어질 수 있도록 할 수 있을 것이다 .

헤지 계약(cf. 6.3.1). 헤지계약은 최종 수요자가 아닌 중간거래인들과 체결하는 것이 일반적이다. 프로젝트 회사가 지는 리스크는 다음과 같다:

- 중간거래인, 즉 원자재 무역회사의 신용 리스크
- 일반적으로 헤지 계약은 거래소에서 거래되는 표준 상품이니만큼, 예컨대 차액결제계약과 같이 개별적으로 협상할 수 있는 유연한 성질의 것이 아니다.

이러한 종류의 헤지 계약의 주요 문제점은 상품 시장이 제공해 줄 수 있는 조건들이 제한되어 있으며, 그 결과 프로젝트 후반에는 시장 가격변동 리스크에 노출될 수 있다는 것이다.

대주단과 직접 체결할 수 있는 헤지 계약은 상품대출(commodity-denominated loan)이다. 예컨대 금대출(gold loan)은 금광 개발 프로젝트에 활용된 바 있다. 대주단은 현금 대신 금을 프로젝트 회사에게 대여해 주었다; 프로젝트 회사는 금을 팔아 그 돈으로 광산 개발자금을 마련하였다; 생산된 금은 대출금을 상환하는데 사용되었다.

상품가격 헤지의 단점은, 프로젝트 회사가 상품가격이 낮을 때(대주단이 사업 경제성에 대하여 가장 우려할 때) 헤지 계약을 체결해야 하기 때문에, 향후 가격 상승기에 이익을 볼 수 없다는 것이다.

차액결제계약(Contracts for Differences, CfD, cf. 6.3.1). CfD는 전력시장에서 흔히 활용된다. 이러한 계약은 전력이 최종 수요자에게 직접 판매되는 것이 아니기 때문에 활용되는 만큼, 관련 리스크는 생산물판매계약의 리스크와 유사하다.

이러한 계약을 체결한 경우 프로젝트 회사가 직면할 수 있는 추가적 리스크는 프로젝트 회사가 생산한 전력을 전력풀에만 판매할 수 있다는 것이다. 전력풀이 한계가격을 기준(전력풀에서 지급하는 전력가격은 전력수요를 만족시킬 수 있는 수준으로 입찰하는 가격 중 가장 높은 가격으로 정함)으로 운영되는 한 문제가 없다. 그러한 경우 프로젝트 회사는 자신이 생산하는 전력이 전력풀 가격과 동일하게 책정되도록 하기 위해 낮은 가격에 입찰가격을 써내기만 하면 되는 것이다. 그러나 각자의 입찰자가 써 낸 가격대로 전력가격이 책정된다면, 전력입찰 리스크는 CfD 계약상대방 앞으로 이전되어야만 할 것이다. 왜냐하면 프로젝트 회사가 낮은 입찰가격을 제출함에 따라 그들이 프로젝트 회사 앞 보상을 해야 하는 일을 피하기 위해, 프로젝트 회사가 제시하는 입찰가격을 면밀히 통제할 수 있기를 기대하기 때문이다.

장기판매계약. 장기판매계약(cf. 6.3.1)은 프로젝트 회사로부터 물량 리스크를 제거하나 가격 리스

크는 제거하지 않는다. 이러한 계약은 아래와 같은 경우에 보다 적합하다:

- 프로젝트가 생산하는 생산물이 시장에서 광범위하게 거래되지 않고 또 판매를 위하여 판매조직을 별도로 설립(예컨대 석유화학제품 프로젝트 등)해야 할 때
- 최종 사용자가 장기 계약을 체결하고 싶어하나 가격은 상품시장의 가격 지표에 연동시키기를 희망할 때 (예컨대 천연가스 가격이 유가에 연동되는 장기 LNG 판매계약 등)

이러한 경우 대주단은 생산물 가격 책정 산식을 명확히 하여, 이를 바탕으로 가격 리스크를 최소화할 수 있기를 기대할 것이다. 가격은 예컨대 석유 가격처럼 광범위하게 받아들여지고 있는 인덱스에 기초하는 것이 바람직할 것인데, 이를 통해 장기 상품시장 가격을 보다 잘 예측할 수 있기 때문이다. 그러나 프로젝트 회사가 감당해야 하는 리스크 수준은 위에서 언급한 다른 생산물판매계약 대비 상당히 높은 편이며, 그 결과 프로젝트 회사가 가격 리스크를 지는 프로젝트의 경우 레버리지 비율을 높게 책정하기 어려울 것이다.

만약 프로젝트 회사가 가격 리스크를 부담한다면, 대주단의 주된 관심은 대출금 상환에 필요한 현금흐름(cf. 12.3)의 수준일 것이다; 커버비율이 높다면 프로젝트 생산물에 대한 시장가격의 변동으로 인한 손실의 리스크는 낮을 것이다. 이 리스크의 크기는 프로젝트 회사가 손익분기점(프로젝트 회사의 운영비용을 감당하고 대출원리금 상환을 할 수 있으나 투자자들에게 배당을 지급하지는 못하는 지점)을 달성하기 위하여 요구되는 생산물 가격 수준을 검토함으로써 측정할 수도 있을 것이다. 이 손익분기점 가격은 역사적 가격 그리고 예상 가격에 비해 낮아야 할 것이며, 가격 변동성 또한 염두에 두어야 한다.

9.6.2 가격 리스크 또는 물량 리스크 경감방안이 없는 프로젝트

프로젝트 생산물이 시장에서 광범위하게 거래되는 상품일 경우, 대주단은 가격 리스크 및 물량 리스크 모두를 프로젝트 회사 앞 전가(프로젝트 회사가 장기판매계약 또는 유사계약을 체결하지 않는 경우)하는 것에 동의할 수도 있을 것이다.

프로젝트 회사가 자신의 생산물에 대하여 가격 리스크를 (필요하다면 물량 리스크도) 지는 것에 대주단이 동의할 수 있는 두 가지 종류의 프로젝트는 자원개발 프로젝트와 머천트 발전 프로젝트이다.

자원개발 프로젝트. 생산물은 시장에서 손쉽게 판매될 수 있기 때문에 탄화수소 및 광물 프로젝트에서 물량 리스크는 중요하지 않다.

그러나 프로젝트 리스크는 매우 크며, 대주단은 이러한 점에서 신중한 태도를 보인다. 상품 가격은

경기에 큰 영향을 받는다: 그 결과 대주단은 오랜 기간 동안 역사적으로 낮은 상품가격이 유지될 때에도 프로젝트가 경제성을 유지할 수 있을지에 대하여 검증을 한다. 공급이 증가할 수 있는 요인(새로운 광산이 개발되거나 새로운 채굴기술이 도입되었기 때문) 뿐 아니라 미래 수요가 줄어들 수 있는 가능성(알루미늄 캔을 플라스틱 통이 대체한 것처럼 새로운 대체상품이 개발되었기 때문)에 대하여도 검토를 하게 된다.

대주단 및 그들의 자문사들은 시장에서 프로젝트의 전반적인 비용 경제성을 살피고, 자신들의 프로젝트가 전 세계 생산비용 곡선의 25% 이내에 위치하기를 희망한다. 그 까닭은 전 세계의 75%에 해당하는 생산물이 원가보다 낮은 가격에 판매된다면 이는 장기적으로 유지될 수 없다고 보기 때문이다. 위와 같은 비용적 경쟁력을 보유하였다 하더라도 상품 헤지계약이 체결되지 않은 경우라면 프로젝트의 레버리지는 상대적으로 낮을 수 밖에 없을 것이다. (즉, 대주단은 높은 수준의 대출금 커버비율을 요구할 것이다 - cf. 12.3)

머천트 발전(merchant power) 프로젝트. 영국, 호주 및 미국(일부 주 국한) 등 일련의 국가에서 전력이 시장에서 거래되면서, 대주단은 PPA가 없는 머천트 발전 프로젝트에도 자금을 지원하기 시작하였다.

전력풀 또는 유사한 시장거래 시스템이 존재하기 때문에 생산된 전력이 시장가격으로 판매될 수 있어 물량 리스크는 크지 않다. (송배전 및 기타 전력운영계통에 문제가 없다고 가정한다면 말이다)

가격 리스크 평가는 까다롭다; 전력 시장은 일반적으로 전력 가격에 영향을 주는 요인들을 명확히 분석할 수 있는 장기 거래 데이터를 보유하고 있지 않을 수도 있으며, 일부 소수 과점 발전회사가 시장가격을 왜곡하여 과거 가격을 바탕으로 한 미래가격 추정을 어렵게 만들기도 한다. 전력에 대한 수요가 상대적으로 안정되어 있다 하더라도, 석유 및 광물 시장과는 달리 미래 수요를 예측하기가 쉽지 않다. 왜냐하면 이는 투자자들이 낡은 발전소의 성능을 개선할지 여부, 그리고 새로운 발전소를 지을 가치가 있는지에 대한 투자자들의 변덕스러운 인식 등에 크게 영향을 받기 때문이다. 대부분의 대주단의 리스크 분석은 프로젝트 회사의 비용 경쟁력, 즉 다른 발전소와의 손익분기점이 되는 발전비용 비교에 중점을 두고 있다. 발전비용은 아래 요소들에 의해 결정된다:

- 자본 비용(즉, EPC 가격)
- 재원조달구조(레버리지가 높으며 만기가 길면 프로젝트의 단위 비용이 보다 낮아질 것이나, 대주단의 입장에서는 이는 신용위험이 증가하는 것을 의미한다)
- 효율성(전력생산량과 연료 소비)
- 연료 비용

해당 프로젝트가 시장 경쟁자들에 비하여 비용면에서 경쟁력을 보유하고 있다면, 대주단은 동 프로젝트가 장기간 손실을 보면서 운영되지는 않을 것이며 또 만약 문제가 생긴다 하더라도 중장기적으로는 대출 원리금을 상환할 수 있는 능력을 보일 수 있을 것이라고 가정하는 것이 보통이다. 그러나 비슷한 비용구조를 지닌 신규 발전소의 공급이 가파르게 증가할 경우에는 이러한 논리가 적용되지 않는다. 또한 각각 다른 종류의 발전소간 발전비용 기반에 큰 변화를 야기하는 연료(즉, 석탄 또는 천연가스) 비용 변화 효과나, 단기 연료공급계약을 체결한 타 발전소 대비 장기 연료공급계약을 체결한 프로젝트 회사를 불리하게 만드는 연료비용의 하락(프로젝트 회사가 단기 연료공급을 체결한 경우 그 반대) 등 이슈는 여전히 문제로 남는다.

일반적으로 대주단은 머천트 발전 프로젝트들과 관련 아래의 리스크 경감방안을 요구한다:

- 헤지 계약 또는 차액결제계약(발전소의 전력생산량 전부 또는 전대출기간에 대해서가 아니라, 상당부분을 커버할 수 있는 수준) 체결
- 생산된 전력의 상당량을 구매하는 '주요 고객'과 PPA 체결
- 연료공급자가 아래와 같은 방식으로 리스크를 일부 부담
  - 연료비용을 전력의 시장가격에 연동시킴으로써 가격 리스크 경감
  - 연료비용대금을 대주단 원리금 상환보다 후순위에 위치시켜 시장상황이 악화되더라도 대주단이 우선 원리금을 상환받을 수 있도록 조치
  - Tolling 계약(cf. 8.5.1)을 체결하여, 연료공급자가 전력생산을 위하여 발전소 앞 연료를 공급하고 전력판매 리스크도 스스로 부담
  - 개별 발전소만이 아닌 다양한 발전소를 포트폴리오로 관리하여 위험을 분산

이러한 리스크 스펙트럼과 프로젝트 차입능력간에는 매우 분명한 관계가 존재한다: 차액결제계약이나 Tolling 계약은 대주단에게 PPA와 거의 유사한 보호장치를 제공하여 레버리지 비율을 높게 가져갈 수 있을 것이다. 이에 반해 전력풀에 판매를 해야하는 다른 극단의 경우는 레버리지 비율을 높게 가져가기 어려울 것이다.

9.6.3 양허계약 및 인프라 민영화

사용률, 즉 사용자들이 프로젝트의 생산물 또는 서비스를 충분히 이용하여 그로부터 수익을 창출할 것인지 여부는 양허계약 또는 민간부문 인프라 프로젝트의 주요 리스크이다. 유사한 원칙이 항만과 공항과 같은 민영화된 인프라에도 적용된다.[13]

---

13 Patrick Boeuf, *Public-Private Partnerships for Transport Infrastructure Projects* (EIB, Luxemburg, 2003)*; Antonio Estache, Ellis Juan & Lourdes Trujillo, *Public-Private Partnerships in transport* (Policy Research Working Paper 4436, World Bank, Washington D, 2007)*

이러한 종류의 가장 흔한 프로젝트는 도로(기존 도로를 개선하기 위하여 독립적인 프로젝트로 재원조달이 되기도 하는 교량과 터널 등 포함)와 관련된 양허계약으로, 여기서 이 이슈는 유료도로를 염두에 두고 논의를 진행하기로 한다.

유료도로 프로젝트는 확립된 수요가 존재하는 경우에만 금융을 조달할 수 있다. 예컨대, 통행량을 추가로 확보하기 위하여 기존 유료 교량 옆에 추가로 유료 교량을 설립하는 프로젝트가 있을 수 있다: 확립된 통행량이 존재하는 경우 미래 통행료 수입을 예측하기는 어렵지 않다. 그러나 기존 무료 도로 옆에 유료 도로를 짓는 경우 리스크 평가는 쉽지 않다. 철도와 같은 대안이 존재할 수도 있다. 그러나 현재의 수요가 교통난으로 간접적으로 설명될 수 있고, 또 통행료가 기존 운송수단과 비교하여 합리적인 수준이라면 대주단이 이를 받아들일 수도 있을 것이다.

교통량 예측은 프로젝트 회사의 교통량 자문사가 만들고 대주단 자문사의 리뷰를 거치게 된다. 교통량 예측 모델은 다음과 같은 요소들을 변수로 포함하고 있다:

- 전반적인 인구 성장, 거주지 분포 및 이주
- 국가 및 지역 경제활동
- 프로젝트 주변 토지의 용도
- 하루 중 시간별 또는 계절별 교통량
- 여행의 분포(즉, 단거리-장거리 여행의 분포)
- 출발지와 목적지
- 상업적 여행과 사적 여행의 구분 (전자가 통행료에 보다 관대하다)
- 교통수단, 즉 버스, 차량 또는 철도 여행의 구분
- 통행료를 내는 대가로 절약하는 시간

상기 요소들과 다른 요소들을 종합적으로 고려하여 현재 교통 패턴을 모델링하고, 이 모델을 통해 과거에서부터의 통행량 흐름을 추정하고 또 이를 실제 데이터와 비교할 수 있을 것이다.

프로젝트 파이낸스를 목적으로 하는 미래 교통량 전망은 민간 및 상업 차량 판매량에 영향을 주는 국가/지역 경제성장률 등 거시경제적 요인에 기반하고 있다. 프로젝트 건설 자체에 따른 추가적인 교통량 증가 등은 고려하지 않는다. (그러나 14.3.3 참조)

교통량 리스크를 부담하는 프로젝트는 사용량에 대한 정부 정책의 효과를 감안하여야 한다. 이러한 정책들은 지역적(무료도로와의 경쟁 또는 유료 도로로부터 교통량을 뺏아가는 신규도로 건설 등)일 수도 있고, 전국적(일반적으로 교통량을 줄이는 역할을 하는 휘발유 가격의 상향조정 등)일 수도 있으나 어쨌거나 프로젝트에 영향을 주는 것이다. 대주단은 이러한 리스크에 대한 위험경감 방안을 양허계약(cf. 6.5.2)에 반영하고 싶어한다.

교통량 리스크 전가가 합리적인가? 위에서 언급한 리스크 분배의 원칙(cf. 9.2)에 따르면, 리스크는 이를 가장 잘 통제할 수 있고 또 그 결과에 대하여 재무적 책임을 질 수 있는 이가 담당하는 것이 옳다. 그러나 유료도로 양허계약을 체결한 프로젝트 회사가 교통량을 통제할 능력은 거의 없다. (물론 통행료를 낮추면 되겠지만, 이는 프로젝트의 상업성을 떨어뜨린다)[14] 예컨대 프로젝트 회사의 서비스의 질 또한 교통량에 영향을 주기 어렵다.

교통량 예측의 질. 첫 번째 문제는 통행량 예측 및 이에 따른 통행료 수입 예측이 매우 어렵다는 것이다.[15] 이에 대해서는 다양한 이유가 존재한다:

- 과거 및 현재 교통량에 대한 데이터가 부적합할 수 있다.
- '통행료 납부 의지(willingness to pay)' - 즉, 운전자들이 보다 느린 무료도로 대신 유료도로를 이용할 마음이 있는지 - 는 측정하기가 매우 까다롭다. 그러한 예측은 '화폐의 시간가치' 추정에 기초하고 있다 - 즉, 유료도로를 이용함으로써 아낀 시간이 통행료보다 더 커야 한다. 그러나 운전자들이 꼭 합리적인 것은 아니다 - 승용차보다 훨씬 높은 통행료를 납부하는 트럭(승용차 대비 도로에 10배 이상의 부담을 주기 때문이다) 운전사들은 통행료를 내기보다는 다른 무료도로를 활용하기도 한다.
- 공공부문의 관점에서는 교통량을 과대 추정하려는 경향이 있다. (새로 짓는 도로가 높은 교통량 증가를 흡수할 수 있어야 하기 때문이다) 통행량 컨설턴트는 계약당국이 제시한 긍정적인 교통량 추정의 영향을 받을 수 밖에 없다. (물론 여기에 보다 보수적인 가정을 덧붙여야 하겠지만 말이다)
- 승자의 저주(winner's curse) 문제가 있다. 경쟁의 열기는 입찰 참가자들로 하여금 교통량을 과다 추정하도록 이끈다. 낙찰을 받을 경우 보너스를 받을 수 있으며, 그렇지 못할 경우 직업을 잃을 수도 있다는 부담이 이러한 경향을 부추기도 한다. 그 결과 낙찰자로 결정되더라도, 곧 이를 후회하는 일이 발생한다.
- 이러한 종류의 프로젝트는 'ramp-up'의 영향을 많이 받는다 - 즉, 운전자들이 새로운 대안 도로에 익숙해지고 이를 사용해지는데 시간이 걸려 교통량이 평탄화되는 시점에 이르는데 시간이 걸린다. 이러한 ramp-up 시간이 2년이 아니라 4년이 걸린다면, 프로젝트 회사는 머지않아 재정적 어려움을 겪게 될 것이다. (이러한 문제를 해결하기 위한 예비금융(standby finance)은 17.5.3을 참조하라)

네트워크 리스크(network risk). 네트워크 리스크라고 알려진, 프로젝트 회사의 통제권 밖인 문제

---

14 유료도로 프로젝트는 통행료 수입과 관련하여 두 가지 피크 시나리오를 가지고 있다 - 높은 통행료에 낮은 통행량, 그리고 낮은 통행료에 높은 통행량. 입찰 참가자들은 이 둘 중 하나의 전략을 선택해야 한다.
15 Robert Bain은 *Review of Lessons from Completed PPP Projects Financed by the EIB*(EIB, Luxemburg, 2009)*에서 EIB 교통 프로젝트의 절반이 초기 교통량 예측에 실패하였다고 밝혔다. (일부는 오류수준이 50-70%에 달하였다) 이는 다른 교통량 전망 예측에 대한 조사내용과 유사하다.

들도 존재한다.

- 교통량 증가는 국가경제성장, 지역적 경제개발 및 전국·지역 교통망 등의 종속변수이다; 이는 휘발유 가격 및 세율 등에 의해서도 영향을 받는다. 프로젝트 회사가 이에 대하여 할 수 있는 것은 아무것도 없다.
- 프로젝트 회사의 교통량 전망은 새로운 도로가 더 지어져 양허계약 대상 도로의 교통량이 증가할 것이라는데 기반하고 있다. 그러나 – 특히 새로운 도로가 공공 예산으로만 지어진다면 – 새로운 도로가 건설되지 않을 수도 있고, 지연될 수도 있어 이는 프로젝트 회사 수입 감소로 연결된다.
- 역으로, 공공부문이 경쟁도로를 지을 수도 있다; 이는 괴상한 상황 같으나, 각각의 도로에 대한 관할 부처가 다른 경우 발생할 수 있다 – 예컨대, 지방정부가 교통혼잡을 해결하기 위해 새로운 도로를 건설할 수 있는데, 이 도로는 중앙정부가 지은 유료도로의 이용률을 낮출 수 있다.
- 이러한 문제로 인하여 양허계약에는 경쟁도로를 짓지 않겠다는 약정, 그리고 이를 어긴다면 보상을 지급하겠다는 약정이 포함된다. 그러나 계약당국의 입장에서는 이러한 제약이 전국적인 교통망을 확충해 나가는데 방해가 된다. 프로젝트 회사에 보상을 해야 하거나, 최악의 경우 계약당국이 양허계약을 매우 비싼 가격에 '되사는' 꼴이 되기 때문이다. (cf. 7.10.3)

결론. 그래서 결론은? 첫째, 유료도로 프로젝트의 실패 가능성은 다른 인프라 프로젝트에 비해 상당히 높다.[16] 둘째, 많은 사례에서 계약당국이 사용량(통행량) 리스크를 이전하는 것이 부적절하다는 것이 인지되고 있다: 민간 자본을 끌어들이기 위한 다양한 해결책들이 제안된 바 있다:[17]

- 제15장에서 논의하는 것처럼 계약당국은 교통량 리스크를 경감하기 위하여 부분적 금융 또는 보증(partial finance or guarantee)을 제공할 수 있다.
- Shadow Toll(cf. 6.4.6)이 교통량 리스크를 완전히 제거하지는 못하더라도 줄이는 방안으로 활용될 수 있다.
- 보다 자주 사용되는 방안은 아래에서 언급된 가용성 기반 계약으로 전환하는 것이다. 통행료는 계속 징수하지만, 통행료 수입은 가용성 기반 계약 대금을 보조하기 위하여 계약당국 앞 납부하는 것이다.

통행료 수입의 현재가치(NPV of revenues). 통행량 리스크에 대한 또 다른 대안은, 물론 광범위

---

16 이러한 문제들은 프로젝트가 완공되기 전까지는 드러나지 않으므로 '실패'는 프로젝트가 지어지지 않는다는 것을 의미하지는 않는다. 투자자들과 대주단은 손실을 볼 수 있으나, 계약당국의 입장에서는 도로가 지어졌기 때문에 이는 문제될 것이 없다. (원하는 대로 된 것이다) 그러나 실상은 정치적인 압박으로 인하여 공공부문이 프로젝트 문제 해결을 위하여 뛰어들어야 할 수도 있다. 이러한 개입이 어떻게 모든 것을 망쳤는지에 대한 요약내용은 Jeff Ruster의 A *Retrospective on the Mexican Toll road Program(1984-94)*(Public Policy for the Private Sector Note No. 1235, World Bank, Washington DC, 1997)*를 참조하라.
17 교통 및 기타 프로젝트에 대한 보다 복잡한 공공부문 보조에 대하여는 제15장을 참조하라.

하게 사용되지는 않지만, 칠레에서 연유한 '현재가치' 시스템이다. 입찰자들은 정해진 날이 아닌 통행료 수입의 현재가치(cf. 10.2.1)가 특정 수치에 도달하는 날에 종료하는 양허계약에 대해 입찰에 참여하는 방식이다. 이는 교통량이 예상치보다 낮으면, 양허계약 기간이 늘어나고 반대의 경우는 줄어드는 구조이다.[18] 이 시스템은 교통량 리스크를 크게 줄일 수 있으나, 완전히 없앨 수는 없다: 교통량이 늘어나면 유지보수 비용 또한 늘어나는데, 양허계약이 일찍 해지되면 해당 비용을 보전받을 수 없기 때문이다. 또한 이러한 방식이 투자자들에게 도움이 될 수 있지만, 대출금에 대한 만기연장을 해야만 하는 대주단에게는 탐탁치 않을 것이다.

9.6.4 가용성 기반 계약(Availability based Contracts)

계약당국은 PPA 구조에서 생산물구매자의 전력수요 여부와 무관하게 용량요금을 지급하는 것처럼 사용량, 즉 수입에 대하여 리스크를 진다. 예컨대 학교에 대한 수요 또는 교도소 수감인원의 수가 예상보다 적더라도 서비스 요금은 여전히 내야하며, 그 결과 프로젝트 회사는 수요의 크기에 아무런 영향을 받지 않는다. 이는 계약당국이 PPP 프로젝트가 제공하는 서비스에 대한 사용을 직간접적으로 통제한다면, 생산물판매계약에서처럼 생산물구매자가 리스크를 수용하는 방식으로 리스크를 수용하는 것이 논리적이기 때문이다.

그러나 장기적인 사용량 리스크는 계약당국에게도 문제를 발생시킬 수 있다. 예컨대 PPP 학교의 필요성은 해당 지역의 인구변화에 영향을 받아 축소될 수 있으며, 의학처치의 변화는 장기적으로 PPP 병원의 수요를 줄일 수 있다. (또는 소규모 의원 이용 또는 자택 치료 등으로 인하여 병원의 규모가 축소될 수 있다) 프로젝트가 더 이상 요구되지 않아 사업계약을 해지하거나 그 규모를 축소시키는 것은 큰 대가를 요구한다. (cf. 7.10.3) 7.2.6에서 언급한 것처럼, 장기적 유연성 감소는 PPP 계약에 있어 문제가 될 수 있다 - 물론 계약당국이 세금이나 차입금으로 신규 병원을 짓는 경우, 몇 년 후에 사업을 포기하는 결정을 내리는 것이 현실적으로 발생하기는 어렵지만 말이다.

프로젝트 회사의 관점에서 리스크 이슈는 9.6.1에서 언급한 생산물구매계약의 리스크와 유사하다. 그러나 계약당국은 민영화될 가능성이 낮기 때문에, 실질적 이슈는 장기 계약대금 지급과 관련된 계약당국의 예산 상황이 된다. 즉, 프로젝트를 '유지할 만'한 지가 문제라는 것이다. (cf. 7.2.2, 9.4)

---

18 Eduardo Engel, Ronald Fischer & Alexander Galetovic, "A New Approach to Private Roads", *Regulation* (Cato Institute, Washington DC, Fall 2002) p.18*

9.7 운영 리스크

프로젝트가 완공되어 가동할 준비를 마치면 새로운 리스크, 즉 운영 리스크가 등장한다. 프로젝트 회사가 다양한 리스크를 사업계약에 반영하여 경감시켜 놓았다 하더라도 일정 부분의 운영 리스크는 프로젝트 회사에 남게되기 때문에 대주단은 운영 리스크와 이에 따른 비용지출 증가액 등을 면밀히 살피게 된다.

대주단에게 중요한 이슈는 프로젝트 회사가 어떻게 운영이 될 것인지, 운영에 관여하는 이들의 과거 실적과 기술, 그리고 사업주로부터 어떤 기술적 또는 기타 조력을 받을 수 있을까 하는 것이다. (cf. 3.6.3)

이와 같은 공통의 이슈들을 제외하면, 핵심적인 운영 리스크는 프로젝트의 종류마다 매우 다른 모습을 보인다. 예컨대 공정 플랜트와 가용성 기반 프로젝트들에 대하여는 동 프로젝트들을 추진하는 각기 다른 동인을 반영하여 아래에서 별도로 언급될 것이다. (물론 이러한 분석이 전혀 적용되지 않는 종류의 프로젝트도 존재한다)

공정 플랜트와 관련된 운영 리스크(생산물구매계약 존재 여부와 무관)는 다음과 같은 것들이다:

- 기술(9.7.1)
- 프로젝트의 일반적 운영(9.7.2)
- 성능 저하(9.7.3)

인프라, 특히 PPP와 관련된 이슈는 가용성 및 성능(9.7.4)이 된다.

또한 프로젝트 회사 예산 초과 리스크가 존재하며, 이들은 각자 다른 종류의 계약의 공통된 이슈로 다루어진다:

- 유지보수(9.7.5)
- 유틸리티(9.7.6)
- 프로젝트 회사의 운영비용(9.7.7)

보험 관련 이슈는 8.6.8에서 다룬 바 있다.

9.7.1 공정 플랜트 프로젝트 – 기술 리스크(technology risk)

대주단은 사용된 바 없는, 그 성능이 기존 시설을 통해 확인될 수 없는, 새로운 기술을 사용하는 프로젝트에 금융지원을 꺼린다. 신기술과 관련된 리스크의 문제는 이를 계량화할 수 없다는 것이며, EPC 계약자의 LD로 커버할 수 없다는 것이다. (왜냐하면 이러한 장치들은 미래 성능저하 문제를 커버하지 않기 때문이다) 이러한 점에서 신기술은 매우 광범위하게 정의된다: 기존 기술에 대한 큰 폭의 개선도 신기술로 포함되는데, 예컨대 현재 모델 대비 훨씬 높은 효율성을 제공하는 가스터빈 등이 좋은 예다. (보험사들 또한 신기술에 대한 불확실성으로 인하여 보다 높은 수준의 보험료들을 책정한다는 것을 알아둘 필요가 있다)

신기술이 사용되는 경우라면, 이 리스크는 다음과 같은 다양한 방법으로 경감될 수 있다:

- EPC 계약자가 일반적으로 제공하는 하자보증(금액도 제한적이며, 기간도 2-3년 이내)이 아닌 장기 성능보증을 제공해 줄 수 있다. (cf. 8.2.9) 그러나 이러한 접근방법의 문제는 수 년 후 발생하는 플랜트의 문제가 디자인 및 성능 문제(EPC 계약자의 잘못)인지 아니면 운영방식이 문제(프로젝트 회사의 잘못)인지 결정하는 것이 쉽지 않다는 것이다.
- 사업주가 EPC 계약자 등으로부터 복보증을 받고 장기 성능보증을 제공해 줄 수 있을 것이다.

요약하면, 프로젝트 파이낸스는 기존 기술을 사용하는 프로젝트에 보다 적합하다는 것이다.

이의 반대상황은, 프로젝트에 사용된 기술이 낡은 것이거나 프로젝트 회사가 활동하는 시장에서 더 이상 경쟁력이지 않을 수 있는 리스크이다. 이는 프로젝트 상업성(cf. 9.4)을 검토할 때 반드시 점검해야 하는 문제이나, 특히 IT와 관련된 사항이 많이 포함된 프로젝트에서는 특히 중요하게 살펴보아야 하는 이슈이다.

9.7.2 공정 플랜트 프로젝트 - 프로젝트 운영

공정 플랜트 프로젝트가 관리미숙(운영 미숙 또는 관리 실패 등)으로 제대로 운영되지 않는다면, 수입(용량요금 또는 에너지 요금)이 줄거나 비용이 늘어날 것이다. 그러므로 대주단은 경험있는 O&M 계약자와의 계약체결을 반길 것이다. (특히 O&M 계약자가 사업주 중 하나라면 말이다)

그러나 O&M 계약자는 프로젝트의 수입이나 비용을 보장하지 않으며, 페널티 한도도 통상 1-2년의 서비스 요금 수준으로 정해져 있다. (cf. 8.3.4) O&M 계약자에게 지급하는 총 서비스 요금 수준(그러므로 O&M 계약자가 페널티로 책정하고자 하는 수준)은 프로젝트 회사의 수입 및 비용(금융비용 포함)에 비해 매우 적은 금액이기 때문에, O&M 계약자가 프로젝트 회사의 기회비용을 커버하는 것은 논리에 맞지 않는다.

그러므로 O&M 계약자의 불성실한 의무이행에 대한 가장 큰 제재는 (최소 성능을 유지하지 못한다면 언제든지 가능한) 계약을 해지하는 것이 아니다. 이러한 점에서 O&M 계약은 다른 프로젝트 계약과는 다른데, 후자는 교체하기가 현실적으로 불가능하기 때문이다.

그 결과 대주단은 사업주 중 하나가 O&M 계약자가 되는 경우를 반기는데, 이는 사업주인 O&M 계약자는 공장이 제대로 운영되지 않을 경우 페널티보다 더 많은 것을 잃을 수 있기 때문이다.

9.7.3 공정 플랜트 프로젝트 – 성능저하

많은 공정 플랜트 프로젝트에서는 성능저하에 대한 허용치(즉, 플랜트 보수 기간 중 효율성의 점진적인 저하)를 염두에 두고 있다. 예컨대 전력 프로젝트에서는 발전량이 점점 줄고 열효율이 점점 떨어지는데, 이는 통상 대규모 보수 후에는 문제가 해결된다. 플랜트가 이미 검증된 기술을 사용하는 경우라면 점진적인 성능저하에 대한 리스크는 어느 정도 평가할 수 있으며, 유사한 프로젝트 경험에 비추어 보아 이러한 리스크를 운영 및 재무모델에 반영시킬 수 있을 것이다.

마찬가지로 공정 플랜트의 운영방식 또한 성능저하 및 유지보수 사이클에 영향을 준다. 예컨대 발전소가 끊임없이 중단 및 재가동을 하는 경우 또는 전력구매자의 요구에 의해 항상 급전대기를 해야하는 경우라면, 꾸준하게 운영되는 경우보다 이른 성능저하 및 잦은 보수를 경험하게 될 것이다. 그러므로 발전소 운영을 유연하게 가져가려면 PPA에 별도의 전력요금 정산 체계가 마련되어야 할 것이다. (즉, 플랜트가 1년 중 정해진 횟수 이상으로 재가동한다면, 전력구매자는 재가동시마다 특정 금액을 지급하는 방식 등, cf. 6.3.5)

9.7.4 양허계약 및 가용성 기반 계약 – 가용성과 성능

PFI 모델 계약에서의 가용성과 관련된 리스크는 공정 플랜트보다는 덜하다. 이는 빌딩이나 기타 인프라 프로젝트 대부분은 기계 기반의 프로젝트보다 쉽게 '망가지지' 않기 때문이다. 게다가 6.4.3에서 살펴본 바와 같이, 프로젝트에 대한 100% 불가용한 – 프로젝트를 사용할 수 없는 – 상황은 현실적이지 않다. 양허계약에 있어서의 불가용에 대한 페널티 또한 유사한 방식으로 작동한다.

빌딩-서비스 계약 등의 계약에서 의무를 제대로 이행하지 못할 경우 6.4.4에서 살펴본 바와 같이 페널티를 내야 한다.

9.7.5 보수 및 교체비용

다른 운영비용과 달리 보수 비용은 비정기적이다. 이는 매년 발생하는 일이 아니기 때문이다. 모든 프로젝트에서 그러한 것은 아니나, 크게 보면 아래와 같은 세 가지의 보수 종류가 존재한다:

- *일상적 보수*: 그 용어가 말해주듯, 정기적 그리고 연속적인 정비이며, 그 결과 이 비용은 크게 변

하지 않는다. 도로 프로젝트의 경우 낙엽을 치우는 일이나, 싱크홀을 메우는 일, 그리고 도로 도장을 새로 하는 일 등이 이 카테고리에 속한다.
- *대규모 보수*: 이는 프로젝트 중요한 부품이 정비를 받아야 하는 상황을 의미한다. 5-7년 주기로 발전소 터빈을 완전히 정지하고 몇 주 동안 정비를 하는 상황이 좋은 예이다. 이러한 보수가 진행되는 동안 프로젝트는 수입을 발생시키지 못할 것이므로, 이에 따른 수입의 감소는 재무모델에 미리 반영되어야 한다.
- *교체비용*: 이는 주요 부품이나 프로젝트 핵심 부품이 수명을 다했을 때 이를 교환하는데 드는 비용이다. 빌딩 프로젝트를 예로 들면 15년 후 보일러를 교체하는데 드는 비용이며, 도로 프로젝트의 경우 표면을 매 15-20년마다 재포장하는데 드는 비용이다.

이를 집합적으로 '계획된 보수(scheduled maintenance)'[19]라고 일컫는다. 계획된 보수에 대한 가정은 Base Case(cf. 13.6)로 반영되며, 프로젝트 계약에도 명시된다. 보수와 관련된 주요 리스크는 아래와 같다:

- 예상보다 기간이 오래 걸려 가용성에 영향을 줄 수 있다.
- 예상보다 비용이 더 들 수 있다.
- 보수비용 대비 적립금이 부족할 수 있다.
- 예상보다 높은 사용률로 인하여 보수 비용을 증가시킬 수 있다.
- 예상 외의 보수[20] 요구는 가용성을 저하시킬 수 있다. 물론 일정 정도의 가용성 저하는 프로젝트 계약에 이미 반영되어 있을 것이다.

생산물구매계약을 통해 현금흐름을 창출하는 경우와 생산물이나 서비스를 시장에 판매하는 경우를 불문하고, 운영 중단에 따라 수입이 줄게 되는 것은 마땅한 이치이다. (게다가 페널티를 내야 할 수도 있다, 6.3.6)

검증된 기술의 중요성은 명확하다; 유사한 프로젝트의 과거 기록은 프로젝트 회사로 하여금 계획/비계획 보수를 보수적으로 예측할 수 있도록 해준다. 이는 프로젝트 운영자(프로젝트 회사 또는 O&M 계약자)의 경험이 보수 기간/횟수에 대한 대주단의 상업성 검증을 통과하는데 중요한 역할을 하는 프로젝트 리스크의 한 측면이다.

보수 사이클이 길면 길수록 대규모 보수 비용이 예상보다 커질 위험이 높아진다. 이에 대비하기 위하여 대규모 보수 또는 부품 교체비용 리스크를 O&M 계약자에게 이전시킬 수도 있으며, 기자재 공급자와 정해진 산식에 따른 기자재 보수 서비스 공급 계약을 체결할 수도 있을 것이다. (cf. 8.3.5)

---

19 'Planned maintenance' 또는 공정 플랜트의 경우 'planned outage'라고도 불리운다.
20 공정 플랜트의 경우 'forced outage'라고 불리운다.

보수 사이클이 길면 관련 비용을 내야 할 시점에 프로젝트 회사가 자금이 부족하게 되는 상황이 발생할 수도 있다. 이는 평소에 관련 비용을 적립해두는 유지보수 계좌(대주단이 통제)를 개설함으로써 해결할 수 있다. (cf. 14.4.1) 그러나 도로 프로젝트와 같이 이 사이클이 매우 길면, 대주단은 유지보수 계좌 적립기간은 이 사이클의 후반으로 국한하는데 동의할 수 있을 것이다.

그러나 프로젝트 사용률이 높아진다면(프로젝트 운영률 증가 또는 교통량 증가 등), 보수 또한 보다 잦아지는 것은 자명하다. 이에 따라 프로젝트 회사의 수입이 높아진다면, 보다 잦은 보수는 큰 문제가 되지 않으나 그렇지 않은 경우도 존재한다. 예컨대 Shadow toll이 지급되는 방식의 도로 프로젝트에서 자동차당 통행료 수준은 통행량 증가에 따라 감소될 수 있으며, 사용률이 최대 수준에 이른다면 통행료가 0이 될 수도 있다.(cf. 6.4.6) 이는 계약당국이 지급하는 대금에 한도를 두기 위해서이다. 그런 경우, 역설적으로 프로젝트의 높은 사용률은 대주단과 투자자들의 관점에서는 나쁜 것이 된다. 왜냐하면 수입은 증가하지 않고 보수 비용만 더 들기 때문이다. 이러한 리스크는 프로젝트 회사가 지게 되므로, 대주단은 프로젝트가 '지나치게' 성공적인 경우에 대한 리스크 분석도 해야 한다. 가용성에 기반한 계약에서 계약당국은 예상보다 높은 도로 사용률이 나올 경우 보상금을 지급할 수도 있다.

사업계약 종료 후 프로젝트를 인수받는 생산물구매자/계약당국은 계약기간 후반 중 보수가 적절히 이루어지는지에 대하여 관심있게 살펴볼 것이다. 왜냐하면 이 시기는 대주단이 이미 대출금 전액을 상환받아 더 이상 프로젝트를 면밀히 관찰하지 않는 시기이기 때문이다. (cf. 7.10.7)

9.7.6 유틸리티 비용

유틸리티 비용 – 전기, 수도, 가스 등 – 은 프로젝트 예산의 큰 비중을 차지한다. 이는 공정 플랜트 및 다수의 빌딩을 포함하는 인프라 프로젝트의 운영을 위해 필수적이기 때문이다. 이러한 비용과 관련하여서는 두 가지 리스크가 존재한다: 유틸리티 사용량이 예상보다 높을 것인가, 그리고 요금이 예상보다 비쌀 것인가?

이는 계약당국이 학교나 병원과 같은 건물을 직접 사용하는 PPP 프로젝트에서 독특한 이슈로 부각된다. 예컨대 전기 사용량은 계약당국 직원의 행동에 따라 결정된다 – 난방 중 창문을 연다든지, 밤에 전등을 끄지 않거나 컴퓨터를 끄지 않는 등. 프로젝트 회사는 그러한 낭비요소에 대하여 일일이 통제할 수는 없을 것이다.

보수의 경우와 마찬가지로 이는 사용량이 프로젝트 회사에 영향을 주는 경우이다. (프로젝트 회사가 사용량에 대한 리스크를 지지 않음에도 불구하고 말이다) 이 문제는 균형점을 찾기가 쉽지 않다: 예컨대 프로젝트 회사는 에너지 효율성이 높은 빌딩을 지어야 하며, 계약당국의 직원들은 효율적인 에너지 사용을 위해 노력해야 한다. 한 가지 방법은 첫째 해에는 그냥 내버려 둔 뒤, 이 때의 유틸리티 사용량을 기준으로 하여 이보다 더 많이 사용하는 부분은 계약당국이 내도록 하는 것이다. 유틸리티 단위 요금은 프로젝트 회사가 통제할 수 있는 것이 아니므로 대주단은 계약대금으로 동 비용의 변동을 커버할 수 있도록 요구할 것이다. 그 효과는 프로젝트 현금흐름을 증가시키는 것이나, 계약당국에게는 부담이 된다: 그러므로 계약당국이 해당 리스크를 부담하는 것이 VfM 관점에서 더 낫다.

반면 일반적으로 공정 플랜트 프로젝트에서 유틸리티 비용 리스크는 인덱스화를 요구할만큼 운영비용의 큰 부분을 차지하지 않는 한, 프로젝트 회사가 담당한다. (물론 그러한 비용을 커버할 수 있는 장기 원재료 공급계약이 없다는 것을 감안할 때 말이다)

9.7.7 기타 운영비용

지속적으로 발생하는 비용 중 가장 큰 항목은 원재료 구입대금(cf. 9.8), 대출 원리금 상환액, O&M 서비스 요금 및 빌딩-서비스 계약 비용 등이다. 대주단이 이러한 의무를 이행하는 것을 제한하는 것은 적절치 못하므로, 그러한 비용들(예컨대 원재료 공급계약상 연료비용 등)은 예산통제 항목에서 제외되어야 한다.

그러나 대주단들은 다른 변동비에 대하여서는 건설단계에서 예산통제(cf. 9.5.5)를 하는 것과 유사한 방식으로 프로젝트 회사를 통제하려 할 것이다.

프로젝트 회사가 통제하는 항목들(예컨대 사무실 운영비용 및 인건비, 건설기간 이후의 자본적 지출 등)에 대한 예산통제를 하는 방안 중 하나는 그런 비용들을 물가상승률에 따른 조정 조항(cf. 13.4.1) 등을 통해 금융종결 시점의 Base Case 재무추정의 일부로 포함시키는 것이다. (cf. 13.6) 프로젝트 회사(또는 O&M 서비스 제공자)는 매년 운영비용을 작성하고, 미리 합의한 범위 내(프로젝트 회사가 통제하는 항목이 무엇이냐에 따라 다르겠지만, 10% 이내 등)라면 대주단이 자동적으로 이에 동의하도록 하는 것이다. 프로젝트 회사가 보다 큰 예산변경을 희망하는 경우에는 여전히 대주단의 명시적인 동의를 필요로 할 것이다.

마찬가지로, 프로젝트 회사의 매일매일의 활동을 지나치게 제약하지 않으려면 예산과 실제 사용액의 차이에 대해서도 일정정도의 여유는 보장해 주어야 할 것이다. 실제 비용지출에 대한 통제는 현금흐름에 대한 대주단 통제로 가능할 것이다. (cf. 14.4.2)

9.8 원재료 공급 리스크

공정 플랜트 프로젝트에서는 적정한 가격의 원재료 또는 연료 공급이 필수적이다. 대주단은 프로젝트 회사가 원재료나 연료 공급에 대하여 장기적인 대책이 마련되어 있지 않은 경우는 수용하지 않을 것이다. 원재료나 연료가 시장에서 쉽게 구할 수 있는 상품이 아니라면 프로젝트 회사가 생산물구매계약을 체결하지 않았다 하더라도(예컨대 머천트 발전 프로젝트 등) 장기 원재료 공급계약 체결을 요구할 것이다.

마찬가지로, 원재료나 연료공급 가격이 너무 급격하게 상승하여 프로젝트 운영이 곤란한 경우를 대비하기 위하여 헤지계약 또는 다른 리스크 경감방안이 요구된다. 이는 다음과 같은 방식으로 해결할 수 있다:

- 해당 리스크를 생산물구매자에게 전가 (즉, PPA의 에너지 요금으로 전가(cf. 6.3.5, 8.5.3))
- 원재료 구입가격을 생산물 시장 판매가격에 연동(cf. 8.5.3)
- 상품시장에서 원재료에 대한 장기 헤지계약 체결(cf. 6.3.1)

원재료 공급계약과 관련된 리스크는 9.8.1에서 추가적으로 논의될 것이며, 그러한 계약이 없는 경우는 9.8.2에서 논의될 것이다.

일부 원재료는 무료로 조달할 수 있으나, 수력발전소에서 물이나 풍력 발전소에서의 바람과 같이 여전히 프로젝트 회사에게는 리스크 요인이 된다. (cf. 9.8.3) 마찬가지로 유가스나 광물 프로젝트에서는 매장량 리스크 - 유전 또는 광산에 실제로 존재하는 자원이 예측량보다 부족할 수 있는 리스크 - 가 존재한다. (cf. 9.8.4) 기타 유틸리티 공급과 관련된 리스크는 9.8.5에서 다루기로 한다.

9.8.1 원재료 공급 계약

프로젝트 회사는 원재료 공급계약을 통해 특정 연료나 원재료를 미리 합의한 가격에 조달한다. 이러한 계약을 통해 프로젝트 회사는 공급 리스크 또는 가격 리스크를 제거할 수 있으나, 그럼에도 불구하고 실사 과정에서 검토되어야 할 사항들이 존재한다:

공급자의 신용도. 생산물구매계약과 마찬가지로, 공급자의 신용도를 잘 검토해야 한다. 이는 단순히 기업신용평가 방법에만 의존할 것이 아니라 공급자의 비즈니스에서 공급계약이 차지하는 지위 또한 고려해야 한다는 것이다.

공급자에 대한 직간접적 정치적 리스크 또한 일부 시장에서 존재한다. (예컨대 유럽 천연가스 시장은 러시아의 단일 공급자에게 의존하고 있다)

원재료의 공급원. 원재료가 석유와 같이 광범위하게 거래되는 상품이라면, 프로젝트 회사로서는 원재료의 공급원에 대하여 크게 걱정하지 않아도 될 것이다. 만약 원재료 공급자가 유가스 메이저 회사라면 프로젝트 회사는 원재료 공급 리스크를 어렵지 않게 인수할 것이다. 그러나, 예컨대 원재료가 특정 유가스전에서 공급된다면, 누가 매장량 리스크(cf. 9.8.4)를 지느냐가 이슈가 된다. 프로젝트 회사가 리스크를 진다면, 이는 프로젝트의 운명을 다른 이에 의존하게 되는 문제가 생긴다. (cf. 9.5.9) 그러나, 대주단은 매장량이 프로젝트 이행에 충분한 것으로 드러난다면 이에 동의할 수 있을 것이다.

가격의 적정성. 공급물 가격 산정은 양자에게 모두 상업적으로 받아들여질 수 있는 수준이어야 한다. 즉, 공급자에게는 꾸준하게 상업적인 마진을 낼 수 있는 수준이어야 하며, 구매자에게는 동 가격이 자신의 생산물이 시장에서 판매되는 가격과 연동이 되어 적정한 상업성이 보장되는 수준이어야 한다. (가격 리스크를 생산물구매자가 지는 경우라도 말이다)

공급물의 양과 타이밍. 공급물의 양과 타이밍은 프로젝트 완공 지연 등에 따라 유연하게 대응할 수 있도록 프로젝트의 필요성에 맞춰져야 한다. 몇몇 경우 프로젝트 회사가 공급물의 양에 대한 리스크를 진 적도 있다: 예컨대 쓰레기 소각장 프로젝트에서, 계약당국이 정해진 양을 초과하는 물량을 프로젝트 회사가 처리하도록 한 경우도 있었다. 대주단은 (다른 곳으로부터 쓰레기가 공급될 수 있는 만큼) 향후 추정되는 쓰레기 양을 소각장의 설계용량이 감당할 수 있는 것으로 판단하는 경우 이러한 요구를 수용할 수 있을 것이다.

공급물의 질. 대부분의 원재료 공급 계약은 원재료의 질과 관련된 리스크를 공급자에게 지게 하지만, 실제 이루어지는 바는 꽤나 복잡하다. 예컨대, 소각장 프로젝트에서 계약당국은 열량 등 정해진 특징을 지닌 쓰레기만을 소각장으로 운송해 와야 한다. 그러나 종이나 플라스틱 등 열량이 높은 쓰레기들이 사전에 재활용되어 전체적인 쓰레기 열량가가 떨어진다면 이는 계약당국에게 골칫거리가 될 수 있다.

Take-or-Pay 리스크. 대주단은 다음과 같은 사항이 충족되지 않는다면 프로젝트 회사가 원재료와 관련하여 Take-or-Pay 방식의 계약을 체결하는 것을 수용하지 않을 것이다:

- 프로젝트 회사가 사업계약에 따라 Take-or-Pay 리스크를 생산물구매자 앞 전가 가능
- 프로젝트 회사가 판매가격 리스크를 지지 않고 초과물량을 쉽게 처분 가능
- 프로젝트 회사의 필요량보다 훨씬 적은 양에 대하여 Take-or-Pay 방식으로 생산물구매계약 체결 또는 필요량의 밸런스를 맞추기 위한 Take-and-Pay 계약 체결 가능

공급 실패 리스크. 공급자가 자신의 의무를 다하지 못한다면, 프로젝트 회사는 수입창출 기회를 잃을 수 있으며, 다른 곳에서 물품을 조달하느라 추가 비용을 쓸 수도 있으며, (생산물구매자가 해당 리스크를 지지 않는다면) 생산물구매자 앞 페널티를 내야 할 수도 있다. 원재료 공급자의 소유주가 생산물구매자의 소유주와 동일하다면(예컨대, 정부가 이들을 보유하고 있다면), 원재료 공급자나

생산물구매자가 기회비용에 대하여 보상할 수도 있을 것이다. 원재료 공급자는 대체 조달처로부터 원재료를 구입하는데 드는 비용보다 많은 금액(즉, 프로젝트 회사의 기회비용이 아니다)을 보상할 수도 있다. 그러나 그러한 경우가 아니라면 이와 관련된 리스크는 다음과 같은 방식으로 해결 가능하다:

- 프로젝트 부지에 저장시설 구축 또는 백업 공급선 마련 (즉, 발전연료로 천연가스 대신 디젤 활용 등): 이 방법은 통상 30-60일 정도를 커버할 수 있으나 그 이상은 어렵다.
- 생산물구매계약에 만약 프로젝트 회사가 원재료 문제로 인하여 운영이 불가능한 상태가 된다 하더라도, 생산물구매계약 목적상 여전히 '가용성'이 충족된 것으로 보고 용량요금을 지급하는 방식이 있을 수 있다. 물론 프로젝트 회사는 (어느 수준까지는) 예비 물량 또는 가능한 경우 대체물량으로 운영을 계속해야 하는 조항이 추가로 달릴 순 있지만 말이다.
- 연결 인프라에 문제가 발생할 경우 force majeure 보험으로 커버할 수도 있을 것이다. (cf. 8.6.2)

연결 인프라 문제. 유사하게, 원재료 공급자가 건설해야 하는 연결 인프라(예컨대 가스 파이프라인)가 제때 완공되지 않는다면 프로젝트 회사 앞 기회비용이 발생하거나 생산물구매자 앞 페널티를 지급해야 할 수도 있다. 그러나 원재료 공급자는 자신과 생산물구매자의 소유주가 동일하지 않다면 이와 관련된 페널티를 지급하는 것에 동의하지 않으려 할 것이다. 이는 생산물구매계약에서 구제 이벤트로 다루어질 수 있으며(공기연장 조치가 취해질 것이며), 프로젝트 회사가 가동지연에 따른 페널티를 물지 않게 할 수 있을 것이다. 또는 force majeure 보험으로 커버할 수도 있을 것이다.

제3자 운송 리스크. 원재료 운송이 원재료 공급자의 시설이 아니라, 원재료 공급자가 책임을 지지 않는 도로, 철도, 또는 항만을 통해서 이루어질 때는 또 다른 문제가 발생할 수 있다. 원재료 공급자로서는 철도망에 문제가 생겼거나, 항만의 부두에 문제가 생겨 하역할 수 없는 상황은 force majeure로 자신이 책임질 수 있는 일이 아니라고 주장할 것이기 때문이다.

운송수단을 제공하는 제3자는 이러한 식의 운송 리스크에 대한 책임은 지지 않을 것이다; 그러므로 대주단은 동 제3자의 경험이 충분하며, 또 해당 지역에서 유사물품을 운송한 사례가 있는지 충분히 검토한 후 프로젝트 회사의 해당 리스크 수용 여부를 결정할 것이다. 대주단이나 프로젝트 회사가 물류 시스템에 대하여 회의적이며, 관련 리스크에 대한 보증마저 제공되지 않는다면 이는 프로젝트 파이낸스의 걸림돌이 될 것이다.

원재료 공급자는 물품 공급을 위해 다른 국가의 국경을 통과해야만 할 때가 있다. (예컨대 파이프라인) 공급 중단 리스크 - 정치적인 이유일 경우가 크다 - 및 해당 리스크에 대한 분담은 신중히 고려되어야 한다.

원재료 공급자 리스크. 원재료 공급자의 관점에서 바라보는 리스크 경감방안은 8.5.4에서 논의한 바 있다.

9.8.2 원재료 공급계약이 필요치 않은 경우

프로젝트가 시장에서 원활이 거래되는 상품을 원재료로 사용하고, 프로젝트 부지로 특별한 문제없이 운송될 수 있으며, 가격변동이 생산물구매자 앞 이전될 수 있다면 대주단은 프로젝트 회사가 원재료 공급계약을 반드시 체결하지 않아도 된다고 볼 것이다. 이는 국제시장에서 석탄을 쉽게 구입할 수 있는 교통요지에 위치한 석탄 발전소와 같은 경우일 것이다. (발전소는 간헐적인 공급문제를 해결하기 위하여 충분한 양을 예비로 가지고 있어야 하겠지만 말이다)

마찬가지로, 우드칩을 연료로 사용하는 화력발전소가 채목이 활발히 이루어지는 숲 인근에 위치하고 있을 경우, 우드칩 공급과 관련된 장기 원재료 공급계약이 필요치 않을 것이다. 우드칩은 목재산업에서 다른 용도가 거의 없는 폐기물이기 때문이다. 만약 해당지역의 목재 산업이 쇠퇴한다면 프로젝트 회사 또한 어려움에 처할 수 있을 것이다. 그러나 이런 경우에도 장기 공급계약이 필요치 않을 것인데, 목재산업이 어려워질 경우 우드칩 공급계약이 담보로서 역할을 하기 힘들어 결국 프로젝트 회사가 도산할 가능성이 크기 때문이다.

9.8.3 물과 바람

다수 공정 플랜트는 수력발전소나 급수 프로젝트처럼 인근 강이나, 호수, 운하로부터 흘러들어오는 물에 의존하고 있다. 물의 공급량은 연중 또는 매년마다 크게 다를 수 있다. 이러한 물공급과 관련된 리스크를 수용하기 위해서 대주단은 수량과 질, 안정성 등 물공급과 관련된 장기적 통계를 요구할 것이다.

풍력 발전소의 경우도 비슷한 원칙이 적용된다: 각종 가정치를 검증할 목적으로, 사업주는 사업부지의 풍량, 방향 등에 대한 통계자료를 제공해야 한다.

9.8.4 광물 매장량

천연자원을 채굴하여 판매하는 프로젝트와 특정 조달원으로부터 연료나 원재료로 쓸 천연자원의 공급을 의존하는 프로젝트에는 예상했던 것보다 적은 양의 천연자원이 매장되어 있을 리스크(reserve risk)가 있다.

대주단은 경제적으로 채굴할 수 있는 '확인(proved)' 및 '추정(probable)' 매장량(유가스 또는 광물) - 이는 'P90'과 'P50'로도 불리는데, 실제 매장되어 있을 가능성이 각각 90% 또는 50%라는 뜻이다 – 과 '예상(possible)' 매장량 등에 대하여 자신의 자문사들에게 검토를 의뢰한다. 대주단은 주로 확인매장량에 대하여서만, 혹은 P90에 대하여만, 금융을 지원하게 되는데(그렇기 때문에 '매장량 기초' 금융이라고 불린다) 이는 프로젝트의 지질학적 특징 및 채굴의 어려움을 감안한 것이다.

대주단은 확인 매장량의 일부분만을 인정할 것이며, 'tail'(cf. 12.3.5)도 요구한다. 즉, 대주단은 대출기간을 매장량이 모두 고갈되는 시점까지 허용하지 않으며, 당초 예상했던 매장량의 25-30% 수준만 남는 시점에 대출금이 모두 상환되기를 희망한다. 이는 매장량이 고갈될수록 채굴이 어렵다는 점, 그리고 유가스전 또는 광산 폐쇄와 관련된 비용을 고려한 결과이다.

9.8.5 기타 유틸리티

프로젝트 회사는 전기, 통신, 물, 그리고 폐수 등과 같이 프로젝트에 일반적으로 요구되는 유틸리티가 원활하게 공급된다는 점을 확신시킬 필요가 있다.

9.9 보험가입 불가능한 리스크와 관련된 이슈들

Force majeure는 프로젝트 계약 협상에서 어려운 항목이다: 정의상 force majeure는 그 누구의 잘못도 아니나, 누군가가 책임을 져야 하기 때문이다. Force majeure로 인하여 프로젝트 건설이나 운영이 어렵게 되어 사업계약이 해지되는 경우는 7.10.4(Reverting Asset 기반 계약)과 7.10.9(Non-Reverting Asset 기반 계약)에서 다룬 바 있다.

일시적인 force majeure, 즉 구제 이벤트(cf. 7.8) 대상에 대한 리스크 이슈들은 아래와 같다:

- 보험으로 커버할 수 있으나 전부를 다 커버할 수는 없을 것이므로, 이에 대한 대비가 필요하다. 대주단은 원리금 상환에 영향을 줄 수 있는 일시적인 force majeure 리스크에 대하여 프로젝트 회사가 대비되어 있지 않은 경우 우려를 표하게 된다. (9.9.1)
- 보험료가 당초 예상했던 것보다 훨씬 높아 프로젝트 회사 운영비용이 크게 증가될 수 있다. (9.9.2)
- 보험가입이 아예 불가능한 경우가 있다. (9.9.3)

사업계약의 구제 이벤트는 다른 프로젝트 계약에 영향을 미칠 수 있으므로, 이러한 점에서 각각의 계약들간 조율이 잘 이루어져야 한다. (cf. 9.12)

9.9.1 Force majeure와 보험

보험가입의 목적은 예상하지 못한 손실로부터 프로젝트 회사를 보호하기 위한 것이므로, 프로젝트 회사와 대주단은 force majeure로부터 영향을 받지 않아야 한다고 생각할 수 있다. 그러나 보험이 제공하는 커버 범위(cf. 8.6)와 force majeure로 인한 손실 간에는 차이가 존재할 수 있다.

우선, 보험회사는 프로젝트의 물리적 피해로 인해 발생하는 손실(수리 비용 또는 교체비용) 또는 물리적 피해로 인하여 발생하는 경제적 손실(완공지연에 따른 기회비용 등)에 대하여만 보험금을 지급한다. 그러나 완공지연을 야기하거나 공장운영에 영향을 끼치는 전국적인 노동쟁의와 같은 이벤트는 표준 DSU 또는 BI 보험으로 커버되지 않는다. Force majeure 보험은 이러한 리스크를 커버하는 보험(cf. 8.6.1)이나, 커버범위나 보험료에 대한 이슈가 발생할 수 있다.

다음으로, 정치적 force majeure 이벤트(cf. 7.10.4)는 단순 경제적 손실과 대비되는 의미에서의 물리적 손해(예컨대 전쟁으로 인한 피해)가 발생하지 않는다면 일반적인 보험으로 커버될 수 없다. 그리고 (테러리즘과 같은) 몇몇 경우에 있어 이론적으로 보험시장이 존재할 수는 있지만 보험료가 너무 비쌀 수도 있다.

마지막으로, 특정한 물리적 손해는 보험으로 커버될 수 없다:

- 모든 보험약관은 자기부담금(특정 규모 이하에 대한 손실은 보험회사가 아니라 보험가입자가 부담해야 한다)이 있다. 자기부담금이 클수록 보험료는 낮아지게 된다. 프로젝트 회사는 자기부담금을 늘려 사업비를 아끼고 싶어하지만, 건설회사(건설보험과 관련)와 대주단은 자기부담금을 최소한으로 가져가고 싶어할 것이다.
- 프로젝트 회사 인근에 위치한 시설에 화재가 발생하여 프로젝트 회사가 운영을 중단해야 하는 경우, 프로젝트 회사 자체의 시설에 물리적 피해가 발생하지 않았으므로 이러한 경우는 BI 보험이 커버하지 않는다.
- 핵폭발 등으로 발생한 피해는 보험가입이 불가능하다. 대주단은 이를 보험커버 범위에서 제외하는 것을 수용해야만 한다.

9.9.2 보험료(insurance premium)

프로젝트 회사가 납부해야 하는 보험료는 건설기간 동안에는 통상 고정되나, 그 이후로는 매년 갱신된다. (cf. 8.6.2) 그 결과 매년 납부해야 하는 보험료가 변동될 수 있다. 사실 보험료 수준이 크게 변하는 일은 흔하다. 두 배 이상 뛰거나 절반 가량 축소되기도 한다. 보험료는 두 가지 요인의 종속변수이다 - 해당 보험시장에서의 손실 경험과 주식시장 상황이 그것들이다. 후자가 중요한 까닭은 보험회사는 보험료 수입을 주식시장에 투자하여 그 수익으로 비용을 보조하기 때문이다. 예컨대 9/11 사태 이후 보험료는 급격하게 올랐는데, 이는 테러리즘으로 인한 기대 위험수준이 급증했다기 보다는 주식시장이 폭락했기 때문이다.

이는 생산물구매자/계약당국이 존재하는 프로젝트에서 보험료 리스크를 전부 프로젝트 회사 앞 이전시키는 것이 적정하지 않을 수도 있다는 것을 VfM이 잘 드러내는 경우이다. '캡과 플로어' 방식을 사용할 수도 있을 것이다:

- 운영기간 중 기초 보험료에 대하여서는 동의가 이루어져야 한다.
- 프로젝트 회사의 보험 브로커는 보험 갱신일 즈음에 경쟁력 있는 보험이 시장에 존재하는지 알아보아야 한다.
- 보험료가 x% 이상 증가할 경우 생산물구매자/계약당국이 초과비용의 90%를 지급한다.
- 이러한 보험료 조정은 일반적인 보험시장 전체 상황과 연관되어 있다는 것을 인지해야 한다: 프로젝트 회사의 과거 전력이 좋지 않아 그로 인하여 보험료가 증가한다면, 이는 무시되어야 한다.
- DSU/BI 및 non-vitiation 등과 같이 주로 대주단이 요구하는 보험은 이러한 방식으로 커버되지 않을 수도 있다. (그러나 이 경우 대주단은 예비비를 책정하자고 할 수 있는데, 이 경우 생산물구매자/계약당국 입장에서는 VfM 이슈를 고민해야 한다)

특정 프로젝트에서 운영기간 중 보험료는 대주단과 투자자들에게 열려있는 리스크이기도 하다; 건설기간 중에 장기간의 운영보험에 가입하는 것은 불가능하다. (물론 운영기간 중 첫 해에 대한 보험은 가입할 수 있을 것이다) 대주단은 통상 사업주의 지원 없이도 프로젝트 회사가 이와 관련된 리스크를 지는 것을 수용한다.

그러므로 프로젝트 회사가 가능한 한 force majeure 리스크에 대하여 보험으로 커버하기를 프로젝트 계약이나 대주단이 요청한다 하더라도, 프로젝트 회사가 져야 하는 추가적인 보험료 리스크와 구제 이벤트 발생으로 인한 기회비용은 이러한 방식으로 경감할 수 없다.

9.9.3 보험가입 불가

마지막으로, 보험시장이 변해서 프로젝트 회사가 force majeure 리스크에 노출될 수도 있다. 이는 주로 운영기간 중 보험과 연관되어 있다. (위에서 언급한 바 대로, 건설단계 보험은 금융종결 시점에 결정된다) 운영기간 보험료는 예산운영과 관련하여 대주단과 미리 합의하는 금액 이내로 하여야 하나, 시장상황에 따라 실제 보험료는 크게 달라질 수 있다. 일반적으로 대주단은 보험료가 상당히 높은 수준이라 하더라도 미리 보험커버 범위 및 조건들을 미리 결정하고 싶어하지만, 보험시장 상황이 급격하게 변동하여 상업적으로 수용할 수 있는 범위를 넘어서는 경우도 있으며, 자기부담비율도 예상보다 훨씬 높게 책정되는 경우도 존재한다.

최악의 경우, 해당 산업 또는 관련 기자재와 관련된 보험금 지급 후 보험회사의 채권회수가 잘 이루어지지 않았다면, 보험에 가입하는 것이 현실적으로 불가능할 수도 있다.

그러므로 금융계약에 프로젝트 회사가 가입해야 하는 운영보험 관련 상세사항을 나열할 수는 있으나, 그러한 조항들은 '시장여건'을 반영해야 한다. 이와 관련하여서는 두 가지 접근방법이 존재한다:

- 보험가입이 불가능하거나, 적정한 가격으로 가입하는 것이 불가능하다면, 프로젝트 회사는 시장에서 획득할 수 있는 최선의 대안으로 가입할 수 있다.
- 보험가입 불가능(또는 비정상적으로 높은 보험료 요구) 상황은 force majeure와 유사하게 취급될 수 있다. 그러한 경우 생산물구매자/계약당국은 자신이 직접 보험회사의 역할을 대신할 수 있다. 그 역할을 하지 못할 경우 이는 정치적 force majeure와 동일하게 취급되어 사업계약을 해지할 수 있다. (cf. 7.10.4, 7.10.8)

9.10 환경위험

건설기간 및 운영기간 중 프로젝트가 주위 환경에 미치는 영향도 고려되어야만 한다. 이를 위한 작업이 환경영향평가(Environmental Impact Assessment, EIA)이다. (cf. 9.10.1)

사업주로서는 환경 관련 법률과 규정만을 지키는 것이 전부가 아니다; 그들은 프로젝트와 관련된 환경위험으로 말미암아 프로젝트 건설 및 운영에 반대하는 리스크에 노출되어 있지 않은지, 그리고 이로 인하여 대주단이 프로젝트 참여를 꺼려할 수 있다는 점도 염두에 두어야 한다.

프로젝트 회사가 법률을 준수한다 하더라도 정치적 논란에 휩싸일 수 있다. 프로젝트에 대한 대중의 반대가 있을 경우 사업소재지 정부는 사업계약에 따른 자신의 의무를 재검토하게 될 것이다. 유사하게, 대주단도 환경에 부정적인 영향을 주는 프로젝트를 지원했다는 비난을 듣고 싶어하지 않을 것이다.

대부분의 개발금융기구들은 회원국들로부터 위임받은 환경 관련 기준을 운영하고 있으며, 현지 법률이 이를 요구하지 않는데도 불구하고 해당 기준을 적용할 것을 요구하는 경우가 대다수이다. 최악의 경우 프로젝트가 소재한 국가의 법률을 어기지 않았더라도 개발금융기구의 환경기준을 어길 경우 대주단이 금융계약 위반으로 프로젝트 회사에게 default를 적용할 수 있다. 이러한 기준들은 '적도원칙'(cf. 9.12)으로 알려진 가이드라인을 통해 민간 금융기관에도 확산되고 있다.

프로젝트 부지에 이미 존재하는 오염이 프로젝트 추진을 어렵게 할 수도 있다. (9.10.3) 프로젝트에서 발생하는 폐기물에 대한 처리방안도 필요할 것이다. (9.10.4) 일부는 환경보험(cf. 8.6.2)으로 커버할 수도 있을 것이다. 어떤 프로젝트들은 환경 관련 법률 변경에 매우 취약할 수도 있다. (9.10.5)

9.10.1 EIA

프로젝트 건설 및 운영과 관련된 인허가를 획득하는 첫 번째 관문이 EIA를 작성하는 것일 수도 있다. EIA는 다양한 측면에서 프로젝트가 환경에 끼치는 영향들을 점검한다:

- 프로젝트 건설 및 운영이 주변 환경에 미치는 영향 (동식물 서식환경, 지형 등)
- 프로젝트 건설이 역사적 유물에 미치는 영향
- 소음, 먼지, 기타 오염 및 교통혼잡 등 지역사회에 미치는 영향
- 프로젝트 운영에 따른 배출가스 수준
- 용수 및 폐수
- 폐기물 처리(광산의 선광 부스러기, 석탄화력발전소의 재 등)
- 프로젝트 소재 지역의 교통, 유틸리티 등에 대한 장기 영향
- 지역 사회 및 자연환경에 대한 프로젝트의 기타 장기적인 영향

이러한 평가 결과 법적 요건과 환경적 고려사항을 충족시켰다면 환경 인허가가 발급될 수 있을 것이다.

9.10.2 적도원칙(Equator Principles)

적도원칙은 선도적인 프로젝트 파이낸스 은행들에 의하여 2003년 도입되었다. (2006년에 개정되었고, 2012년에 추가로 개정되었다)[21] 적도원칙을 수용한 금융기관들은 프로젝트 파이낸스 금융 지원시 동 원칙을 준수하기로 약속하였다. 2013년 기준 78개 금융기관들이 동 원칙에 서명하였다. 적도원칙은 10개 원칙으로 구성되어 있다.

제1원칙: *리뷰 및 분류*. 신규 프로젝트는 IFC(cf. 16.5.2) 사회환경 기준에 따라 분류된다. 분류기준은 세 가지이다:

- Category A – 다양하고, 불가역적이며, 예상치 못한 잠재적으로 심각한 사회환경적 불리한 효과가 예상되는 프로젝트
- Category B – 제한적인 부정적 사회환경영향이 예정되는 프로젝트로, 그러한 영향들은 수가 적

---

21 적도원칙에 대한 상세한 내용은 www.equator-principles.com에서 찾아볼 수 있다.

고, 일반적으로 사업부지에 국한된 영향이 있으며, 대부분 가역적이며 위험경감방안을 통해 미리 대비할 수 있다.
- Category C - 사회환경영향이 없거나 최소화된 프로젝트이다.

이 원칙은 非OECD국(cf. 16.2.3) 또는 OECD 저소득국 소재 Category A 및 Category B 프로젝트와 일차적으로 관련이 있다.

제2원칙: *사회환경평가*. 이는 모든 Category A 및 Category B 프로젝트에 대하여 수행하여야 한다.

제3원칙: *적용가능한 사회환경기준*. 모든 프로젝트는 IFC 기준에 부합하여야 한다. OECD 고소득국 프로젝트는 해당국의 법률을 준수해야 한다.

제4원칙: *환경사회관리시스템(Environmental and Social Management System, ESMS) 및 적도원칙 액션플랜*. 프로젝트 사업주는 관련 기준에 부합하기 위하여 ESMS와 환경사회관리계획(Environmental and Social Management Plan, ESMP)을 준비하여야 하며, 대주단이 요구하는 경우, 적도원칙에 부합하는 액션플랜을 마련하여야 한다.

제5원칙: *이해당사자의 참여*. 모든 Category A 및 Category B 프로젝트에 대하여, 대주단은 차주가 구조적·문화적으로 적합한 방식으로 이해당사자들의 지속적인 참여를 촉구하도록 요구해야 한다.

제6원칙: *소원수리 메커니즘*. 차주는 프로젝트로 인하여 영향을 받은 단체나 개인이 제기한 사회환경이슈에 대하여 문제점을 경청하고 이를 해결하도록 노력하여야 한다.

제7원칙: *독립적 리뷰*. 차주와 직접적인 연관성이 없는 독립 사회환경 전문가가 위에서 밝힌 절차들을 리뷰하고, 적도원칙에 부합하는지 평가하여야 한다.

제8원칙: *약정사항*. 금융계약에는 다음과 같은 약정사항(cf. 14.10)을 포함하여야 한다:

- Category A 및 Category B 프로젝트는 모든 환경 법률, 규제 및 인허가사항 준수
- 프로젝트 건설 및 운영기간 중 ESMP 및 적도원칙에 부합
- 상기 요구사항에 대하여 주기적으로 보고할 것
- 미리 합의한 계획에 따라 프로젝트를 해체할 것

제9원칙: *독립적 모니터링 및 보고*. 이는 독립적인 환경사회 자문사를 선임함으로써 달성할 수 있다.

제10원칙: 보고 및 투명성. 금융기관들은 적도원칙 준수와 관련하여 매년 보고서를 작성해야 한다.

9.10.3 이미 존재하고 있는 사업부지 오염(site-legacy risk)

EIA 절차의 일부로 프로젝트 부지에 대한 '환경감사'가 이루어질 수 있는데, 이는 부지의 기존 사용내용을 감안하여 잠재적인 현존 오염 가능성을 검토하는 것이다. (cf. 9.5.2) 만약에 오염물이 발견되는 경우 이를 억제하거나 제거해야 하는데, 건설회사가 직접 야기한 오염 이외의 오염물이나 폐기물을 제거하는데 드는 비용을 포함한 추가적인 비용에 대하여 책임질 당사자를 정해야 한다. (이는 '사업부지 리스크(site risk)'라고 한다)

사업부지에 오염이나 위험한 폐기물이 존재하는 것으로 이미 알려져 있거나, 과거 부지사용으로 이를 유추할 수 있는 경우, 오염 제거비용이 예산에 포함된다 하더라도 대주단은 이에 대하여 우려를 표할 것이다.

- 우선, 정화비용을 정확하게 산정하기 어렵기 때문에 대주단은 프로젝트 회사가 아닌 당사자가 - 즉, 생산물구매자/계약당국 또는 건설회사가 - 이를 부담하기를 희망한다.
- 다음으로, 미국과 같은 일부 국가에서는 대주단이 담보로 취득하는 부지에 오염이 발생하는 경우 대주단이 책임을 지는 경우가 있다; 그런 경우가 아니더라도 대주단이 프로젝트 부지에 대하여 담보권을 설정한 후 압류를 하는 일이 발생한다면, 자신들이 해당 부지에 대한 소유권자가 되기 때문에 책임을 지게 된다. 일반적으로 '돈이 많은' 이들이 그러하듯, 대주단은 해결이 어려운 문제나 부지 오염으로 인하여 장기적인 피해가 예상되는 문제에 대하여서는 대응력이 약하다. 보험이 이러한 리스크를 경감할 수 있을 것이다.

생산물구매자/계약당국이 사업부지를 제공한 경우라면, 사업부지의 상태에 대하여서는 이들이 책임을 지면 될 일이다. 즉, 해당 사건을 보상 이벤트로 정의하면 될 것이다; 건설회사가 해당 리스크를 수용하지 않으려 한다면 말이다. 추가적으로 그러한 리스크가 현실화될 때 발생하는 비용을 건설회사와 생산물구매자/계약당국간 분배할 수도 있다. 즉, 전자는 $x까지 비용이 발생하는 경우를 책임지고, 후자는 이를 초과하는 금액을 건설계약에 상응하는 사업계약의 보상 이벤트로 처리할 수 있을 것이다.

보험 또한 환경오염으로부터 발생하는 이슈들에 대하여 대응방안을 마련해 줄 수 있을 것이다. (cf. 8.6.1)

9.10.4 폐기물 처리

재나 광물 분광 조각 등 폐기물 처리는 분명 환경적 이슈이나, 재무적/계약적 이슈가 될 수도 있다.

그러한 폐기물을 사업부지에서 먼 곳에서 처리해야 한다면, 프로젝트 회사는 일반적으로 이와 관련된 장기계약을 체결하게 된다. 반면 프로젝트 부지에서 바로 처리해야 한다면 적합하고 법규정에 부합하는 방식으로 처리해야 한다.

대주단은 폐기물로 인한 오염과 관련하여 책임지는 일이 없도록 준비하여야 한다.

9.10.5 법률변경

프로젝트 회사가 프로젝트 건설 및 운영을 위해 필요한 인허가를 받았다 하더라도 추가적인 자본적 지출이 요구되는 환경관련 법률(예컨대 배출가스 등)이 변경될 수 있는 리스크는 여전히 존재한다. (cf. 11.3)

9.11 잔여가치 리스크

생산물구매자/계약당국과 체결한 사업계약이 존재하는 경우, 프로젝트 잔여가치에 대하여서는 생산물구매자/계약당국 또는 프로젝트 회사의 투자자들이 책임을 진다. (cf. 6.2, 7.2.5, 7.10.7, 7.10.9)

9.12 계약 미스매치

프로젝트 실사가 개시되면, 개별 프로젝트 계약의 상세사항의 방대함으로 인하여 어려움을 느낄 수 있다. 그 결과 각각의 프로젝트 계약들의 조항들이 서로 부합하지 않는 것을 발견하지 못할 가능성이 크다.[22] 개별 프로젝트 계약은 자기충족적인 것이 아니라 다른 계약에게 영향을 주기 때문에 계약구조는 프로젝트 전체적 관점에서 검토되어야 한다. 이는 구제 이벤트(cf. 8.2.6) 논의에서 설명한 바 있다. 계약 미스매치가 발생할 수 있는 다른 예시들은 아래와 같다:

- 건설계약과 사업계약상 프로젝트 완공 요건의 차이(cf. 9.5.8)
- 원재료 공급계약과 생산물구매계약상 첫 인도일의 차이
- 건설기간 중 사업계약에 따른 계약변경 비용(cf. 7.6.3)과 건설계약에 따른 계약변경 비용의 차이
  - 그 결과 건설회사 앞 지급해야 하는 금액이 생산물구매자/계약당국 앞 전부 이전되지 않을 수 있다.

---

22   이는 '구조적 리스크(structural risk)'로도 알려져 있다.

- 법률변경(cf. 11.3)에 따라 추가적으로 발생하는 비용에 대하여서도 유사한 이슈가 생길 수 있다.
- 원재료 공급계약과 생산물구매계약상 연료 또는 기타 원재료 가격산정방식의 차이
- 매출수입, 원재료 비용 지급 및 대출원리금 상환 등 타이밍 차이
- 복수의 계약서에서 force majeure가 각각 다르게 정의

사업계약과 건설계약, 보험 등을 포함하는 기타 프로젝트 계약들간의 관계는 아래와 같이 구제 이벤트를 상세히 검토함으로서 보다 명확히 드러난다.

완공지연을 야기하는 구제 이벤트. 프로젝트 부지의 물리적 피해 또는 운송 중 기자재에 손실이 발생하여 프로젝트 완공이 지연되는 경우는 CEAR 또는 해상적하 보험으로 커버되어야 하며, 기회비용은 DSU 또는 해상적하 DSU 보험(cf. 8.6.1)으로 커버될 수 있어야 한다. (물론 관련 사건이 보험증권상 보험금 지급대상으로 기재되어 있어야 한다) 당연하지만, 프로젝트 회사가 보험금을 받게 된다면, 이를 그대로 이익으로 취하거나 사업계약상 구제 이벤트를 적용받아서는 안 될 것이다.

프로젝트 예산에 포함된 예비비(cf. 9.5.6)의 주요 목적 중 하나는 force majeure에 따른 프로젝트 완공 지연 또는 보험가입이 불가능하여 발생하는 추가적인 비용발생의 가능성을 커버하기 위한 것이다.

구제 이벤트의 효과는 다수 프로젝트 계약에 걸쳐있다.

- *건설계약.* 구제 이벤트가 발생하면 건설회사는 완공지연에 따른 LD(cf. 8.2.6)를 지급하지 않아도 되나, 그렇다고 하더라도 추가비용을 요구할 수는 없다. 그러나 건설회사는 특정 이벤트, 즉 프로젝트 부지 또는 공장에서의 노동쟁의 등을 구제 이벤트가 아닌 프로젝트 회사 리스크(cf. 8.2.5)로 취급하도록 주장해 볼 수는 있다; 프로젝트 회사는 이를 받아들이지 않을 것이나(전국적 노동쟁의 등만 수용할 것이다), 만약 이를 사업계약(완공지연에 대한 페널티 면제)이나 원재료 공급계약(실제로 필요하기 전에 원재료나 연료구입비용을 지급해야 하는 상황에서 면제)에 반영할 수 있다면 긍정적으로 고려할 수도 있을 것이다.
- *사업계약.* 건설회사에게 영향을 주는 구제 이벤트의 발생으로 완공지연이 발생할 경우, 프로젝트 회사 또한 이에 따른 페널티 납부 의무로부터 면제되어야 한다. 그러나, 프로젝트가 완공이 되지 않기 때문에 별도의 수입창출은 어려울 것이다; 생산물구매자/계약당국이 책임져야 하는 프로젝트 연결 인프라 완공을 저해하는 일시적 force majeure가 발생한다 하더라도, 위에서 살펴본 원칙에 따라 생산물구매자/계약당국은 용량요금 및 서비스 요금(또는 tariff 수입 기회비용 보상금)을 계속해서 지급해야 할 것이다.
- *원재료 공급 계약.* 동일한 원칙에 의거, force majeure 발생으로 완공이 지연된다 하더라도 프로젝트 회사는 여전히 원재료 공급계약에 따른 최소한의 대금을 지급해야 할 것이다; 그러나, 이러한 리스크는 원재료 공급자가 질 수도 있으며, 생산물구매계약을 통해 생산물구매자에게 전가시킬 수도 있다.

가용성 중단을 야기하는 구제 이벤트. 프로젝트 완공지연과 마찬가지로 가용성에 영향을 주는 구제 이벤트 또한 다양한 프로젝트 계약들에 녹아있다.

- *사업계약*: 프로젝트 회사는 페널티를 내지 않아도 되지만 용량요금이나 서비스 요금은 받지 못한다; 반면, force majeure 이벤트로 인하여 프로젝트 회사가 제공하는 생산물이나 서비스를 공급받을 수 없다 하더라도 생산물구매자/계약당국은 가용성 대금을 계속해서 지급해야 한다.
- *원재료 공급 계약*: 프로젝트 회사는 force majeure 이벤트가 발생한다 하더라도 원재료에 대한 대금을 계속 지급해야 하나, 관련 리스크를 생산물구매자 앞 전가시킬 수 있을 것이다; Force majeure 이벤트가 발생한다면 원재료 공급자는 공급의무에서 면제될 수 있으나, 이러한 영향 또한 사업계약에 따라 타인에게 이전할 수도 있을 것이다. Force majeure 이벤트가 발생하여 원재료 공급자가 책임을 지는 프로젝트 부지 연결 인프라를 완공하지 못하게 될 경우 원재료 공급자는 이에 따른 페널티는 지급하지 않을 것이나, 어쨌거나 용량요금을 지급해야 하는 생산물구매자 앞 관련 리스크를 전가할 수 있을 것이다. (프로젝트 회사는 예비연료를 비축하여, 일시적으로 이를 사용할 수도 있을 것이다)

대출 원리금상환예비계좌(Debt Service Reserve Account(cf. 14.4.1), DSRA)는 보험으로 커버되지 않는 일시적인 수입중단에 대하여 대주단을 보호하는 역할을 한다.

9.13 사업주 앞 소구

대주단은 프로젝트 참여자들의 신용도가 양호하지 않다면, 동 프로젝트 실사에 나서기를 꺼려한다. 상업적으로 충분히 매력있는 프로젝트라도, 신용도가 양호하면서도 프로젝트 회사와 대등한 관계에 있는 사업주가 없다면 금융조달이 어려울 것이다. (cf. 3.2)

마찬가지로 대주단은 사업주가 지속적으로 사업에 관심을 가지게 하기 위하여 이들이 적절한 투자수익을 얻을 수 있기를 희망한다. 사업주의 투자수익률이 낮은 경우, 사업주들은 다른 방법으로 (즉, 커버비율을 제한하는 방식으로) 이윤을 내는 것을 의미할 수도 있다 - 예컨대 사업주 중 하나가 건설회사라면 비싼 건설비용으로 또는 O&M이나 다른 서비스를 제공하면서 수익을 낼 수 있을 것이다.

마지막으로, 프로젝트의 상업적 리스크가 다른 방식으로 경감되지 않을 경우 갭을 메우기 위해 사업주가 개입해야 할 때가 있다. 공식적인 보증 대신 'comfort letter'를 대주단 앞 제출하는 경우가 있다; 예컨대 사업주가 프로젝트 회사 앞 지분을 지속해서 유지하며 프로젝트 회사의 재무상태를 양호하게 유지하도록 노력할 것이며, 경영관리 지원도 하겠다는 등의 내용이 담기기도 한다. 그러한 문서는 다른 방식으로는 관련 리스크를 제거하기 힘든 일부 경우에 도움이 될 수도 있지만, 법적 효력을 갖는 경우는 거의 없다.

모든 프로젝트 파이낸스에서 사업주가 지켜야 할 약정은 프로젝트 회사 앞 자본금을 납입하겠다는 약정이다. (대주단은 사업주의 보증 없이 프로젝트 회사 앞 대출을 하니, 이러한 의미에서 사업주 앞 무소구조건 금융이라는 것이다) 마찬가지로 사업주가 프로젝트에 지속적인 관심을 기울이도록 최소한 완공때까지는 지분을 유지할 것이 요구된다.

원칙적으로 사업주는 프로젝트 회사 대주단 앞 보증을 제공하지 않지만, 대주단이 수용하기 힘든 리스크와 관련하여 제한적인 보증을 제공하기도 한다.[23] 제한소구(limited recourse) 금융의 예시는 아래와 같다:

- *예비자본금 투입 약정*: 사업주는 특정 현금흐름 요구사항을 충족시키기 위하여 소요되는 추가적인 자금을 자본금으로 납입할 것을 약정하기도 한다.
- *초과비용 보증*: 건설기간 중(또는 운영기간 중) 추가적인 비용이 발생할 경우 특정 금액을 한도로 추가적인 자본금 납입을 약정하기도 한다.
- *완공보증*: 사업주는 특정일까지 프로젝트를 완공하는데 필요한 추가자금을 제공하는 것을 약정하기도 하는데, 이 경우 초과비용 및 초기 대출 원리금 상환 위험을 부담하는 것이 된다. (cf. 9.5.12)
- *재무완공보증*: 사업주가 프로젝트 완공만을 보증하는 것이 아니라, 완공 후 일정 정도의 매출 또는 영업이익을 창출할 것을 보증하기도 한다.
- *매출완공보증*: 재무완공보증과 유사하나, 프로젝트 물리적 완공 후 일정 규모의 매출 수준 도달만을 보증한다.
- *원재료 공급 약정*: 원재료나 원료를 다른 곳에서 구할 수 없다면, 사업주가 고정된 가격으로 이를 공급하기로 약정하는 것이다.
- *대금지급 순위를 후순위로 조정*: 사업주가 프로젝트에 사용되는 연료 또는 원재료를 공급한다면, 프로젝트 회사가 현금이 부족할 때 연료 및 원재료 대금을 대주단 원리금 상환보다 후순위로 조정하는 방식이다.
- *성능이행보증*: 프로젝트가 최소한의 수준 이하의 가동률을 시현하여 현금흐름이 부족해진다면, 사업주가 대출 원리금 상환을 위하여 추가적인 자금을 투입하는 방식이다.
- *생산물 가격 보증*: 사업주는 프로젝트 회사의 생산물이 최저가격 이하에 시장에서 판매되는 경우 차액을 보상하거나, 최저 가격에 직접 생산물을 구매하는 방식이다.
- *이자 보증*: 프로젝트 회사가 대출금에 대한 이자를 납부하지 못할 경우 이자를 대납하는 방식이

---

[23] 프로젝트들이 재무제표에서 어떻게 취급되어야 하는지에 대하여서는 Stephen Arbogast의 "Qualifying contingent support in project finances", *Project Finance* (Euromoney, London, July 2013) p. 136 참조

다. (사실상 이는 대출금에 대한 보증과 진배없다; 대출 원금을 상환하지 못한다면 프로젝트 회사는 계속해서 이자를 내야 하기 때문이다)
- *이자 make-up 보증*: 일정수준을 상회하는 이자액을 사업주가 부담하는 방식이다.
- *부족분 보증*. 프로젝트 회사 현금이 부족하여 대출금 원금을 상환하지 못할 경우 이를 대납하는 방식이다. (이는 사실상 완전한 채무보증이다)
- *미상환액 보증*. 대출금에 대한 기한이익상실 및 담보처분 후에도 상환하지 못한 대출원리금이 존재한다면, 이를 대납하는 방식이다.

사업주가 프로젝트 회사 앞 자본금을 납입하는 것 이외에도 계약적 관계를 맺고 있다면, 이는 무소구 조건이 아닌 제한소구 조건의 프로젝트 파이낸스라고 볼 수 있을 것이다; 예컨대, 연료공급자의 역할을 하는 사업주의 경우 연료가 제때 공급되지 않을 경우 이에 대한 재무적 책임을 질 가능성이 높다. (서브계약에 대한 모기업 보증은 8.10을 참조하라)

제한소구 방식의 금융지원이 제공되지 않는다 하더라도, 사업주는 프로젝트 회사 앞 경영관리 또는 기타 기술적인 지원을 제공해 줄 수 있을 것이다. (cf. 3.6.3)

9.14 생산물구매자/계약당국의 리스크

생산물구매자/계약당국 또한 예상보다 완공이 지연되거나 프로젝트 운영이 원활치 않을 경우, 공공에게 필요한 생산물이나 서비스를 제공하지 못하거나 다른 곳에서 이를 보다 비싸게 조달해야 하는 경우가 발생한다. 다른 무소구 방식 프로젝트 파이낸스에서와 마찬가지로, 이에 대하여 사업주는 어떠한 지원도 하지 않을 것이다. (9.5.11에서 살펴본 바와 같이 건설회사도 마찬가지 입장이다) 생산물구매자/계약당국은 다음과 같은 방식으로 리스크를 최대한 경감시킬 수 있다:

- 신용도가 양호한 사업주 선택(cf. 3.2)
- 성능이 입증된 기술 활용
- 능력있는 이들과 서브계약 체결. 생산물구매자/계약당국은 통상 서브계약 협상에 잘 나서지 않지만(cf. 7.4.3), 동 계약에는 적정한 LD(cf. 8.2.8)와 이행성보증(cf. 8.2.9)이 존재해야 한다고 주장할 수 있을 것이다.
- 비용이 적정하고, 금융구조도 잘 짜여 있으며, 사업주에게 적절한 투자수익률을 보장할 수 있는 프로젝트를 추진. 이런 면에서 생산물구매자/계약당국의 입찰평가 절차(cf. 3.7.8)는 매우 중요하다.
- 프로젝트 파이낸스에 익숙하며, 프로젝트에 대한 관심도가 높으며(cf. 5.6), 다수의 독립적인 실사과정을 거친 대주단을 구성

- 장기적인 투자자들의 이해관계(capital-at-risk)를 확보할 수 있도록 계약대금 지급구조를 설계
- Reverting Asset 기반 계약(cf. 7.10.1)의 경우, 프로젝트 회사의 default시 지급해야 하는 계약 해지 대금을 생산물구매자/계약당국이 인수하는 프로젝트의 잔여가치를 상회하지 않도록 구조화하거나, Non-reverting Asset 기반 계약(cf. 7.10.8)의 경우, 손실을 보상받을 수 있도록 구조화[24]

9.15 프로젝트 실패 이유

신용평가회사인 Standard & Poor's는 1991년부터 2012년까지 승인이 이루어졌던 510건의 프로젝트 파이낸스 차입금(그 중 34건에 default 발생)에 대하여 분석을 실시한 결과, 연평균 default 비율은 1.5%라고 밝혔다. Default가 발생한 차입금 중 65%는 당초부터 '투기등급', 즉 투자등급 이하의 신용등급을 부여받았다. 2008년부터 2010년간 매년 2건의 부도가 발생했고, 2011년에는 한 건, 그리고 2012년에는 3건이 발생했다. 최근에는 미국 시장에서 default 비율이 높게 나타나고 있는데, 이는 최근 미국 딜의 투기등급 비중이 평균을 상회하였기 때문이다. 총 8개의 default 중 7개가 발전분야 프로젝트였는데, S&P에 따르면 그 사유는 다음과 같다:

- 건설 문제 또는 고질적 운영문제를 일으키는 "기술 또는 디자인의 실패"
- 지속적으로 예상에 미치지 못하는 성능
- 연료 또는 원재료 가격의 변동성에 대한 헤지 미흡
- 머천트 전력시장에서 판매되는 전력 등 생산물에 대한 시장 리스크
- 각종 사고, 소송 또는 예상치 못한 상당규모의 자본지출 등으로 특징지어지는 구조적이며 재무적인 문제. 그러나 사실 특정 이벤트의 발생이 프로젝트 실패의 결정적인 사유가 된다기 보다는, 해당 프로젝트가 이미 기타 이유들, 그리고 적정한 보험과 유동성 부족 등으로 취약성이 드러난 상태였을 가능성이 크다.[25]

S&P는 "등급이 낮게 부여된 일부 발전 프로젝트는 시장 또는 연료 리스크에 노출되어 있었는데, 이러한 리스크의 현실화로 default가 발생했다. 복잡한 기술을 사용한 부문의 프로젝트의 초과 건설비용도 또 다른 이유이다. 교통 프로젝트 default는 주로 통행량에 기반한 프로젝트(유료도로와 같이 운전자의 통행량에만 의존하는 프로젝트)였는데, default 사유는 예상보다 낮은 수요였다"라

---

24 그러나 생산물구매자/계약당국이 대출금의 전체나 부분에 대하여 보증을 제공함에 따라 이러한 방식을 사용하는 것이 불가능한 경우가 존재한다 - 15.4 참조.
25 *Project Finance Default and Recovery: Shale Gas Fuels Rise In U.S Defaults* (Standard & Poor's Rating Direct, New York NY/ Los Angeles CA, 2013)

고 언급하였다.[26] 대부분의 default는 건설기간 및 초기 운영기간에 발생했다.

S&P는 방대한 데이터베이스인 S&P Capital IQ Project Finance를 운영하고 있는데, 이는 대부분의 주요 프로젝트 파이낸스 대주단(cf. 17.3)의 실적에 대한 자료이다. 2012년 기준 6,862개의 프로젝트가 관리되고 있으며, 이 중 512개 프로젝트가 default를 낸 것으로 기록되어 있다.

(S&P가 언급한 이외의) default 발생 사유는 아래와 같다:

- 사업주의 금융조달 실패(사업계약의 조건이나 현금흐름이 대주단에게 받아들여지지 않았기 때문)
- 사업주의 저가 입찰(특히 사업주가 건설회사일 경우) – 이는 때가 되어 생산물구매자/계약당국 앞 추가 계약대금 지급을 요구할 경우 프로젝트가 상업성을 회복할 수 있을 것이라는 낙관적 가정 아래에서 이루어진다.
- 정치적 방해 (불투명한 입찰과정을 거쳐 특정인을 낙찰자로 선정한다든지, 또는 프로젝트 회사의 계약적 권리인 통행료를 올리지 못하게 하는 것 등이 그 좋은 예이다)
- 사업주, 계약당국 또는 기타 당사자들의 경험부족 – 그 결과 프로젝트 계약 문안이 매우 허술하게 작성되었을 가능성이 크다.
- 자원개발 프로젝트 관련, 특히 개도국에서 사업소재지 정부의 몰수 위험(cf. 11.4.2)

다른 신용평가기관인 Moody's가 보유한 1983년에서부터 2011년까지 4,067건의 프로젝트 파이낸스 데이터에서도 유사한 결론을 얻을 수 있다.[27] 7.4%에 해당하는 302건의 프로젝트에서 default가 발생하였다. S&P의 경우와 마찬가지로 대부분의 default는 건설기간 또는 운영기간 초기에 발생하였다. 금융종결 직후 3년 중 default율은 1.7%였고, 동 비율은 이후 점점 낮아지는데 이는 완공 리스크가 가장 큰 리스크라는 점을 알려준다.

산업별 default율도 살펴볼 수 있다. Default 비율이 높은 산업은 제조업(17%), 제련 및 광업(12%), 그리고 미디어 & 텔레콤(12%)으로 나타났다. 리스크가 낮은 산업은 인프라(4%), 그리고 유가스(8%), 그리고 발전(8%) 순이었다.

인프라 프로젝트 중 954건이 PFI/PPP로 분류되었다. (그러나 명확한 구분선이 없어 이 수치는 확실한 수치로 보기 힘들다) 이들의 default 비율은 2.6%로 인프라 전체와 대비하여 낮은 수준이므로, 이 부문이 프로젝트 파이낸스에서 가장 안전한 것으로 드러났다.

---

26 교통량과 관련된 양허계약의 default에 대한 사유는 9.6.3에서 다룬 바 있다.
27 *Special Comment: Defaults and Recovery Rates for Project Finance Bank Loans, 1983-2001* (Moody's Investor Service, New York NY/London, 2013)*

발전 프로젝트의 1/3은 미국에 소재하고 있는데 default 비율은 11%였다. 나머지는 세계 각처에 소재하는데 default 비율은 6%였다. 이는 미국의 경우 머천트 발전 비중이 상대적으로 높다는 것을 나타낸다. default는 2001-2004년중 많이 발생하였는데, 이는 엔론사태 이후 발전 산업의 손실을 반영하는 것으로 보인다.

9.16 Default시 손실액

그러나, 프로젝트에 default가 발생했다는 것이 대출금 전체에 손실이 발생했다는 것을 의미하는 것은 아니다. (cf. 7.1 - 그러므로 대주단은 'default 가능성(probability of default)'과 'default시 손실 가능액(probable loss on default)'을 따진다)

S&P는 신용등급이 부여된 차입금 데이터베이스를 기준으로 회수율을 분석하였다. 평균 회수율은 차입금 잔액의 75%였다. 그러나 이는 극단적인 경우들, 즉 회수율이 100%이거나 회수율이 25% 이하로 매우 낮은 경우들이 대부분이었으며 굳이 평균을 산정해보니 75% 수준이었다는 점을 유념할 필요가 있다. 회수율이 낮은 부문은 자원개발 부문이었다. 유사한 내용은 보다 자료가 방대한 데이터베이스인 Project Finance Consortium에서도 반복되었는데, 회수율이 100%에 달한 프로젝트의 수는 전체 512건 default 프로젝트 중 356 건에 달하였다.

Moody's의 데이터베이스에서도 유사한 결과를 얻을 수 있다: default가 발생한 302건은 초기 구조조정 작업이 진행중이기 때문에 대주단 손실을 알 수 없는 102건, 부실자산 매각(채무재조정 작업 없이 담보를 매각)이 이루어졌던 34건, 그리고 부실에서 회복한 161건으로 분류될 수 있다. 마지막 161건 중 151건은 대주단에게 아무런 손실을 끼치지 않고 정상 기업으로 발돋움하였다. 나머지 프로젝트들에 대한 손실율은 0-24%와 75-99% 구간에 골고루 분산되어 있었다.

건설기간 중 default가 발생한 프로젝트에 대한 평균 회수율은 65%였으며, 운영기간 중 default가 발생한 프로젝트에 대한 평균 회수율은 83%였다. 이를 통해 건설기간 중 리스크가 더 높다는 것을 재확인할 수 있다. PPP/PFI 프로젝트의 회수율은 (건설기간/운영기간 전체) 84%였다.

이러한 수치를 전반적으로 감안해 보면, 시장의 best practice를 따랐으며 적절하게 구조화된 프로젝트 파이낸스의 위험은 상대적으로 크지 않다고 볼 수 있을 것이다. (cf. 17.2)

10
거시경제 리스크

10 거시경제 리스크

10.1 도입

이자율(10.3), 물가상승률(10.4), 환율(10.5) 등 외부 거시경제 리스크(재무 리스크(financial risk)로도 불린다)는 특정 프로젝트에만 국한되는 것이 아니라, 그 프로젝트가 처해있는 경제환경과 관련되어 있다. 이러한 리스크들에 대해서도 위에서 언급한 상업적인 리스크들과 동일한 방식으로 분석되고, 또 대응방안이 마련되어야 한다. 또한, 짧은 대출기간과 긴 사업기간의 미스매치 또한 거시경제 리스크이다. (10.6)

그러나 이러한 거시경제 리스크들을 구체적으로 살펴보기 전에, 이러한 리스크의 영향을 분석하기 위한 기본적인 재무적 개념, 그리고 이후 장들에서 살펴볼 기타 현금흐름 관련 이슈들을 살펴볼 것이다. 요약하자면, 이 모든 것들은 현금흐름을 화폐의 시간가치(10.2)에 맞춰 조정하는 것과 관련이 있다.

10.2 화폐의 시간가치

1년 후의 1달러의 효용은 지금의 1달러의 효용과 같지 않다. 그렇지만, 1년 후에 1.5달러를 가질 수 있다면, 이는 지금 1달러를 갖는 것보다 나을까? 이 질문에 답하기 위해서는 1년 후의 1.5달러가 지금 어느 정도의 가치를 가지는지 산정할 수 있어야 한다. 그리고 산정 결과를 토대로 하여 보다 나은 선택을 할 수 있을 것이다. 이는 현재가치할인(Discounted Cash Flow, DCF) 방법이라고 부른다. (10.2.1)

간단히 말하자면, 프로젝트 파이낸스는 미래 일정기간의 현금흐름을 기대하고 오늘 투자를 단행하는 것이다. 당연하게도 투자자들은 투자금에 대한 수익률을 산정할 수 있어야 한다. 이는 내부수익률(Internal Rate of Return, IRR)이라고 부른다. (10.2.2)

그러나 위 방법들에는 문제도 존재하는데, 이는 10.2.3에서 다룰 것이다.

10.2.1 DCF

DCF 방법은 할인율이라고 부르는 자금비용을 감안하여 미래 현금흐름을 지금의 가치로 환산하는 방식이다. 그 결과는 현금흐름의 순현재가치(Net Present Value, NPV)이다.

NPV 산정공식은 $\frac{C}{(1+i)^n}$ 인데, 이 때 C는 미래 현금흐름이고, i는 이자율 또는 할인율, 그리고 n은 기간의 횟수이다. (할인율은 1년에 대한 수치일 수도 있으며, 필요한 경우, 예컨대, 6개월에 대한 수치일 수도 있다)

그러므로, 할인율이 10%인 경우, 1년 후 1,000은 현재가치로 $\frac{1000}{(1+0.10)^1}$, 즉 909.1이 된다. 산식을 거꾸로 보면, 지금 909.1을 10% 수익률로 투자하면 1년 후 이는 1,000(909×1.10)이 된다. 유사하게, 2년 후 1,000은 6개월마다 5%로 할인하면 $\frac{1000}{(1+0.05)^4}$, 즉 822.7이 된다.

미래 일정기간 현금흐름의 NPV는 다음과 같이 산정된다:

$\sum_n \frac{C^n}{(1+i)^n}$, 즉 각각의 미래 기간(프로젝트 파이낸스의 경우 일반적으로 6개월의 기간이 사용된다)의 현금흐름의 현재가치를 합한 것이다. (이를 계산하기 위해 별도로 책을 참고할 필요는 없다 - 엑셀이나 재무계산서가 작업을 쉽게 해 줄 것이다)

DCF 방식은 표10.1에 나타난 각각의 다른 두 개의 투자안을 비교하는데 유용하다. 둘 다 1,000을 투자하여 5년 후 1,350의 현금흐름을 창출하여, 투자수익액은 350이 된다. 각각의 투자안은 연 10%로 할인(컬럼(b) 활용)하였다. Year 0은 투자가 이루어진 시점이며, 이후 현금흐름이 발생하는 기간은 1년으로 하였다.

표 10.1 DCF 산정

		A 투자		B 투자	
(a)	(b)	(c)	NPV	(d)	NPV
연도	할인율 [(1+10%)(a)]	현금흐름	[ⓒ ÷ (b)]	현금흐름	[(d) ÷ (b)]
0	1.0000	−1,000	−1000	−1,000	−1,000
1	1.1000	340	309	200	182
2	1.2100	305	252	235	194
3	1.3310	270	203	270	203
4	1.4641	235	161	305	208

(a)	(b)	A 투자		B 투자	
연도	할인율 [(1+10%)(a)]	(c) 현금흐름	NPV [ⓒ ÷ (b)]	(d) 현금흐름	NPV [(d) ÷ (b)]
5	1.6105	200	124	340	211
계		350	49	350	-2

그 결과를 보면, 할인율을 감안하지 않은 경우 두 개의 투자안이 모두 동일한 수익을 내지만 NPV를 적용할 경우 A투자는 49의 NPV(5년간의 현금흐름을 할인한 금액은 1,049), B투자의 경우 -2의 NPV를 보인다.

신규 투자를 할 때 투자자가 사용하는 할인율은 투자자의 자본비용(cf. 12.2.1) 등 다양한 요소를 감안하여 산정되는 최소한의 투자수익률(hurdle rate)이다. 어떤 투자의 NPV가 양의 수치로 나타날 경우, 해당 투자는 최소한의 요구수준을 충족한 것이다; 반대의 경우라면 투자를 하지 말아야 한다. 표10.1에서처럼 요구되는 투자수익률이 최소 10%일 경우, A 투자는 이를 충족한 것이며 B 투자는 그렇지 않다. NPV는 각기 다른 현금흐름을 보이는 두 개의 프로젝트를 비교하는데 유용하다(그러나 10.2.3에서 나타나는 사항들도 살펴보아야 한다) - 위의 경우를 보면 A 투자가 더 좋은 투자안이다. NPV 산정결과의 차이는 투자자들에게 화폐의 시간가치의 중요성을 일깨워준다.

DCF 방법은 프로젝트 파이낸스에서 다양하게 활용된다:

• 사업주들이 신규 프로젝트 추진여부 결정을 위한 수익성 검토(cf. 12.2.4)
• 계약당국이 다수의 프로젝트 입찰 비교(cf. 3.7.8)
• 사업계약에서 조기해지 대금 산정에 활용(cf. 7.10)
• 건설계약에서 성능미달 LD 산정에 활용(cf. 8.2.8)
• 이자율 스왑 제공자 및 고정금리 대출금 제공자들의 조기해지 대금 산정에 활용(cf. 10.3.1)
• 대주단의 커버비율 산정에 활용(cf. 12.2.3)
• 매각대상 프로젝트 가치 산정에 활용(cf. 14.17)

10.2.2 IRR

IRR은 투자기간에 대한 투자수익률이다. 이는 미래 현금흐름의 NPV가 0이 되는 할인율이다. 표 10.1에서 A 투자의 IRR은 12.8%이며, B 투자의 IRR은 9.94%이다; 역시 A 투자가 더 나은 대안이라는 것을 알려준다. 계산결과는 두 가지 투자안을 각각의 할인율로 할인해보면 쉽게 체크해 볼 수 있다. (표10.2)

표 10.2 IRR 산정

	A 투자		B 투자	
연도말	현금흐름	NPV @12.08%	현금흐름	NPV @9.94%
0	−1,000	−1,000	−1,000	−1,000
1	340	303	200	182
2	305	243	235	194
3	270	192	270	203
4	235	149	305	209
5	200	113	340	212
계	350	0	350	0

IRR 또한 프로젝트 파이낸스에서 다양하게 활용된다:

- 금융구조를 고려하기 이전에 프로젝트의 수익률이나 프로젝트 가치평가를 하는데 활용, 즉 'Project IRR'(cf. 7.10.1, 12.2.4) 산정시 활용
- 프로젝트 투자에 대한 투자자들의 수익률 산정시 활용(cf. 12.2.1)
- 사업계약상 보상금 산정에 활용(cf. 7.6.5)
- 사업계약에서 조기해지 대금 산정에 활용(cf. 7.10)
- 리파이낸싱의 효용 산정(cf. 14.16.3)

10.2.3 DCF 및 IRR의 문제

DCF 및 IRR 활용시 그 산정방식을 명확히 이해한 후 활용하여야 한다. 이와 관련하여 몇 가지 주의해야 할 사안들이 존재한다:

DCF와 규모가 서로 다른 프로젝트. 초기 투자금액이 다른 두 프로젝트의 NPV를 비교해서는 안된다. 이는 표10.3에 잘 나타나 있다. D 투자의 NPV는 C 투자의 NPV보다 크지만, 이는 D 투자의 규모가 더 크기 때문이다. 실제로는 C 투자의 IRR이 더 높기 때문에 더 나은 투자안이다. (물론 투자자가 C 투자와 D 투자의 차이인 1,000에 대한 용처가 따로 없다면 D 투자가 더 매력적일 수 있지만 말이다)

규모가 다른 프로젝트를 비교할 때는 비용도 반드시 고려하여야 한다: 표10.3 하단에 있는 비용효용평가가 그것이다. 이 경우 두 가지의 대안에 대하여 각각 비용(투자금액)의 NPV와 효용(투자수익)의 NPV를 산정한 후, 그 비율을 서로 비교하는 것이다. 이를 보면 C 투자의 비용-편익 비율(cost-benefit ratio)은 1.27이고, D 투자의 비용-편익 비율은 1.18이다. 이 비율이 높게 나타나는 투자가 더 나은 투자이기 때문에 C 투자가 더 나은 대안이다.

표 10.3 DCF 및 규모가 다른 프로젝트

	C 투자	D 투자
당초 투자금액	−1,000	−2,000
1년 후 현금흐름	1,400	2,600
NPV @10%	273	364
IRR	40%	30%
비용효용분석		
(a) 효용의 NPV	1,273	2,364
(b) 비용의 NPV	1,000	2,000
비용-효과 비율 [(a) / (b)]	1.27	1.18

그러나 계약당국이 각기 다른 PPP 입찰제안서의 NPV를 비교할 때는 문제가 되지 않는다. 왜냐하면, 이 경우 최초 투자액은 0이기 때문이다. 그러나 입찰에 참여하는 동시에 다른 대안도 고민하고 있는 사업자는 이 점과 관련하여 주의하여야 한다 – 그럼에도 불구하고 투자자들은 별도로 IRR도 검토하기 때문에 큰 문제는 없을 것이다. (유사한 개념의 수익:투자 비율 계산은 12.2.4를 참조하라)

IRR 과대계상. 이는 표10.4의 두 가지 현금흐름의 예로 쉽게 설명될 수 있다. E 투자가 더 나은 투자이며, NPV 또한 이를 뒷받침하지만, 두 개 프로젝트의 IRR은 동일하다. 이는 IRR 계산시 프로젝트에서 발생하는 현금흐름은 프로젝트가 종료할 때까지 동일한 수익률로 재투자되는 것을 가정하고 있기 때문이다. 표10.4에서 보는 바와 같이, 만약 F 투자의 1-4년간 현금흐름이 연 15%로 재투자된다고 가정한다면, 5년 후인 현금흐름은 E 투자의 경우와 동일하게 2,011이 된다 – 그렇기 때문에 IRR이 동일한 것이다. F 투자의 초기 현금흐름이 좋다는 것을 감안하여야 하지만, 그 현금흐름에 대하여 지속적으로 15% 수익률로 재투자될 수 있다고 가정하는 것은 일종의 더블 카운팅 문제를 발생시키는 것이다. IRR 방법은 초기 현금흐름에 가중치를 매우 높게 둔다 – 그 결과 현금흐름이 산정되는 기간이 길수록 높은 재투자율을 사용함으로써 IRR을 과대계상하게 되는 것이다. 이는 현금흐름 산출기간이 25년을 초과하는 경우가 많은 프로젝트 파이낸스에서 매우 큰 영향을 끼친다.

이러한 과대계상 효과가 표10.4에 나타나 있다: F 투자로부터 얻을 수 있는 수익은 492이다. 그러나 마지막 컬럼에서 보듯, 이를 재투자함으로써 추가적으로 520의 수익을 얻는 것처럼 보여진다. 즉, 초년도의 현금흐름은 298이지만, IRR 계산에서는 이 현금흐름이 프로젝트 전체 기간에 걸쳐 총 522의 현금흐름 또는 추가적인 223의 현금흐름(522-298)을 창출하는 것으로 보여지는 것이다.[1] 그러므로 총 수익 1,011 중 520(51%)가 재투자 수익금인 것이다 – 기간이 긴 프로젝트 파이

---

[1] 반올림은 감안하지 않았다.

낸스에서 재투자 비율은 80% 수준을 차지하기도 한다.

표 10.4 IRR 과대계상

연도말	E 투자 현금흐름	F 투자 현금흐름	F 투자 – 연간 현금흐름 5년차까지 @15%로 재투자	재투자 수익
0	−1,000	−1,000		
1	0	298	522	223
2	0	298	454	155
3	0	298	395	97
4	0	298	343	45
5	2,011	298	298	0
계	1,011	492	2,011	520
IRR	15%	15%		
NPV @12%	141	75		

프로젝트 파이낸스에서 잘 사용되지 않지만, 이러한 문제를 해결할 수 있는 방법 중 하나가 '수정 IRR(Modified IRR, MIRR)' 방식이다. MIRR 방식에서는 프로젝트 현금흐름이 보다 낮은 수익률로 재투자된다고 보는 것이다. (즉, IRR 대신 투자자의 한계자본비용을 활용하는 것인데, 현금흐름을 재투자함으로써 동 비용을 절감할 수 있기 때문이다) IRR 방식과 유사하게 프로젝트 현금흐름을 프로젝트 기간동안 낮은 수익률로 재투자된다고 가정한다. MIRR은 IRR보다는 낮은 (그러나 더 정확한) 수준을 보이고 있는데, 보다 현실을 잘 반영한 수치이다. 표10.5에서는 F 투자에 대하여 15% 대신 12%로 재투자한 결과를 나타내고 있다. (E 투자의 MIRR은 표10.4의 IRR과 동일하다. 이는 15%로 재투자된 금액이 없기 때문이다) 그 결과 F 투자의 MIRR 또는 '진실된' IRR은 15%가 아닌 13.6%라고 할 수 있을 것이다. 그럼에도 불구하고 투자자는 현금흐름의 재투자 수익률이 12%가 될 것이라고 확신할 수는 없을 것이다.

표 10.5 IRR 및 MIRR

연도말	F 투자 현금흐름	현금흐름의 재투자 15.00%	12.00%	MIRR 산정
0	−1,000			−1,000
1	298	522	469	0
2	298	454	419	0
3	298	395	374	0
4	298	343	334	0
5	298	298	298	1,895
계	492	2,011	1,895	895
NPV	75			
IRR	15.0%			13.6%
MIRR	13.6%			

IRR 및 현금흐름 창출기간의 차이. 표10.6에서 보는 바와 같이, IRR은 각기 다른 기간을 가진 프로젝트를 비교하는 목적으로는 부적절하다. 표10.6의 투자 두 건은 모두 각각 1,000씩 투자를 한다: G 투자의 경우 8년 동안 연 200씩 현금흐름을 창출하며, J 투자는 15년 동안 매년 145의 현금흐름을 창출한다. IRR은 12%로 동일하다. 그러나 J 투자가 더 나은 투자라는 것은 명백하다. (두 투자의 리스크가 동일하며, 현금흐름의 시점이 무관하지 않다는 점(cf. 12.2.4)을 감안한다면 말이다) G 투자는 현금흐름이 일찍 발생하기 때문에 IRR이 높게 나타나는 것일 뿐이다. DCF 방식으로 10%로 현금흐름을 할인해 본다면, J 투자가 더 낫다는 것을 쉽게 알 수 있다.

표 10.6 IRR 및 현금흐름 창출기간의 차이

연도	G 투자	J 투자
0	−1,000	−1,000
1	200	145
2	200	145
3	200	145
4	200	145
5	200	145
6	200	145
7	200	145
8	200	145
9		145
10		145
11		145

연도	G 투자	J 투자
12		145
13		145
14		145
15		145
계	600	1,180
IRR	12%	12%
NPV*	67	105

* 할인율 10% 적용

이 예와 상기 기타 예들은 IRR 계산방식의 문제점, 즉 프로젝트 파이낸스에는 적합하지 않은 '조기 수익창출'을 중요시 하는 점을 드러낸다.

현금흐름이 마이너스에서 플러스로, 다시 마이너스로 변경. IRR 방식의 문제점은 현금흐름이 마이너스에서 플러스로, 다시 마이너스로 변경될 때 이상한 수치가 나온다는 것이다. 이는 예컨대 특정 프로젝트가 프로젝트를 종료하기 전에 프로젝트 부지를 정화하거나 오염물을 제거해야 하는 경우에 발생한다. 이는 표10.7에서 잘 드러난다. 여기서는 동일한 현금흐름을 하나는 10%, 하나는 20%로 할인하여 NPV를 0으로 만들었다. 만약 엑셀 spreadsheet를 활용하였다면 정답이 두 개로 나타나지는 않을 것이다. 물론 함수에 각기 다른 '예상답안'을 미리 기입하였다면 표에서 나타난 바와 같은 답을 얻을 수 있을 것이다. '예상답안'을 기입하지 않은 경우 IRR은 10%로 표기될 것이다.

표 10.7 현금흐름이 마이너스에서 플러스, 다시 마이너스로 변경

기간	현금흐름	10%로 할인		20%로 할인	
		계수	NPV	계수	NPV
0	−50,000	1.0000	−50,000	1.0000	−50,000
1	115,000	0.9091	104,545	0.8333	95,833
2	−66,000	0.8264	−54,545	0.6944	−45,833
		NPV=	0		0
	Excel 계산결과				
	예측치 =	5%	15%		
	IRR =	10%	20%		

10.3 이자율 리스크

프로젝트 재원조달이 고정금리 채권이나 대출이라면, 기본적으로 이자율 리스크는 없을 것이다.

그러나 많은 경우 금융기관들은 장기 고정금리대출을 제공하지 않는데, 이는 예금이 주로 단기이며, 장기 고정금리 재원 조달이 불가능하거나 경제적으로 타산이 맞지 않기 때문이다. 그러므로 프로젝트 파이낸스에서 기준금리는 대주단이 차입을 하는 당시 도매금융 시장 상황에 맞춰 주기적으로 (예컨대 6개월마다) 조정된다. (변동금리(floating interest rate) 대출) 국제 금융시장에서 가장 중요한 변동금리는 런던은행간대출금리(LIBOR, London Interbank Offer Rate)[2]인데, 이는 주요 통화에 대하여 은행들끼리 대여할 때 활용되는 금리이다. LIBOR로 재원을 조달하는 금융기관들은 LIBOR에 마진을 붙여 대출금리를 제시하는데, 이 때 기준금리가 되는 LIBOR는 3개월 또는 6개월마다 변동된다.[3] 이는 '금리결정일(rate fixing date)' 또는 '이자일(interest date)' 등으로 불린다.

건설기간 중 금리 리스크. 통상 완공 전까지는 현금으로 이자를 내지 않는다. 이 기간 동안 이자는 원금화(capitalized interest)되거나, 대출금을 인출하여 납부하게 된다. 건설기간 중 이자(IDC, Interest During Construction)는 프로젝트 사업비(cf. 13.5.1) 중 일부를 이루기 때문에, IDC 이자율이 당초 예상보다 높은 수준으로 결정될 경우 초과비용(cf. 9.5.6) 문제가 발생한다. 대주단은 이자율 변동 리스크를 커버하기 위해 일반적인 건설예비비(건설계약과 관련된 부분 또는 이자비용 증대를 야기하는 건설지연에 대비)를 전용하는 것을 허용하지 않는다.

운영기간 중 금리 리스크. 운영기간 중 이자율이 높으면 현금흐름이 축소되기 때문에 이는 대주단에게는 낮은 커버비율(cf. 12.3), 그리고 사업주에게는 낮은 투자수익률을 의미하게 된다.

용량요금을 채택하고 있는 생산물구매계약 또는 가용성 기반 계약을 체결한 프로젝트가 운영기간 중 이자율 위험에 대해 대처할 수 있는 손쉬운 방법은, 계약대금을 대출금 이자와 연동시키는 것이다. 물론 이는 장기적인 이자율 리스크를 생산물구매자/계약당국이 진다는 것을 의미한다. 생산물구매자/계약당국이 프로젝트 회사에 비해 좋은 조건으로 이자율 스왑이나 헤지 계약(아래 참조)을 체결할 수 있는 능력이 있기 때문에 이들이 이자율 리스크를 부담하는 것이 더 나은 방안일 것이다. 공공부문 생산물구매자나 계약당국은 동국 재무부로 하여금 이 리스크를 부담케 하여, 정부 전체 채무에 대한 이자에 대한 종합적인 관리차원에서 처리하게 할 수도 있을 것이다.

---

2 유로화에 대하여서는 Euribor, 일본 엔화에 대하여서는 Tibor(Tokyo International Offered Rate) 등이 사용된다.
3 2012년, 런던의 일부 은행들은 LIBOR 및 유사 금리 조작에 따라 금융당국 앞 벌금을 냈다. 한편, 이러한 기준 금리들은 2008년 금융위기 이후 은행간 시장이 축소되어 점점 더 자의적인 형태를 보였다. 이러한 금리 시스템에 대하여 수정이 있어야 할 것이지만, 대안을 찾기가 쉽지 않기 때문에 LIBOR를 폐지하기 보다는 수정하는 쪽으로 방향이 잡힐 것으로 보인다.

또한 프로젝트의 수입이 물가상승률에 연동이 되어 있다면, 차입금에 대한 이자율 또한 물가상승률과 연동(cf. 14.4.3)되는 단기 이자율이어야 한다는 주장이 존재한다. 이는 프로젝트 파이낸스 대주단의 광범위한 지지를 받지 못했다: 물가상승률과 이자율이 동조하는 경향이 있지만, 높은 물가상승률에 이자율이 수렴하는데 꽤 시간이 걸리기 때문이다.

변동금리 대출이 활용되는 경우, 이자율 리스크를 경감하기 위하여 헤지 계약을 체결하는 것이 필요할 수도 있다. 프로젝트 파이낸스에서 많이 활용되는 파생계약은 이자율 스왑(10.3.1)이다; 그보다는 적게 활용되지만 이자율 캡(cap), 컬러(collar) 등도 활용된다. (10.3.2); 이자율 리스크를 반드시 100% 커버할 필요는 없다. (10.3.3) 채권을 통하여 고정금리로 차입을 할 수도 있으나, 발행과 관련된 여러 이슈들이 존재할 수 있다. (10.3.4) 사업주들은 금융종결 전 이자율 변동으로 인하여 어려움을 겪을 수도 있다. (10.3.5)

10.3.1 이자율 스왑(interest rate swap)

이자율 스왑[4]계약은 일방의 당사자가 다른 일방의 당사자로부터 고정금리를 수취하는 대가로 변동금리를 지급하는 계약이다. 은행들은 자본시장에서 큰 규모로 이자율 스왑 거래를 한다.

프로젝트 파이낸스에서 차입금에 대하여 변동금리를 지급해야 하는 프로젝트 회사는 변동금리가 고정금리보다 낮은 경우 그 차액을 거래 상대방(은행, 즉 스왑 제공자(swap provider))에게 지급하고, 반대의 경우에는 차액을 거래 상대방으로부터 지급받는다.

이자율 스왑대금 산정. 프로젝트 회사와 스왑 제공자간 정산금의 산정은 각각의 기간에 대한 명목원금(notional principal amount, 즉 이자가 산정되는 대출잔액)에 기반한다. 물론 스왑 계약에서는 계약 당사자들끼리 원금을 교환하지 않고, 이자율의 차이만을 정산한다.

표10.8은 6M LIBOR와 고정금리간 이자율 스왑이 어떻게 이루어지는가를 보여주고 있다. 이 때 프로젝트 회사의 차입금은 1,000(이 금액이 명목금액이다), LIBOR는 6개월마다 변경, LIBOR와 교환되는 고정금리는 6%, 그리고 프로젝트 회사는 차입금을 3년 후 일괄 만기상환하는 경우를 가정한다. 그 결과 프로젝트 회사는 LIBOR 변동금리 대출을 6% 고정금리 대출로 전환한 결과를 얻게 되었으며, 스왑 제공자는 그 반대의 결과를 얻게 되었다.

---

[4] '쿠폰 스왑(coupon swap)'이라고 부르기도 한다.

표 10.8 이자율 스왑

		6개월 기간					
		1	2	3	4	5	6
(a) 명목원금		1,000	1,000	1,000	1,000	1,000	1,000
(b) LIBOR		4%	5%	6%	7%	8%	9%
(c) 스왑레이트		6%	6%	6%	6%	6%	6%
(d) LIBOR 이자	[(a)×(b)÷2]	20	25	30	35	40	45
(e) 고정금리	[(a)×(c)÷2]	30	30	30	30	30	30
(f) 차액	[(d)−(e)]	−10	−5	0	5	10	15
프로젝트 회사 입장							
대출금에 대한 이자	[=(d)]	20	25	30	35	40	45
스왑지급액/(−수급액)	[=−(f)]	10	5	0	−5	−10	−15
순이자비용	[=(e)]	30	30	30	30	30	30
스왑 제공자 입장							
명목원금에 대한 이자	[=(e)]	30	30	30	30	30	30
스왑지급액/(−수급액)	[=(f)]	−10	−5	0	5	10	15
순이자비용	[=(d)]	20	25	30	35	40	45

이자율 스왑 breakage cost 및 신용리스크. 프로젝트 회사가 차입금을 조기 상환하거나, 대출금에 대하여 default를 발생시켰다면 스왑 계약은 취소되어야 한다. 이 때 스왑 제공자는 다른 이와 스왑 계약을 체결하게 된다. (즉, 다른 이가 프로젝트 회사의 역할을 하게 하는 것이다) 그러나 당초 스왑 계약 체결당시 대비 고정금리가 낮아졌다면, 새로운 스왑 제공자는 프로젝트 회사가 지급했던 높은 수준의 고정금리를 더 이상 지급하려 하지 않을 것이다. 그 결과 두 개의 스왑계약의 고정금리 차이가 스왑 제공자에게는 손실로 인식된다. 이는 'breakage cost'라고 부른다.[5] 그러므로 스왑 제공자가 대출을 하지 않는다 하더라도, 그는 프로젝트 회사에 대하여 breakage cost만큼 신용리스크를 부담하는 것이다. 해당 금액은 breakage cost가 발생해야 그제서야 정확하게 산정할 수 있으므로, 스왑 제공자가 계약체결 당시 신용리스크를 정확하게 측정할 수 없다.

물론, default가 발생한 때 잔여 기간에 대한 스왑 고정금리가 당초 고정금리보다 높다면 breakage cost는 발생하지 않을 것이다. 오히려 이익이 발생할 것인데, 이 때의 이익은 프로젝트 회사 앞 반환해야 한다.

표10.9는 아래와 같은 가정 하에서 breakage cost를 어떻게 산정하는지 보여준다.

- 차입금은 1,000이며, 만기일시상환 구조
- 대출만기: 15년

---

[5] 이는 스왑 '해지(unwinding)'로 불리며, 그 결과에 따라 해지 이익 또는 손실이 발생한다.

- 스왑 고정금리: 6%
- 2년 후 스왑 해지
- 재투자율: 3%

표 10.9 이자율 스왑 breakage cost 산정

고정금리 지급	연도												
	3	4	5	6	7	8	9	10	11	12	13	14	15
당초 금액	60	60	60	60	60	60	60	60	60	60	60	60	60
수정 금액	30	30	30	30	30	30	30	30	30	30	30	30	30
스왑 제공자의 손실	30	30	30	30	30	30	30	30	30	30	30	30	30
손실의 NPV(@3%로 할인) = 319													

표에서 살펴본 바와 같이, 스왑계약 해지시 스왑 제공자의 손실은 명목금액이 아니라 잔여 13년간 매년 30에 해당한다. 이러한 현금흐름의 NPV – 이 경우 명목금액의 32% – 가 스왑 breakage cost이며, 동 금액이 해당 상황에서 프로젝트 회사에 대한 신용리스크가 된다. 그러나 이는 대출금이 전혀 상환되지 않는 경우를 가정하기 때문에 그 수치가 매우 크다. 그러므로 표10.10은 보다 흔한 현금흐름을 가정한 breakage cost 산정과정을 보여준다. 이 때의 가정은 다음과 같다:

- 차입금은 1,000이며, 매년 100씩 상환
- 스왑 고정금리: 6%
- 재투자율(스왑 default 후): 3%

표 10.10 이자율 스왑 – 시간에 따른 breakage cost

연도	1	2	3	4	5	6	7	8	9	10
(a) 명목 원금	1,000	900	800	700	600	500	400	300	200	100
고정 지급액:										
(b) 당초 금액[(a)×6%]	60	54	48	42	36	30	24	18	12	6
(c) 재투자[(a)×3%]	30	27	24	21	18	15	12	9	6	3
(d) 손실[(b)−(c)]	30	27	24	21	18	15	12	9	6	3
(e) 손실의 NPV[(d)의 NPV]	147	121	98	77	58	42	28	17	9	3
대출금 대비 손실율[(e)÷(a)]	15%	13%	12%	11%	10%	8%	7%	6%	4%	3%

프로젝트 회사가 스왑 계약 체결 직후 default 상황이 되고, 장기 고정금리가 6%에서 3%로 하락하면, 스왑 제공자의 손실은 147이 된다.[6] 그러나 둘째 해에 default가 발생한다면 손실은121이

---

6   스왑 계약이 해지되는 이유가 프로젝트 회사 default만 있는 것이 아니다 – 생산물구매자/계약당국의 계약해지(cf. 7.10.3) 또는 리파이낸싱 (cf. 14.16) 등이 이유가 되기도 한다. 생산물구매자/계약당국이 차입금 상환의무를 지는 경우에는 스왑 breakage cost도 부담(또는 관련 이익을 수령)할 것이며, 대출금이 리파이낸싱 되는 경우 스왑 계약도 해지되어야만 할 것이다. (새로운 대주단이 이를 인수하지 않는다면 말이다) 그러나 신용리스크의 관점에서 본다면 스왑 계약자가 가장 신경쓰는 것은 프로젝트 회사의 default일 것이다.

되고, 셋째 해에 발생한다면 손실은 98로 축소된다.

이러한 잠재적 손실은 스왑 제공자가 프로젝트 회사에 대해 부담하는 신용 리스크이나, 대출금에 대한 신용리스크와는 달리 이는 고정된 금액이 아니라 다음과 같은 요인들에 따라 변동된다:

- 스왑계약 잔여기간
- Default 발생시 시장금리 변화 수준
- 당초 스왑계약이 역사적으로 높은 수준 또는 낮은 수준에 체결되었는지 여부(낮은 수준이었다면, 장기적인 고정금리는 추가적으로 하락할 가능성이 낮기 때문에 breakage cost 발생 가능성은 그만큼 낮기 때문이다. 물론 반대의 경우는 breakage cost 발생 가능성이 높다)

그러므로 프로젝트 회사와 스왑 계약을 체결하는 스왑 제공자는 프로젝트 회사에 대한 신용리스크를 검토해야 하나, 이는 쉽지 않은 일이다. 표10.10에서 살펴본 바와 같이 최대 신용리스크는 초기 대출금의 15%에 달하며, 시간이 지날수록 그 크기(절대적 크기 및 대출금 잔액 대비 비율)는 감소한다. (많은 변수가 존재하지만) 거칠게 말하자면, 분할상환 방식의 대출에 대한 20년간 이자율 스왑에 대하여 은행들은 최대 대출액의 15% 정도를 신용리스크의 크기로 간주할 것이다.

물론 표10.10의 재투자율이 6%보다 높다면, breakage cost가 아닌 이익이 발생할 것이다. (이는 프로젝트 회사 앞 반환 필요) 스왑 계약이 해지될 때 발생하는 이익이나 손실의 계산은 'mark-to-market'으로 불린다; 스왑계약 해지시 이익이 나는 경우는 'in the money', 그리고 반대의 경우는 'out of money' 상황이라고 부른다.

물론 스왑 제공자인 은행은 프로젝트 회사와 체결한 스왑 익스포져를 관리하기 위하여 금융시장에서 매칭 스왑계약을 체결하는 것은 어렵지 않으며, 장기고정금리 재원을 조달하여 이를 프로젝트 회사 앞 대여해주는 것보다 쉽다. 이는 시장의 거래상대방의 입장에서는 은행 앞 장기고정금리 대출을 제공해 주는 것보다 스왑계약을 체결하는 것이 신용리스크를 줄일 수 있는 방법이기 때문이며, 프로젝트 회사 앞 스왑을 제공하는 은행은 단기 변동금리 재원에 손쉽게 접근할 수 있기 때문이다. (물론 차환이 쉽게 이루어진다는 전제 하에서 말이다)

변동금리를 제공하는 금융기관 또한 프로젝트 회사가 이자기일 도중 default를 발생시킨다면 breakage cost에 따른 손실이 있을 수 있다.

이자율 스왑 결정방식. 스왑 시장은 명목금액에 대한 일시상환을 전제한다 - 즉, 표10.9에서 본 바와 같이 명목금액 1,000이 15년 후 일시상환(bullet repayment)되는 것을 전제로 하는 것이다. 그러나 프로젝트 파이낸스 대출의 현금흐름과 명목적인 원금 상환 스케줄을 감안할 경우 현실은 표10.10과 같을 것이다. 즉, 대출 원금은 10년에 걸쳐 분할 상환되기 때문에 스왑 현금흐름은 이와 매칭되어야 한다. 이러한 상황에 대한 시장의 반응은 매 상환일을 커버하는 일련의 스왑에 대하여 가중평균 스왑금리를 적용('amortizing swap'이라고 알려져 있다)하는 것인데, 예컨대 스왑 제공자는 표10.10과 같이 매년 100씩 상환되는 스케쥴에 대한 가중평균 스왑금리를 제공할 수 있을 것이다.

스왑금리는 명목금액이 일시에 인출되지 않는다는 점 또한 고려하여 적용된다; 대부분의 프로젝트의 경우 대출금은 2-3년에 걸친 건설기간 중 조금씩 인출되기 때문에, 스왑금리 또한 조금씩 증가하는 익스포져에 맞춰 산정된다. 이는 프로젝트 운영기간 중 명목금액이 줄어드는 'amortizing swap'과는 대비되는 의미에서 'accreting swap'이라고 불린다.

스왑금리는 다음 세 가지 요소에 의하여 결정된다:

- *해당 기간/해당 통화 정부채 금리*: 이는 스왑을 위한 '기본 금리'가 된다; 예컨대, 7년짜리 미 달러 스왑금리는 동 기간에 대한 미국 국채수익률에 기반한다.
- *스왑 시장 프리미엄(Swap market premium)*: 이는 정부채 금리와 스왑금리간의 차이인데, 이는 스왑 시장의 수요공급 뿐 아니라 고정금리 회사채 시장의 수요공급 요인 또한 반영하고 있다. 후자 또한 고려를 해야하는 까닭은, 회사채 발행인은 고정금리 시장과 스왑을 감안한 변동금리 시장에서 재정거래(arbitrage)를 할 수 있기 때문이다. (스왑금리 - 즉, 정부채 금리와 스왑 시장 프리미엄을 합한 율 - 는 금융신문과 딜링 스크린에 게재된다)
- *스왑 신용 프리미엄*. 아래 참조

스왑 신용 프리미엄(Swap Credit Premium). 이는 스왑 제공자가 프로젝트 회사의 신용리스크를 감안하여 책정하는 마진이다: 만약 스왑 제공자가 리스크에 노출되는 익스포져 수준을 예컨대 최초 명목금액의 15%로 가정하였고, 프로젝트 회사 대출금에 대한 마진을 연 1.5%로 가정하였다면, 스왑 신용 프리미엄은 연 1.5%의 15%(즉, 연 0.225%)가 된다.

스왑 구조. 프로젝트 회사가 스왑을 통해 이자율 리스크를 커버하는 가장 간단한 방법은 변동금리 대출을 제공하는 대주단이 자신의 대출 몫에 비례하는 금액만큼 스왑을 제공하는 것이다; 그러나 이와 관련하여 다수의 이슈가 존재한다:

- 대주단은 구성이 금융종결(cf. 5.2.8) 때까지 확정되지 않을 수 있으나, 금리를 고정시키기 위한 스왑계약은 금융종결 이후 매우 신속하게 체결되어야 한다.
- 특정 대주는 경쟁력 있는 스왑 금리를 제공할 수 없기 때문에, 프로젝트 회사는 어쩔 수 없이 비싼 스왑 금리를 받아들여야 할 수 있다.
- 스왑과 관련 대주단이 어떠한 경쟁에도 노출되지 않기 때문에 시장에서 가장 경쟁력있는 스왑금리를 제시하지 않을 수도 있다.

일반적으로 프로젝트 회사가 금융시장에서 직접 은행들과 거래하여 스왑 금리를 제공받는 것은 쉽지 않다. 왜냐하면 프로젝트 파이낸스에 참여하지 않은 은행들로서는 관련 스왑금리를 제시하기 위하여 오랜 기간을 들여 프로젝트 리스크를 분석할 유인이 부족하기 때문이다. 또한 스왑 제공자가 대주단의 일원이 아니라면 스왑 제공자와 대주단간 문제가 발생할 수도 있다. (cf. 14.14.1)

프로젝트 파이낸스를 제공하는 은행들이 복수라면, 이들 각자가 스왑금리를 제시케 하는 방식보다는 이들간 경쟁을 통해 스왑금리를 제시받는 것이 좋을 것이다. (대주단을 구성하는 각각의 은행이 자신의 몫에 해당하는 대출에 대한 스왑계약에 대하여 보증을 제공할 수도 있고, 스왑 제공자가 관련 리스크를 전부 떠안을 수도 있을 것이다) 그러나 금융종결 이전 차입금 인수가 이루어졌으나 신디케이션이 이루어지지 않은 경우에서처럼 대주단이 하나 또는 둘로만 구성되어 있다면 이런 방식의 경쟁은 이루어지기 힘들 것이다.

프로젝트 회사가 가장 양호한 수준의 시장금리를 확보하는 방법은 대주단 중 하나 또는 복수의 금융기관을 'fronting bank'로 지정하는 것이다. 프로젝트 회사는 스왑 제공자와 fronting bank가 스왑계약을 체결하는 것을 전제로 스왑시장에 접근할 수 있을 것이다; 프로젝트 회사는 이후 fronting bank와 동일한 구조의 'back-to-back' 스왑계약을 체결하는 것이다. (물론 Fronting bank 또한 스왑금리를 제공할 수 있을 것이다) Fronting bank는 이에 따라 스왑 신용 프리미엄을 적용하게 된다. 또는 대주단으로부터 보증을 받아 매우 낮은 수준의 스왑 신용 프리미엄만을 적용할 수 있을 것이다.

Fronting bank를 활용하는 스왑구조의 혜택은, 스왑 해지가 발생할 경우 문제가 될 수 있는 스왑 신용 프리미엄과도 관련이 있다. 스왑 계약(아래 참조)에는 신용 프리미엄을 포함한 스왑금리만을 적시한다. 표10.10을 예로 들어보면 6%의 스왑금리는 예컨대 5.775%와 신용 프리미엄인 0.225%의 합일 수도 있다. 표10.10는 이런 경우의 스왑 breakage cost를 감안한 것이다 - 즉, 프로젝트 회사는 대출 잔여기간 전체에 대한 스왑 신용 프리미엄의 NPV를 납부해야 하는 것이다. (스왑 제공자에게는 프로젝트와 관련된 어떠한 리스크가 남아있지 않다 하더라도 말이다) 이에 대처하는 방안은 스왑 신용 프리미엄을 스왑계약에 포함시키지 않고 별도 계약을 통해 처리하는 것이다. 그러나 일부 시장에서는 스왑 제공자들이 이러한 방식으로 스왑 신용 프리미엄을 공개하는 것을 꺼린다. 이는 이들이 비경쟁적 스왑금리 및 스왑 프리미엄 등 스왑 수익을 통하여 프로젝트 파이낸스 대출금리를 보전하고 있기 때문이다.

Rollover 리스크. 스왑계약에 활용되는 명목금액은 건설기간 중 대출금 인출 스케줄, 그리고 대출금 상환(프로젝트 완공 이후 확정) 스케줄에 기초하고 있다. 그런데 이러한 예상이 맞지 않을 수도 있다; 즉, 인출 개시 후 건설 또는 완공에 지연이 발생할 수 있는데, 완공에 따라 확정되는 대출금 상환 스케줄이 변경될 수 있기 때문이다.

이러한 변경이 한 달 등 짧은 기간이라면 이는 큰 문제가 아니며 (프로젝트 회사가 관련 금액을 제때 납부할 수 있다면) 스왑 스케줄이 변경되지도 않을 것이다. 왜냐하면 이와 관련하여 발생되는 비용은 다른 곳에서 발생하는 이익으로 상쇄시킬 수 있기 때문이다. 그러나 완공지연 등으로 인하여 당초 스케줄이 크게 변경된다면 - 예컨대 6개월 - 스왑을 'rollover'(당초 스왑계약을 해지하고 새로운 스케줄의 신규 스왑계약 체결)하는 것이 나을 것이다. 스왑 해지에 따른 비용은 더 낮은 신규 스왑금리로 상쇄할 수 있을 것이며, 스왑 해지에 따라 이윤이 발생하는 경우 더 높은 신규 스왑금리를 감당할 수 있을 것이기 때문이다.

그러나 프로젝트 회사는 다음과 같은 어려움을 겪을 수 있다:

- 스왑 제공자는 더 이상 스왑계약을 체결하고 싶지 않을 수 있으며, rollover 요청을 스왑 해지의 빌미로 삼을 수도 있다.
- Rollover 스왑금리에 대한 경쟁이 부재할 경우, 프로젝트 회사는 비싼 rollover 스왑금리를 내야만 할 것이다.

위에서 언급한 fronting bank 구조가 활용되었다면, rollover는 큰 이슈가 되지 않을 수도 있다; 미리 경쟁구조를 마련해 두었을 수도 있다. 그러한 경우가 아니라면 프로젝트 회사는 (그리고 대주단은) 완공 지연에 따른 어쩔 수 없는 결과를 받아들여야만 할 것이다.

대출금이 증가할 경우 유사한 이슈(완공지연에 따라 예비자금을 인출하거나 하는 경우 등)가 발생하며, 스왑 금액 또한 이에 맞춰 증가시켜야 할 것이다.

스왑 breakage cost 및 리파이낸싱. 프로젝트 회사가 리파이낸싱(cf. 14.16)을 희망할 경우에도 breakage cost 이슈가 발생한다. 이 때 일반적인 절차는 새로운 대주(은행이라면)가 프로젝트 회사를 대신하여 당초 스왑계약의 거래상대방이 되고, 프로젝트 회사와 별도의 스왑계약(당초와는 다른 상환스케줄을 지닐 수 있다)을 체결하는 것이다. 그러나 이 경우 프로젝트 회사가 스왑 프리미엄을 두 번 지급하게 되는 문제가 있다. 당초 스왑 제공자가 책정한 프리미엄은 계약자가 프로젝트 회사에서 신규 대주로 변했다 하더라도 불변하며, 신규 스왑 제공자는 프로젝트 회사의 리스크를 감안하여 자신만의 스왑 프리미엄을 책정하기 때문이다.

스왑계약 작성. 이자율 스왑 계약은 ISDA(International Swap and Derivatives Association)의 표준 양식을 활용하기 때문에 협상의 여지가 크지 않다. 이는 스왑 딜러들이 표준 양식에 맞춰 자신들이 포트폴리오로 관리하고 있는 스왑 계약 전체를 거래할 수 있기를 희망하기 때문이다. 스왑 계약에 따른 현금흐름과 대금지급 관련된 내용은 스왑계약의 별첨으로 붙게 된다.

10.3.2 이자율 캡(interest rate cap) 및 기타 수단들

이자율 캡은 변동금리가 일정 수준을 상회할 경우 캡 제공자(주로 은행)가 프로젝트 회사 앞 일정 수준의 금액을 지급하는 방식이다. 예컨대, 현재 변동금리 수준이 3%라면, 캡 계약금리를 5%로 할 수 있다. 만약 변동금리가 5%를 상회한다면, 캡 제공자는 이자율 스왑과 마찬가지로 변동금리와 5%의 차이를 프로젝트 회사에게 지급하게 된다. 예산 목적상 프로젝트 회사는 이자비용을 5%로 가정할 수 있으며, 변동금리가 5%보다 낮은 수준으로 유지될 경우 차액은 일종의 '보너스'로 볼 수 있을 것이다.

이자율 캡은 예컨대 건설기간 중 변동금리부 대출이 완공 후 고정금리부 대출로 리파이낸싱될 경우 등에 이자율 헤지에 대한 훌륭한 단기적인 해결책이 된다. 이 방식은 프로젝트 회사에 대한 신용리스크가 존재하지 않기 때문에 쉽게 활용할 수 있는 장점이 있으나, 반면 일시불로 지급해야 하는 지급액이 사업개발비로 추가되는 단점이 있다. 그러므로 장기 이자율 헤지 목적으로는 잘 사용되지 않는다. 그러나 이자율 스왑과 관련된 breakage cost에 대한 한도를 설정하기 위하여 사용될 수도 있다. (그러한 우발부채에 대한 우려가 큰 프로젝트에서 말이다)

일부 프로젝트에는 보다 정교한 헤지 수단이 활용된다; '스왑션(swaption, 스왑에 대한 옵션)'은 미래에 스왑계약을 체결할 수 있는 옵션인데, 이를 통하여 타이밍과 관련하여 유연성을 확보할 수 있을 것이다.

'컬러(collar)'는 플로어(floor rate)가 존재하는 이자율 캡이다. (즉, 최고 이자율은 상기와 같은 캡으로 정해진 가운데, 이자율이 플로어, 예컨대 2%을 하회할 경우 차액을 프로젝트 회사가 지급하는 방식이다) 이자율 컬러는 별도 비용을 들이지 않고도 체결할 수도 있는데, 이는 캡에 대한 비용을 플로어 판매 수입으로 상쇄시킬 수도 있기 때문이다. 그러나 플로어를 구매하는 당사자의 입장에서는 이자율 스왑 제공자에 비해 낮은 수준이라 하더라도 여전히 프로젝트 회사에 대한 신용리스크를 부담해야 한다.

10.3.3 이자율 헤지에 대한 규모와 타이밍

금융조달을 고민하는 시점에 사업주들은 이자율이 상승하기 보다는 하락할 가능성이 높다고 본다; 그러므로, 일정기간 동안 변동금리로 금융을 조달할 것을 희망한다. 그러나 리스크 규모가 아무리 작더라도 프로젝트 회사가 불필요한 리스크를 부담하는 것에 대하여 대주단은 수락하지 않을 것이다.

그러나 대주단은 프로젝트 회사가 반드시 이자율을 100% 헤지할 것을 요구하지는 않는다. 우선 위에서 언급한 바와 같이 대출금 인출 및 상환과 관련하여 차주가 어느 정도 시간적 유연성을 가질 수 있어야 하기 때문이다; 다음으로 초반에 전부 인출할 가능성이 낮은 예비 재원에 대하여서는 건설기간 초기에 전부 헤지를 해놓을 필요가 없기 때문이다. 프로젝트 회사는 예비 조달원을 제외하고, 최소 90% 이상의 이자율 리스크에 대하여 헤지가 이루어져야 한다고 합의할 수도 있을 것이다. 위에서 언급한 rollover 리스크를 별도로 한다면, 예비 재원이 인출될 경우 추가적으로 헤지계약을 체결하거나 또는 헤지 비율을 높이고 싶어할 경우 이를 처리할 수 있도록 금융계약을 유연하게 가져갈 수 있어야 할 것이다.

헤지 계약은 금융종결 직후에 체결되는데, 이를 통하여 가급적 빨리 사업예산을 확정시키려는 것이다. 금융종결 이후 한 달 간의 기간이 주어지기도 하는데, 이는 프로젝트 회사가 급하게 스왑계약을 체결하여 손실을 입는 경우를 방지하기 위해서이다.

10.3.4 고정금리 대출 또는 채권

고정금리 대출을 제공하거나 채권을 인수한 금융기관의 경우 프로젝트 회사가 default를 일으킬 경우 스왑 제공자와 동일한 이유로 breakage cost가 발생한다: 프로젝트 회사가 default에 처한 순간 시장 고정금리가 하락한다면, 동 금융기관은 손실을 입을 것이다. 그러나 일부 시장에서는 채권(또는 고정금리부 대출)에 대한 조기해지에 따른 breakage cost는 이자율 스왑에서의 breakage cost보다 훨씬 클 수 있다.

미래 마진에 대한 대금지급. 어떠한 이유로든 대출금이 조기상환된다면, 변동금리 대주는 미래 마진 수익을 얻지 못하게 된다. (물론 적은 수준의 조기상환수수료는 받을 수 있지만 말이다) 그러나 고정금리 대주 또는 채권 투자자들의 경우 미래에 받을 수 있을 것으로 기대하였던 전체 또는 부분적 마진 지급을 요구할 수도 있다. 동 금액은 계약해지일을 기준으로 미래 대출 원리금 상환액 또는 채권상환액에 대하여 동일한 만기를 지닌 정부채권금리(또는 미리 합의한 이율)로 할인하여 산정된다. 물론 정부는 프로젝트 회사보다 신용리스크가 낮기 때문에 정부채권금리는 매우 낮다; 그러므로 낮은 이자율을 활용할 경우 프로젝트 회사는 현재 대출잔액보다 큰 금액을 일시에 상환하는 부담을 지게 된다. 그 결과 프로젝트 회사는 실질적으로 고정금리 대출 또는 채권에 대한 미래 신용위험가산율의 전부 또는 일부를 내는 것이 되는데, 이는 조기해지에 따른 미래 스왑 프리미엄을 내는 것과 유사하다. (cf. 10.3.1)

'Par floor'. 더욱이, 채권에 대한 breakage cost 산정방식은 일방적이다 - 즉, 이자율이 하락할 경우 채권투자자는 이에 대하여 보상을 받지만, 반대의 경우 발생하는 수익은 프로젝트 회사 앞 반환하지 않는다. (이자율 스왑과는 다른 방식으로 작동한다) 그 이유는 breakage 수익은 채권에 대한 액면금액 상환액과 상쇄된다고 보기 때문인데, 이는 채권투자자들이 투자금을 전부 상환받지 못할 것이라는 것을 전제하고 있다. 채권상환기간 전체에 걸쳐 본다면 아무런 손실이 없을 수도 있지만,

채권투자자들은 즉각적인 손실을 회피하고 싶어하며 이에 따라 'par floor'[7]라는 것을 요구하게 된다. 이는 breakage 수익과는 무관하게 계약해지일에 액면금액 전체를 상환해야 한다는 요구이다.

표10.11은 채권의 조기상환에 따른 비용(즉 breakage cost)에 대한 par floor를 적용함에 따라 나타나는 효과이다. 계산에 사용된 가정은 아래와 같다:

- 채권 발행금액: 1,000
- 정부채권금리: 5.25% (발행일 기준)
- 신용위험가산율: 0.75%
- 채권 쿠폰이율: 6.00% (=정부채권금리+신용위험가산율)
- 만기: 20년, 연금방식 상환(cf. 12.5.3)
- 정부채권금리: 8.00% (해지일 기준)

표 10.11 채권 조기상환 비용

연도	0	1	2	3	4	5	15	16	17	18	19	20
(a) 이자		60	58	57	55	53	26	22	18	14	10	5
(b) 원금 상환		27	29	31	32	34	61	65	69	73	78	82
(c) 총 원리금 상환		87	87	87	87	87	87	87	87	87	87	87
(d) 채권잔액 [= 기존 잔액 − (b)]	1,000	973	944	913	881	847	367	302	233	160	82	0
조기상환대금												
− par floor가 없는 경우 [= (a)에 대하여 @8%로 할인한 NPV]		837	817	795	772	746	348	289	225	155	81	
− par floor가 있는 경우 [=(d)]		973	944	913	881	847	367	302	233	160	82	

표에서 보는 바와 같이, 이 조항은 채권과 관련하여 꽤 큰 규모의 breakage cost를 발생시킬 수 있다. (이자율 스왑을 체결한 대출과 비교할 때 말이다) 그러므로 크게 보면, breakage cost와 대출금 잔액을 더한 금액은 표10.11의 par floor 조항이 없는 계약해지 대금과 같을 것이다.

보증된 투자계약(Guaranteed Investment Contract(GIC)). 5.4에서 언급한 바와 같이 대출금 대비 채권의 불리한 점은 필요한 때 자금을 인출할 수 없어 전액을 인출하여 남은 금액은 별도 계좌에 예치해 두어야 한다는 점이다. 예금에 대한 이자는 건설에 필요한 재원이 될 수도 있지만, 예금 이자가 변동금리로 주어진다면 이는 사업비에 사용되기 전까지는 건설기간 중 이자율 변동에 노출된다. 그리고 예금에 대한 이자율이 예상보다 낮을 경우 프로젝트 회사는 재원부족 상황에 직면

---

7 'Make-whole' 조항이라고도 하고, 영국에서는 '스펜스 조항(Spens Clause)'이라고도 부른다.

할 수도 있다.

이러한 상황은 이자율 스왑을 체결하는 방식으로 해결할 수도 있으나, 대금의 흐름은 정반대이다; 프로젝트 회사는 변동금리 예금이자를 받기 때문에 변동금리를 지급하고 거래 상대방으로부터 고정금리를 받는 방식이다. 대안으로는 금융기관이 프로젝트 회사 앞 고정금리 예금을 제시하고, 자신이 별도의 스왑계약을 체결하는 것이다; 이를 GIC라고 부른다.

일반적인 상황에서 GIC의 단기 고정금리는 장기 채권의 쿠폰금리보다 낮다. 그러므로 채권 액면금액 전체를 금융종결시 인출할 경우 프로젝트 회사는 손실을 입게된다. (이는 'negative arbitrage'라고 부른다) 그러므로 재원조달 수단을 검토할 때에 이러한 비용 또한 염두에 두어야 한다.

대주단간 이슈(cf. 14.14)가 발생할 수도 있다: 만약 GIC에 대하여 담보를 취득하고자 하는 은행들이 존재한다면, 동 담보는 모든 대주단이 공동으로 쓸 수 있는 것인가, 아니면 채권투자자들만을 위한 것인가? 후자가 갖는 것이 보다 공정한 것으로 보인다.

10.3.5 금융종결 전 이자율 헤지

사업주는 사업개발 기간 중에도 이자율 리스크를 경감하고 싶어할 것이다. 사업주는 입찰안에 차입금 상환액을 고정시킨 후 이를 계약대금에 포함시키는 방식으로 사업을 제안하여 계약당국이 아닌 프로젝트 회사가 이자율 리스크를 부담하는 것으로 할 수도 있다. 입찰안을 제시한 때와 금융종결 달성 시점간 시차가 존재할 수도 있다. 만약 금융종결 달성 이전에 이자율이 상승하였고 이자율 헤지가 이루어지지 않았다면, 투자자의 수익률과 금융조달에 문제가 발생할 수도 있을 것이다.

이러한 상황에 대한 대처방법은 사업주가 금융종결 달성 이전에 이자율 헤지 계약을 체결하여 금융종결 달성 이후 이를 프로젝트 회사 앞 이전하는 것이다 - 그러나 어떠한 이유로든 금융종결이 달성되지 않는다면 사업주는 추가적인 리스크를 부담하게 된다. 위에서 언급한 대로, 장기적으로 이자율이 하락한다면 이자율 스왑을 해지할 때 손실이 발생할 것이다. (물론 이자율이 상승한다면 수익이 발생할 것이다) 계산결과는 장기 이자율과 단기 이자율간의 차이에 의해서도 발생하는데, 이 차이는 금융종결 이전에 커버되어야 한다. (단기 예금금리가 장기 대출금리보다 낮다면 GIC의 경우와 유사하게 사업주들은 금융종결 달성 이전에 out-of-pocket 상태가 될 것이며, 그 반대의 경우도 발생한다) 그러므로 사업주들은 이러한 방식으로 이자율 헤지계약을 체결하기 전에 금융종결을 달성할 수 있다는 확신이 있어야 한다. 마찬가지로 스왑션(cf. 10.3.2)이 활용될 수도 있지만, 자신의 제안이 낙찰되지 않는다면 비용이 발생할 것이다.

어떤 경우에는 공공부문 생산물구매자 또는 계약당국이 사업주와 계약을 체결한 시점과 금융종결 무렵의 헤지계약이 체결된 시점간의 이자율 변동 리스크를 직접 인수하고, 이에 따라 계약대금을 조절하는 방안이 제시될 수도 있다. 그러한 경우, 사업주가 이자율에 대하여 크게 신경 쓸 인센티브가 없기 때문에 생산물구매자 또는 계약당국이 이자율 협상에 개입하기를 희망할 것이다. (생산물구매자/계약당국은 이자율이 확정되는 때 그 적정성을 확인하기 위하여 금융자문사 또는 별도 전문가를 활용하려 할 것이다)

생산물구매자/계약당국이 이자율 리스크를 지는 것이 옳다고 판단하는 쪽의 논리는 만약 공공부문이 그러한 방식으로 조달을 하는 프로그램을 운영한다면, 공공부문은 '일부에서는 이기고 일부에서는 질' 것이기 때문이라는 것이다. 즉, 일부 딜에서는 예상보다 낮은 이자율에 계약을 체결할 수 있을 것이며 다른 딜에서는 비용을 더 지급할 것이라는 것이다. 그 결과 계약당국이 이자율 리스크를 입찰자에게 전가하는 것보다 이러한 식으로 전반적인 관리를 하는 것이 더 낫다고 보는 것이다. 만약 입찰자들이 이를 부담해야 한다면, 그들은 분명 장기 금리에 (반드시 필요하지 않는) 꽤 높은 수준의 마진을 얹은 수치를 제시할 것이며 생산물구매자/계약당국은 계약대금으로 이를 부담해야 하기 때문이다 - 다른 리스크 이전과 관련된 이슈들과 마찬가지로 이는 결과적으로 VfM 이슈로 귀결된다. (cf. 9.2)

생산물구매자나 가용성 기반 계약이 존재하지 않는다면, 사업주들은 사업개발 기간 중 이자율 리스크를 부담할 수 밖에 없을 것이다. 그러나 그들이 입찰에 참여해야 하는 상황이 아니라면, 보다 적극적으로 금융종결 달성 전 장기 이자율 헤지계약을 체결하려 할 수도 있을 것이다.

시장 안정화(Market Stabilization). 일반적으로 계약당국이 금융종결 전 이자율 리스크를 지는 것은 신중하지 못한 것으로 본다. 이는 다른 모든 것들에 대하여 서명이 이루어지기 전에 PPP 계약의 효력을 발생시키는 것과 마찬가지이다. 그러나 이러한 상황이 필요한 경우가 존재한다. 대규모 채권 발행이 이루어지는 경우, 이로 인하여 시장금리와 계약대금이 상승할 수 있을 것이다. 이를 감안하여 발행주관사는 미리 '시장 안정화(market stabilization)' 조치를 취할 수 있다. 이는 정부채 선물을 매도함으로써 이자율을 헤지하는 것이다. 채권발행 즈음에 시장금리가 상승한다면, 정부채 선물 매도 조치에 따른 이익이 이를 상쇄시킬 수 있을 것이다. 만약 대규모의 이자율 스왑이 시장에서 거래가 이루어진다면 동일한 조치를 취할 수 있을 것이다. 이 경우 계약당국은 해당 조치 결과 발생할 수 있는 손실(즉, 이자율 하락에 따라 발생하는 손실)에 대하여 책임을 질 준비가 되어있어야 할 것이다. 그럼에도 불구하고 이러한 안정화 조치는 채권발행 이전에 가격을 고정시키는 효과를 가져올 수 있을 것이다.

10.3.6 이자율 리스크는 프로젝트 회사의 문제여야 하는가?

최소한 공정 플랜트와 가용성 기반 계약 프로젝트와 관련하여서는 프로젝트 회사가 이자율 리스크를 부담하지 말아야 된다는 논거가 존재한다. 이자율 리스크는 위에서 언급한 방식으로 관리될 수 있으나, 이자율 스왑을 이용할 경우 항상 비용적으로 효율적인 것은 아니다. 계약대금 지급 메커니즘이 변동금리에 기반해야 한다는 논거도 존재하며, 생산물구매자/계약당국이 이자율 리스크를 커버하기 위해 스스로 이자율 헤지계약을 체결할 수도 있을 것이다. 이 경우 스왑 신용 프리미엄은 축소될 수 있을 것인데, 스왑 제공자는 프로젝트 회사가 아닌 생산물구매자/계약당국의 신용 리스크를 지기 때문이다. 이에 더하여 생산물구매자/계약당국이 다수의 프로젝트에 대하여 헤지계약을 체결해야 하는 상황이라면 규모의 경제에 따른 혜택을 누릴 수도 있을 것이다. 생산물구매자/계약당국의 관점에서는 프로젝트에 문제가 발생하여 breakage cost가 발생할 경우 이를 회수할 방법이 없다는 것이 신경쓰일 것이다. (그리고 회수가 된다 하더라도 동 금액은 대주단 대출금 상환에 우선 쓰일 것이다 - 즉, 동순위 권리를 누릴 수 있는 것은 아니다 - cf. 14.14.1)

10.4 인플레이션

발생하는 시점에 따라 인플레이션은 프로젝트 회사에 혜택이 될 수도, 손실이 될 수도 있다.

건설기간 중 물가상승률이 예상보다 높게 나타난다면 이는 9.5.5에서 언급한 결과들을 야기시킬 수 있는 초과비용 문제가 발생하게 된다. (물가상승률이 낮을 경우는 그 반대의 효과가 나타난다) 건설기간 비용은 인플레이션에 크게 영향을 받지 말아야 한다: 중요한 두 가지 요소들, 즉 건설비용과 금융비용은 모두 고정되어야 한다. 그러나 고정될 수 없는 요소들, 즉 프로젝트 회사 인건비 및 건설계약에 포함되지 않은 물품들 구입비용(예비부품 등) 등은 건설예산 예비비를 통해 대비해야 한다.

인플레이션으로 인하여 운영비용이 예상보다 높게 나타나고, 이에 대하여 미리 헤지를 해놓지 않았다면 대주단 커버비율(cf. 12.3) 및 투자수익률이 감소할 수 있을 것이다. 그러나 상품을 시장에 판매하는 성격의 프로젝트라면, '자연적인 헤지'가 이루어질 수도 있다.

인플레이션과 관련된 리스크를 보다 면밀히 살피기 전에 용어정리를 하자 - '명목' 현금흐름(nominal sum)은 인플레이션에 따른 효과를 포함한 수치이며, '실질' 현금흐름(real sum)은 인플레이션 효과를 제거한 것이다. 다른 말로 하면, 명목 현금흐름은 실제로 수취한 현금을 의미하며, 실질 현금흐름은 명목 현금흐름을 물가상승률로 할인한 금액이다.

- 만약 1년 후 100을 지급하여야 하며 물가상승률이 5%라면, 명목적으로는 100을 지급하겠지만 실질 현금흐름은 95.23 [100×(1.00/1.05)]이다.
- 유사하게, 1년 후 105을 지급해야 하며 물가상승률이 5%라면, 명목적인 지급액은 105이지만 실질 지급액은 100 [105/(1.00×1.05)]이다.

10.4.1 계약대금의 인플레이션 연동

프로젝트 회사가 미리 합의한 계약대금을 받아 수익을 내는 사업계약을 체결하였다면, 계약대금의 일부 항목은 인플레이션에 연동을 시켜(cf. 7.3.3) 수입과 비용의 인플레이션 미스매치를 회피할 수 있어야 한다. 그러나 - 역설적으로 보일지라도 - 수입이 전부 인플레이션에 연동되어 있다 하더라도 프로젝트 회사는 인플레이션 리스크에 여전히 노출될 수 있다. 이는 운영비용의 큰 부분을 차지하는 대출금 원리금이 통상적으로 인플레이션에 연동이 되어있지 않기 때문이다.

표10.12는 차입금 1,000을 이율 5%에 5년간 분할상환하는 경우를 보여주고 있다:

Case (A)는 인플레이션을 감안하지 않았다:

- 이는 813의 투자수익을 내는 것으로 나타난다.
- 물가상승률 0을 가정하였기 때문에, NPV 또한 813이다.

Case (B)는 수입과 비용 전체에 대하여 5%의 물가상승률을 적용하였다:

양자 중 Case (B)가 더 나은 안으로 나타난다. 1,023의 투자수익을 내는 것으로 나타났는데, 이는 물가상승률이 전체 수입에 대하여 적용되지만, 비용의 경우 72%(600/[600+237])만 연동되기 때문이다 - 원리금 상환액은 물가상승률에 연동되지 않기 때문이다. 투자자의 실질수익을 산정하기 위해서는 현금흐름을 5%로 할인하여야 하는데 그 결과 NPV는 877이 된다. 이 때에도 Case (A)보다 나은 결과를 나타낸다.

표 10.12 프로젝트 현금흐름에 대한 인플레이션 영향

연도	1	2	3	4	5	계
(A) 인플레이션 0%						
수입	1,000	1,000	1,000	1,000	1,000	5,000
운영비용	-600	-600	-600	-600	-600	-3,000
이자비용	-60	-49	-38	-26	-13	-187
원금상환	-177	-188	-199	-211	-224	-1,000
순 현금흐름	163	163	163	163	163	813
(B) 인플레이션 5%						
수입	1,000	1,050	1,103	1,158	1,216	5,526
운영비용	-600	-630	-662	-695	-729	-3,315
이자비용	-60	-49	-38	-26	-13	-187
원금상환	-177	-188	-199	-211	-224	-1,000
순 현금흐름	163	183	204	226	249	1,023

연도	1	2	3	4	5	계
@5%로 할인한 NPV	877					
(C) 인플레이션 2.5%						
수입	1,000	1,025	1051	1,077	1,104	5,256
운영비용	-600	-615	-630	-646	-662	-3154
이자비용	-60	-49	-38	-26	-13	-187
원금상환	-177	-188	-199	-211	-224	-1,000
순 현금흐름	163	173	183	193	204	916
@2.5%로 할인한 NPV	848					
(D) 인플레이션 5% + 수입의 60%를 연동						
수입	1,000	1,030	1061	1,093	1,126	5,309
운영비용	-600	-630	-662	-695	-729	-3,315
이자비용	-60	-49	-38	-26	-13	-187
원금상환	-177	-188	-199	-211	-224	-1,000
순 현금흐름	163	163	162	161	159	807
@5%로 할인한 NPV	699					
(E) 인플레이션 2.5% + 수입의 60%를 연동						
수입	1,000	1,015	1,030	1,046	1061	5152
운영비용	-600	-615	-630	-646	-662	-3154
이자비용	-60	-49	-38	-26	-13	-187
원금상환	-177	-188	-199	-211	-224	-1000
순 현금흐름	163	163	162	162	162	811
@2.5%로 할인한 NPV	754					

Case (C)는 물가상승률을 5%로 예상하였지만, 실제 물가상승률은 2.5%인 경우를 보여준다:

- 이 경우 투자자들이나 대주단 모두 상황이 악화되었다고 느낀다 – 물가상승률이 5%일 때의 현금흐름인 1,023보다 낮은 수준인 916만 받기 때문이다.
- NPV(848)를 감안할 경우에도 마찬가지이다. 물가상승률이 높다면 비용의 일부 – 즉, 대출원리금 상환액 – 가 물가상승률에 연동되지 않는 경우가 더 유리하기 때문이다.

투자자들과 대주단에게 인플레이션은 양면의 검과 같은 것이다 – 계약대금에 인플레이션이 연동된 경우 높은 물가상승률은 유리하게 작용하지만 예상보다 물가상승률이 낮을 경우 불리하기 때문이다. (생산물구매자/계약당국의 입장에서는 그 반대가 된다)

표10.12의 나머지 부분은 계약대금과 인플레이션의 적절한 연동을 통해 인플레이션 리스크를 경감시킬 수 있는지를 보여주고 있다:

*Case (D)*와 Case (E)는 Case (A)와 Case (B)와 유사하나, 운영비용과의 매칭을 위하여 수익의 60%만 인플레이션에 연동시킨 것이다. 양자의 결과는 비슷하다. 즉 인플레이션 리스크는 적절히 헤지가 이루어졌다.[8] 그러나 연동율 100% 대비 명목 기준 그리고 실질 기준 모두에서 투자자들과 대주단의 상황은 악화되었으며, 생산물구매자/계약당국은 유리해졌다.

상기 계산 결과 인플레이션 효과를 제거한 실질 수치를 활용하여 재무모델을 생성하는 것은 불가능하다는 것을 보여준다; 프로젝트 파이낸스 현금과 관련하여서는 명목 수치(관련되어 있는 경우 예상 물가상승률을 활용)가 활용되어야 하며, 필요한 경우 추후 인플레이션을 감안한 수치조정을 해 볼 수는 있을 것이다.

위 계산결과를 감안한다면 생산물구매자/계약당국의 입장에서 가장 바람직한 것은, 운영비용이 인플레이션에 연동되어 있는 비율만큼 계약대금을 인플레이션에 연동시키는 것이다. 표10.12에서 운영비용/수입의 비율을 (Case D 및 Case E처럼) 60%로 고정시켜 놓았으나, 현실에서 이를 달성하기는 어렵다. 사실 운영 첫해에는 60% 수준일 수도 있지만, 시간이 흘러갈수록 이 비율이 더 늘어나기 때문이다. (물가상승률이 높을수록 그 비율도 더 빨리 높아진다) 그리고 매년 연동율을 변경하는 것은 번거롭기 때문에 주로 그렇게 하지 않는다.

더욱이 운영비용은 유지비용 등으로 인하여 매년 변한다; 그리고 인플레이션은 세금납부액에도 영향을 끼친다.(cf. 13.6.8)

그러므로 적정 인플레이션 연동율을 정하는 옳은 방법은 재무모델을 활용하여 다양한 시나리오의 연동비율과 물가상승률에 대한 결과값을 검토하여, 물가상승률에 가장 영향을 적게 받는 방법을 택하는 것이다.

10.4.2 과도한 연동('over-indexation')

위에서 설명한 이상적인 방법이 항상 활용될 수 있는 것은 아니며, 표10.12의 결과는 잘못된 결론으로 이끌 수 있다 - 과도한 연동, 즉 수입의 100%를 인플레이션에 연동시킬 경우 표10.13에서 보듯 생산물구매자/계약당국의 초기 계약대금 지급액을 낮출 수 있다. 이 계산은 표10.12에서와 마찬가지로 인플레이션 영향을 받는 운영비용의 비율로 계약대금 일부를 인플레이션에 연동시킨 것을 가정한 결과이다. 표10.13이 드러내고자 하는 것은 대출 원리금 상환과 투자자의 수익을 커버하는 잔여 계약대금을 인플레이션에 연동시킨 효과이다. 핵심 가정은 아래와 같다:

- 운영 비용: 없음 (이 표는 운영비용이 이미 인플레이션과 연동된 계약대금을 통하여 헤지되었다

---

[8] 순현금흐름을 수취하는 투자자가 투자수익을 인플레이션에 연동시키고 싶어한다면, 연동 수준을 더 높여야 할 것이다.

고 보고, 대출 원리금과 투자수익에 대한 효과만 보고자 하는 것이다)
- 대출금: 1,000
- 대출기간: 25년 (13년에서 23년은 임의로 제외)
- 이자율: 6%
- 대주단이 요구하는 커버비율(cf. 12.3.1): 1.2

표 10.13 계약대금과의 과도한 연동으로 인한 효과

연도	1	2	3	4	10	11	12	24	25	계
(X) 고정 계약대금										
계약대금	94	94	94	94	94	94	94	94	94	2,347
대출잔액	1,000	982	962	942	791	760	727	163	74	0
이자	60	59	58	57	47	46	44	9	4	956
원금상환	18	19	20	22	31	33	35	70	74	1,000
총 원리금 상환	78	78	78	78	78	78	78	78	78	1,956
(Y) 인플레이션(2.5%)에 연동된 계약대금										
계약대금	74	76	78	80	92	95	97	130	134	2,526
대출잔액	1,000	998	995	990	914	892	866	202	105	0
이자	60	60	60	59	55	54	52	12	6	1,105
원금상환	2	3	5	7	22	25	29	97	105	1,000
총 원리금 상환	62	63	65	66	77	79	81	109	111	2,105
(Z) 인플레이션(5%)에 연동된 계약대금										
계약대금	75	79	83	87	117	123	129	232	243	3,597

표의 결과를 살펴보면:

- *Case (X)*는 계약대금을 물가상승률에 전혀 연동시키지 않는 것을 가정한다. 그러므로 대금지급액은 사업계약 기간 내내 94로 고정되어 있다.
- *Case (Y)*는 계약대금 100%를 물가상승률과 연동시켰으며, 사업계약 기간 내내 물가상승률은 2.5%로 고정시켰다. 대출금에 대한 이자율은 동일하나 커버비율(cf. 12.3)은 유지하는 방식으로 구조화되었다. 결과에서 보는 바와 같이 최초 계약대금은 94에서 74로 줄어들었다. 이는 생산물구매자/계약당국의 입장에서는 매우 큰 변화이다. 그러나 시간이 흘러갈수록 계약대금이 늘어나, Case (X) 대비 72%나 높은 수준까지 도달한다.
- *Case (Z)*는 대출금 상환스케줄을 Case(Y)와 동일하나 물가상승률이 2.5%가 아니라 5%로 나타난 경우를 보여준다. 생산물구매자/계약당국이 지급해야 하는 계약대금은 크게 늘어난다. (그리고 투자자들에게 손쉬운 투자수익을 제공해주는 결과를 낳는다)

생산물구매자/계약당국의 예산이 물가상승률에 연동되어 있거나, 양허계약에서처럼 사용자가 사용료를 물가상승률에 맞춰 지급할 의지가 있다면, 계약대금의 100%를 물가상승률에 연동시키는 것이 이상한 것만은 아닐 것이다. 왜냐하면 실질 현금흐름에는 변화가 없으며, 어쨌거나 사업 초기 연도에 부담하는 금액은 더 적기 때문이다. (Case(X) 대비) 그러나 통상적으로 예산 삭감이 있지 예산이 자동적으로 늘어나는 경우가 드문 공공부문의 특성을 감안할 때 이러한 가정은 신중하다고 할 수 없을 것이다.

10.4.3 인플레이션 연동 금융

그러나 초기 계약대금을 줄이기 위하여 계약대금을 인플레이션에 100% 연동시키는 것이 불가피하다면 이는 대주단에게 문제가 될 수 있다. 위 표에서 살펴본 바와 같이 실제 물가상승률이 예상보다 낮을 경우 프로젝트 회사의 현금흐름에 문제가 발생할 수 있다. 대출 원리금 상환을 위한 충분한 현금이 있다 하더라도, 어쨌거나 투자자에게는 좋지 못할 결과를 가져오는 것이다.

그러므로 대주단은 이러한 리스크에 대하여 헤지를 할 수 있기를 희망한다. 이는 대출금의 일부를 인플레이션에 연동하는 방식으로 이루어질 수 있는데, 물가상승률이 예상보다 낮을 경우 대출금 상환액도 자동적으로 축소시키는 것이다. 이러한 방식의 금융은 정부가 인플레이션에 연동된 채권(민간 채권의 기준금리로 활용)을 발행하는 국가에서 활용 가능하다. 이는 고정금리 정부채가 민간 부문 고정금리 채권(cf. 4.3)의 기준금리로 활용되는 방식과 유사하다.

표10.14는 자주 볼 수 있는 인플레이션 연동 채권(inflation-indexed bond)의 예이다. 주요 가정은 아래와 같다:

- 액면금액: 1,000
- 만기: 20년(5년에서 16년은 임의로 제외)
- 실질금리: 2.00%
- 물가상승률: 2.50% (채권 전체 기간동안 유지)

표 10.14 인플레이션 연동 채권

	0	1	2	3	4	17	18	19	20	계
(A) 실질현금흐름										
이자		20	19	18	17	5	4	2	1	223
원금상환		41	42	43	44	56	58	59	60	1,000
총 원리금 상환	-1,000	61	61	61	61	61	61	61	61	1,223
대출잔액	1,000	959	917	874	830	176	119	60	0	
(B) 명목현금흐름										
인플레이션 지수	1.000	1.025	1.051	1.077	1.104	1.522	1.560	1.599	1.639	

	0	1	2	3	4	17	18	19	20	계
이자		21	20	20	19	7	6	4	2	271
원금상환		42	44	46	48	86	90	94	98	1,330
총 원리금 상환	-1,000	63	64	66	68	93	95	98	100	1,601
대출잔액	1,000	983	963	941	917	268	185	96	0	
(C) @5% 인플레이션을 적용한 명목현금흐름										
인플레이션 지수	1.000	1.050	1.103	1.158	1.216	2.292	2.407	2.527	2.653	
이자		21	21	21	21	11	8	6	3	332
원금상환		43	46	50	53	129	139	149	159	1,791
총 원리금 상환	-1,000	64	67	71	74	140	147	155	162	2,123
대출잔액	1,000	1,007	1,011	1,012	1,009	404	286	152	0	

상환 스케줄은 (A)에서 본 것처럼 실질 현금흐름, 즉 물가상승률이 0을 가정하고 짠 것이다. 이 때 매년 원금은 61씩 상환된다. (B)는 예상 물가상승률에 기초하여 어떻게 이 현금흐름이 조정되는지를 보여준다. (즉 매년 2.5%씩 증가) 원금 상환액 및 이자 납부액 모두 (A)의 실질 수치를 물가상승률에 곱한 수치로 조정된다. 그 결과 명목적 대출금은 20년에 걸쳐 1,000에서 1,330으로 증가했고, 이자 지급액도 223에서 271로 증가하였다. 또한 (B)의 경우 breakage cost와(실질금리에 변화가 없고, 신용 마진이 없는 것으로 가정), breakage cost의 산정기준이 되는 대출잔액이 대출기간 중 더 높게 유지되는 것으로 나타났다.

(C)는 물가상승률이 5%로 상승하여 대출만기까지 이 수준이 계속 유지된다고 가정한 것이다. 프로젝트 회사는 매년 원금을 상환하지만, 3년차에 대출금이 1,000에서 1,012로 증가한 후 5년차에 1,000 미만으로 감소한다.

일부 시장에서는 인플레이션 스왑(inflation swap)[9]에도 가입할 수 있다. 이 상품은 변동금리와 고정금리를 교환하는 것이 아니라, 변동하는 물가상승률과 고정된 물가상승률을 교환하는 것인데, 이를 활용하면 인플레이션 연계 대출과 유사한 효과를 얻을 수 있다.

그러나 이러한 복잡한 인플레이션 연동 금융은 애시당초 계약대금이 운영비용 인플레이션에 대하여 적절히 헤지되었으면 필요하지 않을 것이라는 점을 명심할 필요가 있다.

---

9 영국에서는 'RPI 스왑'으로 알려져 있다. (RPI = Retail Prices Index)

10.5 환리스크

환율 리스크는 하나의 통화가 다른 통화에 대한 교환비율의 움직임으로 인하여 발생하는 리스크이다.[10] 환율 리스크와 관련, 아래와 같은 다양한 이슈들을 검토해야 한다:

- 환율 리스크 관리(10.5.1)
- 환율변동 헤지(10.5.2)
- 현지통화 차입(10.5.3)
- 유동성 지원(10.5.4)
- 환율 폭등(10.5.5)
- 복수 통화 차입(10.5.6)
- 현지통화 수입의 환전(10.5.7)
- 현지통화로 담보가액 확정(10.5.8)

10.5.1 환율 리스크 관리

이자율 리스크와 마찬가지로 그 규모가 아무리 '안전범위' 내에 있는 것처럼 보인다 하더라도 대주단은 프로젝트 회사가 환율 리스크를 부담하는 것을 수용하지 않을 것이다. 대주단은 가능한 한 환율 리스크를 제거하거나 축소시키기를 희망할 것이다.[11]

이 문제를 해결할 수 있는 서로 연계된 두 가지 접근방법이 존재한다:

건설기간. 건설기간 중 비용발생과 금융조달이 서로 다른 통화로 이루어진다면 프로젝트 회사는 비용이 발생하는 통화의 가치가 상승할 수 있는 리스크를 질 수 있다. 에컨대, 건설비용 $100을 지급하기 위하여 €100을 조달하였고 이 때 $:€ 환율이 1:1였는데, 이후 $:€ 환율이 1:1.20로 되었다면(달러 가치가 상승하였다면), 조달한 재원은 건설계약대금 중 $83.33(€100/1.20)만을 지급할 수 있을 것이다. 그 결과 건설 초과비용(또는 재원부족)이 $16.67만큼 발생한다.

이러한 건설기간 중 환율 리스크에 대비하기 위해서는 비용을 조달 통화로 매칭시키거나 금융조달을 비용 통화에 매칭시켜야 한다. 이러한 방식은 아래에서 논의할 장기적 (즉 운영기간 중) 환율 리스크 대처방식과 유사하다.

---

10 Philip Gray and Timothy Irwin, "Exchange Rate Risk: Allocating Exchange Rate Risk in Private Infrastructure Projects" Public Policy for the Private Sector, Note 226 (World Bank, Washington DC, 2000)*
11 프로젝트 수익이 현지통화로 발생하나 현지통화 장기 차입금 시장이 존재하지 않아 어쩔 수 없이 역외통화 장기 차입금을 활용하는 것(예컨대 통행료는 나이지리아 통화인 나이라로 발생하지만 차입은 미달러로 하는 나이지리아 도로 프로젝트 등)은 종종 '원죄'라고 불리운다.

건설비용 중 가장 큰 부분을 차지하는 것은 건설계약 대금이다; 건설회사가 건설대금을 재원조달 통화에 일치시키는 것에 동의한다면, 대부분의 문제는 해결된다. 왜냐하면 건설계약 대금 다음으로 큰 비중을 차지하는 비용은 금융비용(IDC 및 수수료)인데, 이는 자동적으로 금융조달 통화로 발생하기 때문이다.

그러나 이는 환율 익스포져를 건설회사 앞 전가하는 것이 되는데, 건설회사의 입장에서는 실제 비용이 해당 통화로 발생하지 않는 한 그 통화로 가격을 제시하고자 하지 않을 것이다. 건설회사는 아래에서 논의될 선물환(cf. 10.5.2)으로 환리스크를 헤지할 수 있으나, 건설회사는 입찰 단계에서 선물환까지 감안한 가격을 제시하기는 어려워할 것이다. 왜냐하면 입찰 결과를 알 수 없으며, 실제로 대금지급 스케쥴도 정확히 알기 어렵기 때문이다. 만약 건설회사가 선물환 계약을 체결한 상태에서 낙찰을 받지 못한다면, 이는 건설회사에게 큰 손실을 끼칠 가능성이 높다.

이런 경우 건설회사는 최초 건설계약 가격을 자신이 소재한 국가의 통화로 제시한 후, 금융종결 시점(건설계약이 서명되고 금융조달이 확정되는 시점: 그 결과 건설기간 및 대금지급 스케쥴이 확정되는 시점)에 프로젝트 회사와 선물환 계약을 체결하여 건설계약 가격을 외국통화로 확정지을 수 있을 것이다. (아마도 건설회사는 자신의 관계금융기관과 back-to-back으로 선물계약을 체결할 것이다) 대안으로는 이러한 헤지기법을 활용하여 건설계약을 외국통화로 제시할 수 있을 것이다. 그러나 어느 경우든 금융종결을 달성하기 전 사업주와 프로젝트 회사는 환율 리스크를 부담하게 된다.

운영기간. 운영기간 중 프로젝트 회사의 수입 통화와 재원조달 통화가 다르다면 환율변동이 수입, 그리고 대출금 상환능력에 영향을 주게 된다. 이상적으로는 금융조달이 현지통화로 이루어져서 그러한 장기적 환율리스크를 제거하는 것이겠지만, 현실적으로 장기적인 프로젝트 파이낸스 대출 시장이 존재하지 않는 개도국에서는 달성하기 어려운 방식이다. 그러므로 수입 통화에 재원조달 통화를 일치시키거나 그 반대의 조치를 취해야 한다:

- 수입이 발생하는 통화가 재원조달 가능한 통화(즉, $ 또는 € 등)와 같다면, 재원조달은 해당 통화로 이루어져야 한다.
- 개도국에서 재원조달이 $로만 가능하다면, 사업계약상 생산물구매자/계약당국이 지급하는 대금은 $이거나, $에 연동된 현지 통화여야만 한다. (cf. 6.3.5, 10.5.5)
- 프로젝트가 $ 표시 상품(예컨대 석유 등)을 생산한다면, 재원조달은 $로 이루어져야 한다. (cf. 11.4.1, Enclave 프로젝트 참조)
- 프로젝트의 원재료 비용 대부분이 $로 지급된다면(예컨대 발전 프로젝트와 관련된 가스구입계약 등), 수입 통화 또한 $로 되어야 한다.[12]

---

12 현지 운영비용 - 임대료, 인건비 등 - 은 수입이 발생하는 통화로 지급하기 어려우나, 이와 관련된 환율 리스크의 크기는 크지 않다.

마찬가지로, 지속적으로 발생하는 운영비용 또한 가능한 한 수입이 발생하는 통화에 일치시켜야 한다.

예컨대, 수입통화에 매칭시키기 위하여 재원조달이 예컨대 $로 이루어져야 한다면, 건설비용, 특히 건설계약 대금은 $가 되어야 한다. 13.7.7에서 살펴보겠지만, 세금과 관련된 환율 리스크도 여전히 존재한다.

10.5.2 환율변동 헤지

이론적으로는 선물환 계약(통화 스왑)을 활용하여 환율 리스크를 커버할 수 있다: 건설비용은 €로 발생하나 $로 재원을 조달한 프로젝트 회사는 금융종결 시점에 대출금 인출일에 맞춰 $를 매각하고 €를 매입하는 계약을 체결하여 $로 조달한 € 비용에 대한 환율을 고정시킬 수 있다.

마찬가지로 $로 비용과 수입이 발생하나, 재원은 €로 조달한 프로젝트 회사의 경우 다음과 같은 조치를 취할 수 있다:

- 대출금 인출일에 맞춰 €를 매각하고 $를 매입
- 대출금 상환일에 환율을 고정시킬 수 있도록 예상 대출금 상환일에 $를 매각하고 €를 매입

일부 개도국에서는 현지 금융기관이 프로젝트 회사가 사용할 수 있는 장기 현지통화 프로젝트 파이낸스 대출금을 제공할 수 있도록 (프로젝트 회사가 아닌) 현지 금융기관, DFI 및 기타 대주단간 통화스왑이 이루어지기도 한다. 그러나 대부분의 개도국에서는 그러한 거래에 대한 시장이 존재하지 않기 때문에 장기(20년 이상) 통화스왑이 이루어지기 어려울 수도 있다.

프로젝트 회사와 통화 스왑계약을 체결하는 경우, 스왑거래 상대방이 져야하는 신용 리스크는 이자율 스왑에 비해 현저하게 크다; 환율이 20% 변동할 경우 이는 대출원리금에 영향을 주어 리스크 규모가 고스란히 20%로 되는 반면, 이자율이 20% 변동할 경우 이는 이자지급액에만 영향을 준다. 즉, (이자율이 10%라고 가정할 경우) 이는 (점점 줄어드는) 대출잔액에 대한 연 2%의 추가적 리스크가 발생하는 것이다. 그러나 4.2.2에서 언급한 바와 같이 이러한 구조는 일부 아시아 국가들에서만 적용되어 현지 프로젝트에 대하여 보다 낮은 금융조달을 가능케 한다.

또 다른 대안은 사업 소재지국 중앙은행이 프로젝트 회사와 통화스왑 계약을 체결하는 것이다. 이는 환율 리스크를 해당국의 전반적인 대외채무의 일부로서 관리하겠다는 것으로, 이 역할은 중앙은행이 보다 잘 수행할 수 있기 때문이다. 물론 이는 중앙은행이 프로젝트 회사에 대한 신용리스크를 인수하겠다는 것을 의미한다.

10.5.3 현지통화 차입

만약 현지 금융시장이 현지통화로 요구되는 금융을 충족시킬 수 있다면 이는 장기 환율 리스크를 가장 확실하게 제거할 수 있는 방법일 것이다. 물론, 위에서 언급한 바와 같이 수입 건설 기자재와 관련된 문제는 여전히 남지만 말이다.

현지 금융시장이 현지통화 대출금은 제공해 줄 수 있으나 프로젝트 파이낸스와 관련된 리스크를 부담할 수 없는 상황이라면, 역외 보증이 해답이 될 수도 있을 것이다. 외국계 상업은행들이 그러한 보증을 제공할 수 있을 것인데, 이를 통해 신용리스크와 금융제공 역할을 분리할 수 있을 것이다. 이러한 종류의 보증은 DFI 등 다른 기관들이 제공해 줄 수도 있을 것이다; 이러한 보증은 부분신용보증(Partial-Credit Guarantees)(cf. 16.5.1)으로 불린다.

10.5.4 유동성 지원(liquidity support)

DFI는 수입이 현지통화로 발생하나 금융조달은 $와 같은 역외통화로 이루어지는 프로젝트를 위하여 예비 대출(standby loan)을 제공할 수 있다. 이는 회전한도 방식의 대출[13]이 될 수도 있으며, 추가적인 유동성을 제공하는 금융기관들에 대한 보증 형태가 될 수도 있다. 이는 현지통화의 가치 절하 시점과 이후에 발생하는 인플레이션 간 시간적 차이를 커버하는 것이 목적이다. 시간이 흐르면서 인플레이션 효과가 현지통화 가치 절하로 인하여 외국환 대출금 상환능력이 감소된 프로젝트 회사 앞 충분히 보상(계약대금을 현지 물가상승률에 연동)할 수 있도록 하는 것이다. 그러므로 현지통화 가치 절하에 따라 외국환 대출 원리금 상환이 어려워진다면, 프로젝트 회사는 예컨대 외국환 대출의 10%에 해당하는 추가적인 mezzanine 대출(cf. 4.5.1)을 마련해 놓을 수 있을 것이다. 동 대출에 대한 상환순위는 후순위(cf. 14.4.5)가 될 것이나, 담보와 관련해서는 동순위로 할 수도 있을 것이다.

10.5.5 환율 폭등

'환율 폭등'(현지통화 가치의 갑작스런 대규모 하락)은 개도국 앞 외국환 프로젝트 파이낸스 대출의 가장 중요한 이슈 중 하나이다. 특히 해당 프로젝트가 외국환 수입을 창출할 수 없는 경우에 그러하다.

10.5.2에서 언급한 환율 헤지 테크닉 또는 유동성 지원은 환율변동이 일반적인 범위를 벗어나지 않을 때 활용 가능하나, 만약 사업소재지국 정부가 경제운영에 실패하여 자국통화의 현저한 가치 하락이 이루어진다면, 이러한 테크닉은 활용할 수 없다. 계약대금을 외국환에 연동시키는 방식으

---

13   상환 후 재인출이 가능한 방식의 대출

로 환리스크를 부담하는 생산물구매자/계약당국은 환율 폭등에 의한 대규모 비용 증가를 현지 사용자에게 전가할 수 없을 것이며, 생산물구매자/계약당국의 환리스크가 현지 금융시장을 통하여 헤지가 이루어졌다면, 이들 거래상대방 은행들은 이로 인하여 발생하는 손실을 커버할 수 없을 것이다.

이러한 상황은 1997년 아시아에서 발생했다. 그리고 2001년 터키에서도 발생했는데, 당시 장기 PPA에서 전력구매자는 전력요금을 외국통화에 연동시켜 놓았던 것이다. 전력구매자 소재국의 현지통화 가치가 크게 하락했을 때, 이들은 PPA 계약조건에 따라 크게 증가한 전력요금을 지급해야 했다. 그러나 외국 투자자들과 대주단 앞 대금을 지급하기 위하여 최종 전기 수요자에게 급격하게 증가한 전기요금을 부과하는 것은 경제적으로나 정치적으로나 불가능하였던 것이다. 그러므로 현실에서 전력요금에 환율을 연동시킨 장치는 작동하지 않았으며, PPA에 default가 발생하였다.

역설적으로, 이러한 경우 프로젝트 회사의 수입의 원천인 계약대금을 외국 통화에 연동시키는 것이 아니라 현지 인플레이션에 연동시키는 것이 더 낫다는 논거가 존재한다. 이러한 방식을 통해 전기와 같은 생산물이 현지통화 가치 하락 후 최종 사용자에게 갑자기 저렴하게 판매(외국 통화로 평가했을때 말이다)된다면 이는 일시적인 현상이 된다는 것이다 - 시간이 지나면 인플레이션이 발생할 것이다. 환율이 40% 상승할 경우 이는 인플레이션율을 40%로 끌어올릴 것이고, 현지 인플레이션에 연동된 계약대금 또한 40% 상승하여 통화가치 하락분을 보상해 줄 것이기 때문이다. (이는 13.4.4에서 다룰 구매력평가지수 가정에 기반한 것이다)

이러한 접근방법은 사업소재지국에서 정치적으로 보다 쉽게 받아들여질 것이며, 경제위기가 닥칠 때 훨씬 잘 유지될 수 있다. 그러나 사업소재지국 정부의 관여가 없는 완전 자유 시장에서도 가격 조정이 이루어지는데는 시간이 필요하다는 것이 문제점이다; 그동안 인플레이션에 연동되는 계약대금을 받는 프로젝트 회사는 대출 원리금을 상환하기 위한 충분한 수입을 얻지 못하게 될 것이다.

10.5.6 복수 통화 차입

차입금이나 자본금이 복수 통화로 조달된 경우(그리고 관련 통화들이 차입금과 자본금에 비례하여 조달된 경우가 아니라면), D:E ratio(cf. 12.4.1) 산정을 위하여 금융종결 시점의 환율이 사용되어야 한다. 이 절차가 제대로 이루어지지 않으면, 표10.15에서 보는 바와 같이 자금조달 금액을 미리 정확하게 파악하기 힘들다.

표 10.15 D:E ratio 및 환율변동 효과

	금융종결시	완공시
(a) 현재 환율	$1 = €1.3	$1 = €1.5
(b) 자본금	€200	€200

	금융종결시	완공시
(c) 차입금	$615	$615
(d) €로 환산한 차입금 [(c) × (a)]	€800	€923
(e) D:E ratio [(d) ÷ ((b) + (d))]	80 : 20	92 : 20

표에서 나타난 것처럼 만약 프로젝트 회사가 D:E ratio를 80:20 보다 낮게 유지해야 하는데 완공시점의 환율이 사용되었다면, 프로젝트에 default가 발생한다. 환율이 어떻게 움직일지 미리 알 수 있는 방법은 없다: 어떤 형식의 헤지도 적절하지 않을 것인데, 이는 복수 통화가 프로젝트 회사의 건설단계 비용을 커버하기 위해 사용되었을 것이기 때문이며, 예컨대 $로 헤지를 하는 것은 이를 무효화하기 때문이다.

이 문제는 자본금과 차입금에 대하여 $와 €를 비례(즉 매 €20마다 $80을 납입)적으로 조달하는 것으로, 그리고 환율은 금융종결 시점의 것으로 고정시키는 것으로 함으로써 해결할 수 있다. 이는 표10.16과 같은 결과를 가져다준다. 그러나 이러한 방식은 건설기간 중 비용과 수입 또한 동일한 비율이 적용되지 않을 경우 여전히 장기적 문제를 남긴다.

표 10.16 복수 조달통화와 D:E ratio

	금융종결시 (€ = £1.3)			완공시 (£ = €1.5)		
	€	£	€ 환산액	€	£	€ 환산액
차입금	€640	£208	€800	€640	£208	€952
자본금	€160	£52	€200	€160	£52	€238
D:E ratio			80 : 20			80 : 20

10.5.7 현지 통화 환전

프로젝트 회사의 외국환 대출 익스포져와 관련, 사업계약에 따른 현지통화 수입을 관련 외국환에 연동시킬 수 있다 하더라도, 환전에 시간이 걸림에 따라 이 문제가 완전히 사라지는 것은 아니다:

청구 시점과 대금지급 시점의 차이. 프로젝트 회사가 생산물구매자/계약당국으로부터 받아야 할 금액을 계산(통화연동 포함)하는 시점과 실제로 대금지급이 이루어지는 시점 간 시간 차이(통상 한 달 내외)가 있을 수 밖에 없다. 그 기간이 한 달 정도로 리스크에 노출되는 기간은 길지 않지만, 어쨌든 프로젝트 회사로서는 해당 기간 중 환율변동 리스크에 노출되는 것이다. 이는 가능하다면 현지 금융시장을 통해 헤지를 하거나, 다음달의 청구금액을 지난 달 대금이 지급된 시점의 환율을 적용하여 조정할 수 있으면 좋을 것이다.

환전 시점. 사업소재지국 정부는 대금지급 시점에만 현지통화를 외국환으로 환전할 수 있도록 규제를 할 수도 있다. 만약 외국통화로 발생하는 비용을 충당하기 위하여 수입을 외국통화에 연동시켜 놓았다면, 대출 원리금 상환이나 배당 지급 시기가 도래할 때까지 환전이 불가능할 것이다. 이는 매우 긴 기간에 대한 리스크이다. (최대 6개월 정도) 현지 금융시장에서 선물환 계약을 체결할 수 없다면 (또는 대주단이 현지 시장참여자들의 신용리스크를 수용할 수 없다면), 사업 소재지국 정부의 중앙은행 또는 재무부 앞 즉각 환전을 할 수 있도록 규정을 유연하게 해석하여 줄 것을 요청할 수 있을 것이다.

10.5.8 현지통화로 담보권 가치 확정

대주단이 사업소재지국에 프로젝트 회사 자산에 대한 저당권 (또는 다른 담보권)을 등록할 때에는 현지법에 의거, 대출금이 외국통화로 이루어졌다 하더라도 저당권 금액은 현지통화로 등록해야 하는 경우가 많다. (cf. 14.7.1) 이 경우 현지통화 가치가 떨어지고, 저당권으로 커버되지 않는 금액에 대하여 동순위를 지니는 무담보채권자가 존재하는 경우 담보채권자들에게 문제가 될 수 있다. 현재 환율로 대출금보다 훨씬 큰 금액으로 넉넉하게 담보권 가치를 등록할 수 있을지 모르지만, 그렇지 않은 경우 현지 통화로 대출금액이 계속 증가한다면 주기적으로 담보권 가치를 수정하여 등록하여야 할 것이다. (이는 번거롭기도 하며 프로젝트 회사가 추가적인 비용을 써야 하는 것 외에도 일정기간 동안 다른 채권자들에 대항하지 못할 수도 있다)

10.6 리파이낸싱 리스크

일부 시장에서는 장기 대출금으로 자금조달을 하는 것이 일반적이지 않다. 예컨대 미국에서는 건설기간 중에는 은행들이 단기 대출을 하고, 완공 이후 보험회사나 연기금이 제공하는 장기 대출('permanent'로 불린다)로 리파이낸싱을 하거나 채권을 발행한다. 최초 대출금은 리파이낸싱 타이밍에 대한 여유를 제공하기 위해 완공 이후 2-3년 후 일시 상환하는 방식(그래서 'Mini Perm'[14]으로 불린다)으로 이루어진다.[15]

이러한 방식은 우선은 매력적으로 보이겠지만, 다수의 거시경제적 리스크에 직면할 수도 있다:

- 당초 재무모델에서 예상했던 것보다 장기 이자율이 상승하여 리파이낸싱 대상 대출금 전부를 계속 유지하기 힘들 수 있다. 이 상황에서 투자자들은 큰 손실을 입을 것이다. 이러한 상황에서 이자율 헤지(cf. 10.3)는 작동하지 않을 것인데, 은행들이 장기대출을 하기 어려운 상황이라면 헤지

---

14   'Hard' Mini-Perm과 'Soft' Mini-Perm의 차이점에 대하여는 14.4.4를 참조하라.
15   기존 장기대출에 대한 리파이낸싱의 상황과의 차이점은 14.16을 참조하라.

또한 제공하기 어려울 것이기 때문이다.
- 리파이낸싱 시점에 대출시장 및 채권시장에 유동성이 부족하여(cf. 17.2), 장기대출을 조달하기 어려울 수도 있다.

대주단들은 Mini-Perm 만기 시점에 프로젝트에 문제가 생길 수 있는 것을 우려하기 때문에 위와 같은 이슈가 실제로 발생하지 않는다 하더라도 리파이낸싱이 이루어지지 않을 수도 있다. 그러나 논리적으로 이 이슈를 살펴보면, 프로젝트가 순조롭게 운영될 경우 리파이낸싱도 잘 이루어지거나 프로젝트에 문제가 생길 경우 리파이낸싱도 잘 이루어지지 않을 것이므로, 이러한 점은 위에서 언급한 거시경제적 리스크에 비교해 볼 때 큰 이슈는 아닌 것이다.

이는 프로젝트 파이낸스에 대한 새로운 접근방식 차원에서 17.5.1에서 다시 한 번 다룰 것이다.

11

규제 및 정치적 리스크

11 규제 및 정치적 리스크

11.1 도입

모든 대규모 프로젝트에는 정치적인 면이 존재한다.(11.2) 그러므로 프로젝트 회사는 특정 국가에서의 정치적 리스크에 노출되어 있으며, 사업 소재지국 정부와의 관계도 잘 관리하여야 한다. 이는 제9장 및 제10장에서 살펴보았던 상업적 리스크 및 거시경제적 리스크와는 다른 성격의 리스크이다. 정치적 리스크는 이 장에서 상세히 살펴볼 것이다.

정부의 행위와 관련하여 크게 두 가지의 리스크가 존재한다: 우선 모든 프로젝트에 대하여 일정 정도 영향을 미치는 '규제' 또는 '법률 변경' 리스크(11.3)가 있으며, 주로 개도국 프로젝트에 영향을 미치는 '투자' 리스크가 있다. 후자와 관련된 것이 '준정치적 리스크'(quasi-political risk)인데, 이는 정부가 프로젝트에 대하여 간접적으로 영향을 미치는 행위를 하는 것이다. (11.5)

이 장은 '서브소버린(sub-sovereign)'와 관련된 이슈들도 검토할 것이다 - 이는 생산물구매자/계약당국이 중앙정부가 아니라 지방정부임에 따라 발생하는 이슈들이다. (11.6)

마지막으로 11.3 - 11.6에서 다룰 이슈들을 해결하는데 도움을 줄 수 있는 정부지원약정(Government Support Agreement)의 조건들을 살펴볼 것이다. (11.7)

이러한 리스크를 커버하기 위한 정치적 보험도 존재한다. (11.8)

11.2 프로젝트와 정치

정부는 프로젝트 파이낸스에서 중요한 역할을 담당한다. 이러한 방식으로 금융이 이루어지는 프로젝트들은 주로 대규모의 장기 투자로, 정치적인 의지와 지속적인 지원을 필요로 한다. 이러한 것들은 프로젝트의 성공이나 실패가 상당한 정치적인 결과를 야기할 수 있는 정부의 민영화 정책 또는 PPP를 통한 공공인프라 공급 형태를 띨 수 있다.

사실상, 정치적인 지원이 없는 프로젝트는 거의 존재하지 않는다. 고위층의 정치적 지지가 프로젝트 완공을 위해 반드시 필요한 경우도 종종 존재한다; 예컨대, 정부 소유 전력회사와 PPA를 협상하는 경우, 동 전력회사는 그런 종류의 계약은 자신들의 구미에 맞지 않는다고 판단하고 과거에 자신들이 해왔던 방식으로 자신들이 직접 발전소를 짓는 방식을 선택할 수 있다. 즉, 전력구매자는 건설적인 방식으로 계약을 협상하고자 하는 인센티브가 없는 것이다. 이러한 난관을 돌파하기 위한 유일한 방법은 고위층이 전력구매자에게 그러한 방식으로 행동하여서는 안된다는 강력한 메시지를 전달하는 것일 뿐일 때가 있다.

프로젝트가 완공된 이후에도 정치적 지원은 필요하다. 만약 특정 프로젝트가 반대파가 정부를 공격하거나 새로운 정부가 지난 정부가 추진한 것을 되돌릴 수 있는 빌미를 제공(예컨대 투명한 입찰 절차(cf. 3.7)를 거치지 않았거나 투자자들에게 지나치게 높은 수익을 제공하는 등 불공정하게 처리되었거나 최악으로는 부정부패와 연결되어 있을 수 있다는 이유 등)한 경우 해당 프로젝트는 정치적인 축구장이 되어 유지가 힘들 것이다. 일단 프로젝트가 완공되면 사업에서 철수하기 힘들며, 그 결과 프로젝트 회사의 지위는 당초 사업소재지국이 투자를 희망했을 때와 비교하여 약해질 것이다.

이는 소위 '협상력 저하(obsolescing bargain)' 개념으로 이어지는데, 이는 특히 개도국에서 외국 투자자와 사업소재지국 정부간의 관계가 프로젝트가 진행됨에 따라 변하는 것을 의미한다.[1] 처음에는 사업소재지국 정부가 외국 투자를 강력하게 희망함에 따라 외국 투자자의 협상력이 높지만, 투자가 이루어진 뒤에는 외국 투자자의 필요성이 감소하여 사업소재지국 정부의 압력에 훨씬 더 취약하게 된다.[2] 이에 따라 초기의 양자간 협상력 관계가 퇴화하는 것이다.

마찬가지로 프로젝트의 혜택에 대한 컨센서스가 없는 경우, 유료도로 프로젝트의 '통행료 지급의사(willingness to pay)'와 같은 문제가 발생하게 되며 이는 곧 정치적인 문제로 비화된다. 그 결과 계약당국은 프로젝트 회사 앞 통행료를 부과하지 않도록 영향력을 행사하게 된다.

프로젝트 파이낸스 방식으로 재원을 조달한 프로젝트는 이러한 측면에서 약점을 지닌다. 재원조달에 있어 레버리지 비율이 높기 때문에 프로젝트 회사는 사업소재지국의 단기 거시 경제적 문제 및 기타 문제에 대응할 수 있는 여력이 부족하다 - 사업소재지국 정부의 문제가 무엇이든 간에 고정

---

[1] 이 개념은 Raymond Vernon이 'Sovereign at Bay: *The multinational spread of U.S. enterprises*(Basic Bookd, New York, 1971)에서 사용하였다.
[2] 이는 다음과 같은 옛말의 변형이라고 볼 수도 있다: 당신이 은행에서 $1,000을 빌렸다면 당신이 문제가 될 수 있지만, 당신이 은행에서 $1,000,000을 빌렸다면 은행이 문제가 될 수 있다.

된 외화 대출 원리금은 상환되어야 한다. 그러나 레버리지가 낮은 프로젝트의 경우 배당률을 낮추어 이를 통하여 사업소재지국 경제에 대한 부담을 경감시켜 줄 수 있다. 이러한 점으로 인하여 프로젝트 파이낸스 투자는 단순히 외국 투자자들의 배만 불려주는 것으로 매도당할 수 있다.

프로젝트가 상업성을 갖추어야 하는 것처럼(cf. 9.4), 정치적으로도 유지가능해야 한다. 핵심적인 사항은 프로젝트가 '공정'한 것으로 보이는가, 그리고 사용자들이 혜택을 볼 수 있느냐 하는 것이다; 그렇지 않다면, 즉, 아마도 생산물 또는 서비스 비용이 현지 비용이나 유사 프로젝트 수준에서 벗어나 있다면, 투자자들이나 대주단은 프로젝트의 정치적인 측면은 무시하고 단순히 프로젝트 계약에만 의존하려 하지는 않을 것이다. 그리고 리스크를 보상할 수 있는 높은 수준의 투자수익률은 프로젝트의 그러한 측면이 정치적으로 받아들여질 수 없을 경우 역설적으로 리스크를 증대시키게 된다.

또한 프로젝트는 자신이 속해있는 시장에 대하여 사업소재지국 정부가 변화를 주도할 수 있는 여지를 남겨두어야 한다. 예컨대, 만약 정부 소유의 전력 송배전망 운영 기관이 PPA를 체결하려 한다면 정부는 동 계약이 미래 전력시장 민영화에 방해가 되는지 여부, 만약에 그렇다면 이와 관련하여 정부가 유연성을 확보하기 위하여 어떻게 계약을 구조화해야 할지 검토할 수 있어야 한다. 마찬가지로, 유료도로 양허계약을 체결할 때, 사업소재지국 정부는 동 계약이 일반적인 도로 네트워크 확충에 걸림돌이 될 수 있는 비경쟁 조항(cf. 6.5.2) 등을 포함시키는 것에 동의할지 여부를 검토할 수 있어야 한다.

11.3 법률 변경

일반적으로, 프로젝트 회사는 안정적인 법률 및 제도적 환경에서 운영되어야 한다 - 이는 다음과 같은 요건들을 의미한다:

- 민간의 프로젝트 소유 또는 통제를 허용하며 민간투자를 적절하게 보호할 수 있는 법률체계
- 프로젝트 운영을 가능케 하는 명확한 법률 및 규제 프레임워크
- 법적 규제 정책의 일관성
- 건설, 운영 및 금융조달 허가 취득과 관련된 명확한 절차(cf. 8.8)
- 대주단의 담보권 취득 및 담보권 행사 가능(cf. 14.7)

위와 같은 조건들은 제안 프로젝트가 사업소재지국에 있어 그러한 방식의 최초의 프로젝트라면 획득하기가 불가능할 것이다; 이러한 경우, 특히 개도국에서는, 정부지원약정(cf. 11.7)이 필요할 수도 있다. 그러나, 법적 프레임워크가 아무리 튼튼하다 하더라도, 프로젝트에 영향을 주는 법률변경

리스크는 완전히 제거할 수는 없다. 게다가, 계약당국이나 사업소재지국 정부는 미래에 법률을 변경하지 않을 것이라고 자신의 권리를 제한하려 하지 않을 것이다. 마찬가지로 후임 정부가 전임 정부의 약속을 반드시 지키려고 하지도 않을 것이다.

11.3.1 법률변경 리스크

그러므로 프로젝트가 어디에 위치하든지 법률변경 리스크('규제 리스크(regulatory risk)')에 대하여 검토가 이루어져야 한다. 이러한 측면에서 '법률'은 법적 강제력을 지닌 것, 예컨대 산업규제 등을 모두 포함한다. 프로젝트 회사의 비용, 권리 및 수입에 부정적 영향을 주는 판결은 이 정의에 포함되지 않는다고 할 수 있을 것이다. 이는 법원의 판결은 법률을 변경하는 것이 아니라 법률에 대한 해석이기 때문이다. '법률의 해석에 대한 변경'을 동 정의에 포함시킬 경우 이러한 상황에 대한 추가적인 보호가 될 수 있을 것이다. (그러나 11.5.1 참조)

전반적인 이슈는 VfM(cf. 9.2) 중 하나인 것이다; 만약 생산물구매자/계약당국이 법률변경에 따라 발생하는 비용을 따로 지급하지 않는다면, 입찰자들은 필요한 경우 재원을 조달할 수 있도록 현금흐름에서 예비비를 미리 마련해 두어야 할 것이다. (물론 언제, 그리고 얼마만큼 추가 재원이 필요할지는 아무도 모르지만 말이다) 그 결과 예비비가 사용되는 일이 없다 하더라도 총사업비는 증가하기 때문에 생산물구매자/계약당국이 직접 해당 비용을 내는 것이 VfM 차원에서 낫다. 마찬가지로 생산물구매자/계약당국이 공공부문이라면, 이러한 종류의 리스크는 프로젝트 회사보다 더 잘 감당 – 직간접적으로 – 할 수 있을 것이다.

법률변경의 정의는 다양한 프로젝트 계약에서 일관성을 띠도록 잘 관리해야 한다. (cf. 9.12) 예컨대 건설계약에 따라 프로젝트 회사는 법률변경 내용에 부합하도록 프로젝트에 수정(예컨대 배출가스 감소를 위한 추가 투자)을 하는데 드는 비용을 직접 부담해야 하지만, 수정작업으로 인하여 완공지연이 될 경우 건설회사 앞 페널티를 부과할 수 없는 경우도 존재한다. 이러한 리스크는 프로젝트 회사가 생산물구매자/계약당국 앞 이전시킬 수 있을텐데, 후자는 법률 변경에 따른 추가 비용이나 기회비용을 책임져야 할 것이다. 양허계약에서는 그러한 비용을 사용자에게 직접 전가하도록 할 수 있다.

11.3.2 법률변경의 종류

법률변경은 세 가지 종류로 구분할 수 있다:

- *일반적 법률변경*: 특정 산업이나 프로젝트가 아닌 사업소재지국 전체에 영향을 미치는 법률변경. 그 좋은 예 중 하나는 법인세율 변경이다. 또 다른 예는 기존 빌딩에 보완공사를 요구하면서 출입을 금지하는 규제이다. 근로자들에게 연금이나 병가를 지급하는 제도를 도입하는 것 또한 이

와 관련된 예시이다.
- **특정 법률변경**: 이는 프로젝트와 관련된 산업 또는 서비스에 영향을 미치는 법률변경이다. 예로는 발전소 배출가스에 대한 과세율 상향조정 또는 신규투자시 허용되는 배출가스 저감 목표 변경 등이다.
- **차별적 법률변경**: 이는 프로젝트 회사나 특정 프로젝트 또는 특정 종류의 모든 프로젝트(예컨대 PPP 방식의 유료도로 양허계약)에 영향을 주는 법률변경이다.

일반적 법률변경. 이는 특정 국가에서 비즈니스를 수행하는데 수반되는 일반적인 비용이라고 할 수 있으며, 사업계약에 따라 생산물 또는 서비스 비용을 지급하는 이가 부담해야 하는 – 그리고 비용을 지급해야 하는 – 리스크이다. 이에 대한 추가적인 논거는 국가 전체에 영향을 미치는 법률변경은 프로젝트 파이낸스 방식으로 재원조달이 이루어졌는가와 무관하게 모든 종류의 프로젝트에 영향을 미치며, 추가적인 비용은 생산물 또는 서비스를 사용하는 최종 수요자에게 전가되는 것이 일반적이라는 것이다: 그러므로 이러한 비용을 커버하지 않는 생산물구매자(공공부문 또는 민간부문을 막론하고) 또는 계약당국은 프로젝트 회사의 비용으로 손쉬운 수입을 거둘 수 있다. 그럼에도 불구하고 일반적 법률변경에 대하여 생산물구매자/계약당국이 리스크를 전부 부담하는 경우는 드물다.

세율변경 관련, 개도국의 경우(일반적으로 보상이 주어짐)와 선진국의 경우(일반적으로 프로젝트 회사가 세제 변경 리스크를 부담)가 많이 다르다. 건설계약과 관련하여서는 (프로젝트 소재지가 어디든지 간에) 건설회사가 자신의 비즈니스와 관련있는 세율(즉, 직접적인 법인세) 변경에 대한 리스크를 지는 것이 일반적이나, VAT 등 간접세, 상품서비스세(goods & services tax, GST), 판매세, 또는 수입관세 등에 대한 리스크는 부담하려 하지 않을 것이다. 마찬가지로, 원재료 공급계약은 추가적인 세금 부담을 판매가격에 포함시켜 이를 상대방에게 전가하려 할 것이다.

외국 투자자들 앞 배당(투자수익률에 영향) 또는 외국 대주단 앞 이자(이와 관련된 비용은 주로 프로젝트 회사가 부담하게 된다)에 대한 원천징수세 이슈도 존재한다. 이는 법인세 증가와 동일한 방식으로 다루어지지만, 투자자 소속국과 사업소재지국간 이중과세방지협정으로 인하여 보다 복잡한 면을 띤다. 동 협정이 존재하는 경우 투자자들과 대주단은 이러한 사업소재지국에서 발생하는 세금을 국내 세금과 상계할 수 있다. (그러나, 12.7.1 참조)

Reverting Asset 기반 계약(cf. 6.2)의 경우, 생산물구매자/계약당국은 사업계약 만료시 프로젝트를 인수하기 때문에 프로젝트 앞 이루어진 자본적 지출에 대한 혜택을 보게 된다. 그러므로 이 경우에는 생산물구매자/계약당국이 일반적인 법률변경에 따라 소요되는 자본적 지출을 부담(예컨대 프로젝트 초기에는 상대적으로 적은 비율로, 그리고 프로젝트 후반에는 보다 큰 비율로)해야 한다는 논리가 성립하게 된다. 대안으로는 프로젝트 회사가 $x 만큼, 그리고 생산물구매자/계약당국이 나머지를 부담하는 방식이 있을 수 있다. 이러한 방식으로 프로젝트 회사가 (그리고 대주단이) 부담하는 금액에 한도를 둘 수 있다.

차별적 법률변경. 다른 극단적인 조치로, 이러한 차별적 법률변경으로 인해 발생하는 비용을 프로젝트 회사가 부담해야 한다고 하기는 어려울 것이다. 그 결과 해당 비용은 생산물구매자/계약당국 또는 최종 수요자가 부담해야 할 것이다.

특정 법률변경. 이는 상기 두 가지 경우의 중간에 위치하고 있으나, 마찬가지로 해당 비용은 생산물구매자/계약당국 또는 최종 수요자가 부담하는 것이 일반적이다.

법률변경과 관련된 비용을 생산물구매자/계약당국이 부담한다면, 이는 보상 이벤트(cf. 7.6)로 다루어지는 것이다. 만약 동일한 내용이 자동적으로 벤치마킹/시장테스트 메커니즘(cf. 6.4.5)으로 다루어질 경우, 빌딩-서비스 계약에는 법률변경 관련 문안은 필요치 않다.

만약 사업계약에 법률변경 관련 조항이 포함되지 않는다면, 이와 관련하여 프로젝트가 부담해야 하는 리스크는 매우 클 것이다. 이러한 종류의 법률변경은 스페인에서 발생한 적이 있는데, 스페인 정부는 2012년 태양열 또는 풍력 발전에서 생성된 전력에 대한 전력요금은 지속가능하지 않고, 또 그러한 프로젝트에서 발생하는 수익에 대하여 한도를 설정하겠다고 선언한 바 있다. 이런 경우, 외국 투자자들과 대주단은 자국 정부와 스페인 정부 간 체결한 투자보호조약으로부터 일정 정도 보호를 받을 수 있을 것이다.

11.4 투자 리스크

표준적인 '투자' 리스크는 다음과 같다:

- 환전 및 송금(11.4.1)
- 정부의 프로젝트 몰수(11.4.2)
- 정치적 폭력행위(예컨대 전쟁, 테러리즘, 소요사태 - 즉 정치적 force majeure)(11.4.3)

프로젝트가 정치적으로 불안정하며 신용등급이 낮은 국가('사업소재지국'[3])에 위치해 있을 경우 투자자들과 대주단은 위와 같은 이슈들에 대하여 우려를 표명하게 된다.

이러한 리스크는 생산물구매자/계약당국이 프로젝트 회사에 끼친 손실에 보상을 요구하는 방식으

---

3   이러한 표현은 투자자들과 대주단이 프로젝트가 소재한 국가와 다른 국가에 소속되어 있을 경우에 쓴다.

로 리스크를 후자에서 전자로 이전시킬 수 있다. 그러나 실제로 문제가 발생할 때 사업소재지국 정부(host government)는 그러한 의무를 이행하지 않을 경우가 많기 때문에, 정치적 리스크 보증/보험 등을 활용해야만 할 때가 있을 것이다. (cf. 11.8 및 제16장)

11.4.1 환전 및 송금

10.5에서 환율 리스크를 다루었고, 이 섹션에서는 환전과 송금 리스크를 다룬다. 이러한 차원에서 두 가지의 프로세스가 이루어져야 한다:

- 대주단과 투자자들이 희망하는 수준의 환전이 이루어져야 한다.
- 환전된 외국환이 사업소재지국 외부로 송금이 이루어져야 한다. (외국환은 연료 또는 기타 원재료를 구입하기 위하여 필요할 수도 있다)

만약 프로젝트가 선진국에 존재하는 국제 금융시장에 의존할 수 있다면, 실제 문제는 환율변동 그 자체 뿐일 것이다. (10.5에서 살펴본 바와 같이 현지통화가치 하락이 문제가 된다) 그러나, 해당 국가가 경제위기를 맞을 경우 외환보유고가 축소될 수 있고, 그 결과 국외 외화송금을 금지할 수도 있다. 사실상 이 단계에서 해당국은 외채에 대하여 default를 낸 것이다. 정부지원약정(cf. 11.7)의 표준적인 문안 중 하나가 사업소재지국 정부 또는 중앙은행이 환전과 송금을 보증하는 것인데, 사업소재지국 외환보유고가 바닥을 보인다면 이러한 보증은 큰 가치가 없을 것이다.

외국통화의 부족 외 개도국에서 직면할 수 있는 최악의 문제는 사업소재지국 통화의 심각한 가치하락(cf. 10.5.5)이다. 생산물구매자/계약당국의 대금지급 의무에 대한 사업소재지국 정부의 보증 또한 이러한 상황에서는 큰 도움이 되지 않는다.

대주단은 사업소재지국의 거시경제 상황, 국제수지 및 외채현황 등을 살펴봄으로써 이러한 리스크를 점검한다. 해당국이 잘 관리되는 건강한 경제상태를 유지하고 있다면, 대주단은 리스크를 수용할 수 있을 것이며 반대의 경우라면 리스크 경감방안을 요구할 것이다.

정치적 보증/보험(제16장)과는 별개로 이러한 리스크를 경감(그러나 제거하기는 어렵다)할 수 있는 방안들도 존재한다:

- Enclave 프로젝트
- 역외 예비계좌
- '앙골라 모델(Angola Model)'

Enclave 프로젝트. 프로젝트 수입이 사업소재지국 밖에서 외국 통화로 지급된다면, 원칙적으로 해당 프로젝트는 환전 및 송금 위험에서 벗어나있다. 외국 통화가 사업소재지국으로 유입되지 않기 때문에 송금 위험이라는 것이 존재할 수 없으며, 수입으로 얻은 외국 통화는 국외에서 조달한 대출 원리금을 상환하는데 쓰일 수 있다. 이는 프로젝트가 수출할 수 있는 상품, 즉, 석유, 가스, 광물 또는 인접국가 앞 판매할 수 있는 전기 등을 생산하는 경우 가능할 것이다.

개도국 사업의 경우 대주단은 Enclave 프로젝트를 선호한다. 그 용어가 암시하는 것처럼 Enclave 프로젝트는 대주단이 개도국 대출과 관련하여 가장 신경쓰는 리스크 - 즉 외국통화 대출금 상환 불능 - 와 상대적으로 잘 절연되어 있으며, 이러한 접근방식을 사용할 경우 개도국이 다른 방식으로는 외국통화 대출을 조달하기 어려운 경우에도 조달이 가능하다. 신용평가기관도 이러한 점에서 프로젝트가 소재해 있는 국가의 채권보다 Enclave 프로젝트가 발행한 채권에 보다 높은 신용등급을 부여할 수 있다.

Enclave 프로젝트가 되기 위한 요소들은 아래와 같다:

- 프로젝트가 생산하여 판매하는 상품이 사업소재지국 경제와 국제수지에 미치는 영향이 클 것
- 사업소재지국 내에서는 해당 상품에 대한 시장이 존재하지 않을 것(그러므로 국내용으로 전환되기 어려울 것)
- 인프라(파이프라인, 항만 등)가 수출 중심으로 구축되어 다른 용도로의 전환이 까다로울 것
- 사업소재지국의 관할권 또는 통제권이 미치지 않는 신용도가 높은 제3자에 의해 생산물이 판매될 것
- 대금지급이 SPV 또는 역외 에스크로우 계좌에 직접 이루어질 것
- 다른 방식으로 대금지급을 할 가능성이 낮을 것

사업소재지국 정부의 입장에서 Enclave 프로젝트의 문제점은 수출을 통한 외화획득 기회를 가져오는 프로젝트에 대한 통제권이 없다는 것이며, 그 결과 자신들이 적절하다고 판단하는 방식으로 외환보유고 및 국제수지를 관리할 수 없다는 것이다. 이는 경제적 식민주의라는 것이다. 그러나 Enclave 프로젝트는 신용등급이 낮은 국가에서 보다 양호한 조건으로 개발금융을 도입하기 위한 방식의 하나이다.

역외 예비계좌 활용. 프로젝트 회사의 수입이 외국 통화로 발생하지도 않고 또 사업소재지국 밖에 동 금액이 예치되지 않는다 하더라도, 역외 예비계좌를 활용함으로써 일정기간 동안 환전 및 송금 리스크를 경감시킬 수 있다. 14.4.1에서 살펴볼 것처럼, 대주단은 통상 대출금상환예비계좌(Debt Service Reserve Account, DSRA)를 통하여 일시적인 대출 원리금 상환 문제에 대응하고자 한다. 만약 DSRA가 사업소재지국 외부에서 외국 통화로 유지되고 있다면, 대출 원리금 상환을 위한 외국통화 획득문제를 일시적으로 해결해 줄 수 있을 것이다. 다른 목적을 위해 유지되고 있는 기타 예비계좌들 또한 동일한 목적으로 활용할 수 있을 것이다.

'**앙골라 모델(Angola Model)**'. 프로젝트 회사는 자신의 생산물 또는 서비스를 향후 수출을 통해 외국 통화를 획득할 수 있는 상품(commodity)과 교환하는 약정을 체결할 수도 있을 것이다. 이는 두 단계를 거쳐 Enclave 프로젝트를 만들어 내는 것이다. 이 절차는 연계무역(counter trade)이라고도 한다.

연계무역은 현재 '앙골라 모델'이라고 알려진 방식을 중국수출입은행(cf. 16.4.3)이 2004년 앙골라에서 처음 활용하기 전까지 개도국 프로젝트에서 활용될 수 있는 여지는 거의 없었다.[4] 현재 이 방식은 중국수출입은행에 의해 다수 아프리카 프로젝트에 활용되고 있다. 이는 사실상 연계무역 거래이다 – 은행이 인프라(예컨대 중국 건설기업이 짓는 도로 등) 개발을 위한 금융을 제공하나, 중국 투자자가 추진한 자원개발 프로젝트에서 벌어들인 수입으로 대출 원리금을 상환받는다. 이는 두 프로젝트의 연계성(예컨대, 자원개발 프로젝트가 실패할 경우 어떻게 하나?), 그리고 자원가격의 변동이 거래에 미치는 영향 등과 관련하여 다수의 이슈를 발생시킨다. 그러나 이러한 방식이 다른 방식으로는 투자유치가 어려웠을 아프리카 국가에, 최소한 제한적인 방식으로, 인프라 발전을 가져왔다는 점은 부인할 수 없다.

11.4.2 프로젝트 몰수(expropriation)

정부는 국가안보의 문제(예컨대 전시 상황에서 선박과 항공기 징발 등)로 필요하다고 판단할 경우 민간이 보유한 자산을 수용할 수 있는 권리를 보유한다. 다수의 국가들은 법률로서 필수적인 서비스를 유지하기 위하여 민간이 통제하고 있는 유틸리티를 인수/통제하거나 석유나 기타 에너지 사용처를 변경할 수 있도록 허용하고 있다. 모든 투자자와 대주는 그러한 리스크를 수용하며, 수용이 발생할 경우 사업소재지국 정부는 보상을 하는 것이 일반적이다. (cf. 7.9)

몰수는 한 단계 더 나아간 것이다; 이는 사업소재지국 정부가 프로젝트 회사 또는 그 물리적/금전적 자산을 적정한 보상 없이 앗아가는 행위이다. (이는 국제법상 불법행위이다) 이는 정치적으로 안정적이지 않은 개도국 프로젝트를 추진하는 사업주와 대주단의 우려사항이다. 이러한 리스크는 발전소나 교통 프로젝트 또는 석유나 광물 등과 같은 자원과 관련된 프로젝트(과거에는 몰수사태가 보다 빈번하게 발생하였으나 최근에는 많이 줄었다) 등 프로젝트 파이낸스 방식이 아니었다면 공공부문이 추진했을, 세간의 이목을 끄는 프로젝트에서 가장 크게 나타난다. 사업소재지국 정부는 프로젝트 회사의 자산을 박탈하거나 투자자들로부터 지분을 박탈할 필요도 없다; 예컨대 정부에게 이사회의 과반을 지명할 수 있는 권리를 부여하는 법을 제정하여 프로젝트 회사를 통제할 수도 있다.

---

4 Vivien Foster, William Butterfield, Chuan Chen & Nataliya Pushak, *Building Bridges: China's Growing Role as Infrastructure Financier for Sub-Saharan Africa* (World Bank/PPIAF, Washington DC, 2009)*; Martyn Davies, *How China Is Influencing Africa's Development* (OECD Development Centre, Paris, 2010)*

정치적 이유로 민간의 자산을 몰수하는 것은 국제 투자자들과 대주단에게만 영향을 끼치는 것이 아니라, 개도국 앞 국제 투자 및 대출 자체를 꺼리게 만드는 행위이다.

사업계약은 몰수를 생산물구매자/계약당국에 의한 default로 정의하여야 하며, 이에 따른 정당한 보상을 하여야 한다. (cf. 7.10.2) 몰수는 프로젝트 자산을 취득하는 것 뿐 아니라 사업소재지국 정부로 하여금 프로젝트 회사를 통제할 수 있게끔 하는 것 등을 모두 포함하도록 광범위하게 정의되어야 한다. 이러한 방식으로 사업소재지국 정부가 모호한 행동을 취하는 것을 방지할 수 있을 것이다. 그러나 이러한 방식으로는 11.5.2에서 논의되는 '점진적 몰수(creeping expropriation)'를 막을 수는 없다.

몰수와 위에서 언급한 환전/송금 리스크 간 겹치는 부분이 존재한다. 왜냐하면 프로젝트 회사가 환전 및 송금을 할 수 없는 까닭이 사업소재지국 정부가 은행 계좌를 몰수(또는 동결)한 것일수도 있기 때문이다.

이러한 맥락에서 살펴봐야 할 또 다른 관련된 리스크는 '금수조치(deprivation)', 즉 프로젝트 생산물에 대한 수출 금지이다.

11.4.3 전쟁과 소요사태

투자자들과 대주단은 시민 동요, 사보타주나 테러리즘, 또는 사업소재지국을 상대로 한 전쟁을 포함한 정치적 불안정 리스크에 대비해야 한다. 이러한 상황은 프로젝트의 물리적 손상을 가져오거나 운영을 방해하여 추가적인 자본비용 또는 기회비용의 발생, 즉 정치적 force majeure(cf. 7.10.4)를 야기한다.

프로젝트에 물리적 피해를 야기하지는 않지만 기자재 수입금지 조치로 인한 완공지연 또는 생산물을 수출할 수 없거나 원재료를 수입할 수 없어 운영중단을 야기하는 사업소재국에 대한 제재 등의 가능성도 존재한다. 사업소재지국 밖에서 발생하는 전쟁 또한 유사한 효과를 낳을 수 있다.

이러한 정치적 force majeure 발생으로 인한 물리적 피해와 그 결과로 나타나는 기회비용은 보험으로 커버될 수 있다; 보험이 부재하는 경우 사업계약이 프로젝트 회사 앞 보상을 해줄 수 있지만, 실제로 생산물구매자/계약당국이 자신의 의무를 충실히 이행할지는 의문이다. 그러므로 대주단은 정치적 보증/보험 등으로 이러한 리스크를 경감시킬 것을 요구할 수 있다.

이러한 맥락에서 검토되어야 할 또 다른 리스크는 어쩔 수 없는 사업포기(forced abandonment)이다. 이는 프로젝트 자체에 대하여 손해가 발생하지는 않지만, 현지 조건이 완공이나 프로젝트 운영을 불가능하게 하는 것이다.

11.5 보다 넓은 정치적 리스크

이 리스크 범주는 정치적 또는 상업적 배경을 지니고 있는 계약분쟁 이슈 등을 포함한다; 이는 정치적 리스크와 상업적 리스크를 분명하게 나누는 것이 쉽지 않다는 것을 보여준다. 이는 보증/보험(cf. 11.8, 제16장)을 통해 정치적 리스크를 커버하는 것과 연관되어 있다; 리스크의 범위가 정확히 정의될 수 없으면 보증/보험에 가입하기 어렵다.

프로젝트 회사를 사업소재지국 밖에 설립하는 방안도 고려해 볼 수 있으나, 이런 방식으로 문제를 해결하기는 어렵다. 프로젝트 자체가 사업소재지국을 벗어날 수 없으며, 대부분의 리스크는 프로젝트의 소유권과 관련된 사항보다는 프로젝트 자체와 연관되어 있기 때문이다. 더욱이, 사업소재지국의 투자관련 법률은 외국회사가 해당 프로젝트를 소유하는 것을 허용하지 않을 수도 있으며, 사업소재지국에서 외국회사로서 활동을 한다 하더라도 국내법인과 동일한 법률과 리스크를 적용할 수 있다.

이러한 맥락에서 발생하는 이슈들은 아래와 같다:

- 계약이행 거부(Contract Repudiation)(cf. 11.5.1)
- 점진적 몰수(creeping expropriation)(cf. 11.5.2)

11.5.1 계약이행 거부(Contract repudiation)/법적 절차(Legal Process)

계약이행 거부는 관련 프로젝트 계약이 존재함에도 불구하고 공공부문 생산물구매자, 계약당국 또는 기타 프로젝트 계약 상대방(예컨대 원재료 공급자)이 자신의 의무(특히 대금지급 의무)를 고의적으로 해태하거나 사업소재지국 정부가 정부지원약정(cf. 11.7)에 따른 보상의무를 이행하지 않는 것을 의미한다.[5]

상업적 조건이나 채무에 대한 상업적 분쟁과 사업소재지국 정부 또는 공공기관의 고의적 거부는 분명하게 구분되어야 하며, 종종 매우 비논리적인 이유로 전자는 상업적 리스크로, 후자는 정치적 리스크로 분류된다. 사업소재지국 정부가 입찰 과정에서 부정부패가 개입되었다고 주장(이는 증명하기가 매우 어려움)하는 경우 문제가 더 복잡해지기도 한다.

그러나 그러한 이유들이 의심스럽고 또 계약위반이 발생했다는 사실을 숨기려 하더라도, 최종 결정은 법원이 내릴 수 밖에 없다. 그러나 사업소재지국 법원이 이러한 종류의 다툼을 심판하는데 익

---

5 '계약이행 거부'보다는 덜 감정적인 '계약 위반(breach of contract)'이라는 용어를 사용할 수도 있을 것이다. 그러나 전자가 보다 넓은 의미를 갖는다.

숙하지 않거나 정치적인 압력을 받는 경우, 사업소재지국 정부에 대하여 프로젝트 회사가 제기한 소송은 객관적인 법적 판단을 받지 못할 수도 있다.

사업소재지국 정부나 법원의 임의적인 행동에 대하여 우려가 존재할 경우, 프로젝트 회사에 대한 준거법(governing law)은 사업소재지국 외의 법률로 하고, 계약에 대한 다툼은 사업소재지국 외에서 소송 또는 중재로 다뤄지게 함으로써 (즉, 준거법과 관할지역을 사업소재국이 아닌 곳으로 정함) 이러한 리스크를 어느정도 경감시킬 수도 있다. 다른 국가의 법원이나 국제 중재재판소를 활용할 수 있을 것이다. 이러한 조항들은 개도국에서 서명되는 프로젝트 계약에서 매우 일반적으로 활용된다.

사업소재지국의 법원의 임의적인 결정에 대하여 보호를 제공하는 것과는 별도로, 만약 사업계약의 준거법이 외국법이라면 이는 사업소재지국이 프로젝트 계약 그 자체에 영향을 끼치기 위하여 법률을 변경시키는 것이 쉽지 않다는 것을 의미한다. 이 이슈는 정부 부처와 사업계약을 체결하는 경우 가장 첨예한데, 정부는 자신이 원하는 방향으로 법률을 변경할 수 있는 권한을 지니고 있기 때문이다. 그러나 이러한 접근방식은 사업소재지국 정부의 반대에 부딪힐 수 있으며, 프로젝트 회사가 사업소재지국에서 치외법권을 확보하려는 마치 19세기 식민세력같이 행동한다는 식의 비난에 쉽게 노출될 수 있다.

그리고 현지법원은 사업계약 또는 기타 프로젝트 계약이 (예컨대 공공 인프라에 대한 소유권 또는 통제권 등과 관련하여) 법률상 유효하지 않다는 주장을 논거로, 예컨대 사업소재지국에 존재하는 프로젝트 당사자들이 프로젝트 회사에게 대금을 지급하지 못하게 할 수도 있다. 그러한 방식의 방해는 개인, NGO 또는 관련 이슈에 관심이 있는 다른 이들이 제기할 수 있으나, 자신의 채무를 회피하려는 사업소재지국 정부의 '대변자(front man)'(또는 정치적 이유로 현 정부의 반대파)가 제기할 수도 있다.

사업계약이나 프로젝트 계약에 분명히 밝혀놓았음에도 불구하고 관련 계약조항이 현지법에 부합하지 않는다는 이유로 현지 법원이 프로젝트 회사가 국제 중재재판소를 활용하는 것을 막을 수도 있다.

그러므로 사업계약에 대한 관할권이 없는 현지법원의 결정이나, 비논리적 판결은 계약 거부로 보아야 할 것이다. (이 이슈는 '정의의 부인(denial of justice)'이라는 용어로 불린다)

프로젝트 계약의 준거법이 현지법이고 재판관할권도 사업소재지국이라 하더라도, 역외 대주단과의 금융계약(담보계약 제외 - cf. 14.7.1)의 표준 관행은 만약 차주가 개도국에 존재한다면, 선진국의 법률을 준거법으로 하고 재판관할권도 선진국으로 하는 것이다. (영국법이나 뉴욕법이 대주단에 유리한 것으로 알려져있다) 이러한 방식은, 예컨대, 외국 통화로 대출원리금 상환을 금지하는 법률변경이 발생한다 하더라도 대주단이 청구권을 유지하는데 도움을 줄 수 있다.

11.5.2 점진적 몰수(Creeping Expropriation)

정부는 명시적으로 계약을 거부하지 않고도 프로젝트 회사에 대하여 부정적인 영향을 줄 수 있는 다양한 행위를 할 수 있다. 이러한 다양한 행위에 대한 누적적인 효과는, 개별적 행위의 결과는 반드시 그렇지 않다 하더라도, 프로젝트 회사 또는 투자자들로부터 프로젝트의 혜택을 박탈하는 것이다. 이는 프로젝트에 대한 '점진적 몰수'이다 – 정부지원약정에서 몇몇 이슈를 다룰 순 있지만 이에 대하여 미리 정의하기도 어렵고, 실제로 발생하기 전까지 이를 인지하기도 어렵다. 사업계약의 차별적 법률변경 조항(cf. 11.3.2)으로 동 이슈에 대비할 수 있지만, 모든 가능한 결과를 다 커버할 수는 없다.

복잡한 프로젝트는 공정함, 그리고 정부에 대한 선의에 기초하고 있지만, 정부는 프로젝트 회사로부터 상업적 양보를 획득하기 위하여 정치적 압력을 활용하여 공정함이나 선의를 훼손할 수 있으며, 프로젝트 자체를 몰수할 수도 있다. 국가권력의 합법적 사용과 프로젝트에 대한 고의적인 괴롭힘은 쉽사리 구분할 수 있는 것이 아니다. 더욱이, 정치적 보증/보험금을 청구하려면 이러한 점진적 몰수가 존재하지 않았을 경우 대출금에 대하여 default가 발생하지 않았을 것이라고, 또는 투자자들에게 배당을 지급하지 못하는 일이 발생하지 않았을 것이라고 증명해야 하는데 이는 매우 힘든 작업이다. 프로젝트 회사에 압력을 가하는 부당한 정부 행위(차별적 법률변경 조항으로 해결되기 어려운 사항들)의 예는 다음과 같다:

- 프로젝트 운영에 필수적인 외국인에 대한 고용허가 등 허가발급을 정부기관이 지연 또는 방해
- 수출이나 수입물이 항구에 장기간 적치
- 정치적인 동기가 있는 노동쟁의
- 프로젝트 회사에 탈세 혐의를 두어 장기간에 걸쳐 조사를 하거나 은행계좌를 동결시키는 행위
- 프로젝트 회사 관련 임직원들이 부정부패 등으로 형사입건되거나, 다른 방식으로 괴롭힘을 받는 행위
- 프로젝트 회사 또는 서브계약자의 건설/운영 허가를 자의적으로 변경시키거나 철회하는 행위

자원개발 사업에서와 같이 사업계약이 존재하지 않는 프로젝트들의 경우, 통상의 차별적 법률변경 조항이 존재하지 않기 때문에 특히 불리하다. (물론 투자자 및 대주단 소속 국가간의 투자협정을 통하여 프로젝트 회사가 일정수준 보호받을 수 있지만 말이다) 임의로 세율을 변경하거나 특정 자원에 대한 PSA 변경은 흔히 발생한다.

점진적 몰수는 정치적 리스크 보험에서 가장 까다로운 문제이며, 정치적 리스크 보험을 제공하는 이들은 이 리스크의 범주를 확정하는데 여전히 어려움을 겪고 있다.

11.6 서브소버린(sub-sovereign) 리스크

정치적 리스크는 주로 중앙정부에 대한 리스크에 국한되어 분석되어 왔다; 그러나 프로젝트 계약 및 정치적 행위에 대한 리스크는 중앙정부에만 국한되어 있는 것은 아니다. 지역정부 또한 조례 등을 제정하고 지방세율을 변경시킬 수 있으며, 사업계약상 생산물구매자/계약당국으로서 행위할 수 있다. 지방정부가 재정적 어려움에 처할 경우 중앙정부가 아무런 조치를 행하지 않을 수도 있으며(또는 문제해결에 대한 정치적 의지가 없을 수 있으며), 지방정부가 파산한 사례도 존재한다.

특별법 또는 일반법에 의해 설립된 정부보유기관(State-Owned Enterprises, 'SOE') 또한 유사한 범주로 분류된다. 전력회사가 사업소재지국의 특별법에 의해 설립되고, 정부가 이사진을 지명한다 하더라도 사전에 동의가 없었다면 정부는 전력회사의 PPA 의무에 대하여 아무런 책임도 지지 않을 것이다. 또한 정부가 지분을 가진 유한회사에 대하여서도 마찬가지일 것이다.

사업계약에 따른 지방정부 및 SOE의 행위는 중앙정부의 행위보다 예측하기 어렵다. 왜냐하면 이들은 자신이 속한 지역이나 산업의 문제를 더 큰 것으로 고민하지, 국가 전체의 신용도나 외국 투자자들 앞 투자매력도에 대하여 크게 고민하지 않기 때문이다.

그러므로 대주단은 (수용할 수 있는) 국가(sovereign)에 대한 리스크와 이보다 낮은 단계의 (수용하지 못할 수 있는) 공공부문 리스크 - 즉 '서브소버린' 리스크 -를 구분하고자 할 것이다. 그 결과 대주단은 지방정부의 채무에 대한 중앙정부의 보증을 요구할 수 있는데, 이 경우 중앙정부는 자신의 우발채무가 현실화되는 것을 사전에 방지하기 위하여 적극적으로 프로젝트에 개입하려 할 것이다. 그러나 이는 지방정부에게 부여된 권한을 제한하는 문제를 발생시킨다. 중앙정부의 보증이 존재하지 않는다면, 서브소버린 리스크에 대하여 정치적 리스크 보증이나 보험에 가입하는 것도 좋은 방법일 것이다.

11.7 정부지원약정(Sovereign Support Agreement)

정부지원약정의 목적은 모든 프로젝트 당사자들이 필요하다고 판단한 부분에 정부의 지원을 제공함으로서 프로젝트의 건설과 운영을 촉진시키는 것이다.

이러한 종류의 프로젝트 계약은 다양한 이름으로 불리우는데, '안정성 협약(stability agreement)', '실시계약(implementation agreement)', '공조계약(coordination agreement)', 협조계약(cooperation agreement)' 및 헷갈리게 하는 '양허계약(concession agreement)' 등이 그것들이다. 이 계약은 프로젝트 생산물을 구매하는 다른 정부 기관과 체결한 생산물구매계약(전력회사와 체결한 PPA 등)이나, 중앙정부가 아닌 공공기관 또는 지방정부 등 다른 계약당국과 체결한 사업계약의 부속계약으로 흔히 사용된다. (중앙정부와 계약을 체결하는 경우라면, 사업계약 자체에 포함되어야 할 것이다)

대부분의 프로젝트에서는 정부지원약정이 필요없다 – 사업소재지국의 일반법이 프로젝트에 필요한 프레임워크를 마련하기 때문이다. 예컨대 민영화된 전력시장에서는 종합적인 전력사업 허가만 발급받으면 되지, 이후 특정 발전소와 관련하여 구체적인 계약들을 체결할 필요가 없기 때문이다. 마찬가지로, 프로젝트 운영과 관련하여 라이센스가 필요한 경우(즉, 통신 네트워크 등)에도, 정부와 특별한 계약을 체결할 필요는 없다.

그러나 특정 산업 부문에서 민간금융을 최초로 활용하는 경우와 같이 프로젝트에 대한 법적 프레임워크가 잘 마련되어 있지 않은 경우 또는 특정한 지역적 리스크가 고려되어야 할 경우, 사업소재지국의 정부지원약정이 해당 프로젝트에 대한 리스크를 경감할 수도 있다. 그리고 동 지원약정이 없었다면 프로젝트가 아예 추진이 되지 않을 수도 있을 것이다.

정부지원약정의 범위는 각각의 프로젝트마다 다를 것이나, 일반적인 조항들은 다음과 같다:

- 프로젝트에 대한 일반적인 프레임워크를 마련하고, 독점적으로 프로젝트가 건설되고 운영될 수 있는 허가를 발급한다.
- 프로젝트 회사의 금융구조(예컨대 D:E ratio 등) 또는 재원조달 통화(환율이나 외국인의 투자에 대하여 엄격한 규제를 운영하는 경우)를 특정할 수 있다.
- 사업주들에 대하여 특정기간 동안 지분유지 의무를 부과할 수 있다.
- 프로젝트 부지가 공공부지이거나 외국인의 토지보유가 금지된 지역일 경우, (임대 방식으로) 부지를 활용하게 할 수 있다.
- 대주단과의 직접계약(cf. 8.11)의 형태에 대하여 정할 수 있다.

사업소재지국 정부가 제공하는 약정사항은 주로 다음과 같다:

- 프로젝트에 대한 차별금지(cf. 11.3.2)
- 사업계약 해지대금에 대한 지급보증(cf. 7.10.2) 등 원재료 공급자, 생산물구매자/계약당국 또는 프로젝트 계약상 기타 당사자들의 의무이행 보장
- 기자재 수입, 건설 및 운영에 필요한 허가획득 면제, 요구되는 사항들이 충실하게 제출되는 경우 모든 필요한 허가가 발급될 것이며(또는 이와 관련된 협조 제공) 특별한 사유 없이 허가가 취소되지 않을 것이라는 약정
- 필요한 기자재 수입에 문제가 없도록 세관절차 진행
- 프로젝트 회사, 건설회사 및 O&M 회사 인력에 대한 노동허가 발급

- 물, 통신, 전력, 연결도로, 철도 및 기타 연결망 등 프로젝트에 필요한 유틸리티 공급 약정
- 항구, 철도 또는 기타 교통수단을 통하여 원재료나 생산물을 제때 운송할 것을 약정
- 대출 원리금 상환 및 배당지급에 필요한 환전 보장(cf. 11.4.1)
- 프로젝트 몰수시 배상금(생산물구매자/계약당국이 사업계약에 default를 발생시킨 경우와 동일한 방식으로 산정 – cf. 11.4.2, 7.10.2) 지급
- 세금혜택(수입관세, 판매세, VAT, 법인세 – 건설회사에 부과되는 세금 포함 – 또는 배당에 대한 원천징수 면제 등)
- 사업계약 또는 정부지원약정에 따른 대금청구에 대한 주권면제 포기

정부지원약정에 대한 default는 (해지대금을 청구하기 위한) 사업계약의 default와 동일하게 취급된다. 이와 관련된 다툼은 사업소재지가 아닌 사전에 협의한 재판관할지 또는 중재재판소에서 이루어진다. (cf. 7.12, 11.5.1)

이러한 종류의 계약은 그 성격상 매우 정치적이기 때문에 사업주들은 사업소재지국 정부가 관련 절차를 헌법에 부합하게 처리했는지 확인할 필요가 있다.

11.8 정치적 위험에 대한 보험 또는 보증

ECA 또는 DFI가 제공하는 정치적 위험에 대한 보험(political risk insurance) 또는 보증(political risk guarantee)은 제16장에서 살필 것이다.

11.8.1 민간부문보험

민간부문의 정치적 위험 보험 시장에서의 역할은 꾸준히 커져왔다. (통계는 존재하지 않으나, 민간부문이 차지하는 비중은 50% 수준에 이를 것이다. 물론 ECA/DFI가 제공하는 보험/보증은 보다 위험한 국가에 집중되어 있다) 민간보험의 성장은 MIGA의 CUP 프로그램(cf. 16.5.4) 및 OPIC의 협조보험(coinsurance)(cf. 16.4.4) 등에 힘입은 바가 크다. 대형 민간보험회사로서는 AIG, Lloyds, Zurich 등이 있다; 다 합하면, 20개 이상의 보험회사가 개별 프로젝트마다 최대 $150백만 수준의 정치적 보증/보험을 제공한다. 어떤 경우에는 커버기간이 15년에 이르기도 한다.[6] DFI 및 ECA가 제공하는 상품은 투자자들과 대주단 모두를 커버한다. 민간보험사들은, 일부 ECA처럼, 예컨대 익스포져의 10%에 대하여는 투자자들이 직접 위험을 부담할 것을 요구하기도 한다.

---

6 Gallagher London, Credit and Political Risk: PRI Report & Market Update (London, January 2013)*

민간부문 보험사들은 ECA 또는 DFI 보증/보험 취득에 오랜 시간이 걸릴 경우 '브리지' 역할을 하기도 한다; 만약 ECA 또는 DFI 보증/보험을 취득하지 못할 경우 민간보험이 계속해서 그 역할을 담당하기도 한다.

정치적 위험에 대한 커버 - 투자금이나 대출금 여부를 불문하고 - 를 제공하는 공공부문의 경우, 일반적으로 해당 거래를 공시할 것을 요구한다. (그리고 때로는 사업소재지국 정부에게 손실을 배상하게끔 요구한다 - cf. 16.5.1) 그러나 민간부문의 경우 보증/보험이 존재하는 경우 일방의 당사자가 악의를 갖고 행동할 수도 있는 점을 방지하기 위해 보험의 존재가 드러나지 않게 할 것을 요구하기도 한다.

12

금융 구조화

12 금융 구조화

12.1 도입

이 장에서는 앞 장에서 살펴본 상업적인 핵심 리스크와 프로젝트 리스크 리뷰가 완료된 후 제기될 수 있는 금융구조와 관련된 이슈들을 살펴보고자 한다. 금융은 상업은행들이 제공하는 것으로 가정하였으나, 대부분의 경우 채권 시장이나 제15장 및 제16장에서 논의되는 기타 민간 및 공공부문 대주와 보증기관의 경우에도 동일한 원칙이 적용된다. 금융 구조화는 제13장에서 논의될 재무모델 개발 절차와 동시에 이루어진다.

사업주들이 프로젝트를 추진하는 이들이므로, 이들의 관점이 먼저 논의된다. (12.2) 이후 전반적인 금융구조 및 조건들에 대하여 프로젝트 회사가 대주단과 협상할 가능성이 높은 주요 요소들을 검토한다. 이는 주로 다음과 같은 것들이다:

- 대출금커버비율(12.3)
- D:E ratio(12.4)
- 대출금상환스케쥴(12.5)
- 이자율 및 수수료(12.6)
- 기타 비용(12.7)

상기 요소들은 모두 서로 연관되어 있으며, 이 중 하나가 변할 경우 나머지 요소들도 함께 변동할 가능성이 높다. 그 결과 재무모델을 통하여 이러한 상호연관효과를 '최적화'해야 가장 효율적인 금융구조를 마련할 수 있다. (12.8)

프로젝트 파이낸스에는 혁신에 대한 가치가 크지 않다는 것을 기억할 필요가 있다. 프로젝트 파이낸스는 매우 복잡한 형식의 금융이며, 혁신적인 금융구조라는 것은 시간과 노력을 들여 다양한 요소들을 끼워맞춘 것이거나, 너무 경직적이거나, 초기 단계에 파악하기 힘들었던 추가적인 리스크를 고려하는 것에 불과할 수 있다는 것이다. 금융구조는 가능한 한 단순해야 한다; 예컨대, 하나의 재원조달처로부터 충분한 금융을 조달할 수 있으면 다수의 재원조달처를 활용하는 일은 지양하여야 하는데, 여러 대주보다 하나의 대주와 협상하기가 훨씬 쉽기 때문이다. (이로 인하여 대주단간 발생할 수 있는 문제를 피할 수 있다 - cf. 14.14)

12.2 투자자의 분석 및 자본 구조

사업주와 투자자들은 투자결정시 최소 수준의 자본금 IRR 분석을 가장 많이 활용한다. (12.2.1) 그러나 여기서 말하는 자본금은 납입자본금과 후순위대출(12.2.2)을 합한 개념이다. 자본투자 시점은 투자수익률에 영향을 주기 때문에 중요하다. (12.2.3) 자본금 IRR과 함께 다양한 투자수익률 측정 방법도 함께 사용된다. (12.2.4) 사업주들은 금융종결 전 다른 투자자들도 참여시킬 수 있다. (12.2.5)

12.2.1 자본금 IRR(Equity IRR)

자본금 IRR은 현금으로 투입한 자본금에 대한 현금 수익에 기초하여 산정된다. 예컨대 자본금이 2년에 걸쳐 납입되었다면, 납입된 시점을 고려한 납입액이 IRR 계산(cf. 10.2.2)에 사용된다.

마찬가지로, 프로젝트 회사가 현금을 창출한 것 자체가 중요한 것이 아니라 투자자들에게 현금배당이 이루어진 것이 중요하다: 두 시점 사이에는 큰 갭이 존재할 수 있다. 대주단은 통상 예비계좌에 일정정도의 금액을 예치해 두기를 희망하며, 배당 또한 반년 간의 현금흐름을 감안하여 1년에 두 번까지만 허용하기 때문이다. (cf. 14.4.3)

프로젝트 파이낸스 투자자들은 프로젝트 회사에 투자한 자본금에 대한 수익률을 중요하게 본다. 투자자들은 통상 자본금 IRR에 대한 최소 요구수준이 있는데, 이 이상이면 투자가 가능하고, 동 수준에 미치지 못하면 투자가 불가능하다.[1] 최소 요구수준은 다음과 같은 요소들에 따라 정해진다:

- *투자자의 가중자본조달비용(WACC)*
- *여기에 특정 종류의 리스크에 요구되는 추가적인 수익률 가산* (이는 프로젝트 종류, 지역, 사업계약을 통하여 헤지되는 리스크의 수준, 동 프로젝트가 투자자의 포트폴리오에 가져오는 리스크 확대 또는 감소 수준 등에 영향을 받는다)

---

1 프로젝트 파이낸스에서 단일한 최소 수준의 자본금 IRR/할인율을 쓰는 것이 적절한지에 대하여는 Benjamin C. Esty의 "Improved Techniques for Valuing large-Scale Projects", *The Journal of Project Finance* (Institutional Investor, New York NY 1999), Spring 1999 p.9을 참조하라.

- *시장 경쟁*. 이 경우 예비 사업주들은 공공조달 프로젝트에 입찰을 하게 된다. (cf. 3.7)[2]
- *프로젝트 성공 가능성*. 프로젝트가 경쟁입찰 대상이 아니라 하더라도, 프로젝트가 생산하는 생산물이나 서비스는 경쟁력이 있어야 할 것이다. (cf. 9.4) 자본금 IRR이 너무 높다면 경쟁력을 가지기가 쉽지 않다.

프로젝트 회사의 자본금 IRR에 기초하여 리스크에 대한 요구수익률을 산정하는 것은 그 성격상 순환참조적이다. 자본금 IRR은 레버리지 수준에 따라 다른데, 레버리지 자체가 리스크 수준에 따라 다르기 때문이다: 자본금 IRR이라는 것은 사실상 대주단의 대출금커버비율(cf. 12.3)에 따라 산술적으로 결정되는 수치라고 할 수도 있다.

자본금 IRR 수준에 대한 시장관행은 정부나 생산물구매자(cf. 3.7)가 시행하는 사업에 투자자들이 자유롭게 입찰을 해 온 산업들, 특히 공정 플랜트 프로젝트 및 PPP 프로젝트 등에서 발전되어 왔다. PPA가 존재하는 발전 프로젝트나, 사용량 리스크가 제한되어 있는 인프라 프로젝트(예컨대 가용성 기반 PPP 프로젝트) 등 리스크 수준이 크지 않으며 국가 리스크가 낮은 곳에 위치한 프로젝트의 경우 그 수준은 대략 연 12-15%(세전, 현금흐름 전망에 인플레이션을 감안한 명목수치)이다. 이 수준은 신규 벤처에 대한 투자 대비 상대적으로 낮은 수준이다; 물론 리스크가 상대적으로 제한되어 있으므로 수익률은 여전히 높은 수준이라고 볼 수도 있다. (cf. 14.17.1) 개도국에 소재한 보다 리스크(예컨대 교통량 리스크)가 높은 프로젝트 또는 신규 프로젝트 파이낸스 시장에서는 이보다 높은 수익률(연 20% 수준)이 요구된다.

12.2.2 혼합(blended) 자본금 IRR

많은 프로젝트에서 납입자본금보다 후순위대출의 비중이 크다. 사실상 프로젝트 회사의 납입자본금은 예컨대 $100 정도로 매우 적고, 나머지는 자본금 IRR 수준과 유사한 금리의 후순위대출금으로 채워지는 경우도 존재한다. 후순위대출은 통상 납입자본금과 '묶여'있다. 즉, 양자의 비율은 변경될 수 없으며, 매각될 경우에도 양자간 비율은 동일하게 유지되어야 한다.

이는 다음과 같은 이유 때문이다:

- '배당 함정(Dividend Trap)' 회피(cf. 13.7.2)
- (대부분의 국가에서) 배당에 대하여서는 세금이 부과되는데, 이자에 대하여서는 손금산입이 가능하기 때문이다.

---

2 경쟁적인 입찰가격은 낙찰받지 못한 다른 프로젝트와 관련된 비용도 포함해야 한다 - 즉, 입찰참여자가 낙찰 가능성을 25% 정도로 가정한다면, 세 번의 실패에서 발생하는 비용을 한 번의 낙찰 프로젝트에서 커버할 수 있도록 가격전략을 가져갈 것이다.

그 결과 투자자들이 살펴보는 투자율은 단순 자본금 IRR이 아니라, '혼합' 자본금 IRR인 것이다; 즉, 납입자본금과 후순위대출금에서 얻는 수익을 모두 고려한 수치인 것이다.

이러한 구조가 활용되는 경우 프로젝트 초기에 투자자들은 후순위대출에 대한 원리금 상환방식으로 수익을 실현하며, 프로젝트 후반에 접어들어서야 배당을 받는다.

납입자본금에 대한 배당과 후순위대출에 대한 원리금 지급은 합하여 '배당 등(distribution)'이라고 부른다. 대주단은 납입자본금 및 후순위대출 등 어느 순위로 자본금이 마련되었는지에 대하여 크게 신경쓰지 않는다 - 모든 distribution은 동일한 방식으로 통제되기 때문이다.[3] (cf. 14.4.2)

후순위대출은 프로젝트 파이낸스에서 매우 흔히 활용되기 때문에, 대주단은 후순위대출을 제공하는 투자자들과 구분하기 위하여 종종 '선순위 대주단(senior lenders)'이라는 말을 쓰기도 한다. (cf. 14.14.5)

혼합 자본금 IRR은 세후 기준으로 계산되나, 투자자들 각각이 처해있는 세금환경은 고려하지 않는다. 그러나 대부분의 자본금이 후순위대출금으로 납입되었다면, 세전 및 세후 자본금 IRR 계산 결과는 거의 유사할 것이다.

현금이 배당으로 빠져나갈 수 있다면 그러한 현금은 재무모델상 보유현금으로 간주해서는 안 될 것이다. 이는 혼합 자본금 IRR 및 이에 기반한 대금지급(재무적 회복과 관련, cf. 7.6.5)을 왜곡시킬 수 있기 때문이다. 마찬가지로, 투자자들이 이를 배당으로 지급받는 대신 프로젝트 회사 내부에 유보시키기로 결정했다 하더라도, 이는 계산목적상 별도로 감안하지 않아야 한다.

12.2.3 자본금 납입 시점

자본금 납입시점, 즉 투자자의 몫을 납입해야 하는 시점은 다양하다:

- 대출금 인출 전 납입(즉, 건설기간 개시 시점)
- 대출금 인출에 비례하여 납입(건설기간 전체에 걸쳐 납입)
- 대출금 인출 후 납입(건설기간 종료 시점)

대부분의 투자자들은 납입 의무는 있으나 실제로 납입하지 않은 약정자본금에 대하여가 아니라 실제 납입한 현금에 대하여 자본금 IRR을 산정한다. 이는 자본금 납입시점이 늦을수록 자본금 IRR이 더 높다는 것을 의미하는데, 이는 자본금 상환기간이 더 짧기 때문이다. (cf. 10.23) 그 결과 건

---

[3] 대부분의 '자본금'은 실제로 사업주 후순위대출이라 할지라도 앞으로는 '자본금 IRR'로 용어를 통칭하고자 한다.

설기간 종료 시점에 자본금을 납입하는 것이 가장 매력적인 방안이다.

대출금 인출 전 자본금을 납입하지 않는 것에 대한 유일한 단점은 IDC를 조달해야 한다는 것 뿐이다. (조달가능금액이 제한되어 있거나, IDC는 지원하지 않는 타이드 방식이기 때문에) 이를 조달하기가 힘들다면, 사업주 자본금을 먼저 투입하여야 할 것이다.

대주단은 물론 자본금이 먼저 투입되는 것을 선호하나, 사업주가 자본금납입계약(cf. 3.6.2)을 통하여 법적으로 자본금을 투입하게 되어있는 한 대출금을 먼저(또는 비례적으로) 투입하는 것에 대하여 크게 우려를 표하지는 않을 것이다. 물론 프로젝트에 default가 발생한다면 자본금의 선투입을 요구할 것이다. 미인출 자본금에 대한 투입을 담보하기 위하여 은행 보증이나 L/C를 활용하기도 한다. 그 결과 투자자의 입장에서는 자본금이 일찍 투입되나 늦게 투입되나 리스크는 동일하다.

그러나 특정 종류의 프로젝트에서는 자본금이 대출금 인출 전 납입되어야 할 것이 요구된다:

- 대주단은 상장을 통하여 자본금을 조달하는 경우에 대하여는 크게 기대하지 않을 것이다. 신주 인수약정이 존재하는 경우라도, 그러한 약정은 각종 제한을 두고 있기 때문이다. (시장조건이 변화하는 경우 인수가 이루어지지 않을 수 있는 문언이 포함되기 때문이다)
- 시스템 구축(네트워크 산업)에 대한 투자를 통하여 수입이 천천히 증가하는 경우, 대주단은 대출금을 인출하기 전 자본금으로 구축해야 하는 시스템 수준과 최소 수입 목표를 정하고자 할 것이다. 이러한 접근방법은 프로젝트가 하나의 건축물을 짓는 것이 아니라 지속적인 투자가 필요한 프로젝트에 적합하다.

EBL(Equity-Bridge Loan). 최대한의 IRR을 달성하기를 희망하는 투자자는 EBL 활용을 검토할 수 있을 것이다. 이는 사업주의 보증을 근거로(그러므로 EBL 대주는 프로젝트에 대한 리스크를 지지 않는다) 자본금에 해당하는 금액을 프로젝트 회사에게 대여해주는 대출금이다. EBL은 사업비 중 자본금 몫을 담당하며, 건설기간 종료시점에 납입자본금이 투입되어 상환받는다. 금융구조에 EBL이 존재하는 경우 이는 통상 선순위대출금보다 먼저 인출된다. (EBL에 대한 비용이 더 싸기 때문이다)

예컨대 표12.6에서는 연금방식으로 대출금을 상환하는 경우, 자본금은 건설기간 종료시점에 납입되고, 그로부터 1년 후 대출 원리금 상환 및 배당지급이 이루어지는 것으로 가정하였다. EBL이 활용되었다면 자본금 IRR은 19% 수준이 된다. 반면 자본금의 50%가 건설개시 시점에 납입되고, 나머지는 1년후 납입되어야 하는 경우라면, 자본금 IRR은 19%에서 14%로 떨어질 것이다.

납입하지 않은 자본금에 대한 자본금 IRR은, 프로젝트 개시일에 납입되었고 또 실제로 프로젝트 회사 앞 납입한 날까지 투자자의 자본조달비용과 동일한 수준의 수익을 창출한다고 가정하는 방식으로 쉽게 산정할 수 있다. 이는 투자자가 부담하는 실제 리스크를 보다 정확하게 산출하나 – MIRR(cf. 10.2.3)이 자주 활용되지 않는 것처럼, 자주 사용되지 않는다. 그 결과 사업주의 이사회에서 자본금 IRR을 승인하는 시점에 그 수치는 과장되어 있을 수 있다.

12.2.4 기타 자본금 투자수익률 평가방법

자본금 IRR의 문제로 인하여 투자자들은 프로젝트 파이낸스 거래에 있어 다른 수익률 평가방법도 활용한다. 이를 통하여 자본금 IRR이 실제로는 부적절한 투자로 결론을 이끌어내는지 여부를 체크할 수 있다.

NPV. 투자자들이 요구하는 최저 수익률(cf. 12.2.1)은 현금흐름에 대한 할인율로 기능할 수 있으며, 그 결과 NPV가 양의 수일 경우 투자적격 판정을 내릴 수 있을 것이다.

NPV at Risk. 그러나 NPV 할인율에 리스크를 감안하는 방식은 지나치게 단순한 방식이라는 주장이 제기될 수 있다. 다양한 요소들이 투자자들의 리스크에 영향을 주기 때문에 다양한 결과치를 검토하는 것이 보다 현실적이라는 것이다. 그러므로 리스크에 대한 최저 수익률을 높이는 방식보다 '무위험' 수익률 – 즉, 투자자의 자본조달비용 –을 사용하여 몬테카를로 시뮬레이션[4]을 통해 생성해 낼 수 있는 다양한 현금흐름 시나리오를 만들어보는 것이다. 'NPV at Risk'로 명명된 이러한 접근방식은 다양한 NPV 결과값을 산출하며, 상당히 높은 가능성으로 NPV가 0 이상으로 나온다면 투자를 고려할 수 있을 것이다.[5]

투자회수기간(Payback Period). 어쨌거나 투자자들에게는 '현금이 왕이다(cash is king)'. 그러므로 이는 투자금이 얼마나 빨리 회수(payback period)할 수 있는지를 파악하는 것과 관련이 있다. 투자자들은 자본금 투자기간이 일정기간의 payback period를 초과할 수 없다고 주장할 수 있다. 이는 매우 거친 방법이다 – 특히 payback period 종료 이후의 투자수익은 고려하지 않는다는 점에서 그러하다. 그럼에도 불구하고 이는 높은 수준의 자본금 IRR을 제공하나 오랜 기간동안 distribution을 창출하지 않는 프로젝트에 대한 유용한 체크방법이 될 수 있다.

---

[4] 이는 룰렛 테이블에서 도박을 하는 것과는 전혀 무관하다: 이는 특정한 리스크에 대하여 다양한 결과값을 시뮬레이션을 통해 계산해보는 방식이다. 예컨대 30개의 핵심 프로젝트 변수에 대한 최선과 최악의 결과값을 정의한 후 재무모델에서 다양한 시나리오(예컨대 100개 정도)를 돌려볼 수 있다. 결과값은 특정 리스크에 대한 다양한 통계치이다, 예컨대 완공이 3개월 이상 지연되지 않을 확률은 90% 등의 결과를 내놓는다. 물론 계산값은 각각의 시나리오에 대한 결과값의 범위 가정에 여전히 의존한다. 몬테카를로 시뮬레이션은 자신의 투자에 대한 가치를 평가하고자 하는 투자자들이나 리스크를 평가하기 원하는 생산물구매자/계약당국에서 유용한 도구이다. 그러나 대부분은 주로 가능성은 낮되 파급효과가 큰 리스크에 집중(cf. 9.2)하기 때문에 이를 잘 활용하지 않는다. 일반적으로 전문 소프트웨어가 활용된다: Mansoor Dailami, Ilya Lopkovich & John Van Dyck, IFRFISK: *A computer simulation approach to risk management in infrastructure project finance transactions* (Policy Reserch Working Paper 2083, World Bank, Washington DC, 1999)*

[5] S.Ye & R. tiong, "NPV-at-Risk Method in Infrastrucrue Project Investment Evaluation" *Journal of Construction Engineering Management*, Vol. 126(3) (American Society of Civil Engineers, 2000), p.227-233.

Payback period보다 정교한 계산방식은 'discounted payback' period이다. 이 방식은 미래 현금흐름을 투자자의 자본비용으로 할인한 NPV에 기초하여 당초 투자금을 회수할 수 있는 기간을 산정하는 방식이다. 이는 단순 방식이 감안하지 않는 화폐의 시간가치를 고려하는 방식이다.

표12.1은 두 가지 방식에 대한 계산결과를 보여준다. Payback period 방식에서는 4년차 누적 현금흐름이 양으로 나타난다. 그러므로 payback period는 (4 + (450-200) / 450) = 4.6년이다. (4년차 현금흐름에는 비례배분 원칙을 적용하였다) Discounted payback period 방식에서는 현금흐름이 투자자의 자본비용 – 8% – 으로 할인되었으며, 동일한 방식으로 계산한 discounted payback period는 5.1년으로 나타났다.

표 12.1 Payback period 및 discounted payback period

	Payback			Discounted Payback(@8%로 할인)	
연도	현금흐름	누계		할인된 현금흐름	누계
0	−1,000	−1,000		−1,000	−1,000
1	150	−850		139	−861
2	250	−600		214	−647
3	350	−250		278	−369
4	450	200		331	−38
5	500	700		340	302
6	500	1,200		315	617
150	payback 기간: 4.6년			discounted payback 기간: 5.1년	

수익:투자 비율.[6] 이는 비용:편익 비율(cf. 10.2.3)과 동일한 방식을 사용한다. 이는 미래 현금흐름에 대한 NPV를 최초 투자액과 비교한다. 표12.1에서 나타난 미래 현금흐름의 NPV(8%로 할인)는 1,617이며, 최초 투자액은 1,000이기 때문에 이 비율은 1.6:1이 된다. 투자자는 최소 수익:투자 비율을 고려할 수 있을 것이다. 이는 10.2.3에서 언급한 이유로 위에서 언급한 NPV 계산보다 더욱 유용하다.

운영마진(Operating Margin). 13.7에서 살펴보겠지만, 회사들은 프로젝트에 대한 투자, 그리고 이러한 현금흐름에 기초한 계산방식이 자신들의 재무제표에 어떻게 표시되는지 관심을 가질 것이다. 가장 표준적인 방법은 운영마진, 즉 매출액에 대한 순수익의 비율이다. 그러므로 투자자는 최소 자본금 IRR 외 예컨대 12% 이상의 운영마진을 요구할 수 있다.

프로젝트 IRR. 프로젝트 IRR은 현금 투자(자본금이든 차입금이든)에 대한 수익률로, 대출원리금

---

6 '수익성 인덱스'로도 알려져있다.

상환 및 배당[7] 이전의 현금흐름을 기초로 계산된다. 이는 특정 자본구조를 고려하지 않은 상태에서 사업 자체의 경쟁력을 파악하기 위해 실시된다.

프로젝트 파이낸스에서는 그 밖의 용도로는 잘 활용되지 않는다. 프로젝트 파이낸스를 활용하는 가장 중요한 요소 중 하나가 레버리지를 높여 투자수익률을 높이려는 것인데, 레버리지가 없는 상태에서의 분석은 큰 의미가 없기 때문이다. 그러나 예컨대 계약해지(cf. 7.10.1)시 프로젝트 자체에 대한 가치를 평가하기 위한 할인율로 쓰일 수는 있을 것이다. 또한 기업금융 및 프로젝트 파이낸스 포트폴리오를 보유하고 있는 투자자가 각각의 프로젝트를 다른 프로젝트와 비교하기 위한 수단으로 쓸 수도 있을 것이다.

12.2.5 금융종결시 신규 투자자 모집

금융종결(cf. 3.2)[8] 직전 새로운 투자자를 모집하여 요구되는 수준의 자본금을 조달하려는 사업주는 가장 높은 수준의 리스크(회수할 수 있다는 보장이 없는 사업개발비용 및 입찰비용 등을 부담)를 부담한 것에 대한 보상을 기대하게 된다. 이는 지분에 대하여 프리미엄을 매겨 신규 투자자에게 팔거나, 사업주가 개발비용으로 이미 사용한 현금에 대하여 높은 이자율을 매겨 추후 지분을 정리할 때 이를 감안하도록 하는 방법으로 이루어진다. 즉 이러한 프리미엄을 사업주가 갖는 것이다.

대안으로는 통상 금융종결 시점에 지급해야 하는 사업개발 수수료를 프로젝트 회사에 부과함으로써 사업주가 비용을 회수할 수 있을 것이다. 그러므로 사업개발 수수료는 사업개발 리스크를 부담한 사업주 앞 보상으로 활용될 수도 있을 것이다. 대주단은 사업개발 수수료를 인정하기 싫어할 것이나, 이러한 방식을 통해 당초 사업주의 실제 현금 투자 기여분이 지나치게 낮게 되지 않는 한, 그리고 프로젝트가 이로 인한 차입금 규모 증가를 부담할 수 있는 한 수용할 수 있을 것이다.[9]

지분 입찰(equity funding competition). PPP 프로젝트와 계약당국이 생산물구매자 역할을 수행하는 공정 플랜트 프로젝트에서는 금융종결 직전 '지분 입찰'이 존재할 수 있다. 지분에 대한 입찰이 개시되면, 가장 높은 가격을 써 낸 이가 해당 지분을 낙찰받는다.[10] 이와 관련된 혜택(지분의 장부가격보다 높은 금액)은 계약당국이 전부 가지거나 계약당국과 프로젝트 회사가 나눠 가질 수 있다. (cf. 5.2.3 금융입찰 참조)

---

7 세전 및 세후 기준이 활용된다.
8 프로젝트 완공 이후 지분매각은 14.17을 참조하라.
9 복수의 사업주들이 존재하는 경우, 이들이 사업개발 단계에서 각각 다른 비용을 부담한 점을 고려하기 위해 동일한 방식(지분 배분 또는 사업개발 수수료)을 사용할 수 있을 것이다.
10 대안으로, 가장 낮은 자본금 IRR을 써 내는 방식의 경쟁이 이루어질 수도 있으나, 이는 절차가 보다 복잡하다. 어떤 방식이든지 신규 투자자의 자본금 IRR은 최초 사업주의 그것보다 낮게 될 것이다. 마찬가지로, 사업주가 하나일 경우, 대주단이 대출금으로 커버할 수 있다면 사업개발 수수료를 지급하는 방식이 사용될 수도 있을 것이다.

12.3 대출금 커버비율(Debt Cover Ratios)

프로젝트가 조달할 수 있는 차입금의 규모는 일차적으로 기한이 도래한 대출금에 대한 원리금을 상환하기에 충분한 현금흐름을 창출할 수 있는지 여부에 달려있다. 이 때 '충분함'을 판단하기 위하여 대주단은 '커버비율', 즉 영업현금흐름과 대출잔액 또는 대출 원리금 상환액을 비교하게 되는데, 이는 다음과 같다:

- 연도별 대출원리금상환비율(Annual Debt Service Cover Ratio, 'ADSCR') (12.3.1)
- 전 대출기간 대출원리금상환비율(Loan Life Cover Ratio, 'LLCR')(12.3.2)
- 대출기간 중 평균 ADSCR, LLCR(12.3.3)
- 프로젝트 커버비율(Project Life Cover Ratio)(12.3.4) 또는 자원개발 프로젝트와 관련하여서는 매장량 커버비율(Reserve Cover Ratio)(12.3.5)

커버비율이 높을수록, 대출 원리금 상환능력이 탁월하다. 일반적인 프로젝트의 커버비율 산정방식은 12.3.6에서 다룬다. 이 모든 커버비율은 프로젝트 회사 운영개시 이후에 산정하는 것이며, 이 때 사용되는 현금흐름은 발생기준이 아니라 현금기준을 사용한다는 것을 유념해야 한다.

12.3.1 ADSCR

ADSCR은 프로젝트 회사의 연간 현금흐름으로 대출 원리금을 상환할 수 있는 능력을 검토하는데, 계산방법은 아래와 같다:

- 프로젝트의 연간 순 영업후 현금흐름(net operating cash flow) - 즉, 운영수입에서 운영비용을 뺀 금액으로, 이 때 유지보수예비계좌(MRA), 그리고 대출 원리금 상환 이외의 비용을 커버하는 예비계좌는 감안하되, 현금비용이 아닌 감가상각비 등은 제외한 금액이다[11]. 이를 아래 수치로 나눈다.
- 연간 대출 원리금 상환액 - 대출원리금상환예비계좌(Debt Service Reserve Account, DSRA) 앞 인출 및 예치를 무시한, 단순한 대출 원금 및 이자 상환액

예컨대 순 영업후 현금흐름이 120이고, 이자비용은 55, 그리고 원금 상환액이 45라면, ADSCR은 1.2:1(120/(55+45))이 된다.

ADSCR은 통상 rolling 방식으로 반 년에 한 번 계산한다. 이 비율은 프로젝트 운영 1년 후에야 처

---

11 이는 기업금융에서 활용되는 'EBITDA'(earnings before interest, depreciation, and tax)와 유사하나, 이는 회계기준보다는 현금흐름에 기반한 수치이다.

음으로 계산해 볼 수 있다. 그러나 이러한 방식은 배당에 제약을 가할 수 있기 때문에(cf. 14.4.3), 최초 산정시에는 6개월치의 현금흐름만을 대상으로 계산해 볼 수 있다.

대주단은 Base Case 시나리오(cf. 13.9.10)에서 전 대출기간에 걸쳐 ADSCR이 특정 수준 이하로 떨어지지 않는지 여부를 검토한다. 또한 프로젝트가 운영을 개시하면 예상치가 아니라 실제 ADSCR(미래 ADSCR에 대한 재산정을 할 수도 있다)도 산정한다.(cf. 14.4.3)

프로젝트들마다 최소 ADSCR 요구수준은 다르다. 상식적으로 리스크가 높은 프로젝트에 대하여서는 높은 ADSCR을 요구하고, 반대의 경우는 그보다 낮은 수준을 요구할 것이다. 일반적인 수준은 아래와 같다:

- 1.20:1 - 빌딩 프로젝트(Accomodation) 기반 계약
- 1.25:1 - 생산물구매계약이 존재하는 공정 플랜트 프로젝트
- 1.50:1 - 생산물구매계약이 존재하지 않는 자원개발 프로젝트
- 1.75:1 - 교통 프로젝트
- 2.00:1 - 생산물구매계약이 존재하지 않거나 가격 헤지가 없는 '머천트' 발전 프로젝트

표준적이지 않은 리스크를 보유하고 있거나 신용등급이 낮은 국가에 위치하고 있는 프로젝트에 대하여서는 보다 높은 수준의 ADSCR이 요구된다.

12.3.2 LLCR

LLCR은 비슷한 방식으로, 그러나 대출기간 전체에 대하여 산출한다:

- 프로젝트 운영 개시일부터 대출금이 전액 상환되는 순간까지 *예상되는 순영업현금흐름*(ADSCR 산정시와 동일)을 대출금에 대한 이자율로 할인한 NPV(이자율 스왑이나 기타 헤지 감안)를 아래의 수치로 나눈다.
- 계산일의 대출잔액에서 DSRA(cf. 14.4.1) 예치금을 제외한 금액; 기타 예비계좌 예치금은 통상 감안하지 않는다.

LLCR 계산시 자유롭게 쓸 수 있는 현금(즉, 예비계좌에 예치되어 있는 금액이 아닌 현금)은 대출잔액에서 차감하거나, 현금흐름의 NPV에 가산되어야 한다고 주장할 수도 있을 것이다. (전자는 프로젝트 회사에게 유리하며 후자는 대주단에게 유리하다) 그러나 이러한 금액이 배당 등을 염두에 둔 것이라면 그렇게 하기는 곤란할 것이다.

'표준적인' 프로젝트에서 요구되는 LLCR 수준은 통상 최저 ADSCR보다 10% 정도 높다.

완공시 산출된 LLCR은 프로젝트 운영기간 내내 예상 영업현금흐름과 예상 대출잔액을 가정하여 재산정될 수 있다.

LLCR은 대출 원리금 상환능력을 전반적으로 검토하고 또 대출 잔여기간 동안 이를 지속적으로 점검하는데 유용한 도구이나, 연도에 따라 현금흐름이 크게 변동하는 경우에는 유용성을 상실한다. 그러므로 대출 원리금 상환 점검에 관련하여서는 ADSCR이 보다 나은 지표라고 할 수 있다.

12.3.3 평균 ADSCR 및 평균 LLCR

만약 예상되는 ADSCR이 매년 같다면, 평균 ADSCR은 LLCR과 같을 것이다. 그러나, 만약 운영 초기에 ADSCR이 높다면 평균 ADSCR은 LLCR보다 높다. 그러므로 대주단은 LLCR보다 평균 ADSCR을 보다 중요한 지표로 여긴다; 그렇다면, ADSCR에 대한 최저 요구치는 LLCR에 대한 최저 요구치와 유사할 것이다.

평균 LLCR(대출 잔여기간동안 매 6개월마다 LLCR을 재산정한 후 이의 평균을 구한 수치)를 검토하는 대주도 존재하나, 그 효용은 의심스럽다.

12.3.4 PLCR

대주단이 검토하는 또 다른 점검포인트는, 만약 프로젝트에 어려움이 닥쳐 정해진 만기까지 대출금을 상환하지 못할 경우 만기 이후라도 대출금을 상환할 수 있는지 여부이다. 이러한 추가적인 대출 원리금 상환 기간은 'Debt Tail'[12]이라고 부르는데, 대주단은 대출 만기로부터 1-2년간 추가적으로 현금흐름이 발생할 것을 요구한다. 즉, 사업계약에 프로젝트가 정해진 대출만기일보다 x년 이상 가동할 것을 포함시켜, 즉 x년의 tail을 포함시켜, 해당 기간동안 발생하는 현금흐름으로 대출금을 상환하게끔 한다.

대주단이 Debt Tail로 추가로 취득하는 채권보전장치는 PLCR를 이용하여 계산해 볼 수 있다; 프로젝트 전체 기간(LLCR에서처럼 대출기간만 감안하는 것이 아니다) 동안 발생하는 대출 원리금 상환 전 순 영업현금흐름의 NPV를 구한 이후 이를 대출잔액으로 나눈다. 물론 PLCR은 LLCR보다 높을 것이다; 대주단은 통상 최저 ADSCR 요구수준보다 15-20% 높은 PLCR을 희망할 것이다.

12.3.5 매장량 커버비율(Reserve Cover Ratio)

자원개발 프로젝트에서 PLCR(통상 Reserve Cover Ratio라고 불린다)은 보다 중요하다. 이는 자

---

[12] Residual Cushion으로도 알려져 있다.

원개발 프로젝트에서 Reserve Tail(즉, 대출만기 이후 채굴될 수 있는 자원의 확인매장량 – cf. 9.8.4)에 대한 특수한 요구사항 때문에 그러하다.

알려져있는 Reserve Cover Ratio는 2:1 정도이며, 자원가격 하락 시나리오에도 1:1보다는 낮아서는 안 될 것인데, 이는 대주단이 자원가격에 대하여 보수적인 관점을 보유하고 있기 때문이다.

12.3.6 대출원리금 상환비율 계산

표12.2는 통상적인 프로젝트에 대한 대출원리금 상환비율 계산 결과이며, 이 때 사용된 가정은 다음과 같다:

- 대출 원리금 상환 전 연간 현금흐름은 220
- 대출금은 1,000이며, 1년에 2회씩 10년에 걸쳐 상환
- 이자율은 연 10%(=NPV 할인율)

표 12.2 대출원리금 상환비율 계산

연도	0	1	2	3	4	5	6	7	8	9	10
(a) 영업현금흐름		220	220	220	220	220	220	220	220	220	220
(b) (a)를 @10%로 할인한 NPV	1,352	1,267	1,174	1,071	958	834	697	547	382	200	
(c) 대출금 원금상환		100	100	100	100	100	100	100	100	100	100
(d) 대출잔액	1,000	900	800	700	600	500	400	300	200	100	0
(e) 이자		100	90	80	70	60	50	40	30	20	10
(f) 총 대출원리금 상환 [(c)+(e)]		200	190	180	170	160	150	140	130	120	110
ADSCR [(a)÷(f)]		1.10	1.16	1.22	1.29	1.38	1.47	1.57	1.69	1.83	2.00
평균 ADSCR		1.47	1.51	1.56	1.60	1.66	1.71	1.77	1.84	1.92	
LLCR [(b)÷(d)]	1.35	1.41	1.47	1.53	1.60	1.67	1.74	1.82	1.91	2.00	
평균 LLCR	1.65	1.68	1.72	1.75	1.79	1.83	1.87	1.91	1.95	2.00	

세금 효과. 이러한 비율을 산정하는데 고려해야 할 이슈가 세금 납부액이 대출 원리금 상환 전 현금흐름에서 제외되어야 하느냐 하는 것인데(특히 ADSCR 산정시), 이는 이자 납입액이 변경되면 세금 납부액에도 영향을 미치기 때문이다. 매년 납부해야 할 세액에 큰 변화가 있다면(예컨대 자산에 대한 가속상각을 허용할 경우) 이를 감안하여 제외시키는 것이 좋을 것이다. 그러나 이에 대한 반대 논리는 세금은 영업현금흐름이 아닌 이자를 납입한 후에야 납부한다는 것이다; 또한 매년 납부세액이 크게 다르다면, 이는 세금예비계좌(cf. 14.4.1)를 통해 해결할 수도 있다는 것이다. 그러나 관련 비율 계산시 이를 포함시키거나 제외시켰다는 것을 인지하고 있으며, 또 일관성 있게 다루

어지는 경우, 접근방식의 차이가 크게 문제시 되지는 않을 것이다.[13]

프로젝트 파이낸스 vs 기업금융. 기업금융에서와는 달리 연간 이자비용(대출 원리금 상환액에 대비) 커버비율[14]은 프로젝트 파이낸스에서 중요하게 다뤄지지 않는다. 이는 기업금융에 대하여서는 재대출이 발생하기 때문이고, 프로젝트 파이낸스에서는 프로젝트가 제한된 기간 동안만 운영되기 때문에 대출금 원금을 반드시 상환받아야 하기 때문이다; 그러므로 프로젝트 회사는 매년 정해진 만큼씩 대출금을 줄여나갈 능력을 보유해야 한다. 이자를 갚는 정도로는 불충분하다. 마찬가지로, 기업금융에서 활용되는 유동비율과 같은 '회계적' 비율은 프로젝트 파이낸스에서 잘 활용되지 않는다 - 단기 유동성 문제는 예비계좌(cf. 14.4.1)로 다룰 수 있기 때문이다.

12.3.7 최소 커버비율 및 대출금액

커버비율은 프로젝트가 차입할 수 있는 금액을 결정하는 핵심요소로 기능하기도 한다. 이는 표 12.3에 나타나 있다. 여기서는 프로젝트가 25년 동안 매년 대출 원리금 상환 전 1,000의 현금흐름을 시현하는 것을 가정하고 있다. 대주단이 최소 1.50:1의 ADSCR을 희망한다면, 매년 원리금 상환규모가 667(1,000/1.50)을 초과할 수 없다는 것을 의미한다. 대출금이 연금 형태(cf. 12.5.3)로 매년 상환된다면, 연 이자율 6%에서 차입할 수 있는 최대 금액은 8,522이다. (8,522의 대출금은 연 6% 이자율로 25년간 상환한다면, 매년 상환해야 하는 금액은 667이다) 그러나 최소 ADSCR 요구수준이 1.25인 경우, 매년 원리금 상환규모가 800으로 증가하고, 이 경우 대출규모는 10,227로 증가할 수 있다.

표 12.3 최소 커버비율 - 최대 차입금액에 대한 효과

차입 기간		25년	
이자율		6%	
(a) 연간 프로젝트 현금흐름(대출원리금 상환 전)		연간 1,000	
(b) ADSCR		1.50	1.25
최대 연간 원리금 상환액	[(a) / (b)]	667	800
최대 차입금액		8,522	10,227

12.4 D:E ratio

이미 살펴본 바와 같이 높은 레버리지 비율은 프로젝트 파이낸스의 핵심이다. 그러므로 사업주는

---

13 프로젝트 IRR 산정시 발생하는 유사한 이슈에 대하여서는 12.2.4를 참조하라.
14 EBITDA와 이자비용의 비율인 '이자보상배율(interest cover)'로 불린다.

최소한의 자본금을 투입하고, 최대한으로 차입금을 활용하려 한다.

ADSCR 등 커버비율은 위에서 언급한 대로 차입금 규모를 결정하는 중요한 요소임에 따라(그러므로 사업비를 커버할 다른 재원이 없으면 자본금을 투입하여야 한다), 대주단은 통상 커버비율을 먼저 결정한 다음 이와 관련하여 요구되는 D:E ratio를 요구하게 된다. (그 반대가 아니라)

커버비율을 통하여 결정된 D:E ratio는 프로젝트의 리스크 수준을 반영(커버비율이 높을 경우 대주단에게는 완충효과가 클 것이나, 표12.3에서 살펴본 바와 같이 차입가능 규모는 낮다)하고 있으며, 그 결과 리스크가 높은 프로젝트일수록 요구되는 D:E ratio는 낮다:

- 90:10 – 빌딩 프로젝트(Accomodation) 기반 계약
- 85:15 – 생산물구매계약이 존재하는 공정 플랜트 프로젝트
- 80:20 – 교통 프로젝트
- 70:30 – 생산물구매계약이 존재하지 않거나 가격 헤지가 없는 '머천트' 발전 프로젝트
- 50:50 – 자원개발 프로젝트

D:E ratio는 고정된 수치가 아니라는 것을 기억해둘 필요가 있다. 위의 예로 본 수치들은 프로젝트 완공 시점에 단 한 번만 적용된다. 그 이후로 대출금이 주기적으로 상환되기 때문에, 대출금의 비중이 점점 줄어 – 모든 상황들이 예상대로라면 – 'Debt Tail' 개시시점에 0에 도달한다.

12.4.1 D:E ratio 계산

D:E ratio가 일단 결정되면, 대주단은 이 수치가 계속 유지되기를 희망한다. 프로젝트 회사가 요구된 D:E ratio를 충족하고 있다는 것을 보여주어야 하는 때는 (대출금과 자본금이 pro-rata 방식으로 투입되어야 하는 경우가 아니라면, cf. 12.2.3) 프로젝트 완공일, 그리고 더 이상 대출금을 인출할 수 없는 때(통상 완공 후 6개월이 되는 시점) 중 늦은 날이다.

동 비율의 계산은 회계적인 기준이 아니라 실제 현금투입에 기초하며, 하나 이상의 통화가 사용된 경우 환율은 금융종결 시점(cf. 10.5.6)의 환율을 적용한다.

12.4.2 예비비 조달

건설기간 중 발생할 수 있는 다양한 추가비용에 대응하기 위하여 프로젝트 회사는 예비비를 조달할 수 있는 재원을 보유하고 있으면 좋을 것이다. 이는 통상 추가적인 자본금과 추가 대출금이 될 것인데, Base Case의 D:E ratio와 동일한 비율로 마련되는 경우가 많을 것이다. 이러한 예비비가 필요하다면, Base Case 자본금과 대출금이 모두 투입된 후에 투입될 것이다.

예비 자본금과 예비 대출금은 프로젝트 완공 직후까지만 인출 가능할 것이다. 운영기간 중 발생할 수 있는 상황에 대하여서는 예비계좌(cf. 14.4.1)로 커버하는 것이 일반적이다.

12.4.3 100% 예비자본금

EBL 원칙(cf. 12.2.3)을 상기해보면, 건설기간 이후 재원조달은 아마도 대출금으로만 가능할 것이며, 자본금이 필요한 경우는 예비적 목적(필요한 경우에만 인출)으로만 제공될 것이다. 예비 자본금을 활용하는 경우,

- 투자자들이 현금을 투입하는 것보다 낮은 수준의 IRR(논리적으로 이는 자본비용을 차감한 최소 자본금 IRR(cf. 12.2.1)이 된다) 또는 NPV을 수용할 수 있다면, 프로젝트 회사의 조달비용을 줄일 수 있다.
- 프로젝트 회사가 – 결코 발생하지 않을 수도 있는 – 최악의 시나리오를 대비하기 위하여 자본금을 당장 납입해야 하는 상황을 피할 수 있으며, 이를 통해 보다 경쟁력 있는 자금조달 계획을 수립할 수 있다.

이러한 방식은 프로젝트 파이낸스에 있어서는 제한적으로 활용되고 있다. 이러한 시나리오에서는 현금에 기초한 IRR이나 NPV 산정은 적절하지 않다. 왜냐하면 리스크로 판단하였으나 아직 현금을 투입하지 않은 경우는 고려하지 않고(cf. 12.2.3), 또 12.4.4에서 살펴볼 커버비율 문제는 여전히 발생하기 때문이다. 마찬가지로, 초과비용이 발생하거나 프로젝트 회사의 현금흐름 부족에 대비하여 투자자들이 자본금을 추가로 투입하기로 약정한 경우(cf. 9.13)에도, 동 금액은 IRR 계산에 반영되지 않는다. 핵심 이슈 중 하나는 필요할 때 자본금이 신속히 투입될 수 있게 하기 위하여 대주단에게 어떤 채권보전장치를 제공할지인데 – 금융기관의 L/C가 활용될 수 있을 것이다.

12.4.4 자본금 투입이 없는 프로젝트

(가격 및 수요 리스크를 이전시킬 수 있는 사업계약 덕분에) 프로젝트의 현금흐름 창출능력이 확실하며, ADSCR과 LLCR도 양호한 것으로 나타난다면 이론적으로는 자본금이 없어도 대출 원리금을 상환할 수 있을 것이다. 그러나 대주단은 사업주가 일정 금액 이상에 대한 리스크를 수용하기를 희망한다. 또한 커버비율을 감안할 때 대출 원리금을 상환하는 것보다는 많은 현금흐름이 분명 존재하고 여유분은 자본금에 대한 투자수익으로 지급될 것이기 때문에, 자본금이 아예 없는 경우는 어색하다. 더욱이 사업주는 건설기간 중 발생할 수 있는 리스크에 대하여 책임을 져야 하며, 프로젝트를 운영하는 이도 어쨌거나 사업주가 될 수 밖에 없다.

극소량의 자본금만 투입된 프로젝트들도 존재하나, 이는 매우 예외적이다. 그 중 하나는 미국의 63-20 채권(cf. 4.3.1)을 활용한 비영리 프로젝트이다. 이러한 프로젝트들은 이미 현금을 창출하

고 있는 프로젝트의 현금흐름이 새로운 PPP 프로젝트에 투입되는 경우 등이다. 즉, 프로젝트 회사가 이미 완공된 유료교량의 통행료를 재원으로 하여 새로운 교량을 짓는 프로젝트 등이 그러한 경우이다. 사실, 기존의 현금흐름이 이 프로젝트의 자본금인 것이다. 이러한 프로젝트에서 커버비율을 맞추기 위한 초과 현금흐름은 대출금 조기상환에 쓰일 수 있을 것이며, 대출금을 모두 상환한 경우 프로젝트는 계약당국 앞 이전될 것이다.

12.5 대출 원리금 상환 스케쥴

대출 원리금 상환(debt service)은 투자자의 투자수익률에 영향을 주는 금융구조를 짤 때 가장 큰 영향을 주는 요소이다.

프로젝트 회사의 배당 등 시점이 빠를수록 투자수익률은 높아진다. 그러므로 투자자들은 프로젝트 운영수입의 대부분을 대출 원리금 상환에 쓰는 것을 선호하지 않을 것이다. 반면 대주단은 가능한 빨리 대출 원리금을 상환받고 싶어할 것이다. 서로 상충하는 요구에서 균형점을 찾는 것이 협상의 중요한 한 부분이다.

대출 원리금 상환 스케쥴 협상과 관련하여 중요한 이슈들은 아래와 같다:

- 대출기간(12.5.1)
- 평균 대출기간(12.5.2)
- 상환 스케쥴(12.5.3)
- 상환 유연성(12.5.4)

12.5.1 대출기간

일반적으로 프로젝트 파이낸스는 보통의 은행 대출보다 (상환기간이) 길다[15]; 2-3년간의 건설기간에 걸쳐 대출금이 인출되고, 15년에 걸쳐 상환받는 발전 프로젝트의 대출기간은 17-18년이다; 인프라 프로젝트의 경우 25년을 초과하는 경우도 있다. 자원개발이나 통신사업의 경우 사업기간이 짧기 때문에 대출기간 또한 짧은 것이 일반적이다: 광산 프로젝트의 경우 대출기간이 5년인 경우도 있다. (그러나 D:E ratio가 50:50이기 때문에, 갚아야 할 대출금이 크지 않기 때문이기도 하다) 물론 이는 필요한 기간 동안 대출금을 제공하고자 하는 금융시장이 존재할 때 의미가 있는 얘기이다. (cf. 17.2)

---

15 대출에 대한 기간(term)에 대하여는 종종 'tenor'라는 용어를 쓰기도 한다.

대출기간은 주로 프로젝트가 창출할 수 있는 장기 현금흐름의 확실성과 필요한 'Debt Tail'(cf. 7.2.3, 12.3.4)에 의해 결정된다: 그러므로 사업계약 기간이 20년일 경우 대출기간은 통상 17-19년으로 설정할 수 있기를 희망할 것이다.

커버비율 또한 대출기간에 영향을 미친다; 대출기간이 짧을수록 상환해야 할 대출 원리금 규모가 커져 ADSCR과 LLCR이 낮아질 것이며, 대출만기가 짧다면 현금흐름으로 이를 감당하기 힘들 것이다.

대출기간에 영향을 줄 수 있는 다른 요소는 프로젝트의 소재지이다; 리스크가 높은 국가에 소재하고 있다면 그렇지 않은 국가에 소재하고 있는 프로젝트 대비 대출만기가 짧을 것이다.

명목적인 대출기간은 'Cash Sweep' 메커니즘(cf. 14.4.3)을 활용함으로써 늘릴 수 있을 것이다.

12.5.2 평균 대출기간(average life)

대주단은 전체 대출기간 외 익스포져가 얼마나 빨리 축소되는지를 살펴보기 위하여 상환 스케쥴 또한 검토할 것이다. 대출금 규모가 1,000으로 같다 하더라도, 10년에 걸쳐 매년 100씩 상환하는 경우와 10년 후 일시 상환하는 경우에는 상당한 차이가 존재한다.

대주단은 프로젝트 파이낸스에 대한 전반적인 정책의 일부로 평균 대출기간에 대한 제도를 보유하고 있을 수도 있다. 그 결과 배당 등을 미루고, 대출금 상환을 우선시 할 수도 있다.

평균 대출기간은 투자자들이 투자금에 대한 회수기간 계산방법과 유사한 방식으로 산정된다. (cf. 12.2.4) 이는 대출금 상환스케쥴이 과도하게 늘어지지 않는지 체크하는 것을 목적으로 한다. 이는 다양한 방식으로 산정할 수 있다:

- 대출금의 절반이 상환되는 기간에 기초하여 산정; 대출금 4가 매년 1씩 4년에 걸쳐 상환되는 경우, 대출금의 절반을 상환하는데 걸리는 시간이 2년이므로 평균 대출기간은 2년으로 계산한다.
- 매년 대출 잔액을 더하고 이를 최초 대출금으로 나누는 방식으로 산정; 그러므로 이 방식에 의해 계산한 평균 대출기간은 2.5년([4+3+2+1]/4)이다.
- 매년 상환액을 잔여 기간으로 곱하여 더한 후 이를 최초 대출금으로 나누는 방식으로 산정; 그러므로 이 방식에 의해 계산한 평균 대출기간도 2.5년[((1×1)+(1×2)+(1×3)+(1×4))/4]이다.

가중치를 두어 산정하는 방식(상기 2번째 및 3번째 방식)이 상환방식까지 고려하기 때문에 더 정확한 방식이다. 대출금 4에 대하여 2년 후 2만큼 상환하고, 4년 후 2를 상환하는 경우를 가정해 보자: 첫 번째 방식을 활용하는 경우 대출금 4를 매년 1씩 상환하는 경우와 같이 평균 대출기간은 2

로 나타날 것이다. 그러나 가중치를 둔 계산방식을 사용할 경우, 평균 대출기간은 3년 [((2×2)+(2×4))/4]으로 매년 1씩 상환하는 경우보다 길다.

그러나 이는 프로젝트 파이낸스에서는 건설기간에 걸쳐 인출하게 되므로 매우 복잡한 모습을 띤다 - 그러므로 각 인출금에 대한 만기는 어떻게 산출하며, 그 평균 또한 어떻게 산출하는가?

이를 해결하는 방법은 3가지이다:

- 인출기간을 무시하고 상환기간만 보는 방식 (이는 ECA들이 OECD 가이드라인을 적용하는 방식이다, cf. 16.2.3)
- 인출기간 전체를 평균 상환기간에 더하는 방식 - 이는 대주단이 인출기간에는 자신들의 대출금 전체가 리스크에 노출된다는 주장에 근거한 방식이다. 매년 1씩 상환하는 대출금 4가 2년간에 걸쳐 인출되는 경우 평균 대출기간은 4.5년이 된다. (인출기간 2년 + 평균 상환기간 2.5년)
- 가중대출잔액 방법 - 이 방법은 분모를 최대 대출잔액으로 하는 것이다. (물론 대출금이 회전한도 방식, 즉, 인출 및 상환, 그리고 재인출이 빈번하게 이루어지는 방식에서는 문제가 될 수도 있지만 말이다) 대출금 4가 2년의 건설기간에 거쳐 매년말 2씩 인출되고, 4년간에 걸쳐 1씩 상환하는 경우라면, 표12.4에서 살펴본 바와 같이 평균대출기간은 3년으로 산정된다.

표 12.4 건설기간을 감안한 평균대출기간

	인출	차입금 잔액
1차 연도	2.0	2.0
2차 연도	2.0	4.0
3차 연도	-1.0	3.0
4차 연도	-1.0	2.0
5차 연도	-1.0	1.0
6차 연도	-1.0	0.0
총 차입금 잔액		12.0
평균대출기간(12.0 ÷ 4)		3년

12.5.3 상환 스케줄

대출금 상환은 통상 프로젝트 완공 6개월 뒤부터 개시하며[16] 이후 6개월마다 분할상환하게 된다. 채권으로 재원을 조달한 경우에는 분할상환을 하는 방식이 아닌 감채기금 설정 방식을 활용할 수 있지만, 이는 금융비용을 증가시키기 때문에 프로젝트 파이낸스에서 흔히 활용되지는 않는다. 그

---

16 금융계약 체결 시점으로부터 상환이 개시되는 시점까지의 기간은 '거치기간(grace period)'이라고 부른다. 예컨대 대주단은 거치기간이 3년인 대출기간 20년짜리 대출을 제안할 수 있다. 이 때 거치기간은 건설기간과 이후 6개월을 커버하는 것이 일반적이다.

러므로 프로젝트 파이낸스 채권 또한 대출금과 마찬가지로 분할상환되는 방식을 활용한다.

프로젝트 현금흐름이 대출기간 중 상당히 균등하게 발생한다고 가정하면(cf. 7.3.2) 가장 합리적인 상환스케쥴은 균등분할상환이라고 할 수 있을 것이다. (즉, 대출금이 1,000이면, 10년간 매년 100씩 상환하는 방식) 그러나 이러한 방식에 대하여 투자자들은 불리하다고 여기는데, 프로젝트 운영 초기에는 대출금에 대한 이자비용이 커서 대주단 앞 지급되는 현금 규모가 상당히 크기 때문이다. 또한 프로젝트 가동 직후 각종 문제가 발생할 수도 있는 시점에 ADSCR이 낮아지는 단점도 존재한다. 보다 표준적인 방법은 대출기간 내내 동일한 금액을 상환하는 연금방식이다.

이는 표12.5와 표12.6의 간단한 예를 살펴봄으로써 알 수 있다. 여기서 사용하는 가정들은 아래와 같다:

- 사업비용: 1,250
- D:E ratio: 80:20
- 차입금: 1,000
- 상환방법: 10년간 매년 말 상환
- 이자율: 연 10%
- 자본금: 250
- 대출 원리금 상환 및 배당 등 지급 전 현금흐름: 매년 220
- 대출 원리금 상환 이후 현금흐름은 모두 배당 등으로 지급된다고 가정
- 프로젝트 잔여가치: 없음
- 투자자들의 NPV 할인율(자본비용): 12%
- 투자자들의 재투자수익률(MIRR 계산용): 연 12%
- 건설기간은 무시

원금을 동일하게 상환하는 방식에서 가장 확연하게 드러나는 문제점은 첫 해 대출 원리금 상환액(200)이 마지막 해의 대출 원리금 상환액(110)의 거의 두 배에 달한다는 것이며, 이에 따라 각각의 ADSCR이 1.10:1(너무 낮고), 2.00:1(과도하게 높다)이라는 것이다.

그러나 투자자 앞 배당 등은 정반대로, 너무 뒤쪽에 몰려있다. 최종 연도의 배당은 첫 해의 배당보다 5.5배나 증가한다; 그 결과 투자금 회수기간이 거의 6년이나 걸린다.

연금형 상환방식(annuity repayment)으로 상환스케쥴을 짜는 이점은 명확하다: ADSCR은 1.35로 적정 수준이다: 매년 원리금 상환액이 동일하기 때문에 LLCR도 동일하게 유지된다.

배당 등 지급액도 동일한 수준으로 유지된다. 물론 총 배당액은 650에서 573으로 줄어들지만(이

자지급액이 늘어나기 때문이다), 투자자들의 IRR은 16.6%에서 18.8%로 증가한다; 그러나 MIRR(보다 현실을 잘 반영) 개선효과는 보다 제한적이다. (14.6%에서 14.9%로 증가) 투자금 회수기간 또한 크게 준 4.5년이다.

표 12.5 원금균등상환 효과

연도	0	1	2	3	4	5	6	7	8	9	10
(a) 프로젝트 현금흐름		220	220	220	220	220	220	220	220	220	220
대주단의 관점											
(b) 대출금 상환		100	100	100	100	100	100	100	100	100	100
(c) (연도말) 대출잔액	1,000	900	800	700	600	500	400	300	200	100	0
(d) 이자		100	90	80	70	60	50	40	30	20	10
(e) 총 대출원리금 상환 [(b) + (d)]		200	190	180	170	160	150	140	130	120	110
ADSCR [(a) ÷ (e)]		1.10	1.16	1.22	1.29	1.38	1.47	1.57	1.84	1.83	2.00
평균 ADSCR		1.17	1.51	1.56	1.60	1.66	1.71	1.77	1.91	1.92	
LLCR [(NPV[(a) ÷ (c)]]	1.35	1.41	1.47	1.53	1.60	1.67	1.74	1.82		2.00	
평균대출기간	5.5년										
투자자의 관점											
자본금 투자액:	250										
배당 [(a) - (e)]		20	30	40	50	60	70	80	90	100	110
투자의 NPV	66										
자본금 IRR	16.6%										
자본금 MIRR	14.6%										
Payback 기간	약 6년										

표 12.6 연금형 상환방식(원리금균등상환) 효과

연도	0	1	2	3	4	5	6	7	8	9	10
(a) 프로젝트 현금흐름		220	220	220	220	220	220	220	220	220	220
대주단의 관점											
(b) 대출금 상환		63	69	76	84	92	101	111	122	134	148
(c) (연도말) 대출잔액	1,000	937	868	792	709	617	516	405	282	148	0
(d) 이자		100	94	87	79	71	62	52	40	28	15
(e) 총 대출원리금 상환 [(b) + (d)]		163	163	163	163	163	163	163	163	163	163
ADSCR [(a) ÷ (e)]		1.35	1.35	1.35	1.35	1.35	1.35	1.35	1.35	1.35	1.35
평균 ADSCR		1.35	1.35	1.35	1.35	1.35	1.35	1.35	1.35		
LLCR [(NPV[(a) ÷ (c)]]	1.35	1.35	1.35	1.35	1.35	1.35	1.35	1.35	1.35		
평균대출기간	6.25년										

연도	0	1	2	3	4	5	6	7	8	9	10
투자자의 관점											
자본금 투자액:	250										
배당 [(a) – (e)]		57	57	57	57	57	57	57	57	57	57
투자의 NPV	74										
자본금 IRR	18.8%										
자본금 MIRR	14.9%										
Payback 기간	4.5년										

투자자들에게는 이자율보다 상환 스케줄이 더욱 중요하다. 연금방식 상환방법 대신 원금 균등상환 방식을 제안하는 대가로 대주단이 이자율을 연 0.25% 깎아주는 경우, 원금 균등상환 방식에서는 투자자들의 IRR이 연 0.6% 증가하는 반면 연금 방식에서는 추가적으로 연 2.2% 증가하는 효과를 가져온다. 마찬가지로, 가능한 경우 보다 높은 이자를 낸다 하더라도 대출만기를 길게 가져갈 유인이 충분할 것이다.

그러나 연금방식은 원리금 상환액을 크게 증가시켜, 프로젝트 후반 ADSCR에 영향을 준다. 또한 평균 대출기간도 증가한다: 표12.5에서는 5.5년으로 나타나는데 표12.6에서는 6.25년으로 증가한다.

그러므로 프로젝트 후반기 현금흐름이 보다 불확실하다면, 대주단은 커버비율을 높이고 동시에 연금 방식이 아닌 상환방식을 활용하여 평균 대출만기를 짧게 가져가려 할 것이다. 그러한 경우에는 원금 균등분할 상환방식과 연금방식 간 타협이 이루어져야 할 것이다.

반면, 프로젝트 후반 현금흐름이 양호할 것으로 예상된다면 연금 방식보다 더 천천히 대출 원리금을 상환하는 동시에 적절한 커버비율을 유지할 수 있는 상환방식을 선택하는 것이 좋을 것이다. 다만, 대주단은 대출금 상환을 지나치게 뒤로 미루어 평균 대출기간을 지나치게 늘리는 것에 우려를 표할 것이다.

현금흐름이 불규칙하다면, 원리금 상환 스케줄도 그에 맞춰 조정하여 동일한 수준의 ADSCR을 유지하도록 구조화할 수 있을 것이다. (이는 '맞춤식(sculptured)' 상환방식이라고 일컫는다) 이러한 방식은 특정 연도에 큰 규모의 정비 비용이 발생하거나, 운영 초기 가속상각 방식으로 세금혜택을 받아 프로젝트 후반에 이연법인세를 납입해야 하는 경우 등에 사용할 수 있을 것이다. 물론 이러한 일시적인 상황(blip)을 예비계좌(cf. 14.4.1) 예치금으로 해결할 수 없다면 말이다.

상환 스케줄은 투자자들에게만 영향을 끼치는 것이 아니다: 대출금 상환구조는 프로젝트 회사의 생산물이나 서비스 제공 비용에 영향을 미치며, 사업주가 경쟁입찰에 참여하는 경우에는 매우 중요한 요소가 될 수 있다.

12.5.4 유연한 상환방식

프로젝트 회사에게 일시적인 현금흐름 문제가 발생할 때(특히 프로젝트 운영 초기) 유연하게 대처할 수 있도록 하기 위해 '목표 및 최소 상환방식'을 활용할 수 있다. 하나는 프로젝트가 예상된 수준으로 운영되는 경우 상환받기 원하는 금액을 정하는 방식('목표상환방식')이고, 나머지 하나는 프로젝트 회사가 default를 발생시키는 것을 피하기 위해 상환해야 하는 최소한의 금액을 정하는 방식('최소상환방식')이다. 예컨대, 대출금 1,000에 대한 상환기간이 10년일 경우 목표상환방식은 20회 균등분할 상환으로 할 수 있을 것이며, 최소상환방식은 표12.7과 같이 할 수 있을 것이다.

표 12.7 목표상환방식 및 최소상환방식

상환 횟수	목표상환방식		최소상환방식		차액
	상환액	대출잔액	상환액	대출잔액	
0	-	1,000	-	1,000.0	0.0
1	50	950	-	1,000.0	50.0
2	50	900	52.6	947.4	47.4
3	50	850	52.6	894.7	44.7
4	50	800	52.6	842.1	42.1
5	50	750	52.6	789.5	39.5
…etc.					
18	50	100	52.6	105.3	5.3
19	50	50	52.6	52.6	2.6
20	50	0	52.6	0.0	0.0

프로젝트 회사가 충분한 현금을 창출할 수 있다면, 목표상환방식에 맞게 대출금을 상환할 수 있을 것이며, 그렇지 못하다면 최소한의 금액만을 상환할 수 있을 것이다. 12.7에서 보는 바와 같이, 두 가지 방식은 처음에는 1회차 상환액(50)만큼만 차이가 나며, 이 차이는 나머지 상환(19회) 기간에 걸쳐 축소되어 최종 만기에는 0으로 수렴한다; 최초 상환일에 연기되는 금액은 50이나 최종 상환일 직전 상환일에 연기되는 금액은 2.6에 불과하다. 이러한 방식은 프로젝트 회사로 하여금 사소한 골칫거리('teething troubles')로 인하여 문제가 발생할 소지가 높은 운영 초기 6개월간 숨쉴 틈을 제공해 준다.

12.6 이자율 및 수수료

프로젝트 회사가 부담하는 주된 금융비용은 아래와 같다:

- 대출 이자율이 변동금리라면, 기준금리(즉, LIBOR)와 마진(12.6.1), 그리고 이자율 스왑(cf. 10.3.1) 지급액
- 대출(또는 채권) 이자율이 고정금리라면, 고정금리(12.6.1)
- 자문사 비용, 주선 수수료 및 인수 수수료(12.6.2)
- 약정수수료(12.6.3)
- 대리인 및 담보관리인 수수료(12.6.4)
- 대주단 자문사 수수료(9.5.6)
- 차입금에 대하여 신용평가를 받는다면, 신용평가회사 앞 수수료(5.3.1)

12.6.1 이자율

LIBOR를 기준금리로 쓰는 국제 프로젝트 파이낸스 금융계약서의 이자율은 통상 LIBOR에 2-3.5% 수준[17]의 마진을 더한 값이다. 이자율은 리스크가 큰 건설단계에 높게 책정되며, 완공 이후 낮아진 후 이후 다시 점점 상승한다. 그러므로 건설기간 2년, 운영기간 15년의 프로젝트의 마진은 1-2년 중 2.5%, 3-7년 중 2.25%, 그리고 14-17년 중 2.5% 정도로 책정될 수 있다.[18] (이는 'margin ratchet'이라고 불린다) 변동금리가 적용된다면, 이에 대비하기 위한 이자율 헤지가 요구될 수 있다. (cf. 10.3)

다수의 은행들은 마진의 구성요소를 두 가지로 구분하여 관리한다 - 대출금이 은행의 재무제표와 유동성에 미치는 효과(cf. 17.3), 그리고 신용리스크(credit risk)이다. 후자는 프로젝트 파이낸스 담당부서에서 처리하고, 전자는 은행의 자금담당 부서(대출금 제공에 필요한 재원 조달)에서 처리한다.

ECA나 DFI 등이 원조 또는 비상업적 기준으로 고정금리를 제공한다면(제16장), 이자율은 AAA급 차입자의 조달비용과 약간의 행정비용, 그리고 리스크를 커버하기 위한 마진이 추가될 것이다.

채권을 포함한 고정금리 차입금에 대한 쿠폰 금리는 이자율 스왑에 영향을 미치는 요소(cf. 10.3.1)들과 유사한 요소들을 고려하여 산정된다. 채권 쿠폰(coupon) 금리는 유사한 평균만기를 가진 정부채 수익률에 마진을 붙이는 방식으로 산정되는데, 이 때 시장에서 거래되고 있는 유사 채권들의

---

[17] 2008년 금융위기(17.2) 직후 마진은 큰 폭(2-3배 수준)으로 증가하였다.
[18] 마진의 단위는 '베이시스 포인트(basis point)', 즉 1/100th%(0.01%)이다. 그러므로 2.5%의 마진은 250 베이시스 포인트인 것이다.

수익률을 감안한다.

12.6.2 주선 수수료 및 인수 수수료

금융주선기관이 청구하는 주선 수수료와 인수 수수료 수준은 다음과 같은 요소들에 기반한다:

- 금융조달의 규모 및 복잡성
- 금융 구조화에 걸린 시간 및 노력
- 프로젝트가 예상대로 추진되지 않아 성공불 보수를 받지 못할 수도 있는 가능성
- 이러한 업무와 관련하여 (타 은행과의 경쟁관계도 감안하여) 은행이 통상적으로 목표로 하는 수익률(수수료 및 대출에 대한 이자 등을 합하여 산정) 감안
- 인수은행이 신디케이션 리스크(cf. 5.2.8)를 감당하여야 할 시간 - 다양한 이유로 금융계약 서명 및 인수 시점과 프로젝트 파이낸스 시장에서 신디케이션이 이루어지는 시점 간의 차이가 존재한다.
- 후속 인수(sub-underwriting)와 관련, 금융참여를 유도하기 위하여 '클럽(club)' 또는 참여은행들 앞 지급하는 수수료 수준(이는 참여하는 은행들이 프로젝트를 검토하는 시간, 이자 및 수수료를 고려한 전체 수익률, 동시에 시장의 다른 거래와 관련된 경쟁 등을 감안하여 결정됨)

크게 보면 전반적인 수수료 수준은 이자율 마진과 거의 유사한 수준이다. 주선은행(arranging bank)이 금융자문사(financial advisor) 서비스도 제공한다면, 수수료율은 대략 1% 정도 증가할 것이다.

채권 주선 및 인수와 관련된 수수료 또한 거의 유사한 방식으로 산정되나, 채권을 인수하는 투자은행은 자신이 해당 채권을 포트폴리오로 편입하는 것이 일반적이지 않음에 따라 관련 수입을 수익률 산정시 감안하지 않는다는 차이가 있다; 또한, 채권 인수와 관련하여 리스크에 노출되는 기간은 은행의 신디케이션(cf. 5.3.1) 리스크 노출기간보다 훨씬 짧다. 그러므로 채권 인수수수료는 유사한 대출 신디케이션 수수료보다 훨씬 낮다.

12.6.3 약정수수료(commitment fee)

약정수수료는 건설기간 중, 인출이 가능하나 실제로 인출이 되지 않은 대출약정액(즉, 추가적으로 인출이 가능한 금액)에 대하여 적용하는 수수료이다. 프로젝트 파이낸스에서 약정수수료는 대략 이자 마진의 절반 수준이다. 대부분의 프로젝트 파이낸스에서는 인출이 천천히(2-3년에 걸쳐) 진행됨에 따라, 은행들은 건설기간 중 리스크를 부담하는 대가로 약정수수료를 취득한다. (약정수수료는 채권이나 금융계약 체결 즉시 인출되는 대출에 대하여서는 적용되지 않는다)

12.6.4 관리 수수료

마지막으로, 대리은행이나 담보수탁인(cf. 5.2.9)에게 지급하는 수수료가 존재한다. 대리업무에 수반되는 시간은 꽤 크기 때문에 프로젝트 회사는 적정한 수준의 연간 수수료 한도를 책정하여야 한다. 이 때 수수료 수준은 적정비용에 대한 평가에 기초해야 하며, 대리은행이 큰 수수료 수입을 벌어들일 수 있는 수준이 되어서는 안된다.

12.7 추가 비용

프로젝트 회사가 부담하는 추가적인 대출 관련 비용은 아래와 같다:

- 이자소득에 대한 원천징수(12.7.1)
- 추가 규제비용(12.7.2)
- 시장 교란(market disruption)(12.7.3)

12.7.1 이자소득에 대한 원천징수

프로젝트 회사는 국외 금융기관 앞 지급하는 이자와 관련, 현지 이자소득세를 차감하여 지급해야 할 수도 있다. 이 경우 대주단은 통상 프로젝트 회사가 차감된 금액을 '메워줄 것(gross up)'을 요구한다. (세금납부액만큼 이자를 추가지급하는 것. 예컨대, 이자지급액이 100이고 원천징수세율(witholding tax)이 10%라면, 프로젝트 회사가 이자로 111을 지급하여, 11을 원천징수시킨 이후의 이자금액이 100이 되도록 함)

은행의 입장에서는 이러한 원천징수액을 자신이 영업하는 국가에서의 다른 납세의무와 상계시킬 수 있다면(즉, 프로젝트 회사 소속 국가와의 이중과세방지협정이 체결되어 있다면), 원천징수 환급액을 프로젝트 회사 앞 지급하는 것에 동의할 수 있을 것이다. 그러나 은행들은 통상 자신들의 세무업무를 어떻게 처리하는지에 대하여 논쟁하고 싶어하지 않을 것이며(상계대상이 남아있지 않아 원천징수 결과 발생하는 세액공제를 활용할 수 없는 경우도 있다), 그 결과 원천징수 환급액의 처리는 순전히 은행들의 선의에 의존할 수 밖에 없다.

이는 프로젝트 파이낸스 시장의 고유한 문제는 아니며, 원천징수세는 모든 대출금에 동일하게 적용된다; 그러나 모든 은행들에게 동일한 방식으로 추가적인 이자를 지급하면 안되고, 영향을 받는 은행들에게만 지급해야 한다. 채권과 관련하여서도 유사한 이슈들이 발생한다.

투자자 배당 및 후순위 대출에 대한 원천징수는 13.7.6에서 다룬다.

12.7.2 강제적 비용(mandatory cost)

상업은행들은 대출과 관련 '강제적 비용'을 내야 할 수도 있다[19]. 이는 해당 은행이 영업을 하는 특수한 시장의 상황과 관련이 있다: 영국을 예로 들면,

- *영란은행 비용*: 영란은행은 (2012년 중반 기준) 은행들로 하여금 순은행간 차입금을 포함한 '대상 채무(eligible liabilities)'의 0.18%에 대하여 무이자예금으로 예치토록 요구하고 있다. 그러므로 대출금이 인출될 때 영란은행에 예치하는 비용이 가산될 수 있다. (유사하게, 유로존에서 대출금을 취급하는 은행들은 ECB에 일정금액을 예치해야 하는 조항이 존재한다)
- *FCA 수수료*: 은행들은 금융감독청(Financial Services Authority, FSA) 유지운영과 관련된 비용을 지급하는데, 이 또한 이자율에 가산된다.

이러한 강제적 비용의 총 합은 이자율에 0.02% 수준을 가산하는 정도로 크지는 않다. 금융계약에는 대주단에게 영향을 주는 규정/제도의 변경으로 인하여 추가적인 비용이 발생할 때 이를 지급하여야 한다는 내용이 포함되어 있다.[20]

12.7.3 시장 교란(Market Disruption)

상업은행들은 그들의 장기변동금리 대출과 관련하여 표준적인 '시장교란' 조항을 금융계약에 반영할 것을 요구한다. 이 조항은 대주단이 시장 교란 등의 이유로 단기 이자율(예컨대 LIBOR 기준)을 갱신할 수 없을 때 적용된다 - 즉, LIBOR가 게시되지 않는 경우 다른 대체금리를 사용하거나, 대주단이 자금을 조달할 수 없는 상황이라면 대출금 전액을 상환케 하는 것이다.

만약 일반적인 시장의 문제가 아니라 1-2개 은행에 문제가 발생하는 상황이라면 해당 조항은 적용되지 않고, 'defaulting 대주'(대출금 인출신청이 이루어졌을 때 자신의 몫을 제공하지 않는 대주) 문제를 다루기 위하여 대주간 계약 조항이 적용된다. (cf. 14.14.6)

12.8 금융구조 최적화

위에서 살펴본 다양한 금융 구조화 작업들이 서로 독립적인 것들은 아니다. 최적의 자본금 IRR 또

---

19 이는 최저 유동성 요구수준(Minimum Liquidity Requirements, MLRs) 또는 최저 유동자산 요구수준(Minimum Liquid Asset Requirements, MLAs) 등으로 불리기도 한다 - 이는 16.5에서 살펴보는 MLAs와 혼동하지 말아야 한다. 그러나 관련 비용이 은행들이 유동성을 유지하기 위한 목적 외에도 사용된다면 이러한 용어의 사용은 적절치 않다.
20 보다 큰 영향을 주는 '바젤3'의 효과는 17.3을 참조하라.

는 공공조달 입찰 결과를 얻기 위하여 사업주들은 금융자문사를 고용하여 금융구조 '최적화'를 위하여 노력한다.

이 절차는 단순한 형태로 표12.8에서 살펴볼 수 있다.

Case 1. 사업비는 1,000이며, 대주단이 사업비의 95%를 지원하나 동시에 ADSCR 1.35:1을 요구하는 상황이다. 대출 이자율은 연 7%이며, 25년간 (연금 방식으로) 상환되는 것을 가정한다.

이 경우 연간 대출 원리금 상환액은 81, 투자자 앞 배당은 7, 그리고 계약대금 수령액은 연 88이다. 그러나 ADSCR이 1.35:1은 되어야 하기 때문에 계약대금 수령액은 109 (81 × 1.35)가 되어야 한다. 계약대금 수령액이 연 88인 경우 대주단은 원리금을 상환받을 수 있고 투자자는 배당을 받을 수 있지만, 커버비율 요구사항으로 계약대금 수령액이 연 109는 되어야 한다.

Case 2. 레버리지가 82%로 축소되고 모든 가정이 동일한 경우를 살펴보자. 이상하게 보이겠지만, 이는 요구되는 계약대금 수령액 규모를 축소시킨다. 총 대출 원리금 상환액과 배당금의 합은 95이다. ADSCR 요구사항을 충족시키기 위한 계약대금 수령액 또한 95 (70 × 1.35)이다. 그러므로 커버비율은 대출 원리금을 상환하고 배당금을 지급하는데 딱 필요한 만큼의 수치이다.

Case 3. 대주단이 ADSCR 요구를 1.25:1로 축소시키는 것을 수용하는 경우이다. 이 경우 레버리지는 86%로 증가한다. 총 대출 원리금 상환액과 배당금의 합은 93이다. ADSCR 요구사항을 충족시키기 위한 계약대금 수령액 또한 93(74 × 1.25)이다. 커버비율 요구수준을 낮추면 계약대금 수령액 또한 낮아진다 - 사실 사업주로서는 대출 이자율을 낮추는 것보다 커버비율을 낮추는 것이 더 유리하다.

Case 4. 사업주가 자본금을 25%까지 납입하고 IRR을 추가적으로 낮추는데 동의한 경우이다. 마찬가지로 추가 자본금 납입을 감안하여 대출 이자율 또한 6.5%로 낮아졌다.[21] (이는 레버리지가 높은 경우에 비하여 투자금 $1당 부담하는 리스크가 줄었기 때문에 논리적인 결론이다) 총 대출 원리금 상환액과 배당금의 합은 Case 3보다 낮은 91이다. (ADSCR 요구사항을 충족시키기 위한 계약대금 수령액은 77이나, 이는 아무런 영향을 주지 않는다) 그 결과 역설적으로 레버리지 비율을 낮추면 필요 계약대금 수령액 규모가 줄어든다. 그러므로 레버리지가 높을수록 프로젝트의 생산물 또는 서비스 제공 비용이 낮아진다고 언급한 2.6의 결론은 반드시 그러한 것은 아닌 것을 알 수 있다. 그러나 이 방식의 문제는 사업주들이 사업 초기에 레버리지가 높은 구조로 리파이낸싱하기 쉽다는 것(cf. 14.16)인데, 생산물구매자/계약당국의 입장에서는 그리 탐탁치 않아 할 수 있다는 것

---

21 프로젝트에 투입되는 자본금 규모가 커질수록 금리가 낮아지는 것을 'interest buy-out'이라고 부른다.

이다.[22]

표 12.8 최적화 프로세스

	Case 1 최대 차입금	Case 2 낮은 레버리지	Case 3 낮은 커버비율	Case 4 많은 자본금 투입
프로젝트 비용	1,000	1,000		
D:E ration	95:5	82:18		
차입금 이자율	7%	7%		
차입금 상환기간	25년	25년	25년	25년
대주단 요구 ADSCR	1.35:1	1.35:1	1.25:1	1.25:1
투자자 요구 자본금 IRR	13%	13%	13%	13%
연도별 지급액				
대출 원리금 상환(연금방식)	81	70	74	61
자본금 IRR을 충족시키기 위한 배당	7	25	18	30
대출 원리금 상환 + 자본금 IRR을 충족시키기 위한 계약대금	88	95	93	91
ADSCR을 충족하기 위한 계약대금	109	95	93	77

요약하자면, 프로젝트 회사를 위한 가장 낮은 대출 이자율만을 목표로 하는 것이 아니라 최저 WACC, 즉 차입금의 조건과 비용, 그리고 자본금에 대한 투자수익률 전부를 고려한 구조를 고안하는 것이어야 한다.

위에서 살펴본 재무모델 최적화 예시들은 매우 간략하게 제시된 것들이다. 이 계산은 수입과 운영비용(모든 경우에 있어 동일하게 적용된다) 뿐 아니라 인플레이션과 세금, 그리고 대주단이 요구하는 프로젝트 'tail'도 감안하지 않은 결과이다. 또한 일시적으로 많은 비용이 드는 보수비용(cf. 9.7.5) 등 현금흐름에 영향을 주는 다양한 요소들도 감안하지 않았다.

---

22 PFI 프로젝트들에 대하여 영국 정부가 자본금 비중을 높인 실험결과에 대하여는 17.7.5를 참조하라.

13

재무모델

13 재무모델

13.1 도입

이 장에서는 재무모델의 주요 기능(13.2), 그리고 프로젝트에 대한 재무모델의 투입요소가 되는 아래 사항들을 살펴볼 것이다:

- 거시경제적 가정(13.4)
- 프로젝트 비용과 재원조달(13.5)
- 운영수입 및 비용(13.6)
- 회계 및 세무 가정(13.7)

최종 모델 결과물(13.8)은 투자자의 관점에서 바라본 프로젝트 사업성을 (공정 플랜트 프로젝트나 인프라 프로젝트의 경우, 생산물구매자/계약당국이나 사용자의 관점에서 바라본 프로젝트 비용을) 드러낸다. 대주단은 모델 민감도 테스트를 통해, 상황이 나빠지는 경우(downside scenario)(13.8)에도 대출 원리금이 상환될 수 있는지를 점검한다. 재무모델의 최종본은 통상 금융종결(cf. 13.10)시 확정되나, 그 이후로도 계속 활용된다.(13.11)[1]

13.2 재무모델의 기능

프로젝트 파이낸스에 있어 재무모델은 필수적이다. 재무모델은 아래와 같은 다양한 목적을 지니고 있다.

---

[1] 이 장의 목적은 독자들로 하여금 전문적인 모델러로 이끄는 것이 아니며, 단순히 프로젝트 관계자로서 알아야 할 모델링의 핵심 사안들을 설명하고자 하는 것이다. 보다 상세한 사항은 Penelope Lynch, *Financial Modelling for Project Finance* (Euromoney Institutional Investor, London, 2010[2nd ed.])을 참조하라.

금융종결 전. 사업개발 단계에는 다음과 같은 기능을 수행한다:

- 프로젝트의 재무적 측면 및 사업주 투자수익률 점검(cf. 12.2)
- 금융 구조화 및 금융조건이 사업주에게 미치는 영향(cf. 12.8)
- LD 금액 산정(cf. 8.2.8) 등 프로젝트 계약의 재무조항 구체화
- 대주단의 전반적인 실사 과정의 일부(cf. 5.5.5)
- 금융 협상시 주요 이슈들에 대한 수치적 점검

생산물구매자/계약당국 또한 아래와 같은 이유로 사업개발단계(cf. 3.7)에서 재무모델이 필요하다.

- 재무적 안정성 및 프로젝트 비용 감당 여부 확인(cf. 3.7)
- 잠재적 사업주들의 입찰제안서 비교평가(cf. 3.7.3)

금융종결 이후. 금융종결 이후에도 재무모델이 계속 필요하다.

- 예산관리 목적(물론 프로젝트 회사는 예산관리 목적의 별도 모델을 작성한다)
- 대주단은 이를 바탕으로 프로젝트에 대한 장기적인 전망 및 이에 따른 금융지원 지속여부 검토 (cf. 14.4.3)
- 투자자는 이를 바탕으로 자신들의 투자가치 산정(cf. 14.17)

생산물구매자/계약당국이 존재하는 경우, 재무모델은 아래의 역할을 수행한다:

- 보상 이벤트 대금(cf. 7.6.5) 산정
- 리파이낸싱 효과 산정(cf. 14.16.3)
- 계약의 조기해지에 따른 해지대금 산정(cf. 7.10.2)

사업주나 대주단이 독립적으로 별도 재무모델을 작성할 수도 있지만, 5.2.6에서 살펴본 바와 같이 모두가 함께 단일 모델을 구축하는 것이 효과적이다. 이는 사업주가 먼저 재무모델을 개발하고, 이후 대주단의 프로젝트 관여 기간에 따라 대주단과 함께 이를 수정해 나가는 것이 낫다는 것이다. 사업주는 이후 프로젝트 회사의 소유구조를 감안, 별도 재무모델을 통하여 자신의 투자수익률 – 물론 그 결과에 대해서 대주단은 크게 관심이 없다 – 을 산정해 볼 수 있다. 그러나 위에서 언급한 목적을 달성하기 위해, 금융종결 달성시점까지는 대주단과 사업주들간 동의한 단일한 재무모델이 존재해야 한다.

5.2.6에서 언급한 바와 같이, 생산물구매자/계약당국은 프로젝트 및 입찰제안서 평가를 위하여 독

자적인 재무모델을 보유하여야 하나, 금융종결시까지는 위에서 언급한 목적을 달성하기 위하여 프로젝트 회사와 합의한 단일 모델을 구축하여야 한다. 즉, 사업 초기에는 생산물구매자/계약당국, 프로젝트 회사 및 대주단 각자가 자신들만의 재무모델을 사용하나 최종적으로는 단일모델을 구축해야 한다.

13.3 모델 가정

프로젝트 회사 재무모델에 활용되는 가정들은 다섯 가지 카테고리로 분류된다:

- 거시경제적 가정(13.4)
- 사업비 및 재원조달(13.5)
- 운용수입 및 비용(13.6)
- 대출금 인출 및 상환(12.5, 14.3)
- 세금 및 회계(13.7)

이러한 가정들은 완공일, 대금지급 및 회수 타이밍, 페널티 또는 보너스 등 프로젝트 계약들의 조건들을 반영하여야 한다.

이러한 가정들의 논리적 근거는 분명하게 제시되어야 한다; 표준적인 접근방법은 이러한 가정들을 한 곳에 모아 관리('assumptions book')하는 것이다. 이는 재무모델 각각 항목에 대하여 그 항목의 가정에 대한 근거 또는 해당 항목의 계산 근거와 이를 뒷받침할 수 있는 참고자료를 한 곳에 모아 관리하는 것이다.

주요 가정들은 독립적인 spreadsheet에 기입한다. 재무모델에 익숙하지 않은 이들이 어려워할 수 있으므로 이러한 가정들이 산재해 있으면 안된다.

투자수익률을 정확하게 계산하기 위해서 재무모델은 프로젝트 개발비용이 발생한 시점부터 프로젝트가 종료하는 시기까지 전부를 계산기간으로 두어야 한다. 물론 대주단의 입장에서는 금융종결시점부터가 중요하다. (과거에 사업개발로 쓴 비용은 'day 0' 금액으로 기재된다) 프로젝트 운영기간은 사업계약 기간 또는 그러한 계약에 따라 운영되지 않을 경우 프로젝트의 경제적 운영 기간이다. 사업주들이 투자금을 회수하는 프로젝트 종료 즈음, 잔여가치는 특별한 사유가 존재하지 않는 한 0으로 간주된다. (cf. 7.10.9)

재무모델은 6개월 단위에 기초하고 있다. 건설기간 동안에는 6개월이 충분히 상세하지 못하기 때문에(이자 계산 및 건설대금 지급 등), 월별 자료를 따로 작성한 후 이를 재무모델에 산입하기도 한

다. (cf. 13.11)

13.4 거시경제 가정

거시경제 가정들은 프로젝트와 직접적으로 연관있는 가정들은 아니지만 프로젝트의 재무상태에 영향을 끼친다. (제10장) 거시경제적 가정들은 다음과 같은 사항들을 포함한다:

- 물가상승률(13.4.1)
- 상품 가격(13.4.2)
- 이자율(13.4.3)
- 환율(13.4.4)
- 경제성장률(13.4.5)

이상적으로는 재무모델 구축을 위한 거시경제 가정들은 객관적인 근거를 인용하는 것이 좋을 것이다; 예컨대, 대부분의 대형 은행들은 재무모델 목적으로 활용할 수 있는 거시경제 관련 자료를 주기적으로 업데이트 한다. (물론 프로젝트 운영기간 전체에 걸친 기간에 대해 적용하기는 곤란할 수도 있다)(13.11)

13.4.1 물가상승률

재무모델은 물가상승률을 감안하여야 한다. 그렇지 않을 경우 미래 수치에 대하여 '실질' 기준이 적용되었다고 착각할 수 있기 때문이다. (cf. 10.4.1)

수입이나 비용 예측을 위하여 다양한 지표들이 사용될 수 있다. 예컨대,

- 일반 운영비용 관련, 사업 소재지국의 소비자물가상승률(CPI)
- 프로젝트 서비스 관련, 공급국의 고용비용 지수
- 예비부품 또는 교체부품 등과 관련하여서는 산업물가지수
- 프로젝트가 생산 또는 구매하는 상품에 대하여서는 상품지수 (상품시장의 수요공급 상황이 일반적인 물가상승률보다 상품에 대한 가격에 더 큰 영향을 미칠 수 있다)

비용 대비 수입에 보다 높은 물가상승률을 사용하는 방식 등으로 임의적인 결과를 도출하지 않도록 조심하여야 한다.

사업계약에 프로젝트 회사의 수입을 물가상승률에 연계(cf. 7.3.3)시켜 놓았다면, 재무모델은 이

또한 반영해야 할 것이다.

13.4.2 상품 가격

일반적으로 상품 가격을 물가상승률과 동일한 방식으로 취급하는 것(즉, 계속 상승하는 것으로 가정하는 것)은 적절하지 않다. 대부분의 상품에서 나타나는 가격변동에 따른 프로젝트 취약성 또한 재무모델에서 점검해야 할 사항이다.

자원개발 부문 프로젝트 파이낸스에서 종종 드러나는 핵심 문제는, 상품 가격이 높을 때 프로젝트가 추진되고 또 이와 같은 높은 가격이 지속될 것이라고 가정하는 것이다. (프로젝트 개발 효과와 상품시장의 효과를 과소평가하면서 말이다) 반대로, 원료나 원재료로 활용되는 상품가격이 낮을 때 프로젝트가 개발되고, 이러한 낮은 가격이 지속될 것이라고 가정할 수도 있다.

상품 가격의 변동성은 단기간에는 매우 클 수 있는데, 프로젝트 파이낸스는 그 성격상 장기간의 비즈니스이다; 그러므로, 큰 가격변동이 존재하는 경우에도 프로젝트가 견딜 수 있는지를 확인하는 것이 중요하다. (cf. 9.6.2)

13.4.3 이자율

대출기간 중 이자율이 고정되어 있다면(cf. 10.2.1), 고정된 이자율을 재무추정에 사용하면 된다. 그러나 그러한 경우에도 대주단에 담보로 제공하기 위한 목적으로, 또는 배당 목적으로 프로젝트 회사가 보유하는 여유자금과 관련하여서는 (단기) 변동금리를 적용하는 것을 고려해야 할 것이다. (cf. 14.4)

단기 이자율을 예측하는 방법은 두 가지가 있다: 이자율 그 자체에 대하여 가정을 해 볼 수 있거나, '실질' 이자율(물가상승률을 감안한 이자율)을 먼저 추정해 본 다음 여기에 CPI를 적용하여 명목이자율(nominal interest rate)을 추정해 볼 수 있다. 후자의 경우 표13.1에서 살펴보는 바와 같이 실질이자율(real interest rate)이 4%일 경우 '피셔 방정식(Fischer formula)'을 사용하여 실질이자율에 물가상승률을 감안한 방식으로 명목이자율(nominal interest rate)이 산정된다.

표 13.1 이자율 예측 - 피셔 방정식

	1차 연도	2차 연도	3차 연도
(a) 예상 실질이자율	4.00%	4.00%	4.00%
(b) 예상 인플레이션	5.00%	4.00%	3.00%
(c) 명목이자율 [(1 + (a)) × (1 + (b)) −1] :	9.20%	8.16%	7.12%

마찬가지로, PPP 프로젝트에 대한 입찰제안서 NPV 평가를 위한 할인율이 실질이자율과 물가상승률에 기초하고 있다면, 할인율 산정을 위하여 피셔 방정식을 활용할 수 있을 것이다.

13.4.4 환율 및 통화

만약 프로젝트 회사가 사업소재지국 통화로 자본금과 대출금을 조달하고, 모든 건설 및 운영비용, 그리고 수입이 해당 통화로 발생한다면, 환율문제는 발생하지 않을 것이다.

그렇지 않은 경우에도 재무모델은 사업소재지국 통화로 준비되어야 한다. 다만 이 때 재무모델은 해당 통화와 프로젝트 비용 및 재원조달 통화와의 환율변동을 반영할 수 있어야 한다. (세금에 대한 환율변동 효과 등 때문에 - cf. 13.7.7) 해외 투자자들과 대주단들은 자신들이 소속된 국가의 통화로 재무모델을 작성하고 싶어할 것이나, 이는 부정확하거나 그릇된 결과를 낳을 수 있다. 사업소재지국 통화에 기초한 예상치를 환율가정에 따라 관련 외국 통화로 변환하는 것은 어렵지 않으므로, 가급적 이러한 방식으로 계산이 정확히 이루어져야 한다.

이자율과 마찬가지로 환율 추정에도 두 가지 방식이 활용된다: 미래 환율 그 자체에 대하여 추정을 할 수도 있으며, '구매력패러티(purchasing power parity)'를 활용할 수 있다.[2] 후자는 두 개 통화의 예상 물가상승률의 차이를 계산한 후, 미래 환율은 미래 물가상승률 차이에 수렴할 것이라는 가정을 두고 환율을 조정하는 방식이다. 표13.2는 이를 잘 보여준다: Year 1 물가상승률은 B 통화가 6% 낮기 때문에, A 통화는 B 통화 대비 6% 절하되고 그 추세가 유지된다.

표 13.2 구매력패러티

	현재	1차 연도	2차 연도	3차 연도
예상 인플레이션				
– A 통화		9%	10%	9%
– B 통화		3%	4%	3%
예상 환율				
A 통화 / B 통화	10.00	10.60	11.24	11.80

13.4.5 경제성장률

인프라 프로젝트는 예컨대 프로젝트의 교통량(cf. 9.6.2)으로 나타날 수 있는 일반적 경제성장률의 영향을 받을 수도 있다. 예컨대 장기 항공여행 수요와 GDP 간에는 꽤나 탄탄한 관련성이 존재한다 - 예컨대 항공여행 수요 증가율은 GDP 증가율의 두 배 등. 그러므로 GDP 성장률 추정은 항공

---

[2] 구매력패러티가 PPP로 표기되는 경우가 많으나, 이는 public-private partnership과는 전혀 무관하여, 이 책에서는 후자의 의미로서만 PPP를 사용한다.

프로젝트에 있어 핵심적이다. 다른 형태의 교통과 관련된 프로젝트에서도 유사한 상황이 전개된다.

13.5 사업비 및 재원조달

상세 모델링 과정의 다음 단계는 프로젝트 회사 관점에서 어떻게 건설비용 예산을 짜고(13.5.1), 관련 비용을 조달하며(13.5.2), 그리고 인출 스케줄을 어떻게 할 것인가 하는 것이다.

13.5.1 건설단계 비용

이 비용은 프로젝트 개발단계부터 프로젝트가 완공 후 가동준비가 끝난 때까지를 커버한다. 공정 플랜트 또는 인프라 프로젝트(cf. 9.5.5, 9.5.6)에 있어 일반적인 예산항목은 다음과 같은 것들을 포함한다:

사업개발비용. 이는 금융종결 전 사업주가 발생시킨 (그리고 프로젝트 회사 앞 전가시키는) 비용, 프로젝트 회사가 발생시킨 비용 등을 말한다. 프로젝트 개발기간이 길 경우 상당한 규모가 될 수도 있는 직원 인건비 및 출장비용 등을 프로젝트 회사 앞 할당하는 방법에 대하여서도 사업주들 상호 간에 동의하여야 한다. (cf. 3.3) 사업주와 대주단의 자문사 비용 또한 고려하여야 한다. 개발비용이 사업비용으로 포함되는 경우(cf. 3.5), 이는 초기 투입 자본금으로 인정받을 수 있을 것이나, 만약 자본금이 마지막 단계에 투입된다면 대출금으로 리파이낸싱 될 수도 있을 것이다.

개발 수수료. 프로젝트 경제성이 양호한 경우 하나 또는 복수의 사업주가 (개발비용에 더하여) 사업개발 수수료 명목으로 프로젝트 회사로부터 수수료를 받을 수 있으며 이를 통해 수익을 낼 수도 있을 것이다. (cf. 12.2.5) 이는 프로젝트에 대한 재무적 평가, 즉 그러한 수수료를 지급할 수 있는 재원조달 능력에 대한 평가가 진행됨에 따라 변경될 수 있다. (완전히 없어질 수도 있다)

프로젝트 회사의 비용. 이는 금융종결 이후 프로젝트 회사가 직접 발생시킨 비용들(서브계약자들, 자문사, 보험회사 또는 대주단 앞 지급한 것들이 아니다)로 다음과 같은 것들이다:

- 인건비
- 사무실 임대료 및 부대설비
- 인허가 발급 비용
- 건설관리감독을 위한 사업주 엔지니어 비용(cf. 7.4.1)
- 교육 및 운영준비 비용(교육 및 운영준비와 관련하여 O&M 회사 앞 지급한 비용 포함)

건설계약대금(cf. 8.2.3)

건설단계 보험료(cf. 8.6.1)

시운전 비용. 이는 건설회사가 프로젝트 테스트 및 가동준비 기간 중 사용하는 연료나 원재료에 대한 비용이다; 일부 프로젝트의 경우, 해당기간 중 비용을 상쇄하는 수준의 수입을 내기도 한다.

초기 예비부품. (건설계약에 포함되어 있지 않은 경우) 이는 초기 예비부품 구입비용이다.

초기 운전자금(working capital). 운전자금은 프로젝트 회사가 현금으로 운영비용을 지급하고 매출수입을 내는데 걸리는 시간차를 커버하기 위한 자금이다. 사실상 이는 짧은 기간(통상 30-60일 수준) 동안의 현금흐름이기 때문에 6개월을 단위로 하는 운영기간 재무모델에 잘 들어맞지 않는다. 최초 운전자금 요구수준은 프로젝트가 최초 매출수입을 기록하기 전까지의 (건설과는 관계없는) 비용이다. 이러한 비용은 다음과 같은 것들을 포함한다:

- 연료 또는 기타 원재료에 대한 초기 재고 구매비용
- 초기 운영기간에 대한 보험료
- 원재료 비용과 생산물 판매대금 수수 시점 차이

이후 운전자금의 변화(changes in the amount of working capital)의 대부분은 생산물 판매대금 또는 원재료 구매대금의 변화에 따른 것이며, 이는 재무모델에 반영되어야 한다.

세금. 이는 VAT, GST 또는 기타 판매세, 관세 등 건설기간 중 발생하는 세금이다. (cf. 13.7.5)

금융비용. 이는 다음사항을 포함한다:

- IDC(cf. 10.3)
- 금융주선 및 인수 수수료(cf. 12.6.2)
- 약정수수료(cf. 12.6.3)
- 대리은행 수수료(cf. 12.6.4)
- 추가적 차입금 조달 관련 비용(cf. 12.7)
- 예비계좌 소요자금(cf. 14.4.1)
- 담보 등록비용(cf. 14.7.1)
- 대주단 자문사 비용(cf. 5.5.1)

예비비. 예비비(cf. 9.5.6) 또한 프로젝트 사업비에 포함되어야 한다.

13.5.2 건설단계 재원조달

사업비를 커버하려면 자본금과 대출금, 그리고 기타 재원으로 구성되는 재원조달 계획을 세워야 한다. (어느 정도의 대출금을 조달해야 하는지 등 계산을 포함한 특정 이슈들은 제12장을 참조하라)

건설기간 중 재무모델에는 소요비용 충당을 위한 대출금 인출 스케쥴이 반영되어 있어야 하며, 다음과 같은 사항들도 고려해야 한다:

- D:E ratio(cf. 12.4)
- 대출금과 자본금 투입 순서(cf. 12.2.3)
- 대출금 사용 제한(예컨대 ECA 대출금(cf. 16.2)은 수출 기자재와 현지비용 지급 용도로만 사용될 수 있다 - 그러므로 만약 사업비 100 중 수출 기자재가 70이라면 ECA 대출로 80, 다른 재원으로 20을 마련하는 계획에는 문제가 있을 것이다)
- 한 통화로 발생하는 비용에 대하여는 동일한 통화로 조달되어야 한다는 조건

이후 대출금과 자본금 투입 순서를 계산해 볼 수 있을 것이다.

대출금을 인출할 경우 IDC가 발생하는데, 이에 대한 조달도 고려하여야 한다.

프로젝트 회사는 초기 운영자금 마련을 위하여 단기대출을 활용하여서는 안된다(cf. 13.5.1); 이는 장기 프로젝트 파이낸스로 커버되어야 한다. 그러나 프로젝트 파이낸스의 일부를 운영자금으로 활용할 수 있도록 회전한도로 설정(즉, 프로젝트 회사에 여유자금이 있으면 갚고, 현금이 부족하다면 빌리는 방식으로 운용)할 수도 있다. 이는 사업주의 자본금 투입액을 줄여주는 효과가 있다.

건설기간 중 납부해야 할 VAT, GST 또는 기타 세금 납부액(이는 향후 프로젝트 운영개시 후 매출과 관련하여 발생하는 세금과 상계 가능하다)과 관련하여 별도로 자금조달을 해야 할 수도 있다. (cf. 13.7.5)

13.6 운영수입 및 비용

재무모델에서 수입과 비용을 예측해보는 첫 번째 단계는 프로젝트 운영에 대한 핵심 가정들을 검토해 보는 것이다 - 예컨대 만약 공정 플랜트라면,

- 최초 생산량은 얼마인가?

- 생산량은 시간에 걸쳐 어떻게 변동하는가?
- 보수공사에 얼마나 시간이 걸리는가?
- 예상치 못한 셧다운 기간은 어느 정도 허용해야 하는가?
- 연료나 원재료 투입률은 어느 정도인가?
- 연료나 원재료 투입률은 시간에 걸쳐 어떻게 변동하는가?

순 운영수입은 이러한 프로젝트 운영에 대한 가정, 사업계약과 생산물구매계약의 가격(그런 계약이 부재한다면 시장가격에 대한 가정) 등 관련 서브계약들의 조건들이 복합적으로 작용하여 산정된 수치이다.

이에 기초하여, 영업현금흐름의 주요 가정은 다음과 같다:

- 생산물 판매수입
  -(빼기)
- 연료 또는 원재료 가격(cf. 8.5.3)
- 프로젝트 회사 운영비용(인건비, 사무실 임차료 등)(cf. 9.7.7)
- 유지보수 및 부품교체 비용(cf. 9.7.5)
- O&M/보수 비용(cf. 8.3.3)
- 보험료(cf. 8.6.2)

위와 같은 영업현금흐름을 계산한 후, 헤지 계약을 감안(cf. 10.3)하여 이자 납부액과 기타 대주단에게 상환해야 할 금액을 산정하게 된다.

13.7 회계 및 세무 이슈

프로젝트에 대한 투자결정은 기본적으로 현금흐름 평가에 기초하여야 하지만(cf. 12.2), 프로젝트 회사 앞 투자에 따른 회계적 손실을 드러내고 싶지 않은 사업주(cf. 12.2.4)에게 회계적 이슈는 중요하다.

그러므로 프로젝트 파이낸스의 재무모델이 발생주의보다는 현금주의를 채택하고 있지만, 각 기간에 대한 회계적 결과를 나타나는 손익계산서('P&L 계정'[3])와 대차대조표를 별도로 작성하기도 한다.

---

3 'income statement'로도 알려져 있다.

사업주에 미치는 효과를 체크하는 것과는 별도로 재무모델의 회계적 결과가 프로젝트 회사에게 중요한 여러가지 이유가 있다:

- 세금납부액은 현금흐름보다 회계적 결과에 기초한다(13.7.1)
- 회계결과는 프로젝트 회사의 배당여력에 영향을 끼칠 수 있거나(13.7.2), 계속기업을 유지하는데 영향을 미칠 수 있다. (13.7.3)
- 대차대조표는 재무모델의 에러를 체크할 수 있는 수단이 된다; 대차대조표의 차변과 대변이 일치하지 않으면, 다른 곳에 문제가 발생한 것이다.

세금과 관련된 추가적인 이슈는 아래와 같다:

- 세금 납부 시점(13.7.4)
- VAT(13.7.5)
- 원천징수(13.7.6)
- 환율 및 세금(13.7.7)
- 물가상승률 및 세금(13.7.8)

13.7.1 사업비에 대한 자본화(capitalization)와 감가상각(depreciation)

프로젝트의 회계기준과 현금기준의 가장 중요한 차이는 프로젝트 비용에 대한 자본화 및 이후에 발생하는 감가상각이다.

프로젝트 비용이 발생하는 순간 비용으로 기입해야 한다면 건설기간 중 프로젝트 회사는 막대한 손실을 발생시킬 것이며, 역으로 운영기간 중에는 큰 이익을 볼 것이다. 이는 프로젝트의 실제를 반영하지 않는다.

대부분의 국가에서 프로젝트의 자본비용은 즉각 비용처리 하기 보다는 자본화하는 것(대차대조표의 자산 쪽에 기입하는 것)을 허용한다. 이 때 '비용'은 EPC 비용('hard cost') 뿐 아니라 프로젝트 운영 전까지의 'soft cost', 즉 사업개발 및 금융비용(IDC 포함), 그리고 자문사 비용 등도 포함한다.

자본화된 비용은 이후 이익이 발생하면 상각된다. 정액상각법이 사용되는 경우 해당 자산은, 예컨대 20년간에 걸쳐 상각된다. 이 경우 비용이 1,000인 프로젝트는 매년 5%씩(50씩) 상각될 것이다.

이 상각비용을 과세소득과 상계시킨다면, 세율이 50%일 경우 이는 20년간 매년 세금납부액을 25씩 줄이는 효과를 낳는다.

가속상각법을 활용할 수 있다면, 프로젝트 회사는 사업 초기 더 큰 납세액을 이연시킬 수 있을 것이다. 만약 자산의 잔여가치에 대하여 매년 25%씩 상각을 허용하는 경우, 상각액은 아래와 같다:

- Year 1: 비용의 25%인 250
- Year 2: (취득가액에서 Year 1 상각액을 제한 금액의) 25%인 188, 총 438
- Year 3: (취득가액에서 Year 1에서 Year 2까지의 상각액을 제한 금액의) 25%인 141, 총 578
- Year 4: (취득가액에서 Year 1에서 Year 3까지의 상각액을 제한 금액의) 25%인 105, 총 684
- Year 5: (취득가액에서 Year 1에서 Year 4까지의 상각액을 제한 금액의) 25%인 79, 총 763
- 기타 등등

그러므로 최초 5년 동안 자산 취득가액의 75% 이상을 납세액과 상계할 수 있다. (정액상각법일 경우 25%에 불과) 가속상각법을 활용한 경우, 이미 자산 가치의 대부분을 이미 상각하였기 때문에 프로젝트 후반기에 납부할 세금이 증가한다. 그러므로 (세율에 변화가 없다면) 20년이 지난 뒤에는 감가상각을 통한 세금절감 효과는 정액상각법을 활용한 경우와 같게 된다.

흔히 사용되는 또 다른 감가상각 방법은 '이중 상각법(double depreciation)'이다 - 일반적인 감가상각률이 연 10%라면, 이중 상각법은 예컨대 최초 3년간은 20%를 적용하고, 나머지 해에는 10%를 적용하는 방법이다. 이 방법을 통해 초기 5년간 자산 취득가액의 80%를 상각할 수 있다.

(미국이나 영국과 같은) 일부 국가에서, 감가상각은 목적(회계목적 또는 세무목적)에 따라 각기 다른 방법으로 다루어진다: 회계 목적으로는 프로젝트 자산은 자산이 유용하게 활용될 수 있는 기간에 걸쳐 상각되는데, 이를 통해 자산 취득비용을 자산이 벌어들이는 수입기간으로 분산시키고 프로젝트 초기 수익을 증가시키게 된다. 세금 목적으로는 가속상각법이 사용된다. 양자의 차이는 대차대조표의 이연법인세부채로 계상된다. (프랑스와 독일과 같은) 기타 국가에서는 회계적 상각방식과 세무적 상각방식이 동일해야 한다.

프로젝트의 다양한 자산(빌딩, 기자재 등)에 대하여 각기 다른 감가상각율이 적용될 수도 있다. 그러한 경우 건설회사는 세무목적상 건설대금을 이를 구성하는 각각의 요소로 분류해야만 한다. (cf. 8.2.3) 빌딩(특히 산업용 건물이 아닌 경우)은 감가상각의 대상이 되지 않는 경우도 있다. (그러한 건물들은 계속해서 가치를 보유하여야 하기 때문이다): 이는 프로젝트의 실질세율을 높이게 되는데, 빌딩을 짓는데 든 비용을 빌딩으로부터 발생하는 수익에 상계시키지 못하기 때문이다.

프로젝트 회사가 프로젝트에 대하여 법적인 소유권을 갖지 못하는 PPP의 경우에도 유사한 문제가 발생할 수 있다 - 이 경우에도 프로젝트의 자본비용이 세금과 상계될 수 없다. 이 문제를 해결하기 위한 다양한 방안이 존재하는데 예컨대 영국의 '금융 채무자'(finance debtor) 회계가 그러하다. 이 회계방법은 계약대금을 운영수입과 대출금에 대한 명목 상환액으로 구분한 뒤, 후자에 대하여서는 세금을 면제하는 방식이다. 스페인에서는 양허 도로등과 같은 자산의 자본비용에 상응하는 예비금을 양허기간 동안 적립케 하고, 이를 매년 세금과 상계시킨다: 양허계약 기간이 종료되는 시점에 이 예비금은 자본비용과 상계되어 양자를 0으로 만든다.

13.7.2 배당 트랩(Dividend Trap)

12.2.2에서 논의한 바와 같이 사업주가 제공한 '자본금'은 통상적인 형태의 납입자본금이 아니라 납입자본금과 후순위대출금을 합한 형태가 될 수 있다. 그 이유 중 하나는 납입자본금에 대한 배당과는 달리 후순위대출에 대한 이자에 대하여서는 손금처리가 가능하기 때문이다.

사업주의 자본금이 납입자본금과 후순위대출을 섞은 형태로 제공되는 또 다른 이유는 '배당트랩'(Dividend Trap), 즉 프로젝트 회사가 현금을 보유하고 있지만 손익계산서상 누적손실로 인하여 배당을 지급할 수 없는 상황에 처할 수 있기 때문이다. 많은 국가에서는 회사가 누적손실을 기록하고 있는 경우 배당을 지급하지 못하게 하는 정책을 가지고 있다. (사업 첫 해 50의 손실이 발생했고, 둘째 해에 25의 이익을 기록한 경우 누적손실이 25이기 때문에 배당을 지급할 수 없다. 만약 셋째 해에 30의 이익을 낸다면 5에 해당하는 배당을 지급할 수 있으며, 이 경우 누적이익은 0이 된다)

이는 표13.3에 상세히 설명되어 있다. 표의 가정들은 아래와 같다:

- 프로젝트 사업비는 1,500. 1,200은 차입금, 300은 자본금으로 조달
- 수입과 비용은 각각 연 475와 175로 고정
- 프로젝트 자산에 대한 감가상각은 자산 잔여가치의 25%
- 회계적 감가상각과 세무적 감가상각은 동일
- 세율은 30%
- 프로젝트 회사에 세전손실이 발생하는 경우, 해당 손실의 30%는 이연되어 향후 납부해야 할 세액에서 차감
- 대출금 상환은 매년 200
- 프로젝트 운영기간은 6년보다 길지만, 설명 목적으로 6년까지만 표시

표 13.3 배당 트랩

연도	1	2	3	4	5	6	계
(a) 수입	475	475	475	475	475	475	2,375
(b) 비용(이자비용 포함)	-175	-175	-175	-175	-175	-175	-875
(c)세금감가절하비용 (tax depreciation)	-375	-281	-211	-158	-119	-89	-1,144

연도	1	2	3	4	5	6	계
(d) 세전수입/손실 [(a) + (b) + (c)]	-75	19	89	142	181	211	567
(e) 세액공제/납부액	23	-6	-27	-43	-54	-63	
(f) 세액공제 활용		6	17	0	0	0	
이월세액공제	23	17	0	0	0	0	
(g) 납세액 [(e) + (f)]			-10	-43	-54	-63	-170
(h) 순이익 [(d) + (g)]	-75	19	79	99	127	148	397
(i) 대출 원금 상환	-200	-200	-200	-200	-200	-200	-1,200
(j) 배당			-23	-99	-127	-148	-397
(k) 현금흐름 [(h) - (c) + (i) + (j)]	100	100	67	-42	-81	-111	33
현금잔고	100	200	267	225	144	33	
기초 손익계정	0	-75	-56	0	0	0	
(l) 연말 손익계정	-75	-56	0	0	0	0	

위 표를 보면 프로젝트 회사는 첫 해 투자자에게 배당으로 지급할 수 있는 양의 현금흐름을 시현하지만, 가속상각법을 활용함으로 인하여 누적손실이 75가 됨에 따라(그리고 그 결과 첫 해에 회계손실을 발생시킴에 따라) 배당이 불가하다. 누적손실이 사라지는 3차년도가 되기 전까지 배당은 불가능하다. 6년차에도 잉여현금의 전부가 배당으로 지급되지 않기 때문에, 이는 투자수익률을 저하시키는 요인이 된다.

사실 이 경우 배당트랩은 감가상각과 대출 원금 상환의 차이의 함수이다; 전자가 후자보다 훨씬 크다면 배당트랩이 발생하는데, 상황이 뒤집힌다면 배당트랩은 사라진다. (회계적 감가상각이 세무적 감가상각과 동일하지 않은 국가에서는 큰 이슈가 되지 않는다)

자본금 일부가 후순위대출금으로 조달되었다면, 사업 초기 배당이 불가능한 때에는 후순위대출금에 대한 원리금 상환 방식으로 투자금을 회수할 수 있을 것이다. 이를 통해 프로젝트 회사는 잉여현금 전부를 지급할 수 있다.

여기서 추가적으로 살펴보아야 하는 점은 가속상각법의 혜택이 효율적으로 활용되지 못하고 있다는 것이다 - 첫 해에 발생하는 이연법인세자산 23에 대한 상각은 3차년도에 완전히 이루어진다. 이 경우 프로젝트 회사는 다음과 같은 옵션을 고려해 볼 수 있을 것이다:

• 가속상각의 혜택을 부분적으로 활용(즉, 자산취득 비용을 보다 천천히 상각)하여 손실을 발생시키지 않는 방법(많은 국가들이 이를 허용한다) - 이를 통하여 배당을 지급할 수 있다.

- 리스(cf. 4.5.2)를 활용, 상각비용을 즉각 활용할 수 있는 리스회사로 넘기고, 프로젝트 회사는 리스회사를 통하여 보다 낮은 비용으로 자금을 조달하는 방법

자본금이 아니라 후순위대출을 주요 수단으로 활용하는 경우의 또 다른 이점은 리파이낸싱이 이루어져 선순위대출금 규모가 증가하는 경우, 또는 투자자들이 자신의 투자금을 보다 천천히 회수하고 싶어하는 프로젝트 운영 후반기에, 투자금을 보다 수월하게 투자자들에게 돌려줄 수 있다는 것이다. (이는 자본소득세와 관련하여서도 혜택이 될 수 있다)

13.7.3 음의 자본금(negative equity)

그러나 프로젝트 회사는 배당 트랩이라는 스킬라(Scylla)를 피함으로서 오히려 자본금을 전부 날려버리는 카르비디스(Charybdis)의 손아귀에 떨어지는 것을 피해야 한다. 프로젝트 회사의 자기자본의 대부분이 후순위대출금으로 조달되었고, 프로젝트가 초기에 대규모의 회계손실을 발생시킨다면 완전 자본잠식에 빠질 수 있다. 많은 국가에서 자본금이 음이면(즉, 납입자본금이 손익계산서의 음의 수치보다 크다면), 청산절차를 밟아야 한다.

표13.3에서 1,500의 사업비 중 20%(즉 300)가 267의 후순위대출금, 그리고 33의 납입자본금으로 조달되었다면, 후순위대출금에 대한 상환이 먼저 이루어지게 된다. 즉, 초기 3년 동안 후순위대출금 267이 먼저 상환되고, 그 이후에 배당이 지급되게 된다. 프로젝트 회사는 첫 해에 75의 손실(후순위대출금에 대한 이자를 감안하지 않고서도 말이다)을 발생시키는데, 이는 납입자본금 33보다 크다. 그 결과 납입자본금과 후순위대출금간의 분리는 불가능하게 된다. (이 경우 프로젝트 회사는 감가상각을 보다 천천히 하는 방법을 택해야만 할 것이다)

정액상각법을 채택하더라도 유사한 결과를 얻게 되나, 프로젝트 초기 더 낮은 수준의 수익을 기록하게 된다. (후순위대출금을 포함, 더 많은 대출금에 대한 이자를 내야 한다)

그러므로, 프로젝트 파이낸스에 고유한 낮은 수준의 자본금을 감안할 경우, 재무모델에서 프로젝트 회사의 회계결과는 신중하게 검토되어야 한다. 즉 잉여현금흐름이 존재할 경우 법적으로 배당을 지급할 수 있어야 하며, 프로젝트 회사가 양의 자본금을 유지할 수 있어야 한다.

13.7.4 세금납부 시점

법인세는 후납한다. 즉, 납세의무가 발생하는 시점과 실제로 납부하는 시점간 차이가 존재한다. 그러므로 손익계산서에서는 세금납부액이 어떻게 산정되었는지를, 현금흐름표에서는 실제 납부하는 세액이 얼마인지를 재무모델에서 보여줘야 한다.

13.7.5 VAT

일부 국가(특히 EU 소속 국가)에서 프로젝트 회사는 건설비용에 대하여 VAT를 납부하여야 하나, 프로젝트 회사가 운영을 개시할 경우 기 납부한 VAT는 매출에 부과되는 VAT와 상계할 수 있다. 대주단은 이러한 단기적인 자금수요에 대하여 VAT 대출을 제공해 줄 수 있다.

13.7.6 원천징수세

12.7.1에서 논의한 바와 같이 대주단에게 지급하는 이자에 대한 gross-up이 이루어진다면, 재무모델은 이를 반영해야 할 것이다.

원천징수세는 역외 투자자들의 배당소득 또는 후순위대출금에 대한 이자소득에도 적용될 수 있다. 이중과세방지협정이 존재하는 경우 거주자 소득에 대한 세금으로 이를 상계시킬 수 있지만 그럴 수 없다면 (프로젝트 회사의 재무제표나 현금흐름에는 나타나지 않는다 하더라도) 투자자들은 이를 자본금 IRR 산정시 고려해야 할 것이다.

13.7.7 환율과 세금

프로젝트 회사의 차입금이 외국통화로 이루어져 있다면, 수입과 비용 모두가 외국통화로 발생한다 하더라도 사업소재지국 통화에 대한 환율변동은 세액 및 투자자들의 투자수익률에 영향을 줄 수 있다.

이 효과는 표13.4에 잘 드러나 있다. 이 표는 왜 재무모델은 역외 투자자나 대주단의 통화가 아닌 사업소재지국의 통화로 작성되어야 하는지를 보여준다.

표 13.4 환율과 세금

연도	0	1	2	3	4	5	계
$ 계산							
(a) 당초 비용	$1,000						
(b) 감가상각 [(a) × 10%]		$100	$100	$100	$100	$100	$500
(c) 세금 공제 [(b) × 30%]		$30	$30	$30	$30	$30	$150
€ 계산							
(d) 당초 비용	€100						
(e) 감가상각 [(d) × 10%]		€110	€110	€110	€110	€110	€550
(f) 세금 공제 [(e) × 30%]		€33	€33	€33	€33	€33	€165
(g) 환율	€1.10	€1.16	€1.21	€1.27	€1.34	€1.40	
(h) $ 기준 감가상각 [(e) / (g)]		$95	$91	$86	$82	$78	$433
(i) $ 기준 세금공제 [(f) / (g)]		$29	$27	$26	$25	$24	$130

이 표는 유럽에 소재지를 두고 있는 프로젝트 회사에 투자한 달러 기반의 투자자의 수익률을 나타낸다. 프로젝트 회사의 재무제표와 세금은 유로화를 기준통화로 하고있다. 표는 두 가지 계산결과를 보여준다: 하나는 달러에 기초한 재무모델이며, 다른 하나는 유로화로 작성된 재무모델이다. 이 계산에 사용된 가정들은 아래와 같다:

- 모든 프로젝트 사업비, 수입, 그리고 운영비용(대출금에 대한 원리금 포함)은 달러로 발생하거나 달러에 연동되어 있으며, 프로젝트는 이론적으로 환율변동 리스크에 노출되어 있지 않다.
- 당초 $/€ 환율은 1:1.10 이었다.
- 유로화의 가치가 매년 연 5%씩 떨어졌다.
- 프로젝트 사업비는 $1,000인데, 발생한 시점의 환율로는 €1,100이었다.
- 프로젝트 자산은 매년 10%씩 상각되었다.
- 법인세율은 50%
- 이 표는 첫 해부터 5년차까지의 현금흐름을 보여준다.

표에서 나타난 바와 같이 유로화 가치가 떨어지면 달러로 환산한 세액공제는 $150이 아니라 $130이다. 그러므로 달러로 작성된 모델은 이를 제대로 반영하지 못하여 현금흐름을 과대 평가하게 된다.

그러므로 외국통화를 조달한 프로젝트에서 헤지가 충분히 이루어졌다 하더라도 환율변동의 다양한 효과 - 환율의 상승 및 하락, 환율변동의 시점 등 - 가 사전에 충분히 점검되어야 한다.

13.7.8 물가상승률과 세금

프로젝트 현금흐름에 대한 물가상승률의 일반적인 효과(cf. 10.4)와는 별개로, 13.7.7에서 논의한 이유와 유사한 이유로 인플레이션이 높은 국가에서 운영되며, 또 수입과 비용이 물가상승률에 연동되는 프로젝트의 수익률은 물가상승률과 정확히 연동되지 않을 것이다. 왜냐하면 프로젝트 사업비에 대한 감가상각은 물가상승률이 적용되지 않은 당초의 취득비용에 기초하기 때문이다. (그러나 일부 국가에서는 감가상각액을 적용하기 이전에 프로젝트 사업비에 대하여 물가상승률을 적용하여 재평가할 수 있도록 허용한다)

이는 프로젝트 파이낸스 현금흐름에서 '실질'이 아닌 '명목' 수치가 중요하다(cf. 10.4)는 것을 다시 한 번 나타낸다.

13.8 재무모델의 결과값

재무모델을 활용하는 이(투자자, 대주단, 생산물구매자/계약당국) 및 프로젝트의 종류에 따라 모델이 목적으로 하는 바는 다를 것이다. 투자자의 경우에는 자본금 IRR을 살펴보고자 할 것이고(cf. 12.2), 대주단의 경우 커버비율(cf. 12.3)을 살펴보고자 할 것이며, 생산물구매자/계약당국의 입장에서는 계약대금 지급액을 알고 싶어할 것이다.(cf. 3.7.8)

재무모델은 아래와 같은 다양한 계산값들을 산출한다:

- 건설비용
- 자본금 납입
- 대출금 인출 및 상환
- 이자납입액
- 운영수입 및 비용
- 세금
- 손익계산서
- 대차대조표
- 현금흐름 (자금의 소요와 조달)
- 대주단이 요구하는 커버비율
- (존재한다면) 계약대금 지급액

통상적으로 아래와 같은 핵심내용을 한 장에 정리하여 보여주기도 한다:

- 프로젝트 사업비 및 재원조달 내용의 요약
- 현금흐름 요약
- 대주단이 요구하는 커버비율
- Base Case 자본금 IRR
- 프로젝트 IRR
- (존재한다면) 첫 해의 계약대금 지급액
- (존재한다면) 계약대금 지급액의 NPV

13.9 민감도 분석

재무모델은 대주단과 투자자들이 프로젝트 초기에 투입하였던 핵심적인 가정들에 대하여 변화를 줄 때 나타날 수 있는 민감도[4] 영향을 분석할 수 있도록 충분히 유연하여야 한다. 그러한 민감도 분석을 통하여 아래와 같은 상황이 발생하였을 때 커버비율 및 자본금 IRR에 대한 영향을 알아볼 수 있다:

- 초과비용 발생 (일반적으로 예비금 전액을 인출한 상태를 전제로 한다)
- 프로젝트 완공 지연 또는 성능에 문제가 발생하여 건설계약에 의한 LD 지급상황 발생
- (예컨대 6개월 정도의) 완공지연이 발생하였으나 건설회사가 LD 미지급
- 성능에 문제가 발생하였으나 건설회사가 LD 미지급
- 가동시간 저하
- 프로젝트 생산 또는 사용률 저하; 사용률이나 시장 리스크를 부담한 경우에는 이 부분이 큰 이슈가 된다: 예컨대 유료도로 프로젝트에서 교통량이 30% 정도 줄어드는 것을 가정할 때에도 ADSCR이 1.1을 유지할 수 있는지, 즉 대출 원리금 상환을 할 수 있는지를 검토해야 한다.
- 판매가격 하락
- 손익분기점이 되는 가격 또는 사용률, 즉 프로젝트가 더 이상 대출 원리금을 상환할 수 없는 수준의 가격 또는 사용률
- 원재료 가격 상승
- 운영비용 상승
- (변동금리일 경우) 이자율 상승
- 예상보다 높거나 낮은 물가상승률
- 환율 변동

요약하면, 민감도 테스트는 상업적·거시경제적 리스크가 당초 기대했던 수준에서 벗어날 때 프로젝트에 미치는 영향을 살펴보고자 하는 것이다.

대주단은 통상 다양한 부정적인 사건들이 한꺼번에 발생했을 때 프로젝트의 대처능력을 보기 위하여 '복합적 부정적 시나리오'(예컨대 완공 3개월 지연, 판매가격 10% 하락, 가동중단률 10% 상승 등)를 체크한다. 각각의 이벤트들을 한꺼번에 발생하는 것으로 보고 분석하는 기법은 '시나리오 분석'이라고 한다.

13.10 Banking Case, Base Case 및 금융종결

대주단과 사업주, 그리고 (존재한다면) 생산물구매자/계약당국과 모델 감사인(cf. 5.5.5) 모두가 재

---

[4] '경우들(cases)'이라고 부르기도 한다.

무모델의 구조와 계산식이 프로젝트와 관련 계약내용을 정확하게 반영하고 있는 것으로 동의하고, 기본 가정에 합의하고, 또 금융구조와 조건들(제12장)도 정해지면, 비로소 최종 재무모델이 확정되는데 이는 프로젝트 회사와 대주단 간에는 'Banking Case'로 불리고, 프로젝트 회사와 생산물 구매자/계약당국 간에는 'Base Case'로 불린다. 대주단은 계약대금 지급액을 산정하기 위하여 다른 가정들을 쓸 것을 요구할 수도 있는데, 이 경우 Base Case와 Banking Case는 서로 다를 수도 있다.

이러한 최종 재무모델 확정은 금융계약 체결이나 금융종결 직전에 이루어지게 되는데, 대주단은 최종 업데이트된 가정과 프로젝트 계약 최종본을 바탕으로 프로젝트가 적절한 커버비율을 유지하는지를 점검하게 된다. 계약대금 지급액을 확정(cf. 10.3.5)하기 위하여 고정금리 대출이나 금리스왑이 이 단계에 모델에 반영되기도 한다.

13.11 금융종결 후 재무모델의 활용

프로젝트를 둘러싸고 있는 상황은 금융종결 후에도 계속 변화하며, 대주단은 자신의 익스포져에 대한 리스크를 계속해서 점검한다. ADSCR 또는 LLCR의 악화가 예상될 경우 배당을 제한할 수 있으며(cf. 14.4.2), 대출금에 대하여 default를 적용할 수도 있다. (cf. 14.12) 그러나 금융종결 이후 새로운 Banking Case를 작성하기 위해서는 과거에 사용되었던 가정 중 어떤 것들을 변경시킬지 미리 정해두어야 한다. 만약 프로젝트 회사가 해당 가정들을 마음대로 변경할 수 있다면, 대주단이 동의하기 어려울 것이고 그 반대의 경우도 마찬가지일 것이다.

이 문제에 대한 쉬운 답은 없지만, 가능한 한 주관적인 근거보다는 객관적인 근거를 활용하여 재산정을 해 보아야 할 것이다. 즉,

- 거시경제 가정(상품가격 포함)은 대주단 중 하나, 또는 외부인이 발표하는 경제 리뷰에 근거할 수 있을 것이다. 물론 이 리뷰는 일반적인 경제상황에 대한 것이어야 하며 프로젝트 자체에 대한 것이어서는 안된다. (그러나 통상 그러한 리뷰가 커버하는 기간은 프로젝트가 운영되는 기간 대비 짧다)
- 운영비용이나 수입에 대한 변경은 프로젝트 회사의 실적에 기반해야 할 것이다.
- 통상 대주단이 가정 변경에 대한 의사결정에서 가장 큰 역할을 하지만, 사업주로서는 가능한 한 대주단의 임의적인 결정에 동의하기보다는 관련 이슈에 경험이 풍부한 대주단 기술자문사나 시장·보험 등 자문사의 자문결과를 바탕으로 한 의사결정이 이루어질 수 있도록 하여야 한다.

생산물구매자/계약당국이 존재하는 경우, Base Case 모델은 아래와 같은 목적으로 활용될 수 있다:

- 보상 이벤트(cf. 7.6.5) 발생시 보상금 계산
- 벤치마크 또는 시장테스트 서비스 요금 변경(cf. 6.4.5, 8.4)
- 계약해지대금 산정(cf. 7.10)
- 리파이낸싱 계산(cf. 14.6.3)

14

프로젝트 파이낸스 금융계약 작성

14 프로젝트 파이낸스 금융계약 작성

14.1 도입

제12장 및 제13장에서 살펴본 금융구조 및 모델링 이슈와는 별도로, 금융계약은 아래 표14.1에서 나열된 프로젝트 회사에게 부여되는 각종 대주단의 통제장치와 요구사항들을 반영하게 된다. 이 내용들이 이 장의 내용이다. 그 결과는 프로젝트 회사와 대주단이 체결하는 금융계약[1]과 이에 수반하는 채권보전장치와 관련된 계약서들이다.

통상적인('boilerplate') 조항들(즉, 일반적인 금융계약 대비 크게 변화가 없는 조항들)은 종종 Loan Market Association('LMA') 표준문안을 따르기도 한다. LMA는 1996년 설립되었는데, 그 목적은 금융계약을 표준화하여 신디케이션(cf. 5.2.8)을 보다 수월하게 하고, 대출시장에서 쉽게 거래될 수 있게 하는 것이다. 회원들(500+)은 상업은행, 투자은행, 기관투자자, 법률법인, 서비스 제공자, 그리고 신용평가기관들인데, 전부는 아니더라도 대부분 유럽에 위치하고 있다.[2] 프로젝트 파이낸스에 대한 LMA 표준문안은 존재하지 않으나, 기업금융에서 활용되는 다양한 조항들이 활용된다. 그러므로 LMA 표준문안은 통상적인 조항들에 대한 협상필요를 제거하기 때문에 프로젝트 파이낸스에 있어서도 협상의 개시점으로 기능한다.[3]

또한 이 장에서는 통상 프로젝트가 완공되어 운영중일 때 발생하는, 프로젝트 회사 투자자들의 두 가지 핵심 관심사항에 대하여 다룬다. 그 중 하나는 프로젝트 회사 채무에 대한 리파이낸싱(14.16)이며, 다른 하나는 지분매각(14.17)이다.

1　'credit agreement', 'financing agreement' 또는 ' facilities agreement' 등으로도 불린다.
2　지역마다 LMA가 존재한다. 미주지역에는 Loan Syndications and Trading Associations – 'LSTA', 아시아태평양 지역에는 Asia Pacific Loan Market Association – 'APLMA', 그리고 아프리카에는 African Loan Market Association – 'ALMA' 등이 존재한다.
3　프로젝트 파이낸스의 다양한 법률적 특성에 대하여서는 Scott L. Hoffman, *The Law and Business of International Project Finance* (Cambridge University Press, Cambridge, 2007[3rd ed]); Graham D, Vinter and Gareth Pierce, *Practical Project Finance* (Sweet & Maxwell, London, 2006 [3rd ed]); Philip R. Wood, *Project Finance, Securitisations and Subordinated Debt* (Sweet & Maxwell, London, 2007 [2nd revised ed.]) 을 참조하라.

14.2 대주단의 Term Sheet

대주단의 term sheet(cf. 5.2.7)은 대주단이 제시하는 주요 상업적·금융적 조건과 구조를 나열한 요약자료이며, 향후 작성될 금융계약의 템플릿으로 활용된다. Term Sheet이 커버하는 조건들은 표14.1에 나열되어 있다; 표는 각각의 사항들을 다루는 섹터를 나타내고 있다.[4]

표 14.1 대출금 Term Sheet – 핵심 사항들

차주	3.6	인출가능기간	14.3.1
사업주	3.2	인출절차	14.3.2, 12.2.3
대출금의 목적	2.5	프로젝트 계좌	14.3, 14.4
금융주선사/대주단	제5장	예비계좌	14.4.1
대출금을 사용가능한 프로젝트 비용	13.5.1	Cash flow Cascade	14.4.2
대출금 종류와 금액	제12장	배당중지	14.5
커버비율	12.3	보고 의무	14.6
최대 D:E ratio	12.4	대출취소 및 조기상환	14.7
원금 상환	12.5	담보	14.8
이자율 및 마진	12.6.1	선행조건	14.9
주선수수료	12.6.2	진술 및 보증	
약정수수료	12.6.3	약정	14.10
대리은행 비용	12.6.4	waiver 및 수정	14.11
기타 대출관련 비용	12.7	EoD	14.12
자문사 비용	5.5.1	대주단의 의사결정절차	14.13
이자율 헤지	10.3	대주단간 약정	14.14
스왑 신용위험 가산율	10.3.1	준거법과 재판관할지	14.15
		유효기간	5.2.7

14.3 건설단계 – 대출금 인출

대출금은 통상 건설단계보다 조금 더 긴 기간동안 인출이 가능하다. (14.3.1) 대출금 인출절차 (14.3.2)는 자본금 납입절차(cf. 12.2.3)에 연계되어 있다.

14.3.1 인출가능기간(Availability Period)

인출가능기간은 대출금을 인출할 수 있는 기간이다 – 인출기간 이내 대출금이 전부 인출되지 않는

---

[4] 표14.1의 조건들에 대한 요약은 상업은행 term sheet의 핵심 조항들이다; 성격이 다른 대주단 또한 이와 유사한 term sheet을 사용한다.

다만, 더 이상 인출을 할 수 없다. 통상적으로 인출기간은 실제 프로젝트 완공 이후 6개월 경과시점(소위 punch list라고 불리우는 자잘한 비용을 커버하기 위한 목적)과, 예상 프로젝트 완공시점으로부터 12개월이 경과한 시점(건설이 지연되는 경우에 대비) 중 빠른 날로 한다.

14.3.2 대출금 인출(drawdown) 절차

대출금 인출절차는 통상 프로젝트 회사가 실제 인출일 이전에 인출요청서(drawdown request)를 작성하는 것으로 개시된다. 그리고 일반적으로 인출은 한 달에 한 번 정도만 이루어진다. 인출요청서에는 다음과 같은 내용들이 포함된다:

- 대주단의 기술자문사가 확인한 건설회사 앞 대금지급 내역
- 자금이 필요한 용도 요약
- 비용이 어떻게 충당되는지에 대한 내용 - 즉, 인출순서(cf. 12.2.3)에 의거 자본금과 대출금 중 어떤 재원이 사용되는지, 그리고 다수의 대출계약이 존재한다면 어떤 것부터 인출될 것인지에 대한 내용
- ECA 또는 기타 재원이 구속성 금융(tied financing)을 요구하는 경우, 기자재 또는 서비스에 대한 원산지 증명서
- 월별, 그리고 누적 비용을 건설예산과 비교(cf. 13.5.1)
- 프로젝트 완공에 충분한 재원이 존재하는지 확인(cf. 13.5.2)
- 기타 인출선행조건 충족여부 확인(cf. 14.8)

자본금 납입액과 대출금 인출액은 대주단이 담보권을 설정[5]하는 프로젝트 회사 명의의 인출계좌(Disbursement Account)에 예치되거나, 건설회사 등 앞 직접 지급된다. (cf. 8.2.3)

대주단은 인출계좌로부터 출금되는 모든 사항들을 통제할 수도 있고, default가 발생한 경우를 제외하고는 인출요청서에 기재된 목적으로 프로젝트 회사가 자체적으로 출금하는 것을 허용할 수도 있다. (후자가 보다 실무적인 접근방법이다; 위에서 언급한 인출요청 절차가 활용된다면, 대주단은 인출계좌에서 대금이 제대로 빠져나갔는지만을 확인하면 된다)

대안으로는 (Banking Case에 기초하여) ±5% 범위 내에서 매달 일정한 금액이 인출계좌에 예치되도록 하는 것이다. 이 방식을 활용할 경우 대리은행이 인출계좌에서 대금이 빠져나가는 것을 통제해야 한다. 마찬가지로 채권발행액 또한 인출계좌로 납입되어야 하며, 통제 채권자(Controlling Creditor) 또는 수탁인이 이를 관리하여야 한다. (cf. 5.4, 10.3.4)

---

5 'Proceeds Account'라고 불리기도 한다.

14.3.3 대출 증액(Debt Accretion)

몇몇 경우에 있어 프로젝트 회사는 현금흐름이나 기타 요구수준이 충족될 경우 매장량기반 방식의 인출방식을 활용할 수도 있다.(cf. 5.2.2)

대출증액은 매장량기반 방식과 밀접하게 연계된 인출 구조로서, 이 경우 14.3.1에서 언급된 인출 가능기간보다 훨씬 긴 기간에 걸쳐 대출금이 인출될 수 있다. 이는 양허계약에 있어 많이 쓰인다. 이러한 종류의 프로젝트에서 대주단은 통상 보수적인 교통량 증가를 가정하게 된다. (cf. 9.6.3) 교통량이 당초 예상보다 늘어나면, 프로젝트 회사는 통행료 증가에 기반한 커버비율에 맞춰 대출금을 추가로 인출할 수 있다. 그러한 경우 대출인출기간은 예컨대 운영개시 후 10년까지 늘어날 수도 있다. 그러나 교통량이 증가한다면 당초 대출금을 리파이낸싱 함으로써 유사한 결과를 얻을 수도 있다. (cf. 14.13)

14.4 운영단계 - 현금흐름 통제

건설단계 중에는 예산에 부합하고 허가가 이루어진 비목에 대하여만 대출금을 인출하도록 허락하는 것과 마찬가지로 운영기간에도 대주단은 현금흐름을 통제한다. 그 통제수단들은 아래와 같다:

- 프로젝트 회사에게 다수의 프로젝트 계좌를 개설토록 하고, 대주단은 동 계좌에 대하여 담보권을 설정하고 또 통제권을 행사한다. (14.4.1)
- 현금흐름적용순서(Cash Flow 'Cascade') - 이는 현금흐름을 적용하는 순서이다. (14.4.2)
- 투자자 앞 배당 등 지급 통제(14.4.3)
- 일부 '캐쉬스윕(Cash Sweep)'(14.4.4) 또는 환수 요구(14.4.5)

14.4.1 프로젝트 계좌(Project Account)

대주단은 계약에서 요구된 바에 따라 현금흐름을 통제하기 위해 프로젝트 회사로 하여금 다양한 프로젝트 계좌[6]를 개설하도록 한다.[7] 이는 프로젝트 회사의 수입과, 운영비용 및 금융비용 지급, 그리고 각종 예비계좌(reserve account) 예치 등과 관련된다.

대주단이 프로젝트 회사의 수입을 통제·관리감독을 하는 방법은 두 가지가 있다:

---

6 통제계좌(Control Account)라고도 알려져 있다.
7 이는 14.3.2에서 살펴본 건설단계 중 요구사항도 포함한다.

- 대주단은 프로젝트 회사로 하여금 프로젝트 회사가 매일 영업활동을 위해 사용하여야 하는 금액만을 운영계좌(Operating Account)에 예치하고, 나머지 금액은 14.4.2에서 논의할 금액들이 다 지급될 때까지 대주단/담보관리인과 프로젝트 회사가 공동으로 관리하는 예비계좌로 예치하게 할 수 있다.
- 대안으로는, 모든 수입을 하나의 계좌로 모으고, 필요한 때 동 계좌에서 인출하여 사용하도록 할 수 있다.

물론 프로젝트 회사는 보다 유연한 방식인 후자를 선호할 것이다. 그러나 이 경우 대주단은 프로젝트 회사가 자금운용을 제대로 할 것이라는 믿음이 있어야 한다.

또한 대주단은 프로젝트 회사로 하여금 각종 예비계좌를 개설하도록 요구할 수 있다. 계좌주는 프로젝트 회사이지만, 동 계좌로부터의 인출은 대주단의 허가를 받아야 하며 계좌잔액은 대주단의 담보로 활용된다.

예비계좌는 프로젝트 회사의 단기적 현금부족 문제에 대비할 수 있게 하거나, 미래 대규모 자금이 소요되는 이벤트를 대비하기 위해 설정된다. 보험료 납부 등 특정 목적을 위해 설정될 수도 있다.

예비계좌가 개설되면 배당이 지연되므로 투자수익률은 낮아질 것이다. 그러나 어쨌거나 예비계좌가 개설되어야 한다면, 사업주의 주요 관심거리는 너무 많은 돈이 예비계좌에 묶여있어 일상적인 비즈니스 활용에 영향을 주지 않도록 하는 것이다.

표준적인 예비계좌는 다음과 같다:

대출원리금상환예비계좌(Debt Service Reserve Account, DSRA). 이 계좌는 대출 원리금 상환(통상 6개월)에 필요한 금액을 예치해두는 계좌이다. 프로젝트 회사가 현금흐름을 통해, 또는 대출원리금상환계좌(Debt Payment Reserve Account, DPRA)를 통해 대출 원리금 일부를 상환할 수 없을 때 이 계좌에서 인출하게 된다.

DSRA는 프로젝트 운영 초기 단계에 개설해야 한다. 이를 달성하기 위한 방법은 두 가지이다:

- DSRA를 건설비용의 일부로 계상하는 방법
- 현금흐름적용순서(Cascade)(cf. 14.4.2)에 따라 현금흐름으로 DSRA 충당하는 방법. 다만 이 경우에는 프로젝트 완공시까지 DSRA에 현금이 예치되지 않음.

투자자 입장에서는 첫 번째 방법이 더 나은데, 사실 대부분의 DSRA는 대주단이 납입하기 때문이다 (즉, D:E ratio에 따라 납입하기 때문이다) 대주단 입장에서도 DSRA가 보다 빨리 마련된다는 점에서 혜택이 있다. 절충 방안으로는 프로젝트 완공 달성시점에 여유자금이 존재한다면, 이를 통해 DSRA를 채워넣도록 하는 방법도 있다.

대출원리금상환계좌(Debt Payment Reserve Account, DPRA). 이 계좌는 다음 대출 원리금 상환을 위하여 필요한 자금을 운영계좌에 예치해두는 대신 월별로 동 계좌로 이체시켜 미리 준비케 하는 계좌이다. (이는 운영계좌와 수입계좌가 별도로 운영되는 방식이 아니라 프로젝트 회사의 수입이 하나의 계좌로만 관리될 때 주로 사용된다) 이 경우 DPRA 잔액은 매 대출 원리금 회수기일이 도래하면 0이 된다. (참고로 DPRA는 DSRA와는 별개이다) 이자납입예비계좌(Interest Payment Reserve Account)와 함께 사용될 수도 있고, 두 계좌를 통합하여 사용할 수도 있다.

유지보수예비계좌(Maintenance Reserve Account, MRA). 프로젝트가 주기적으로 정비를 해야 하는 경우(공정 프로세스 프로젝트의 경우 매년 정비를 하기보다는 예컨대 5년마다 대규모 정비를 한다), 그 비용을 충당하기 위해 매년 예컨대 예상비용의 1/5씩을 예치해놓는 계좌이다. 그리고 실제로 정비를 할 때 동 예치금을 사용한다.

공정 프로세스 플랜트 대비 정비기간이 짧은 경우(예컨대 학교나 병원과 같은 PPP 사업 등)에 활용할 수 있는 대안은, MRA에 내년의 보수 비용의 100%, 다음 해에는 50%, 그 다음 해에는 25%에 해당하는 보수 비용을 적립시켜 프로젝트 회사가 항상 보수에 필요한 자금을 보유하고 있도록 하는 방법이다.

법률변경예비계좌(Change in Law Reserve Account). 프로젝트 회사가 법률변경 리스크로부터 보호받지 못하는 경우, 대주단은 이에 대비하기 위하여 법률변경예비계좌를 설치하라고 요구할 수도 있다. 11.3에서 살펴본 바와 같이 이 방법의 문제는 예치해 두어야 하는 자금의 규모를 쉽게 알 수 없다는 데 있다.

세금 및 기타 '평탄화' 예비계좌(Tax and Other 'Smoothing' Reserve Account). 프로젝트 회사가 특정 연도에 큰 규모의 세금을 내야 하나 당장 내야 하는 것이 아닌 경우, 이에 대비하기 위하여 통상 세금예비계좌를 개설한다. 기타 이연부채나 비정기적 비용 등을 커버하기 위해 유사한 성격의 '평탄화' 예비계좌 개설이 요구될 수 있다.

보험금예비계좌(Insurance Proceeds Account). 보험금을 별도로 예치하는 계좌도 개설된다. 보험금은 대주단 통제에 따라 프로젝트를 복구하거나 대출금을 상환하는데 사용된다. (cf. 8.6.5)

건설회사로부터 수령하는 LD 등을 관리하기 위한 계좌가 개설되기도 한다. 특정 목적으로 수령되는 현금은 현금흐름적용순서를 따르는 것이 아니라 해당 예비계좌에 즉시 예치된다.

예비계좌와 커버비율 산정. ADSCR(cf. 12.3.1)과 LLCR(cf. 12.3.2) 산정시 대출 원리금 상환 목적이 아닌 예비계좌 앞 지급한 금액은 영업현금흐름에서 차감되며, 해당 계좌로부터의 인출(유지보수 비용 지급 등)되는 금액은 현금흐름에 가산된다. (이를 통해 실제 발생 비용을 상계한다)

DSRA 앞 예치하는 금액 및 이로부터의 인출은 ADSCR(이 비율은 프로젝트 회사가 예비금 등에 의존하지 않고 대출 원리금을 상환할 수 있는지 능력을 보는 것이니만큼) 산정시 무시된다. DSRA 잔액은 LLCR 산정시 대출잔액에서 차감되는데, 동 금액은 대출금을 즉시 상환하는데 사용될 수 있기 때문이다. 프로젝트 회사는 MRA 등 기타 예비계좌 잔액 또한 동일한 방식으로 대출잔액에서 차감되어야 한다고 주장할 수 있다; 그러나 대주단의 경우 관련 금액은 대출금 상환 목적이 아니라고 맞설 것이다.

사업주는 자본금 IRR을 높이기 위하여 DSRA 등 예치금에 상당하는 금액에 대하여 종종 대주단 앞 은행 L/C 또는 모기업 보증서를 제공하기도 한다. 대주단은 이에 대한 반대급부로 프로젝트 회사가 예비계좌 예치금을 자유롭게 쓸 수 있도록 허용한다.

프로젝트 회사는 이자수입을 목적으로 예비계좌에 예치되어 있는 자금을 리스크가 낮은 '허용된 투자(authorized investment)'에 활용하기도 하는데, 물론 대주단은 이에 대하여 담보권 설정을 요구할 것이다.

14.4.2 현금흐름적용순서(Cash-Flow Cascade)

프로젝트가 벌어들인 현금을 적용하는 순서는 현금흐름순서[8]에 의한다. 통상적으로 적용되는 순서는 다음과 같다:

1. 원료 또는 원재료 구매비용과 O&M 비용 등 운영비용(예산에 의거해야 한다 - cf. 9.7.7), 그리고 세금 (즉, 프로젝트 회사가 계속기업으로 존재하기 위해서 지출해야 할 비용들)
2. 대리은행 및 담보수탁인 등 앞 지급해야 할 수수료
3. 대출금 이자 및 스왑 등 헤지 지급액[9]
4. 대출금 원금 상환('목표' 스케쥴이 있다면 그만큼 상환 - cf. 12.5.4)
5. DSRA 및 기타 예비계좌 앞 이체 (위 참조)[10]
6. 투자자 앞 배당지급(14.4.3)

---

8 Waterfall이라는 용어를 쓰기도 한다.
9 이는 월별 DPRA(위 내용 참조)에 예치되기도 한다.
10 14.4.1에서 살펴본 바와 같이 MRA와 같은 특정 목적의 예비계좌나 세금예비계좌에 예치되어 있는 금액은 해당 목적을 충족시키기 위하여 현금흐름적용순서를 적용하지 않고 인출될 수 있다.

첫 번째 카테고리를 충족시키기 위한 자금이 지급되면, 잔여 현금은 두 번째, 세 번째... 순서로 적용된다. (마치 물이 높은 웅덩이에서 낮은 웅덩이로 흐르는 것처럼 말이다) 그 결과 프로젝트 회사의 현금흐름이 상기 5개 카테고리를 충족시키지 못한다면 투자자 앞 배당은 이루어질 수 없다.

이러한 현금흐름적용순서는 인위적인 면이 있는데, 이러한 대금지급이 동일한 날짜에 이루어지는 것이 아니기 때문이다. 그러므로 프로젝트 회사가 대금을 받았으나 실제 서비스를 제공하지 않는 경우 등(예컨대 스포츠 경기장 기업 관람석을 선판매한 경우 등) 특별한 상황에 대비할 수 있는 시스템을 구축하는 것이 중요할 수 있다 - 즉, 목적을 위하여 추가적인 예비계좌를 설정할 수도 있을 것이다.

자본금 및 대출금이 인출계좌(cf. 14.3.2)로 흘러드는 건설기간 동안에는 이러한 현금흐름적용순서는 적용될 일이 거의 없다.

14.4.3 투자자 앞 배당

투자자 앞 배당은 현금흐름적용순서의 맨 마지막에 등장한다; 운영비용, 대출원리금 상환, 및 예비계좌 앞 이체 등이 문제없이 이루어졌을 때 비로소 투자자 앞 배당이 이루어진다. 그럼에도 불구하고 일시적으로 투자자 앞 배당이 이루어지지 못하는 경우(예컨대 주주총회가 지연되어 배당결의가 이루어지지 않은 경우 등), 배당예정액은 프로젝트 회사 명의의 배당계좌(이에 대하여는 대주단이 담보권을 설정하지 않는다)에 적립된다.

그러나 배당을 하기 위해서는 잉여현금이 있는지 보는 것만으로는 충분치 않다: 다른 요건들 또한 충족해야 한다.

배당 중지. 프로젝트 회사는 배당이 이루어진 후에도 충분한 현금을 보유하고 있거나 현금을 창출할 수 있는 능력이 있음을 증명해야 한다. 이 목적으로 '배당중지'(Distribution Stop) 비율[11]을 설정할 수 있다; 예컨대 Banking Case 평균 ADSCR이 1.35:1인데 실제 ADSCR이 1.2:1 수준에 불과하다면 배당중지가 이루어질 수 있을 것이다.[12]

배당을 지급하기에 충분한 여력이 있는지를 결정하기 위한 Cascade 계산은 통상 6개월에 한 번 이루어진다. (그 결과, 배당도 6개월에 한 번 이루어진다) 배당중단 비율을 충족하지 못해 배당이 이루어지지 않을 경우, (대출금 조기상환 및 특별 예비계좌 앞 예치 후 커버비율이 다시 충족되기 전까지) 대출금 조기상환이나 특별 예비계좌 앞 예치 조치가 이루어질 수 있다.

---

11 Distribution-Block, Dividend-Stop, Lock-Up 또는 Cash Trap 등으로 불리기도 한다.
12 ADSCR이 그보다 더 낮은 수준이 된다면 어떠한 일이 발생하는지에 대하여서는 14.12를 참조하라.

배당중지 비율을 산정하는데 있어 이슈는 '미래' 커버비율(forward-looking ratio, 즉, 1년 후 ADSCR, LLCR 또는 잔여대출기간 중 예상되는 평균 ADSCR 등)을 쓸 것이냐 하는 것이다. 프로젝트 운영개시 후 미래에 대한 예상은 과거수치에 기반할 수 밖에 없지만, 그 결과 대주단은 과거 ADSCR만을 보게된다. 게다가 사업계약에 따라 일정한 현금흐름이 발생하는 프로젝트는 미래 현금흐름이 과거 현금흐름과 다를 이유가 별로 없다. (정비와 같은 미래 갑작스러운 현금흐름 변동은 예비계좌로 대응하면 된다) 그러므로 대주단이 선호하는 방법이긴 하나, 대부분의 경우 미래 커버비율은 시간낭비일 가능성이 크다. 과거 커버비율을 쓸 경우 불확실한 미래에 대한 부정확한 가정을 할 필요도 없다. (cf. 13.11) 그러나 프로젝트가 상품을 생산하여 시장리스크를 부담하는 경우라든지, 프로젝트 회사가 양허계약 프로젝트에 대한 사용률 리스크를 부담하는 경우(그 결과 미래 현금흐름이 보다 불확실함)에 미래 커버비율은 의미가 있을 수 있다.

그리고 프로젝트 계약 및 금융계약상 EoD(cf. 14.12)가 발생하지 않아야 배당을 할 수 있을 것이다.

14.4.4 캐시스윕(Cash Sweep)

대주단이 캐시스윕, 즉 배당이 이루어졌을 수도 있는 현금을 대출금 조기상환에 사용케 하는 상황들도 존재한다:

불균등한 현금흐름. 이 방법은 현금흐름의 변동이 커서, (상품가격이 좋아) 여유자금이 있을 때 이를 대출금 조기상환에 씀으로써 상황이 좋지 않을 때를 대비하게 하는 것이 목적이다. 그러므로 배당수준에 대하여 합의가 이루어지면, 잔여 현금은 대출금 조기상환에 활용하거나 대출금 조기상환과 추가 배당금 지급 등으로 활용한다. 그러므로 프로젝트가 Banking Case에 준하는 현금을 창출한다면, 투자자는 Banking Case에 해당하는 투자수익을 올릴 것이나, 그보다 높은 수준의 현금을 창출한다면 해당 금액은 대출금 조기상환과 배당금 지급에 동시에 활용된다.[13] 이러한 방식의 캐시스윕은 대주단이 Debt Tail(cf. 12.3.4) 또는 매장량 Tail(cf. 12.3.5)에 대하여 우려를 가지고 있기 때문에 요구되기도 한다.

예비 금융(Standby Finance). 17.5.3은 일시적인 프로젝트 현금흐름 부족 사태에 대응하기 위하여 인출한 예비금융을 상환하는데 캐시스윕이 활용된 예를 보여준다.

계속 비용(Lifecycle Costs). 어떤 프로젝트의 경우 MRA에 자금을 미리 예치해 놓는 것으로는 대응하기 힘든, 대규모의 비용이 발생한다. 예컨대 도로 프로젝트의 경우 15년 정도가 경과한 이후

---

[13] 이는 프로젝트가 예상보다 좋은 실적을 보이고 있기 때문에 그렇지 않은 상황의 캐시스윕과 대비시킬 목적으로 'good time sweep'이라고 부른다.

부터는 도로 재포장과 관련하여 상당한 수준의 비용이 계속 발생하게 된다. 대출금 만기는 20-25년 정도로 책정될 수 있다. (그 이후 기간에 대하여서는 추가적인 차입이 이루어져야 한다) 15년 이후의 비용을 미리 산정하기는 매우 어렵고, 15년 동안 별다른 쓰임이 없는 대출금을 조달하는 것은 거의 불가능하다. (cf. 7.6.3) 이 경우 대규모 자금소요가 예상된 시점으로부터 몇 년 전에 캐시스윕(여유자금을 배당에 사용하지 않고 전부 대출금 조기상환에 활용)을 시키는 것이 해결책이 될 수 있다. 이를 통하여 비용발생을 예측할 수 있는 시점에 사업주로 하여금 리파이낸싱 및 추가 차입을 하도록 하는 것이다. 이 경우 캐시스윕은 배당 전에 적용될 것이다. (그 결과 투자자들은 리파이낸싱을 하지 않는다면 배당을 받지 못하게 된다)

소프트 미니펌(Soft Mini-Perm). 유사하게 캐시스윕은 대출기간 동안 대주단이 직면해야 하는 다양한 문제들을 다루기 위한 방안으로 활용될 수도 있다. 그러한 경우, 전부 또는 대부분의 현금은 배당으로 지급되지 않고 대출금 조기상환이나 특별 예비계좌에 예치하는 것으로 처리할 수 있다.

예컨대, 대주단은 만기 25년짜리 대출을 요청받았으나, 유동성 문제로 인하여 7년짜리 대출이 적절하다고 느낄 수 있다. (cf. 17.2) 이 경우 대출금 만기는 25년으로 구조화되지만, 예컨대 5년차부터 100% 캐시스윕(배당 이전에 적용되어 배당이 이루어질 수 없도록 함)이 적용되고 또 5년 이후로는 대출금 이자율을 급격히 상승시키는 방식으로 구조화할 수 있다. 이러한 구조를 7년차에 모든 대출금이 상환되어야 하는 방식의 '하드' 미니펌(cf. 10.6)과 구분되는 의미에서 '소프트' 미니펌이라고 부른다. 이 방식은 대출금을 리파이낸싱을 하도록 유도하나(cf. 17.5.5), 그렇게 하지 못할 경우 결과적으로 25년에 걸쳐 상환되도록 하는 것이다.

마찬가지로, 대주단은 특정 국가에 소재한 프로젝트에 대하여 대출기간을 12년 이상 제공할 수 없으나, 프로젝트 추진을 위해 15년이 필요할 때가 있다. 이러한 경우 프로젝트 회사는 예컨대 만기 12년짜리 대출금에 대하여 10년차부터 캐시스윕을 적용할 수 있을 것이다. 이 때 원리금 상환스케줄은 15년을 따르되, 12년 이후 큰 금액을 상환케 하는 것(balloon 방식)이다. 이는 실제로 만기가 도래하면 대주단이 캐시스윕을 면제시켜주고 대출만기를 늘려줄 것을 기대하는 것이다.

프로젝트 회사가 대주단이 수용가능한 기간에 대하여 차입하는 것으로 위와 동일한 결과를 얻을 수 있는 것처럼 보일 수도 있다. 그러나 그 경우, 대주단은 프로젝트 후반에 캐시스윕을 요구하는 대신 초기에 많은 금액을 상환받기를 희망하므로, 상환 스케줄 문제로 금융이 조달되지 않을 수 있다.

EoD. 대주단은 금융계약상 EoD(cf. 14.12)가 발생할 경우 모든 잉여현금에 대하여 캐시스윕을 요구할 수 있다.

14.4.5 환수조치(clawback)

미래 비용이나 수입에 대하여 불확실성이 존재할 경우(즉, 대규모의 정비 필요 또는 계속적으로 비용이 발생하는 경우)에도 배당을 허용할 수는 있으나 이 경우에는 통상 현금 환수약정을 받는다. 이러한 약정에 따라 만약 미래에 현금흐름 부족 상태가 발생한다면 일정 기간에 걸쳐 배당으로 이미 지급받은 금액을 프로젝트 회사 앞 돌려주거나 추가로 대출을 해 주게 된다.

14.5 보고서 제출 의무

금융기간 동안 프로젝트 회사는 사업현황 및 전망 등에 대하여 대주단 및 그 자문사 앞 각종 보고서를 제출할 의무를 진다. 이 보고서는 건설기간(14.5.1)에 대한 것들과 운영기간(15.5.2)에 대한 것들로 나뉘어진다.

사업주와 대주단은 프로젝트 구조화 및 딜 협상에 매몰되어 정말로 중요한 것들에 대하여 신경을 덜 쓸 수도 있다. 또한 대주단은 지나치게 상세한 정보를 요구함에 따라 프로젝트 회사에게는 번거로운 부담을 안기고, 자신도 굳이 읽고싶지 않은 내용까지 읽어야 하는 부담을 스스로 지는 경우도 있다.

대주단 자문사 비용은 금융종결 이전과 마찬가지로 계속하여 프로젝트 회사가 부담하게 된다. (cf. 5.5.1, 13.5.1)

14.5.1 건설기간

14.3.2 대출금 인출절차에서 살펴본 바와 같이, 대주단은 추가적인 대출금이 인출되기 전 프로젝트의 최신 현황에 대하여 파악하고 싶어한다. 대출금 인출을 위해 필요한 각종 확인서를 징구하는 것 이외에도 기술자문사를 통하여 건설단계에 대한 정보를 수집하고 건설현장이나 기타 미팅에 참여하도록 한다.

14.5.2 운영기간

프로젝트 완공이 달성되고 원활히 운영되는 것이 확인되면 대주단의 리포트 요구는 분기 1회 정도로 축소된다. 요구되는 리포트 내용은 프로젝트 회사의 재무제표(매년 1회 감사보고서), 가용성 기반 프로젝트에 대해서는 프로젝트의 성능, 유료도로 양허사업의 경우 교통량 또는 통행료 수입 등 프로젝트 운영의 핵심사항들, 생산물구매자/계약당국의 계약대금 감액, 예상이나 예산에서 현격히 벗어난 것들, 커버비율 등이다. 이러한 자료는 대주단 자문사가 제공하는 교통량 추세 전망 등에 대한 리포트와 함께 대주단에게 제시된다. 프로젝트에 특정한 문제가 발생한 경우, 대주단은 이에 대하여 즉각적인 추가 자료를 요청하기도 한다.

14.6 대출약정 취소 및 조기상환

캐시스윕(cf. 14.4.4)은 강제 조기상환의 한 형태이다. 기타 강제 조기상환의 경우는 아래와 같다:

- 프로젝트가 주요 자산을 매각한 경우 (다른 자산을 매입하는데 매각대금을 쓴 경우가 아니라면)
- 보험금을 받았으나 프로젝트 복구에 쓰지 않는 경우 (cf. 8.6.5)

이와 같은 경우 현금은 Cascade를 따르지 않고 곧바로 대출금 조기상환에 쓰인다.

건설회사로부터 성능미달 LD를 받은 경우(cf. 8.2.8), 대주단의 커버비율을 유지하기 위해 조기상환이 이루어진다; 그리고 잔여 LD 금액은 Cascade를 따른다. (잔여 LD 금액은 결과적으로 배당으로 지급되게 되는데, 이는 성능미달에 따른 자본금 IRR 저하를 보상하는 방식으로 작동한다). 그러나 공기지연 LD로 받은 금액은 운영수입과 관련된 기회비용에 대하여 보상받은 것이므로 보통 Cascade를 따른다.

대주단이 대출금을 유지하는 것이 불법이 되는 경우 강제 조기상환이 이루어진다; 이는 프로젝트 회사가 소재한 국가에 대한 국제 제재(sanction) 가능성에 대비하기 위해서이다. (조기상환 금액은 프로젝트 회사가 보유하고 있는 현금에 국한시키는 경우도 있음)

프로젝트 회사는 자발적으로 대출금을 조기상환할 수도 있다:

- 금융조달액이 사업비를 초과함에 따라 초과 약정액을 취소시킬 수 있다. (14.6.1)
- 프로젝트 회사는 대출금 전부 또는 일부를 조기상환할 수 있다. (14.6.2)
- 프로젝트 회사는 대출금 전부를 조기상환하고 보다 나은 조건으로 리파이낸싱할 수 있다. (14.16.1)

14.6.1 약정금액 감액

프로젝트 건설이 진행됨에 따라, 프로젝트 회사는 (예비 재원 포함) 조달한 금융재원 전부가 다 필요하지 않다고 판단할 수도 있다. 프로젝트 회사는 필요가 없는 금융약정액을 취소함으로써 약정 수수료를 아낄 수 있고, 대출금 규모에 비례하여 납입해야 하는 자본금 투입규모를 줄일 수도 있다.

원칙적으로 대주단은 프로젝트 회사가 프로젝트 완공에 필요한 충분한 자금을 보유하고 있는 한 이에 대해 반대할 이유는 없다. 그러므로 프로젝트 건설이 꽤 진척된 시점에 도달하면 대주단은 차주의 요청에 응할 것이다.

14.6.2 부분 조기상환(partial prepayment)

프로젝트 회사가 대출금 부분 조기상환을 희망하는 통상의 경우는 대주단에 의하여 배당이 금지된 때이다. 배당중지 조치가 발생하지 않는 수준의 커버비율을 유지하기 위하여 대출금 일부를 조기상환하는 것은 현금을 프로젝트 회사 내부에 유보시키는 것보다 사업주 입장에서는 효율적인 방법일 수 있다.

대부분의 프로젝트 파이낸스 업무를 취급하는 금융기관들은 프로젝트 완공 후 조기상환에 동의하지만, 대신 조기상환 수수료(조기상환 대상금액의 0.5-1.0% 수준)를 요구할 수 있다. 스왑 breakage cost(cf. 10.3.1) 또한 요구할 것이다. 은행들의 경우 부분 조기상환에 대하여 유연하게 대응하지만, 채권의 경우 허용되지 않는 것이 보통이고, 허용된다 하더라도 상당한 수준의 페널티를 지불해야만 한다. (cf. 10.3.4) 고정금리대출에 대하여서도 유사한 원칙이 적용된다.

부분 조기상환과 관련된 핵심 이슈는 (강제 조기상환 또는 자발적 조기상환을 불문하고) 상환대금이 어느 상환스케쥴에 적용되는가 하는 것이다. 예컨대 매년 100씩 상환하여야 하는 대출금 500에 대하여 120이 조기상환되는 경우, 조기상환은 표14.2에서 나타난 것처럼 다양한 방법으로 적용될 수 있다.

- 잉여현금이 투자자들에게 배당으로 지급될 수 있다면, 만기가 도래하는 순서대로(*in order of maturity*) 조기상환 시키는 것이 투자자들에게는 가장 유리할 것이다. 이는 향후의 대출 원리금 상환액을 줄여, 미래 배당이 보다 빨리 이루어질 수 있도록 하기 때문이다. 또한 이 방법은 프로젝트 회사가 일시적으로 배당을 할 수 없어 대출금을 조기상환 하기로 결정한 경우 가장 공정한 방법이기도 하다.

- 그러나 대주단은 만기역순으로(*in order of inverse maturity*) 조기상환받아 대출금의 평균만기를 줄이고 이를 통해 프로젝트 리스크를 축소할 수 있기를 희망한다.

- 어떤 경우에는 어쩔 수 없이(예컨대 대주단이 요구하는 ADSCR을 동일한 수준으로 유지하기 위해 건설회사가 납부하는 성능지연 LD 금액을 균등하게 배분하는 경우 등) 균등하게(*pro-rata*) 배분되어야 한다.

표 14.2 조기상환 순서

	120 조기상환	조기상환 후 대출잔액에 대한 상환스케줄		
	당초 상환스케줄	만기도래분부터	만기 역순	안분
1년차	100	-	100	76
2년차	100	80	100	76
3년차	100	100	100	76
4년차	100	100	80	76
5년차	100	100	-	76
계	500	380	380	380

그러므로 부분 조기상환이 이루어지는 상황에 맞게 각각 다른 접근방법이 필요하다.

14.7 대주단의 채권보전장치

이미 언급한 바 있지만(cf. 2.2), 대주단은 프로젝트 회사의 자산 매각을 통하여 대출금을 회수할 수 있다고 기대하지 않는다: 대부분의 프로젝트 파이낸스에서는 프로젝트 운영을 통해 발생하는 현금흐름만이 대출 원리금 상환의 재원이 된다. 프로젝트 자산을 압류하는 것은 문제 해결에 거의 도움이 되지 않는다[14]; 그럼에도 불구하고 담보는 아래와 같은 중요한 역할을 담당한다:

- 프로젝트에 문제가 발생할 경우 대주단이 조기에 개입할 수 있는 장치로 기능
- (무담보채권자와 같은) 제3자가 프로젝트 자산에 대하여 우선순위 또는 동순위로 담보권을 취득하는 것을 방지
- 대주단 동의없이 자산이 처분되는 일이 없도록 방지
- 프로젝트 회사에 문제가 발생할 경우 프로젝트 회사가 대주단에 협조할 수 있도록 유도 - 대주단이 프로젝트 회사 앞으로 해야 할 일에 대하여 지시할 수 있기 때문이다.

대주단의 채권보전장치 - 이는 대리은행이나 담보수탁인[15]이 관리한다 - 는 일반적으로 네 가지 장치로 이루어져 있다:

- 현금흐름 통제(cf. 14.4)

---

[14] 프로젝트 자산이 공공부문에 귀속되고 또 민간이 이를 활용할 수 없는 PPP 사업의 경우, 이는 거의 불가능하다; 예컨대 도로는 압류하는 것이 불가능하다.
[15] 담보수탁인을 활용하는 까닭은 우선 대리은행이 더 이상 그 역할을 수행하고 싶지 않을 경우(예컨대 자신이 보유하고 있는 대출채권을 전부 매각하는 경우 등)에 대비하기 위해서이다. 그렇지 않다면 대리인이 변경되면 모든 담보 또한 재등록되어야 하기 때문이다; 둘째, 대리은행이 청산이 되거나 하는 일이 발생한다면 이는 대주단의 담보를 위태롭게 할 수 있기 때문이다: 담보 수탁인 제도는 통상 채권발행과 관련하여 활용된다. (cf. 5.3.2)

- 직접계약을 통한 프로젝트 개입(cf. 8.11)
- 프로젝트 자산에 대한 담보권 설정 및 계약적 권리에 대한 양도담보 설정(14.7.1)
- 프로젝트 회사 지분에 대한 질권 설정(14.7.2)

14.7.1 저당권 및 계약적 권리에 대한 양도담보

대주단이 프로젝트 회사가 보유하고 있는 프로젝트 물리적 자산, 계약적 권리, 보증 등에 대하여 담보권을 설정하는 데에 대하여서는 통상 이견이 제기되지 않는다. 통상의 채권보전장치는 다음을 포함한다:

- (계약당국이나 다른 공공부문이 소유하지 않는) 프로젝트 부지, 건물, 기자재 등에 대한 저당권
- 사업주 기술자문사와 체결한 자문계약 등을 포함한 프로젝트 계약, 그리고 이러한 계약에 수반되는 이행성보증/채무보증 등에 대한 양도담보
- 프로젝트 회사가 사업주로부터 자본금을 납입받을 수 있는 권리(cf. 3.6.2, 12.2.3)에 대한 양도담보
- 운영수입에 대한 양도담보(프로젝트 계좌와 연계 - cf. 14.4.1)
- 인허가에 대한 양도담보
- 프로젝트 계좌에 대한 질권설정. 동 계좌로부터의 자금인출은 프로젝트 회사와 대주단이 지정한 대리은행 또는 담보수탁인의 서명이 필요하다.
- 프로젝트 계좌 앞으로 계약대금을 지급하겠다는 생산물구매자/계약당국의 약정(만약 이러한 사항이 직접계약으로 커버되지 않을 경우에 한함)
- 보험계약에 대한 양도담보(cf. 8.6.5)
- 이자율 스왑이 해지될 경우 프로젝트 회사가 받을 금액에 대한 양도담보(cf. 10.3.1)

그러나 이러한 담보가 효과적으로 작동하기 위해 제3자의 협력이 필요하다면 문제가 발생할 수 있다:

- 프로젝트 계약 상대방으로부터의 동의가 어려울 수도 있다. (가능하다면, 이러한 문제는 당초 프로젝트 계약에 수반되는 직접계약의 문안에 충분히 반영될 수 있도록 하여야 한다)
- 인허가는 담보권의 대상이 될 수 없을 수도 있다; 특정 국가에서는 그러한 인허가는 특정인만을 위해 발급한 것이므로, 양도가 불가능할 수도 있다. (이러한 경우 직접계약으로 문제를 해결할 수 있을 것이다)

해외 프로젝트와 관련, 프로젝트 자산은 사업소재지국에 위치하고 있으므로 프로젝트 계약이나 금융계약과는 달리 담보계약은 현지법에 따라야 하는 경우가 많다. (cf. 11.5.1) 현지 법률법인의 자문이 필요하겠지만, 선진국의 경우에는 특별히 문제가 되는 경우는 없다. 그러나 일부 개도국에서

는 아래와 같은 사유로 만족할 만한 담보를 취득하지 못하는 경우도 발생한다:

- 현지법은 외국인이 토지를 취득하는 것을 금지하여, 대주단이 프로젝트 회사의 권리를 취득할 수 없는 경우가 존재한다.
- 금융계약 또는 담보계약과 관련해 매우 높은 수준의 인지세 또는 유사한 VAT 등을 부가하여 프로젝트 회사의 금융비용을 높일 수 있다.
- (세무당국 등) 자동적으로 담보채권자보다 높은 순위를 취득하는 우선순위 채권자가 존재할 수 있다.
- 채권최고액을 고정된 금액으로만 설정할 수 있도록 허용하여, 차후 default가 발생했을 경우 이자, breakage cost, 강제집행 비용 등을 포함하면 동 금액이 채권최고액보다 높을 수 있다.
- 현지통화로만 피담보채무액을 등록할 수 있어, 현지통화 가치가 현격히 하락할 경우 대주단의 담보가치가 하락할 수 있다. (cf. 10.5.8)
- 상대방에 대하여 청산절차가 개시된다면 담보에 대한 강제집행이 이루어지지 않을 수도 있다.
- 대주단은 조속히 프로젝트에 대하여 통제권을 확보하고 싶어하나, 강제집행 절차가 너무 번거롭거나 까다로울 수 있다; 특히, administrator나 receiver를 통한 프로젝트 통제·운영은 허용하지 않고, 공공경매 또는 법원경매만을 허용하는 경우도 존재한다.
- 외환통제로 인하여 담보물 매각대금을 국외로 이체하는 것이 어려울 수도 있다.

담보권은 사업소재지국 외 다양한 국가에서 취득해야 할 수도 있다: 만약 예비계좌(cf. 11.4.1)가 역외에 개설되었다면, 동 계좌에 대한 질권은 계좌가 개설된 국가에서 등록해야 할 것이다; 마찬가지로 역외 지주회사의 지분이 질권으로 제공되었다면 동일한 절차가 적용될 것이다.

영국, 호주와 같은 영미법 국가에서는 프로젝트 회사의 자산에 대한 '유동담보권(floating charge)'을 설정할 수 있다. 이 제도는 프로젝트 자산 각각에 대하여 담보권을 취득하는 것이 아니라 프로젝트 전체 자산에 대하여 담보권을 취득할 수 있도록 하며, 강제집행이 개시될 때 담보권이 확정(crystallize)되도록 한다.

프로젝트 고정자산에 대한 담보권이 제공될 수 없다면, 프로젝트 회사는 'negative pledge'(타인에게 담보를 제공하지 않겠다는) 약정을 제공해야만 한다. 물론 이는 제대로 된 담보권에 비하여 쓸모가 제한되는 채권보전장치이다. (즉, 이러한 negative pledge에도 불구하고 대주단은 프로젝트 계좌 등에 대하여 질권을 설정하려 할 것이다)

14.7.2 프로젝트 회사 주식에 대한 질권

대주단은 일반적으로 사업주가 보유하고 있는 프로젝트 회사 주식에 대하여 질권을 설정한다. 대주단은 이를 통해 저당권 또는 양도담보를 행사하는 것보다 빠르게 프로젝트 회사에 대한 통제권

을 획득할 수 있다. 그러나 이와 관련하여서도 어려움이 존재한다:

- 사업주에 대한 기업금융 제공 금융기관이 위에서 언급한 negative pledge 약정을 부과해 놓았을 수 있다. 이 경우 프로젝트 회사 주식에 대한 질권을 제공하기가 어려울 것이다.
- 위에서 언급한 바와 같이, 까다로운 법적 절차로 인하여 주식 질권 행사가 힘들 수도 있다.
- 만약 사업주가 자신의 투자를 보호하기 위하여 정치적 위험 보험에 가입하고자 한다면 질권행사에 어려움이 있을 수 있다. (cf. 16.3)
- 사업주가 주식을 매각하고자 하나, 새로운 사업주가 해당 주식에 대하여 질권을 제공하지 않으려 하는 경우 어려움이 발생할 수 있다.

첫 번째 이슈와 관련, 프로젝트 회사 주식 질권과 관련하여서는 사업주가 negative pledge에 대한 waiver를 획득하도록 하여야 한다. 두 번째 이슈는 아래와 같은 방법으로 대처할 수 있다:

- 투자자가 보유하고 있는 보다 채권자에게 호의적인 국가에 설립한 역외 지주회사(프로젝트 회사의 주식을 보유)의 지분에 대하여 질권을 취득하는 것이다. 대주단은 지주회사를 통제함으로써 프로젝트 회사를 통제하게 된다. (프로젝트 회사에 다른 채권자들이 존재한다면 이러한 절차를 가로막을 수 있으므로 이를 잘 살펴야 하며, 지주회사 또한 어떤 차입금 - 주주로부터의 차입금도 - 도 없는 상태여야만 한다. 그렇지 않을 경우 이 채권자들이 지주회사의 자산, 즉 프로젝트 회사의 주식에 대하여 우선 청구권을 행사할 수 있다)
- 대주단이 프로젝트 회사 주식에 대하여 콜옵션을 보유할 수 있다. (프로젝트에 default가 발생할 경우 대주단은 사업주에게 명목적인 금액만 지급하고 주식을 소유할 수 있다)
- 프로젝트에 default가 발생할 경우, 사업주는 이사들을 선임할 수 있는 '황금주'를 대주단에게 부여할 수 있다.

마지막 두 가지 접근방법은 규정상 은행들에게는 적용하기 어려우며, 나아가 프로젝트 회사 경영에 직접적으로 관여함에 따라 법적 의무를 생성시킬 수도 있다.

대주단은 프로젝트 회사가 사업주 또는 다른 투자자의 재무적 어려움 또는 파산으로 인하여 영향받지 않는다는 것을 확인하고 싶어한다. (즉, '파산과 무관'하고 싶어하는 것이다) 예컨대, 사업주에 부도가 발생한다 하더라도 이것이 프로젝트 회사의 부도로 이어지거나, 프로젝트 회사의 주식에 대한 질권이 박탈되거나 하는 결과를 낳아서는 안된다는 것이다. 프로젝트 및 프로젝트 회사의 소재지에 따라, 이러한 리스크를 경감하기 위하여 사업주와 프로젝트 회사 사이에 중간 지주회사 등을 설립할 필요가 있을 수도 있다.

14.8 선행조건(Conditions Precedent)

금융계약에 서명을 한 것만으로 대출금이 곧바로 인출되는 것은 아니다. 대출금을 인출하기 위해서는 금융종결에 도달하여야 한다. 금융종결일은 모든 프로젝트 계약과 금융계약이 서명되고, 대주단의 대출 약정에 효과를 발생시키는 '선행조건'들이 충족되거나 충족 의무가 면제된 날을 일컫는다. 선행조건은 대주단이 요구하는 일련의 체크리스트 문서들이다; 이러한 서류들이 제출되면, 대주단은 대출금을 제공하여야 한다. (물론 금융종결이 달성되기 전까지 대주단은 아무런 의무가 없다는 것을 의미하지는 않는다; 예컨대, 금융계약상 프로젝트 내용에 대하여 비밀을 지켜야 한다고 기재되어 있으면, 이는 금융계약 체결일로부터 유효하다)[16]

14.8.1 금융종결 달성을 위한 선행조건

프로젝트 파이낸스 대출을 위한 선행조건(conditions precedent, CP)은 수백 가지에 이르는 서류와 확인서 등이다. 대주단이 일반적으로 요구하는 것들(제출된 자료들은 형식상 그리고 내용상 대주단의 요구를 만족시켜야 한다)은 아래와 같다:

- 기업 관련 서류
  - 정관, 이사회 의결서, 법률 의견 등 프로젝트 회사가 절차에 따라 설립되었으며, 차입 의결이 이루어졌다는 것을 증명할 수 있는 서류
  - 프로젝트 계약 및 금융계약 관련 기타 당사자들, 그리고 채무보증이나 이행성 보증, 또는 기타 담보를 제공한 이들에 대한 유사한 서류
  - 프로젝트 회사와 관련된 주주계약 서명본 등

- 프로젝트 계약 관련
  - 프로젝트 부지에 대한 소유권(또는 사용권)을 증명할 수 있는 서류
  - 프로젝트 계약에 대한 사본 및 관련 계약 CP가 충족되었으며, 계약이 현재 유효하다는 것을 증명할 수 있는 서류
  - 계약 보증, 이행성보증, 또는 기타 채권보전장치(cf. 8.2.9, 8.10)
  - 건설회사 앞 발급된 NTP(cf. 8.2.2)
  - 프로젝트 금융조달, 건설 및 운영과 관련된 인허가(cf. 8.8)
  - 직접계약 서명본(cf. 8.11)
  - 제3자 시설 및 연결인프라 건설과 관련된 사항(cf. 9.5.9)

---

16 모든 프로젝트 계약과 또 관련된 계약들 또한 별도의 선행조건들을 지니고 있다.

- 금융계약 관련
  - 금융계약 서명본
  - 대출계약, 대리은행 계약 또는 채권발행조건서류 및 신탁증서
  - 수수료 계약, 주선 및 인수 수수료 계약
  - 사업주 서비스 지원계약(cf. 9.7.2) 또는 사업주 보증(cf. 9.13), 서브계약에 대한 모기업 보증(cf. 8.10) 등
  - 담보계약(cf. 14.7)
  - 담보 등록

- 금융실사 관련
  - 모든 자본금(납입자본금 및 후순위대출금)이 납입 또는 납입약정 되었고, 이를 담보할 수 있는 장치가 마련되었는지 확인할 수 있는 서류
  - 별도로 조달한 금융이 존재하는지 여부를 확인할 수 있는 자료
  - 금융종결 직후에 빨리 체결되어야 하는 경우, 이자율 스왑 또는 기타 헤지 방안이 수립되었는지 확인할 수 있는 자료(cf. 10.3)
  - 프로젝트 계좌 및 기타 금융관련 약정들이 마련되었는지 확인할 수 있는 자료
  - 보험가입 확인 서류(cf. 8.6.1)
  - 프로젝트 관련 당사자들에 대한 최근 재무제표

- 기술/상업성 실사 관련
  - 대주단의 기술자문사, 보험자문사 및 기타 자문사가 제출한 최종 보고서(cf. 5.5)
  - 모델 감사자의 리포트(프로젝트 세무 관련 리포트 포함)
  - 최종 건설 및 자금조달 예산 및 자금인출 스케쥴(cf. 13.5)
  - Banking Case 재무모델(cf. 13.10)

- 법적 실사 관련
  - 프로젝트 관련 서류들에 대한 대주단 법률자문사의 법률의견(어떤 국가에서는 차주 법률자문사의 법률의견도 필요하다)
  - EoD(cf. 14.12)가 발생하지 않았다는 확인
  - 프로젝트 회사에 대하여 진행되고 있는 소송이 없다는 확인

이 CP 중 일부는 그 성격상 순환참조적이다. (건설회사 앞 NTP 발급은 금융종결이 이루어져야만 할 수 있는 경우도 있고, NTP가 발급되지 않으면 금융종결이 이루어지지 않을 수도 있다) 그러한 경우 프로젝트 관계자들의 법률자문사들은 이러한 조건들이 동시에 이루어질 수 있도록 노력할 것이다.

일부 CP의 경우 금융계약이나 프로젝트 계약이 서명된 때 즉시 달성할 수 있는 성격이 아닐 수 있다. 그러므로 양자를 구분하기 위해, 계약서명 즉시 달성할 수 있는 것들은 CP, 서명 후 일정시간이 지난 뒤 금융종결 직전에 제출할 수 있는 것들은 '후행조건(condition subsequent)'이라고 부르기도 한다. (이러한 경우 당초 서명은 'dry closing'이라고 부르기도 한다)

관리를 잘 하지 못할 경우 금융계약 서명일로부터 금융종결 달성 시점까지 매우 긴 시간이 소요될 수 있다. 그러므로 사업주는 금융계약 체결 전 가능한 한 많은 CP 서류를 확보한 후 이를 효과적으로 관리하여야 금융종결 달성이 지연되는 것을 막을 수 있다. 금융계약 체결 전 CP에 대하여 합의함으로써 금융계약이 체결된 후 대주단이 새로운 이슈를 제기하는 상황을 방지할 수도 있을 것이다.

생산물구매자/계약당국은 특정일까지 CP를 달성하는 것을 담보하기 위하여 사업주로 하여금 CP와 관련된 계약이행보증을 제출하라고 요구할 수 있다. 그러나 이러한 요구와 관련하여서는 3.7.9 및 7.5에서 살펴본 이슈들이 발생할 수 있다.

14.8.2 대출금 인출 선행조건

매 대출금 인출시에 충족해야 하는 CP(cf. 14.3.2)가 존재할 수도 있다. 이들은 다음과 같다:

- 아래에 대한 프로젝트 회사 및 대주단 기술자문사의 확인서
  - 건설회사에 지급해야 할 대금에 대한 지급시기가 도래했는지 여부
  - 계획에 맞게 건설이 진행되고 있는지 여부
  - 대출금 인출을 통해 지급해야 하는 건설대금이 예산범위 내인지 여부
  - 완공시까지 필요한 충분한 자금을 보유하고 있는지 여부

- 아래에 대한 프로젝트 회사 확인서
  - 진술 및 보장(cf. 14.9) 내용이 유효하게 지켜지고 있는지 여부
  - EoD 또는 잠재적 EoD가 발생하지 않았는지 여부(cf. 14.12)

14.8.3 MAC 조항

대주단은 금융계약이 체결된 이후 금융종결 및 대출금 인출 선행조건으로서 프로젝트에 중요한 부정적 상황변화(material adverse change, MAC)가 없을 것을 요구할 수도 있다. (이는 'MAC 조항'으로 알려져 있다) 이러한 모호하고 일반적인 용어를 사용함에 따라 프로젝트 회사는 대주단이 임의로 인출중단 결정을 할 수 있는 리스크를 부담하게 된다. MAC 조항이 합리적인 수준에서 객관적이고, 또 그 성격이 제한될 수 있도록[17] 계약문안 작성시 주의를 기울여야 한다.

---

17 EoD에 관련하여 MAC 조항을 활용하는 것은 14.12를 참조하라.

14.9 진술 및 보장(Representations and Warranties)

대주단이 프로젝트 파이낸스를 제공하는 기반이 되는 정보는 프로젝트 회사가 금융계약을 통해 제공하는 '진술 및 보장'을 통해 확인된다.[18] 진술 및 보장 내용들은 금융제공을 위한 기본 요소이기 때문에, 사실이 아닌 것으로 드러날 경우 EoD(14.12)가 된다.

사실, 진술 및 보장 내용은 대주단이 이미 실사 과정에서 살펴본 사항들을 재확인하는 것에 불과하다.[19] 프로젝트 회사가 제출하는 일반적인 진술 및 보장 내용은 아래와 같다:

- 법적 절차를 거쳐 설립되었으며, 프로젝트 수행 및 금융을 조달할 수 있는 권한을 보유하고 있고 또 이를 위하여 필요한 절차를 밟았다.
- 사업주들은 대주단이 인정한 비율로 프로젝트 회사 지분을 소유한다.
- 프로젝트와 무관한 비즈니스, 자산, 자회사 또는 계약적 의무(그리고 이것들은 모두 대주단에게 제출되어야 한다)를 보유하고 있지 않다.
- 프로젝트 계약 및 기타 계약을 체결할 능력을 보유하고 있으며, 모든 계약들에 대하여 default가 발생하지 않았으며 유효하게 유지되고 있다; 프로젝트 회사 또는 프로젝트 계약에 영향을 줄 수 있는 force majeure 이벤트가 발생하지 않았다.
- 프로젝트 관련 재산에 대한 소유권을 보유하고 있으며(PPP의 경우에는 그렇지 않을 수 있다), 프로젝트를 건설하고 운영할 권리를 지니고 있다.
- 프로젝트를 수행하기 위한 인허가를 득하였으며, 동 인허가 사항은 유효하다.
- 법규를 준수하였으며, 모든 세금을 납부하였다.
- 프로젝트 회사가 부정한 돈을 지급하였거나 또는 사업주나 기타 관련 당사자들로 하여금 부정한 돈을 지급하게 하지 않았다. (이는 미국 U.S Foreign Corrupt Practices Act of 1977이나 기타 비슷한 법제를 가진 국가에서 크게 문제가 될 수 있다)
- 현재 체결한 계약사항을 위반하지 않았다.
- 부도상태가 아니며, 소송 진행 중이거나 피소 위험이 높지 않다.
- (금융계약에서 허용하지 않은) 다른 차입금이 없으며, 대주단은 담보계약을 통해 프로젝트 회사의 자산에 대하여 유효한 담보권을 보유하고 있다; 프로젝트 자산에 대하여 담보권을 주장하는 제3자가 존재하지 않는다.
- 투자설명서(5.2.8) 또는 다른 방법으로 프로젝트에 대한 정보를 정확하게 제공하였다. 프로젝트 회사는 자신이 직접 제공한 정보에 대하여서만 책임을 지며, 금융주선사나 법률자문사가 제공한 요약정보에 대하여서는 책임을 지지 않는다. (이 조항은 은행들이 대출금을 우선 인수한 후 향후

---

18 '약정(undertaking)'이라는 표현을 쓰기도 한다.
19 프로젝트 계약의 경우에도, 예컨대 건설회사가 제공하는 진술 및 보장내용이 포함되어 있는데 대주단은 이에 대하여서도 리뷰를 하게된다.

사업계획서에 기초하여 신디케이션을 진행할 경우 문제가 될 수도 있다; 프로젝트 회사가 검토하지 않은 미래의 투자설명서에 대하여 이 약정이 적용될 수도 있기 때문이다: 이 문제는 자신이 책임을 져야 하는 투자설명서의 일부분에 대하여 프로젝트 회사에게 일정 정도의 통제권을 주는 방식으로 해결할 수 있다)

- 정확한 재무정보를 제공하였으며, 재무정보를 작성한 날로부터 큰 변화가 없었다.
- 합리적인 가정을 허용하여 예산 및 향후 전망치를 작성하였다.
- 예정된 날짜에 프로젝트 완공이 달성될 수 있을 것으로 전망한다.

이러한 진술 내용들이 틀린 것으로 드러나거나, 프로젝트 회사가 충실하게 지키지 않았을 때에는 즉각 대주단에게 통보하여야 하며 대주단은 진술 내용들을 즉각 준수하라고 해야할지, 그렇지 않으면 예외를 허용할지 결정해야 한다. (14.13) 이러한 요구사항들이 차후에만 충족될 수 있는 성격이라면(예컨대 운영 허가 등), 이는 약정사항(14.10)에서 다루어질 수 있다.

프로젝트 회사는 스스로를 보호하기 위하여 '크게 중요하지 않은' 사실관계에 대한 실수 등에 대한 책임은 면제받을 수 있도록 문안을 작성할 수도 있다. (예컨대, 프로젝트 회사 매니저의 주차위반이 있었다 하더라도 이를 프로젝트 회사가 법규를 준수하지 않았다고 하기는 과하기 때문이다) 그러나 대주단은 자신들의 금융의 기초가 되는 중요한 사실에 대하여 프로젝트 회사가 책임을 회피하려는 제안은 수용하지 않을 것이다.

사업주들 또한 유사한 진술 및 보장을 대주단에게 제공하도록 요구받을 수 있다; 그러한 경우 잘못된 진술 및 보장내용으로 인하여 대주단이 손실을 입을 경우 사업주들이 동 손실에 대하여 책임을 져야하기 때문에 제한소구 금융의 성격을 띠게 된다. 그러므로 사업주들은 자신들이 직접적으로 통제를 할 수 있는 부분(예컨대, 자신들의 프로젝트 회사에 대한 통제 등)에 대하여만 진술 및 보장을 하도록 주의해야 한다.

이러한 진술 및 보장내용은 금융계약 서명일에 이루어지며, 금융종결시에도 반복되는 것으로 간주된다; 이 뿐 아니라, 매 인출일 및 원리금 상환일에도 반복되는 것으로 간주될 수 있다.

14.10 약정사항(Covenants)

약정사항은 프로젝트 회사가 특정 행위를 하겠다는(positive covenants), 또는 특정 행위를 하지 않겠다는(negative covenants) 약속이다. 이러한 프로젝트 회사의 약정사항들은 다른 종류의 금융에서 나타나는 것보다 복잡하다. (채권발행 관련 약정은 이보다 단순하다 – cf. 5.4) 대주단은 이러한 약정을 통해 프로젝트 건설 및 운영단계 동안 통제권을 확보하나, 동시에 이러한 통제권을 보유함으로 인하여 프로젝트 회사가 제3자 앞 지는 의무에 대하여 책임을 지지 않도록 주의해야 한다; 예컨대, 영국에서 대주단이 부도난 회사에 대하여 '그림자 이사(shadow directors)'와 같은 역할을 했다고 간주될 경우, 대주단은 다른 채권자들 앞 책임을 져야 할 수도 있다.

약정사항의 주요 목적은 아래와 같다:

- 대주단과 합의한 대로 프로젝트가 건설되고 운영되는 것을 확인
- 프로젝트 회사에게 문제가 될 수 있는 사항을 대주단에게 미리 경고
- 대주단의 담보권 보호

14.10.1 Positive Covenants

프로젝트 회사가 제출하는 통상적인 positive covenants[20]는 아래와 같다:

- 법인을 유지하며, 세금을 제 때 납부한다.
- 프로젝트 계약, 관련 법규 및 산업표준에 맞게 프로젝트를 건설, 운영 및 유지관리한다.
- 대리은행, 담보 수탁인 및 대주단 자문사에게 프로젝트 및 관련 자료들에 대하여 합리적인 접근권을 부여한다.
- 대주단과 합의한 경영관리 구조(3.6.3)를 유지한다.
- 프로젝트 관련 보험에 가입 및 유지한다.
- (분기) 재무제표 및 연간 감사보고서를 제출한다.
- 마일스톤 일자, 진척도, 공정관련 핵심 이슈, 예상 완공일 등에 대한 (매달) 리포트 (이 리포트는 건설회사가 제시하거나, 동 자료에 근거하여 차주가 작성하여 제공한다 - cf. 14.5.1)
- 재원(자본금과 차입금)을 합의한 순서에 의거하여 투입(cf. 12.2.3, 13.5.1)하고, 건설 및 예산에 부합하는 목적으로만 자금을 사용한다. (cf. 13.5.1)
- 특정일까지 완공에 도달한다. (cf. 8.2.7)[21]
- 건설기간 만료일까지 합의된 D:E ratio를 준수한다. (cf. 12.3)
- 매 운영연도마다 소요되는 예산을 미리 송부한다. (cf. 9.7.7)
- 발생하는 현금은 Cascade(cf. 14.4.2)에 따라 적용한다.
- 프로젝트 운영기간 중 매 반년마다 재무추정치를 작성한다. (cf. 14.4.3)
- (분기마다) 프로젝트 운영리포트를 제출한다. (cf. 14.5.2)

---

20 'affirmative covenants'로 부르기도 한다; 프로젝트 회사가 D:E ratio 등을 x보다 높지 않게 하겠다는 약정은 '유지약정(maintenance covenants)'이라고 부르기도 한다.
21 여기서 말하는 완공은 건설계약이나 사업계약에서 말하는 완공보다 넓은 의미이다. 특히 사업주로부터 제한적으로 소구(cf. 9.13)할 수 있을 때 그러하다; 그러한 경우 건설계약에서 요구되는 물리적 완공 뿐 아니라, 예컨대 프로젝트 회사가 최소 ADSCR을 유지할 수 있다는 것을 증명해야 한다.

- 대주단 자문사에게 프로젝트 부지 방문을 허용하며, 요구되는 정보를 제공한다.
- 프로젝트의 중대한 운영 중단 또는 연료나 원재료, 그리고 유틸리티 공급중단이 발생하였을 경우 대리은행 또는 담보 수탁인에게 통지한다.
- 보험금 청구사건이 발생하였을 경우 대리은행 또는 담보 수탁인에게 통지한다.
- EoD(cf. 14.12), 프로젝트 계약 관련 분쟁, 소송 또는 기타 분쟁이 발생할 경우 대리은행 또는 담보 수탁인에게 통지한다.
- 프로젝트 계약상 차주의 권리를 성실히 행사한다.
- 프로젝트 환경 이슈와 관련하여 대주단에게 손실이 발생했을 경우 이에 대해 보상한다. (cf. 9.10.3-9.10.4)
- 프로젝트 건설 및 운영과 관련하여 필요한 인허가(cf. 8.8)를 취득한다.
- 프로젝트에 영향을 주는 법률의 변경(11.3) 또는 인허가의 철회, 갱신 실패 또는 수정사항이 발생할 경우 대리은행 또는 담보 수탁인에게 통보한다.
- 대주단의 담보권을 유효하게 유지하기 위해 필요한 조치를 취한다. (cf. 14.7)
- 계속해서 필요한 대주단 자문사 비용을 지급한다.

사업주는 프로젝트 회사에 대한 지분 유지(cf. 7.11, 9.13), 기술지원(cf. 3.6.3) 등 관련 별도의 약정을 할 수 있다.

프로젝트 회사가 (대주단이 납득할 수 있는 이유로) positive covenants를 지키지 못하는 상황이 발생한다면, 대주단은 이를 일시적으로 또는 영구적으로 면제해 주어야 할지 고민하게 된다. (cf. 14.11) 대주단은 아무리 사소한 내용이더라도 이러한 업무처리를 신용위원회에 부의해야 하므로, positive covenants 내용을 지나치게 세밀하게 작성하여서는 안 될 것이다.

14.10.2 Negative Covenants

통상적으로 프로젝트 회사가 제출하는 negative covenants[22]는 다음과 같은 사항을 포함한다:

- 프로젝트 이외 다른 사업 영위 금지
- 정관 수정 금지
- 다른 기관과의 인수합병 금지
- 프로젝트 계약 또는 프로젝트 자체에 대한 수정, 변경, 면제 등 금지 (최소한의 변경은 허용된다)
- 최소한의 예외(예컨대 복사기 리스 등)는 허용하되, 신규계약 체결 금지

---

22 protective covenants라고 불리기도 한다.

- 보유현금 투자[23] 금지
- 추가 차입 금지 및 제3자 앞 보증제공 금지
- 대주단과 합의한 이자율 또는 환율 헤지 목적 외 추가 헤지계약 체결 금지(cf. 10.3, 10.5.2)
- 대주단이 합의하지 않은 CAPEX 지출 금지[24]
- 연례 예산에서 확정된 금액 이상의 운용비용 사용 금지(cf. 9.7.7)
- 제3자 앞 담보제공 금지(최소한의 예외는 인정)
- 자산 매각, 리스 및 이전 금지(최소한의 예외는 인정)
- 금융계약에서 허용된 바가 아닌 배당 금지(cf. 14.4.3)
- 회계연도나 감사인 변경 금지

프로젝트 회사가 위에 언급된 사항 중 희망하는 사항이 있을 경우, 대주단의 사전 동의를 얻어야 한다.

위에서 살펴본 바와 같이 positive covenants와 negative covenants의 차이는 사실 문언상 차이라고 할 수도 있다; Positive covenants를 통해 현행 프로젝트 구조를 유지하고자 하는 것은 negative covenants를 통해 현행 프로젝트 구조를 변경하지 않게 하는 것과 동일한 것이다. 더욱이, 약정사항들은 EoD(cf. 14.12)와 겹치는데, 커버비율을 x 이상으로 유지하라는 약정사항은 존재하지 않는다 하더라도, 커버비율이 x 미만으로 떨어질 경우 EoD가 될 수도 있기 때문이다.

14.11 허가, waiver 및 수정

프로젝트 회사가 프로젝트 계약을 수정하지 않겠다고 하는 약정이 존재한다 하더라도, 프로젝트 회사는 여전히 대주단에게 수정에 대한 허가를 요청할 수 있다. 금융종결 이후 상황이 변화하였고, 그 변화가 프로젝트 회사와 대주단에게 유리하다면 대주단은 이를 거부할 까닭이 없다.

대주단은 약정사항을 위반하는 즉시 EoD를 선언하기 보다는 일정 기간동안은 프로젝트 회사가 해당 약정사항과 조건들을 충족시키지 않아도 된다고 허용해줄 수도 있다.

마찬가지로, 금융협상이 이루어졌던 때 대비 가정이 달라졌거나 기타 상황에 변화가 있었다면 금융계약을 수정할 필요가 있을 수도 있다.

---

[23] 여유자금은 통상 이자를 지급하는 프로젝트 계좌에 예치된다. 물론 대주단의 담보권을 위협하지 않는 한, 미리 합의한 단기 머니마켓에 투자를 하는 것이 허용되는 경우도 존재한다.
[24] 자본금으로 CAPEX를 마련한 경우에도 마찬가지이다 – 이는 프로젝트의 특성(그리고 이와 관련된 리스크)이 대주단 동의 없이 변경되어서는 안된다는 것을 의미한다.

프로젝트 회사는 대주단으로부터 그러한 허가를 얻는데 필요한 시간이 어느 정도인지 감안하여야 한다. 이는 대주단과 충분한 협의를 진행하기 위해 필요한 시간이다. 일반적으로 대주단은 갑작스러운 통보를 부정적으로 바라보며, 프로젝트 회사가 문제점을 명확히 하지 못하고 또 효율적인 대처방법을 모른다고 판단하는 경우 대주단과의 관계가 악화될 수 있다.

대주단은 프로젝트 회사의 행위에 대하여 다양한 수준의 통제를 요구할 수 있다:

- 대주단의 동의 없이는 어떠한 행위도 금지
- 대주단이 요구하는 경우 특정한 조치 시행
- 프로젝트 회사가 사전에 통지하는 경우 대주단의 동의는 불요
- 프로젝트 회사가 사전에 통지 없이도 특정한 행위 가능

대주단이 waiver 요청에 응하지 않거나 금융계약 수정에 동의하지 않을 경우 EoD가 발생하게 된다.

14.12 Events of Defaults(EoD)

프로젝트 파이낸스 대주단은 프로젝트 회사가 대출 원리금을 상환할 자금이 부족할 때까지 마냥 기다리지는 않을 것이다; 그러므로 그들은 프로젝트 회사 앞 권리행사를 할 수 있는 일련의 사건들을 정의하려 할 것이다. 이것들이 EoD이다 - EoD가 발생하는 경우, 프로젝트 회사는 대주단의 동의 없이 프로젝트를 운영할 수 없다. 이 중 일부는 (원리금 미상환, 부도 등) 기업금융에도 적용되지만, 특정 요소(예컨대 프로젝트 완공 미달 등)들은 프로젝트 파이낸스에 특정적인 것들이다.

EoD가 발생할 경우 프로젝트의 상황에 따라 대주단이 취할 수 있는 조치들은 다양하다:

- EoD에 대하여 waiver 허용(즉, EoD 발생사실을 무시)
- 프로젝트 회사로 하여금 특정한 행위를 하도록 지시 - 사실상 대주단은 프로젝트 회사의 의사결정 과정을 통제할 수 있다.
- 프로젝트가 여전히 건설중이라면, 대출금 인출을 중단시킬 수 있다 - 이는 인출중단(drawstop)이라고 불린다.
- 프로젝트가 운영 중이라면, 모든 현금흐름은 대출금을 상환하는데 쓰거나(즉, 캐시스윕 - cf. 14.4.4), 대주단이 통제하는 별도 예비계좌에 예치

- 기한이익을 상실(acceleration)[25]시키고, 담보권 행사

일단 EoD가 발생하면, 어떠한 조치를 취할 것인가는 전적으로 대주단이 결정한다. 그러나 이러한 이벤트 자체가 프로젝트를 default 상태 - 즉, 금융지원을 종결시키고 대주단으로 하여금 기한이익을 상실시켜 담보권을 행사하도록 하는 것 - 에 처하게 하지는 않는다: 그러기 위해서는 EoD 발생 후 대주단이 별도로 추가적 조치를 취하는 의사결정을 하여야 한다. (cf. 14.14) 대주단은 이러한 위협수단을 바탕으로 프로젝트 회사 및 기타 관련자들과 함께 현재 발생한 문제 또는 곧 발생할 것으로 예상되는 문제에 대한 해결책을 찾게 된다.

EoD에 대한 waiver 요청이 받아들여지거나 다른 방법으로 해결되기 까지는 일반적으로 지연배상금율(default interest), 즉 대출금에 대한 보다 높은 수준의 마진이 적용된다.

통상적인 EoD는 아래와 같다:

- 프로젝트 회사가 금융계약상 지급해야 할 대금을 미지급
- 프로젝트 회사 (또는 사업주 등 기타 관련자)의 진술 및 보장내용이 틀릴 경우
- 프로젝트 회사가 금융계약상 약정을 위반한 경우
- 사업주가 프로젝트 회사 또는 대주단 앞 제공한 약정을 위반한 경우
- 사전에 협의한 일자보다 빠른 날짜에 프로젝트 회사의 지분 변경
- 프로젝트 회사, 프로젝트 계약 당사자, 사업주 또는 보증인이 차입금을 상환하지 않았을 경우, 재판을 받는 경우(매우 적은 금액에 대하여서는 미적용) 또는 일정 기간동안 내 해결되지 않는 부도 사태 등
- '최종일자(long-stop date)'까지 프로젝트 완공 미도달
- 프로젝트 완공시까지 필요한 자금 부족
- 인허가 취소
- 프로젝트가 (특정기간 이상) 버려지거나 보험목적상 완전손실로 판명나는 경우(그러나 cf. 8.6.5)
- 프로젝트 계약 당사자의 의무 불이행 또는 해당 계약 무효화
- 프로젝트 회사가 프로젝트 부지에 대한 소유권(경우에 따라 접근권) 상실
- 대주단의 담보권이 유효하지 않거나 강제집행이 불가능한 때
- 최근 ADSCR이 특정 수준보다 낮은 경우; 최초 Banking Case 평균 ADSCR은 1.35:1, 배당중지 수준(cf. 14.4.3)은 1.2:1, 그리고 'default 비율'은 1.1:1; 배당중지의 경우와 마찬가지로 이 경우에도 미래의 커버비율을 사용할지 여부는 논란의 대상이 된다.
- 사업소재지국 정부가 프로젝트를 몰수하고, 외채에 대하여 모라토리움을 선포하거나 환전 및 송금을 중단하는 경우 (만약 프로젝트 회사가 외화로 차입했다면 말이다)

---

25   대출금에 대한 만기가 즉시 도래하게 만드는 효과

유예기간(grace periods). 프로젝트 회사가 EoD를 치유할 수 있다면, 어느 정도의 유예기간은 확보해야 한다. 원리금 미상환과 같은 종류의 EoD는 그냥 내버려두기가 곤란하며, 통상의 경우 최대 2-3일 정도(은행 시스템을 통하여 자금을 이체하는데 걸리는 시간 등 고려)의 유예기간만을 허용한다.

치유 가능한 기타 EoD와 관련하여서는 적정한 시간(예컨대 30일 수준)이 유예기간으로 제공된다; 예컨대, 재무정보 제공을 하겠다는 약정을 위반한 경우가 이에 해당한다.

잠재적 EoD(potential EoD). 대주단은 잠재적 EoD, 즉, 현재 발생하지는 않았으나 발생할 것으로 예상되는 EoD를 금융계약에 포함시켜 보다 빠른 초기대응을 하고자 할 것이다. EoD가 발생할 것이 단순히 시간문제일 경우 프로젝트 회사는 이를 수용할 수 있을 것이다.

MAC. 대주단은 MAC 이벤트 또한 EoD로 포함시키고자 할 것이다. 위에서 언급한 바와 같이 MAC는 금융종결 또는 대출금 인출의 선행조건으로 작용할 수 있다. (cf. 14.8.3) 이를 EoD에 포함시키는 것은 EoD와 관련된 불확실성을 증가시키기 때문에, 프로젝트 회사에게는 부담이 된다; 그러나 대주단의 입장에서는 미래에 프로젝트에 문제가 발생하는 모든 상황을 미리 예상할 수 없기 때문에 그러한 갭을 메우기 위한 장치가 필요하다고 주장할 것이다. 프로젝트 회사가 이러한 대주단의 요구에 응하는 경우, MAC 조항은 신중하게 작성해야 한다 – 즉, MAC 문안은 프로젝트 계약 당사자의 의무이행 능력 또는 프로젝트 회사의 운영, 자산 또는 재무상태에 대하여 중대한 문제가 발생하거나, 대출 원리금 상환 또는 대주단의 담보권에 중대한 문제가 발생하는 경우로 제한하여야 한다.

중요성(materiality). 마찬가지로, 중요성 기준이 적용되어야 할 것이다: 예컨대, 진술내용은 사실관계에서 크게 벗어나는 경우에만 EoD가 되어야 한다. 이는 프로젝트 회사와 대주단간 항상 발생하는 이슈이다. 예컨대, 전자의 경우 특정일까지 재무제표를 제출하지 않았다고 해서 대출금에 default가 발생하는 일은 없어야 한다고 주장할 것이다; 대주단의 경우 특정일까지 재무제표를 제공하지 못하는 것 자체가 프로젝트 운영과 관련하여 문제가 있다는 것을 암시하는 것이며, 그렇기 때문에 이 시점에 대주단이 개입을 하여야 한다고 주장할 것이다. 대주단은 기계적으로 EoD에 기대어 프로젝트에 문제가 발생하도록 하지 않을 것(왜냐하면 이러한 행동은 대주단에게도 도움이 되지 않기 때문)이며 모두 함께 문제를 해결해야 한다고 하는 것 뿐이라고 주장할 것이나, 일단 EoD가 발생하면 사업주와 프로젝트 회사는 대주단에 비해 불리한 위치에 서게 되는 것은 명약관화한 일이다.

진술 및 보장사항, 약정, 그리고 EoD간에는 서로 겹치는 부분이 존재한다는 것을 알 수 있을 것이다. 특히 진술 및 보장사항이나 약정의 위반 자체가 EoD가 되는 부분이 그러하다. 그러므로 금융계약 문안들을 서로 겹치게 작성해서 얻을 수 있는 혜택은 크지 않다.

14.13 대주단의 의사결정 절차

복수의 금융기관들이 참여하는 대출의 경우, 의사결정절차가 필요하다. 그렇지 않은 경우 대부분의 금융기관들이 문제 해결을 위해 노력할 때 하나의 금융기관만 독단적으로 행동하여 문제를 키울 수 있기 때문이다. (사실 소규모 은행들은 이런 식으로 대형 상업은행들을 위협하여 이들이 자신의 대출금을 매입하도록 하게 한다는 사실은 잘 알려져 있다) 대리은행 또는 담보 수탁인은 전체 대주단의 의지를 확인하고 행동을 취해야 한다. 그러므로 의사결정(투표) 절차에 대하여는 사전에 동의가 이루어져야 한다: 프로젝트 회사 또한 이에 대하여 관심을 기울일텐데, 1-2개 금융기관이 대주단 과반수의 의지에 반하여 행동하지 않도록 하기 위해서이다.[26]

의사결정 메커니즘은 다음과 같은 사항들을 정한다:

- EoD에 대한 waiver 허용 - waiver에 대하여 승인이 이루어지면 해당 문제에 대하여 더 이상의 조치를 취하지 않아도 된다.
- 조기 waiver(즉, 프로젝트 회사가 조치를 취하지 않으면 default가 발생하는 경우, 해당 조치를 취해도 된다는 허가: 예컨대 건설회사 앞 건설계약상 수정사항을 지시하는 행위나, 일정 규모 이상의 자산을 매각하는 행위 또는 프로젝트 계약의 일부를 수정하는 행위 등에 대한 허가)
- 금융계약 수정 - 잘못된 내용을 수정하거나, 미래에 default가 발생하지 않도록 하기 위하여, 또는 프로젝트에 변경을 가할 수 있도록 금융계약 문안을 수정
- 대리은행 또는 담보 수탁인에 대한 지시(예컨대 EoD 이후 담보권 행사 등)

상기 이슈들에 대한 통상의 의사결정체계는 아래와 같다:

Waivers 및 허가. 대주단 100%의 동의가 필요한 대출 원리금 미지급(그리고 프로젝트 계약의 중대한 변경 등) 등 중대한 default를 제외하고는 66.6-75% 수준의 대주단 과반의 동의가 필요하다. (그러나 개별 금융기관들은 건설기간 중 default가 발생한다면 별도 절차없이 추가적인 대출금 인출을 중단할 수 있다)

금융계약 수정. 대주단의 담보, 원리금 상환일, 상환금액 또는 이자율을 변경하는 금융계약 수정은 대주단 전원의 동의를 필요로 한다. 나머지 사안에 대하여서는 통상 66.6-75% 수준의 동의를 필요로 한다.

대출금에 대한 기한이익 상실조치. Waiver 요청이 받아들여지지 않을 경우 대리은행 또는 담보 수

---

[26] 5.3.2에서 밝힌 바와 같이 채권투자자들의 경우 통상 의사결정을 Controlling Creditor에게 위임하기 때문에, 여기서의 논의대상은 상업은행, 또는 이들과 함께 대출에 참여하는 DFI, ECA 등에 국한된다.

탁인은 default 통지를 발송한다: 이후 절차는 대출금에 대한 기한이익 상실이다 - 이는 대출금 전액에 대한 만기가 도래하여 즉시 상환이 이루어져야 한다는 것이다. 이와 관련해서 요구되는 과반수는 시간이 갈수록 축소된다: 예컨대 default 발생 이후 90일 이내 기한이익 상실 조치를 취하기 위해서는 75%의 동의를 획득해야 하며, 그로부터 추가로 90일 이내에서는 66.6%, 그 이후로는 51%의 동의가 필요하다.

강제집행. 대출금 기한이익 상실조치 이후의 조치는 담보에 대한 강제집행이다; 그러나 대출 원리금 미상환에 따라 default가 발생하였을 경우 대리은행이나 담보 수탁인이 즉각 강제집행 조치를 취하지 않을 경우 몇몇의 은행들은 이에 대해 강하게 반발할 수 있다.

대주단 중 상대적으로 적은 비중을 차지하는 은행들은 사소한 문제에 일일이 신경쓰기 싫어한다: 문제가 발생하면 대부분의 은행들은 이를 신용위원회에 보고해야 하는데, 사소한 문제를 일일이 보고하는 것은 은행 차원에서는 효율적인 업무처리가 아니다. 그러므로 대주단 모두에게 반드시 의사결정을 내리게 하는 것은 쉬운 일이 아니다. (물론 채권투자자들의 경우는 이보다 심하나, 통상의 경우 Controlling Creditor를 통하여 처리한다) 그러므로 일상적으로 일어나는 사항에 대한 과반수 수준이 너무 높으면, 프로젝트 회사의 업무가 마비될 수도 있다.

이러한 현상에 대한 해결책은 '침묵은 동의하는 것이다'[27]라는 조항을 포함시키거나, 또는 대주단 전체가 아닌 투표에 참여한 대주단의 과반, 예컨대 75%가 찬성하는 경우, waiver 요청을 승인하는 방법이다. 이러한 장치를 마련해 둘 경우 프로젝트 회사에게 도움이 될 뿐 아니라, 프로젝트 회사가 정상적인 업무를 수행해 나갈 수 있으므로 대주단에게도 도움이 된다. 이 이슈는 수많은 채권투자자들이 존재할 경우 첨예한 문제가 될 수 있으므로, Controlling Creditor 제도를 활용하는 것이 바람직할 것이다.

상업은행들의 대출금 대부분 또는 전부에 대하여 보증이 제공되어 있다면(예컨대 ECA의 보증 - cf. 16.2.4), 이들은 보증을 제공한 이의 지시를 받아 의사결정에 참여해야 하나, 정치적 리스크에 대하여서만 보증이 제공되었다면, 상업적 이슈에 대하여서는 자율적으로 의사결정을 할 수 있을 것이다.

그럼에도 불구하고 보증 제공자는 자신이 보증한 프로젝트에 변경이 발생할 경우, 여전히 발언권을 가지기를 희망할 것이다. 예컨대 상업은행들이 완공리스크를 지는 경우, 이들은 프로젝트 건설단계에서 발생하는 문제들에 대하여 보증인의 지시를 따르지 않고 자체적으로 결정을 할 권리를 보유한다. 그러나 만일 건설기간 중 발생한 문제가 프로젝트 완공 이후의 상황에 영향을 미칠 수

---

27 금융시장에서는 이 조항을 'you snooze you loose'라고 표현한다.

있는 경우는 그렇지 않다. 그러므로 대주단과 보증인 중 누가 의사결정권을 가지는가 하는 문제는 정확하게 특정하기 어려우며, 그 결과 분쟁의 요소가 되기도 한다. 동일한 원칙은 프로젝트 완공시 제3자가 초기 대출금을 차환('take out')하는 경우에도 적용된다.

14.14 대주단간 이슈

프로젝트 회사의 대주단이 하나의 신디케이트 또는 '클럽'으로 구성되어 있다면, 이들 전체는 하나의 구성체가 되어 위에서 언급한 절차대로 의사결정을 하면 된다. 그러나 성격이 다른 복수의 대주단이 구성되는 일이 오히려 일반적이다. 즉, 상업은행 신디케이트 또는 채권투자자, ECA 보증부 대주단 또는 ECA 보증이 없는 대주단, 국내 금융기관 또는 국외 금융기관 등으로 다양한 그룹이 존재할 수 있다.

이들 각각의 그룹은 독자적으로 프로젝트 회사와 금융계약을 체결하기 때문에 이들간 서로 협조하는 메커니즘이 필요하다. 그렇지 않을 경우 프로젝트 회사는 강아지들 사이에 낀 뼈와 같은 신세가 되어, 각각의 대주단이 서로 다른 방향으로 프로젝트를 잡아당기는 경우 갈기갈기 찢길 수도 있다. 그러므로 프로젝트 회사는 대주단간 약정의 당사자가 아니지만, 동 약정이 원활히 잘 작동할 수 있는지에 대하여 관심을 기울인다.

대주단간 약정은 최소한 다음과 같은 사항들을 다루어야 한다:

- 금융종결에 대한 관리(통상의 경우 각각의 대주단 모두에 대한 CP가 충족되어야 금융종결이 달성된다)
- Waiver, 계약 수정 및 강제집행에 대한 절차: 의사결정은 일반적으로 그룹별로 행하게 된다; 각각의 그룹은 자신들만의 절차에 따라 의사결정을 하고 그 결과는 하나의 블록(block)에 대한 의견이 된다. (이는 전체 대주단 익스포져 대비 비율로 기능하게 된다) 물론 상업은행들은 자신들의 의사결정이 상업적인 이해관계에 따르지 않는 공공부문 대주단 또는 기타 대주단의 의사결정으로 인하여 실행되지 않는 것을 싫어하지만 말이다.
- 담보의 공유
- 회수액의 공유 - 은행들은 프로젝트 계좌를 직접 운영하기 때문에 자신의 몫보다 많은 금액을 회수할 수 있다: 이러한 일이 발생한다면 은행들은 자신의 몫보다 많이 받는 금액을 타 대주들에게 돌려주어야 한다. (단, 프로젝트 파이낸스 대주들에게 돌려주는 것이지, 다른 금융 대주들에게 돌려주는 것은 아니다)

대주단간 약정이 아니라 보다 넓은 범위를 커버할 수 있는 공통금융계약(Common Terms

Agreement)[28]을 체결하는 것도 좋은 방법일 것이다.

이러한 계약을 체결한 경우, 개별 금융계약은 대출금액, 수수료, 이자율 및 상환스케줄 등 간단한 내용만을 기재하게 된다. 나머지 내용은 아래와 같이 대부분 공통금융계약에 포함된다:

- 금융종결 및 대출금 인출을 위한 CP
- 개별 대출의 인출 순서, 건설기간 종료시점에 대주단간 조정사항, 그리고 default가 발생하는 경우 익스포져를 미리 합의한 비율에 따라 유지 등
- 진술 및 보장
- 약정사항
- 프로젝트 계좌 및 Cascade
- Cross-default를 포함한 EoD - 즉, 하나의 금융계약에서 발생한 EoD는 자동적으로 다른 금융계약의 EoD로 연결
- 대금지급 및 의사결정 절차 등을 처리하는 대리은행(intercreditor agent)의 선임
- 담보계약

이러한 이슈들이 공통금융계약에서 다뤄지지 않는다면 사업주들은 각각 다른 금융계약에 동일한 조건들을 포함시키려 노력하게 될 것이고, 이 노력이 성공적이지 않다면 프로젝트 회사는 각각 다른 대주단이 서로 다른 방향으로 움직이려는 것을 통제하는데 어려움을 겪을 것이다. 그리고 이는 대주단과 투자자들 모두에게 불리한 결과를 가져오게 된다.

각각의 대주들은 서로 다른 국가에 소재할 경우가 많으며, 이 경우 자신의 소재국을 금융계약 관할지로 지정하고 싶어하기 때문에 공통금융계약을 체결하게 된다면 이러한 문제도 해결할 수 있다. 각각의 금융계약의 조건이 동일하다 하더라도, 관할지가 다를 경우 동일한 문언에 대하여 다르게 해석할 수 있기 때문이다. 개별 금융계약 내용은 위에서 언급한 바와 같이 간단한 내용만 포함하고, 대부분의 내용은 관할법과 관할지를 한 곳으로 정해놓은 공통금융계약을 체결할 경우 대부분의 문제는 해소될 수 있다.

채권자들은 동일 그룹의 대주단이 대리은행(agent bank)을 선임하는 것과 마찬가지로(cf. 5.2.9) 각기 다른 대주단 그룹간의 업무를 조율하기 위해 통상 대주단간 대리은행(intercreditor agent)을 선임한다.

아래와 같은 특정 그룹의 대주들, 그리고 금융계약과 관련된 기타 당사자들이 적절한 지위를 보장

---

28 이는 Project Coordinating Agreement 또는 Co-Financing Agreement 등 다양한 명칭을 지니고 있다.

받지 않았다면 대주단간 이슈가 발생한다:

- 이자율 스왑 제공자(14.14.1)
- 고정금리 대주단(14.14.2)
- 다른 담보를 보유하고 있는 대주단(14.14.3)
- 리스제공자(14.14.4)
- 후순위 대주단 또는 메자닌 대주단(14.14.5)
- 자신의 의무를 이행하지 않는 대주들(defaulting lenders)(14.14.5)

14.14.1 이자율 스왑 제공자

대주단이 자신의 익스포져에 비례하여 이자율 스왑(10.3.1)을 제공한다면 이자율 스왑 때문에 별도의 대주단간 약정은 필요치 않을 것이나, 만약 - 이러한 경우가 대부분이긴 하다 - 하나 또는 두 개 은행만이 이를 제공(자기 계정으로 하거나 또는 타인의 계정으로 하거나)하는 경우 이들의 의사결정 절차 참여 및 강제집행 권리 부여 여부를 고려해 보아야 할 것이다. 스왑 breakage cost는 예상하기 어렵기 때문에(실제로 0이 될 수도 있다), 프로젝트 회사의 default에 따른 이자율 스왑 리스크는 미리 정하기 힘들다. 이론적으로, 스왑 제공자는 대주단 의사결정이 이루어지는 시점에 발생하는 breakage cost에 상응하는 의사결정권을 보유하기를 희망할 것이다: 그러나 이는 불확실성이 너무 크기 때문에 대주단이 쉽게 수용하지 않는다. 그 결과 아래와 같은 결론에 도달하는 것이 일반적이다:

- 스왑 제공자는 waiver 및 계약수정 사항과 관련하여서는 의사결정에 참여하지 않는다. (통상 스왑 제공자는 대주단의 일원이기 때문에, 자신의 의사를 반영시킬 다른 기회가 제공되기 때문이다)
- 프로젝트 회사가 특정 카테고리의 default(대금 미지급, 부도 등)를 발생시킬 경우 독자적으로 스왑계약을 해지할 수 있다.
- 스왑 해지로 인하여 프로젝트 회사 앞 청구금액이 확정되는 경우, 스왑 제공자는 강제집행 관련 의사결정시 동 금액만큼에 대한 의결권을 확보한다.

그러나 의결권이 어떻게 구조화되는지와 무관하게 스왑 제공자들은 확정된 breakage cost에 해당하는 비율만큼 강제집행에 따른 회수액을 수취할 권리를 지닌다.

14.14.2 고정금리 대주단

Default가 발생할 경우 고정금리 대주단의 입장은 스왑 제공자들과 유사하다: 그들 또한 breakage cost(cf. 10.3.4)가 문제가 되기 때문이다. 이와 관련하여 추가적인 의결권이 발생하지는 않지만,

강제집행 회수대금을 채권비율에 따라 분배할 때 고려해야 한다.

그러나 만약 고정금리 대주단이 조기상환에 대하여 매우 높은 수준의 페널티를 적용한다면 문제가 될 수 있다; 예컨대, 10.3.4에서 논의한 바와 같이 조기상환시 갚아야 할 금액이 단순히 원금과 이자 뿐 아니라, 고정금리 대주단의 기회비용의 현재가치로 정해놓을 수도 있기 때문이다. 이자율 스왑 제공자 또한 이와 유사한 요구를 할 수도 있지만(cf. 10.3.1), 변동금리 대주단의 경우 일반적으로 이러한 요구를 하지 않는다. 이러한 문안으로 금융계약이 작성된 경우 default가 발생하면 각기 다른 그룹의 대주단간 상대적 청구액이 크게 변동될 수 있다. (유사한 상황은 하나의 대주단 그룹이 물가상승률에 연동된 대출을 제공한 경우에도 발생한다)

14.14.3 다른 담보를 보유하고 있는 대주단

대주단은 통상 프로젝트에 대하여 동일한 담보를 공유한다. (이는 '공동담보(cross-collateralization)'라고 부른다)

그러나 하나의 대주단이 다른 대주단에게는 제공되지 않은, 예컨대 사업주 보증을 보유하는 경우가 존재한다. 사업주 보증이 없는 대주단은 보증을 보유한 대주단이 프로젝트 회사 default 후 자신의 담보에 대하여 강제집행을 하려 할 때 이를 막을 수 없다는 것은 자명한 이치이며, 그 반대의 경우도 마찬가지이다.[29]

14.14.4 리스 제공자

프로젝트 회사가 사업비 중 일부를 리스로 조달한 경우 기자재는 법적으로 리스 제공자의 소유인데, 이들은 자신의 소유물을 타 대주단과 공유하는 것을 희망하지 않는다. 반면 다른 대주단의 경우 리스 제공자가 프로젝트 핵심 구성요소를 독자적으로 처리할 권리를 갖는 것에는 동의하지 않을 것이다. 그러므로 기자재 압류에 대한 협조 및 매각에 따른 대금 처분과 관련된 합의된 절차가 필요하다.

프로젝트 회사가 사업비 중 일부를 이슬람 금융으로 조달한 경우 유사한 일이 발생할 수 있다.(cf. 4.5.4) 프로젝트 자산의 소유권이 이슬람 금융 대주단에게 귀속되기 때문에, 리스의 경우와 동일하게 해당 자산에 대하여 '분배'를 해야하는 문제가 발생하게 된다.

---

29 이와 관련, MDFI(cf. 16.5.2)의 '우선채권자(preferred creditor)' 지위와 관련된 이슈가 발생할 수 있다; 예컨대 ECA는 그러한 지위를 부여받지 못하기 때문에, 이러한 방식으로 추가적인 대금을 회수하는 방식에 반대할 가능성이 높다.

14.14.5 후순위 대주단 또는 메자닌 대주단

투자자들이 자본금을 대신하여 후순위대출금을 제공한 경우(cf. 12.2.2), 프로젝트 회사의 default 시 별도의 권리를 주장하기는 힘들 것이다. 선순위대주단은 선순위대출금이 모두 상환되기 전까지 담보권을 포기할 것, 후순위대출금 회수를 위한 강제집행 절차에 나설 수 없다는 것, 그리고 선순위대주단의 행위를 가로막지 않을 것을 약속하라고 요구할 것이다.

메자닌 대출은 사업주나 투자자가 아닌 제3자가 제공할 수 있으며(cf. 4.5.1), 일반적으로 2순위 저당권 또는 선순위 대주단보다 낮은 담보권을 채권보전장치로 취득한다. 메자닌 대출에 대한 원리금 상환의 Cascade(cf. 14.4.2)는 배당 바로 직전에 위치하며, 그보다 상위 청구권에 대한 대금이 지급되었을 때 지급될 수 있다. 그들은 프로젝트에 대한 금융 패키지 전체에 대하여 default가 발생하였고 또 강제집행 조치가 이루어졌다면, 선순위대출금이 우선 상환된 이후에 자신들의 대출금을 상환하는데 동의할 수 있을 것이다.

그러나 메자닌 대주단이 존재할 경우 몇 가지 어려운 이슈가 발생할 수 있다. 일반적으로, 이러한 이슈는 메자닌 대주단이 '제단의 삼손'과 같은 행동을 할 수 있기 때문이다; 만약 프로젝트에 문제가 발생하였는데 프로젝트 회사가 선순위 대주단에게 상환할 정도만의 현금만을 보유하고 있어 메자닌 대주단은 잃을 것이 없는 상태라면, 메자닌 대주단은 선순위 대주단이 자신의 몫을 나눠주지 않을 경우 프로젝트를 완전히 망가뜨리겠다고 협박을 할 수 있기 때문이다.

선순위 대주단은 이러한 문제가 발생하지 않도록 메자닌 대주단의 권리에 여러가지 제약을 둔다:

- **인출 시점**. 자본금과 마찬가지로 프로젝트 회사가 메자닌 대출을 선순위대출금보다 먼저 인출하게 할 수 있다; 그러나 메자닌 대주단은 선순위 대주단과 동일한 비율로 인출하기를 희망할 것이다.
- **인출 선행조건**. 대출금이 동일한 비율로 인출된다면, 선순위 대주단은 메자닌 대주단의 CP가 보다 단순하기를 희망할 것이다.
- **선순위 대출금 조건 변경**. 선순위 대주단은 상환 스케줄 및 이자율 등을 포함 자유롭게 자신들의 조건들을 변경시키기를 희망하며, 프로젝트에 문제가 발생할 경우 대출금을 증액시킬 수도 있기를 희망할 것이다. 이는 메자닌 대주단의 지위를 약화시키게 된다: 그러므로 선순위 대출금 증액 범위에 대하여 미리 합의를 해 둘 필요가 있다. 이는 사업계약의 조기해지시 추가적인 차입금에 대하여 책임을 질 수도 있는 생산물구매자/계약당국이 추가 차입에 대한 제한을 가하고 싶어하는 것과 유사하다. (cf. 7.10.1)
- **프로젝트 계약의 변경**. 프로젝트 계약을 변경하려면 선순위 대주단의 동의가 필요하다; 계약변경 결과 위에서 언급한 것처럼 선순위 대출금을 증액시키지만 않는다면, 선순위 대주단은 메자닌 대주단의 간섭 없이 이를 자유롭게 처리할 수 있기를 희망할 것이다.

- **대출 원리금 상환 중지.** Cascade상 메자닌 대출금에 대한 원리금 상환 순서가 문제가 될 수도 있다: 이들 앞 대출 원리금을 상환하기 전 선순위 대출금에 대한 DSRA, 그리고 MRA 등에 우선 자금을 예치시켜야 한다; 또한 배당금 지급을 중지시키는 것처럼 메자닌 대출금에 대한 원리금 상환을 중지시킬 수 있다. (예컨대 커버비율이 일정 수준 이하로 떨어지는 경우)
- **Default.** 메자닌 대주단 또한 대금 원리금이 상환되지 않을 경우 강제집행을 희망한다: 일반적인 타협점은 예컨대 default 발생 후 6개월간 기다리게 한 후 강제집행을 허용하는 것이다. (물론 메자닌 대주단이 강제집행을 하게 될 경우 선순위 대출금에도 default가 발생하며, 강제집행에 따른 회수금은 선순위대출금을 우선 상환하는데 쓰이게 된다)
- **'Springing Lien'.** 미국에서 교통 프로젝트 관련 TIFIA 금융(cf. 15.4)이 제공될 경우, 특별한 장치가 활용된다. TIFIA 금융은 Cascade상 선순위 대출금보다 아래에 위치하나, 프로젝트에 default가 발생하면 TIFIA 금융은 선순위 대출금과 동등한 지위를 누리게 된다. 이는 'springing lien'으로 알려져 있다.

14.14.6 자신의 의무를 이행하지 않는 대주들(Defaulting Lenders)

2008년 금융위기시 다수 상업은행들이 어려움을 겪은 이후, 사업주들은 대주단이 약정했던 금융지원을 하지 않을('Defaulting Lender') 가능성에 우려를 표하기 시작하였다. (cf. 12.7.3)

프로젝트가 망가지는 것을 방지하기 위해 기존 대주단(또는 새로운 금융기관이) 이러한 식으로 발생하는 갭을 메울 가능성이 높지만, 그들은 이러한 지원을 미리 약속하지는 않을 것이다. 그러므로 자신의 약정을 지키지 않는 대주는 의사결정 절차에서 자신의 권리가 제한될 것이라는 점이 금융계약에 명확하게 반영되어야 한다. 이러한 상황이 발생할 경우 나머지 은행들은 다양한 옵션을 지니게 된다: defaulting lender의 대출금을 매입하거나, defaulting lender의 의결권만을 박탈할 수도 있다. (대리은행이 defaulting lender가 될 경우, 새로운 대리은행이 선임될 수 있다는 조항도 포함시켜야 한다)

14.15 준거법 및 관할지

프로젝트 회사와 프로젝트, 그리고 대주단 등이 모두 동일한 국가에 소재하는 경우 프로젝트 계약과 프로젝트 파이낸스 계약의 준거법과 관할지는 동일한 국가의 그것을 적용하면 될 것이다.

프로젝트 계약에 대한 분쟁을 해결하기 위한 방법으로 중재가 가장 흔히 활용되지만(cf. 7.12), 금융계약과 관련하여서는 일반적인 방식이 아니다. 즉, 대주단은 서류상으로는 그러한 분쟁이 법원에 의해 해결될 수 있기를 희망한다.

그러나 프로젝트가 여러 나라에 걸쳐 있다면 - 즉, 대주단이 사업 소재지국에 소재하고 있지 않는 등 - 대주단은 일반적으로 준거법으로는 영국법 또는 뉴욕법, 그리고 재판관할지로는 영국 또는 뉴욕 법원을 선호할 것이다. 이는 이러한 곳들의 법원들이 프로젝트 파이낸스에서 발생할 수 있는 복잡한 이슈들을 다뤄본 경험이 풍부하기 때문이다. 또한 대주단은 사업 소재지국 법원이 불편부당하게 행동할지 여부에 대하여 의심할 수 있기 때문이다. 마지막으로, 이를 통하여 사업 소재지국이 대주단에게 불리한 방식으로 법률을 변경하는 리스크를 회피할 수 있기 때문이다.

14.16 대출금 리파이낸싱

금융 구조화 작업은 금융종결에서 끝나지 않는다. 통상 프로젝트가 완공되어 정상적으로 운영이 되는 경우 대출금 리파이낸싱 기회가 발생한다. (14.16.1) 그러나 이는 투자자들에게 공짜 수익(windfall gain)을 제공하는 이슈가 발생할 수 있으며, PPP 사업에서는 정치적 이슈로 번질 수 있다. 그러한 경우 리파이낸싱에 따른 혜택(refinancing gain)을 계약당국과 나누는 조항을 사업계약에 반영(14.16.2)하는 것이 좋을 것으로 판단되지만, 리파이낸싱 혜택을 계산하는 것(14.16.3)은 쉽지 않으며, 많은 것들이 리파이낸싱 정의에서 제외되어야 할 것이며(14.16.4), 그리고 이를 강제하기도 쉽지 않다. (14.16.5) 그 결과 리파이낸싱 조항들이 과연 쓸모가 있는지에 대하여 의문을 제기할 수도 있다. (14.16.6)

14.16.1 리파이낸싱을 하는 까닭

프로젝트가 완공되어 예상대로 운영되는 등 프로젝트 리스크가 줄어들었기 때문에 대출금을 리파이낸싱하는 것은 프로젝트 파이낸스에서 흔히 일어나는 일이다. 이자율 마진이나 비용을 절감하는 방식의 단순한 리파이낸싱이 존재하기도 하지만, 프로젝트 회사가 차입금을 증가시키려는 목적으로 금융구조 또한 변경시키려 하는 것이 보다 일반적이다. (이를 통해 투자자들이 보다 빨리 투자금을 회수할 수 있다) 그 결과 대부분의 리파이낸싱시 아래 요소들이 복합적으로 나타난다:

- 이자율 마진 축소
- 차입금 종류 변경 - 은행 대출금에서 채권으로 변경(이를 통해 이자비용 절감)
- 대출만기 연장 (이를 통해 매년 상환해야 하는 금액을 축소)
- 보증 또는 예비금융 해지(cf. 8.10, 12.4.2)
- 커버비율 요구수준 완화
- 기타 금융조건 완화 (예컨대 예비계좌 예치액 축소 등 - cf. 14.4.1)

리파이낸싱은 기존 대주단이 참여할 수도 있고, 신규 대주단이 기존 대주단의 대출금을 상환하는

방식으로 이루어질 수도 있다. (cf. 14.6)

 시장 이자율이 하락하는 것을 리파이낸싱 사유로 삼기는 어렵다는 점은 기억해 둘 필요가 있다. 프로젝트 회사가 고정금리부 대출 또는 이자율 스왑을 통하여 이자비용을 고정시킨 경우, 이를 조기상환하게 될 경우 발생하는 breakage cost(cf. 10.3.1, 10.3.4)는 낮은 시장이자율로 인한 비용 절감의 NPV보다 같거나 높기 때문이다. 리파이낸싱을 구조화할 때 그러한 비용을 최소화하도록 하지 않으면 리파이낸싱을 통한 혜택은 즉시 사라지게 된다. 사실 (이자율 스왑을 한 변동금리부 대출과 상대되는 의미에서) 고정금리부 대출의 경우 breakage cost(par floor 포함)가 너무 높기 때문에 리파이낸싱이 거의 발생하지 않는다.

표14.3은 운영기간 2년차(프로젝트 4년차)에 접어든 프로젝트에 대한 리파이낸싱의 효과를 보여준다. 당초 차입금에 대한 구조화는 다음과 같은 가정에 기반하여 이루어졌다:

- 사업계약기간: 25년
- 총사업비: 1,000
- 건설기간: 2년 (건설비용의 1/3은 공사개시일에 지급하고, 나머지 금액은 매년 말에 지급)
- 재원조달: 85% 차입금/15% 자본금. 차입금과 자본금은 건설기간 중 D:E ratio에 따라 투입
- 영업이익: 운영기간 23년간 매년 100 (대출 원리금 상환 전)
- 대출기간: 22년 (건설기간 2년간 거치 후 20년에 걸쳐 상환)
- 대출금 상환방법: 연금방식
- 이자율: 연 6% (IDC는 원금화되고 사업비용의 일부로 조달된다)
- ADSCR: 1.35:1 (3년차부터)
- 물가상승률 및 세금 효과는 무시
- 수치는 정수로 반올림 처리

리파이낸싱을 통해 다음과 같은 조건변경이 이루어졌다고 가정한다:

- 운영 2년차(프로젝트 4년차)에 리파이낸싱 발생
- 대출기간: 2년 연장(총 24년)
- 이자율: 연 5.8%
- ADSCR: (5년차부터) 1.25:1로 축소
- 4년차에 대출금 잔액이 130만큼 증액
- 리파이낸싱 비용의 1-1.5% 수준을 차지하는 수수료나 법률비용 등은 감안하지 않았음

표 14.3 차입금 리파이낸싱 효과

연도	건설기간							운영기간					계
	0	1	2	3	4	5	6	21	22	23	24	25	
(1) 리파이낸싱 전													
(a) 프로젝트 비용(IDC 포함)	-333	-333	-333										-1,000
(b) 프로젝트 현금흐름				100	100	100	100	100	100	100	100	100	2,300
(c) 대출금 인출 [-(a) × 85%]	283	283	283										
(d) 대출 이자 [(h){지난 해} × 6%]				-51	-50	-48	-47	-8	-4				-632
(e) 대출원금 상환				-23	-24	-26	-28	-66	-70				-850
(f) 총 대출원리금 상환 [(d) + (e)]				-74	-74	-74	-74	-74	-74				
(g) 투자자의 현금흐름 [(b) - (f)]	-50	-50	-50	26	26	26	26	26	26	100	100	100	668
(h) 연말 대출잔액 [(h){지난 해} + (c) + (e)]	283	567	850	827	802	776	749	70	0				
ADSCR [(b) / (f)] 1.35 (3년차부터)													
자본금 IRR = 15%													
(2) 리파이낸싱 후													
프로젝트 비용(IDC 포함)	-333	-333	-333										-1,000
프로젝트 현금흐름				100	100	100	100	100	100	100	100	100	2,300
대출금 인출	283	283	283										
추가 차입					130								130
대출 이자				-51	-48	-54	-52	-16	-12	-9	-4		-765
대출원금 상환				-23	-26	-26	-27	-64	-67	-71	-75		-980
총 대출원리금 상환	283	283	283	-74	-74	-80	-80	-80	-80	-80	-80		-2,595
투자자의 현금흐름	-50	-50	-50	26	156	20	20	20	20	20	20	100	535
연말 대출잔액	283	567	850	827	931	905	878	214	147	75	0		
ADSCR = 1.25 (5년차부터)													
자본금 IRR = 22%													

투자자의 관점에서 리파이낸싱의 결과는 아래와 같다:

- 4년차에 130만큼의 배당을 지급받는다.
- 이는 (프로젝트 전체 기간에 대하여) 자본금 IRR을 15%에서 22%로 증가시킨다.
- 프로젝트 전체 기간에 걸쳐 프로젝트로부터 받는 배당금은 668에서 535로 줄어든다 - 이는 대출 원리금 상환액이 커졌기 때문이다.

그러면 리파이낸싱은 투자자들에게 어떤 혜택이 있는가? 프로젝트 차입금은 증가하지만, 차입금이 증가한다고 해서 투자자가 돈을 더 버는 것은 아니다. 사실, 차입금이 증가하면 프로젝트 회사에게는 부담이 되고 투자자의 입장에서도 리스크가 커진다. 마찬가지로 자본금 IRR 증가는 다소 과장되어 보인다 – 이는 130만큼의 금액이 투자자에게 보다 이른 시기에 지급된 것이 반영된 결과일 뿐이다. (cf. 10.2.3) 그러나 리파이낸싱은 투자금 회수기간에 크게 변화를 줄 수 있다. (cf. 12.2.4) 리파이낸싱 전 투자금 회수기간은 8.25년이다: 리파이낸싱 후로는 동 기간이 4년으로 축소된다. 즉, 투자자는 4년차에 투자금을 전부 회수할 수 있다는 뜻이다. 투자자의 관점에서 투자금을 일찍 회수하면 이를 새로운 프로젝트에 투입할 수 있게 된다. 물론 그 결과 기존 프로젝트 잔여기간에 대하여서는 보다 낮은 수익률만을 올릴 수 밖에 없지만 말이다. 두 프로젝트를 함께 놓고 보면 (투자자들은 제한된 자본금을 재투자하고 싶어한다고 가정할 때) 투자자들은 더 좋은 결과를 얻게 된 것이며, 최초 프로젝트에 투입한 투자금에 대한 리스크도 축소된 것이다.

14.16.2 차입금 리파이낸싱: 거저얻는 이익('windfall gain')과 관련된 이슈

생산물구매자/계약당국이 관여하는 프로젝트에서는 사업주가 차입금을 리파이낸싱하여 투자금을 조기에 회수하는 경우 여러 가지 이슈가 발생한다:

- 프로젝트 회사의 차입금이 커지기 때문에 프로젝트에 대한 재무 리스크가 커진다.
- 리파이낸싱 결과 계약당국이 지급해야 하는 해지대금(만약 해지대금이 대출잔액에 근거하여 산정된다면 말이다)이 커질 수도 있다.(cf. 7.10)
- 만약 사업주가 완공 이후 빠른 시간 내 자신들의 투자금을 회수한다면, 계약당국은 이들이 장기적으로 프로젝트에 대한 리스크를 지지 않으려 할 것(그 결과 프로젝트에 대한 관심이 떨어질 것)이라고 우려할 것이다. 다른 말로 하면 사업주의 투자 리스크가 줄어드는 것이다. (cf. 2.6.2) 그러나 리파이낸싱 이후에는 대주단이 그 리스크를 부담하기 때문에 그러한 걱정은 줄어들 수 있을 것이다.

그러므로 리파이낸싱은 생산물구매자/계약당국의 허가를 얻도록 사업계약에서 정할 수 있다. 그 결과 리파이낸싱이 어떤 혜택도 가져오지 않는다면 계약당국은 허가하지 않을 것이다. 즉, 리파이낸싱에 따른 혜택을 나눠 가지는 문제는 사업계약에서 미리 정하거나 협상을 통해 정해지는 문제라는 것이다. 대주단이 대출금을 증액(cf. 7.10.1)해야 하는 상황은 'rescue 리파이낸싱'의 경우에만 적용시키도록 하는 것이 목적이다.

그러나 가장 큰 이슈는 정치적인 것일 수 있다: 민간부문이 공공부문 생산물구매자/계약당국의 비용으로 이득을 누린다는 비난이다. 이는 정치적 리스크(cf. 11.2)를 촉발시킬 수 있으므로 프로젝트에 부정적인 영향을 끼칠 수 있으며, PPP 프로그램에 대한 정치적 수용성을 크게 떨어뜨릴 수 있다.

이 이슈는 영국의 PFI 프로그램 도입 초기에 불거졌는데, PFI 교도소 프로젝트 관련 리파이낸싱 '수익'은 의회 청문회의 대상이 되었다.[30]

과거 많은 사업계약은 위에서 논의한 이유 등으로 리파이낸싱에 대하여서는 계약당국의 허가를 받도록 하였으나, 계약당국은 이러한 허가권의 가치를 인식하지 못하였다. 이 사실은 2002년 PFI 사업계약[31] 표준양식의 변경을 가져왔는데, 새로운 양식에서는 리파이낸싱으로부터 발생하는 혜택은 공공부문과 민간부문이 절반씩 나누어 갖도록 하고있다.[32] 그리고 이는 곧 다른 국가 PPP 프로그램에도 도입되었다. (민간부문 생산물구매자가 존재하는 경우 동일한 내용을 적용할 수 있겠지만, 민간부문의 사업계약에서는 거의 발견되지 않는다)

이러한 정치적 측면 이외에도 다른 이유로 리파이낸싱 혜택을 계약당국과 분배하는 것이 옳다는 논거가 존재한다:

- 1990년대 중반부터 2007년까지처럼 프로젝트 파이낸스 시장상황이 점차 개선되는 경우(즉, 금융조건이 계속 차주에게 유리하게 변하는 경우), 프로젝트 회사 앞 투자자들은 손쉬운 이득을 거두게 된다 – 즉, 투자자들은 시장상황 개선에 기여한 것은 아무것도 없는데 말이다.
- 나아가, PPP 사업에 대한 금융조건이 점차 개선된다면 이는 정부가 성공적인 PPP 사업들을 계속 개발해 온 것의 산물이라는 것이다. 또한 사용량 리스크를 계약당국이 부담하는 가용성 기반 PPP 프로젝트(cf. 9.6.4)처럼 프로젝트의 리스크 자체가 낮아졌기 때문일 수 있다. 여기서도 마찬가지로 투자자들이 이와 관련하여 별도로 노력한 바가 없다.

그럼에도 불구하고 프로젝트가 성공적이지 않았다면 리파이낸싱 자체가 발생하지 않았을 것(물론 아래에서 논의할 'rescue 리파이낸싱'을 제외)이라는 점과 프로젝트 회사의 효율적 운영 및 관리로 인하여 투자자들 앞 현금흐름이 증가할 수 있다는 점 또한 기억하여야 한다. 영국에서 리파이낸싱 이익을 공공부문과 민간부문이 나눠 가져야 한다는 이론적 논의들은 결국 전반적인 시장 상황과 프로젝트 자체적 요소가 어우려져 제기된 것이다.

---

30 National Audit Office, *The refinancing of the Fazakerley PFI prison contract* (London, 2000)*; House of Commons Public Accounts Committee, *The refinancing of the Fazakerley PFI prison contract* (13th Report, Session 2001-2001, London, 2001)*. 이는 PFI 프로그램의 지속적인 문제로 등장하였다 – cf. National Audit Office, *The Refinancing of the Norfork and Norwich PFI Hospital: how the deal can be viewed in the light of the refinancing* (London, 2005)*; House of Commons Public Accounts Committee, The *refinancing of the Norfork and Norwich PFI Hospital* (35th Report, Session 2005-6, London, 2006) – 여기에서는 리파이낸싱이 '용납될 수 없는 자본주의 얼굴'이라고 표현하였다. (p.3)
31 Cf. 6.1 주석 2
32 이후 SoPC 버전에서는 리파이낸싱을 통한 혜택의 사이즈에 따라 계약당국이 보다 많은 몫을 가져갈 수 있게 되었다.

14.16.3 리파이낸싱 이익 계산

리파이낸싱 이익 분배와 관련 다양하고 복잡한 이슈들이 존재한다:

- 이익은 어떻게 계산하며, 이익금은 어떻게 지급되었나?
- 이 계산을 위하여 금융종결시 Base Case 재무모델(cf. 13.10)을 어떻게 수정하여야 하나?
- '부활한 라자로' 신드롬 이슈는 어떻게 다룰 것인가: 즉, 프로젝트 운영이 시원치 않았으나 최종적으로는 리파이낸싱이 이루어질 수 있을 정도로 성공적인 경우, 과거 운영상황이 여의치 않았을 때 투자자들이 충분히 보상받지 못했는데도 불구하고 리파이낸싱 이익을 타인들과 공유하여야만 하나?

리파이낸싱 이익은 공유되기 전 산정되어야 한다. 표14.3에서 투자자들은 당초 Base Case에서 예상했던것 보다 추가적으로 130의 현금을 회수하였다 하더라도, 그 이후 현금흐름은 Base Case보다 낮으므로 투자자들이 130의 '이익'을 봤다고 얘기할 수는 없다. 사실 이미 지적한 바 대로, 그들은 프로젝트의 차입금을 늘린 것 뿐이므로, 투자자들이 이익을 본 것이 있는지 자체에 대하여서도 의문을 제기할 수 있다.

리파이낸싱을 통해 투자자들이 이익을 보았다면, 이는 보다 이른 시기에 프로젝트로부터 현금을 회수한 것과 연관이 있다. 즉, 이익의 현재가치를 살펴보기 위해서는 DCF나 IRR을 계산해 보아야 한다. (cf. 10.2) 그러나 표14.4에서 드러난 바와 같이, 최적의 계산방식은 존재하지 않으며, 다양한 계산방법을 사용하는 경우 그 결과값도 상당히 큰 차이를 보이게 된다. 표14.4는 표14.3에서 사용한 동일한 가정을 사용하였으며, 각기 다른 계산법을 사용하였을 때의 차이를 드러내고 있다:

표 14.4 리파이낸싱 이익을 계산하는 다양한 방법

연도	4	5	6	21	22	23	24	25	계
제1방법									
리파이낸싱 이후 현금흐름	156	20	20	20	20	20	20	100	535
리파이낸싱 이전 현금흐름	26	26	26	26	26	100	100	100	668
차액	130	-6	-6	-6	-6	-80	-80	0	-133
Base Case 자본금 IRR*로 할인 74									
(*15% - cf. 표14.3)									
계약당국의 몫 50% 적용 = 37									
제2방법									
현재 시장 자본금 IRR*로 할인 55									
(*10% - cf. 14.17)									
계약당국의 몫 50% 적용 = 27									

연도		4	5	6	21	22	23	24	25	계
	제3방법									
리파이낸싱 이전 자본금 IRR = 15%										
리파이낸싱 이후 자본금 IRR = 22%										
조정된 자본금 IRR = 19% = (15% + 22%) ÷ 2										
계약당국의 몫 = 57										

제1방법: 미래에 발생하는 리파이낸싱 후 현금흐름과 리파이낸싱 전 현금흐름의 차이를 계산한 후, 이를 Base Case 자본금 IRR로 할인한다; 그 결과값이 리파이낸싱 이익이며, 그 중 50% (또는 사전에 동의한 비율)인 37을 계약당국에 지급한다. 이는 SoPC (SoPC 방식의 PPP 계약을 도입한 호주나 남아공 등)에서 사용되었다. 직관적이지는 않지만 할인율이 낮을수록 리파이낸싱 이익은 낮아진다 – 이는 미래 현금흐름의 할인액이 마이너스이기 때문이다. 논란의 여지는 있지만, (상대적으로 높은 수준의) Base Case 자본금 IRR를 사용하는 것은 적절치 않을 수도 있다. 이는 리파이낸싱이 발생하는 시점에서 자본 가치를 측정하기 위한 적절할 할인율이 아니기 때문이다. 적절한 할인율은 리파이낸싱이 발생한 시점에 낮아진 프로젝트 리스크를 감안하면 더 낮아져야 한다. (cf. 14.17)

제2방법. 제1방법과 동일하나 할인율은 현재 시장의(그러므로 더 낮은) 자본금 IRR을 쓴다. 표에서는 10%를 적용하였다. 이 경우 리파이낸싱 이익의 50%인 27이 계약당국 앞 지급되는데, 할인율이 낮아질수록 리파이낸싱 이익이 줄어든다는 것을 확인시켜준다. (할인율을 5%로 할 경우, 리파이낸싱 이익은 완전히 사라진다)

제3방법. 리파이낸싱 전과 후 각각에 대한 예상 자본금 IRR을 구한다. (프로젝트 전체 기간에 대하여 산정하는데 리파이낸싱이 발생하기 전까지는 실제 수치, 그 이후로는 예상 수치를 적용) 표14.3에서 보면 이는 각각 15%, 그리고 22%이다. 그런 다음 리파이낸싱 이후의 자본금 수익률을 18.5%[(15%+22%)/2] 만드는 금액을 계약당국에게 지급한다. 즉, IRR 증가분의 절반을 지급하는 것이다. 표14.3에서 살펴본 바와 같이 계약당국은 57을 받게 되는데, 이는 앞의 두 방법을 적용할 경우에 비해 월등하게 높다. 이는 높은 할인율을 적용하였기 때문이다. 리파이낸싱 이익을 산정하는 방식으로 이러한 단순한 방법이 사용되지 않은 것은 놀라운 일이 아니다.

제4방법. 위의 방법에서는 리파이낸싱 이후 차입금이 증가한다고 가정하였고, 그 결과 계약당국에게 지급할 수 있는 리파이낸싱 이익이 즉시 발생하였다. 그러나 리파이낸싱 이익이 미래에 발생한다면 – 통상 금융비용이나 이자마진만 하락하는 경우가 그러하다 – 위와 같은 방식은 적용하기 어렵다. 이러한 경우 가장 손쉬운 해결방법은 리파이낸싱 이익을 별도로 다루는 것인데, 미래 리파이낸싱 이익이 발생하는 경우 계약당국의 몫을 바탕으로 계약당국이 지급해야 할 계약대금을 줄일 수 있을 것이다.

제5방법. 제4방법에서처럼 미래 이익만을 분배하는 경우, SoPC는 제1방법을 차용한다.[33] 리파이낸싱 이익은 리파이낸싱 전과 후의 현금흐름의 차이를 할인하는 방식으로 산정된다. (물론 미래 현금흐름이 양이기 때문에 높은 할인율은 계약당국에게 불리하게 작용된다) 산정된 NPV 금액은 잔여 사업계약 기간동안 계약대금(그리고 해당 금액을 일시에 지급하지 않는데 대한 보상으로서 이자[34])을 줄이는데 활용된다. 이 방법의 문제점은 순환참조적이라는 것이다 – 미래 계약대금을 줄이는 것은 (그 결과 납부해야 할 세금이 줄어드는 것으로 부분적으로 상쇄된다 하더라도) 리파이낸싱 이익이 줄어든다는 것을 의미하는 것이기 때문이다.

마지막으로, 투자자들은 다음과 같이 질문할 수 있을 것이다. 계약당국이 성공적인 프로젝트의 '업사이드'를 배분받기를 희망한다면, '다운사이드' 리스크 또한 감수해야 하는 것이 아닌가? 이는 현실에서는 잘 일어나지 않는데, 이에 대한 현실적 반대논거는 이는 상업적인 타협점을 찾는 것이 아니라 정치적 문제를 해결하는 방법을 모색하는 것이라는 것이다.

금융종결 Base Case 수정. 프로젝트가 현재 처해있는 상황을 정확하게 반영하지 못한다면 리파이낸싱 효과를 드러낼 수 있는 재무모델을 생성하기가 힘들 것이다. 리파이낸싱 전, 그리고 후의 현금흐름과 관련하여 동일한 재무모델을 사용하는 한(즉, 모델에서 변경되는 것은 리파이낸싱과 관련된 부분에 불과), 의미있는 결과를 얻지 못할 것이다. 그러므로 금융종결시 Base Case 재무모델은 프로젝트의 현재 상황 (그리고 미래에 대한 가정) 뿐 아니라 거시경제적 요소들(cf. 제10장) 또한 반영하여 수정하여야 할 것이다.

부활한 라자로 신드롬. 프로젝트 초기에 어려움을 겪은 후 상황이 나아진다면 리파이낸싱이 이루어질 가능성이 높다. 그러나 리파이낸싱 이익을 나눠 갖는 것은 투자자들에게 공정하지 않을 수 있다. 이들은 미래 예상에 기반하여 발생하는 이익을 나눠가지기 전 과거 프로젝트 성능 미달로 인한 손실을 회복하고 싶어하기 때문이다. 예컨대, 프로젝트가 5년간 제대로 된 성능을 발휘하지 못하다가 6년차에 Base Case 수준의 성능을 회복하여 잔여 사업계약 기간동안 동일한 성능을 유지할 것이라고 가정해 보자. 이 경우 리파이낸싱이 이루어지지 않을 경우 사업기간 동안 Base Case 자본금 IRR은 달성할 수 없을 것이다. 보다 나은 미래전망에 기반하여 6년차에 리파이낸싱이 이루어질 수 있으나, 만약 통상적인 방법으로 리파이낸싱 이익이 산정된다면 투자자들은 최초 5년간 입은 손실을 보상받을 수 없게 된다.

---

33 H.M.Treasury, Guidance Note: *Calculation of the Authority's Share of a Refinancing Gain* (London, n.d)*
34 위 Guidance Note는 적절한 이자율로 프로젝트 평균 잔여기간에 해당하는 기간의 국채 수익률에 신용마진을 더할 것을 권고하고 있다. 물론 제1방법과 제2방법에서 활용한 자본금 IRR 보다 훨씬 낮기 때문에 계약당국에게는 더 불리하다. SoPC에서는 제1방법에서와 같이 즉각적인 이익의 배분을 지급하는 것이 가능하더라도 계약당국으로 하여금 제5방법을 선택할 수 있도록 허용한다. 이는 재무적 관점에서 더더욱 계약당국에게 불리하며, 리파이낸싱 이익을 투자자가 전부 가질 수 있도록 하며, 미래 프로젝트 회사가 어려움에 빠질 경우 계약당국은 자신의 몫을 챙기지 못할 수도 있다.

SoPC는 이러한 상황에 대응하기 위한 방법으로 투자자들에게 프로젝트 기간 전체에 걸쳐 Base Case 자본금 IRR(이는 'Threshold 자본금 IRR'이라고 부른다)을 달성할 수 있는 수준의 현금을 지급한다. 리파이낸싱으로 발생하는 현금은 이 목적을 위해 우선 지급되는 것이다. 그러나 이는 제3방법과 유사한 왜곡된 결과를 낳는데, 다만 이번에는 계약당국에게 불리한 결론이 도출된다. 또 다른 대안은 아마도 리파이낸싱이 발생하는 시점까지의 실제 현금흐름을 Base Case 현금흐름과 비교하는 것이다. 그 차액은 (양수이든 음수이든) 리파이낸싱 시점까지 Base Case 자본금 IRR을 복리로 하여 산정한다. 수치가 마이너스일 경우 리파이낸싱 이익을 산정하기 전에 해당 금액을 우선 투자자에게 지급하는 것이다.

14.16.4 이익분배 문안을 적용하지 않아야 할 리파이낸싱의 종류

투자자나 대주단이 취하는 행동 중 얼핏 보면 위에서 언급한 리파이낸싱처럼 보이나, 계약당국에게 리파이낸싱 이익을 배분해서는 안 되는 경우들이 존재한다:

'Rescue' 리파이낸싱. 프로젝트가 성공적으로 운영되었기 때문이 아니라 프로젝트에 문제가 생겨서 리파이낸싱이 이루어지는 경우가 있다. 대주단은 이 때 회수율을 높이기 위해서는 자신들이 추가적으로 대출금을 공여하는 것이라고 결론을 내는 경우가 존재한다. 분명히 이러한 '나쁜' 리파이낸싱은 위에서 언급한 '좋은' 리파이낸싱과 구분된다.

이러한 상황에서 대주단은 자신들이 프로젝트를 구하는 행위에 대하여 계약당국의 제약을 받고싶어 하지 않는다 - 대주단은 계약당국에 도움이 되는 방식으로 추가적으로 리스크를 부담하는 것이기 때문이다. 그러나 계약당국이 조기 계약해지에 대하여 책임을 져야 할 수가 있으므로(cf. 7.10.1), 프로젝트 회사가 계약당국의 허락을 받지 않고 차입금을 증액시킬 수 있는 한도가 존재한다. 물론 대주단은 이 한계를 넘어서 자금을 공여할 수 있으나, 넘어서는 부분에 대하여서는 계약당국이 책임지지 않을 것이다.

리파이낸싱 이익 없음. 리파이낸싱이 이루어졌으나, 위에서 언급한 방식 중 하나로 산정되는 리파이낸싱 이익이 존재하지 않는 경우, 즉 자본금 IRR이 올라가기는커녕 떨어지는 경우, 배분이 이루어질 수 없다. 이러한 경우가 발생할 가능성이 가장 높은 것이 바로 Rescue 리파이낸싱이다. 그 결과 리파이낸싱에 대하여 계약당국의 허락을 받을 수 있지만, 리파이낸싱 이익 자체가 존재하지 않는다면 대주단은 동의절차를 거치지 않고 리파이낸싱을 추진할 수 있을 것이다.

자본구조 변경. 투자자들이 자본구조를 변경한다면, 예컨대 후순위대출금을 축소시키고 납입자본금을 증액시킨다면(cf. 12.2.2), 이는 프로젝트 회사 입장에서는 외부(제3자) 재원조달이 아니므로, 리파이낸싱이라고 하기는 곤란하다.

지분 매각. 이는 14.17에서 다룰 별도의 이슈이다.

금융종결 이후 이자비용 절감. 금융종결시 재무모델상 프로젝트 회사의 차입금에 대한 이자율을 고정시켜 놓았으나(cf. 10.3.5), 실제로는 약정했던 수준의 헤지가 이루어지지 않았고 그 결과 프로젝트 회사가 Base Case 대비 금융비용을 절감할 수 있었다면, 프로젝트 회사가 리스크를 부담하여 비용을 절감한 것이므로 이를 리파이낸싱이라고 하기 어려울 것이다.

Base Case 리파이낸싱. 투자자들은 Base Case에 리파이낸싱 리스크를 수용할 수도 있다. 예컨대 대주단이 Hard 또는 Soft Mini-Perm(cf. 10.6, 14.4.4)을 요구한다면, 입찰을 준비중인 사업주의 입장에서는 이를 재무모델에 드러내기가 힘들 것이다. 즉, Base Case 재무모델에는 원리금 상환이 프로젝트 전체 기간에 걸쳐 이루어지는 것으로 가정할 것이며 대주단이 Cash Sweep 방식으로 상환을 요구하거나 만기일시상환(bullet) 방식의 상환스케줄을 요구하는 것(물론 이것이 Banking Case이긴 하지만)은 드러내지 않는다. 이를 재무모델에 드러내지 않은 효과, 그리고 그 결과 계약대금지급 메커니즘에 반영하지 않는다는 것은 사업주가 리파이낸싱 리스크를 진다는 것이다. 그러므로 리파이낸싱의 이익은 이미 Base Case에 반영되어 있기 때문에, 이 경우는 리파이낸싱 이익이 발생하는 경우 그 일부만을 수령하는 경우보다 계약당국에게 더 유리하다. 실제 리파이낸싱이 Base Case에서 가정한 것보다 유리한 조건으로 이루어진 경우, 그 혜택만이 배분될 것이다.

기업금융. 사업주는 건설기간 중에는 자신의 재무능력에 기반한 기업금융을 활용하고 싶어할 수도 있다. 그리고 완공 후 프로젝트 파이낸스를 이용하는 것이다. 이는 사업주가 turn-key 방식의 계약을 체결하지 않고 비용을 절감하기 원하는 경우 스스로 완공위험을 질 때 활용할 수 있는 방식이다. (cf. 8.2) 이는 사실상 사업주가 일종의 Soft Mini-Perm(cf. 14.4.4)을 제공하는 것과 마찬가지이다. 당연하지만 프로젝트 회사가 이미 리파이낸싱이 이루어진 프로젝트 파이낸스를 취급하게 된다면, 당초 기업금융 비용은 사업주 내부 문제이기 때문에 리파이낸싱 이익을 산정하는 것은 거의 불가능하다. 더욱이 최초 투입된 자본금은 프로젝트 파이낸스에서 요구되는 수준보다 훨씬 낮을 수 있다(0일 수도 있다). 기업금융에서 자본금과 대출금의 구분은 무의미하며, 그 결과 Base Case 자본금 IRR 또한 무의미하기 때문이다.

계약당국이 쥘 수 있는 협상카드는 프로젝트 대주단과 어떠한 계약(예컨대 직접계약 - cf. 8.11)도 체결하지 않겠다고 하거나, 재무적 회복 조항(cf. 7.6.5)이나 default에 따라 지급해야 하는 계약해지대금 조항(cf. 7.10) 수정을 거부하는 것이다. 이는 스왑 breakage cost 일부를 보상받지 못하게 하는 방식으로 새로운 대주단을 리스크에 노출시키는 것이다. 계약당국은 이러한 과정을 통하여 기업금융에서 프로젝트 파이낸스로 전환하는 것에 협조하면서 협조에 따른 대가를 얻어낼 수 있을 것이다. 그러나 이 경우 위에서 언급한 리파이낸싱 이익 계산방법을 활용할 수는 없다.

그러나 이러한 접근방법은 사업주가 Base Case 재무모델에 프로젝트 파이낸스에 기반한 리파이낸싱을 이미 포함시킨 경우 적용하기 곤란하다. 이 경우 계약당국은 프로젝트 파이낸스 대주단이 일반적으로 요구하는 사항들은 사업계약에 포함시킬 준비를 하여야 할 것이다.

세금 및 회계. 세율변경, 프로젝트 회사의 수입과 자산에 대한 과세처리 방법 변경 또는 회계처리 변경 등에 대하여서는 프로젝트 회사가 리스크를 부담하므로 리파이낸싱으로 볼 수 없을 것이다. (cf. 11.3.2)

대출금 신디케이션. 대주단이 신디케이션을 구성하거나 대출금 일부를 새로운 금융기관들에게 분배하는 과정에서 발생하는 이익은 리파이낸싱 이익이라고 보기 힘들다.

유연한 대출 원리금 상환방법. 대주단은 대출 원리금 상환 시기와 관련하여 보다 유연하게 대응할 수 있으며, 프로젝트 성공 여부에 따라 이자율을 다르게 적용할 수 있다. 이러한 유연성을 부여하는 것은 일반적으로 리파이낸싱으로 간주되지 않는다.

Waiver 및 금융계약 수정. 대주단이 일시적으로 금융계약에서 요구되는 사항에 대하여 waiver를 허용해 주는 것은 리파이낸싱으로 간주되지 않지만(cf. 14.11), 투자자 앞 현금흐름을 변경시키는 사항(예컨대 예비계좌에 예치해야 하는 금액을 축소시키는 것 등)은 리파이낸싱으로 간주될 수도 있다.

14.16.5 리파이낸싱 이익 분배 조항은 강제집행 가능한가?

위에서 본 것처럼 리파이낸싱 이익 분배는 매우 복잡한 이슈이다. 이는 프로젝트 회사의 투자자들 및 그 자문사들이 계약당국의 몫을 배분하지 않고 리파이낸싱 이익을 취하기 위하여 노력할 것이라는 것을 의미한다. 이와 관련하여서는 두 가지 방법이 활용된다:

- '합성(synthetic)' 리파이낸싱 구조가 활용될 수 있다: 지주회사를 통한 '뒷단에서' 리파이낸싱을 추진하여 프로젝트 회사의 현금흐름은 변화를 주지 않는 방법이다. 마찬가지로, 다수의 프로젝트 회사를 소유하고 있는 투자자나 펀드 또한 그룹 지주회사를 통하여 대출금을 한꺼번에 리파이낸싱 할 수 있다. 이는 5.2.10에서 논의한 CLO 구조를 통하여 달성할 수 있을 것이다.
- 프로젝트 회사와 사업주 관계회사간 체결한 서브계약을 수정하여 영업현금흐름에서 일부를 챙길 수 있다. (물론 계약당국의 동의가 필요없다면 말이다 - cf. 8.9)

이는 영국 PFI 프로그램에서 리파이낸싱 이익을 공유하게끔 한 뒤에 어떤 일이 발생했는지를 살펴보면 쉽게 알 수 있다. 과거 및 미래 프로젝트들에 대한 리파이낸싱 이익이 추정되었으나, 실제로 공공부문 앞 배분된 리파이낸싱 금액은 동 추정치에 훨씬 미치지 못하였다.

이러한 문제를 개선하기 위해 SoPC에는 프로젝트 완공 후 계약당국이 프로젝트 회사 앞 주기적으로 금융시장에서 리파이낸싱 기회를 검토하게끔 요구할 수 있는 문언이 포함되었다.[35] 이 조항은 아직 실제로 사용되지는 않았는데, 이 조항에 효력이 발생하는 시점에 이미 프로젝트 파이낸스 시장이 크게 위축되었으며(cf. 17.2) 그 결과 리파이낸싱 가능성도 낮아졌기 때문이다. 또한 해당 조항이 가능한 경우 리파이낸싱을 추진하도록 강제하도록 하고 있지만, 리파이낸싱의 핵심 사유(cf. 14.16.1)인 선순위 대출금을 늘리는 것은 허용하지 않기 때문에 동 조항의 효용은 제한적이라 하겠다.

14.16.6 무엇이 문제인가?

그러므로 계약당국은 리파이낸싱 이익을 공유하지 않도록 하는 사업주의 꼼수가 무엇인지 계속 들여다보게 된다. 즉, 리파이낸싱 이익을 산정하는 기반인 사업주의 '실제' Base Case 수익률이 무엇인지, 그냥 얻어진 이익인지 아니면 프로젝트 회사의 효율적인 운영에 의해 얻어진 이익인지를 구분하고 그 결과 이러한 이슈들에 대응하기 위해 사업계약에 존재하는 빈 틈을 메우려 노력하게 된다.

나아가, 계약당국은 사업주가 제시한 계약구조에 리파이낸싱 요소가 이미 포함되어 있을 수도 있다는 점을 고려해야 한다; 사업주는 나중에 리파이낸싱을 통하여 보다 높은 투자수익률을 얻을 수 있을 것으로 가정하고, 자신이 요구하는 수준보다 낮은 최초 투자수익률을 수용할 수도 있다. 사업계약에 대한 입찰 경쟁이 매우 치열한 경우에 더더욱 그러하다. 그러므로 계약당국이 리파이낸싱 이익 분배를 주장할 경우, 결과는 사업계약 입찰 가격을 높이게 될 가능성이 높다.

이는 다음과 같은 경우에만 계약당국이 리파이낸싱 이익 배분을 요구하는 것이 옳다는 결론을 얻게 된다:

- 사업계약에 대한 입찰경쟁이 제한되어 있을 경우
- 'Deal creep'(우선협상대상자와 오랫동안 협상을 하는 과정에서 계약조건이 우선협상대상자에게 유리하게 변함) 상황
- 새로운 종류의 프로젝트 또는 새로운 시장에서의 프로젝트라는 점이 금융조건에 반영되었으나, 이후 시장이 그러한 리스크에 익숙해져 금융조건의 현저한 개선이 기대되는 상황
- 금융 경쟁이 제한적인 경우(cf. 5.2.3)

또한 생산물구매계약 또는 PFI 모델 계약 대비 현금흐름이 불확실한 양허계약에서 이러한 리파이낸싱 조항을 활용하는 것은 적절치 않다. (호주나 텍사스와 같은 곳에서는 허용하지만 말이다) 양

---

[35] SoPC 28.9-15

허계약에 있어 투자자들에게 발생하는 그러한 이윤은 초과 현금흐름 배분 조항(cf. 6.5.3, 15.18)에서 다루는 것이 마땅하다.

사업계약에서 리파이낸싱 이익을 다루는 것이 적절치 않다고 결론을 낸 경우, 계약당국은 실제로 리파이낸싱 이익이 발생할 때 벌어지는 정치적인 논란에 대비하여야 한다.

14.17 지분 매각

투자수익률은 언제 프로젝트에 투자금을 투입하는지에 따라서도 변경된다. 투자자들은 프로젝트의 다양한 단계, 그리고 다양한 전략을 바탕으로 프로젝트에 접근한다. 모든 프로젝트는 시간에 걸쳐 다양한 리스크에 노출된다 – 12.2.5에서 살펴본 바와 같이 가장 많은 위험을 감수하는 이는 사업주 또는 입찰참여자가 되며, 개발 또는 입찰 리스크를 부담하기 싫어하는 이들은 금융종결이 달성된 때 프로젝트에 참여할 수 있다.

그러나 지분을 새로운 투자자들에게 매각하는 가장 흔한 시점은 프로젝트 완공 후 1년 정도가 경과한 시점이다; 이는 'secondary' 지분투자라고 일컬어지는데, 이는 금융종결 시점에 이루어지는 'primary' 지분투자(cf. 3.2)와 구분된다. 이 시점에는 프로젝트가 완공되어 정상적으로 운영되고 있기 때문에 최초로 제기되었던 중요한 프로젝트 리스크는 대부분 사라진 상태이다. (cf. 9.5) 그 결과 이 시점의 투자자는 낮아진 리스크를 반영하여 보다 낮은 자본금 IRR만을 요구한다. 그러므로 표 14.3에서 살펴보았듯이 최초 투자자들은 리파이낸싱을 고려하지 않은 상태에서도 자본금 IRR로 15%를 요구하는 반면, secondary 투자자들은 예컨대 10% 수준만 요구한다.

리파이낸싱의 대안[36]으로, 투자자들은 자신들이 보유하고 있는 지분의 전부 또는 일부를 매각할 수도 있다. 표14.3의 리파이낸싱 전 현금흐름을 예로 들어 살펴보자. 표14.5는 프로젝트 완공 2년 후, 보다 낮아진 프로젝트 위험을 감안하여 자본금 IRR을 연 10%만 요구하는 투자자에게 매각된 효과를 나타낸다.

표 14.5 지분매각 효과

연도	0	1	2	3	4	5	6	21	22	23	24	25
최초 투자자												
현금흐름	-50	-50	-50	26	26							

---

[36] 사실상 대출금 리파이낸싱과 지분매각은 동시에 이루어질 수 있다. 양자의 관계는 서로 상충하는 면이 있다 – 리파이낸싱이 이루어지면 지분의 가치는 떨어진다. 왜냐하면 리파이낸싱을 통해 배당이 일찍 이루어지면 자본금의 가치가 떨어지기 때문이다.

연도	0	1	2	3	4	5	6	21	22	23	24	25
프로젝트 매각					250							
계	-50	-50	-50	26	276							
자본금 IRR 26%												
2차 투자자												
프로젝트 매수					-250							
현금흐름						26	26	26	26	100	100	100
계					-250	26	26	26	26	100	100	100
자본금 IRR 10%												

표14.5를 표14.3과 비교해보면, 리파이낸싱이 4년차에 이루어질 경우 130의 현금을 배당으로 받을 수 있는 반면, 지분 전부를 매각한다면 250의 현금을 받을 수 있다. 물론 후자의 경우 이후 추가적인 수익은 없지만 말이다. 최초 투자자의 입장에서 보면 2년차까지 150을 투입하고, 3년차에 26을 받고, 4년차에 276을 받게되어 상대적으로 짧은 기간 내 자신이 투자한 금액의 거의 두 배의 현금을 회수하게 된다.

그러나 대주단이 당초 사업주들로부터의 장기적인 지원을 바탕으로 금융을 지원한 경우 이와 같은 지분매각은 문제가 될 수 있다. (cf. 3.2) 반면, 사업주 중 하나가 건설회사일 경우 자신의 역할을 다한 후 지분을 매각하는 것이 무엇이 문제인지 되물을 수 있을 것이다. 통상 대주단은 당초 사업주들이 프로젝트 완공 이후 1년까지 지분(이는 후순위대출도 포함한다 - cf. 12.2.2)을 유지할 것을 요구한다. 생산물구매자/계약당국 또한 유사한 요구를 할 수 있다. (cf. 3.2.1, 7.11)

14.17.1 지분 매각 - 거저얻는 이익('windfall gain') 이슈

위 예에서 살펴본 바와 같이, PPP 프로젝트나 공공부문이 생산물구매자인 공정 플랜트 프로젝트의 경우 지분매각은 공공부문의 비용으로 민간부문이 '공짜' 이익을 얻는다는 비난에 노출될 수 있다. 그러나 지분매각에 따른 이윤 분배가 아직 PPP 사업계약에 반영된 사례는 존재하지 않는다.

그 이유 중 하나는, 지분매각은 자본소득으로 과세(관련국에 그러한 세제가 존재한다면 말이다)할 수 있어 공공부문은 이를 통해 지분매각에 따른 이익의 일부를 취할 수 있다는 것이다. 그러나 자본소득세를 피할 방법은 다양하게 존재하는데, 그 중 하나는 세금이 낮은 나라에 지주회사를 설립한 후 투자자들이 프로젝트 회사 대신 지주회사를 매각하는 방법이다.

나아가 이러한 이익 분배를 강제하는 것 또한 매우 어렵다.

- 지분은 중간 지주회사가 소유하게끔 하여, 프로젝트 회사가 아니라 중간 지주회사를 매각할 수도 있다.

- 투자자들은 자본금 인수 약정(warrant) 또는 프로젝트 회사 수익 지분을 매각할 수 있는데, 이들은 공식적으로 지분매각으로 인정되지 않을 수도 있다.
- 기존 투자자들은 신규 투자자들의 지명인처럼 행동하면서 지분 매각을 숨길 수도 있다.

더 큰 질문은 지분매각에 따른 이익이 왜 큰가 하는 것이다.[37] 이는 물론 예컨대 12-15%에 이르는 primary 자본금 IRR과 8-10% 수준의 secondary 자본금 IRR이 큰 차이를 보이기 때문이다. 지분매각을 통해 얻을 수 있는 큰 규모의 이익은 상대적으로 큰 양자간의 IRR 차이 때문이다.

Primary 자본금 IRR이 상대적으로 높은 매우 단순한 이유는 대주단이 요구하는 커버비율 때문이라고 볼 수도 있다: 예컨대 대주단이 요구하는 ADSCR 수준이 1.3:1이라면, 대출 원리금 상환 이후 남는 금액은 매 1.3마다 0.3이 되며, 동 금액은 투자자들 앞 배당으로만 지급된다. 이러한 관계는 표12.8에서 살펴볼 수 있다. 그러나 primary 자본금 IRR 수준을 낮추기를 희망한다면, 표12.8에서 살펴본 것처럼 D:E ratio를 축소시키는 방법으로 이를 달성할 수 있다. 마찬가지로 이는 제3자의 메자닌 금융(cf. 4.5.1)을 활용함으로써 달성할 수도 있다.

실제로 중요한 이슈는 프로젝트들에 대한 메이저 사업주로 인프라 투자 펀드가 등장한다는 것이다. (cf. 4.5.1) 이러한 펀드들은 투자자들에게 20%를 초과하는 수익률을 제공하기 위해 (그리고 펀드 매니저들에게 높은 급여를 제공하기 위해) 프로젝트 완공 후 지분을 매각하기를 희망한다. 이러한 수익률 요구사항은 인프라 프로젝트를 LBO/MBO(cf. 5.2.2)와 같은 범주에 포함시키기 때문이다.[38] 프로젝트 회사와 서브계약을 체결하는 것을 목적으로 primary 투자자가 된 이들에게 이는 별로 문제될 것이 아니며, 그들의 프로젝트에 관여하게 된 일차적인 목적이 배당수익은 아니기 때문에 그들은 낮은 투자수익률에 크게 신경쓰지 않을 것이다. (cf. 3.2)

그러므로 인프라 펀드 시장은 프로젝트 파이낸스 거래에 수반되는 리스크와 수익률을 잘 반영할 수 있어야 하는데, 그러기 위해서는 펀드와 펀드 투자자들의 생각에 변화가 있어야 한다.

---

37 Cf. PriceWaterhouseCoopers, *Study into rates of Return in PFI Projects* (Office for Government Commerce, London, 2002)*; National Audit Office, *HM Treasury: Equity investment in privately financed projects* (London, 2012)*
38 Florian Bitsch, Axel Buchner & Christopher Kaserer, "Risk, return and cash flow characteristics of infrastructure fund investments", *EIB Papers* Vol. 15 No. 1 (EIB, Luxemburg, 2010), p. 106*

15
공공부문 금융지원

15 공공부문 금융지원

15.1 도입

이 장에서는 계약당국 또는 사업소재지국 정부기관의 금융지원을 다룬다. 타국 ECA 또는 DFI의 금융지원과 관련된 내용은 제16장에서 다루기로 한다. 2008년 금융위기 이후 공공부문의 금융지원 트렌드는 제17장에서 다룬다. 공공부문의 지분투자는 3.3.2에서 다루었다.

다수의 프로젝트에서 공공부문의 간접적 금융지원은 이루어지나(15.2), 이 장에서는 직접적인 금융지원(15.3)을 다루기로 하는데, 이는 대출금(15.4-15.9), 보조금과 기타 재원공여(15.10-15.13), 채무보증(15.14-15.19), 수익보전(15.18-15.19) 및 공공부문 프로젝트 회사의 활용(15.20) 등을 포함한다.

정부는 투자자들과 대주단에게 자신의 보증의사를 보다 확실하게 하기 위해 별도의 펀드를 설치하기도 한다. (15.21)

15.2 공공부문의 간접 금융지원

지금까지의 논의내용은 주로 프로젝트 파이낸스는 외부 도움, 즉 사업주나 다른 이에게 소구할 수 없거나, 제한적인 소구만으로 가능하다고 가정하였다. (cf. 9.13)

그러나 사실 프로젝트 파이낸스에서는 다수의 간접적인 공공부문 지원이 존재한다. 발전 부문에서는 PPA에 따른 용량요금, PPP 부문에서는 계약당국이 지급하는 가용성 요금 등이 그러한 것들인데, 이는 프로젝트의 리스크를 크게 축소시켜 프로젝트의 금융가용성을 높이는 역할을 한다.

마찬가지로, 용량요금이나 가용성 요금이 없는 프로젝트에 대한 투자를 촉진시키기 위하여 정부가 요금을 규제하기도 하는데, 이러한 지원이야말로 금융가용성이 있는 프로젝트와 그렇지 않은 프로젝트를 구분하는 결정적 요소로 기능한다. (예컨대 풍력발전으로 생산되는 전기는 킬로와트시당 x 달러 이상을 보장하는 방식 등)

서비스 비용을 지급하는 이가 공공부문이 아닌 사용자인 양허계약에서도 계약당국이 부담하는 (그 결과 투자자들과 대주단의 리스크를 줄이는) 우발채무가 존재한다:

- *리스크 부담*(retained risk): 계약당국이 토지 또는 부지 접근권 제공 등으로 계속하여 리스크를 부담하는 경우, 해당 리스크가 현실화되면(예컨대 토지가 제때 제공되지 않는 경우 등) 계약당국이 그 결과에 대하여 보상해야 할 것이다. (cf. 7.6)
- *계약해지대금*: 프로젝트 회사에 default가 발생하면, 계약당국은 프로젝트의 공정가치에 해당하는 금액을 지급해야 하는 경우가 있다. (cf. 7.10)

15.3 공공부문의 직접 금융지원

크게 보면 15.2에서 언급한 방식 외 크게 4가지 방식의 공공부문 금융지원 방식이 존재 – 대출금, 보조금, 보증 및 수익 보전[1] – 하며, 이를 통해 자본비용이나 차입금 비용 일부를 보전하거나 수익을 보전한다.

그러한 금융지원은 다양한 목적으로 인프라 프로젝트 또는 공공부문이 생산물구매자인 공정 프로세스 프로젝트 앞 제공된다:

- *금융시장 여력 부족*: 민간부문 대주들(특히 은행들)이 프로젝트에 필요한 장기대출을 할 여력이 없거나 희망하지 않을 경우 발생하는 갭을 메우기 위해 공공부문이 대출 또는 보증을 제공하는 것이다. 제17장에서 논의할 금융위기 그리고 이후 도입된 바젤3은, 일부 시장에서 투자가 유지되도록 하기 위하여 대체 재원을 찾는 노력을 가속화하는 계기가 되었다. 제17장은 최근 시장의 현황, 그리고 이와 관련된 미래 예측을 다룬다.
- *경제성 확보 목적*: 시장 조건으로 금융이 조달되는 경우 경제성이 없어지기 때문에 공공부문 지원이 필요한 경우가 있다.
- *비용 목적*: 민간부문 비용을 줄여 생산물구매자/계약당국 또는 사용자들이 지급해야 하는 계약대금이나 사용료를 줄이려는 목적이다. (이는 경제성 확보 목적과 겹친다)
- *정치적 리스크 경감 목적*: 이는 역외에 소재한 프로젝트에 대한 투자 및 대출 리스크를 경감(제

---

1 아래 예에서 살펴볼 것처럼, 공공부문 지원 프로그램은 종종 동일한 프로그램 내에서 각기 다른 종류의 지원을 '메뉴'처럼 제공한다.

11장)하고자 하는 것으로, ECA 또는 DFI가 제공하는 지원과 관련이 있다.

금융지원을 할 경우 계약당국은 다음과 같은 점을 충분히 고려해야 한다:

- 금융지원이 특정 프로젝트에 적절한지 여부
- VfM 차원에서 (대출과 보조금 지원에 대한) 잠재적 비용 또는 (채무보증과 수익 보전에 대한) 손실이 적합한지 여부
- 그러한 손실을 감당하기 위하여 별도로 예비비를 설정해 놓아야 하는지 여부
- 그러한 지원에 대하여 별도 요금을 부과할 수 있는지 여부[2]

공공부문의 관점에서 그러한 금융지원과 관련된 리스크의 정도 또는 손실의 가능성은 다음과 같이(리스크의 크기 순서로) 분류될 수 있다:

- 프로젝트 리스크 미수용 - 공공부문이 금융지원을 제공하나, 프로젝트에 대한 리스크는 부담하지 않는다.
- Second Loss(2차 손실) - '지원'. 공공부문이 손실을 기록하기 전 자본금과 대출금의 손실이 먼저 확정되어야 한다. 예컨대 총 사업비 $100인 프로젝트에 대한 재원이 자본금 $20, 차입금 $50, 그리고 정부지원 $30으로 조달되었고, 프로젝트에 default가 발생하여 가치가 $60로 떨어진 경우, 자본금 $20과 대출금 $20에는 손실이 발생하고 공공부문에는 손실이 발생하지 않는다.
- Pari-Passu. 공공부문 금융지원은 선순위 대출금과 동일한 순위를 부여받는 방식이다. 위의 예를 차용하면, 자본금 $20에 손실이 발생하는 것은 동일하나, 나머지 $20에 대한 손실은 대주단과 공공부문이 동일한 비율로 부담하게 된다. 그 결과 공공부문이 입는 손실은 $7.50[20*30/(50+30)]이 된다.
- First Loss(1차 손실) - '신용 보강(credit enhancement)'. 공공부문 지원액이 대주단 대출금보다 먼저 손실을 인식하는 방식이다. 위의 예에서 자본금 $20과 공공부문 지원액 중 $20이 손실을 기록하게 된다. 대주단은 아무런 손실을 입지 않는다.
- 수익보전. 이 경우 공공부문은 투자자와 대주단이 손실을 입기 전에 먼저 손실을 입게 된다.

표15.1은 종류와 리스크별로 나열한 공공부문 금융지원의 예시이다.[3]

---

2 Cf. Chris Marrison, "Risk Measurement for Project Finance Guarantees", The Journal of Project Finance (International Investor, New York NY) Summer 2001*; Timothy C. Irwin, Government Guarantees: Allocating an Valuing Risk in Privately Financed Infrastructure Projects (World Bank, Washington DC, 2007); European PPP Experitse Centre, State Guarantees in PPPs: A Guide to Better Evaluation, Design, Implementation and Management (EIB, Luxwmburg, 2011)*

3 표15.1은 공공부문 금융지원을 모두 나열한 것이 아니라 주요한 것들만 추려서 뽑은 것이다. 이 중 일부는 민간부문 생산물구매자도 제공할 수 있지만, 실무에서 이는 잘 발생하지 않는다.

표 15.1 공공부문 금융지원의 종류

	참조	1차 손실	pari-passu	2차 손실	프로젝트 리스크는 非부담
공공부문 대출					
– 메자닌 대출	15.4	×			
– 예비금융	15.5	×			
– 프로젝트 완공 후 파이낸싱	15.6	×			
– 갭 파이낸싱	15.7		×		
– 개발/공공부문 은행	15.8		×		
– 신용보증금융	15.9				×
공공부문 보조금 또는 기타 재원					
– 자본비용 보조금	15.10			×	
– Viablitity-gap 파이낸스	15.11			×	
– 건설 참여	15.12			×	
– 보조적 투자	15.13				×
공공부문 차입금 보증					
– 100% 채무보증	15.14	×			
– 1차 손실 채무보증	15.15	×			
– Pari-passu 채무보증	15.16		×		
– 차입금 보조	15.17			×	
공공부문 수입 보조					
– 최소수입보장	15.18	×			
– 요금 보조	15.19	×			
공공부문 프로젝트 회사	15.20	×			

민간부문 대주단은 공공부문 대주/보증인과 이해관계가 서로 일치하지 않을 수 있다는 데 대해 우려를 할 수 있다. 특히 대주단 의사결정시 의결권(cf. 14.13)을 행사하여 프로젝트 회사에 대한 조치를 막을 수도 있다. 그 결과 민간부문 대주단은 공공부문 대주의 의결권을 박탈시키고자 할 수도 있다. 이는 1차 손실 또는 pari-passu 등 공공부문이 프로젝트 리스크를 질 경우 불거지는 문제이다. 2차 손실의 경우에는 공공부문이 손실을 입기 전 대주단이 먼저 손실을 입게 될 것이므로, 대주단이 공공부문의 이해를 대변할 것이라고 가정할 수 있을 것이다.

15.4 메자닌 대출

4.5.1에서 살펴본 바와 같이 메자닌 대출의 리스크는 제3자가 제공하는 선순위 대출금보다 높으며, 원리금 상환순위는 배당 직전에 위치한다.[4] 그러므로 프로젝트가 성공적으로 운영되지 않을 경우 메자닌 대출은 회수가 일부 어려울 수도 있으며, 프로젝트 기간이 종료되면 계약당국은 이를 상각해야만 할 수도 있다. 그러므로 이 경우 공공부문이 1차 손실 리스크를 지는 것이다 - 민간부문 대주단이 손실을 기록하기 전 자신이 먼저 손실을 볼 것이다.

이는 미국 State Infrastructure Banks(15.4.1), 'TIFIA' 프로그램(15.4.2) 및 유럽투자은행(EIB)의 'Project Bond Initiative'(15.4.3) 등 인프라 부문에서 광범위하게 사용되는 금융구조이다.

15.4.1 미국 State Infrastructure Banks

State Infrastructure Banks('SIBs')는 1995년 National Highway System Designation Act('NHS')를 통해 10개 주에서 파일럿 프로그램으로 도입되었고, 1998년 Transportation Equity Act for the 21st Century('TEA-21')로 연장되었으며, 후속 법률[5]들을 통하여 현재 다수의 주에서 운영되고 있다.

SIBs는 연방 교통 관련 보조금의 10%를 한도로 재정출연을 받을 수 있다. 개별 주는 이와 관련하여 80-20 비율로 연방정부-주정부 재원을 매칭해야 한다. SIBs는 저리 메자닌 대출 등 민간부문 교통 프로젝트에 대하여 다양한 금융지원을 제공한다. 또한 관련 법률은 SIBs가 채무보증, 채권 발행 및 예비금융 등으로 사용될 수 있도록 허용하고 있다.

이는 연방정부의 재원을 통해 민간자금이 유입되도록 하는 것이며, 지원금이 상환되면 이를 바탕으로 새로운 프로젝트를 지원할 수 있게 하는 것이다.

15.4.2 'TIFIA' 프로그램

1998년 Transportation Infrastructure Finance and Innovation Act('TIFIA')는 프로젝트 사업비의 33%까지 연방이 직접대출 또는 채무보증을 제공하는 방식으로 민간이 추진하는 대규모($50백만 이상) PPP 프로젝트를 지원한다. TIFIA 대출은 국채수익률에 기초한 저렴한 이자율을

---

4 메자닌 대출 원리금 상환은 선순위 대출금이 전부 상환될 때까지 연기될 수 있으나, 동시에 메자닌 대출 원리금이 상환되기 전까지 배당 또한 중지될 수 있다. 이를 통해 프로젝트 회사가 리파이낸싱에 나서는 것을 유도할 수 있을 것이다.
5 매년 연장되는 법률을 제외하고, 이 프로그램과 TIFIA 프로그램을 포함하고 있는 핵심 법률은 2005 Safe, Accountable, Flexible, Efficeint Transportation Equity Act: A Legacy for Users'('SAFETEA-LU')이다. 'MAP-21'(아래 참조)은 TIFIA에 대하여서는 지속적으로 예산을 책정하였으나, SIBs에 대하여서는 그러하지 않았다.

적용하고, 완공 후 5년까지 거치기간을 허용하며, 선순위 대출금보다 긴 대출기간(35년까지)도 제공한다. (Federal Highway Administration이 주도하는) 이러한 TIFIA 지원 정책은 "... *시장 갭을 메우고 민간부문 레버리지를 극대화하는데 도움을 줌으로써 국가적으로 중요한 프로젝트를 추진하기 위해 보완적 역할을 하는 연방정부의 금융지원 프로그램*"이라고 설명하고 있다.[6]

TIFIA는 금융비용이 낮은 메자닌 대출로, 이를 통하여 선순위 대주단이 부담하는 프로젝트 리스크를 경감할 수 있다. (TIFIA 프로그램은 채무보증과 예비금융 또한 제공할 수 있다) 이 프로그램을 통하여 대출기간을 늘릴 수 있지만, 프로젝트에 default가 발생할 경우 TIFIA 금융은 선순위 대출과 동순위로 변하게 된다. (이는 'springing lien'으로 알려져 있다) 다른 금융조달 수단(muni 채권 및 은행 대출 등) 조달이 어려워지면서 TIFIA 활용은 크게 늘어났다.

TIFIA 프로그램은 당초 연방 정부로부터 상대적으로 소규모인 $122백만 정도만을 예산으로 받아왔다. 그러나 이는 프로젝트 기간 전체에 걸쳐 연방정부에 실질적으로 부담이 될 수도 있는데, 이는 TIFIA 대출금에 대하여 '신용 리스크 보조' 성격으로 10% 수준의 예상손실만을 반영하기 때문이다. 그러므로 TIFIA는 연간 $1,200백만 정도의 금융을 제공할 수 있다. 2012 Moving Ahead for Progress in the 21st Century Act('MAP-21')는 2013년 $750백만, 2014년 $1,000백만의 예산을 제공함으로써 TIFIA 프로그램을 크게 확장하였다. 이는 총 $17.5조 수준의 금융을 제공할 수 있는 규모인데, 이는 다시 총 $50조 규모의 프로젝트 투자를 견인할 수 있는 금액이다.

PABs(cf. 4.3.1)와 TIFIA 프로그램은 최근 미국의 PPP 프로젝트에서 중요한 재원조달 수단으로 기능하고 있다.

15.4.3 EIB Project Bond Initiative

2011년 EU와 European Investment Bank('EIB' - cf. 16.5.8)는 공동으로 'Europe 2020 Project Bond Initiative' 프로그램을 출범시켰는데, 그 목적은 채권보증보험회사(cf. 4.3.3) 사태 이후 핵심 인프라 프로젝트(에너지, 교통 및 통신 등 위주)에 대하여 프로젝트 채권 시장을 활성화시키기 위한 것이었다. 동 프로그램 앞 최초 배정금액은 €230백만으로, 이는 2013-14년간 파일럿 프로젝트에 활용될 것이었다.

그러나 EIB는 채권보증보험회사의 역무를 떠맡을 생각이 없었다 - 대신 선순위대출금의 최대 20%에 해당하는 금액만큼 1차 손실을 제공하여 선순위 대주단의 리스크를 줄이고, 또 채권투자자들을 유인하기 위해 채권에 대한 신용평가등급(BBB 수준에서 A 수준)을 높이고자 하였다. 이러한 목표

---

[6] US Department of Transportation, *TIFIA Program Guide* (Washington DC, 2011)*, p.1-1

는 메자닌 대출, 1차 손실 보증(cf. 15.14, 17.5.2) 또는 예비금융(cf. 15.5, 17.5.3)을 복합적으로 활용함으로써 달성할 수 있다. 후자는 공사초과비용(cf. 9.5) 지급, 선순위 대출금 상환 등을 위해 인출하거나, 커버비율 default를 해결(cf. 14.12)하기 위해 완공 후 선순위 대출금을 부분적으로 상환하는데 활용될 수도 있다. 이러한 프로그램은 '프로젝트 채권 신용 보강(project bond credit enhancement, PBCE)'으로 불린다.

15.5 예비금융(Standby Credit)

15.4의 SIB, TIFIA 및 EIB의 예에서 볼 수 있듯이 예비금융 – 교통량 부족으로 인하여 현금이 부족할 때 등 인출할 수 있는 자금 – 은 메자닌 차원에서 금융지원을 할 수 있는 대안이다.

EIB의 Loan Guarantee Instrument for Trans-European Transport Network Projects('LGTT')는 또한 이러한 구조를 지니고 있다. LGTT는 대주단(주로 은행)이 제공하는 예비금융에 대한 채무보증이다. 통상 선순위 대출금의 10% 정도를 커버하며, 프로젝트당 €200백만을 넘지 않는다. 완공 후 최대 7년까지의 기간을 커버할 수 있는데, 이는 결국 'ramp-up' 리스크(cf. 9.6.2)를 커버하는 제도라는 것이다. 이 기간동안 대출금이 상환되지 않으면, EIB가 이를 인수하여 프로젝트에 대한 메자닌 대주가 된다. 그리고 EIB 대출금은 통상 캐시스윕(cf. 14.4.4, 14.12) 방식으로 상환된다.

15.6 완공 후 리파이낸싱

계약당국은 프로젝트 완공 후 대출금 리파이낸싱에 참여할 수 있는데, 이 때 민간부문 선순위 대주단보다 우선하는 지위, 즉 2차 손실에 기반하여 지원코자 할 것이다. Queensland 재무처는 이러한 방식으로 일부 PPP 프로젝트의 70%에 해당하는 대출금을 리파이낸싱하였다. 리스크 관점에서 보면 이는 대출금 Underpinning(cf. 15.17)과 유사하며 동일한 찬반 논거가 여기에도 적용되나, 공공부문을 리파이낸싱 시점의 이자율 리스크(cf. 10.6)에 노출시키기도 한다.

포페이팅(cf. 6.6)은 완공 후 전체 대출금을 리파이낸싱할 수 있는 도구이며, 이를 활용할 경우 민간부문이 지는 리스크는 최소화된다. 리스크 측면에서 이는 해당 시점에서 채무보증을 제공하는 것과 동일하며, 그 결과 유사한 이슈들이 제기될 수 있다. (cf. 15.14) 프로젝트 완공 후 전체 프로젝트 대출금을 리파이낸싱하는 문제는 17.5.1을 참조하라.

15.7 갭(Gap) 파이낸싱

갭 파이낸싱은 대규모 프로젝트와 관련하여 민간부문 재원이 부족할 때 요구될 수 있으며, 그 결과 공공부문이 대주단과 동일한 순위의 대출금을 제공하게 된다. 갭 금융은 정책금융기관(cf. 15.8)들이 제공하기도 한다.

영국 재무부가 2008년 설립한 Treasury Infrastructure Finance Unit('TIFU')은 갭 파이낸싱의 좋은 예이다. 동 프로그램은 PFI 프로젝트에서 민간금융이 충분치 못할 때 은행과 유사한 방식의 대출금을 제공한다. 조건은 선순위 대주단과 같으며 순위도 동일하다.[7] 이의 활용도는 매우 낮은 것으로 드러났지만, - 현재까지 단 하나의 대규모 PFI 프로젝트에만 적용되었다 - 동 제도는 시장 경쟁이 치열하지 않을 경우 은행들이 폭리를 취하는 것을 방지하는 역할을 수행했을 수도 있다.[8] 2008년 금융위기 이후 프로젝트 파이낸스 시장이 다소 회복하여 TIFU를 지속하는 것이 의미없는 것으로 보였다가 다시 그 추세가 변화했을 때, 영국 정부는 Treasury, Infrastructure Financing Unit Ltd.(IFUL) 산하에 새로운 TIFU, 그리고 UK Guarantee Scheme(cf. 15.16)을 발족시켰다. 그러나 영국 재무부는 일시적인 시장침체에 과민반응을 보인 것일 수도 있다.

15.8 정책금융기관

개도국에서 프로젝트 파이낸스 시장이 발달하기 어려운 까닭은 다양하다:

단기대출 위주 금융관행. 통상 개도국의 이자율은 매우 높아, 단기 대출을 취급한다 하더라도 높은 수익을 누릴 수 있다. 그러므로 장기 프로젝트는 수익성은 높고 리스크는 낮은 단기 대출에 비하여 매력이 떨어진다.

경험 부족. 개도국 국내 상업은행들이 경험이 없다면, 이러한 대출에 나서기가 쉽지 않다. 그러나 프로젝트 파이낸스 시장에 대한 관심이 증가한다면 이러한 부분은 금세 해결이 된다. 예컨대 최근 나이지리아 금융기관에는 런던이나 기타 국제금융센터에서 프로젝트 파이낸스 경험이 있는 직원들로 구성된 프로젝트 파이낸스 부서가 설치되기도 하였다.

장기국채 시장 미흡. 장기국채 시장(cf. 12.6.1)이 존재하지 않는다면, 장기 프로젝트 채권 시장 또

---

7 이러한 방식의 지원은 시장 경쟁을 저해하지 않아야 하며, EU의 '국가 지원' 규정(cf. 3.7.9)에 부합해야 한다.
8 Cf. Ed Farquharson & Javier Encinas, *The U.K. Treasury Infrastructure Finance Unit: Supporting PPP Financing During the Global Liquidity Crisis* (World Bank Institute, Washington DC, 2010)*; National Audit Office, *HM Treasury: Financing PFI projects in the credit crisis and the Treasury's response* (London, 2010)*

한 존재하기 어렵다. 그러나 사하라 이남 아프리카 지역에서 현지 통화로 프로젝트 채권을 발행하기 위하여 채권시장을 개발하려는 노력이 경주되고 있다.

'정책금융기관'은 국가 경제에 중요한 산업 등에 장기 금융을 제공하는 은행들을 두루 일컫는 용어이다.[9] 프로젝트 파이낸스 관점에서 보면 이들은 인프라, 경제개발 및 공공사업 등을 담당하는 은행들로, 이들의 역할은 당초 국내 인프라 프로젝트에 금융을 제공하는 것이었다. 이들로부터 대출을 받는 기관들은 주로 공공기관들이어서, 이들 은행들이 프로젝트 리스크를 부담하지는 않았다. 그 예로는 브라질의 Banco Nacional de Desenvolvimento Econômico e Social('BNDES')[10], China Development Bank ('CDB' – cf. 16.4.3), 독일의 KfW Bankengruppe('KfW' – cf. 16.4.5), Development Bank of Japan('DBJ'), Korea Development Bank('KDB' – 16.4.2), Mexico's Banco Nacional de Obras y Servicio Públicos('BANOBRAS')[11], 그리고 Development Bank of South Africa('DBSA')[12] 등이 있다.

최근 다수 국가들에서 이들 기관들은 민간 금융기관들의 자금조달이 불가능하거나 부족한(이 경우 갭 금융 지원) 프로젝트에 대한 프로젝트 파이낸스를 지원하기 시작하였다. BNDES나 BANOBRAS와 같은 경우 금융지원의 대상은 대부분 국내, 특히 (프로젝트 파이낸스와 관련되어서는) 인프라 및 공정 플랜트 프로젝트에 국한되었다. 그러나 다수의 정책금융기관들은 해외 프로젝트에 대하여서도 프로젝트 파이낸스 금융을 제공하는데, 이 경우 그들은 DFI(cf. 16.4)로 분류될 수도 있을 것이다.

활발한 PPP 프로그램을 운영하고 있는 다수 국가들은 인프라 프로젝트 앞 제공된 상업은행 대출금을 리파이낸싱하는 것을 주 목적으로 하는 인프라 전담 금융기관을 설립하고 있다. 그 예가 2006년에 설립된 Indian Infrastructure Finance Company인데, 동 기관은 발행세 등이 부과되지 않는 채권을 발생하여 이를 재원으로 기존 은행 대출금을 리파이낸싱하고, 또 대출 펀드(cf. 17.4.2)를 운용하기도 한다. 기타 공공 금융기관들 또한 프로젝트 파이낸스를 일부 취급하기도 한다. 영국 정부가 2012년에 설립한 Green Investment Bank는 민간 금융기관과 함께 신재생 에너지 및 폐기물 에너지 부문 프로젝트에 금융을 제공한다. 이에 더하여, 국영 상업은행들도 자신의 비즈니스의 일부로 프로젝트 파이낸스를 취급하기도 하는데, 그 좋은 예는 State Bank of India(cf. 표4.3)이다.

---

9 'State Financial Institutions('SFI')라는 용어를 사용할 수도 있지만, 이 용어는 정부가 지분을 보유한 상업은행인 State Bank of India 등도 포함하므로 보다 광범위한 용어이다.
10 National Bank for Economic and Social Development
11 National Bank for Public Works and Services
12 Cf. José de Luna-Martínez & Carlos Leonardo Vicente, *Global Survey of Development Banks* (Policy Research Paper 5969, World Bank, Washington DC, 2012)*

그러나 국영은행이 프로젝트 대주단으로 참여할 경우, 이들이 정치적인 목적에 활용되어 필요한 실사과정이 잘 이루어지지 않을 위험이 존재한다. 특히 이들이 대출금의 100%를 제공하고 그 결과 민간 대주단이 실사를 하지 않는 경우, 그러한 위험이 현실화될 가능성이 크다.

15.9 신용보증금융(Credit Guarantee Finance)

이 구조에서는 계약당국이나 공공기관들이 상환스케쥴, 커버비율, 담보 등 민간 대주단과 동일한 조건으로 프로젝트 회사 앞 대출금을 제공한다. 다만 매우 낮은 이자율을 부과하는데, 이들의 조달비용은 국채 금리와 같거나 유사하기 때문이다. 대출금에 대하여는 민간부문, 즉 은행이나 보험회사들이 보증을 제공한다. 결국 민간부문이 프로젝트 리스크를 부담하나, 유동성은 공공부문이 제공하는 것이다. 이러한 구조를 활용한 일부 파일럿 프로젝트들은 2003-4년간 영국 재무부 주도로 이루어졌는데, 이 때 Credit Guarantee Finance('CGF')라는 용어가 고안되었다. 이러한 방식은 동 업무를 주된 비즈니스로 하는 채권보증보험회사(cf. 4.3.2)들이 고안하였지만, 은행들 또한 보증을 제공해 줄 수 있다.

CGF의 목적은 공공부문의 저리 자금을 활용(국채 금리와 스왑금리(cf. 10.3.1)의 차이)하고자 하는 것이다. 이러한 방식은 공공부문 자금이 '싸다'는 비판(cf. 3.7.3)의 날을 무디게 하여 정치적인 부담을 덜어낼 수 있다. 쉽게 예상할 수 있는 것처럼 보증료는 채권보증보험기관이나 대주단이 부과하는 보증료나 신용위험가산율과 동일하기 때문이다. 그러나 CFG는 2-3개 프로젝트에만 활용되었고, 이후 사문화되었다.

이 방식이 사문화된 이유는 민간부문 대주단과 마찬가지로 실사 및 모니터링 업무를 수행할 조직과 인력이 필요했지만, 영국 재무부는 그러한 식으로 운영되기가 곤란했기 때문이다. 누군가는 아래 업무를 수행해야 하기 때문이다:

- 보증인 앞 익스포져 관리 및 리뷰
- 필요한 사항이 제대로 이루어졌는지 확인하기 위하여 금융계약 및 기타 서류 리뷰
- 대출 집행 및 사후관리
- 프로젝트 계약 변경내용 관리
- 보증인의 신용도 체크
- 최악의 경우 보증의 담보가치가 하락하였으나 대체할 만한 담보, 즉 현금이나 새로운 보증서 등을 제공받을 수 없을 경우 직접 대출금을 관리 - 그리고 물론 몇 년 후 채권보증보험회사들은 부도상황에 빠졌다. (cf. 4.3.3)

2008년 금융위기 이후 영국 재무부는 또다시 PFI 프로그램(cf. 15.7, 15.16)에 대해 대출과 보증을 제공하였다. 즉, 프로젝트 모니터링 등 프로젝트 리스크를 부담하였다. (그 결과 해당 업무를 수행할 수 있는 프로젝트 파이낸스 유경험자들을 채용하였다.)

15.10 자본비용 보조금(Capital Grant)

계약당국은 가용성 기반 프로젝트 또는 PFI 모델 프로젝트의 초기 자본비용을 지원할 수도 있다. 초기 자본비용 보조금 지원[13]의 계기는 다음과 같다:

- 계약당국의 장기 조달비용이 프로젝트 회사의 조달비용보다 낮기 때문에 계약대금을 줄이려는 목적이 있다; 일반적으로 계약당국은 이러한 보조금을 비용없이 공여하나, 이를 반영하여 tariff나 서비스 요금을 조정한다 - 그러므로 계약당국은 보조금에 대한 자신의 조달비용만 부담하면 되는 것이다.
- 시장상황이 좋지 않을 경우(cf. 17.2), 특히 프로젝트가 대규모일 경우 프로젝트 회사가 시장에서 자금조달을 용이하게 하기 위해서이다.

이러한 방식은 사실상 계약당국이 자본비용의 일부를 미리 지급하는 것이다: 비용이 절감되는 부분은 이러한 방식으로 미리 지급된 부분에 대한 민간부문의 금융조달 비용이다. 당연하지만 이는 Reverting Asset 기반 계약에만 가능한 방식이다.

자본비용 보조금 지원은 총 사업비 대비 제한적인 수준에서만 이루어져야 한다. 극단적인 경우 계약당국이 대출금이 필요없을 수준으로 지원을 하면 자신이 대주단의 역할을 떠안는 것이 되며, 그렇게 되면 민간의 프로젝트에 대한 리스크 부담이 크게 줄어든다. (물론 자본금은 여전히 리스크에 노출되지만) 대주단의 실사(cf. 2.6.2)를 통해 얻을 수 있는 혜택도 사라질 것이다. 더욱이, 프로젝트 회사에 default가 발생하여 계약해지대금을 지급해야 하는 상황이 발생하면(cf. 7.10.1), 계약당국은 프로젝트의 잔여가치가 자신이 지원한 금액보다 낮은 상황에 직면하게 될 수도 있다 - 그러한 상황까지는 아니더라도 계약당국은 자신의 투자금에 손실을 입게 된다.[14] 그러므로, 2차 손실 지위를 유지하기 위해서는 자본비용의 50% 수준을 최대 한도로 책정하는 것이 합리적일 것이다.[15]

---

13 (영국에서는) 'Capital Contribution' 또는 equity subsidy로 불리기도 한다.
14 계약당국은 자신이 너무 많은 보조금을 지급하였기 때문에 보조금을 날리게 되는 상황이 발생하지 않도록 계약해지가 발생할 수 있는 다양한 시나리오(cf. 7.10.1)를 검토하여야 한다. 그러므로 프로젝트 회사의 default로 인하여 계약해지대금을 지급해야 하는 상황이라면, 동 금액에서 보조대금만큼은 차감시켜야 한다. 이는 계약해지대금 산정방식이 프로젝트 미래 현금흐름에 기반하고 있다면 자동적으로 이루어지게 된다. 이는 미래 현금흐름이 건설보조금(construction subsidy)을 감안하여 축소되기 때문이다.
15 계약당국은 금융종결 시점에 자본금과 차입금, 그리고 보조금에 대한 비율을 고정시킬 수 있도록 하여야 한다. 이를 통하여 자본금과 차입금이 전부 납입되지 않는다면 보조금 또한 이에 비례하여 축소시키도록 장치를 마련해 두어야 한다.

한편, 계약당국이 완공위험을 부담하지 않게 보조금은 완공 후 제공되는 것이 좋다. (cf. 9.5) 이는 단기간의 갭을 메우기 위하여 프로젝트 회사가 단기금융을 조달해야 할 수도 있다는 것을 의미한다.

'운영 레버리지(Operational Gearing)'. 대주단은 보조금 수준이 너무 높을 경우에도 우려를 표명할 수 있는데, 이는 프로젝트의 '운영 레버리지'를 높이기 때문이다. 이는 서비스 요금에서 운영비용과 대출 원리금 상환액 및 배당금 간의 비율을 의미한다. 원리금 상환액 및 배당금 지급액의 비중이 낮아진다면, 이는 대주단이 프로젝트 운영 리스크를 더 진다는 의미, 즉 프로젝트가 제 성능을 발휘하지 못한다면 그로 인한 상대적인 손실을 더 크게 입는다는 의미이다.

부동산 매각. 계약당국은 보조금 지급지원을 마련하기 위해서 프로젝트 부지가 아닌 부동산 일부를 매각해야 할 수도 있다 – 예컨대 다른 부지에 건설되는 학교를 짓기 위하여 기존 학교 부지를 매각해야 할 수도 있다. 그러나 누군가는 자금이 필요할 때 예정된 가격에 부동산이 매각된다는 것을 보장해야 한다. (유사한 이슈가 발생할 수 있는 건설기간 중 수입과 관련하여서는 9.5.7 참조) 학교 자체가 예전 부지에서 새로운 부지로 이동한다면 완공 전까지 부동산 매각이 이루어질 수 없다 – 즉, 금융종결 시점에 매각이 이루어질 수 없는 것이다. 대주단은 이런 식의 불확실한 매각계획에 기반한 보조금은 수용하지 않을 것이며, 사업주가 관련 리스크를 부담하지 않을 경우 계약당국이 매각여부와 무관하게 자금제공을 해 줄 것을 요구할 것이다.

대출금 100% 상환. 매우 예외적으로, 계약당국은 프로젝트와 관련된 가장 중요한 리스크가 해결되었으므로 프로젝트 완공 후 대출금을 전부 상환해 줄 수도 있다. 이는 오랜 기간동안 리스크를 민간에 전가할 수 있다는 혜택을 사라지게 만들고, 추가적인 리스크 관련 이슈가 불거지게 만들 수 있으며, 대주단이 건설기간 리스크만 부담하게 하는 것이므로 별로 매력적인 방법이 아니다. (cf. 15.6, 17.5.1)

15.11 Viability-Gap Funding

Viability-Gap Funding('VGF')은 최종 사용자가 부담해야 하는 사업비를 줄인다는 측면에서, 자본비용 보조금(capital grant)이 가용성 기반 프로젝트에서 담당하는 역할을 양허계약에서 담당한다. 그러나 민간금융만으로는 사업성이 떨어질 때에도 VGF가 활용될 수 있다. 공공조달 입찰시 입찰참가자들은 자신들이 희망하는 수준의 VGF를 제시하는 경우가 있으며, 이 때 가장 낮은 수준을 써 낸 이가 낙찰을 받게된다. 그러나 VGF가 커버하는 자본비용은 자본비용 보조금처럼 높아서는 안되는데, 사용량에 기반한 프로젝트의 경우는 손실 가능성이 더 높기 때문이다.

VGF가 자본금 대신 활용되어, 그 결과 대출금 수준은 동일하게 유지되는 상황에 대한 논란도 존재한다. 이를 통해 사업비는 줄일 수 있지만, 동시에 투자자들이 감당하는 리스크도 줄어들어, 100% 대출금 상환(cf. 15.14) 제도와 함께 사용된다면, 투자자들이나 대주단이 실사를 할 까닭이 사라지기 때문이다.

자본비용 보조금과 마찬가지로 일반적으로 프로젝트 회사가 VGF를 상환하지는 않는다. 그러나 모든 유사한 경우에도 그러하듯, 계약당국이 최종 사용자의 대금지급 리스크가 존재하는 양허계약에 지원을 한다면, 계약당국은 '업사이드' 또한 누릴 권리가 있다. 즉, 프로젝트가 예상보다 성공적으로 운영될 경우, 일정 수준을 초과하는 초과이윤은 계약당국과 나눠 가져야만 한다. (cf. 6.5.3)

VGF는 인도의 대규모 PPP 도로 프로그램에서 핵심 요소로 기능하였다. (cf. 4.2.1) 중앙정부는 자본비용의 20%까지를 VGF로 지원하였고, 해당 사업이 소재하는 주정부가 추가적으로 20%를 지원하여 공공부문 지원비중은 40% 수준에 달하였다. 입찰참여자들은 각자 자신들이 희망하는 수준의 VGF를 제출하였다.

15.12 프로젝트 건설 지원

대규모 프로젝트를 지원하는 또 다른 방법은 프로젝트를 서로 연결된 두 개의 독립적인 프로젝트로 나누어 계약당국이 이 중 하나를 책임지는 것이다. 예컨대 철도 프로젝트에서 계약당국은 전통적인 공공조달 절차를 거쳐 철로를 건설하고, 프로젝트 회사는 신호체계, 기자재 및 철도차량(철도차량은 별도 프로젝트가 될 수도 있다) 등을 조달하는 방법이다. 마찬가지로, 도로 프로젝트에서 계약당국은 주요 프로젝트에 닿는 연결도로를 건설할 수도 있고, 민간 금융을 활용하여 짓기가 힘든 도로 연장구간을 건설할 수도 있다. (예컨대 교량이나 터널이 많은 경우에 그러하다)

이러한 방식의 가장 큰 문제는 공공부문 및 민간부문 금융 각각이 지원하는 프로젝트간 협력문제다. 예컨대 철로가 제 때 지어지지 않는다면, 이는 프로젝트 회사의 프로그램에 지장을 주어 보상금을 요구하는 상황을 발생시킬 수도 있다. 복잡한 인터페이스 이슈로 인하여 프로젝트의 어느 부분에 문제가 있는지가 명확하지 않아 책임관계를 밝히기 위해 분쟁이 발생할 수도 있다.

15.13 보조적 투자(Complementary Investment)

보조적 투자는 프로젝트의 일부분에 대한 직접적인 투자는 아니나, (그 결과 위에서 논의한 부분 건설과는 다르나) 개념상으로 유사성을 지닌다. 예컨대 교량의 연결도로가 프로젝트의 일부가 아니라면 동 연결도로는 보조적 투자라고 하겠으나, 만약 프로젝트의 일부라면 해당 연결도로 건설은 프로젝트의 부분 건설이라고 볼 수 있을 것이다. 한편, 위에서 언급한 동일한 문제들이 여기서도 발생한다.

15.14 100% 채무보증

프로젝트 회사 default시 대출금 상환을 100% 보증하는 것은 7.10.1에서 살펴보았다. 100% 채무보증(또는 일부 개도국에서 활용되는 매우 높은 수준, 예컨대 90% 수준의 대출 지원)은 계약당국이 2차 손실 지위를 유지하는 것이 아니라 사실상 차입금에 대한 보증인이 된다는 의미이다. 대주단은 잃을 것이 없으며(cf. 2.6.2), 그 결과 프로젝트를 면밀하게 모니터링할 인센티브가 사라지게 된다. 물론 프로젝트에 문제가 발생했을 때 Rescue 리파이낸싱(cf. 14.16.4)을 투입할 생각도 하지 않을 것이다. 그 결과 계약당국은 프로젝트 모니터링 및 통제와 관련하여 보다 적극적인 역할을 수행해야 한다. 그러나 통상 계약당국은 이러한 업무에 최적화되어 있지 않다. 그러나 개도국에서는 인프라 금융 프로그램을 도입하기 위한 방편으로 100% 채무보증 외 다른 방법이 존재하지 않는 경우도 있다.

만일 건설기간이 커버되지 않는 경우 대주단은 문제를 제기할 수도 있다. (cf. 17.5.1)

15.15 1차 손실 채무보증

이는 메자닌 대출금을 제공하는 것과 유사한 효과를 낳는다. 즉, 최초 x%의 손실을 선순위 대주단보다 먼저 흡수하는 방식이다. 미국의 SIB(cf. 15.4.1)와 TIFIA(cf. 15.4.2) 프로그램, 그리고 EIB의 Project Bond Initiatives(cf. 15.4.3)에서 이러한 종류의 보증을 제공한다.

15.16 Pari-Passu 채무보증

이 경우, 공공기관은 자신이 보증을 제공한 대출에 대하여 (보증이 제공되지 않은 대출을 제공하는) 민간부문과 동일한 리스크를 부담한다. 자본비용의 50% 이상에 대하여 보증이 제공되는 양허계약에서는 통상 전체 차입금이 공공부문의 차입금으로 계상된다. 그러므로 pari-passu 채무보증은 이 수준을 초과하기 힘들다. 예컨대 $100에 대하여 50%의 보증이 제공되었고, 향후 $60만을 회수할 수 있다면, 대주단과 보증인은 각각 $20만큼 손실을 기록할 것이다. 만약 공공기관이 갭 파이낸싱 또는 기타 경제개발 정책 등의 이유로 다른 민간부문 대주단과 함께 신디케이션을 구성하여 대출금을 제공한 경우에도 동일한 결과를 낳을 것이다. 이 때 의결권과 관련하여 유사한 문제들이 불거질 가능성이 크다.

더욱이 민간부문 대주단은 여전히 장기 유동성 문제를 지니고 있을 수도 있다 - 물론 이는 보증을 매개로 비은행권 대주단이 프로젝트에 참여하는 경우가 아니라면(그러나 보증이 제공되지 않은 부분에 대하여서는 그들이 직접 리스크를 부담해야 하기 때문에 쉽게 이루어지지 않는다) 모든 보증 구조에서 문제가 되지만 말이다.

2012년에 발표된 영국의 Guarantee Scheme은 pari-passu 채무보증 프로그램의 좋은 예이다. 이 프로그램은 빠른 시간 내 착공준비를 마칠 수 있는 대규모 국가적 인프라 프로젝트(PPP 또는 민간 인프라 사업 모두) 사업비에 대하여 50%까지 정부가 pari-passu 채무보증을 제공해 준다. £40조 규모의 예산이 책정된 이 프로그램은 일시적인 프로그램으로, 2016년 이후로는 사용되지 않을 것이다. 왜냐하면 인프라 프로젝트를 보다 빨리 추진할 수 있도록 함으로써 경기침체에서 벗어나게 하는 것이 가장 중요한 목적이었기 때문이다.

마찬가지로 2012년 이탈리아 또한 SACE(cf. £16.4.6) 등과 같은 공공기관이 채권을 보증하는 프로그램을 개시하였다. 이 프로그램은 프로젝트 완공 후 대출금 리파이낸싱 시에도 활용될 수 있다.

15.17 차입금 보조(Debt Underpinning)

가용성 기반 프로젝트처럼 특정 종류의 인프라 금융과 관련하여 민간 대주단이 부담하는 리스크의 크기는 프로젝트 완공 후에 현저하게 축소되며, 그 결과 대출금 100% 손실이 발생할 가능성이 낮기 때문에, 위의 이유들 중 하나의 사유로 공공부문의 지원이 필요한 경우 계약당국(또는 다른 공공기관 등)은 위에서 언급한 이유들을 근거로 금융수요의 일부에 대하여 직접 대출을 제공하거나 보증을 제공할 수 있을 것이다. 예컨대 차입금 총액이 $100이고 이 중 70%에 대하여 보증이 제공된 경우, 만일 이 중 $50만 회수할 수 있다면 대주단은 보증이 제공되지 않은 $30에 대하여 손실을 기록할 것이며, 계약당국은 $20에 대하여 손실을 기록할 것이다.[16] 이러한 종류의 2차 손실 프로그램은 Debt Underpinning이라고 알려져 있다.

그러므로 논리적으로 Debt Underpinning은 총 금융비용을 축소시키지 않는다. Debt Underpinning을 지원받는 대출의 경우 공공부문 보증을 감안하여 금융비용이 줄어든다 하더라도, 나머지 부분에 대하여서는 높아진 리스크를 반영하여 금융비용이 상승하기 때문이다. 그러나

---

16 이 예에서는 손실을 가장 먼저 흡수해야 하는 자본금에 대한 논의는 빠져있다.

Debt Underpinning은 여전히 의미가 있는데, 대주단, 특히 은행들의 경우 보증이 제공된 대출에 대하여서 요구되는 자본금 수준이 축소되기 때문이다. 이는 선진국에서는 매우 유용한 도구이다. 또한 다른 방식으로 민간금융을 조달하기 어려운 경우 Debt Underpinning이 도움이 될 수 있다. 개도국에서 이 제도가 자주 활용되는 까닭이다.

Debt Underpinning은 예컨대 프랑스의 PFI 모델 프로젝트에서 종종 발견된다. 동 모델에서는 프로젝트 완공이 달성되면 'Cessation de Créance'(대출금 인수)으로 알려진 행정법 절차에 따라 대출금의 80% 수준까지 계약당국이 이를 인수할 수 있기 때문이다.[17]

15.18 최소수입보장(Minimum Revenue Guarantee, 'MRG')

민간부문 투자자들이나 대주단은 양허계약상 교통량이나 기타 사용량 수준이 프로젝트 전체를 뒷받침하기엔 충분하지 않다고 느낄 수 있다; 그러므로 프로젝트 수입을 통하여 대출금을 상환할 수 있도록 계약당국이 MRG(즉, 사용자로부터 최소한의 수준의 수입을 벌어들일 수 있도록 함)를 제공하기도 한다.

프로젝트가 적절한 수입을 낼 수 없다는 것이 명백하다면 MRG는 적절한 수단이 아니다. 그런 경우 VGF 또는 메자닌 대출이 더욱 적합하다. 즉, 원칙적으로 프로젝트는 타인의 도움 없이 독자적인 경제성을 확보해야 하기 때문이다. 만약 MRG가 제공된다면 투자자들과 대주단은 계약당국에 대하여 장기 신용리스크를 보유하게 되는 것인데, 개도국의 경우 이는 문제가 될 수도 있다. 또한 VGF 또는 메자닌 대출 등을 통해 일회성으로 도움을 받는 방식이 아니라 지속적으로 MRG를 통하여 보조금을 받는다면 이는 정치적 문제로 비화될 수도 있다. 그러므로 MRG는 미래 현금흐름이 불충분하다는 것이 확실시 될 때 사용하는 것이 아니라 미래 현금흐름의 불확실성에 대비하는 차원으로만 사용되어야 한다. 다른 수입 보증과 마찬가지로, 프로젝트 수익성이 일정 수준을 초과한다면, 초과이윤에 대하여서는 분배가 이루어질 수 있어야 한다. (cf. 6.5.3)

이 방식과 채무보증의 핵심적인 차이는 투자자들 또한 MRG로부터 혜택을 본다는 것이다. 대주단과는 달리 투자자들에게 지원이 이루어지지 않는다 하더라도 투자자들에게는 프로젝트를 성실하게 운영할 인센티브가 작동한다. 물론 이러한 인센티브는 투자수익에 대한 보증 또한 제공되는 경우 점점 감소하게 된다.

---

17 이러한 절차를 정식화한 법을 따라 'Dailly tranche'라고 부르기도 한다. 프랑스 국영은행인 Caisse des Depots et Consignation 및 EIB(cf. 16.5.8)는 보증이 제공된 대출금의 대부분에 대하여 리파이낸싱을 제공한다.

MRG의 또 다른 접근방법은 MRG 교통량 수준에 도달하지 않는 경우 양허계약 기간을 늘려주는 방법이다. 이는 수입의 현재가치에 기반한 계약(cf. 9.6.3)과 리스크 프로파일을 유사하게 만드는 것이다.

한국에서 MRG 시스템은 양허계약을 이용한 대규모의 교통 인프라가 신속하게 추진되는 요인 중 하나로 작동하였다.[18] 이는 표15.2에 나온 바와 같이 많은 절차를 거쳐 이루어졌다:

표 15.2 한국의 MRG 프로그램의 발전

		1995-2003	2004-2005			2006		2009
보증 기간(연도)		1-20	1-5	6-10	11-15	1-5	6-10	아래 참조
정부사업	보증	90%	90%	80%	70%	75%	65%	
	이익공유	110%	110%	120%	130%	125%	135%	
사업주 개발사업	보증	80%	80%	70%	60%	폐지		
	이익공유	120%	120%	130%	140%			
			수입이 예상치의 50%를 밑돌 경우 MRG 미지급					

자료: 김재형, 김정욱, 신승환 & 이승연, Public-Private Partnership Infrastructure Projects: Case Studies from the Republic of Korea (Asian Development Bank, Manila, 2011)*

- 이 제도가 설립된 1995년, 경쟁입찰 대상 프로젝트에 대하여서는 90%, 그 이외의 프로젝트에 대하여서는 80%의 수입에 대하여 보증이 제공되었다. 예컨대 예상수입이 1,000원이었으나 실제 수입이 800원에 불과한 입찰 프로젝트에 대하여서는 MRG가 부족분 200원 중 100원을 커버하였다. 이를 통해 프로젝트 수입을 90%까지 끌어올렸다. 이 방식의 문제는 민간부문이 부담하는 리스크가 너무 작아서, 투자자들과 대주단의 MRG 수요가 매우 크게 증가했다는 것이다.
- 초과이익공유제 또한 도입되었다. 실제 수입 규모가 예상수입의 110%를 초과할 경우(사업주 개발사업의 경우 120%) 초과하는 부분은 계약당국과 분배해야 한다.
- 2003년에 큰 제도변화가 있었다 - MRG 비율은 시간이 지날수록 축소되어('tapered') 15년 이후에는 완전히 사라지고, 또한 프로젝트 수입규모가 예상의 50%에 미치지 못하는 경우 MRG가 지급되지 않는다. (이전에는 수입규모가 50%에 미치지 못하는 프로젝트들도 다수였다) 이는 교통량에 대하여 충분히 검토가 이루어지지 못한 프로젝트에 대하여는 MRG를 수용할 수 없다는 것을 의미한다. 초과이익공유가 적용되는 기준은 높아졌으며, tapering 또한 축소되었다. (즉, 민간부문이 부담하는 교통량 리스크 규모가 클수록 초과이익공유가 적용되는 기준도 높아졌다.)
- 사업주 개발사업에 대한 MRG는 2006년 폐지되었으며, 정부사업에 대하여서도 보증기간 및 tapering이 축소되었다. 2009년까지 중앙정부가 계약한 83개의 양허계약 중 35개가 MRG 구

---

18 VGF(cf. 15.11) 및 보증기금(cf. 15.21) 또한 중요한 요인들이었다.

조를 지니고 있었다. (지방정부 계약분 제외)
- 2009년 MRG 제도에 근본적인 변화가 있었다. (MRG는 정부사업에만 적용되었다) 보장되는 수입의 크기는 정부의 '투자위험몫'(이는 IDC를 제외한 사업비에 정부채 수익률을 곱하여 산정한다)보다 낮지 않은 수준으로 정해졌다. (이는 정부가 보장할 수 있는 최대 금액은 정부가 동 사업을 국채 발행을 통해 진행했을 때 부담했을 비용이라는 것을 의미한다) 여기에서도 프로젝트 실제 수입이 예상수입의 50%를 초과해야만 한다. 또한 이후 프로젝트 수입이 보장수준을 초과하게 되면, 과거 지급했던 금액을 돌려받을 수 있게 조정하였다.

15.19 요금 보조

양허계약에서는 사용자 요금에 대하여 계약당국이 보조해 줄 수 있다. 이는 MRG와는 달리 개별 사용자에 대하여 보조금을 지급하기 때문에, 프로젝트 회사가 여전히 사용율 리스크를 부담한다는 것을 의미한다. 사용자 수가 많으면 보조금을 줄이는 방식의 메커니즘이 통상 적용되어, 위에서 살펴본 바와 같이 계약당국도 혜택을 볼 수 있게 한다.

그러나 MRG와 동일한 문제점이 여기에서도 발견된다 - VGF나 메자닌 대출을 활용하는 것이 더 낫다. 물론 일부 경우에 있어 계약당국이 이러한 식으로 일시금을 지급할 예산을 확보하기 어려워, 보다 긴 기간동안 보조금을 지급하는 방법 외에 다른 방법이 없을 수도 있지만 말이다.

15.20 공공부문 프로젝트 회사

이 모델에서 프로젝트 회사는 공공부문이 소유하나, 차입금은 일반적인 프로젝트 파이낸스 방식으로 민간부문이 제공한다; 그리고 프로젝트 회사는 일반적인 서브계약을 체결한다. 이는 미국 muni 시장(cf. 4.3.1)의 Revenue Bond에서 활용된 모델이다.[19]

완공 후 프로젝트 회사는 민간부문과 프랜차이즈 계약을 체결할 수 있다. 그러나 프로젝트 회사가 자본금이 아니라 대출금으로 주된 재원을 마련하는 경우(공공부문 금융지원이 이루어지는 주된 까닭)라면 이러한 접근방법은 큰 도움이 되지 않는다. 그러나 이는 완공 후 리파이낸싱을 하는 방법으로 활용될 수 있다. (cf. 15.6)

이의 변형된 형태는 회사로 하여금 공공의 이익을 위해 활동하도록 법률로 정하는 것이다.

---

19 PAB가 아닌 Revenue Bond이다.

Canadian Public Interest(PIC), British Community Interest Company(CIC), 그리고 미국의 비영리기관(cf. 4.3.1) 등이 그 예인데, 이들 모두는 투자 목적으로 프로젝트 파이낸스를 조달할 수 있다.

15.21 보증기금(Guarantee Funds)

정부의 보증 프로그램, 특히 MRG 등을 지원하기 위한 보증기금이 필요한지에 대해 의문이 생길 수 있다. 문제는 그러한 보증의 신뢰도와 관련이 있다 - 일부 국가들에 대하여서는 투자자들과 대주단이 해당국 정부가 MRG를 실제로 지급할 의지와 능력이 있는지에 대하여 회의적인 시각을 지닐 수도 있다. 이는 장기간에 걸친 요금 보조금과 관련된 우려와도 유사하다. (cf. 15.19) 보증기금은 독립적으로 활동하며, 독자적인 재원조달 방안도 보유하고 있다 - 즉 정부출연, 보증 수수료, 초과이익공유 등을 재원으로 지니고 있다.

예컨대 2009년 설립된 Indonesian Infrastructure Guarantee Fund('IIGF')의 자본금은 정부 출자금 및 DFI 자금으로 마련되었다. 동 기관은 계약당국의 계약대금지급에 대한 보증을 제공하며, 독자적으로 사업에 대한 실사와 모니터링 작업을 수행한다. 동 기관의 보증대상은 계약당국의 계약대금지급, 계약해지대금 지급, 법률 변경 및 일반적인 투자리스크(cf. 11.4) 등이다. 유사한 기금이 브라질과 한국에도 존재한다.

16
공적수출금융기관과 개발금융기관

16 공적수출금융기관과 개발금융기관

16.1 도입

이 장에서는 개도국에서 많이 이루어지는[1] 금융조달 재원에 대하여 검토하기로 한다. 아래와 같은 세 가지 종류의 기관들이 존재한다:

- *수출신용기관(Export Credit Agency)*. 이들은 사업소재지국 외부에서 조달되는 자본재 수출과 관련하여 상업적/정치적 보증과 보험을 제공한다.(16.2); ECA는 투자에 대한 정치적 보증/보험도 제공한다. (상업적인 부분에 대한 커버는 제공하지 않는다)
- *양자개발금융기관(bilateral DFI)*. 이들은 해외 프로젝트에 대하여 '언타이드(untied)'(즉, 수출과 연관이 없는) 대출, 정치적 보험/보증을 제공한다; 이들은 종종 자국의 ECA와 함께 금융을 제공한다; 이들은 원조기관일 수도 있으며, 개발금융기관이나 기금일 수도 있다; 선도적 지위에 있는 ECA 및 양자개발금융기관이 제공하는 다양한 지원방식은 16.4에서 상세히 논의한다.
- *다자개발금융기관(multilateral DFI, 'MDFI')* – 이들은 주로 개도국에서 모든 종류의 프로젝트에 대하여 금융을 지원한다.(16.5)[2]

정치적 위험에 대하여 민간보험도 가능하다. (cf. 11.8.1)

---

1 Cf. 개도국에서의 인프라와 관련된 논의의 배경은 Tomoko Matsukawa & Odo Habeck의 *'Review of Risk Mitigation Instruments for Infrastructure Financing and Recent Trends and Developments'*, Trends and Policy Options No. 4 (PPIAF/World Bank, Washington DC, 2007)*; Antonio Estache의 'Infrastructure finance in developing countires: An overview', *EIB Papers* Vol. 15 No.2(EIB, Luxemburg, 2010), p.60*; Riham Shendy, Zachary Kaplan & Peter Mousley, *Towards Better Infrastructure conditions, Constraints, and Opportunities in Financing Public-Private Partnerships: Evidence frm Cameroon, Côte d'Ivoire, Kenya, Nigeria and Senegal* (World Bank/PPIAF, Washington DC, 2011) 등을 참조하라.
2 이 장에서 소개되는 ECA, DFI 그리고 다른 기관들에 대한 정보는 www.yescombe.com에서 링크시켜둔 이들의 웹사이트에서 찾아볼 수 있다. 31개의 다자개발금융기관 및 양자개발금융기관에 대한 요약내용은 *International Finance Institutions and Development through the Private Sector* (International Finance Corporation, Washington DC, 2001), Annex*를 참조하라. 또한 Infrastructure Consortium for Africa의 *Donor Debt and Equity Financing for Infrastructure: User Guide Africa* (African Development Bank, Tunis, 2007)*도 참조하라. World Bank는 PPI(cf. 2.5.2)에 대한 데이터베이스를 http://ppi.worldbank.org/에 보유하고 있다.

16.2 ECA

ECA는 자국의 수출을 촉진시키기 위하여 설립된 공공기관이거나, 정부의 수출지원을 대행하는 민간기관의 형태를 띠고 있다.

대규모 프로젝트에 대한 ECA의 전통적인 금융지원은 공공기관에 대한 구매자 금융 또는 대규모 유틸리티 회사들 앞 금융이었으며, 종종 사업소재지국 정부의 보증을 요구해 왔다. 그러나 1990년대 중반 이후 대규모 프로젝트들(초기에는 발전 분야에 집중)이 사업소재지국 정부보다는 민간부문으로부터 금융지원을 받게 되면서 변화가 이루어졌다 – 그 결과 프로젝트 파이낸스 거래를 지원할 필요가 대두한 것이다. 최근 ECA 지원은 주로 자원개발분야, 특히 유가스 및 파이프라인 프로젝트들에 집중되고 있다.

ECA 지원은 프로젝트 회사가 자본재를 수입하는 것과 관련이 있다 – 이로 인하여 D&B 계약보다는 EPC 계약을 통하여 건설되는 프로젝트와 연관성이 높다. D&B 계약은 토목작업이 대부분이기 때문에 수입되는 부분의 비중이 크지 않기 때문이다. (즉, 매우 특수한 건설장비 등에 국한된다) EPC 계약에서는 사업비의 큰 비중을 차지하는 기자재도 다루고 있다.

16.2.1 프로젝트에 대한 ECA 지원

ECA 지원은 아래와 같은 방식으로 이루어진다:

신용보험(Credit Insurance): ECA는 정치적 및 상업적 리스크 모두를 커버하는 보증이나 보험 등을 제공한다. 이를 통해 대주단은 프로젝트 리스크를 지지 않는다. (full cover)

정치적 보험(Political-Risk Insurance, 'PRI'): ECA가 PRI를 제공하는 경우, 대주단은 프로젝트에 대한 상업적 리스크만 지면 된다. 특히 프로젝트 파이낸스에서 ECA가 제공하는 PRI는 대주단에게 중요한 의미를 지닌다. 이는 주로 프로젝트 회사에 참여한 ECA 소속국 사업주에 달려있다. 이를 통하여 금융 패키지의 갭(갭은 수출금융은 토목부문은 제외하고 기자재 수출만 대상으로 하기 때문에 발생한다)을 메울 수 있다. 투자자 앞 제공되는 PRI에 대하여서는 16.3에서 논의하기로 한다. 이는 OECD 가이드라인(cf. 16.2.3)의 적용대상이 아니다.

금융지원: ECA는 직접적인 금융지원을 해 줄 수도 있다:

- *프로젝트 회사 앞 직접대출*(이는 ECA가 full cover와 동일한 리스크를 부담한다는 것을 의미한다); 미국, 캐나다 및 일본과 같은 국가들은 상업은행들과 동일한 방식, 또는 낮은 이자율로 프로젝트 회사 앞 직접대출을 제공해 줄 수 있다.

- *이자율 균등화(Interest Rate Equilization)*: 프랑스(COFACE)와 이탈리아(SACE)와 같은 국가에서는 수출금융 지원은 민간부문이 담당케 하고, 이들은 은행들의 조달금리와 CIRR(cf. 16.2.3) 간 차이를 지원한다. 사실상 ECA가 상업은행들과 이자율 스왑계약(cf. 10.3.1)을 체결하는 것과 동일하며, 그 결과 프로젝트 회사는 낮은 수준의 고정금리를 확정할 수 있다. (일부 국가에서 이자율 균등화는 ECA가 아닌 다른 기관이 제공하는 경우가 존재한다. cf. 16.4)

영국과 같은 국가에서는 ECA는 보증/보험만 제공하게 할 목적으로 수출에 대한 금융지원 제도(저리 대출 또는 이자율 균등화)를 폐지하였다. ECA의 지원은 수출보조금이라는 논리를 들어 ECA 지원 프로그램 자체에 대하여 반대하는 목소리도 존재한다. 수출자는 이러한 도움 없이도 경쟁력을 확보하여야 한다는 것이다. 그러나 문제는 일부 국가가 그러한 ECA의 지원을 중단할 경우 그렇지 않은 국가는 공정하지 않은 이득을 보게 된다는 것이다.

ECA가 특정국가 앞 수출을 지원할 경우 그 판단은 해당국의 신용도에 기초하겠지만, 정치적인 요소 또한 작동한다.

ECA가 보증이나 보험을 제공하는 대부분의 경우, 프로젝트 회사의 default로 인하여 대출 원리금 상환에 연체가 발생하는 때 ECA 대지급이 이루어진다. (즉 이는 채무보증이지, 이행성보증이 아니다) 다수 ECA는 이러한 사태가 발생하면 즉각 대지급을 이행하지만, 전액이 아니라 원리금 상환 스케줄에 따라 기한이 도래한 부분에 대하여서만 대지급을 한다.

ECA들은 상호 협약을 체결하여 타국의 수출을 지원하기도 한다. EU에서는 일국의 ECA가 EU 소속 타국 수출계약금액의 30%까지 지원하기도 한다.

대부분의 선도적 ECA들은 상호간 업무협조 협약을 체결하여 다수의 국가에서 수출이 이루어질 때 발생할 수 있는 이슈에 대응하고 있으며, 한 개의 프로젝트에 다수의 ECA가 참여하는 경우도 빈번하다. 이 때는 일반적으로 수출계약의 큰 비중을 차지하는 국가의 ECA가 '선도적' ECA로 우선 지정되며, 이 ECA가 모든 ECA를 대신하여 보증/보험 또는 대출금을 제공한다. 타 ECA들은 자신들의 몫만큼 재보험을 제공한다. 이를 통해 프로젝트 회사는 하나의 ECA와 금융계약을 체결하면 된다.[3]

프로젝트 파이낸스에서 활용되는 수출신용은 통상 구매자 금융(buyer's credit, 수출자쪽 은행 또는 ECA가 수입자에게 제공하는 직접금융)이다. 물론 대규모 프로젝트의 사업주는 ECA들과 직접 협상을 하지만, 공식적으로는 ECA는 수출자쪽 은행 또는 프로젝트 회사와 협상을 한다.

---

3 ECA와 민간 PRI 보험회사들간 쌍방향 재보험(cf. 11.8) 또한 이루어진다.

ECA의 프로젝트 파이낸스 업무를 담당하는 직원들은 소수이다: 그 결과 프로젝트 파이낸스 리스크를 분석하기 위해 외부 재무자문사를 활용하기도 한다.

16.2.2 베른 Union

'Berne Union'으로 알려져 있는 International Union of Credit and Investment Insurers는 수출금융과 투자보험(1974년부터)에 대한 국제적 협조 및 정보교환을 목적으로 1934년 설립되었다. 동 기관은 모든 주요 ECA 및 일부 민간부문 보험회사(cf. 11.8.1) 등 78개의 회원사를 보유하고 있다.

Berne Union 회원들의 비즈니스는 표16.1에 요약되어 있다.

표 16.1 Berne Union 멤버들의 프로젝트 파이낸스 비즈니스

($백만)	2000	2007	2008	2009	2010	2011
중장기 비즈니스*	71,000	142,120	153,591	190,589	173,393	191,175
- 프로젝트 파이낸스		2,613	3,419	7,300	13,530	7,658
연말 익스포져**	453,000	501,423	523,704	582,792	593,089	647,073
투자보험	13,000	52,937	58,500	49,337	65,415	775,99
연말 익스포져***	57,000	141,868	145,580	145,785	184,398	197,326

* 신용보증, PRI 및 직접대출; 개별부문에 대한 자료는 N/A
** 프로젝트 파이낸스에 대한 수치는 N/A
*** 모든 종류의 프로젝트에 대한 투자자 앞 PRI(cf. 16.3); 프로젝트 파이낸스에 대한 수치는 N/A
자료: Berne Union 연감*

1990년대는 대주단이 이들의 커버 없이도 개도국 리스크를 수용하는 분위기였기 때문에 장기 수출신용(프로젝트 파이낸스 거래에 대한 보증/보험 포함)의 사용이 줄었으나, 이 추세는 보험에 가입하지 않은 투자자들과 대주단이 큰 손실을 입은 1997년 아시아 금융위기 이후 반전하였다. 동일한 패턴이 2000년도에도 반복되었다: 2007-8년 이전 장기 수출신용은 감소하는 추세였으나 그 이후로는 증가하는 모양새를 보였다.

더욱이 프로젝트 파이낸스 취급 은행들의 장기 재원조달 능력이 감소하면서 보증이 아닌 ECA의 직접대출이 더욱 중요하게 되었다.(cf. 17.2) 과거 ECA가 보증이나 보험을 제공한 대출은 정부에 대한 대출과 동일하게 취급되어 은행들은 동 대출과 관련하여 자본금을 적립하지 않아도 되었다. 그러나 Basel III(cf. 17.3)는 대출금의 리스크 분류와 무관하게 은행들의 레버리지 수준에 대하여 절대적인 한도를 설정하였는데, 이는 프로젝트 파이낸스 시장의 침체와 함께 은행들이 참여의지를 억제하는데 일조하였다.

그러나 ECA가 지원하는 프로젝트 파이낸스의 비중은 민간부문에 비해 매우 작다. 그러나 다음과 같은 점은 기억해 두어야 한다:

- ECA 지원은 종종 양자간 DFI 지원과 연계되어 있으며, 이들의 지원금액을 합한 규모는 상당히 크다. (cf. 16.4)
- 일부 시장, 특히 개도국에서 ECA의 지원은 매우 중요하다.

16.2.3 OECD 가이드라인

ECA가 공적수출금융을 제공하는 구체적인 조건은 OECD 국가들간 합의한 국제협약을 따른다. 공적수출신용 가이드라인에 대한 협약(Arrangement on Guidelines for Officially Supported Export Credits)은 1978년 체결되었으며, 가입국은 호주, 캐나다, EU, 일본, 한국, 뉴질랜드, 노르웨이, 스위스, 그리고 미국이다. (중국은 빠져 있으나 대부분의 수출주도 국가들로 구성되어 있다) 이러한 OECD 가이드라인은 질서있는 수출금융시장 운영을 목적으로 하고 있으며, 보다 나은 금융조건이 아니라 수출품 자체의 경쟁력을 바탕으로 시장경쟁이 이루어질 수 있도록 하고 있다. 그러므로 ECA간 경쟁은 제공가능한 금융지원에 한정되어 있다. (즉, 특정 국가 특정 프로젝트에 대하여 어느정도의 신용리스크를 부담할 것인가와 관련되어 있다) OECD 가이드라인은 법적 구속력이 있는 것은 아니나[4] 일부 지역(예컨대 EU)에서는 동 조항이 법적 효과를 갖는다.

OECD 가이드라인(2013년 기준 - 가이드라인의 상세 조건들은 매년 수정된다)의 주요 조항은 아래와 같다:

- 제3국산 포함, 수출목적물의 85%까지 커버할 수 있다: 그러므로 수출계약의 15%는 선수금으로 마련되어야 한다.
- ECA 프리미엄 또한 100% 지원이 가능하다.
- 현지비용의 30%까지 지원 가능하다.
- 국가들은 두 개의 그룹으로 분류된다:
  - Category I: 세계은행이 마련한 1인당 GNI 기준 고소득 OECD 국가
  - Category II: 기타 국가
- Category I 국가들에 대한 최장 상환기간은 (목적물 최종인도일로부터, 또는 프로젝트 파이낸스의 경우 완공일로부터) 5년이며, Category II 국가들에 대한 최장 상환기간은 10년이다. 대부분의 프로젝트 파이낸스는 Category II 국가들과 관련되어 있다: 발전 부문은 12년까지 허용된다.

---

4 OECD 가이드라인은 '신사협정'이며, 조약이 아니다.

- 최소한 6개월에 1회 이상 균등분할상환이 이루어져야 하며, 완공테스트일로부터 6개월 이내 첫 상환이 이루어져야 한다.
- (직접대출 또는 이자율 균등화의 경우에 적용되는) 이자율은 대출통화 국채금리에 1%를 가산하여야 한다. 'CIRR'(Commercial Interest Reference Rate, 상업참고금리)으로 알려져있는 이 금리는 금융을 제공하는 이와는 상관없이 동일한 통화에 동일하게 적용된다. (예컨대 미달러화 대출 이자율은 미국의 ECA가 지원하든지 EU ECA가 지원하든지 동일하다); 이자율은 장기국채 시장금리를 참조하여 매달 수정된다.
- 특정 프로젝트에 적용하는 이자율은 계약체결일 또는 ECA가 금융제공을 지원키로 약정한 달의 CIRR에 기초하여 결정된다. 후자의 경우 실제 금융제공은 그로부터 120일 이내에 이루어져야 하며, 이 때 CIRR에 0.2%가 가산된다.
- 보증/보험에 대한 최소한으로 받아야 할 프리미엄인 Minimum Premium Rate('MPR')은 국가 리스크, 차주 리스크, 커버비율, full cover 또는 PRI 여부 및 동 리스크에 대한 경감방안 등을 종합적으로 고려하여 결정된다. MPR은 프로젝트 전체 기간을 커버하며, 일시금으로 지급되어야 한다. 이는 Category I 국가 및 기타 低리스크 국가에는 적용되지 않는다.

1998년 최초로 합의한 프로젝트 파이낸스 관련 조항(OECD 가이드라인 Annex X)들은 보다 유연한 조건들을 허용하고 있다:

- 상환기간 14년 적용 가능. 단, 아래의 조건 충족 필요
  - 원금 최초상환(상환금액은 전체 대출금의 2% 이상)은 신용기산일(starting point of credit)로부터 24개월 이내
  - 1회분 원금 상환액은 대출금의 25% 미만
  - 가중평균상환기간(cf. 12.5.2)은 7.25년 이내

- 12년까지는 CIRR 적용. 이를 초과하는 기간에 대하여서는 0.2% 가산
- 프로젝트가 '고소득 국가'에 소재하는 경우 아래와 같은 조건 적용
  - ECA는 민간부문과 함께 대출에 참여하여야 하며, OECD 가이드라인 멤버 ECA 금융지원이 50% 미만
  - 프리미엄 수준은 민간 수준보다 낮지 않게 적용

16.2.4 리스크 가정 및 커버 범위

ECA는 프로젝트 리스크 전부를 커버(full cover 제공 또는 직접대출 제공)하지 않을 수도 있다. 이러한 점에서 ECA들간 정책(이는 OECD 가이드라인이 다루는 바가 아니다)은 서로 크게 다르며, 각각의 ECA들은 서로 다른 방식으로 업무를 취급한다:

리스크 비율(Risk Percentage). 일부 ECA들은 프로젝트 리스크의 95% 정도까지만 인수하고, 나머지 5%에 대하여서는 대주단이 직접 인수하도록 하고 있다. (선수금 15%를 제외한 후 수출계약의 85%에 대하여 95%를 커버한다) 이를 통해 대주단이 ECA 커버에만 의존하기보다는 적극적으로 프로젝트를 모니터링하여 ECA의 이해에 맞게 행동할 것을 기대할 수 있기 때문이다. 어떤 ECA는 리스크를 100% 수용하기도 한다.

완공 리스크. 일부 ECA는 건설 리스크는 수용하지 않는다. 완공 리스크는 수출자(즉, 건설회사)가 통제할 수 있는 리스크이고, ECA는 수출자의 이행능력에 대하여 리스크를 지지 않는다는 관점이다. 그들은 상업은행들이 건설기간에 대한 리스크를 지도록 하며, 해당기간 동안에는 정치적 보증/보험만 제공하려 한다. ECA가 직접대출을 취급하는 경우, 상업은행들이 건설기간 동안 대출금을 제공하고(여기서도 마찬가지로 ECA는 PRI만 제공) ECA는 완공 이후 리파이낸싱을 하는 경우도 있다.

상업적 리스크. 일부 ECA의 경우 프로젝트가 이미 완공되어 잘 운영되고 있음에도 불구하고 정치적 리스크만 수용한다. 일부는 프로젝트 전체 기간에 대하여 리스크를 수용(full cover)한다; 일부는 정치적 위험에 대하여서는 95%, 상업적 리스크에 대하여서는 80%만 수용하기도 한다. 최근에는 정치적 리스크와 상업적 리스크를 구분하기가 힘들기 때문에(cf. 11.5.2) full cover를 제공하는 경향이 두드러지고 있다. 직접대출을 제공하는 ECA의 경우 완공위험에 대하여 상업은행의 보증을 요구하는 경우도 있지만 정치적 리스크와 상업적 리스크 모두를 부담한다.

정치적 리스크. PRI만 제공하는 경우(즉, 대출은 민간부분이 취급)에도, 각 ECA마다 정의하는 정치적인 리스크는 서로 다를 수 있다:

- 모든 ECA는 표준적인 투자 리스크(cf. 11.4), 즉 태환, 송금, 몰수, 정치적 폭력행위 등에 대한 커버를 제공한다. 물론 리스크 커버 범위는 ECA마다 각각 다를 수 있다.
- 법률변경 리스크(cf. 11.3)는 간접적으로만 커버한다. (즉, 법률변경에 따른 보상금 조항이 프로젝트 계약에 포함되어 있으며, 대출 원리금에 대하여 default가 발생한 경우만을 커버한다)
- 일부 ECA의 경우 좁은 의미의 계약위반에 대하여 커버를 제공한다. 즉, 사업소재지국 정부가 (예컨대, 정부지원약정에 의거) 직접적인 계약적 의무를 지거나 프로젝트 계약의 채무에 대한 보증을 제공하였고, 계약적 의무를 지지 않아 대출금에 default가 발생하였을 경우를 커버한다; 이는 '상향된(enhanced) 정치적 리스크' 커버로 일컬어진다.
- 어떤 ECA는 계약 거부(repudiation)(cf. 11.5.1)에 대한 커버도 제공한다.
- 서브소버린(sub-sovereign)의 계약위반 리스크(cf. 11.6) 커버 여부는 각각의 프로젝트마다 다르다.
- 점진적 몰수(cf. 11.5.2)에 대하여서는 리스크의 성격 자체가 모호하기 때문에 커버제공이 어렵다.

직접계약. 어떤 ECA의 경우 사업소재지국 정부와 직접계약을 체결하는 것을 요구할 수 있는데, 이를 통하여 생산물구매자/계약당국이 공공부문일 경우 ECA가 대주단 앞 대지급한 금액에 대하여 사업소재지국 정부가 책임을 지게 하거나 ECA에게 별도 확약을 제공하게끔 하는 것이다; 어떤 이들은 프로젝트 파이낸스는 민간부문의 영역이기 때문에 이는 적절치 않다고 판단하기도 한다.

프리미엄 지원. 전체 프로젝트 기간에 대하여 부과되는 ECA 프리미엄(ECA가 full cover 또는 정치적 위험을 커버하는 대가로 부과하는 금액)은 금융종결 시점에 지급되기 때문에 그 금액이 꽤 클 수 있다. (즉, 프리미엄은 대출금에 대하여 매년 발생하는 수수료에 대한 현재가치이다) 프리미엄 수준은 국가 리스크 및 제공되는 커버의 종류에 따라 다르나, 일반적으로 개도국 프로젝트 파이낸스에 대한 프리미엄은 커버대상 금액의 10%를 초과한다. 일부 ECA는 프리미엄에 대한 지원을 제공하기도 하지만, 그렇지 않은 ECA들도 존재한다.

건설기간 중 이자. 마찬가지로 일부 ECA는 이를 지원하고 일부 ECA는 그렇지 않다.

환경 이슈. 직접적인 금융과 관련된 이슈는 아니나, 환경기준에 대하여 ECA들은 각각 다른 관점을 지니고 있다; 특히 미국 ECA 등 소수 ECA들은 지원대상 프로젝트에 대하여 EIA(cf. 9.10.1)를 요구하나, 대부분의 경우 사업소재지국 정부가 법률로 이를 요구하지 않으면 EIA를 반드시 요구하지는 않는다.

지원대상(Eligibility). 마찬가지로 ECA 커버 지원대상도 국가마다 다르다. 물론 이는 프로젝트 파이낸스에만 적용되는 것은 아니다. 일부 ECA의 경우 자신의 국가에 거주자로 등록되어 있는 은행에 대하여서만 보증이나 보험을 제공한다; 다른 ECA들은 해당국에서 영업을 하는 경우(예컨대 외국은행의 지점 등)에만 지원한다; 또 다른 ECA들은 은행의 소재지와 무관하게 지원한다.

금융계약. ECA들마다 서로 다른 형태의 금융계약을 요구하나, 이러한 이슈는 ECA들간 체결한 협정에 따라 크게 문제가 되는 경우는 줄어들었다.

16.2.5 현금 담보(Cash Collateralization)

위에서 언급한 바와 같이, 일부 ECA의 경우 그들이 커버하는 금액 전체에 대한 리스크를 부담하지는 않는다; 예컨대 수출계약의 85%에 대하여 ECA가 95%만큼만 커버하는 경우, 나머지 5%, 혹은 전체 계약금액의 4.25%는 상업은행들이 부담해야 한다. 신용등급이 현저히 떨어지는 국가와 관련하여서는 그 규모가 크지 않더라도 상업은행들이 리스크 수용을 꺼린다.

이를 해결할 수 있는 한 가지 방법은 프로젝트 회사가 상업은행이 직접 커버하는 부분에 대하여 현금담보를 제공하는 것이다. 이에 대하여 ECA는 반대 목소리를 낼 수 있다; ECA의 커버증서에는 통상 대위권(cf. 8.6.5), 즉 보험이나 보증의 대상이 되는 자산 – 이 경우에는 대출 – 을 취득할 수 있는 권리가 기재되어 있으며, 그 결과 현금담보는 5:95 비율로 나눠가져야 하기 때문이다. ECA는 default 발생시 현금담보의 95%를 요구하여 결과적으로 ECA는 리스크의 95%만을 부담하고, 상업은행들은 여전히 5%를 부담하게 하는 것이다.

16.2.6 ECA 지원의 혜택

OECD 가이드라인 준수의 번거로움, 당사자가 늘어날 경우 복잡성 증가 및 (신용위험가산율 대신 납부해야 하는) 상대적으로 비싼 ECA 프리미엄 등을 감안할 때, 민간부문 대주단이 ECA 지원 없이 관련국 또는 프로젝트 지원은 어렵다고 판단하는 경우에만 ECA의 지원이 매력적인 대안으로 등장하게 된다.

또한 ECA는 건설계약대금 전체에 대하여 지원하기보다는 일차적으로 기자재 수출분에 대하여 지원한다: 발전 및 인프라 분야에서는 토목공사(주로 수출목적물은 존재하지 않고 현지기업이 하청 수행)가 건설계약에서 차지하는 비중이 큰데, 이 경우 ECA는 OECD 가이드라인에 의거, 현지비용의 15%에 대하여서만 지원이 가능하다. 동 금액은 부분적으로 자본금으로 조달할 수 있으나, 프로젝트에 상당한 규모의 토목공사가 포함되어 있다면(예컨대 도로공사나 수력발전소 공사 등) ECA의 지원만으로는 불충분하다.

CIRR은 매우 매력적인 요소이다; 더욱이 이 이자율은 금융종결 전 금융지원 승인이 이루어질 때 고정된다. 금융종결 전 이자율이 변동되는 리스크를 없앨 수 있기 때문에(cf. 10.3.5) 이는 프로젝트의 금융계획 수립시 큰 도움이 된다.

ECA의 지원은 투자자 및 대주단 모두에게 눈에 보이지 않는 정치적 지원을 제공하나, 이러한 이유만으로는 반드시 ECA 금융을 사용할 까닭이 없다.

16.3 투자자들을 위한 정치적 위험 보험

대주단이 대출금에 대한 PRI를 요구하는 경우에도 투자자들은 자신의 투자금에 대하여는 PRI를 활용하지 않을 수도 있다. 이에 대한 이론적인 논거는 프로젝트 회사 투자와 관련된 정보는 잘 알려져 있으며, 투자는 자신들의 일상적인 비즈니스 활동의 일환이며, 해당 투자에 대한 리스크는 자신의 주가에 이미 반영되어 있다는 것이다. 이와 비슷한 다른 논거로서, 그들이 사업소재지국에서 비즈니스 활동을 하는 것에 대하여 우려가 있다면, 단순히 보험 커버를 받는 것에 만족할 것이 아니라 아예 사업을 접을 것이라는 것이다. 그러나 프로젝트 파이낸스 투자의 정치적 성격을 감안한

다면, 정치적 보험은 충분히 의미가 있다. (cf. 11.2)

프로젝트 회사 앞 투자에 대한 PRI에는 다음과 같은 어려움이 존재한다. 보험인수인으로서 대지급을 할 경우 대위권이 주어지나, ECA는 민간 보험회사들과 마찬가지로 상업은행들이 자신들을 대신하여 채권회수 노력을 기울일 것을 요구한다. 그 결과 ECA들은 투자자 지분을 양도받는 경우에 한하여 투자금 PRI 보험금 청구에 응할 것이다. 이는 간접적으로 투자자들의 보험가입 혜택을 상실시키기 때문에 문제가 된다.

투자자가 보유하고 있는 프로젝트 회사 지분 양도는 프로젝트 회사 default 발생시 대주단이 통제권을 확보하는 일반적인 장치로 기능한다. (cf. 14.7.2) 만약 투자자들이 투자금에 대하여 PRI에 가입하였고, 또 정치적 리스크로 인하여 손실이 발생하는 경우 두 가지의 문제점을 노출한다:

- Default 발생 후 대출금 전액이 회수되지 않는다면 대주단은 담보권 해지에 동의하지 않을 것이다. 그러나 담보권 해지가 이루어지지 않으면 투자자는 (지분을 ECA 앞 제시할 경우에만 받을 수 있는) 보험금을 받지 못하게 된다; 대주단은 투자자에 앞서 자신들의 대출금을 먼저 상환받아야 하므로, 자신들이 보험금을 먼저 수령하여야 한다고 주장할 것이다. 그러나 프로젝트 회사 투자자들의 관점에서는 대주단이 지분처분 대가로 보험금을 먼저 받는다면, PRI에 가입할 까닭이 없는 것이다.
- 대주단이 위의 상황에 대하여 양보를 한다 하더라도, 대출금과 투자금에 대한 PRI 제공자가 각각 다를 경우 문제가 발생할 수 있다. 대출금에 대하여 보험을 제공한 기관은 프로젝트 회사 주식에 대한 질권을 포함한 대주단의 담보권을 양도받아 이를 처분하려 할 것인데, 투자금에 대하여 보험을 제공한 기관은 매각대금을 지급하려 하지 않을 것이기 때문이다.

보험회사의 관점에서 이러한 문제는 순수하게 이론적인 논의일 뿐인데, 왜냐하면 프로젝트 회사에 default가 발생하면 자본금 가치는 거의 남아있지 않을 것이며, 대출금이 전부 상환되기 전 투자금을 회복할 수 있는 가능성은 매우 낮기 때문이다. 그럼에도 불구하고 이러한 문제점들로 인하여 몇몇 프로젝트 금융조달이 이루어지지 않은 사례들이 존재한다. 미국의 정부기관인 미국수출입은행 및 OPIC는 1999년까지 이 이슈에 대하여 서로 동의하지 않았던 것이다. 이들 기관들은 1999년 공동청구약정을 체결하였는데, 이 약정에 다르면 양 기관이 채권회수 극대화를 위하여 서로 협력하고 이를 분배하는 문제는 그 이후에 논의하자는 것이다. 양 기관 모두 미국 정부 예산으로 운영되는 기관이므로 결국 이슈는 그 중 누가 채권회수액을 갖느냐 하는 것일 뿐이므로, 또 다른 나라 ECA와 이러한 협약을 체결한 것이 아니므로, 이는 적절한 해결방안이라고 하겠다.

16.4 ECA 및 양자 DFI

ECA 및 DFI는 종종 협조하여 업무를 취급하므로, 이들을 한꺼번에 묶어서 고찰하는 것도 의미가 있다.[5] 이들의 업무에 관한 통계는 찾기 어려우나 *Project Finance International* 연례 보고서를 참조할 수 있다. 이에 대한 내용은 표16.2에 나타나 있다. (이 통계는 이들 기관이 '정책적 고려에 기반한'(policy-based) 프로젝트 파이낸스, 즉 금융지원이나 보조금 성격이 있는 거래에 대한 것들이다: 아래에서 볼 수 있는 것처럼 다수의 이들 기관들이 일반적인 상업적 프로젝트 파이낸스를 지원했고, 표4.3에도 포함되어 있다)

표 16.2 주요 수출신용기관들과 양자 DFI - 프로젝트 파이낸스 대출 및 보증

국가	보험제공 ECA*	직접대출 ECA	양자 DFI	(U$백만) 2010	2011	2012
일본	Nexi	JBIC	JBIC	4,776	7,691	16,825
한국	K-sure	KEXIM	KDB	2,578	5,396	8,747
중국	SINOSURE	China Exim	CDB	9,578	218	6,013
미국	US Exim/OPIC	US Exim		1,422	967	3,620
독일	Hermes	KfW	DEG	5,739	4,260	3,247
이탈리아	SACE			1,508	3,730	1,286
덴마크	EKF			251	4,054	1,155
프랑스	COFACE		Proparco/AFD	1,013	0	761
기타**				2,975	2,146	2,942
계				29,840	28,462	44,596

ECA/DFI가 상업은행 앞 보증을 제공한 표2.1과 이중계산(double counting) 있음. CIRR 이자율 지지(cf. 16.2.1)만 제공하는 기관은 미포함
* 대주로 참여도 가능
** 2010년 9개 기관, 2011년 6개 기관, 2012년 12개 기관
자료: 표 2-1과 동일.

구속성 원조(Tied Aid). ECA 및 동일국 소재 DFI의 협조융자는 OECD 가이드라인의 '협조융자' 규칙을 따라야 한다. (16.2.3) 구속성 원조란 원조 공여국으로부터의 수입을 촉진하기 위하여 제공하는 양허성 높은 양자간 공적원조(Offical Development Assistance, 'ODA') 방식의 대출 또는 무상원조를 뜻한다:

- 구속성 원조는 일반적으로 OECD의 DAC[6] *Guiding Principles for Assoicated Financing and Tied and Partially Untied Official Development Assistance*(1987)*을 따른다.

---

5 ECA 또는 DFI가 민간 대주단에게 보증/보험을 제공하는 것이 아니라 직접금융을 취급한 경우, 이 때의 직접대출은 제2장 및 제3장의 시장 통계에 포함시키지 않았다.
6 Development Action Committee

- 세계은행이 중소득 국가의 수준으로 책정한 수준(2013년 기준 1인당 GNI $4,035)보다 소득이 높은 국가는 구속성 원조의 대상이 될 수 없다.
- 원조가 없어도 경제성을 확보할 수 있는 프로젝트는 구속성 원조의 대상이 될 수 없다.
- 구속성 원조의 양허성 수준(Consessionality Level)은 35%를 초과해야 하며, 최빈국의 경우 50%를 초과해야 한다. 양허성 수준은 구속성 원조 지급액을 CIRR로 할인한 후, 이를 구속성 원조자금 명목금액과 비교하여 산정한다.
- 구속성 원조 조항들은 수출신용이나 기타 통상적인 시장 조건이 적용되는 금융에는 적용되지 않는다.

16.4.1-16.4.7에서는 표16.2에 나타난 다양한 국가들의 ECA 및 양자 DFI들에 대한 정보인데, 이들은 타 ECA 및 양자 DFI 대비 상대적으로 많은 프로젝트 파이낸스를 지원했다. 이를 살펴보면 각각의 ECA들이 서로 다른 접근방법을 사용하고 있다는 것을 알 수 있을 것이다. 이러한 구조적 차이점에도 불구하고 시장의 힘, 그리고 OECD 가이드라인은 결과적으로 이들이 작동하는 방식이 매우 유사하도록 유도하고 있다. 물론 16.2.4에서 살펴본 바와 같이 프로젝트 파이낸스와 관련하여서는 각기 다른 리스크 가정을 사용하고 있지만 말이다.

16.4.1 일본(NEXI/JBIC)

NEXI 및 JBIC의 대출 및 보증은 전략적 자원, 즉 석유, 천연가스 광물 등 도입, 그리고 주요 일본 수출품, 즉 철도차량 수출 등에 집중되어 있다.

Nippon Export and Investment Insurance(NEXI). 수출보험은 당초 1950년에 설립된 일본의 국제무역산업성(EID/MITI) 내 수출입보험부가 담당하였다. 1993년 EID/MITI는 프로젝트 파이낸스를 취급한 최초 ECA 중 하나가 되었으며, 1995년에는 프로젝트 파이낸스 부서를 설립하였다. 2001년 MITI는 경제산업무역청(METI)으로 변경되었으며, MITI의 수출신용 및 투자보험 업무는 독립 기관인 NEXI로 이관되었다. NEXI 보험에 대하여서는 METI가 재보험을 제공한다.

NEXI는 대주단의 상업적 리스크에 대하여 100%까지 커버를 제공(완공 후)하며, 정치적 리스크에 대하여서도 100% 커버를 제공한다. PRI가 커버하는 분야는 환전, 송금, 전쟁, 혁명, 내란 및 '일본 밖에서 발생한 피보험자 및 차주에게 책임을 묻기 힘든' 예컨대 계약 거부와 같은 분야이다. NEXI는 투자보험도 제공한다.

NEXI는 일본 대주단에게 비구속적(untied) 신용보험을 제공하며, '안정적인 천연자원 공급'을 위해 '해외 자원개발 프로젝트' 앞 대출 및 투자에 대한 보험 프로그램을 운영하고 있다: 관련 프로젝트에 대하여 NEXI는 대주단에게 full cover를 제공하며, 투자자에게는 전쟁, 몰수, 테러리즘 또는 자연재해와 같은 force majeure 위험을 커버해준다.

Japan Bank for International Cooperation(JBIC). JBIC은 1999년 일본수출입은행('JEXIM')과 일본 해외경제협력기금의 합병으로 탄생하였다. 2008년 JBIC은 국영 Japanese Finance Corporation('JFC')의 일부가 되었으나, JFC의 국제업무와 관련하여서는 계속 JBIC 명칭을 사용하였다. 이후 2011년 다시 분할되었다. JEXIM의 최초 프로젝트 파이낸스(호주 LNG 프로젝트)는 1986년 이루어졌으며, 1988년 프로젝트 파이낸스 부서를 설립하였다.

JBIC은 CIRR에 기초한 수출 지원(구매자 금융)으로 주로 상업은행들과 협조융자 방식으로 지원하고, 해외자원개발 프로젝트를 수행하는 일본 기업에게 수입금융도 지원한다.[7]

JBIC은 비구속성 ODA도 취급한다: 프로젝트 회사의 소유 및 경영 등 일본기업이 참여할 때 활용될 수 있는 해외투자대출, 그리고 일본의 원조 프로그램으로서 비구속성 직접대출이 그것들이다. 일본의 해외투자에 대하여 투자금융도 지원한다. 마지막으로 이러한 활동과 관련된 보증도 제공한다.

16.4.2 한국(K-SURE/KEXIM/KDB)

일본과는 달리 한국의 ECA 프로젝트 파이낸스는 자원개발보다는 수출촉진에 주력하고 있다.

한국무역보험공사('K-sure'). 코리안리재보험(KoreaRe)은 1968년 수출신용 보험 취급을 위하여 설립되었다; 이 업무는 1977년 한국수출입은행 앞 이관되었다. 1992년 한국수출보험공사(KEIC)가 수출신용보증 업무를 위하여 설립되었으며, 이후 보다 확대된 업무범위를 감안, 이름을 한국무역보험공사(K-Sure)로 변경하였다.

K-Sure는 CIRR 기반 이자율 보전 및 직접대출에 대한 구매자금융과 한국기업이 투자한 사업에 대한 보험을 제공한다. 한국기업의 해외건설 프로젝트에 대하여 full cover도 지원한다. 또한 한국이 필요로 하는 자원개발 사업에 대한 투자 및 대출에 대한 보험도 제공한다.

한국수출입은행('KEXIM'). 한국수출입은행은 1976년 설립되었다. 동 기관은 CIRR 기반 수출신용을 제공하며, 한국기업이 지분을 보유하고 있는 해외자회사 앞 지분투자 및 대부투자에 필요한 자금을 공여한다. 또한 그러한 자금을 제공하는 외국계 금융기관 앞 채무보증을 제공한다. 한국수출입은행은 필수 원자재 등 수입에 필요한 수입자금도 공여하며, 기획재정부로부터 해외경제협력기금(Economic Development Cooperation Fund, 'EDCF')도 수탁받아 관리한다.

한국산업은행('KDB'). KDB는 1954년에 설립되었다. 동 기관의 정책기능은 2009년 한국정책금융공사(KoFC) 앞 이관되었으며, (정책금융기관 역할은 KoFC, K-Sure, KEXIM이 담당하게 되었

---

[7] *JBIC Project Finance Initiative: Japanese Enterprises and Global Prosperity*(JBIC, Tokyo, n.d)*

다) KDB는 민영화가 추진되고 있다. 표4.3에서 찾아볼 수 있는 것과 같이 KDB는 세계 프로젝트 파이낸스 시장 주선 부문에서 5위를 차지하였으며, 총 27건 대출에 대하여 $5,411백만을 지원하였다. KDB의 국내 프로젝트 파이낸스는 인프라 프로젝트에 집중되어 있으며, 해외 프로젝트의 경우 한국과 관련이 있는 자원개발 사업에 집중되어 있다.

16.4.3 중국(SINOSURE/China Exim/CDB)

2010년-11년 중 China Exim과 CDB가 지원한 금액은 $1,100억 이상인 것으로 추정되는데, 이는 동일기간 중 세계은행이 지원한 금액을 크게 상회한다.[8] 그러나 이 중 매우 적은 금액만이 프로젝트 파이낸스와 관련이 있는데, 이는 주로 중국이 수입하는 광물 및 천연가스 프로젝트들이었다.

China Export & Credit Insurance Corporation('SINOSURE'). SINOSURE는 중국의 대외무역 및 대외경제협력과 관련된 보험을 제공하기 위하여 2001년 설립되었다. 16.2.3에서 언급한 바와 같이 SINOSURE는 OECD 가이드라인의 적용을 받지 않는다. 동 기관은 구매자금융 및 해외투자에 대한 보험 등과 관련 통상적 ECA 업무를 수행한다. 현재까지 프로젝트 파이낸스 업무는 많이 취급하고 있지 않다.

The Export-Import Bank of China('China Exim'). China Exim은 1994년 설립되었다. 동 기관은 구매자금융, 해외건설관련 대출, 해외투자관련 대출, 그리고 이와 관련된 채무보증을 제공한다. China Exim의 설립목적은 '중국의 기계 및 전자제품, 기자재 및 신기술·하이테크 기술 제품에 대한 수출과 수입을 촉진하고, 역외 프로젝트 및 해외투자 관련 중국기업 앞 비교우위를 제공할 수 있도록 하며, 대외 경제 및 무역협력을 증진'시키는 것이다. 대출금리는 LIBOR에 마진을 가산하는 방식으로 책정한다. SINOSURE와 마찬가지로 프로젝트 파이낸스 업무 비중은 크지 않다. (China Exim의 '앙골라 모델' 참여는 11.4.1을 참조하라)

China Development Bank('CDB'). CDB는 1994년 설립되었다. 동 기관의 주요 업무는 국내 대규모 인프라 프로젝트에 대한 금융지원이다. 이 중 일부는 프로젝트 파이낸스 방식으로 지원되었다. ($10,450억에 달하는 규모의 고속도로 및 탄광개발 관련 두 개 국내 프로젝트 지원내역은 2012년 Project Finance International에 기재되어 있는데, 이와 관련 CDB는 주간사 순위로 45번째에 이름을 올렸다.(표4.3)) CDB는 국외 프로젝트에도 금융을 지원하고 있다.

16.4.4 미국(US EXIM/OPIC)

US EXIM과 OPIC은 오랫동안 프로젝트 파이낸스를 지원해 왔으나, 이들이 프로젝트 파이낸스에

---

8 "중국의 금융지원은 새로운 기록을 달성하였다", *Financial Times*, London, 2011. 1. 17

참여한 금액은 크지 않으며 자원개발 사업과 발전 부문에 집중되어 있다.

The Export-Import Bank of the United States.('US EXIM'). US EXIM은 1934년에 설립되었으며, 프로젝트 파이낸스 부서는 1994년 설치되었다. US EXIM은 OECD 가이드라인 최대 한도 범위 내에서 장기 대출 및 상업은행들 앞 채무보증을 제공한다. 금융지원은 OECD 가이드라인에 맞춰, 수출목적물의 85% 또는 미국 기자재 수출계약액의 100%까지 제공된다. 미국 수출과 관련이 있기만 하면 외국 은행들 앞으로도 지원을 한다.

US EXIM이 제공하는 대부분의 프로젝트 파이낸스는 발전, 유가스 부문이며, 표16.2에서 살펴본 바와 같이 매년 승인하는 거래 건수는 적다. 다만, 건당 지원금액은 매우 클 수 있다.

US EXIM은 프로젝트 파이낸스와 관련하여 프리미엄 및 IDC 등에 대하여 OECD 가이드라인이 허용하는 범위 내에서 최대한의 유연성을 발휘하고 있다. 프로젝트 완공 이후로는 US EXIM이 프로젝트 전체 리스크를 커버하는 방식으로 직접 자금을 공여하거나, 상업은행들 앞 full cover 및 정치적 리스크 커버를 제공한다.

동 기관이 커버하는 정치적 리스크는 환전, 송금, 점진적 몰수를 포함한 몰수, (시설에 물리적 피해를 가져오거나 수입에 부정적인 영향을 끼치는) 정치적 폭력행위 등이다. 계약 분쟁 또는 거부로 인한 대출 원리금 미지급은 커버하지 않는다; 이는 US EXIM이 완공 후 직접 자금을 공여할 경우 큰 문제는 아니다: 완공 이전에 사업소재지국 정부가 대금을 지급하지 않는 경우는 프로젝트 회사가 계약을 해지하고 계약당국 앞 계약해지대금을 청구할 때 뿐이며, (프로젝트 회사가 운영을 개시하기 전) 이러한 상황을 야기할 수 있는 default의 범위는 매우 제한적이기 때문이다.

US EXIM은 정치적 리스크의 결과로 default가 발생하는 경우 사업소재지국 앞 소구할 수 있도록 양자협약(이는 Project Incentive Agreement로 알려져 있다) 체결을 요구할 수도 있다: 이는 사안마다 다르다.

US EXIM은 프로젝트 평가를 위한 체크리스트, 그리고 요구되는 정보를 공개하고 있는데, 이는 5.2.8에서 설명한 information memorandum에 반드시 포함되어야 하는 정보, 그리고 제9장-11장에서 살펴본 리스크의 종류 등과 비교해 볼 수 있어 유용하다: 동 내용은 이 장의 Annex를 참조하라.

동 기관은 프로젝트 파이낸스 리스크 점검을 위하여 (사업주의 비용으로) 외부 금융자문사를 활용한다.

Overseas Private Investment Corporation('OPIC'). OPIC은 US Agency for International

Development('US AID')가 취급하던 정치적 위험 보험 업무를 담당하기 위하여 1971년 설립된 정부 기관이다. US AID 자체도 최초로 정치적 리스크 보험을 제공한 마샬계획에 따라 설립된 기관이다. OPIC(그리고 그 이전에는 US AID)은 정치적 리스크 보험금 업무를 효과적으로 수행하였다는 평가를 받았다. 그 결과 정치적 리스크에 대한 OPIC의 접근방법은 이후 동 시장에 참여한 기관들이 참고할 수 있는 모델로 활용되었다; OPIC이 제공하는 정치적 리스크에 대한 커버, 그리고 직접대출은 프로젝트 파이낸스 시장에서 점차 활발하게 사용되었다.

OPIC의 건당 보험제공금액 한도는 $250백만이다. 대출에 대하여서는 100%까지, 투자금에 대하여서는 90%까지 커버하며 최대 커버기간은 20년이다. (제도적으로 가능하지만, 대출금과 투자금을 동시에 커버하는 경우는 없었다) OPIC은 유사한 조건으로 직접대출도 취급한다. 투자금과 관련, OPIC은 통상적으로 최초 투자금의 270%, 전체 투자액의 90%, 그리고 미래 기회비용의 180%에 대하여 보험을 제공한다. OPIC이 채무보증한 대출에 default가 발생할 경우, 동 기관은 대출금 전액을 즉시 상환하는 것이 아니라 당초 상환스케쥴에 따라 지급한다.

OPIC 지원을 받을 수 있는 기준은 아래와 같다:

- 미국 투자자 또는 대주단에게 제공된다(미국인이 최소 50%를 보유하고 있는 미국 회사, 또는 그러한 미국 회사가 100% 소유하거나 미국인이 지분을 95% 이상을 소유하고 있는 외국회사가 지원대상이다).
- 민간이 자본금의 대부분을 납입하고, 일상적 업무를 통제하고 있으며, 미국시민이 25% 이상의 지분을 보유하고 있는 해외 프로젝트 회사에 대한 투자 및 대출
- OPIC의 지원규모는 신규 프로젝트의 경우 사업비의 50%, 확장 프로젝트의 경우 사업비의 75% 수준 이내이다.
- 보험신청자는 민간부문으로부터 그러한 보험을 획득하기 어렵다는 사실을 기재하여 제출하여야 한다.

OPIC은 투자금 또는 차입금이 미국 기자재 수출에 사용될 것을 요구하지 않지만, 산업화가 이루어진 국가로부터의 기자재 수입은 지원하지 않는다. (이는 수출신용으로 커버할 수 있기 때문이다). OPIC은 OECD 가이드라인 적용을 받지 않는다.

OPIC이 커버하는 리스크는 표준적인 것들(환전 및 송금, 몰수 및 정치적 폭력행위), 그리고 점진적 몰수 및 계약위반에 따른 대금 미지급 등이다.

미국 정부와 사업소재지국 정부는 OPIC 프로그램과 관련된 양자협약을 체결해야 하며, 사업소재지국 정부는 OPIC이 발급하는 보험에 대하여 승인을 한다.

16.4.5 독일(HERMES/KfW/DEG)

독일의 양허성 프로젝트 파이낸스는 수출, 특히 발전 부문에 집중되어 있다.

Euler Hermes Creditversicherrungs A.G.('Hermes'). 보험회사인 Allianz A.G.가 과반수 지분을 보유하고 있는 Hermes는 (PricewaterhouseCoopers의 독일 현지법인과 함께) 독일 정부의 수출신용 보험 프로그램을 운용한다. Hermes는 1998년 프로젝트 파이낸스 부서를 설립하였다. 정치적 리스크와 상업적 리스크에 대하여 최대 95%까지 커버를 제공한다. 투자위험에 대하여서도 95% 커버를 제공한다.

KfW IPEX-Bank('KfW'). KfW Bankengruppe는 1948년 Kreditanstalt für Wiederaurfbau가 설립한 정부(중앙정부 80%, Länder 20% 소유)의 개발금융기관이다. 동 기관의 가장 큰 자회사인 KfW IPEX-Bank는 수출신용과 관련된 직접대출, 독일 상업은행들과의 협조융자, 독일 정부의 위임을 받아 CIRR 지원 등 업무를 수행한다. 동 기관은 독일 투자자들과 관련된 비구속성 대출 및 독일에게 필요한 원재료 수입과 관련된 대출을 취급한다.

정책적 금융 이외에도 KfW는 상업은행들과 유사한 조건으로 프로젝트 파이낸스 업무를 취급하는데, 표4.3에서 볼 수 있는 바와 같이 2012년에는 금융주선 업무와 관련하여 23위를 차지하기도 하였다. 2008년 EU는 동 기관의 상업은행들간의 경쟁관계를 고려, KfW Bankengruppe로부터 독립시켰다.

Deutsche Investitions- und Entwicklungsgesellschaft('DEG'). DEG(그 이름의 의미는 독일 투자 및 개발기관이다) 또한 KfW Bankengruppe의 자회사이다. 동 기관은 개도국에서의 민간부분 투자를 촉진하는 역할을 한다.

16.4.6 이탈리아(SACE/SIMEST)

이탈리아는 주로 해외 EPC 엔지니어링 프로젝트에 대하여 금융을 지원한다.

SACE SpA. Sezione Speciale per l'Assicurazione del Credito all'Exportazione(SACE)[9]는 1977년 이탈리아 재무부 소속으로 설립되었다. 독립 정부기관인 Intituto per si Servizi Assicurativi e il Credito all'Exportazione(ISACE)[10]가 1999년 수출신용에 대한 보험업무를 인수하였다. 2004년 동 기관은 SACE SpA라는 이름의 유한회사로 변경되었으며, 현재 중장기 인프

---

9 '수출신용보증을 위한 특별부서'라는 의미이다.
10 '수출신용 및 보험 서비스 기관'이라는 의미이다.

라 금융을 제공하는 정부기관인 Cassa Depositi e Prestiti SpA('CDP')가 지분을 보유하고 있다. 동 기관은 이탈리아 정부의 위임을 받아 수출신용 보험을 제공하고 있다.

SACE의 최초 프로젝트 파이낸스 딜은 1994년에 이루어졌다. 상업적 및 정치적 리스크와 관련하여 이탈리아 국내외 은행들에게 95% 커버를 제공하였다: SACE는 프로젝트 리스크에 대하여 투자자들이 최소한 30% 이상을 부담할 것을 요구하였고, 상업은행들이 전체 사업비용의 35%을 커버할 것을 요구하였다(즉, SACE는 총 사업비의 35% 이상을 커버하지 않겠다는 뜻이다). SACE는 프리미엄, 그리고 보조금적 성격의 금융에 대하여는 커버를 제공하지 않으며, 계약위반에 대하여서도 커버하지 않는다.

Società Italiana per le Imprese all'Estero('Simest'). 정부가 통제(CDP가 대주주이며 민간 주주도 존재)하는 기관인 Simest는 1991년 설립되었다. 동 기관은 상업은행들 앞 CIRR 지원을 제공한다. (동 업무는 1999년 Mediocredito Centrale으로부터 인수받았다) Simest는 비구속성 대출도 제공하며, 이탈리아 투자자들이 추진하는 프로젝트에 대하여 지분투자 업무도 취급한다.

16.4.7 프랑스(COFACE/DREE/PROPARCO)

프랑스 공공기관들이 제공하는 프로젝트 파이낸스는 주로 프랑스 기자재 수출과 관련이 있다.

Compagnie Française d'Assurance pour le Commerce Extérieur('COFACE'). COFACE는 1946년 프랑스 ECA로 설립되었으며, 2002년 Natexis Banques Populaires(현재 Natexis)의 자회사로 편입되었다. 동 기관은 프랑스 정부의 위임을 받아 수출신용 관련 보험을 제공한다. 프로젝트 파이낸스 부서는 1995년 설립되었다. 동 기관의 커버는 프랑스 은행들 앞으로만 제공된다. (완공 후) 상업적 리스크, 그리고 (표준적인 투자위험과 관련한) 정치적 리스크를 최대 95%까지 커버한다. COFACE가 커버한 대출 비중이 총 사업비의 50%를 초과할 수 없다. COFACE는 투자보험도 제공한다. Natexis 또한 정부의 위임을 받아 CIRR 관련 업무를 취급한다. 수출신용과 관련된 정책은 정부기관인 Direction des Relations Economiques Extérieures('DREE')가 담당한다.

Société de Promotion et de Participation pour la Coopération Economique('Proparco'). Proparco는 프랑스 원조기관인 Agence Française de Developpement('AFD')의 뒤를 이어 1977년 설립되었다. AFD는 Proparco 지분의 57%를 보유하고 있으며, 나머지는 다양한 선진국 및 개도국 주주들이 보유하고 있다. 설립목적은 개도국에서 민간 투자사업의 촉진이다.

16.4.8 덴마크(EKE)

Eksport Kredit Fonden('EKE') 1922년 설립된, 역사가 가장 오래된 ECA 중 하나이다. 2012년

기준 EKE의 비즈니스는 전부 벨기에, 이탈리아, 칠레 및 멕시코 등에서의 풍력발전 프로젝트에 대한 보증으로 구성되어 있다. 이는 덴마크가 세계적인 풍력발전 터빈 기술을 보유하고 있기 때문이다.

기관 투자자가 과거 상업은행의 비즈니스라고 여겨졌던 업무에 뛰어드는 것은 매우 흥미로운 일인데, 2011년 Pensiondanmark(덴마크 연금)는 덴마크 수출과 관련하여 $18억 규모의 금융을 제공하겠다는 내용으로 EKE와 협약을 체결하였다.

16.5 다국적 DFI(MDFI)

표16.3은 MDFI가 취급한 프로젝트 파이낸스 관련 거래들에 대한 정보를 나타나고 있다.[11]

표 16.3 MDFI - 프로젝트 파이낸스 대출 및 보증

(U$백만)	2010	2011	2012
World Bank Croup	1,070	677	2,721
European Investment Bank('EIB')	5,735	5,584	2,302
Inter-American Development Bank('IADB')'	131	735	1,094
European Bank for Reconstruction & Development('EBRD')	1,080	194	788
African Development Bank('AfDB')'	300	57	710
AsianDevelopment Bank('ADB')'		359	586
기타*	1,393	2,234	1,133
계	9,709	9,940	9,334

* 2010년 9개 기관, 2011년 5개 기관, 2012년 6개 기관
자료: 표 2-1과 동일.

아래에서 언급할 MDFI들은 다음과 같이 분류된다:

- 세계은행(16.5.1) 및 관계기관인 IFC(16.5.2)와 MIGA(16.5.4)
- 주요 지역개발은행
  - Asian Development Bank(16.5.5)
  - African Development Bank(16.5.5)
  - European Bank for Reconstruction and Development(16.5.7)

---

11 MDFI는 'IFI'(international financing institution), 'MDB'(multilateral development bank) 또는 'MLA'(multilateral lending agencies)'로도 불린다.

- European Investment Bank(16.5.8)
- Inter-American Development Bank(16.5.9)

상기 기관들은 각국 정부들이 소유하고 있다 - 세계은행은 전 세계 정부들이 지분을 보유하고 있으며, 지역개발은행들은 해당 지역 정부들 또는 개도국 정부들이 지분을 보유하고 있다.

최근 프로젝트 파이낸스를 취급하기 시작한 기관 중 규모가 작은 MDFI들은 아래와 같다:

- *Nordic Investment Bank* - 1976년에 설립된 북유럽 국가의 MDFI로, 덴마크, 에스토니아, 핀란드, 아이슬란드, 라트비아, 리투아니아, 노르웨이 및 스웨덴이 지분을 보유하고 있다; 동 기관은 회원국 및 개도국에 대한 대출을 지원한다.
- *Islamic Development Bank*(cf. 4.5.4)
- *Eurasian Development Bank* - 2006년에 설립된 러시아 및 CIS 국가들의 MDFI
- *Corporación Andina de Fomento*(CAF) - 1968년에 설립된 남미 및 중미 국가들의 MDFI
- *North American Development Bank* - 국경지역 경제발전을 촉진하기 위해 1994년 미국과 멕시코에 의하여 설립된 MDFI
- *Central American Bank for Economic Development*(CABEI) - 과테말라, 온두라스, 엘살바도르, 니카라과 및 코스타리카 경제개발을 위해 1960년에 설립된 MDFI

보충성('Additionality'). 모든 MDFI는 다른 금융재원 조달을 촉진하는 역할을 하기를 희망하며, 자신들의 프로젝트 참여비중을 제한(통상 50% 이내)한다. 나아가, 그들은 '보충성(additionality)'을 요구한다 - 즉, 다른 재원으로부터 프로젝트에 대한 금융조달이 어려울 경우에 한하여만 지원한다는 것인데('the lender of the last resort'), 이를 통해 상업은행 및 정책금융기관과의 경쟁을 가급적 피하고자 한다.[12]

MDFI는 프로젝트에 대한 직접대출 제공 뿐만 아니라 개도국 프로젝트에 민간 금융기관들의 참여 촉진 등 중요한 역할을 수행한다. 민간 금융기관들은 MDFI가 개도국에서 주도적으로 추진하는 사업에 참여하거나, MDFI와 협조융자를 하는 것을 선호한다. MDFI가 사업소재지국 경제에 미치는 영향, MDFI의 금융지원 프로그램의 중요성, 그리고 프로젝트에 문제가 발생했을 때 MDFI가 사업소재지국 고위층에 접근할 수 있는 능력에 대한 신뢰가 있기 때문이다 (물론 MDFI의 영향력은 각국마다 다르다). 이를 통해 프로젝트 회사는 MDFI의 '우산'을 쓸 수 있으며, 투자자들도 그 혜택을 받을 수 있다.

---

12 Stephen Spratt 및 Lily Ryan Collins, *Development Finance Institutions and Infrastructure: A Systematic Review of Evidence for Development Additionality* (Private Infrastructure Development Group, London, 2012)*

우선채권자지위(Preferred Creditor Status). MDFI가 주선하는 금융에 민간금융기관 참여를 촉진시킬 수 있는 중요한 요소는 외국 채무자에게 상환할 재원이 부족할 경우 주어지는 '우선채권자지위', 그리고 해당 국가 채무재조정시 MDFI 대출금은 채무재조정 대상에서 제외된다는 점이다. 이는 MDFI가 국제 금융시장에서 차지하는 특별한 역할을 감안하여 MDFI 및 이들의 주주들에게 주어지는 부담을 최소화하기 위한 것이다. 물론 이는 법적인 것이 아닌 관습일 뿐이며, 실제 개도국에 외채문제가 발생한 경우 잘 지켜지지도 않았다. 만약 민간금융기관이 IFC가 주선하는 방식과 같이 'B Loan'(cf. 16.5.2)에 참여한다면, 동 민간금융기관은 MDFI와 동일한 지위를 부여받을 수 있다.[13]

경제적 효과. MDFI는 다른 민간금융기관 대비 지원대상 프로젝트가 사업소재지국 정부에 미치는 영향에 대하여 보다 면밀히 검토한다. 그러나 이는 양날의 칼과도 같은데, 일부 개도국 정부의 경우 MDFI가 특정 프로젝트에 대한 금융지원을 사업소재지국의 광범위한 정치경제적 아젠다를 촉진하기 위한 도구로 사용하는데 대하여 불만을 표하기도 하기 때문이다. 마찬가지로 프로젝트에 문제가 발생했을 때 민간 금융기관은 자신이 제공한 대출금이나 자본금 회수에 집중하는 반면, MDFI는 문제해결에 보다 긴 호흡을 가지고 나서기 때문에 갈등이 발생할 소지도 존재한다.

프로젝트 준비. 공공부문이 추진하는 인프라 및 발전 프로젝트 준비 비용에 대하여 재정적 지원을 하는 MDFI 프로그램도 존재한다.(cf. 3.7.3)

16.5.1 세계은행(World Bank)

세계은행으로 알려져 있는 International Bank for Reconstruction and Development('IBRD')는 1944년에 설립되었으며, 주주는 세계 대부분의 정부들이다. IFC, IDA, MIGA(아래에서 논의될 예정)는 세계은행이 설립된 시기부터 관계기관으로 존재했다. 세계은행의 설립목적은 정부(세계 제2차대전 직후에는 유럽 재건이 목적, 1960년도부터는 개도국 지원이 목적)에 대한 개발금융 지원이므로, 민간금융기관이 주도하는 프로젝트 파이낸스와의 연관성은 크지 않은 것처럼 보인다; 그러나 개도국 인프라 부문에 대한 민간금융기관의 중요성이 커지면서, 세계은행의 접근방법에도 변화가 생겼다.[14] 세계은행의 재원은 국제자본시장에서의 채권발행 등이다.

직접대출. 세계은행은 그간 B Loan으로도 알려져 있는 협조융자를 통해 민간금융기관의 참여를 유도하였다. 이 구조에서는 민간금융기관이 세계은행과 함께 금융지원에 참여하고, 이를 통해 세계은행 대출(이는 A Loan으로 알려져 있다)에 대한 우선채권자지위를 함께 누린다. 이러한 구조

---

13 이는 ECA와 갈등을 불러일으킬 수 있다 - cf. 14.4.3
14 Philippe Benoit: *Project Finance at the World bank: an Overview of Policies and Instruments* (World Bank, Washington, 1996)

는 프로젝트 파이낸스와는 큰 연관성이 없었는데, 어쨌거나 세계은행 대출금의 차주는 공공부문이었기 때문이다. 그러나 뒤에서 곧 살펴볼 것처럼 이러한 구조는 세계은행의 관계기관인 IFC, 그리고 여타 MDFI에서 자주 활용되고 있다.

세계은행이 민간부문을 차주로 할 수 있는 유일한 방법은 사업소재지국 정부를 금융과 관련된 '도관기관' 역할을 하게끔 하는 것 뿐이다. 이는 세계은행이 사업소재지국 정부 앞 대출을 제공하고, 사업소재지국 정부는 이를 프로젝트 회사에게 직접 또는 (보다 흔한 방법으로) 정책금융기관을 통해 이체하게끔 하는 것이다. 유사하게, 사업소재지국 정부는 세계은행 대출금을 프로젝트 회사에 대한 VGF(cf. 15.11)로 활용할 수도 있다. 대안으로는 세계은행이 사업소재지국 정부의 보증을 받아 프로젝트 회사 앞 대출을 지원할 수 있다.

세계은행 금융을 활용하는 프로젝트 회사는 기자재 및 서비스 구입과 관련하여 세계은행의 기준을 따라야 한다. 물론 생산물구매자/계약당국이 프로젝트 회사를 선정할 때 세계은행의 기준을 따른 경우에는 예외이다.(cf. 3.7.4) 이는 세계은행의 국제경쟁입찰(International Competitive Bidding, 'ICB') 절차에 포함되어 있다.

세계은행은 여타 MDFI, ECA 및 양자 DFI 등의 동참을 촉구한다. 세계은행은 세계은행 그룹 소속 기관들을 포함한 모든 DFI들의 '최후의 대부자(lender of the last resort)'이다. 즉, 다른 기관에서 금융을 얻을 수 있다면 세계은행은 참여하지 않는다는 뜻이다.

2011/2012년 세계은행이 약정한 총 금융지원액은 $210억인데, 이는 2009/2010년의 $440억의 절반에도 미치지 못한다. 이는 2007/2008년 금융위기를 반영하고 있으나, 동시에 직전 연도 $120-$140억 수준에서 크게 증가한 수준이다.

부분적 리스크 보증(Partial Risk Guarantee, 'PRG'). 직접대출은 민간이 주도하는 프로젝트 파이낸스 지원을 위해 세계은행이 우선적으로 고려하는 수단이 아니다. 현재 사용되고 있는 방식은 1994년 프로젝트 파이낸스 거래에서 최초로 사용된 부분적 리스크 보증(과거에는 확대된 협조융자(Expanded Cofinancing(ECO)로 불리웠다)이다.

이는 프로젝트 회사 대주단에게 제공하는 정치적 보증이다. PRG는 인프라 프로젝트 지원을 주요 목적으로 하고 있다. 이는 특정 국가로부터의 수출과 연관되어 있지 않으며, 프로젝트 회사 또한 세계은행의 조달절차를 따르지 않아도 된다. (물론 조달과정은 '경제적이고 효율적'이어야 한다). 이는 세계은행 대출 기준을 충족하는 어떤 국가에서도 활용될 수 있다. 가장 소득수준이 낮은 등급의 국가는 (아래에서 설명하는 Enclave 보증을 제외하고는) IDA에서 지원을 받을 수 있다. 커버는 100%까지 가능하다.

PRG는 법률변경, 계약대금 미지급, 중재절차 방해, 몰수, 국유화, 환전 및 송금, 계약해지대금 미지급, default와 관련된 중재판결 미이행, 인허가 미취득 등을 커버한다. 또한 생산물구매자/계약당국의 지속적 의무이행, 계약해지대금(cf. 7.10.2) 지급 등도 커버할 수 있다.

이 모든 보험사고가 발생할 경우 사업소재지국 정부는 세계은행 앞 보상을 하여야 한다. 이는 즉 서브소버린 차주와 관련하여서는 활용될 수 없다는 것을 의미한다; 적격 보증인은 사업소재지국 정부 또는, 사업소재지국 정부가 보증한 생산물구매자/계약당국이라는 것이다.

PRG는 최후의 수단으로 사용되도록 디자인되었으며, 그러므로 (a) 민간금융 조달이 불가능하고, (b) IFC 및 MIGA의 지원(아래 참조)으로도 충분한 금융조달이 이루어지지 않을 경우에만 활용 가능하다. 직접대출과 마찬가지로, 다른 MDFI 또는 양자간 DFI로부터의 자금지원이나 보증을 유도한다. 다만 다른 MDFI의 지원제도와는 달리, 일반적인 국별 한도를 제외하고는 건당 PRG의 한도는 존재하지 않는다.

부분적 신용 보증(Partial Credit Guarantee, 'PCG'). 세계은행은 민간 대주단이 제공하는 대출금에 대하여 채무보증을 제공할 수 있다; 이 지원제도의 목적은 대주단이 장기 대출금을 제공하기 어려울 경우, 대출기간 후반기의 상환 리스크를 커버하기 위한 것이다. 'Balloon'(프로젝트 회사가 리파이낸싱을 추진할 목적으로 최종 대출 상환금액을 크게 디자인하는 것)도 커버할 수 있다. 또한 프로젝트 환율변동 리스크(cf. 10.5.1)를 커버하기 위해 현지 통화에 대한 보증을 제공해 줄 수 있다. 이 보증은 정치적 리스크가 아니라 모든 리스크를 커버한다. 프로젝트 파이낸스에서의 사용은 제한적이었다.

Enclave 보증. 세계은행은 IDA 지원대상 국가들과 관련하여 Enclave 보증(즉, 수출기반의 Enclave 프로젝트 - cf. 11.4.1 - 에 대한 보증)도 제공한다. 프로젝트 자체가 상품을 판매하는 구조이기 때문에, 이 지원제도에는 사업소재지국이 관여하는 사업계약이 존재하지 않는다. 보증 커버범위는 몰수, 법률변경, 전쟁, 시민봉기 등이며, 역외에서 수입이 발생하는 만큼 환전 및 송금 리스크는 커버하지 않는다.

16.5.2 International Finance Corporation('IFC')

1956년 설립된 IFC는 세계은행의 그룹에서 민간부문을 담당하고 있으며, 그 결과 자신이 운영하는 금융지원제도와 관련하여 사업소재지국 정부의 참여를 필요로 하지 않는다.[15] IFC는 1984년부터 재정적으로 세계은행으로부터 독립하였으며, 스스로 국제자본시장에서 채권을 발행하여 재원

---

15 International Finance Corporation: *Project Finance in Developing Countries*(IFC, Washington, 1999).

을 마련한다.

대출 프로그램. IFC는 총사업비의 25% 한도 내(확장 프로젝트의 경우 50%)에서 개별 프로젝트당 최대 $100백만까지 지원할 수 있다. 대출만기는 20년까지 가능하다. 금리는 시장수준을 반영하며(즉, 보조금 요소가 없다), 사업소재지국 정부의 직접 보증은 수용하지 않는다.

B Loan. 자신이 직접 취급하는 대출(A Loan) 이외에도 B Loan을 취급하는데, 후자를 통해 프로젝트에 민간금융 참여를 유도한다.[16] B Loan 프로그램은 1967년 개시되었고, 세계은행과 유사한 원칙을 공유한다: IFC가 자신의 대출금(리스크를 반영한 시장금리 적용)을 상업은행들에게 매각하나 기록상으로는 자신이 계속 대주의 지위를 유지하는 것으로 하고 담보권 또한 자신의 명의로 등재한다. 차주는 B Loan에 default가 발생하였을 경우에만 IFC 앞으로 상환할 수 있다. 모든 상환대금은 A Loan과 B Loan으로 배분되기 때문에 B Loan에 default가 발생하면 A Loan에도 자동적으로 default가 발생하기 때문이다.

정치적 리스크에 대한 공식적인 보증은 없지만, MDFI에 주어지는 우선채권자지위는 B Loan에도 적용되며, 대부분 국가들의 금융감독기관은 사업소재지국 정부가 default를 발생시켰다는 것만을 이유로 IFC B Loan에 대손충당금을 더 쌓으라고 하지 않는다. (물론 프로젝트에 문제가 생기면 대출금 상환에도 문제가 생길 수는 있지만 말이다)

B Loan에 참여하는 은행들의 대리기관으로서의 IFC의 역할과 직접 자금을 집행하는 역할, 그리고 세계은행 그룹에 속한 기관으로서의 IFC의 역할 간 갈등이 발생할 소지는 있다. 즉, 경제개발을 촉진하는 이로서의 역할이 특정 프로젝트의 투자자들의 입장과 충돌할 수 있다는 것이다.

현지통화 대출. IFC는 장기 개도국 현지통화 대출 또는 통화스왑(cf. 10.5.2)을 제공해 줄 수 있다. 최근 IFC 및 DFI들의 노력으로 인하여 개도국에서의 장기대출시장이 눈에 띄게 발전하였다.

파생상품(헤지). IFC는 차주가 금융리스크를 보다 잘 관리할 수 있도록 이자율 스왑(cf. 10.3.1), 옵션(cf. 10.3.2), 외환선도계약(현지통화 대출을 가능케하는 통화스왑 - 위 참조) 및 기타 파생상품들도 제공한다. 개도국 소재 프로젝트 회사는 그러한 금융상품 접근이 쉽지 않다. IFC는 자신이 국제금융시장에서 조달한 상품을 프로젝트 회사에게 제공하며, 민간 금융기관도 참여하도록 유도하며, 국제금융시장의 기법을 현지 금융기관들 앞 전수함으로써 파생상품 시장 발전을 도모하는 방식으로 이러한 갭을 메우려 노력하고 있다.

지분투자. IFC는 프로젝트 회사 지분도 일부(통상 5-15% 범위 내, 최대 35%까지) 취득할 수 있다;

---

16 다른 말로, IFC는 자신의 대출에 대하여 신디케이션(cf. 5.2.8)을 한다.

IFC는 회사 경영에 적극적으로 관여하지 않으며, 소극적인 재무투자자 역할만 한다. 사업소재지국의 지분 보유의무를 충족시키기 위하여 IFC 지분을 현지지분으로 인정하는 경우도 있다. IFC는 8-15년 정도 지분을 보유하므로, 장기투자자로 간주된다. IFC가 선호하는 지분매각 방식은 이를 현지 주식시장에 매각하는 것이다. 여기서 전환사채나 우선주 또는 이익공유 방식 대출금은 '지분'에 해당하지 않는다.

IFC의 지분투자는 논란의 대상이 되어왔는데, 동 기관은 지분 매수가격을 액면가액으로 고집하기 때문이다 - 즉, 사업초기 사업주가 부담한 리스크(cf. 12.2.5)에 대한 프리미엄도 인정하지 않고, 또 실제로 발생한 개발비용도 부담하지 않으려 한다는 것이다.

펀드. IFC는 민간 투자은행이 운영하는 지분투자 펀드에도 참여하는데, 개도국 금융부문의 중요한 투자자이다. IFC는 20-25개 펀드 앞 매년 $500백만 수준을 투자하는 것을 목표로 하고 있다. 최근에는 대출 펀드에도 참여하고 있다. (cf. 17.4.2)

보증. IFC는 세계은행과 유사한 PCG를 운영한다. 대출기간 중 일부에 대하여 모든 리스크를 커버하기 때문에 민간금융기관이 제공하는 대출기간을 연장해주는 효과를 지닌다.

자문 서비스. IFC는 개도국, 특히 IDA 국가(아래 참조)에서 민간부문 프로젝트에 대하여 적극적으로 자문업무를 수행한다. 또한 직업훈련과 능력개발 서비스도 제공하고 있다.

2011/12년간 IFC가 제공한 대출, 지분투자 및 기타 금융지원은 518개 프로젝트, 총 $120억에 달하였다: 물론 이 중 일부분만 프로젝트 파이낸스와 관련이 있다.

16.5.3 International Development Association('IDA')

1960년 설립된 IDA는 소득수준이 가장 낮은 국가에 대하여 양허성이 높은 조건(대출기간 35-40년, 무이자이나 수수료로 연 0.75% 적용, 종종 무상지원도 포함)으로 개발금융을 지원하는 세계은행 소속 기관이다. 2012년 현재 IDA 지원을 받기 위해서는 해당국 1인당 GNI가 $1,175(2010년 실질가격) 이하이어야 한다: 81개 국가가 이에 해당하며, 이 중 39개 국가가 아프리카에 소재하고 있다. IDA는 세계은행과 유사한 방법으로 간접대출을 취급하며, 보증 프로그램(세계은행 Enclave 프로젝트 보증이 활용될 수 없는 프로젝트에 한하여)도 운영하고 있다. 2011/12년 IDA 대출 및 보증 승인액은 $150억 수준이다.

16.5.4 Multilateral Investment Guarantee Agency('MIGA')

또 다른 세계은행 소속기관인 MIGA는 개도국 대주단 및 투자자들에게 정치적 보험을 제공함으로써 민간부문 투자를 촉진시키기 위한 목적으로 1988년 설립되었다. 동 기관은 세계은행 그룹 중 정치적 리스크 보증을 가장 활발히 취급한다. (OPIC을 모델로 하였다 - cf. 16.4.4) 2011/2012년에는 28개국 총 50개 프로젝트에 대하여 $20억 규모의 정치적 보증을 제공하였다. 2012년 현재 MIGA의 총 보증 익스포져는 $110억 수준이었으며, 이 중 $40억 수준은 재보험(아래 참조)에 가입되었다. 이 중 58%는 MIGA의 가장 큰 지원부문인 인프라 부문에 지원되었다. (MIGA 커버는 프로젝트 회사에 대한 투자보다 훨씬 넓은 범위의 투자에 대하여 제공되었다)

MIGA의 지원대상은 아래와 같다:

- 해외 지분투자 및 대부투자
- 투자금(주주대여금 포함)과 대출금에 대하여 지원된다. (MIGA는 과거 대출금커버를 제공하기 위해서는 투자금에 대한 커버가입도 요구하였으나, 일부의 경우에는 더 이상 그런 요구를 하지 않는다)
- 다른 방식의 투자, 즉 기술지원, 경영지원, 자산 담보화, 채권발행, 리스, 서비스, 프랜차이즈 및 라이센스 계약 등에 대하여서도 커버를 제공한다.
- MIGA는 대출금에 대하여서는 상환스케쥴에 맞춰 95%(그리고 이자비용을 감안하여 추가적으로 원금의 1.5배)까지 커버하며, 투자금에 대하여서는 90%(그리고 수입에 대한 기회비용을 감안하여 추가적으로 투자금의 5배)까지 커버한다.
- MIGA 계정으로 동일 프로젝트 앞 최대 $220백만까지 커버를 제공한다.
- 커버기간은 통상 15년이며, 필요한 경우 20년까지 연장 가능하다.
- MIGA는 세계은행과 IFC의 B Loan에 대한 원칙을 기반으로 작성된 Co-operative Underwriting Programme('CUP')을 바탕으로 민간 보험회사들과 협업한다 (MIGA는 민간 보험회사에 대한 fronting 역할을 수행한다); 이 뿐 아니라 다양한 방식을 사용할 경우 MIGA는 동일 프로젝트에 $220백만을 초과하는 금융지원이 가능하다.
- 프리미엄은 보험가액의 연 0.50-1.75% 수준이다.
- 보험 수혜자는 3년 후 보험을 해지할 수 있는 권리를 지닌다.

MIGA가 커버하는 리스크 종류는 아래와 같다:

- *환전 및 송금*: 환전이 금지된 통화를 투자자로부터 받는 대신 MIGA가 보증한 통화를 지급; 환전 지연에 따른 손실도 커버한다.
- *몰수(점진적 몰수 포함)*. 사업소재지국 정부가 차별없는 법률적 행위를 함에 따라 발생하는 손실은 커버하지 않는다. 자본금 몰수와 관련, MIGA는 순장부가치에 기반하여 손실을 보전한다. 대금(fund) 몰수와 관련, MIGA는 몰수된 자금 중 보험을 제공한 부분을 보전한다. 대출금과 채무보증과 관련하여서는 원금과 이자를 커버한다. 이 때 투자자 및 대주단은 자신의 권리를 MIGA 앞 양도하여야 한다.

- *전쟁, 테러리즘, 시민 소요사태(혁명, 폭동, 쿠데타, 사보타주 등)*: 프로젝트의 물리적 피해 뿐 아니라, 1년을 한도로 프로젝트 운영 중단에 대한 손실도 보전한다.
  - 채무보증과 관련, MIGA는 사업 중단으로 인하여 대출 원리금이 미지급된다면 이를 보전한다.
  - 유형자산 손실과 관련, MIGA는 프로젝트 자산의 장부가치, 교체 비용 및 수리비용 중 적은 금액으로 투자자에게 보상한다.
  - 일시적인 사업중단도 커버할 수 있는데, 커버하는 항목은 세 가지이다: 자산 손괴, 강제적인 사업 포기, 그리고 기회비용 등. 단기적인 사업중단과 관련하여서는 피할 수 없이 계속 발생하는 비용, 재가동에 필요한 비용, 기회비용, 그리고 대출금과 관련하여서는 원리금 상환 등을 커버한다.
  - MIGA의 커버는 사업소재지국 정부와 직접적으로 관련된 사태 뿐 아니라 투자자 소속국의 정부와 관련된 사태도 포함할 수 있다.

- 사업소재지국 정부(또는 국영회사)의 계약위반: (법원판결 또는 중재절차 등) 분쟁해결절차가 프로젝트 회사에게 유리하게 판결이 났는데도 불구하고 대금지급이 이루어지지 않거나 사업소재지국 정부의 행위로 인하여 분쟁해결절차가 작동하지 않을 경우, MIGA가 이를 보상한다. MIGA는 분쟁해결절차의 결과가 확정되지 않는 경우 임시적으로 보상금을 지급할 수도 있다.

세계은행과 마찬가지로 MIGA는 (중앙정부가 보증을 제공하지 않는 한) 서브소버린 리스크는 커버하지 않았고, 사업소재지국 정부와의 계약체결을 요구하였다. 그러나 2013년 MIGA의 커버범위는 국영기업들에게까지 확장되었다. (cf. 11.6)

MIGA는 개도국의 경제발전을 도모하는 가운데, 지원대상인 투자사업이 경제성을 확보할 것, 사업소재지국의 노동 및 기타 기준에 부합할 것 등을 요구하고 있다. 그러므로 세계은행의 PRG와 마찬가지로, 커버를 제공하는 것은 프로젝트 자체와는 관련이 없으며, 사업소재지국이나 산업적인 부분, 그리고 사업소재지국 정부의 복보증 등 정책적인 사안이 영향을 끼칠 수 있다.

세계은행 그룹, 그리고 역사가 오래된 MDFI(ADB, AfDB, IADB) 중 MIGA만 투자에 대한 정치적 리스크 보험을 제공한다는 부분은 특기할만 하다.

16.5.5 Asian Development Bank(ADB)

ADB는 1966년 지역 MDFI로 설립되었다. 2011/2012년 대출 약정액은 $230억 수준이다.

ADB는 1983년에 민간부문 업무를 개시했으며, 민간 프로젝트 앞 직접대출, 지분투자(총 투자금의 25% 이내) 및 채무보증을 제공한다. 단일 프로젝트에 대한 최대 익스포져는 총사업비의 25% 이내 또는 $50백만 이내(채무보증이 제공된 경우라면 총사업비의 50% 또는 $150백만 이내)이며,

지분은 25% 이상 취득할 수 없다. 대출금은 시장조건에 맞춰 경화(현지 금융시장이 충분히 발달한 경우 현지통화도 가능)로 최대 15년까지 제공된다. ADB 또한 B Loan 프로그램을 운영하고 있다. ADB는 민간부문의 자본시장, 그리고 인프라 개발을 지원한다.

ADB의 채무보증 프로그램은 세계은행과 유사하다: 민간부문 프로젝트에 대하여 두 종류의 채무보증이 제공된다:

Political-Risk Guarantee. ADB의 최초 PRG는 2000년에 발급되었다. 커버하는 리스크는 송금제한, 몰수, 정치적 폭력행위, 중앙정부의 채무 또는 보증의무의 불이행 등으로, 커버기간은 최대 15년이다. 그러나 ADB의 보증은 자신이 지분투자를 하거나 직접투자를 한 프로젝트에 제한되어 제공되며, 커버기간도 이에 따라 축소될 수 있다. 사업소재지국 정부의 복보증이 요구되기도 한다.

PCG(Partial Credit Guarantee). 세계은행이 제공하는 PCG와 마찬가지로, 이 제도는 대출 원리금 미상환 리스크를 커버하거나, 상업은행들이 제공하기 어려운 장기대출을 커버한다. 사업소재지국 은행들의 현지화 대출에 대해서도 커버를 제공할 수 있는데, 이를 통해 프로젝트 회사가 접근하기 어려운 외환 리스크 관리 방안이 필요없는 장기대출을 조달할 수 있다.

16.5.6 African Development Bank(AfDB)

AfDB는 1963년 설립되었다. (대출, 지분투자 및 무상공여 포함) 동 기관의 2011년 약정액은 UA57억이다.[17] 다른 DFI와 마찬가지로, AfDB의 지원액은 2007/8년 금융위기 발생 이후 급격하게 늘어났으나, 그 이후 정상 수준을 회복하였다.

AfDB에서 민간부문 금융지원의 중요성이 계속 강조되어 왔는데, 이 중 인프라, 특히 에너지 부문 프로젝트를 최우선 과제로 지원하였다. AfDB에 프로젝트 파이낸스가 도입된 것은 최근이다. 민간부문 프로젝트 승인규모는 연 $15억 수준이다.

AfDB는 5년간의 거치기간을 포함, 최대 15년까지 경화(남아공 랜드화 포함), 또는 적절한 헤지 방안이 마련되는 경우 현지통화로 직접대출을 제공할 수 있다. B Loan 프로그램 또한 운영한다. 여타 MDFI와 마찬가지로 PRG와 PCG 또한 지원한다.

AfDB는 이자율 스왑, 캡, 컬러(cf. 10.3), 통화스왑(cf. 10.5) 및 상품헤지(cf. 9.6.1) 등 리스크 관리 파생상품도 제공한다.

---

17 AfDB는 회계기준 통화로 UA('unit of account')를 쓴다. 1 UA는 IMF의 1 SDR('special drawing right')과 동일한 가치를 가지며, 약 $1.50 수준이다.

16.5.7 European Bank for Reconstruction and Development(EBRD)

EBRD는 1991년 설립되었다. 동 기관의 당초 설립목적은 중부 및 동부 유럽 및 CIS 국가에 소재한 민간부문 투자 지원이었다. 동 기관의 지원대상 범위는 최근 터키(2009년), 그리고 '아랍의 봄'(2012년) 이후 북아프리카 국가들까지 확대되었다. EBRD는 민간부문, 금융기관 및 법적 시스템 강화, 그리고 민간부문 활동을 촉진시키기 위한 인프라 부문을 지원한다. 2011년 금융지원 약정액은 €19억 수준이다. 다른 MDFI와 마찬가지로 동 기관의 금융지원은 2007/8년 금융위기 직후 크게 증가하였다. EBRD는 국제자본시장에서 채권발행을 통해 재원을 마련한다.

EBRD의 민간부문 지원은 IFC와 유사하다; 동 기관은 지분투자, 직접대출, 채무보증 등을 제공함으로써 (IFC B Loan과 유사한 신디케이션을 통한) 협조융자, 그리고 외국의 민간 및 공공부문의 해외직접투자를 유도하며, 현지 자본시장의 참여를 독려한다. 민간부문 프로젝트와 관련, EBRD는 단일 프로젝트의 장기재원조달을 위하여 대출과 지분투자 방식으로 최대 총사업비의 35%까지 지원한다. 동 기관이 제공하는 보증의 종류는 full cover부터 특정 리스크와 관련된 우발 채무 커버까지 다양하다. EBRD는 프로젝트 파이낸스 부문에서 두각을 보이고 있는데, 주로 통신, 전력, 석유화학 및 인프라 부문에서 활발하게 활동하고 있다.

16.5.8 European Investment Bank(EIB)

개도국에서 프로젝트 파이낸스를 가장 활발하게 취급하는 MDFI는 EIB이다.

EIB는 1958년, 로마조약에 따라 자본재 투자에 대한 금융지원을 통해 EU의 경제정책을 촉진하기 위한 목적으로 EU 독립기관으로 설립되었다.[18] 동 기관의 자본금은 EU 회원국이 납입하게 되어있으나, 현재까지 5%만 실제로 납입되었으며 나머지는 필요한 경우에 납입하도록 되어있다. 양호한 지분 소유구조 등으로 인하여 EIB는 AAA(cf. 5.3.1)의 신용등급을 부여받고 있으며, 자본시장을 통해 저리의 자금을 조달하고 있다. (EIB는 유럽 최대의 채권 발행인이다)

EIB의 주된 정책/금융 목적은 다음과 같다:

- *화합과 일치*: 낙후된 지역의 경제적, 사회적 불균형 해소
- *기후변화 대응*: 기후변화 영향 축소 및 대응방안 마련 노력
- *환경보호 및 지속가능 커뮤니티*: 보다 깨끗한 자연 및 도시환경 조성
- *지속가능하며, 저렴하고, 독립적인 에너지*: 대체 에너지 개발 및 수입의존도 감소
- *지식경제*: 정보통신기술, 인적·사회적 자본 투자를 통하여 지식과 창의성을 촉진하는 경제 추구

---

18 EIB의 활동에 대한 법적인 배경은 *European Invest Bank, Statute and other provisions*(Luxemburg, 2009)*를 참조하라.

- *유럽 네트워크*: 교통, 에너지 및 통신 부문에서 유럽을 관통하는 네트워크 구축

위의 정의는 광범위한 유럽 프로젝트 파이낸스 시장을 커버할 수 있으며, 실제 EIB는 이 분야의 중요한 대주로 활동하고 있다. 대출금은 총사업비의 50%까지 지원 가능하며[19], 유로화 또는 기타 통화로 지원한다.

2008년 이전까지 EIB 활용의 최대 혜택은 낮은 조달비용이었다: EIB는 AAA의 높은 신용등급을 활용하여 저리로 차입하여 이를 프로젝트 회사 앞 공여하였다. EIB는 자신의 운영비용 그리고 리스크에 따른 프리미엄만 취하고 상업적인 이윤을 내지 않으므로, 상업은행들이나 채권시장을 활용하는 것보다 프로젝트 회사의 조달비용을 낮게 유지하는데 도움이 되었다. 이러한 방식의 지원은 상업은행들이나 자본시장이 쉽게 제공할 수 있다. 그 결과 EIB는 '다른 재원조달처에서 자금을 조달하기가 불가능한 경우에만' 자신이 지원을 하게끔 하는 자신의 설립헌장 제16(2), 즉 모든 DFI에 요구되는 보충성(additionality) 원칙(cf. 16.5)을 그간 무시해 왔다. 그러나 2008년 금융위기 이후 대규모 유럽 프로젝트, 특히 인프라 부문 프로젝트와 관련하여 EIB는 필수불가결한 존재가 되었으며, 그 이후로부터는 실제 보충성 원칙을 준수하는 기관으로 거듭나게 되었다.

2008년까지 EIB의 연간 대출지원액은 €450억 수준이었다. 그러나 2009/2010년에는 상업은행의 갭을 메우기 위하여 €700억 수준으로 증가하였으나, 2012년에는 다시 평년 수준으로 축소되었다. 2013년 자본금 증자 이후 대출지원 가능액은 €700억으로 확대되었다.[20] (유로존에 닥친 전반적인 문제는, 자본금 증액 없이 EIB가 2011년 수준으로 대출을 지원한다면 동 기관의 신용등급에 하향 조정 압박이 가해질 것이며, 이는 재원조달비용이 늘어날 수 있다는 것을 의미한다) 표16.3에서 살펴볼 수 있는 바와 같이, EIB의 프로젝트 파이낸스 지원금액은 2011년 $56억 수준(나머지 모든 DFI의 지원금액을 합한 것보다 큰 금액)에서 2012년 $24억 수준으로 이 패턴을 반영하고 있다.

EIB는 프로젝트 파이낸스 평가 및 구조화와 관련하여 상업은행과 동일한 접근방법을 택하고 있지만, 프로젝트의 경제적 효과와 관련된 기준도 마련하고 있다. 또한 지원대상 프로젝트는 EU 환경기준과 조달기준(cf. 3.7)을 충족해야 한다. 프로젝트 사업소재지국 정부는 EIB앞 동 기관의 금융지원에 대한 동의표시를 해야하는데, 이는 EIB가 사업소재지국 정부와 함께 특정 프로젝트 또는 특정 부문에 대한 최적의 금융조건을 논의하는 과정에 결부되는 형식적인 요소이다.

EIB는 완공위험을 부담하지 않으려 할 수 있으며(단, 아래에서 논의하는 SFF(Structured Finance Facility) 참조), 매우 보수적인 관점에서 운영위험만 부담하려 할 수 있다. 즉 완공 직후부터 리스크를 인수하는 것이 아니라 초기 프로젝트 운영현황을 점검한 후 리스크를 인수할 수 있다는 것이

---

19 여타 DFI와 마찬가지로, EIB는 자신이 필요한 재원 전부를 조달하여 주기 보다는 타 금융기관 참여를 촉진하는 역할을 담당한다.
20 European Investment Bank, *Operational Plan 2013-2015*(EIB, Luxemburg, 2012)*, p.6

다. 그러한 경우 EIB는 자신이 리스크를 지는 시점 이전까지는 상업은행들의 채무보증을 요구한다; 이 때 요구되는 보증은 대출원금 뿐 아니라 6개월간의 이자, 그리고 조기상환이 이루어지는 경우 breakage cost(cf. 10.3.1)도 포함된다. 채무보증은 적격 은행들만이 발급할 수 있는데, 이는 신용등급에 따라 결정된다; 만약 이들 은행들의 신용등급이 떨어진다면, EIB는 동 은행의 보증서와 관련하여 현금담보를 요구할 수 있다.[21] (EIB는 채권보증보험회사도 수용하나, 4.3.2에서 살펴본 바와 같은 이유로 이는 더 이상 가능하지 않은 구조이다)

Structured Finance Facility(SFF). 2001년 EIB는 SFF 제도를 도입하였는데, 다음과 같은 방식으로 높은 수준의 프로젝트 리스크를 수용한다:

- 선순위 대출과 채무보증 제공을 통하여 완공 전 리스크 및 초기 운영 리스크를 수용
- 납입자본금 및 주주대여금보다는 높은 순위에 위치하는 메자닌 금융 및 채무보증 제공
- 프로젝트와 관련된 파생상품(헤지)

이러한 프로그램을 운영키로 한 것은 EIB가 수용하는 리스크가 제한적이라서, 동 기관의 낮은 조달비용에도 불구하고 상업은행들이나 채권시장에 비해 경쟁력이 떨어졌기 때문이다 – 물론, 위에서 언급한 보충성은 무시하였다. SFF는 제도마련 후 점진적으로 확대되었다; 최근(2008년) SFF 앞 할당된 금액은 총 €37.5억까지 증가하였다.

Europe 2020 Project Bond Initiative. 15.4.3, 17.5 참조

Loan Guarantee Instrument for Trans-European Transport Network Project. 17.5.3 참조

역외 대출. EIB 총 대출 중 10%는 역외 프로젝트 앞 대출이다: 이들 국가들은 예비 EU 회원국, 인접국(동유럽, 러시아 및 지중해 인근 국가들), 그리고 기타 개도국 등이다. 이러한 대출은 유럽위원회의 특정 국가 또는 지역 앞 지원 방침에 따라 이루어지며, 사실상 EU의 개발원조의 일환으로 이루어지고 있다. 대출은 EIB가 취급하지만, EU는 이에 대한 채무보증을 제공한다.

16.5.9 InterAmerican Development Bank(IADB)

IADB는 1959년 설립된 가장 역사가 오래된 지역 MDFI이며, 라틴 아메리카와 카리브해 지역을 커버한다. IADB는 2011년 기준 신규로 $110억 규모의 금융약정을 체결하는 등 동 지역에서 가장 중요한 DFI 재원으로 활동하고 있다. 이는 최근 추가 자본금 납입에 따라 이루어진 것으로, 2007/8년 금융위기 이전 수준의 두 배에 달하는 수준이다.

---

21 이 문제를 해결하기 위해 포르투갈 정부는 채무보증을 제공하는 포르투갈 상업은행들에 대하여 복보증을 제공한 바 있다.

IADB의 민간부분 담당 부서는 1994년 설치되었다. IADB는 주로 달러로 민간부문 차주 앞 직접 대출과 채무보증을 제공하며, B Loan 방식으로 민간 금융기관들의 참여를 독려한다. IADB는 A Loan을 통하여 개별 프로젝트당 $200백만 또는 총사업비의 25%까지 지원한다. 대출만기는 통상 5-15년 수준이다.

1996년 IADB는 상업은행 및 채권투자자들에게 정치적 보험을 제공하는 프로그램을 도입하였다. 동 프로그램이 커버하는 리스크는 환전 및 송금, 몰수, 계약위반 등이다. 이 경우에는 프로젝트 당 $200백만 또는 총사업비의 25% 중 적은 금액까지만 지원 가능하다.

IADB는 프로젝트 지분투자를 전문으로 하는 Inter-American Investment Corporation을 자회사로 두고 있다.

Annex: 미국수출입은행의 '프로젝트 지원기준 및 제출자료'[22]

(cf. 16.4.4)

l 프로젝트 일반

- 프로젝트 생산품 판매계약, 연료·원자재 등 프로젝트 원재료 구매계약, 그리고 프로젝트 운영과 유지보수 등과 관련하여 신용도가 높은 기관과 장기계약이 체결되어야 한다. 그러한 계약의 기간은 수출입은행이 제공하는 대출기간보다 길어야 한다. 통신과 석유화학 프로젝트와 같이 장기계약 체결이 불가능한 경우, 수출입은행은 각각의 프로젝트의 경제성 및 경쟁력을 검토할 것이다.
- 프로젝트 리스크는 해당 리스크를 가장 잘 부담할 수 있는 이들이 부담하여야 한다. 민감도 테스트 실시결과 대출기간 동안 대출금상환에 문제가 발생하지 않도록 충분한 수준의 대출원리금상환비율을 확보하여야 한다.
- 총사업비는 특정 시장에서 유사 종류 및 유사 규모 프로젝트와 유사한 수준이어야 한다.
- 제품 단가와 비용은 시장 가격을 반영하여야 한다.
- 환율변동 리스크는 경화 매출액, 환율변동 또는 기타 메커니즘을 반영한 매출액 산식 조정을 통해 대부분 경감되어야 한다.

제출 자료

1. 독립적으로 수행된 F/S 및 투자설명서에 포함된 프로젝트의 모든 측면에 대하여 적합한 자격을 갖춘 이가 작성한 요약자료. 여기에는 프로젝트 개요, 위치, 법적 지위, 소유구조, 배경, 프로젝트 구조에 대한 핵심요소(계약서, 인허가, 현지 파트너 및 금융 등)에 대한 현황에 대한 내용이 포함되어야 한다.
2. 프로젝트 핵심 사항들에 대한 계약서. 수출입은행은 프로젝트 건설 및 운영에 필요한 모든 핵심 계약들을 검토한다. 이는 인프라와 관련된 계약 뿐 아니라 원재료 구매 및 판매계약 등을 포함한다. 제출되는 계약서는 거의 완결된 형태여야 한다. 이들 계약서와 관련하여서는 요약자료만 제출할 수는 없다.
3. IDC와 운전자금 등 포함, 시운전까지 발생하는 프로젝트 비용에 대한 상세 내용(카테고리별, 원산지별 분류). 해당 정보에는 '소프트 비용', 즉 사업개발비용, 사업개발수수료, 예비비 및 기타 유사 항목들에 대한 분류도 이루어져야 한다. IDC 커버비율, 그리고 산정방식 또한 포함하여야 한다.

---

22 http://www.exim.gov 〉 Home 〉 Products 〉 Loan Guarantee 〉 Project & Structured Finance 〉 Our Approach to Project Finance

4. 차입금과 자본금에 대한 재원, 금액, 통화 및 기간 등 프로젝트 파이낸스에 대한 계획과 담보 패키지 내용; 초과비용 발생시 재원조달 방안; Escrow account에 대한 개요. 가능한 경우, 다른 대주들의 금융조건, 담보제공현황, 그리고 금융약정내용 등도 포함되어야 한다. 금융조달을 위해 접근한 다른 기관들(MDB, ECA, 상업은행, 자본시장 및 민간 투자자 등)과의 협의내용 또한 기술하여야 한다.
5. 프로젝트 개발 단계부터 수출입은행 금융 만기까지 프로젝트 회사의 예상재무현황. 여기에는 재무제표, 손익계산서, 재원조달 및 사용, 대출원리금상환비율 등이 포함되어야 한다. 민감도 테스트는 Base case 뿐 아니라 긍정적인 시나리오, 부정적인 시나리오 모두에 대하여 이루어져야 한다.
6. 관련 정보는 Lotus 123 또는 엑셀 프로그램으로 작성하여 제출되어야 한다. 재무모델은 사용자가 쉽게 알아볼 수 있도록 작성하여야 한다. 수출입은행이 재무모델을 리뷰하고 가정에 대하여 의견을 제출할 수 있어야 한다.
7. 판매량 및 가격 등을 포함한 재무추정 자료 또한 제출하여야 한다. 또한 운영 및 행정비용, 감가상각 및 세율, 그리고 가격과 관련하여 현지 정부의 정책 또한 제출해야 한다.
8. 과거 10년간의 가격 및 판매량 시장정보도 제공하여야 한다. 현재 및 미래 산업경쟁력, 제품에 대한 수요 전망, 시장 경쟁 및 예상되는 시장점유율, 고객의 특정 및 위치, 그리고 마케팅 및 물류 전략 등도 필요하다.
9. 핵심적인 리스크에 대한 개요, 프로젝트가 사업주, 대주단, 그리고 사업소재지국에 가져오는 혜택에 대한 개요
10. 프로젝트 완공 전후 가입하여야 할 보험 종류에 대한 설명
11. 프로젝트 운영에 필수적인 인프라, 특히 건설시기, 현황 그리고 개발단계 등에 대한 정보
12. 수출입은행 지원이 필요한 사유

II 프로젝트 당사자

- 프로젝트 사업주, 생산물구매자, 건설회사, 운영회사 및 원재료 공급자 등은 프로젝트와 관련하여 자신의 역할을 잘 수행할 수 있는 기술적, 관리적, 그리고 재무적 능력을 입증하여야 한다.

제출 자료

1. 사업주는 자신의 비즈니스에 대한 간략한 역사 및 설명, 유사 프로젝트에 대한 경험을 영어로 작성하여 제출하여야 하며, 최근 3년간의 재무제표도 제공하여야 한다.
2. 사업주가 합작회사 또는 컨소시엄을 구성하는 일부라면, 나머지에 대한 정보 또한 제공하여야 한다. 주주계약서도 제출해야 한다. (합작회사계약, 관리 및 서비스 계약 등) 모든 계약서는 최종본에 가까워야 한다.
3. 제품 구매자와 원재료 공급자는 자신의 비즈니스에 대한 개요 및 간략한 역사를 영어로 작성하

여 제출해야 한다. 또한 최근 3년간의 재무제표, 그리고 자신들의 장기 전략에 해당 프로젝트가 차지하는 역할도 기술하여야 한다. 만약 프로젝트가 천연자원(유가스, 에탄 등)을 원재료로 활용한다면, 현지 법률회사의 법률적 적절성 검토가 이루어진 계약서를 제출하여야 한다.
4. 건설회사와 운영회사는 유사 프로젝트 수행 경험 및 최근 재무제표를 제출하여야 한다.

III 기술적인 사항들

- 프로젝트에 활용되는 기술은 실증이 이루어졌으며 안정성이 확보되어야 하며, 라이센스 계약 기간은 수출입은행이 제공하는 금융기간보다 길어야 한다.
- 프로젝트의 기술적 타당성 검토를 위하여 기술 F/S 또는 충분한 엔지니어링 정보가 제공되어야 한다.

제출 자료

1. 각각의 프로젝트 시설물과 관련하여 기술적 개요 및 공정흐름도
2. 운영비용 추산에 대한 세부 내용
3. 원재료 및 유틸리티 공급 확보와 관련된 내용
4. 턴키 건설계약 및 건설기간 중 발생할 수 있는 비용증가 및 공기지연에 대비할 수 있는 재원조달방안(LD 및 이행성보증 등 필요)
5. 프로젝트 추진 일정(핵심 공정 달성계획 등)
6. 부지에 대한 환경평가, 핵심 이슈에 대한 해결방안. 이러한 사항들은 수출입은행 환경 가이드라인을 충족해야 한다. 수출입은행 금융지원 확정 전 제3자가 작성한 예비 환경영향평가 보고서를 제출하여야 한다.

IV 사업소재지국의 법/규제 및 정부의 역할

- 사업소재지국 정부가 프로젝트 추진을 허가한다는 내용
- 사업소재지국의 법/규제환경 분석을 시행하여, 동국의 사업환경 및 프로젝트 구조가 강제집행 가능한 계약구조를 통하여 프로젝트가 장기금융을 조달하기에 적합하다는 분석내용이 제출되어야 한다.
- 수출입은행과 사업소재지국 정부의 관계는 사안에 따라 달리 적용된다. 수출입은행과 사업소재지국 정부간 Project Initiative Agreement(PIA) 체결이 요구될 수도 있다. PIA는 일정한 정치적 리스크, 그리고 정치적 리스크로 인하여 수출입은행과 사업소재지국 사이에 발생할 수 있는 문제에 대한 수출입은행의 문제해결방안을 포함하고 있다.

제출 자료

1. 지원대상 프로젝트에 대한 사업소재지국 정부의 역할, 프로젝트 개발에 필수적인 사업소재지국 정부의 약정을 취득하기 위한 절차 진행상황(관련 정부부처의 인허가 등). 프로젝트 완공을 위한 필수 인허가 및 현 상황에 대한 설명과 더불어 모든 인허가, 라이센스 및 양허계약 등에 대한 사본이 제출되어야 한다.
2. 프로젝트 관리 및 운영과 관련하여 (만약 존재한다면) 해당 정부의 통제수준, 그리고 프로젝트의 운영에 해당 정부가 개입하지 않을 것이라는 것에 대한 설명. 만약 사업소재지국 정부가 프로젝트 사업주라면, 이와 관련된 이슈는 매우 중요하다.
3. 환전 및 송금과 관련된 사업소재지국의 현재 및 과거의 약정 및 정책에 대한 증빙서류
4. (신용도 보강을 위하여 필요하다면) 프로젝트에 참여하는 공공기관을 지원하기 위해 정부가 제공하는 보증 취득 단계 및 취득전략

17

최근 시장의 발전 및 프로젝트 파이낸스의 전망

17 최근 시장의 발전 및 프로젝트 파이낸스의 전망

17.1 도입

1980년도부터 2008년까지 프로젝트 파이낸스는 1997년 아시아 금융위기 또는 2001년 Enron 파산 등에도 불구하고 거의 영향을 받지 않고 전 세계적으로 크게 확대되어 왔다. 그러나 2008년 금융위기의 프로젝트 파이낸스에 대한 직간접적 영향은 그 범위가 훨씬 컸다. 2009-10년 프로젝트 파이낸스는 회복하는 모양새를 보였으나, 유로존 위기는 유럽 지역 프로젝트 뿐 아니라 미국 등 유럽계 프로젝트 파이낸스 은행들이 활발하게 활동하는 지역에 추가적인 부정적 영향을 끼쳤다.

2008년 이후 프로젝트 파이낸스 대출에 대한 은행들의 손실은 크지 않았으나, 바젤 3 도입(17.3)으로 인하여 유동성이 새로운 문제로 대두되었다(17.2). 은행권 타격이 심한 지역에서는 비은행권 대주들의 프로젝트 파이낸스, 특히 인프라 부문 진출이 촉구되었는데(17.4), 여기에는 프로젝트 파이낸스 거래에 대한 신용위험 개선이 핵심적으로 작동하였다.(17.5) 몇몇 분야에서는 프로젝트 파이낸스 구조에 대한 새로운 모델이 보다 적합할 수도 있다(17.6).

2013년 중반에는 은행들이 다시 프로젝트 파이낸스를 적극적으로 지원하면서 비은행권 금융기관들과 경쟁을 하기 시작했으며, 인프라 분야 프로젝트 지원을 위한 별도 조치는 필요없다는 것이 증명되었다. 그러므로 프로젝트 파이낸스에서 상업은행들의 역할이 전반적으로 축소되었고 특정 시장에서는 크게 위축될 수도 있지만, 완전히 사라지지는 않을 것이다. (17.7)

17.2 2008년 금융위기의 파급효과

프로젝트 파이낸스는 2008년 이후 닥친 경기침체를 잘 버텨냈다: 프로젝트 파이낸스는 개인대출, 주택대출 또는 기업금융보다 손실율이 낮았다. 기본적으로 신용등급이 낮은 프로젝트 파이낸스가 - 보기와는 달리 - 위기를 잘 극복해 냈다는 사실에는 의심의 여지가 없다. 프로젝트 파이낸스의 손실율이 낮은 까닭은 대주단의 깐깐한 실사, 그리고 프로젝트 파이낸스에서 활용되는 대주단의 프로젝트 통제권 등에 기인한다.

그러나 다른 측면에서 프로젝트 파이낸스는 어려움을 겪었다 – 바로 유동성 문제이다. 프로젝트 파이낸스의 유동성은 항상 높은 것으로 전제되었다. 즉, 당초 프로젝트 파이낸스에 참여했던 금융기관이 장기 프로젝트 리스크를 더 이상 수용하고 싶지 않을 경우, 언제라도 금융시장에 자신의 대출금을 매각할 수 있을 것(cf. 5.2.8)이라고 가정하였던 것이다. 그러나 서구 은행권에 불어닥친 대출 규제는 은행들의 리스크 수용태도를 위축시켰고, 결과적으로 신규 프로젝트 대출을 어렵게 만들었다.

유동성 문제로 촉발된 또 다른 문제는 장기 프로젝트 파이낸스 대출 재원으로 단기 머니마켓(cf. 10.3)을 활용한 은행들이 직면한 문제이다. 일부 은행들은 2008년부터 자신들의 프로젝트 파이낸스 대출 포트폴리오 재원을 조달하는데 어려움을 겪게 되었다: 은행들간의 신용리스크를 보수적으로 관리하는 분위기가 팽배하게 되면서, 은행간 자금시장은 더욱 축소되었다. 이는 프로젝트 파이낸스가 축소되는 또 다른 이유가 되었다.

그 결과 (다른 대출과 마찬가지로) 신규 프로젝트 파이낸스는 대폭 축소되었다. 표4.1에서 살펴본 바와 같이, 경기침체의 효과가 큰 지역에서 더 크게 축소되었다. 이는 – 놀랍지 않게도 – 큰 폭의 이자 마진(cf. 12.6) 상승, 그리고 Soft Mini-Perm(cf. 14.4.4)의 도입 등 금융조건의 악화를 가져왔다.

채권시장 또한 채권보증보험회사가 몰락함에 따라 큰 타격을 받았다. 물론 단기금융만이 요구되는 非PPP 프로젝트에 대하여서는 보다 적은 규모로 사업이 지속되었지만 말이다.

상업은행들의 대출여력이 축소됨에 따라 정부가 그 갭을 메우게 되었다: 예컨대 영국정부의 경우 15.7에서 살펴본 Treasury Infrastructure Finance Unit(TIFU)을 설립하였다.

프로젝트 파이낸스에 불어닥친 단기적 효과는 2009/10년에 사그라들고 시장상황이 다시 개선되었지만, 유로존 경제위기와 아래에서 논의할 바젤협약 도입에 따라 장기대출에 미치는 보다 장기적인 이슈들로 인하여 시장, 특히 유럽시장이 축소되었다.

그러나 2013년, 장기적인 이슈가 여전히 해결되지 않고 남아있는 상태에서도 은행 대출시장 회복의 조짐이 보였다; 북미지역 등에서는 발전 및 인프라 사업에 대하여 풍부한 금융이 제공되었고, 기관 투자자들과 상업은행들간 경쟁 또한 존재하였다. 유럽에서도 마찬가지 분위기가 감지되었다. 중동 등 기타 지역에서는 현지은행들이 기존 국제상업은행들의 업무를 인수하였고, 인도 등 지역에서는 채권시장을 발전시키기 위하여 정부가 개입하였다.

17.3 바젤 협약

상업은행들이 프로젝트 파이낸스 시장을 외면한 것은 새로운 일도 아니며 2008년 금융위기(cf. 4.2.2) 탓만도 아니나, 그 과정은 바젤협약 도입으로 인하여 가속화되었다. 여기서 바젤은 스위스 바젤에 위치한, 각국 중앙은행들의 중앙은행인 Bank for International Settlements(BIS)를 의미한다. 동 기관은 은행감독에 관한 바젤위원회를 운영하는데, 이는 대형 국제 상업은행들의 자본적정성과 관련된 표준을 정하는 역할을 담당하고 있다. (국가간 은행감독과 관련된 위험한 경쟁을 피하기 위하여, 공정경쟁을 할 수 있는 제도를 마련하는 것이다 - 이러한 표준이 존재하지 않는다면, 각국 은행감독기관들은 자국 은행들의 자본적정성 기준을 완화하여 이들의 조달비용을 낮출 수 있다; 이는 국제 대출과 관련하여 중요한 이슈이다). 바젤 협약은 현재까지 3단계를 거쳐 발전되어 왔다:

- 'Basel I'(1988, G-10 국가들은 이를 1992년에 도입하였다): 대출 자산에 대하여 은행들이 갖추어야 할 최소 자본금 수준을 제안하였다; 이는 중앙정부에 대한 대출금 이외 모든 대출금에 적용되었다(즉, 신용리스크 수준을 구분하지 않았다); 부외부채에 대하여서는 별도로 다루지 않았다.
- 'Basel II'(2004): 이는 외부신용등급 또는 내부손실률에 따른 리스크 측정에 따른 요구되는 자본금 수준을 정하였다.[1] 즉, 리스크가 높을수록 더 많은 양의 자본금을 요구하였다. 그러나 은행들은 위험가중자산에 대하여 적은 수준 - 2% - 의 자본금만을 납입할 것이 요구되었다.
- 'Basel III'(2011, 2013/18년 도입예정): 2008년 금융위기로 인해 은행들의 유동성이 매우 중요하다는 것을 인지하였다. 이로 인하여 은행들에게 최소 유동성 요구조치가 취해졌는데, 이는 펀딩 미스매치(단기 조달, 장기 대출)가 발생하지 않도록 하려는 것이다. 요구되는 자본금 수준도 위험가중 자산의 7%로 증가하였다.

프로젝트 파이낸스 관점에서 이는 은행들로 하여금 장기대출에 대한 재원은 장기로 차입하도록 강제함으로써 만기 미스매치 문제를 축소시키는데 집중하였다는 것을 의미한다.

최소한 이는 은행들의 프로젝트 파이낸스 조달 비용을 이전 대비 높게 만든 것을 의미한다. 몇몇 은행들의 경우 이자 마진이 2008년 이전 수준으로 낮아진다면, 일부 대형 상업은행들이 2008년 이전에 그러했듯 프로젝트 파이낸스 시장에서 완전히 물러날 수도 있을 것이다. (cf. 4.2.2) 다른 은행들은 계속 프로젝트 파이낸스 시장에 남아있을 수 있지만, 추후 대출금을 매각할 수 있는 프로젝

---

1 Basel II 제도가 고안되었을 때, 프로젝트 파이낸스는 다른 구조화 금융(cf. 5.2.2)과 마찬가지로 상대적으로 고위험 카테고리로 분류되었다. 이를 통해 다른 대출자산 대비 높은 수준의 자본할당을 요구받는데, 이로 인하여 프로젝트 파이낸스 금융 공급이 축소되었고, 차주들에게는 높아진 조달비용이 전가되었다. 프로젝트 파이낸스를 활발하게 취급하는 네 개 상업은행들은 S&P로 하여금 자신의 프로젝트 파이낸스 포트폴리오를 살펴보도록 의뢰했는데, S&P는 프로젝트 파이낸스에 대한 default 및 이에 따른 손실발생 규모는 일반적인 기업금융보다 낮은 것으로 보고하였다. 그 결과 Basel II는 이러한 연구 결과를 반영하게 되었다. Cf. Benjamin C. Esty & Aldo M. Sesia, Jr, *Basel II: Assessing the Default and Loss Characteristics of Project Finance Loans* (Harvard Business School, Cambridge MA, 2004) 위 데이터는 S&P가 계속 업데이트하고 있으며, 다수 은행들이 동 기관 앞 추가적인 정보를 제공하고 있다. (cf. 9.15)

트에 집중하는 모습을 보였다: 일부 은행들은 이를 위한 별도의 팀을 구성하기도 하였다. (표4.3에서 살펴본 바와 같이) 은행들이 기록상으로 대주로 남아있을 수 있지만, 자본시장에서 CDS를 구입하는 방식으로 신용리스크를 일부 헤지하기도 하였다.

인프라 시장의 문제가 가장 심각하게 대두되었는데, 인프라 프로젝트 금융기간은 통상의 프로젝트 금융기간(20년 이내)보다 훨씬 긴 20년을 초과하기 때문이다. 이러한 프로젝트에 대한 외국 금융기관의 참여도 줄었는데, 이들은 본국 프로젝트들에만 집중하는 모습을 띠었다. 은행들은 대출 만기와 관련된 리스크를 줄이기 위하여 'Soft Mini-Perm' 및 유사 제도를 도입하였으나, 2013년 중반에는 비은행 금융기관들과의 경쟁으로 인하여 다시 긴 만기의 대출금을 취급하게 되었다. 반면 자원개발 프로젝트의 경우 사업기간이 상대적으로 짧으며, 자원 구매자에게는 전략적으로 중요한 의미를 띠기 때문에, 이들 국가(특히 일본)들로부터 금융을 조달하는 것은 어렵지 않았다.

17.4 비은행 대주

프로젝트에 대한 대출금을 제공해 줄 수 있는 기관은 장기적이고 안정적인 현금흐름이 필요한 기관, 즉 보험회사, 연기금, 헤지펀드, 국부펀드, 금융전문회사 등이다. (이들은 '기관투자자들' 이다) 그러나 프로젝트 파이낸스 채권시장 발전이 더디게 이루어졌던 것(cf. 4.3.3)[2]을 감안하면, 이들이 은행을 대체하기까지는 오랜 시간이 걸릴 것은 틀림이 없다. 게다가 채권보증보험회사(cf. 4.3.2)가 시장에서 사라진 영향도 크다.

17.4.1 기관 대주들(institutional lenders)

2008년 이후 은행들의 프로젝트 파이낸스 위축으로 인해, 그리고 저리스크 고수익 자산의 선호와 결부된 인프라 투자 펀드(cf. 3.2)가 성장하면서 최근 몇 년간은 기관 대출(institutional debt), 즉 비은행권 기관들이 대주로 활동하는 사례가 증가하였다. 이러한 변화를 가져온 또 다른 요인은 2008년 이후 급속하게 증가한 이자 마진이었다.(cf. 17.2) 대형 보험회사들과 연기금들은 이미 프로젝트 파이낸스 직접대출을 취급하고 있었다.

캐나다는 이를 가장 잘 보여주는 예이다 - 캐나다 은행들이 장기금융을 취급하기 꺼려하기 때문에 캐나다 시장 장기 프로젝트 파이낸스는 항상 유럽과 일본계 은행에 의존하였다. 반면, 캐나다에는 규모가 크며 금융기법도 고도화된 보험회사들과 연기금이 존재한다. 이들 기관들은 이미 프로젝트

---

2   보험회사와 연기금과 같은 비은행권 대주가 자신들의 대출금을 채권과 같은 방식으로 구조화할 필요는 없다: 그들 또한 직접대출을 취급할 수 있다. 그러나 채권은 쉽게 매각될 수 있기 때문에 선호되는 방식이었고, 이는 투자자들에게 유동성을 확보해 주었다. 그러나 아래에서 설명하는 바와 같이 이러한 방식에 변화가 이루어지고 있다.

파이낸스 지분투자 경험을 통해 전문성을 축적하였기 때문에 직접대출을 취급하는 것은 새로운 일도 아니었고, 그 결과 그들의 은행의 자리를 손쉽게 대체할 수 있었다. 새로운 재원의 효과는 (국채 대비) 프로젝트 파이낸스 대출 마진이 2008년 4%에서 2012년말 1.75% 수준으로 떨어진 사실에서도 확인할 수 있다.

적당한 통계를 찾기는 쉽지 않으나, 신용평가기관인 S&P(cf. 5.3.1)에 따르면 이러한 '대안적 재원 조달처'가 2012년에 제공한 대출규모는 $200억 수준으로 국제 채권시장(cf. 4.3.3)의 규모와 유사한 수준이었다. 그러나 포트폴리오 실적에 대한 과거 데이터 부족 및 완공위험(17.5.1에서 추가적으로 논의)에 대한 우려로 인하여 성장이 제한되었다.[3]

그러나 기관투자자들의 수요는 제한적일 것으로 예상된다: 프로젝트 회사에 대한 대출금이 거래되는 시장이 존재하지 않아 유동성이 부족하기 때문이다. (이론상으로 채권은 거래가 될 수 있으나, 현실적으로 프로젝트 채권에 대한 유동성은 크지 않은 것이 사실이다) 이는 기관투자자들은 지분투자의 경우와 마찬가지로 프로젝트 파이낸스 대출을 자신들의 자산 포트폴리오에 편입시키는 비중이 매우 낮다는 것(5% 이내)을 의미한다. 기관 대주들은 복잡하고 리스크가 높은 발전 또는 양허계약 기반 프로젝트 대비 단순한 빌딩 프로젝트 등을 선호하기 때문에, 발전 프로젝트 등에 대한 금융은 여전히 은행들에게 의존할 수 밖에 없을 것이다. 또한 이자율이 상승하는 경우, 기관 대주들은 복잡한 프로젝트 파이낸스 보다는 단순한 기업금융 쪽으로 눈을 돌릴 것이다.

비은행 시장에서 진행되는 일들에 대한 정보는 은행이나 채권시장 대비 제약이 많기 때문에 정보 부족에 따른 리스크도 존재한다. 그 결과 2008년 금융위기 당시와 마찬가지로 금융당국이 인지하기 힘든 리스크가 축적되고 있을 수도 있다. 은행들이나 기타 규제대상 금융기관들이 자신들의 대출에 대하여 적정한 자본금 수준 및 유동성을 유지하여야 하는 반면, 규제대상이 아닌 기관들은 그러한 제약사항을 적용받지 않아 리스크 관리에 문제가 발생할 수도 있다.

17.4.2 대출 펀드(Debt Fund)

기관들이 대출금을 취급하기 어려운 또 다른 이유 중 하나는 프로젝트 파이낸스 대출 포트폴리오를 모니터링하기 위한 목적으로 별도로 직원들을 채용할 수 있는 곳은 대형 기관들 뿐이기 때문이다. 프로젝트 파이낸스 대출은 기관 투자자들의 포트폴리오 중 아주 작은 부분만을 차지하고 있기 때문에, 규모가 작은 기관들은 이를 위하여 별도 직원들을 채용할 여력이 없다. 그러나 소규모 연기금 등은 자산 포트폴리오 일부분을 인프라 부문에 배정하려는 관심을 보일 수도 있다.

---

3 Michael Wilkins, *Out of Shadows: The Rise of Alternative Financing In Infrastructure* (Standard & Poor's, London, 2013)*

프로젝트 파이낸스 대출 펀드는 이러한 문제점을 인지하기 시작하였다. 이들 펀드들은 직접대출과 유사한 방식으로 프로젝트 파이낸스 자금을 공여하는데, 이러한 펀드에 참여하는 기관들은 생명보험회사, 연기금 그리고 개도국 DFI 등 이미 해당 부문에 지분투자를 하고있는 기관들이다.

이 부문의 발전을 저해하는 요소 중 하나는 이해관계 갈등이다: 은행이 이미 프로젝트 회사에 제공한 대출금을 펀드가 매입하는 경우가 존재한다(CLO와 유사한 결과를 낳는다 - cf. 5.2.10): 이 때의 리스크는 명확하다. 이에 따른 간단한 해결책은 은행이 일정규모 이상의 대출금을 계속 보유하게끔 하는 것인데, 이는 실현하기가 어렵다: 은행들은 자신들이 기록상 대주로 남아있으면서 실제로는 제3자 앞 매각을 했을 수도 있고, 위에서 언급한 바와 같이 CDS 거래를 할 수도 있기 때문이다.

더 큰 문제는 펀드 매니저들이 프로젝트 파이낸스 지분 투자를 '고위험고수익' 사업으로 보고, 이에 따라 높은 수준의 수수료를 부과하는 것이다. (cf. 14.17.1) 대출금에 대하여서도 마찬가지 원칙이 적용될텐데, 이 경우 많은 기관 투자자들은 이를 탐탁치 않아 할 것이다.

17.4.3 공공부문 연기금

그러나 캐나다 및 미국 등 선진국의 대규모 공공부문 연기금은 이미 상당 규모의 프로젝트 파이낸스 지분투자를 하고 있으며, 대출도 취급하기 시작했다. 이러한 연기금들은 자신이 보유하고 있는 포트폴리오를 다양화하려 노력하는데, 국내 뿐 아니라 국외 프로젝트의 다양한 프로젝트에도 관심을 보이고 있다.

공공부문 연기금들이 공정하게, 그리고 정치적 압력을 받지 않은 상태에서 업무를 취급할 경우 아무런 문제가 존재하지 않지만, 문제는 항상 그렇지는 않다는 것이다. 특히 개도국(나이지리아 및 남아공 등)에서 이들 연기금들은 가장 큰 기관투자자들이며, 이에 따라 국가 경제발전에 필요한 프로젝트에 자금을 투입하라는 압력을 거부하기가 쉽지 않다. 그러나 연기금의 주요 목표는 연기금 가입자들이 향후 문제없이 연금을 수령케 하는 것인데, 정치적 압력으로 인하여 적절한 실사과정 없이 대규모 프로젝트에 포트폴리오를 집중시키는 것은 자신의 핵심 역할을 잘 수행할 수 없도록 하는 결과를 낳을 수 있다.

17.4.4 Solvency II

EU 소속 보험회사들이 프로젝트 파이낸스 취급을 어렵게 하는 또 다른 문제는 2009년 'Solvency II' 지침[4]이다. 동 지침은 보험회사 감독과 관련된 규정인데, 이는 '보험회사용 Basel III'로 불리고

4　Solvency I 지침은 1973년 작성되었다.

있다. 동 지침은 2014년 효력을 발생할 것으로 기대되었으나, 유럽 의회가 이를 연기하였으며 2013년 중반 현재 새로운 날짜가 발표된 바 없다. 주요 이슈는 장기 투자에 대하여 납입해야하는 자본금과 관련된 것이다. (기업금융과 프로젝트 금융의 구분은 없다) 그러므로 Solvency II는 프로젝트 파이낸스 시장에 갓 진입한 보험회사에게는 또 다른 장애물로 작용하고 있다.

17.5 프로젝트 파이낸스 신용위험의 개선

기관 투자자들의 참여를 대규모로 끌어내기 위하여서는 프로젝트 파이낸스 대출금의 신용등급을 상향시키는 것이 핵심 요소라고 간주되어 왔다. 이들 프로젝트들은 통상 최저 투자등급인 BBB/Baa 등급을 부여받고 있는데, 이는 A 등급을 선호하는 기관투자자들에게는 매력적이지 않다. 물론 일부 기관투자자들의 경우 빌딩 프로젝트와 관련하여서는 BBB/Baa 수준의 리스크를 수용하기도 한다.

정부는 PPP를 포함, 인프라 부문(위에서 언급한 바와 같이, 장기금융이 필요)의 프로젝트 파이낸스에 대하여 관심을 기울였다. 공공부문 지원의 다양한 형태에 대하여서는 제15장에서 다루어졌으나, 공공부문 지원 없이 프로젝트 파이낸스 신용리스크를 경감할 수 있는 방안들이 존재한다.

- 건설리스크 분리(17.5.1)
- 메자닌 대출(17.5.2)
- 예비 금융(17.5.3)
- 만기 혼합(blended maturity)(17.5.4)
- 증자(17.5.5)

17.5.1 건설리스크 분리

프로젝트 파이낸스 대출의 리스크를 줄이고 신용등급을 상향하기 위한 방법 중 하나는 건설리스크를 제거하는 것이다. 이는 상업은행들이나 다른 프로젝트 관계자들이 완공보증을 제공하거나, 건설과 관련된 금융을 별도로 조달하여 향후 완공이 이루어지면 기관투자자들이 이를 리파이낸싱하는 것이다. (cf. 15.6) 은행들만 건설기간에 참여시키는 논리는 은행들의 비즈니스 성격상 단기 대출이 적합하기 때문이다.[5]

---

5 이러한 논리를 더 발전시키면, 계약당국은 건설이 완료되면 자본금을 포함하여 모든 재원들을 상환하고, 이후 프로젝트로부터 발생하는 초과수익을 누릴 수 있다. (cf. 14.17.1) 물론 프로젝트를 다시 프랜차이즈 방식으로 운영할 수도 있다. 그러나 이러한 방식은 투자수익에 큰 제약을 가하기 때문에 민간 투자자들은 꺼려할 것이다. 아마도 건설회사만이 이러한 방식으로 일부 자기자금(아마도 자본금이 아닌 standby 금융 방식으로)을 제공해 줄 수 있을 것이다. 이러한 경우 포페이팅(cf. 6.6)이 더 간편한 방법일 것이다.

그러나 이러한 방안은 아래와 같은 문제점을 지니고 있다:

- *리파이낸싱 리스크*(cf. 10.6). 장기대출 취급 예정인 대주들을 미리 설득할 수 없다면, 계약당국이 이 리스크를 수용해야 할 것이다.[6]
- *실사*. 건설기간 동안만 금융을 제공하는 이들은 운영단계와 관련하여 실사를 진행할 이유가 없을 것이다. 그렇다면 누가, 그리고 언제 실사를 진행할 수 있을 것인가?
- *이전(handover)의 시점*. 기존 대주단 리파이낸스 시점을 어떻게 정할 것이며, 리파이낸싱 된 경우 기존 대주단의 채무는 완전히 소멸하게 할 것인가? 프로젝트가 완공 테스트를 거쳐 요구되는 성능을 발휘하는 경우에도 일정 기간동안 프로젝트가 문제없이 운영된다는 것을 확인하여야 하는 것은 아닐까? 이러한 문제는 상대적으로 단순한 빌딩 프로젝트보다는 기자재를 포함하는 프로젝트에 더 큰 이슈가 될 수 있다.
- *최종완공일(backstop date)*. 통상적으로 프로젝트 건설이 계획 대비 1년 이상 지연되면, (프로젝트 회사가 책임지는 상황이 아니라면) 건설계약 또는 사업계약은 해지될 수 있다. (cf. 7.10.1, 8.2.8) 장기 대출금을 공여하는 대주단이 존재하는 경우 그들은 개입권을 바탕으로 상황을 해결하려 할 것이며(cf. 8.11), 손실이 발생한다 하더라도 잔여 계약기간 동안 손실의 전부 또는 일부를 (투자수익률을 희생시켜) 회복할 수도 있을 것이다. 그러나 건설기간만 커버하는 단기금융만이 존재할 경우, 손실회복이 불가능하다고 판단하여 즉각적으로 손실을 확정시키려 할 가능성이 크다.

이러한 이슈들을 감안한다면 건설기간 중 금융은 기술적 위험도가 높은 쓰레기 소각장 프로젝트 등 보다는 빌딩 프로젝트 등과 같이 건설리스크가 상대적으로 낮은 프로젝트에 적합하다.

17.5.2 메자닌 대출

논리적으로는 은행이나, 다른 특수 금융기관들이나 메자닌 대출 펀드 등이 메자닌 대출을 공여하는 것이 이러한 문제들을 해결할 수 있는 더 나은 방안이다. 프로젝트 사업비 중 15%가 자본금, 그리고 10%가 메자닌 대출로 조달이 이루어졌다면, 25% 이상의 손실이 발생하지 않는다면 선순위 대주단은 아무런 영향을 받지 않을 것이다. 메자닌 대출이 존재하지 않았다면 이 수준은 15%로 떨어진다. 그 결과 선순위 대출의 리스크가 경감되어 신용등급이 상승할 수 있을 것이며, 비은행권 대주들도 금융에 참여할 가능성이 높아질 것이다.

15.4에서 공공부문 메자닌 대출(SIB, TIFIA 및 EIB Project Bond Initiative)의 효과를 살펴보았다. 여기서 알 수 있는 중요한 포인트는 이러한 공공부문 메자닌 대출 프로그램은 저리의 자금을

---

[6] 리파이낸싱과 관련된 이자율 리스크는 장기 이자율 스왑으로 해결할 수 있을 것이나, 상응하는 기간의 장기대출이 존재하지 않는 경우 누가 그러한 스왑에 대한 리스크를 수용할 수 있을지에 대한 문제는 여전히 남는다.

공급할 수 있는 반면, 상업 금융기관들이 요구하는 메자닌 대출에 대한 금리는 자본금 IRR 수준과 별반 다르지 않다는 것이다. 즉, 메자닌 대출 펀드 등과 같은 상업 금융기관들로부터의 메자닌 대출 차입은 아래에서 살펴볼 바와 같이 자본금 납입수준을 높이는 것과 거의 같은 결과를 낳는다. 그러므로 프로젝트 지원을 위한 메자닌 대출 펀드 조성은 그간 성공적이지 못하였다.

17.5.3 예비금융

메자닌 대출의 대안은 필요할 때 제공되는 예비성 금융약정을 체결하는 것이다. 이는 주로 양허계약과 관련되는데, 특히 ramp-up 기간 중 tariff 수준에 대하여 불확실성이 존재할 경우 활용될 수 있다. (cf. 9.6.2) 예컨대 EIB의 LGTT(cf. 15.5)는 ramp-up 기간 중 선순위 대주단의 리스크를 경감시키기 위하여 예비금융을 제공한다. SIB, TIFIA 및 EIB Project Bond Initiative도 유사한 금융을 제공하는데, 이는 LGTT와 달리 프로젝트 전체 기간에 대한 것이다.

자본금과 관련하여 예상치 못한 현금부족 사태에 대비하기 위한 사업주의 예비자본금 약정은 새로운 것이 아니다. (cf. 9.13)

17.5.4 Blended Tenors

또 다른 방식은 'blended tenor'를 사용하는 것인데, 이는 은행 대출과 채권(또는 만기가 긴 대출)을 함께 활용하는 것이다. 이 구조에서 양자는 동순위이나(pari-passu), 은행 대출금의 만기가 보다 짧아 상대적으로 빨리 상환되고, 기관 대주들의 대출금 상환은 뒤로 미루어진다.[7] 양자의 상환 스케쥴을 합해보면 일반적인 연금방식의 상환스케쥴이 만들어진다. 그러나 은행들이 채권투자자들과 함께 대출에 참여(cf. 표5.2)할 때에는 항상 문제가 발생하기 때문에 이 구조는 기관 대주들이나 대출 펀드가 은행들처럼 프로젝트에 대한 실사에 참여할 준비가 되어있을 경우 보다 적합하다.

17.5.5 자본금 증자

자본금을 증자하는 것은 메자닌 대출을 제공하는 것과 동일한 효과를 낳을 것이다 - 즉 선순위 대주단의 리스크가 줄어들어 기관 대주들을 유인할 수 있을 것이다. 12.8에서 논한 바와 같이 이 구조에서 발생하는 이슈는, 리스크가 줄어든 만큼 투자자들, 그리고 대주단 모두가 낮아진 투자수익률에 만족할 수 있을까 하는 것이다. 그렇지 않다면, 프로젝트가 보다 '비싼 프로젝트'가 될 수 밖에 없을 것이다.

---

7 후자는 은행 대출('A')에 대비되는 의미에서 'Term Loan B'로 불린다. Term Loan B는 기관 대주들의 대출, 즉 초기연도 상환수준은 낮은 balloon 방식의 상환스케쥴을 갖는 대출을 주로 일컫는다.

2012년[8] 발표된 PF2 프로그램에서 영국 재무성은 향후 PFI 모델 프로젝트에 대하여 자본금 수준을 증가(대략 사업비의 10-15% 수준에서 20-25% 수준으로)시킬 것을 요구하였다. 이는 당초 사업주, 공공부문[9], 그리고 자본금 납입 경쟁(cf. 12.2.5)을 통한 지분매각을 통해 부담하게 하였다. 사업주로 참여하지 않는 이들이 요구하는 자본금 IRR 수준이 높지 않으며, 자본금 증자로 인하여 리스크가 낮아졌기 때문에 대출금리 또한 낮아질 수 있으므로 전반적인 금융비용은 기존 모델에 비해 크게 달라지지 않는다. 이러한 조치는 프로젝트 대출을 기관 대주들에게 좀 더 어필하기 위한 것이었으나, (실제로 재무성은 "PF2 프로젝트는 ... 비은행권 금융기관들로부터 차입을 할 수 있을 것으로 기대된다"고 발표하기도 하였다) 2013년부터 PPP 사업에 대한 은행들의 대출이 보다 용이해짐에 따라 PF2 방식의 사업에서 자본금을 증자시키는 아이디어는 소멸하였다. [영국 재무성, op. cit. supra., para 8.22][10]

Soft Mini-Perm 방식(cf. 14.4.4, 14.16.4)의 프로젝트 파이낸스에서 프로젝트 현금흐름이 안정적으로 발생한다면 사업주는 Mini-Perm 만기가 다가오기 전 자본금을 추가 투입하려 할 수도 있을 것이다. 이러한 경우 대출금 차입이 보다 수월해질 것이다.

17.6 새로운 모델

아직까지는 제한적인 상황에서만 활용되는 모델들이 있는데, 일부 부문에서는 매우 유용하게 사용될 수도 있다:

- Regulated Asset Base 금융(17.6.1)
- Output-Based Aid(17.6.2)
- Social Impact Bond(17.6.3)
- Tax Increment Finance(17.6.4)

17.6.1 규제자산기반(Regulated Asset Base) 금융

사용자에게 요금을 징수하는 민간부문 유틸리티와 관련하여 규제가 이루어지는 경우도 존재한다. 이는 인프라 개발을 유인하기 위해 적정수준의 투자수익을 보장하면서 동시에 유틸리티 공급자가

---

8   HM Treasury, *A New Approach to Public Private Partnerships* (London, 2012)*
9   계약당국이 아닌 영국 재무부가 지분을 소유하게 되나, 실제로 지분보유에 따른 혜택은 계약당국이 누리게 된다.
10   그러나 최초 사업주, 자본금 납입 경쟁을 통해 선정된 신규 투자자, 그리고 재무부 간의 강제적 구분은 계속 남아있게 되었다. 이는 사업주들의 지분매각을 통해 얻을 수 있는 '공짜이익'에 대한 비판(cf. 14.17.1)을 모면하기 위한 조치였다: 이를 통해 '공짜이익'은 축소되고, 공공부문이 이를 일부 향유하게 된다. 이런 조치와 관련하여 초기 사업주들이 (특히 소수지분만을 지니고 있을 때) 프로젝트에 행사할 수 있는 통제권이 축소될지 여부, 그리고 (자신들이 지분을 100% 보유할 수 없기 때문에) 자신들의 절대적인 투자수익률이 줄어드는 프로젝트 입찰에 참여하려 할지는 지켜봐야 할 사항이다.

독점으로 인한 초과이윤을 내지 않게 하기 위해 공공부문이 개입하는 것이다. 정부가 임명하지만 독립적으로 활동하는 규제당국자의 임무는 아래와 같다:

- 서비스 기준 수립 – 이를 통해 유틸리티 회사는 신규 투자를 해야 할 수도 있다.
- 신규 프로젝트 사업비 인가 – 실제 프로젝트 건설에 사용된 금액에 대한 것이 아니라 건설비가 일정 수준을 초과하지 않도록 유도. 이는 건설위험을 인프라 회사의 주주 앞 이전하는 것이다.
- 유틸리티 회사의 '요금기반(asset base)' 인가 – 서비스 제공을 위해 요구되는 자산취득 비용에서 감가상각비용을 차감한 금액이다.
- 유틸리티 회사의 자본비용 인가 – 요금기반을 조달하기 위한 금융비용 및 투자수익률의 합에 대한 인가
- 유틸리티 회사의 운영비용 – 이러한 비용에 일정한 마진이 가산된 금액에 대한 인가

이러한 과정을 통하여 사용자에게 부과되는 요금 – 다음 가격 검토가 이루어질 때까지(예컨대 5년) 고정, 단 CPI에 연동 – 이 책정된다.[11]

이러한 구조 아래에서 일단 요금기반이 확정되어 확정적인 현금흐름이 마련되면 유틸리티 회사는 보다 저렴한 비용으로 금융을 조달할 수 있게 된다. 그 결과 유틸리티 회사 입장에서는 기업금융이 아닌 프로젝트 파이낸스 방식으로 차입을 할 이유가 사라지는 것이다.

최근 PPP 금융조달을 보다 용이하게 하고, 금융비용을 낮추며, PPP 계약의 유연성을 증대시키기 위해 PPP 분야로도 규제를 확대시키는 논의가 이루어졌다. (cf. 7.2.6) 이는 Regulated Asset Base('RAB') 금융[12]으로 일컬어진다. 이는 프로젝트 회사가 프로젝트를 건설하고, 건설기간 동안을 커버할 프로젝트 파이낸스를 조달하는 것이다. 프로젝트가 완공되면 규제당국이 사업비가 적절한지 판단하고, 적절한 것으로 판명된 경우 건설비용(이것이 요금기반이 되는 것이다)에 대한 투자수익률을 제공하는 것이다. 그리고 이에 기반하여 건설기간 대출금을 리파이낸싱하는 방식이다.

그러나 민영화된 유틸리티 회사와는 달리 PPP 프로젝트 또는 계약당국이 존재하는 공정 플랜트 프로젝트의 경우 별도의 규제당국이 존재하지 않는 환경에서 운영된다. 그러한 프로젝트들은 '계약에 의한 규제(regulation by contract)' 방식으로 작동된다. 즉 사업계약에 서비스 기준이 포함되며, 또 생산물구매자/계약당국 또는 최종 소비자 앞 부과할 수 있는 최대 요금수준이 기재되는 방식이다. 사실상 정부가 임명한 규제당국자가 민간부문 프로젝트 회사와 계약당국간 체결한 가격

---

11   이는 매우 복잡한 과정을 거치게 되므로 그 결과 '규제의 덫(regulatory capture)'에 빠지게 될 위험도 존재한다. 이는 규제대상 유틸리티 회사가 규제당국보다 많은 정보를 지니고 있기 때문에, 자신에게 부정적인 영향을 미칠 수 있는 규제조치를 성공적으로 막을 가능성이 높은 현상을 의미한다.

12   Cf. Dieter Helm, "Infrastructure investment, the cost of capital, and regulation: an assessment", *Oxford Review of Economic Policy*, Volume 25, Number 3 (Oxford University Press, Oxford, 2009)*, "Infrastructure and Infrastructure finance: The Role of Government and the Private Sector in the Current World", *EIB Papers*, Vol. 15 No 2(EIB, Suxemburg, 2010), p.34*

에 대하여 별도 규제를 한다는 것은 쉽지 않은 일이다.[13] 물론 계약대금지급액이 지나치게 높을 경우 정치적인 문제가 발생할 수 있다는 것을 의미한다. (cf. 11.2)

그러므로 민영화된 인프라 프로젝트에 대하여서는 규제를 할 수 있지만, PPP 부문에 이를 적용하는 것은 쉽지 않을 것이다.

17.6.2 성과기반원조(Output-Based Aid)

성과기반원조(Output-Based Aid(OBA))는 오랫동안 아래와 같은 방식으로 정의되어 왔다:

"... 소외 계층에게 필요한 인프라와 사회 서비스를 제공하기 위해 최근 많이 사용되고 있는 목표 중심의 메커니즘으로... OBA는 기본적인 서비스에 대한 접근성을 개선하는 등 명확하게 규정된 목표를 달성하기 위하여 공공재원을 보조금 형식으로 지출하는 것이다. 기본적인 서비스란 상수도, 위생, 에너지, 건강관리, 교육, 통신 서비스 및 교통 등을 의미한다."[14]

OBA 개념은 세계은행이 2002년 처음 고안하였다. 이 제도는 서비스 비용을 부담할 수 없기 때문에 가장 기본적인 서비스조차 누릴 수 없는 소외계층을 지원하기 위한 목적으로 제안되었다. 현재 세계은행과 다른 DFI들이 재원을 마련한 Global Partnership on Output-Based Aid(GPOBA)가 운영되고 있는데, 이 구조를 통하여 인프라 프로젝트 등을 지원하고 있다.

OBA와 성과기반 PPP 계약 간에는 관련성이 높다. 이는 특히 사회부문 PFI 모델 프로젝트를 구조화하려는 개도국의 재원부족을 해소하기 위한 방법 중 하나이다. OBA는 사회인프라 프로젝트에 대한 서비스 요금의 전부 또는 일부를 커버하기 위한 장기재원을 제공할 수 있는데, 이를 통해 사용자는 부담을 덜 수 있고 원조성 자금의 직접적인 효과를 확인할 수 있다.[15] 그러나 문제는 프로젝트 금융 조달을 위해서는 원조 제공자가 PPP 전체 계약기간 동안 계약대금지급을 확약해야 한다는 것인데, 대부분의 원조는 단기성으로 이루어지고 있다는 것이다.

17.6.3 사회적 영향 채권(Social-Impact Bond)

Social-Impact Bond('SIB')[16]는 최근 많은 관심을 받았다. 이는 보다 나은 사회적 결과를 가져오

---

13 Cf. Tonco Bakovic, Bernard Tenenbaum & Fiona Woolf, Regulation by Contract: *A New Way to Privatize Electricity Distribution?* (Working Paper No. 14, World Bank, Washington DC, 2003)*
14 Yogita Mumssen, Lars Joannes & Geeta Kumar, *Output-Based Aid: Lessons Learned and Best Practices* (Directions in Development 53644, World Bank, Washington DC, 2010) p. 5*. OBA은 '성능기반원조' 또는 '결과중심금융' 등으로도 불린다.
15 변화하는 DFI 금융모델에 대한 폭넓은 논의는 Navin Girishankar, *Innovating Development Finance: From Financing Sources to Financial Solutions* (Policy Reserch Working Paper 5111, World Bank, Washington DC, 2009)*를 참조하라.
16 15.8에서 논의한 State Infrastructure Bank('SIB')와 구분 필요; 이는 Pay for Success Bond, 또는 Social Benefit Bond로도 알려져 있다.

기 위하여, 그리고 결과적으로 공공부문의 비용을 절감하기 위하여 계약당국과 체결하는 계약에 기반한다.

2010년 영국에서 최초 발행된 SIB는 그 작동방식을 잘 드러내고 있다. SIB 채권을 투자자들(일반적으로 자선 및 사회적 투자자들)에게 매각하고, 매각대금은 출감자들의 교도소 출소 후 6년간의 사회복귀 프로그램에 사용되었다. 만약 재범율이 7.5% 축소된다면, 이를 통해 절감할 수 있는 공공부문 비용의 일부를 계약당국(법무부)이 투자자들 앞 지급한다. 또한 재범률이 낮아지면 최대 13%를 한도로 더 높은 투자수익을 올릴 수 있게 구조화되었다. 수익률만 본다면 이는 주식투자와 같은 고위험 투자이다.[17] 최초의 미국 SIB는 2012년 뉴욕 교도소 출소 사회복귀 프로그램 비용을 충당하기 위해 2012년 발행되었다. (발행액은 $9.6백만으로 전액 골드만 삭스가 인수하였다) 호주 등 기타 국가들도 SIB 활용을 적극적으로 검토하고 있다.

상기 예가 물리적인 형태를 갖는 프로젝트에 대한 투자는 아니지만, 사회적 결과에 기반한 수익을 나눠갖는 프로젝트 재원 조달로 적합하지 않다고 볼 이유는 없다. 물론 이는 니치마켓 용도라는 사실에는 변함이 없다.

17.6.4 Tax Increment Finance

Tax Increment Finance('TIF')[18]는 미국에서 1950년대부터 사용되어 왔으며[19], 현재는 광범위하게 사용되고 있다. 그러나 미국 이외의 국가에서도 도시 재생 및 사회 인프라 개선을 목적으로 널리 활용되고 있다.

TIF의 개념은 단순하다: 인프라 개발로 인하여 발생하는 추가적인 재산세(그리고 때때로 판매세)로 동 프로젝트 개발에 소요되는 채권이나 대출금을 상환하는 것이다. 프로젝트 개발로 인하여 증가하는 세수는 – 프로젝트 파이낸스 방식으로 – 별도로 관리되어 상환재원으로 활용된다. 별도 재원을 확보하기 위해서는 지방세와 관련된 조례 등을 개정해야 할 수도 있다. 관련된 인프라는 예컨대 도로나 교통 프로젝트 등이 될 수 있는데, 민간부문이 이에 기반하여 새로운 주거사업이나 상업지구 개발을 할 수 있을 것이다. 경찰서, 소방서, 도서관, 건강관리클리닉, 사회적 거주시설, 수처리 공장 등과 같은 사회적 인프라 시설들도 이러한 방식으로 재원을 마련할 수 있다.

미국에서 TIF 프로젝트를 추진하기 위한 기본 요건은 해당 지역이 도시재생을 필요로 하는 상태이

---

17 Cf. Social finance, *A Technical Guide to Commissioning Social Impact Bonds* (London, 2011)*
18 Cf. Council of Development finance Agencies & International Council of Shopping Centres, *Tax Increment Finance; Best Practice Reference Guide* (CDFA/ICSC, 2007)*
19 역설적으로, 캘리포니아는 이 제도를 최초 도입한 주이나 2012년에 이 제도를 실질적으로 폐지하였다. 제도 폐지 이유들은 다양한데, 그 중 하나는 주가 재정적으로 어려움을 겪을 때 TIF 프로젝트가 너무 많아 주정부세의 큰 부분이 TIF에 묶여있기 때문이다 - TIF 프로젝트가 많았던 이유 중 하나는 도시 재생이 필요하다는 개념이 광범위하게 퍼져있었기 때문이다.

어야 하며, TIF 방식이 아닌 경우 도시재생이 이루어질 수 없어야 한다. (이는 '이것만은 반드시(but for)' 테스트로 알려져 있다)

이와 관련된 금융조달 방식은 네 가지이다:

- 계약당사 채권발행: 계약당국은 인프라 투자에 필요한 채권(비과세 muni 채권[20] - cf. 4.3.1)을 발행할 수 있으며, 증가하는 세수입을 재원으로 하여 이를 상환하는 방식이다.[21]
- *개발금융*. 사업주가 필요한 인프라 투자를 이행할 경우, 계약당국은 동 사업주와 증가된 세수입을 지급할 것이라는 계약을 체결하고, 사업주는 동 계약(마치 프로젝트 계약서와 같은 역할을 한다)을 담보로 필요한 금융을 조달하는 방식이다.
- 상기 두 가지 방법의 중간 방식으로, 사업주는 자기 비용으로 투자를 실행하고, 완공이 될 경우 TIF 채권을 발행하여 이를 상환하는 방식이다. 이러한 방식은 리스크를 경감시키기 때문에 장기 금융을 조달하는데도 유리하다.

그러나 아래와 같은 사항들을 미리 검토해야 한다.

인프라의 종류: 미국의 TIF는 많은 경우 쇼핑센터를 개발하는데 활용되어 왔다 - 이는 도시재생과 관련한 우선순위가 되기는 어렵다. 지역 정치인들과 관계가 있는 부동산 개발업자들이 TIF 개념을 잘못 사용한다면 이는 문제가 될 소지가 크다.

사회적 자본: 증가하는 세수의 일부분은 계약당국의 지역 전체가 골고루 혜택을 볼 수 있어야 한다. 즉, TIF 지역에 거주하는 일부에게만 혜택이 주어져서는 안된다는 것이다. 이는 예컨대 증가하는 세수의 50%까지만 TIF 차입금을 상환하는데 쓰일 수 있으며, 나머지는 계약당국이 희망하는 곳에 쓰일 수 있는 방식으로 구조화된다.

세수 리스크: 실제로 세수가 증가할 것이라는 것을 누가 담보할 수 있는가? 프로젝트 성격에 따라 TIF 지역에 충분한 민간 신규투자가 이루어지지 않을 수도 있으며, 그 결과 대출금 상환이 제대로 이루어지지 않을 수도 있다. (통상 초과 세수가 할당되는 기간에도 제한이 존재한다: 대규모 프로젝트에는 15-20년이 될 수도 있으며, 보다 작은 프로젝트에 대하여서는 보다 짧은 기간이 적용된다)

TIF 사업이 실패할 경우에도 채권 상환에 어려움이 발생한다 - 예컨대 TIF의 주요 사업인 쇼핑센

---

20 이러한 TIF 채권에 대한 세무처리는 사용목적(공공 및 사적목적)이 혼합되어 있기 때문에 매우 복잡하다; 비과세 처리가 목적이라면 적절한 세무 자문이 반드시 필요하다.
21 다른 프로젝트들과 마찬가지로 완공 이후에 수입이 발생하기 때문에, 통상 3년까지 이자는 원금화된다. DSRA와 같은 기타 일반적인 프로젝트 파이낸스의 특성 또한 발견된다.

터가 파산할 경우, 동 쇼핑센터는 세금을 납부할 능력이 없을 것이다. 그러므로 리스크 집중(세원이 좁은 것)은 TIF의 또 다른 중요한 이슈이다.

미국 muni 채권처럼 계약당국이 Revenue Bond를 발행한다면, 채권투자자들은 일반 세수에 대하여서는 소구권을 가지지 못한다. 사업주 앞 의무가 제한되어 있는 경우에도 이와 동일한 원칙이 적용된다. 추가 세수에 대하여 계약당국이 보증을 제공하는 것은 논리적이지 않다: 계약당국이 이러한 리스크를 감수할 수 있고, 차입한도와 관련하여 문제가 없다면(물론 자신이 보증만 제공하는 형태라면 그렇지 않다) 자신이 직접 채권(일반목적 채권)을 발행할 수도 있을 것이다. 반면 이와 관련된 리스크는 매우 복잡하며 평가하기도 힘들다. 몇몇 경우에 있어 TIF 채권은 도시재생이 이루어지는 지역 부동산을 담보로 취득할 수는 있겠지만, 이는 해당 지역의 부동산 가치가 높은 경우에만 의미가 있을 것이다.

TIF 금융에 대하여 주정부 보증이 제공될 수도 있을 것이다. 그렇지 않은 경우 채권보증보험회사나 은행 또는 여타 보증인의 신용보강장치가 요구될 수도 있을 것이다.

기타 리스크 분석: 여타 프로젝트 파이낸스에서 발생하는 리스크와 관련된 이슈들 - 즉 예정된 시간 내, 그리고 예산 범위 내에서 프로젝트 건설이 완료되어야 한다 - 이 TIF 채권에도 적용된다. 그러나 TIF에 특징적인 리스크는 세원과 관련된 이슈이다.

파일럿 TIF 프로그램이 영국 지방정부에서 도입되고 있으나, 미국과는 다른 방식으로 이루어지고 있다.[22] 영국 지방정부는 Debt Management Office('DMO')로부터 저리로 차입할 수 있기 때문에 일반적으로 자신의 명의로 채권을 발행할 필요가 없다. 그러므로 영국에서는 이들 지방정부들이 DMO로부터 차입하기 위한 새로운 방법으로 TIF가 활용되고 있다. 즉, 민간부문이 부담하는 TIF 리스크는 존재하지 않는다.

17.7 프로젝트 파이낸스의 미래

은행들이 주도하는 표준적인 프로젝트 파이낸스가 사라질 것이라고 하는 것은 너무 이른 얘기일 것이다. 은행들이 제공하는 프로젝트 파이낸스 대출금 규모는 아직 매우 크며, 일부 은행들이 이탈하기는 했지만 다른 은행들은 신규로 시장에 참여하고 있다. 그러나 프로젝트 파이낸스 대출 시장에 영향을 주는 장기적인 효과는 인프라 시장, 그리고 유럽 지역을 중심으로 매우 명확하게 드러나고 있다. 기관 투자자들이 제공하는 대출금 규모가 증가하고 있다. 물론 은행들과의 경쟁을 이어나

---

22 Mark Standford, *Tax Increment Financing* (Standard Note: SN/PC/05797, House of Commons Library, London, 2013)*

갈 수 있을지는 여전히 의문이다. 유럽위원회는 조사보고서에서 다음과 같이 언급한 바 있다: "*금융의 은행 의존도를 줄이고, 자본시장을 통한 장기금융 조달을 활발히 할 필요가 있다. 그럼에도 불구하고, 그러한 변화는 시간이 걸릴 것이다.*"[23] 이는 최소한 유럽의 상황에서는 적절한 평가이다.

그러나 전통적인 은행 위주의 프로젝트 파이낸스가 내일 사라지고, 기관 투자자들이 그 뒤를 잇는다 하더라도 이 책의 쓸모가 사라지지는 않을 것이다 - 단일 프로젝트에 대한 재원의 종류와 무관하게, 이 책에서 살펴본 금융 구조화 및 리스크 이슈는 계속 존재할 것이기 때문이다.

---

23 European Commission Staff Working Document, *Long-Term Financing of the European Economy*(SWD(2013) 76 final, Brussels, 2013), p. 18*

용어 및 약어

구분	정의	참조
$	미달러	
3P	Public-Private Partnership 참조	
abandonment (사업포기)	사업주가 프로젝트 건설이나 운영에 실패하는 경우	§7.10.1, §8.5.6, §9.5.5, §14.12, §16.5.4
abatement (감액)	penalties 참조(PFI 모델 계약 관련)	§6.4.3
acceleration (기한이익 상실조치)	EoD 발생 이후 대주단이 대출금 전액에 대한 조기상환을 요구하는 조치	§14.12, §14.13
Accomodation Project (빌딩 프로젝트)	학교, 병원, 교정소, 정부 빌딩 등과 같은 건물에 대한 가용성 기반 계약	
accounting officer (회계관)	PPP 조달절차를 담당하는 공무원	§3.7.1
accreting swap	대출금 인출스케쥴에 맞춘 이자율 스왑	§10.3.1
acknowledge and consent (인정 및 동의)	Direct Agreement 참조	§8.11
Act of God	Force Majeure 참조	
ADB	Asian Development Bank, 지역 DFI	§16.5, §16.5.5
additionality (보충성)	민간부문 참여가 어려울 경우에만 지원을 하겠다는 DFI의 지원요건	§16.5, §16.5.8
ADSCR	Annual Debt Service Cover Ratio	§12.3
advance payment guarantee (선수금환급보증)	EPC	
AfDB	African Development Bank, 지역 MDFI	§16.5, §16.5.6
Affermage	프로젝트 회사가 기존 공공서비스를 인수하고, 서비스 운영대금을 계약당국 또는 사용자로부터 받는 사업방식. cf. Franchise	§6.6
affirmative covenant	covenant 참조. cf. positive covenant	§14.10.1
Affordability (부담 가능)	계약당국이 예산으로 계약대금을 지급할 수 있는 능력, 또는 사용자가 사용료를 낼 수 있는 능력	§3.7.3, §7.2.2
agent bank (대리은행)	프로젝트 회사와 대주단을 연결해주는 은행	§5.2.9, §12.6.4, §14.4.1, §14.10.1, §14.13
all risk insurance	프로젝트의 물리적 손실을 커버하는 보험	§8.6.2
ALOP insurance	Advnace Loss of Profits insurance. DSU insurance 참조	§8.6.1
amortizing swap	줄어드는 명목 원금에 매칭하는 이자율 스왑	§10.3.1
Angola model (앙골라 모델)	천연자원 채굴권을 받고 인프라 프로젝트를 건설해 주는 방식	§11.4.1
Annual Debt Service Cover Ratio (연도별 대출원리금상환비율)	1년 동안 프로젝트 영업현금흐름을 대출 원리금 상환액으로 나눈 비율	§12.3

구분	정의	참조
Annuity Contract	Availability-based Contract 참조	§6.4
annuity repayment (연금형 상환방식)	각각의 기간동안 매번 같은 원리금을 상환하는 방식	§12.5.3
Asset Management Plan (자산관리계획)	프로젝트 계약에 따라 자산의 유지보수 및 개조 등 조치를 취해야 하는 요구사항	§7.10.7
Asset Register (자산 등록)	사업계약 종료시 생산물구매자/계약당국 앞 이전되는 프로젝트 자산에 대한 등록	§7.10.7
assumption book	재무모델의 데이터 소스	§13.3
authorized investment (허용된 투자)	예비계좌에 예치되어 있는 자금을 리스크가 낮은 곳에 투자	§14.4.1
availability (가용성)	사업계약에서 요구하는 바에 따라 프로젝트가 가용해야 하는 것	§6.3.5, §6.4.3, §6.5.5, §9.7.4
Availability Charge (가용성 요금)	Capacity Charge 참조	§6.3.5
Availablity Period (인출가능기간)	금융종결 달성 시점부터 대출금을 인출할 수 있는 기간	§14.3.1
Availability-based Contract/project (가용성 기반 계약/프로젝트)	프로젝트 회사가 계약당국의 사용을 위해 프로젝트를 가용상태로 유지시키는 PFI 모델 프로젝트(용량요금을 지급받는 공정 플랜트 사업계약과 유사하지만, 이러한 종류의 계약은 별도로 취급된다)	§2.5.2, §6.4, 제7장, §9.6.4, §9.7.4
average life (평균 대출기간)	대출 원리금 잔액이 존재하는 평균적인 기간	§12.5.2
B Loan	MDFI의 우산 하에 민간금융기관이 대주로 참여하는 대출	§16.5.1, §16.5.2
BAFO	Best And Final Offer 참조	§3.7.4, §3.7.7, §5.6
balloon repayment	(상대적으로 적은 원금만 상환한 후에 이루어지는) 상대적으로 큰 만기 원금상환금액. annuity repayment, bullet repayment 참조	§10.6, §14.4.4
bankers' clause (은행의 조항)	보험과 관련하여 대주단이 추가적으로 요구하는 사항들	§8.6.5
Banking Case	프로젝트 회사와 대주단이 금융종결 즈음에 합의한 프로젝트 현금흐름. cf. Base Case	§5.2.8, §7.6.5, §7.10, §13.10
Base Case	프로젝트 회사와 생산물구매자/계약당국이 금융종결 즈음에 합의한 프로젝트 현금흐름. cf. Banking Case	§5.2.8, §7.6.5, §7.10, §13.10
Basel process (바젤 협약)	주요 상업은행들이 지켜야 하는 자본금과 유동성에 대한 규제	§17.3
basis point	1%의 1/100	§12.6.1
bbl	barrel (of oil)	
benchmarking (벤치마크)	프로젝트 회사에게 지급되는 서비스 비용에 대한 정기적 리뷰에 기반한 계약대금의 조정	§6.4.5, §7.6.3
Berne Union	International Union of Credit and Investment Insurers	§16.2.2
Best and Final Offer (최종제안)	경쟁적 조달절차의 2차 입찰단계	§3.7.4, §3.7.7, §5.6

구분	정의	참조
BI insurance	Business Interruption insurance 참조	§8.6.2
bid bond (입찰보증)	공공조달 절차에서 입찰참여자가 자신의 제안서가 채택될 경우, 사업계약에 서명하겠다는 약속을 담보하기 위해 제출하는 보증	§3.7.9
bilateral DFI (양자 DFI)	개도국 프로젝트에 자본금과 대출금을 공여해주는 특정 국가의 DFI	§16.1, §16.4
Blended Equity IRR (혼합 자본금 IRR)	Distribution(배당 등)을 감안한 투자자가 누린 IRR	§12.2.2
BLOT	Build-Lease-Operate-Transfer. cf. BLT	§6.2
BLT	Build-Lease-Transfer	§6.2
bond	채권	§4.3, §5.3, §5.4
	채권보전수단; cf. bonding	
bondholder (채권투자자)	채권 방식으로 프로젝트 회사 앞 자금을 대여해주는 이들	
bonding	입찰참여자나 프로젝트 계약 당사자가 자신의 의무이행과 관련하여 제출하는 채권보전장치	§3.7.9, §7.5, §8.2.9, §14.8.1
BOO	Build-Own-Operate	§6.2
book runner (북러너)	대출이나 채권 신디케이션을 담당하는 은행	§5.2.8, §5.3.1
BOOT	Build-Own-Operate-Transfer	§6.2
borrowing base (대출 기반)	현금흐름이나 기타 목표를 충족할 경우 대출금이 인출되도록 구조화된 금융방식	§5.2.2, §14.3.3
BOT	Build-Own-Transfer	§6.2
breach of contract (계약위반)	contract repudiation 참조	§11.5.1
breach of provision clause (약정위반 조항)	non-viation clause 참조	§8.6.5
breach of warranty clause (보장위반 조항)	non-viation clause 참조	§8.6.5
breakage cost	이자율 스왑, 고정금리 대출/채권, 인플레이션 연동 대출 또는 인플레이션 스왑의 조기해지에 따라 발생하는 비용	§10.3.1, §10.3.4, §10.4.3, §14.14.1, §14.14.2
BTO	Build-Transfer-Operate	§6.2
Building-Service Contract (빌딩-서비스 계약)	청소, 케이터링(catering), 보안 등 프로젝트 회사 앞 '소프트' 서비스를 제공하는 계약	§2.5.2, §8.4
bullet repayment (만기일시상환방식)	최종 만기에 대출금 전액을 상환하는 방식. cf. balloon repayment, annuity repayment	§10.3.1, §12.5.2
Business Case (검토)	계약당국이 공공조달 입찰절차에서 다음 절차로 넘어가기 위해 실시하는 검토	§3.7.3
Business Interruption insurance (사업중단보험)	프로젝트에 물리적 손실이 발생함에 따른 기회비용을 커버하는 보험	§8.6.2

구분	정의	참조
buyer credit (구매자 신용)	프로젝트 기자재 수입자에게 공여하는 ECA 금융	§16.2.1
buy-down payment (buy-down 대금)	완공지연 LD 참조	§8.2.8
	interest buy-down 참조	§12.8
Capacity Charge (용량요금)	PPA와 같은 공정 플랜트 프로젝트 사업계약에 의거 프로젝트 고정비용을 커버하는 Tariff의 구성요소로, 생산물 생산여부와 무관하게 지급하는 금액	§6.3.5
capital contribution	capital grant 참조	§15.10
capital grant (자본비용 보조금)	가용성 기반 프로젝트 또는 기타 PFI 프로젝트에 대하여 계약당국이 자본비용 일부를 지급하는 것	§15.10
capitalized interest (이자 원금화)	대출원금에 가산되는 IDC	§10.3, §12.2.3, §13.5.1
CAR insurance (건설보험)	Construction All Risk insurance, CEAR 참조	§8.6.1
Cascade (현금흐름인출순서)	프로젝트 회사의 현금흐름이 적용되는 순서	§14.4.2
cash flow (현금흐름)	프로젝트가 창출하는(또는 쓰는) 현금	
Cash Sweep	잉여 현금흐름을 차입금 조기상환에 활용하는 것	§14.4.4, §14.12, §14.16.4, §15.5
Cash Trap	Distribution Stop 참조	§14.4.3
CDB	China Development Bank	§15.8, §16.4.3
CEAR insurance (건설공사보험)	Construction & Erection All Risk 참조	
Cessation de Créance (대출금 인수)	프랑스 행정법률 체계상 프로젝트 회사 채무 일부를 계약당국이 인수할 수 있도록 하는 행위. cf. Debt Underpinning	§15.17
CfD	Contract for Difference 참조	
CGF	Credit Guarantee Finance 참조	§15.9
change in law (법률변경)	프로젝트 회사 또는 프로젝트에 영향을 미치는 법률의 변경으로, 추가적인 자본비용이나 운영비용이 소요된다. 이는 regulatory risk로도 부른다 l .	§7.6.4, §11.3, §14.4.1
change order (계약내용 변경)	Contract Variation 참조	§7.6.3, §8.2.3
China Exim	Export-Import Bank of china	§11.4.1, §16.4, §16.4.3
CHP (열병합발전)	Combined Heat and Power	
CIRR	Commercial Interest Reference Rate 참조	§16.2.3, §16.2.6
CIS	Commonwealth of Independent States, 구소련	
clawback (환수조치)	프로젝트 회사에 자금이 부족할 경우 이미 받은 배당을 되돌려주는 조항	§14.4.5

구분	정의	참조
CLO	Collaterized Loan Obligation	§5.2.10, §14.16.5
COD	Commercial Operation Date 참조	§6.3.3, §6.3.6, §8.5.1
COFACE	Compagnie Française d'Assurance pour le Commerce Extérieure, 프랑스 ECA	é16.4, é16.4.7
collateral warranty (담보보증)	프로젝트 건설 및 운영과 관련된 서비스를 제공하는 이들이 서비스 이행에 대하여 대주단과 체결하는 계약	§8.11
Collaterized Loan Obligation	증권화를 통하여 대출 포트폴리오를 리파이낸싱하는 방법('CLO')	§5.2.10, §14.16.5
Commercial Acceptance (상업완공)	Project Completion 참조	
commercial bank (상업은행)	프로젝트 파이낸스 대출금의 주 공급원인 민간 은행	§4.2, §5.2, §5.4, 제17장
Commercial Close (상업종결)	금융종결 전 건설계약 (또는 주요 서브계약) 체결일	§8.2.2
Commercial Interest Reference Rate (상업참고금리)	Interest Rate Equalization에 기반한 ECA 수출금융이 지원하는 이자율('CIRR')	§16.2.1, §16.2.3, §16.2.6
Commercial Operation Date (상업준공일)	EPC 계약 기반 프로젝트가 완공되어, 프로젝트 회사가 운영을 개시할 수 있는 날('COD'). Project Completion 참조	§6.3.3, §6.3.6, §8.5.1
commercial risk (상업적 리스크)	프로젝트 자체, 생산물에 대한 시장 또는 서비스와 관련된 프로젝트 파이낸스 리스크. cf. construction, revenue, operating, input supply 및 environmental risk	제9장
commitment fee (약정수료)	미인출 대출금에 대하여 부과하는 수수료(즉, 건설기간 중 부과되는 수수료)	§12.6.3
Common Terms Agreement (공통금융계약)	각기 다른 대주단간 공통으로 적용되는 조건들에 대하여 정한 계약	§14.14
Compensation Event (보상 이벤트)	프로젝트 회사가 손실을 입거나 추가적 투자를 해야 하는 이벤트로, 생산물구매자/계약당국이 책임져야 한다. cf. Excuse Event, Relief Event	§7.6, §8.2.5
completion risk (완공 리스크)	construction risk 참조	§7.4.1, §9.5
Concession (양허)	시설이용 대가로 일반 대중이 통행료, 요금 등 사용자 요금을 내는 PPP. cf. PFI 모델	§2.5.2, §6.5
Concession Agreement (양허계약)	양허와 관련된 사업계약	§2.5.2, §6.5, 제8장
conditions precedent (선행조건)	대출금 인출 전 프로젝트 회사가 충족해야 하는 조건들(CP). cf. condition subsequent	§14.8
conditions subsequent (후행조건)	금융계약 체결 또는 프로젝트 계약 체결 시점과 금융종결 시점 사이에 충족해야 하는 조건들	§14.8
consent to assignment (양도 동의)	Direct Agreement 참조	§8.11

구분	정의	참조
consortium (컨소시엄)	프로젝트 개발을 위하여 모인 사업주들	§3.5
Construction & Erection All Risks insurance (건설공사보험)	건설기간 중 발생하는 물리적 피해에 대한 보험	§8.6.1
construction budget (건설예산)	대주단과 합의한 건설비용. 이를 초과할 경우 대주단의 동의가 필요하다. cf. operating budget	§9.5.5, §13.5.1
construction contract (건설계약)	EPC 또는 D&B Contract	§2.5.2, §8.2
construction contractor (건설회사)	EPC 또는 D&B Contractor	§2.5.2, §8.2
construction risk (완공위험)	프로젝트 건설과 관련된 상업적 리스크	§7.4.1, §9.5
construction subsidy (건설보조금)	capital grant 참조	§15.10
construction phase insurance (건설단계 보험)	CEAR, Marine Cargo, Marine DSU 및 Force Majeure 보험	§8.6.1
contingency (예비비)	프로젝트 건설비용예산 중 비목이 특정되지 않은 비용(예비 금융으로 커버)	§9.5.6, §9.5.7, §10.3, §12.4.2
Contract for Difference (차액정산계약)	프로젝트 회사가 생산물을 시장에 판매하고, 시장가격과 미리정한 가격의 차이를 offtaker와 정산하는 방식의 계약('CfD')	§6.3.1, §9.6.1
contract mismatch (계약 미스매치)	사업계약과 여타 프로젝트 계약간 모순	§9.12
Contract Payment (계약대금 지급액)	사업계약에 의거 프로젝트 회사 앞 지급해야 하는 금액. 즉, 공정 플랜트 프로젝트와 관련하여 offtaker가 지급하는 Tariff, PFI 모델 프로젝트에서 계약당국이 지급해야 하는 Service Fee, 및 Concession Agreement에 따라 지급해야 하는 User Charge	§6.4.1, §6.4.5, §6.5.1, §7.3
contract repudiation (계약 거부)	계약당국이 프로젝트 계약상 의무를 이행하지 않는 행위 또는 사업소재지국 정부가 Government Support Agreement에 따른 보상의무를 이행하지 않는 행위	§11.5.1, §16.2.4
Contract Variation (계약내용 변경)	계약당국이 책임을 지는 PPP 계약 내용의 변경	§7.6.3
Contracting Authority (계약당국)	Offtake 계약(민간부문과의 계약 제외) 또는 PPP 계약에 대하여 프로젝트 회사의 계약상대방 역할을 하는 공공부문	§2.4, §2.5.2, §2.6.2, 제6장, 제7장, §9.2, §9.14
Control Account (통제계좌)	Project Account 참조	§14.3.2, §14.4.1
controlling creditor (통제 채권자)	채권투자자들을 대신하여 의사결정을 내리는 채권자	§5.3.2, §14.13
corporate finance (기업금융)	프로젝트 파이낸스에 대비되는 용어로, 회사의 재무제표 및 기존 비즈니스에 기반하여 금융이 이루어지는 방식	§2.2, §2.6

구분	정의	참조
cost-benefit ratio (비용-편익 비율)	프로젝트 편익의 NPV를 비용NPV로 나눈 값	§10.2.3
country risk (국가리스크)	political risk 참조	§9.1, 제11장, 제16장
coupon (쿠폰)	채권에 지급하는 이자	§12.6.1
coupon swap (쿠폰 스왑)	interest-rate swap ckawh	§10.3.1, §14.14.1
counterparty risk (계약상대방 리스크)	프로젝트 회사가 계약을 체결한 당사자들의 기술적, 재무적 능력과 관련된 리스크	§9.5.4
covenants (약정사항)	프로젝트 회사가 대주단 앞 제공하는 약정	§14.10
Cover Ratio (커버비율)	대출 원리금 상환액과 프로젝트 현금흐름간의 비율. cf. ADSCR, LLCR, PLCR 또는 Reserve Cover Ratio	§12.3
CPI	Consumer Price Index. 소비자물가지수	
CPs	conditions precedent 참조	§14.8
credit agreement	loan agreement 참조	제14장
credit default swap	대주가 아닌 제3자가 신용리스크를 부담할 수 있게 하는 파생계약	§17.2
credit enhancement (신용보강장치)	프로젝트 파이낸스와 관련하여 보증서, standby loan 및 추가적 금융담보를 제공하는 것	§15.3
Credit Guarantee Finance (신용보증금융)	PPP 프로젝트 회사에 대한 영국정부의 공공부문 금융지원 체계(민간부문에 대한 채무보증)('CGF')	§15.9
credit margin (신용위험가산율)	대출금 공여시 대주가 프로젝트 신용위험을 커버하고, 자본수익을 거둘 수 있도록 조달비용에 부과하는 금리. 또는 유사한 만기의 정부채에 가산하는 금리. cf. swap credit margin	§12.6.1
credit rating agency (신용평가기관)	프로젝트 회사의 신용도에 대하여 객관적인 리뷰를 시행하는 기관	§5.3.1, §9.15, §9.16, §17.5
creeping expropriation (점진적 몰수)	사업소재지국 정부 또는 공공부문의 조치들 종합해 볼 때 몰수와 같은 효과를 내는 조치	§11.5.2
cross-default	복수의 대주가 존재할 때, 하나의 금융계약에서 EoD가 발생하면 자동적으로 다른 금융계약에서도 EoD가 발생하도록 한 조항	§14.14
cross border (다국적/해외)	일국에서 타국에 행해는 투자 및 대출	
cross collaterization (공동담보)	각기 다른 대주단간 담보를 공유	§14.14.3
CUP	B loan과 유사한 원칙에 따라 MIGA가 출범시킨 Cooperative Underwriting Program	§11.8.1, §16.5.4
cure period (치유기간)	계약상 발생한 default를 치유할 수 있는 기간	§8.11
currency swap (통화스왑)	두 개 통화간 미래 환율을 고정시키는 헤지 계약	§4.2.2, §10.5.2

구분	정의	참조
cushion (쿠션)	대주단, 투자자 또는 기타 사업당사자들 앞 지급해야 할 금액을 초과하는 수준의 현금흐름	§2.6.1
D&B Contract (D&B 계약)	Design & Build Contract 참조	§2.5.2, §8.2
Dailly tranche	Cessastion de Créance로 커버되는 프랑스 PFI 모델 계약의 서비스 수수료 일부	§15.17
DBFO	Design-Build-Finance-Operate	§6.2
DCF	Discounted Cash Flow 참조	§10.2.1
deal creep	민간 사업주가 당초 약정했던 Contract Payment 수준을 서서히 올리거나, 합의했던 리스크 이전약속을 번복하는 일. 이는 사업주가 우선협상대상자로 선정된 이후 사업계약을 협상하는 과정에서 자주 발생한다.	§3.7.4, §3.7.7, §14.16.6
debt (차입금, 대출금)	(선순위) 대주단이 제공하는 금융	§2.4, 제12장, 제14장
debt:equity ratio (D:E ratio)	차입금과 자기자본의 비율. cf. leverage	§2.6, §10.5.6, §12.4, §12.8, §14.3.2
Debt Accretion (대출 증액)	당초 예상보다 교통량이 증가할 경우 양허기간 중 대출금액을 증액	§14.3.3
Debt Funding Competition (금융입찰)	PPP 프로젝트의 우선협상대상자가 선정된 이후 이루어지는 차입금 공여 경쟁. cf. Equity Funding Competition	§5.6.1
debt service (대출 원리금 상환)	대출 원리금 상환	§12.5
Debt Service Reserve Account (대출원리금상환예비계좌)	상환스케쥴에 따른 대출원리금 상환액을 커버할 수 있는 수준의 현금을 예치해 두는 계좌('DSRA')	§14.4.1
Debt Tail	차입금 상환 후 프로젝트 수입을 내는 기간. cf. Reserve Tail	§7.2.3, §12.3.4, §12.4, §14.4.4
Debt Underpinning (차입금 보조)	PPP 프로젝트와 관련, 계약당국이 차입금 일부를 2차 손실 방식으로 보증해 주는 프로그램	§15.17
deductible (자기부담금)	보험금 지급 전 보험가입자가 부담하는 금액	§8.6.3
deduction (감액)	가용성을 충족시키지 못하거나 서비스 요구수준을 충족시키지 못하는 경우, PFI 모델에서 적용되는 Service-Fee 차감액 또는 공정 프랜트 프로젝트에서 적용되는 Tariff의 차감액. cf. abatement, penalty	§6.3.5, §6.4.3, §9.7.4
default interest (지연배상금율)	EoD 발생시 적용하는 이자율	§14.12
Default Ratio (default 비율)	그 이하로 커버비율이 낮아지면 EoD가 발생하는 재무비율	§14.12
defaulting lender (defaulting 대주)	자신의 몫의 대출금을 조달하지 못하는 대주	§12.7.3, §14.14.6

구분	정의	참조
defect liability period (하자보증기간)	완공 이후 일정기간 동안 프로젝트에 발생하는 문제에 대하여 건설회사가 책임지는 기간	§8.2.9
degradation (성능저하)	프로젝트 사용율 증대에 따라 성능이 저하되는 현상	§6.3.5, §9.7.3
Delay in Start-up insurance (가동지연 보험)	프로젝트에 대한 물리적 피해 발생으로 인하여 완공이 지연될 경우 기회비용이나 추가비용을 커버하는 보험	§8.6.1
delay LD (공기지연 LD)	정해진 날짜에 완공을 달성하지 못할 경우 건설회사가 지급하는 LD	§8.2.8
denial of justice (정의의 부인)	contract repudiation 참조	§11.5.1, §16.2.4
depreciation (감가상각)	세무 또는 회계 목적으로 프로젝트의 자본비용을 비용으로 처리	§3.6.1, §4.5.2, §6.3.5, §7.2.8, §12.3.1, §12.5.3, §13.7
derivative (파생상품)	금융시장의 변동에서 '파생된' 가격으로 일정 기간에 걸쳐 대금을 주거나 또는 받는 계약	
Design & Build Contract (Design & Build 계약)	프로젝트를 디자인하고 짓는 턴키 계약('D&B Contract'). cf. Construction Contract, EPC Contract	§2.5.2, §8.2
Design, Procurement and Construction Contract	EPC Contract 참조	§2.5.1
design risk (디자인 리스크)	디자인 업무가 복잡한 프로젝트와 관련하여 건설회사가 디자인을 잘못 적용하는 리스크	§9.5.5
developer (디벨로퍼)	Sponsor 참조	제3장, §9.13
Development Agreement (사업개발계약)	프로젝트 개발과 관련하여 사업주간 체결하는 계약	§3.5
development cost (사업개발 비용)	금융완결 이전 사업주가 쓴 비용	§3.3, §3.5, §9.5.6, §13.3
development fee (사업개발 수수료)	금융종결 시점에 사업개발 비용에 대하여 사업주들이 받는 수수료	§3.7.11, §9.5.6, §12.2.5
DFI	Development Finance Institution. 양자 DFI, MDFI 참조	§16.4, §16.5
Direct Agreement (직접계약)	대주단과 프로젝트 계약 당사자들간 체결하는 계약으로, 이를 통해 대주단의 이익을 보호할 수 있다. cf. acknowledgements and consents, tripartite deed	§7.4.3, §8.11
Disbursement Account (인출계좌)	자본금과 대출금이 예치되는 계좌. 동 계좌로부터 건설대금이 납부된다.	§14.3.2
discount rate (할인율)	미래 화폐가치를 현재가치로 환원할 때 적용하는 비율.	§10.2.1
discounted cash flow	미래 현금스름을 현재 가치로 할인한 금액('DCF'). cf. discount rate	§10.2.1
discounted payback period	미래 현금흐름을 할인시켜 계산하는 투자회수기간	§12.2.4

구분	정의	참조
dispatch	전력구매자의 지시에 의한 발전소의 발전	§6.3.4
dispatch risk (발전 리스크)	송배전망 또는 전력구매자의 요구로 발전소가 전력을 생산하여야만 하는 리스크	§6.3.4
Distribution Stop (배당 중지)	Cover Ratio가 특정 수준에 미달할 경우 등이 발생할 때 대주단이 명하는 배당 중단 조치. cf. Cash Trap	§14.4.3
Distribution (배당 등)	배당 또는 (후순위) 주주대여금에 대한 이자 명목으로 주주 앞 지급하는 금액	§12.2.2, §14.4.2
dividend (배당)	프로젝트의 현금으로 투자자인 사업주들 앞 지급하는 금액	
dividend trap (배당 함정)	회계적 손실로 인하여 프로젝트 회사가 현금을 보유하고 있음에도 불구하고 배당을 하지 못하는 상황	§13.7.2
Dividend Stop Ratio (배당중지비율)	Distribution Stop ratio 참조	§14.4.3
domestic (국내)	프로젝트 사업 소재지와 연관	
DPC contract (DPC 계약)	Design, Procurement and Construction Contract. cf. EPC Contract	§2.5.1, §8.2
drawdown (인출)	프로젝트 건설기간 중 프로젝트 회사가 대주단으로부터 대출금을 빌리는 절차	§14.3.2
drawdown request (인출 요청)	인출을 위한 공식 절차	§14.3.2
Drawstop (인출 중단)	EoD 발생으로 인한 대출금 인출의 중단	§7.10.1, §14.12
dry closing	금융계약과 프로젝트 계약은 체결되었으나, 발효는 condition subsequent를 충족해야만 하는 상태	§14.8.1
DSRA	Debt Service Reserve Amount 참조	§14.4.1
DSU insurance (DSU 보험)	Delay in Start-up insurance 참조	
due diligence (실사)	프로젝트 계약, 상업적/금융적/정치적 리스크에 대한 리뷰와 평가	§2.6, §5.5, §5.6, §9.2, §14.8.1
e.g	예컨대	
EU (유럽연합)	European Union	
easement (지역권)	인근 부지를 사용할 수 있는 권리. 예컨대 폐수처리	§8.8.2
EBITDA	Earing Before, Interest, Tax, Depreciation and Amortization, 기업금융에서 활용되는 재무비율	§12.3.1, §12.3.6
EBRD	European Bank for Reconstruction and Development. 중유럽, 동유럽, CIS 및 북아프리카 등을 커버하는 MDFI	§16.5, §16.5.7
ECA	Export Credit Agency (또는 수출입은행)	§11.8.1, §16.2, §16.4

구분	정의	참조
economic infrastructure (경제 인프라)	교통, 통신, 에너지, 상하수도 등 경제활동을 위해 필수적인 인프라. cf. social infrastructure	§2.3
Effective Date (효력발생일)	Financial Close 참조	§3.1, §3.6.3, §5.2.7, §8.2.2, §13.10, §14.8.1, §14.14
Efficacy Insurance	건설 하청업체의 완공지연/성능미달 LD 지급 리스크를 커버하는 보험	§8.6.1
EIA	Environmental Impact Assessment 참조	§9.10.1
EIB	European Investment Bank 참조	§15.4.1, §16.5.8, §17.5.2, §17.5.3
EID/MITI	현재 NEXI로 대체된 과거 일본의 무역산업성(Ministry of Trade and Industry) 내 수출입보험부서(Export-Import Insurance Division)	§16.4.1
emergency Step-in (비상 개입권)	안전이나 공공 안보 이유로 공공부문 생산물구매자/계약당국이 프로젝트 운영에 개입할 수 있는 권리	§7.9
Enclave Project (Enclave 프로젝트)	생산물이 전부 수출되고, 대금지급이 국외에서 이루어지는 프로젝트	§11.4.1, §16.5.1
Energy Charge (에너지 요금)	연료비용을 커버하는 PPA Tariff 구성요소; cf. User Charge, Variable Charge	
Environmental Impact Assessment (환경영향평가)	프로젝트 건설과 운영이 환경에 미치는 영향에 대한 분석	§9.10.1
environmental risk (환경 리스크)	프로젝트 건설과 운영이 환경에 미치는 영향에 따른 프로젝트 리스크	§9.10
EPC contract (EPC 계약)	Engineering, Procurement and Construction Contract. cf. D&B Contract, Construction Contract	§2.5.1, §8.2
equity (자기자본)	사업비 조달과 관련하여, 투자자들이 납입자본 또는 주주대여금 등으로 마련한 금액	§2.4, §12.2
Equity Bridge Loan	건설기간 중 자본금을 대신하여 대주단이 공여하는 대출금	§12.2.3
Equity Funding Competition (지분입찰)	PPP 계약일 체결한 프로젝트 회사 자본금 일부 납입과 관련하여, 또는 금융종결 직전에 실시하는 경쟁입찰. cf, Debt Funding Competition	§12.2.5, §17.5
Equity IRR (자본금 IRR)	투자자들이 납입한 자본금에 대한 IRR. cf. Blended Equity IRR	§12.2
Equity Subscription Agreement (자본금 납입 계약)	사업주와 프로젝트 회사간 체결하는 계약으로, 사업주가 자본금을 납입하겠다는 것 (그리고 후순위 대출금을 제공하겠다는 것)을 내용으로 한다.	§3.6.2, §12.2.3
escrow account (에스크로우 계좌)	2인 이상이 통제권을 가지는 계좌. cf. Reserve Account	§9.6.1, §11.4.1
European Investment Bank	유럽연합의 정책금융기관('EIB'). cf. LGTT, Project Bond Initiative	§15.4.3, §16.5.8, §17.5.2, §17.5.3

구분	정의	참조
Event of Default	대주단으로 하여금 인출중단 또는 금융계약 해지를 할 수 있도록 하는 이벤트	§5.4, §14.12
event of default	프로젝트 계약 당사자들로 하여금 계약을 해지할 수 있는 권리를 발생시키는 이벤트	§7.10.1, §7.10.2, §8.5.6
exchange rate risk (환리스크)	foreign exchage risk 참조	§10.5
Excusing Cause (면제 사유)	프로젝트가 가용성 요구를 충족시킬 수 없으나, 페널티는 적용받지 않는 사유. cf. Compensation Event, Relief Event	§7.7
export credit (수출신용)	수출과 연관하여 ECA가 프로젝트 회사 앞 제공하는 직접대출 또는 대주단 앞 제공하는 보증/보험	제16장
expropriation (몰수)	사업소재지국 정부가 프로젝트 또는 프로젝트 회사를 불법적으로 인수하는 행위	§11.4.2
facilities agreement	loan agreement 참조	제14장
facility	프로젝트, 대출 또는 대출의 한 tranche	
facility agent (대리은행)	agent bank 참조	§5.2.9, §12.6.4, §14.4.1, §14.10.1, §14.13
FIM (최종 투자설명서)	Final Information Memorandum. 신디케이션을 위해 활용되는 프로젝트 회사에 대한 정보	§5.2.8
Final Business Case (최종 검토)	계약당국이 PPP 사업과 관련된 우선협상대상자를 선정하기 전, Outline Business Case에 설정한 목표를 달성하였는지 여부를 확인하기 위해 계약당국이 실시하는 리뷰절차	§3.7.3
financial advisor (금융자문사)	사업주를 위해 프로젝트 회사 금융조달을 자문하는 이; 또는 계약당국의 자문사	§3.4.1
Financial Balance (재무적 균형)	Financial Equilibrium 참조	§7.6.5
Financial Close (금융종결)	모든 프로젝트 계약과 금융계약 서명이 이루어지고, 선행조건들이 충족되어 대출금 인출이 가능한 날	§3.1, §3.6.3, §5.2.7, §8.2.2, §13.10, §14.8.1 §14.14
Financial Equilibrium (재무적 회복)	Compensation Event 발생시 프로젝트 회사의 투자자들과 대주단에게 발생한 손해를 커버할 수 있도록 하는 조치	§7.6.5
financial model (재무모델)	사업주들이 프로젝트 파이낸스를 재무적으로 구조화하고, 대주단과 계약당국이 이를 통해 프로젝트를 리뷰하고 평가할 수 있도록 하는 재무적 모델	§3.4.1, §3.4.3, §3.7.3, §3.7.6, §5.2.6, §5.5.5, 제13장
financial risk (재무 위험)	macro-economic risk 참조	제10장
financing agreement	loan agreement 참조	
first loss (1차 손실)	선순위 대주단보다 후순위인 공공기관의 대출이나 보증	§15.3

구분	정의	참조
Fisher formula (피셔 방정식)	명목이자율은 실질이자율과 인플레이션의 합리라는 관계를 나타내는 식	§13.4.3
Fixed Charge	Capacity Charge 참조	§6.3.5
fixed costs (고정비용)	프로젝트의 생산량이나 사용량과 무관하게 발생하는 프로젝트 회사의 운영비용 요소. Capacity Charge 및 Service Fee 참조	§6.3.5, §6.4.1
floating interest rate (변동금리)	시장이율에 따라 주기적으로 변경되는 이자율. LIBOR, rate-fixing date 참조	§10.3
FM Contract (시설물관리계약)	Facilities Management Contract; Hard FM Contract, Soft FM Contract, Maintenance Contract 및 Building-Service Contract 참조	
Force Majeure	계약 일방의 의무를 이행하는 능력에 영향을 끼치는 이벤트이나, 당사자의 잘못도 아니며, 미리 예상을 할 수도 없었던 이벤트. Relief Event 참조	§7.8, §7.10.4, §8.5.2, §8.5.5, §9.9
Force Majeure insurance (Force Majeure 보험)	Force Majeure 발생으로 인하여 완공이 지연되거나 운영이 중단되어 기회비용 또는 추가비용이 발생할 때 DSU 또는 BI로 커버되지 않는 부분을 커버하는 보험	§8.6.1, §8.6.2
forced outage	주로 공정 플랜트와 관련되어 있음. unplanned maintenance 참조	§9.7.5
foreign exchage risk (환위험)	환율변동으로 인해 발생하는 거시경제적 리스크	§10.5, §13.4.4
Forfaiting (포페이팅)	프로젝트 건설비용이 완공때 전액 상환되거나 리파이낸싱되는 PPP 방식의 시스템	§6.6
forward-looking ratio (미래 비율)	Distribution Stop 및 Default Ratio 산정 목적으로 미래 ADSCR, LLCR 등을 계산	§14.4.3
Franchise (프랜차이즈)	기존 인프라를 활용하여 수입을 발생시킬 수 있는 권리. 이는 PPP와는 다른데, 민간부문이 새롭게 투자하는 부분이 없기 때문이다. cf. Affermage, Lease	§6.6, §7.2.8, §15.20
fronting bank	이자율 스왑과 관련하여 채널로 활동하는 은행	§10.3.1, §14.14.1
Fuel-Supply Contract (연료공급계약)	연료에 대한 원재료 공급계약	§8.5
full cover	상업적 리스크와 상업적 리스크 모두에 대하여 ECA가 제공하는 보증/보험	§16.2.1, §16.2.4
Gap Financing (갭파이낸싱)	민간부문으로부터 충분한 금융조달이 어려울 경우 공공부문이 부족한 부분을 대출로 지원. cf. TIFU	§3.7.9, §15.7
gearing	leverage 참조	
GIC	Guaranteed Investment Contract 참조	§3.7.9, §15.7
GOCO	Government Owned, (private-sector) Contractor-Operated Project Company	§6.6
governing law (준거법)	프로젝트 계약 및 금융계약을 관할하는 법률	§11.5.1, §14.15

구분	정의	참조
government (정부)	프로젝트 소재국 중앙정부	
Government Support Agreement (정부지원계약)	프로젝트의 법적 기반을 마련해주는 프로젝트 계약, 또는 보증 등 다양한 정부지원을 확약하는 문서	§11.7
GPA	Agreement on Government Procurement. WTO가 마련한 정부의 공공조달 프레임워크	§3.7.4
GPOBA	Global Partnership on Output-Based Aid. cf. OBA	§17.6.2
grace period (유예기간/거치기간)	계약위반을 치유할 수 있는 기간 대출금에 대한 거치기간	§10.7.1, §14.12 §12.5.3
gross up	세금납부액을 감안하여 지급금액을 늘리는 것	§7.10.6, §12.7.1
GST	Goods & Services Tax. cf. VAT	§11.3.2, §13.5.1, §13.7.5
Guaranteed Investment Contract (보증된 투자계약)	채권발행액 예치은행이 프로젝트 건설비용을 지급하기 전까지 고정금리를 제공하겠다는 약정('GIC'). negative arbitrage 참조	§10.3.4
handback (이전)	사업계약 만기에 프로젝트 자산을 생산물계약자/계약당국 앞 이전하는 행위	§7.10.7
Hard FM Contract (Hard FM 계약)	유지보수 업무를 포함하는 시설물관리계약. FM Contract 참조. 이 용어는 Soft FM 계약에 대비되어 사용된다.	§2.5.2, §8.3, §9.7.5
Hard Mini-Perm	Mini-Perm 참조. 이 용어는 Soft Mini-Perm에 대비되어 사용된다.	§10.6
heat rate (열효율)	일정량의 전력을 생산하기 위하여 사용되는 연료량	§6.3.6, §9.7.5
hedging (헤지)	프로젝트 회사를 이자율, 인플레이션, 환율 또는 상품가격 변동 리스크로부터 보호할 수 있는 파생금융상	§6.3.1, 제10장
Hermes	독일 ECA인 Hermes Kreditversicherungs A.G	§16.4.5
Host Country (사업소재지국)	프로젝트가 소재해 있는 국가(통상 다국적 프로젝트와 관계되어 사용됨)	§11.4
Host Government (사업소재지국 정부)	사업소재지국의 정부	
hurdle rate	투자가 요구되는 최소 수익을 내는지 점검하기 위해 사용되는 할인율 또는 최저 IRR	§10.2.1, §12.2.1, §12.2.4
IADB	Inter-American Development Bank, MDFI 중 하나	§16.5, §16.5.9
IBRD	World Bank 참조	§16.5.1
IDA	International Development Association. 세계은행 그룹의 일부로서, 최빈국에 개발금융을 제공	§16.5, §16.5.3
IDB	Islamic Development Bank, 이슬람 금융	
IDC (건설기간중 이자)	Interest During Construction	§10.3, §10.5.1, §12.2.3, §13.5.1
IFC	International Finance Corporation, 민간부문 투자를 담당하는 세계은행 그룹의 일원	§16.5.2

구분	정의	참조
IFIs	International Financing Institutions. DFI 참조	제16장
Implementation Agreement (실시협약)	Government Support Agreement 참조	§11.7
income statement (손익계산서)	P&L account 참조	§13.7
incomplete contract (불완전한 계약)	모든 계약당사자들이 결과를 미리 예측할 수 없었던 계약	§9.4
Independent Engineer (독립 엔지니어)	프로젝트 계약 당사자가 아닌 엔지니어링 회사로, 프로젝트 건설이 사업계약 및 EPC 계약에 따라 진행되고 있는지를 검사하는 역할을 담당	§7.4.1, §7.10.1, §8.2.4
independent power producer (독립민자발전)	공공부문이 소유하지 않는 발전 프로젝트	§2.3, §6.3
inflation risk (인플레이션 리스크)	물가상승률 변동에 따른 거시경제적 리스크	§7.3.3, §10.4, §13.4.1
inflation-indexed bond (인플레이션 연동 채권)	원리금 상환액이 물가상승률에 연동되는 채권	§10.4.3
inflation swap (인플레이션 스왑)	인플레이션 연동 현금흐름을 고정 현금흐름과 교환하는 파생계약	§10.4.3
Initial Business Case (최초 검토)	PPP 사업에 대한 계약당국의 사전 사업성검토. cf. Outline Business Case, Final Business Case	§3.7.3
Input-Supplier (원재료 공급자)	Input-Supply Contract 계약 체결자	
Input-Supply Contract (원재료 공급계약)	프로젝트 회사에게 연료나 원재료를 공급하는 프로젝트 계약	§2.5.1, §8.5, §9.8
input-supply risk (원재료 공급 리스크)	프로젝트 원재료 공급 가능성 및 가격 상승과 연관된 상업적 리스크	§9.8
institutional market/lenders (기관 시장/대주들)	대규모 투자 또는 대출을 제공하는 비은행(대부분 생명보험회사와 연기금)시장; 대출금은 채권시장, 대출펀드 또는 직접 공여함	§3.2.1, §17.4
Institutional PPP	계약당국이 이미 운영되고 있는 프로젝트 회사의 지분을 민간에 매각하고, 이후 민간이 적극적으로 회사경영에 참여하는 형태	§6.6
insurance (보험)	프로젝트 물리적 손실, 매출 기회비용, 제3자 책임 등과 관련된 보험, 건설기간 중 보험 및 운영기간 중 보험 참조	§7.8, §8.6, §9.9.1
	또한 채권보증보험회사나 ECA, 또는 DFI가 프로젝트 앞 대출이나 투자금에 대하여 제공하는 credit/정치적 보험을 의미하기도 한다.	§4.3,2, §4.3.3, 제16장
insurance advisor (보험자문사)	프로젝트의 보험과 관련된 사항에 대한 대주단의 자문사(credit/ 정치적 보험과 관련된 사항은 제외)	§5.5.4
insurance premium (보험료/프리미엄)	보험에 가입하기 위해 납부해야 하는 금액	§8.6.8, §9.9.2
intercreditor (대주간)	각기 다른 그룹의 대주들간의 관계	§14.14

구분	정의	참조
intercreditor agent (대주단 대리인)	대주들 전체의 대리인	§14.14
Intercreditor Agreement (대주단간 계약)	Common Terms Agreement 참조	§14.14
interest buy-out	프로젝트에 보다 많은 자본금을 투입하는 경우, 이자율을 하향조정	§12.8
interest during construction (건설기간중 이자)	건설기간 중 인출하는 대출금에 대한 이자로, 일반적으로 원금화된다. 이는 건설예산의 일부로 계산된다. ('IDC')	§10.3, §10.5.1, §12.2.3, §13.5.1
interest rate cap (이자율 캡)	프로젝트 회사 차입금에 대하여 이자율 최대한도를 정할 수 있는 금리 파생상품	§10.3.2
interest rate collar (이자율 컬러)	프로젝트 회사가 내야 하는 이자율은 상한과 하한을 정할 수 있는 금리 파생상품	§10.3.2
Interest Rate Equalization (이자율균등화)	상업은행의 조달금리와 CIRR의 차이를 지급하는 ECA의 이자율 지원수단	§16.2.1, §16.2.3
interest rate risk (이자율 리스크)	이자율 상승과 관련된 거시경제적 리스크	§10.3, §13.4.3
interest rate swap (이자율 스왑)	변동금리를 고정금리로 변경시키는 금리 파생상품	§10.3.1, §14.14.1
internal rate of return (내부수익률)	미래 현금흐름에 기초한 투자수익률 측정 방법('IRR'). blended Equity IRR, Equity IRR, project IRR 참조	§10.2.2, §10.2.3
investment bank (투자은행)	채권이나 대출 주선업무만을 전문적으로 하는 은행	§5.3.1
investment grade (투자적격등급)	신용등급 BBB-/Baa3 이상	§5.3.1, §17.5
investment insurance (투자보험)	ECA, DFI 및 민간보험회사가 투자자들에게 제공하는 PRI	§11.8.1, §16.3
investment risks (투자위험)	환전·송금, 몰수 및 정치적 force majeure과 관련된 정치적 리스크	§11.4, §16.2.4
investors (투자자)	프로젝트 회사의 지분에 참여하는 사업주 및 기타 주주들	§2.4, §2.6.1, §3.2, §12.2
	프로젝트 회사의 채권을 매입하는 이들을 지칭하기도 한다.	§4.3, §5.3
IPP	Independent Power Producer 참조	§2.3, §6.3
IRR	Internal Rate of Return 참조	§10.2.2, §10.2.3
IRS	미국 국세청(Internal Revenue Service)	
ISDA	International Swap and Derivatives Association. 이자율 스왑 및 기타 파생계약의 표준양식을 마련하는 기관.	§10.3.1
Islamic financing (이슬람 금융)	샤리아 율법에 따라 이자 지급을 금지하는 금융	§4.5.4, §16.5
ITN	Invitation to Negotiate. RfP 참조	
ITT	Invitation To Tender. RfP 참조	
JBIC	Japan Bank for International Cooperation. 수출신용과 비구속적 금융을 제공하는 일본 ECA	§16.4, §16.4.1

구분	정의	참조
JEXIM	Export-Import Bank of Japan. JBIC의 전신	§16.4.1
KDB (한국산업은행)	Korea Development Bank, 한국의 정책금융기관	§16.5.8, §16.4.2
KEXIM (한국수출입은행)	Export-Import Bank of Korea	§16.4.2
Key Performance Indicators (핵심성과지표)	PPP 계약상 서비스 기준('KPI'); 이를 달성하지 못하면 performance point를 부여받는다.	§6.4.4, §7.4.2, §8.4
KfW-IPEX Bank	독일의 수출에 대한 CIRR 기반 금융 및 비구속성 금융을 제공하는 독일의 수출입은행	§16.4, §16.4.5
KPI	Key Performance Indicator 참조	§6.4.4
K-Sure (한국무역보험공사)	Korea Trade Insurance Corporation	§16.4, §16.4.2
LD	liquidated damage 참조	§6.3.6, 제8장, 제9장, §13.9, §14.4.1, §14.6.2
lead arranger(s) (금융주선사)	프로젝트 파이낸스 차입금을 주선하고 인수하는 은행들 또는 프로젝트 파이낸스 채권을 주선하는 투자은행들	§5.2.3, §5.2.5, §5.3.1
lease (리스)	lessor가 소유권을 갖는 기자재와 관련된 금융형식. cf. lessor, lessee	§4.5.2, §14.14.4
	일정 기간동안 특정 부동산(건물)을 활용할 수 있는 권리	§8.7
	Franchise 참조	§6.6
lenders (대주단, 대주들)	은행, 채권투자자 또는 프로젝트 회사에 선순위 차입금을 공여해주는 이들	§2.4, 제4장, 제5장, 제14장 §17.4
lenders' advisors (대주단 자문사)	대주단이 고용하는 외부 자문사들	§5.5
lenders' engineer (대주단 기술자문사)	대주단을 자문하는 외부 엔지니어링 회사	§5.5.3, §8.2.4, §8.2.7, §9.5.4, §9.5.6, §13.11 §14.3.2, §14.5, §14.8
lessee (리스임차인)	리스계약 의무이행자(즉, 프로젝트 회사)	§4.5.2
lessor (리스임대인)	리스를 통하여 금융을 제공하는 자(즉, 대주)	§4.5.2, §14.14.4
leverage (레버리지)	D:E ratio	§2.6, §12.4, §12.8, §14.3.2
LGTT	EIB가 운영하는 Loan Guarantee Instrument for Trans-European Network Projects	§15.5, §17.5.3
LIBOR	London InterBank Offered Rate. 가장 중요한 변동금리 중 하나	§10.3, §12.6.1, §12.7.3

구분	정의	참조
lifecycle renewal/replacement	운영기간 종료 후 주요 기자재 등을 개보수하거나 교체하는 것	§7.2.7, §7.10.7, §8.3.2, §9.7.5, §14.4, §14.4.4
limited recourse (제한소구)	사업주로부터 제한적인 보증을 받는 금융. cf. non-recourse	§9.13
linear project (선형적 프로젝트)	도로사업과 같이 띠 모양의 긴 땅에 건설하는 프로젝트	§8.6.5, §8.6.9, §9.5.1, §9.5.2
Liquid Market clause (유동적 시장 조항)	입찰에 참여하려는 이가 존재하지 않거나 그 수가 많지 않을 경우, 프로젝트 회사의 default가 발생했더라도 사업계약을 시장에 매물로 내놓지 않아도 된다는 내용의 PPP 계약 조항	§7.10.1
liquidated damages (손해배상액의예정)	일방의 계약당사자가 약속을 위반했을 때 발생할 수 있는 손실을 미리 정한 금액("LD'). cf. delay LD, performance LD	§6.3.6, 제8장, 제9장, §13.9, §14.4.1, §14.6.2
liquidity support (유동성 지원)	현지통화 가치가 하락함에 따라 프로젝트 회사가 인출할 수 있는 예비 금융	§10.5.4
LLCR	Loan Life Cover Ratio 참조	§12.3.2, §12.3.6
LMA	London Market Association. 은행 표준 금융계약서를 제안하는 기관	§14.2
LNG (액화천연가스)	Liquified Natural Gas	
loan agreement (대출계약서)	프로젝트 회사와 대주단간 체결하는 계약. cf. credit agreement, facilities agreement	제14장
Loan Life Cover Ratio (전대출기간 대출원리금 상환비율)	대출잔여기간동안의 영업현금흐름의 NPV를 대출잔액으로 나눈 비율('LLCR')	§12.3.2, §12.3.6
Lock-up Ratio	Distribution Stop Ratio 참조	§14.4.3
MAC clause (MAC 조항)	material adverse change clause 조항 참조	§14.8.3, §14.12
macroeconomic risk (거시경제적 리스크)	인플레이션, 이자율 및 환변동 등과 관련된 프로젝트 파이낸스 리스크	제10장, §13.4
maintenance bond (보수 보증)	PPP 또는 공정 플랜트 프로젝트가 사업계약 후반에 적절한 보수가 이루어지는 것을 담보하는 보증. cf. warranties	§7.5, §7.10.7, §8.2.9
Maintenance Contract (보수 계약)	도로나 빌딩 등 인프라 보수 계약. cf. O&M Contract	
maintenance covenant (유지 약정)	예컨대 커버비율 등 특정 수준을 유지하겠다는 약정	§14.10.1
Maintenance Reserve Account (유지보수준비계좌)	프로젝트 주요 정비보수 비용을 커버할 수 있는 현금을 적립하는 예비계좌('MRA')	§7.10.7, §9.7.5, §14.4.1, §14.4.2, §14.4.4
Maître d'œuvre	Independent Emgineer 참조	§7.4.1
make-whole clause	par floor 참조	§10.3.4

구분	정의	참조
Management Contract (경영관리 계약)	사업주가 프로젝트 회사 앞 경영관리 서비스를 제공하겠다는 것을 약속하는 계약	§3.6.3
	공공 인프라 관리와 관련하여 공공부문과 민간부문이 체결하는 계약	§6.6
mandate (위임)	금융자문사로 선임	§5.2.3, §5.3.1
mandatory cost (강제적 비용)	조달과 관련하여 상업은행들이 차주 앞 부과하는 추가적인 비용	§12.7.2
margin (마진)	credit margin, swap credit premium 참조	
margin rachet	대출기간동안 이자율을 상승시키는 조치	§12.6.1
Marine Cargo insurance (해상적하보험)	해상운송 중 기자재 파손을 커버하는 보험	§8.6.1
Marine DSU insurance (해상적하지연보험)	해상운송 중 기자재 파손으로 인하여 야기되는 기회비용 또는 추가비용을 커버하는 보험	§8.6.1
market disruption (시장 교란)	대주단이 자신의 대출금에 대한 단기이자율을 갱신할 수 없는 상황	§12.7.3
market flex	시장상황 악화를 감안, 금융주선사가 자신이 인수한 금융의 조건을 변경할 수 있도록 허용하는 권리	§5.2.7
market stabilization (시장 안정화)	대규모 채권발행이나 스왑계약 체결로 인하여 시장이자율이 변동하지 않도록 사전에 헤지계약을 체결하는 것	§10.3.5
mark-to-market	스왑이나 breakage cost 의 현재가치 산정	§10.3.1
material adverse change clause (부정적 상황변화 조항)	프로젝트에 부정적인 상황변화가 이루어졌을 때 대주단이 인출을 거부하거나 조기상환을 요구할 수 있는 근거가 되는 조항	§14.8.3, §14.12
maturity (만기)	대출이나 계약의 최종일	
MDB	Multilateral Development Bank. MDFI 참조	
MDFI	Multilateral DFI; 세계 각국 정부로 주주구성이 이루어진 DFI	§16.5
Mechanical Completion (기계적 완공)	EPC 계약에 의거, 프로젝트가 요구되는 성능과 운영기준을 충족할 수 있다는 확인	§8.2.7
merchant power plant (머천트 발전소)	PPA 없이, 시장에서 전력을 판매하는 발전소	§9.6.2
mezzanine debt (메자닌 차입금)	투자자가 아닌 이가 제공하는 후순위대출	§4.5.1, §14.14.5, §15.4
MIGA	Multilateral Investment Grade Agency. 정치적 리스크에 대하여 투자자들과 대주단에게 커버를 제공하는 세계은행 소속 기관	§16.5.4
Mini-Perm	대출기간이 건설기간 및 초기 운영기간만을 포함하는 대출. 이후 장기대출로 리파이낸싱 될 것으로 전제로 함. 이는 Soft Mini-Perm과 대비되는 의미에서 Hard Mini-Perm이라고 한다.	§10.6

구분	정의	참조
Minimum Revenue Guarantee (최소수입보장)	양허계약상 계약당국이 최소수입을 보장하는 장치	§15.18
MIGA	Multilateral Investment Guarantee Agency, 정치적 위험에 대하여 투자자와 대주단에게 커버를 제공하는 세계은행 그룹 멤버	
MIRR	Modified IRR 참조	§10.2.3, §12.2.3
MLA	은행들에 대한 minimum liquidity asset 요구조건. mandatory cost 참조	§12.7.2
	Multilateral Lending Agency. MDFI 참조	§16.5
MLR	은행들의 minimum liquidity ratio requirement. cf. mandatory cost	§12.7.2
mobilization (가동준비)	프로젝트 건설단계에서 운영단계로의 전환	§8.3.2
Model Auditor (모델 감사인)	재무모델을 리뷰하고 확인하는 회계법인 (또는 전문회사)	§5.5.5, §13.10, §14.8.1
modified IRR (수정 IRR)	프로젝트에서 발생한 현금흐름의 재투자수익률을 낮게 적용하는 IRR 방식('MIRR')	§10.2.3, §12.2.3
monoline insurance (채권보증보험회사 보험)	(종합적인 보험이 아닌) 개별 금융리스크에 대한 보험	§4.3.2, §4.3.3, §5.3.2, §15.4.3, §15.9, §16.5.8, §17.2
Monte-Carlo simulation (몬테카를로 시뮬레이션)	통계적 리스크 평가방법 중 하나	§9.2, §12.2.4
MRG	Minimum Revenue Guarantee	§15.18
muni bond	미국 지방정부채 시장. cf. PAB, Revenue Bond, TIF	
Natural force majeure (자연재해 force majeure)	화재, 폭발, 홍수, 비정상적 기상조건 등 예상할 수 없었던 이벤트. Force majeure 참조	§7.10.4
negative arbitrage	채권발행액 전체를 필요할 때까지 단기예금계좌에 예치함에 따라 발생하는 이자손실. GIC 참조	§5.4, §10.3.4
negative equity (음의 자본금)	누적손실액이 납입자본금을 초과하는 상태	§13.7.3
negative pledge	제3자에게 담보를 제공하지 않겠다는 것을 대주단에게 약속	§14.7.1, §14.7.2, §14.10.2
Negotiated Procedure (협상절차)	입찰제안서 내용을 보다 명확히 파악하기 위하여 입찰 참여자들과 협상을 벌이는 공공조달 방법 중 하나	§3.7.4
net present value (순현재가치)	미래 현금흐름을 현재가치로 할인한 금액('NPV')	§10.2.1, §10.2.3
network risk (네트워크 리스크)	프로젝트 외부 연결과 관련된 양허계약 리스크	§9.6.3
NEXI	Nippon Export and Investment Insurance, 일본 ECA	§16.4, §16.4.1
no-fault termination	force majeure로 인한 프로젝트 계약 해지	§7.10.4

구분	정의	참조
nominal interest rate (명목금리)	인플레이션을 감안한 이자율; 실제로 적용되는 이자율. cf. real interest rate	§13.4.3
nominal sum (명목금액)	인플레이션을 감안한 현재 가격; 실제로 주고받는 금액. cf. real sum	§10.4
non-recourse (무소구)	사업주의 보증이 없고, 프로젝트 현금흐름에만 의존하는 방식, cf. limited recourse	§2.2, §2.6.1, §3.2, §9.13, §9.14
Non-reverting Asset	계약기간이 만료되더라도 계약당국앞 소유권이나 통제권을 돌려주지 않는 PPP 계약 대상 자산	§6.2, §7.2.5, §7.6.5, §7.10.8, §7.10.9, §9.14
non-vitiation clause (non-vitiation 조항)	보험증서를 무효로 하는 프로젝트 회사의 행위는 대주단의 권리를 제약하지 않는다는 내용을 기술한 조항	§8.6.5
Nordic Investment Bank	북유럽 국가들의 MDFI	§16.5
notional principal amount (명목원금)	이자율 스왑의 대상이 되는 대출 원금액	§10.3.1
NPV	Net Present Value 참조	§10.2.1, §10.2.3
NPV at risk	투자자가 프로젝트 리스크를 평가하는 방법 중 하나	§12.2.4
NPV of Revenue (수입의 현재가치)	교통량 리스크 문제를 다루기 위하여 양허계약에 유연한 조건을 담는 시스템	§9.6.3
NTP (착수통지서)	Notice to Proceed. 프로젝트 회사가 건설회사에게 건설개시를 명하는 서류	§8.2.2
O&M (유지보수)	Operation and Maintenance	
O&M Contract (유지보수계약)	프로젝트 회사를 대신하여 프로젝트 유지와 운영 서비스를 제공하는 계약	§2.5.1, §8.3, §9.7.2
O&M Contractor (유지보수계약자)	유지보수 서비스를 제공하는 자	
OBA	Output-Based Aid 참조	§17.6.2
obsolescing bargain (협상력 저하)	사업추진 전 사업주는 사업소재지국 정부에 대한 협상력을 지니고 있지만, 그 이후로는 협상력을 점점 잃어버리는 현상	§11.2
ODA (공식개발원조)	Official Development Aid. cf. Tied Aid	§16.4
OECD	Organization for Economic Co-operation and Development	§2.2, §16.2.3
OECD Concensus (OECD 가이드라인)	ECA가 제공하는 금융조건들을 규율하는 협약	§16.2.3
Offtake Contract (생산물구매계약)	프로젝트 회사가 생산한 제품을 Offtaker에게 판매하는 Project Agreement	§2.4, §2.5.1, 제7장, §9.6.1, §9.14
Offtaker (생산물구매자)	PPA 등 계약을 통하여 프로젝트 회사가 생산한 제품을 구매하는 이	§2.4, §2.5.1 §9.14

구분	정의	참조
operating budget (운영예산)	(프로젝트 회사가 통제하는) 운영비용에 대한 예산. cf. construction budget	§9.7.7
operating cashflow (영업현금흐름)	프로젝트 회사의 매출액에서 운영비용을 뺀 금액. 즉, 대출 원리금 상환 이전의 현금흐름	
operating phase insurace (운영기간 중 보험)	All Risk, BI 및 force majeure 보험	§8.6.2
operating risk (운영위험)	프로젝트 운영과 관련된 상업적 리스크	§9.7
operational gearing (운영 레버리지)	서비스 사용료에서 대출금 상환액/배당과 운영비용이 차지하는 비율이다	§15.10
OPIC	Overseas Private Investment Corporation. 미국 정부기관	§16.4, §16.4.4, §16.5.4
optimism bias (긍정 편향성)	비용을 작게 계상하고, 프로젝트 성공 가능성을 높게 보는 경향	§3.7.3
Optional Terminiation (계약종결 옵션)	계약당국이 PPP 계약을 조기에 종결. cf. Termination for Covenience, Voluntary Termination	§3.7.3
Outline Business Case (개요 검토)	시장검토에 나서기 전 계약당국이 PPP 사업에 대해 실시하는 타당성검토	§3.7.3
Output-based Aid (성과기반원조)	PPP와 동일한 방식으로 작동되는 개도국 프로젝트 앞 제공되는 원조	§17.6.2
output dedication (전량 공급)	원재료 공급자가 자신이 확보할 수 있는 물량 전부를 공급하는 방식 (정해진 물량을 확정하지 않는다). cf. sole supplier	§8.5.1
Output Specification (결과물 특정)	프로젝트에 요구되는 사항을 PPP 계약에서 정함	§6.4.2
over-indexation (과도한 연동)	프로젝트 회사의 변동비용보다 높은 비율로 계약대금을 인플레이션에 연동시키는 것	§10.4.2
owner's engineer (사업주 기술자문사)	프로젝트 회사를 대신하여 건설회사를 감독하는 역할을 하는 엔지니어	§8.2.4
owner's risk (발주처 리스크)	건설계약상 프로젝트 회사가 지는 부담	§8.2.3, §8.2.5, §9.5.5
P&L account (손익계산서)	프로젝트 회사의 (현금흐름에 기초한 것이 아닌) 회계적 결과. cf. income statement	§13.7
p.a (연)	per annum	
PAB	Private Activity Bond. 미국 muni 채권시장에서 PPP 프로젝트와 관련하여 자금을 조달하는 방법 중 하나	§4.3.1
par floor	고정금리부 대출이나 채권 조기상환시 대출(채권) 잔액의 100% 이하로 상환하지 못하도록 정해놓은 조항. cf. make-whole clause, Spens clause	§10.3.4
pari-passu	담보에 대하여 동등한 비율의 몫을 차지하는 것; 대주들이 공유하는 담보 또는 다른 청구권에 관련되어 있음.	

구분	정의	참조
Partial Credit Guarantee (부분적 신용 보증)	신용리스크 일부를 커버하는 MDFI의 보증('PCG')	§16.5.1
Partical Risk Guarantee (부분적 리스크 보증)	MDFI가 제공하는 프로젝트의 정치적 위험을 커버하는 보증 ('PRG'). cf. PRI	§16.5.1
payback period	distribution을 통해 받는 금액이 투자금과 같아지는데 걸리는 시간. cf. discounted payment period	§12.2.4
paying agent (지급대리인)	프로젝트 회사로부터 채권 원리금을 받아 이를 채권 투자자들에게 분배해주는 기관	§5.3.2
Payment Mechanism (대금지급 메커니즘)	Contract Payment를 산정하는 산식 등	§2.5.1
PBCE	Project-Bond Credit Enhancement; EIB의 Project Bond Initiatives를 활용한 결과	§15.4
PCG (모회사 보증)	(서브계약자에 대한) Parent Company Guarantee	§8.10
	Partial Credit Guarantee 참조	§16.5.1
penalties (페널티)	프로젝트 회사가 양허계약에 따른 서비스 공급을 하지못할 때 지급해야 하는 LD cf. abatement, deductions	§6.3.6, §6.4.3, §6.5.5, §9.7.4
performance bond (계약이행보증)	건설회사(또는 다른 허브계약자)가 자신의 의무이행을 담보하기 위해 제출하는 보증	§8.2.9
	프로젝트 회사가 사업계약에 따른 자신의 의무이행을 담보하기 위해 제출하는 보증	§7.5
performance LD (성능미달 LD)	프로젝트가 요구되는 최소 성능기준을 충족시키지 못할 때 건설회사가 지급해야 하는 LD	§8.2.8, §9.5.10, §14.6
Performance Management System (성능관리시스템)	PPP 계약에서 프로젝트 성능을 모니터링하는 시스템('PMS')	§6.4.4
Performance Point (성능 포인트)	KPI 미달성시 부과되는 페널티로, 포인트가 누적되면 페널티나 계약대금 감액이 이루어지며, 최악의 경우 사업계약 해지의 요건이 된다.	§7.10.1
performance risk (성능 리스크)	프로젝트의 성능과 연계된 프로젝트 완공 리스크	§9.5.10
performance-based contracting (성능기반계약)	PPP와 유사한 방식으로 결과물이나 성능기준에 기반을 두는 계약	§6.6
Permits (인허가)	프로젝트 건설 및 운영, 프로젝트 회사 앞 투자 또는 프로젝트 회사가 차입하기 위해 필요한 권리 또는 허가사항	§8.8, §9.5.3
Persistent Breach (지속적 위반)	프로젝트 회사가 사업계약 내용을 지속적으로 위반하나, 위반하는 정도가 페널티, 계약대금 차감 또는 EoD의 적용을 받지않는 수준인 경우	§7.10.1
PFI	Private Finance Initiative 참조	§2.3, §4.3.3

구분	정의	참조
PFI-Model Contract (PFI 모델 계약)	계약당국이 프로젝트 회사 앞 프로젝트 사용에 대한 대가를 지급하는 사업계약(가용성기반 계약이라고도 불림). 그러나 Shadow-toll 프로젝트 등 일부의 경우는 이런 식으로 대금을 지급하지 않음. cf. Accomodation project, Concession	§2.5.2, §6.4, 제7장
PIM	Preliminary Information Memorandum. 예비 금융주선사들이 금융제안을 하기 위하여 참조하는 프로젝트 정보	§5.2.8
planned maintenance (계획된 보수)	scheduled maintenance 참조	§9.7.5
planned outage (계획된 가동중단)	scheduled maintenance 참조. 주로 공정 플랜트 프로젝트와 연관되어 있음.	§9.7.5
PLCR	Project Life Cover Ratio 참조	§12.3.4
PMS	Performance Management System 참조	§6.4.4
Policy Bank (정책금융기관)	특정 산업 또는 특정 경제분야에 자금을 공급하는 정부 소유의 금융기관. cf. SFI, 양자 DFI 등	§15.8
politicial force majeure (정치적 force majeure)	전쟁, 테러리즘 또는 시민 폭동 등 프로젝트에 영향을 미치는 force majeure	§7.10.4, §9.9.1, §11.4.3
political risk (정치적 리스크)	정치적 force majeure 및 기타 투자리스크, 법률변경 리스크, 및 준정치적 리스크 등과 관련된 리스크	제11장
political risk cover (정치적 위험 커버)	Political Risk Insurance 또는 Partial Risk Guarantee. cf. full cover	§11.8, 제16장
Political Risk Insurance (정치적 위험 보험)	민간, ECA 또는 MDFI가 제공하는 정치적 위험에 대한 보험 ('PRI')	§11.8, 제16장
power purchaser (전력구매자)	PPA의 offtaker	§6.3, §7.12.1, §9.4
Power Purchase Agreement (전력구매계약)	Offtake 계약(PPA)의 한 종류	§2.5.1, §6.3, 제7장
PPA	Power Purchase Agreement 참조	
PPI	Private Participation in Infrastructure. 즉, 민영화된 인프라 및 민간부문 인프라, 그리고 PPP	§2.5.2, §16.1
PPIAF	Public-Private Infrastructure Advisory Facility, PPI 프로그램과 프로젝트를 추진하는 개도국 정부에 대하여 기술적인 지원을 제공하는 트러스트 펀드	
PPP	Public-Private Partnership 참조	§2.5.2, §2.6.2, §3.7, §6.4 §6.5, §6.6 제7장
PPP Contract (PPP 계약)	Concession, 또는 PFI 모델 계약	
PPP Unit	PPP 조달 및 계약관리를 지원하기 위한 공공부문 센터	§3.7.1
PPPI	PPPs for Infrastructure(다른 PPP와 구분 용도)	§6.6
PQQ	(조달절차에서의) Pre-Qualification Questionnaire	§3.7.5
præcipium	대출금 신디케이션 이후 금융주선사가 갖는 주선수수료	§5.2.8

구분	정의	참조
preferred bidder (우선협상대상자)	조달절차를 거쳐 계약당국이 PPP 계약을 체결하고자 하는 입찰참가자	§3.7.3, §3.7.4, §3.7.7, §3.7.9
premium (프리미엄)	insurance premium, swap credit premium 참조	
pre-NTP works	NTP 발급 이전 EPC 계약자가 수행하는 초기 건설업무(디자인 등)	§8.2.2
prepayment (조기상환)	대출금의 전부 또는 일부를 기일보다 일찍 상환	§14.6.2
pre-qualification (사전심사)	조달절차의 첫 단계	§3.7.5, §5.6, §9.5.4
PRG	Partial Risk Guarantee 참조	§16.5.1
PRI	Political Risk Insurance	§11.8, 제16장
primary investor (1차 투자자)	사업주를 포함한, 프로젝트 회사의 발기인 주주. cf. secondary investor	§3.2
principal (대출원금)	대출금 또는 대출잔액	
Private Finance Initiative	영국의 PPP 프로그램('PFI'). 2012년에 PF2로 개명	§2.3, §4.3.3
private placement (사모)	증권시장이 아닌 방법을 통한 채권 매매방식	§4.3.3
Proceeds Account	Disbursement Account 참조	§14.3.2
process plant project (공정 플랜트 프로젝트)	원재료(예컨대 천연가스)을 투입하여 제품(예컨대 전기)를 생산하는 프로젝트 §2.5.1, §6.2	§2.5.1, §6.2, §6.3, 제7장, §9.6.1
Project Account (프로젝트 계좌)	프로젝트 회사의 현금흐름이 예치되는 Operating/Reserve Account. 출금은 Cascade를 따른다.	§14.4.1
Project Agreement (사업계약)	프로젝트 디자인, 건설, 금융 및 운영과 관련하여 프로젝트 회사와 offtaker/계약당국간 체결하는 계약으로, 프로젝트 파이낸스의 중요 채권보전장치가 된다; cf. Offtake Contract, Concession, PPP Contract	§2.4, §2.5 제6장, 제7장
Project Bond Initiative	인프라 채권시장 활성화를 위해 EIB가 제공하는 신용보강제도	§15.4.3, §17.5.2, §17.5
Project Company (프로젝트 회사)	프로젝트 건설 및 운영을 위해 설립한 SPV	§2.2, §2.4, §3.6
Project Company cost (프로젝트 회사 비용)	프로젝트 회사를 운영하는데 드는 비용	§9.5.6, §9.7.7
Project Completion (사업 완공)	프로젝트가 완공되어 운영/서비스 제공이 가능해진 날. cf. COD, Commercial Acceptance, Substantial Completion, Service Commencement Date	§3.1, §7.3.1, §8.2.7, §8.5.4
Project Contract (프로젝트 계약)	프로젝트 회사가 체결하는 계약으로, Project Agreement, Construction Contract, Input-Supply Contract, O&M/Maintenance Contract, Building-Services Contract, Government Support Agreement, Direct Agreement 및 보험 등이다.	제6-8장

구분	정의	참조
Project Coordination Agreement	Common Terms Agreement 참조	§14.14
project cost budget (사업 예산)	construction budget 참조	§9.5.5, §13.5.1
project finance (프로젝트 파이낸스)	'재무적 엔지니어링'을 통해 대규모 프로젝트에 대한 장기 차입금을 조달하는 방법. 이는 독립된 프로젝트에 대한 현금흐름에만 기반하는 금융기법이다; 프로젝트 건설, 운영 및 매출 리스크에 대한 철저한 분석이 필요하며, 계약 또는 다른 방법으로 프로젝트 참여자들간 리스크 배분이 요구된다.	§2.2
Project IRR (프로젝트 IRR)	대출 원리금 상환 및 배당 등 지급 전의 현금흐름으로, 현금투자(자본금 또는 차입금과 무관)에 대한 수익률	§7.10.1, §10.2.2, §12.2.4, §13.8
Project Life Cover Ratio (프로젝트 커버비율)	프로젝트 잔여기간 중 현금흐름의 NPV를 대출잔액으로 나눈 비율('PLCR')	§12.3.4
Project Preparation Facility (프로젝트 준비 기금)	PPP 사업개발을 위해 계약당국이 자문사를 고용하는데 드는 비용	§3.7.2
project risk (프로젝트 리스크)	commercial risk 참조	제9장
project-finance risk (프로젝트 파이낸스 리스크)	commercial risk, macroeconomic risk, regulatory and political risk 참조	제9장-제11장
promoters (프로모터)	Sponsor, 또는 PPP 사업과 관련하여서는 Contracting Authority 참조	§3.2
protective covenant	negative covenant 참조	§14.10.2
PSC	Public-Sector Comparator 참조	§3.7.3
Public Liability insurance (공공책임보험)	제3자에게 발생한 손실이나 상해를 커버하는 보험. cf. Third-Party Liability insurance	§8.6.1, §8.6.2
public procurement (공공조달)	계약당국이 추진하는 사업계약에 대한 경쟁입찰	§3.7
Public-Private Partnership (민간투자사업)	프로젝트 회사가 공공부문을 대신하여 공공 서비스를 제공하는 계약('PPP'); cf. Concession, Availability-based Contract, PFI 모델 계약	
Public Sector Comparator (공공부문 조달비교)	PPP로 추진하는 비용과 비교 목적으로, 만약 공공부문이 직접 프로젝트를 추진하는데 소요되는 비용	§3.7.3
pull tolling	연료나 원자재를 공급하는 생산물구매자와 체결하는 tolling 계약. cf. push tolling	§8.5.1
Purchasing Power Parity (구매력패러티)	양국간의 환율은 양국 통화의 이자율 차이를 반영할 것이라는 가정	§13.4.3
push tolling	원재료 공급자와 체결하는 tolling 계약. cf. pull tolling	§8.5.1
put-or-pay contract (put-or-pay 계약)	Take-or-Pay 방식의 원재료 공급계약	§8.5.1
QIB	Qualified Institutional Buyer, Rule 144a 방식의 채권을 구매할 수 있는 기관투자자	§4.3.3

구분	정의	참조
quasi-political risk (준정치적 리스크)	상업적 리스크와 정치적 리스크의 경계에 존재하는 리스크. 이는 (사업소재지국 정부 또는 공공기관의)계약 위반, subsovereing risk 및 creeping expropriation 등이다.	§11.5.1, §11.6
RAB finance	Regulated Asset Based finance 참조	§17.6.1
ramp-up	교통량이 점점 늘어나는 건설 프로젝트(예컨대 유료토로 프로젝트) 완공 초기	§9.6.2
	발전소 등 공정 플랜트가 용량만큼의 생산물을 생산할 때까지 걸리는 기간	
rate-fixing date (금리결정일)	고정금리대출이 현재 시장수준에 맞춰 확정되는 날	§10.3
real interest rate (실질이자율)	명목이자율에서 인플레이션율을 뺀 수치	§13.4.3
real sum (명목금액)	인플레이션 조정이 이루어진 금액 (cf. nominal sum)	§10.4
real toll (실질 toll)	프로젝트 사용자가 실제로 지급하는 toll/요금 (cf. shadow toll)	§6.4.6, §6.5.1, §9.6.2
refinancing (리파이낸싱)	기존 대출금을 보다 좋은 조건의 대출금으로 차환하는 것	§5.4, §10.3.1, §10.6, §14.16
refinancing gain (리파이낸싱 이익)	리파이낸싱을 통해 프로젝트 회사 투자자들이 누리는 혜택	§14.16
Regulated Asset Base Finance (규제자산기반 금융)	프로젝트 금융조달을 지원하기 위하여 보장된 수익률을 제공하는 방식	§17.6.1
regulation by contract	별도 규제당국이 아니라 사업계약에 의하여 계약대금을 고정하는 방식	§17.6.1
regulatory capture (규제의 덫)	규제당국이 자신이 규제하는 산업 관계기관들에 의해 영향을 받는 경향	§17.6.1
regulatory risk (규제 리스크)	프로젝트 회사에게 추가 자본비용이나 운영비용이 발생할 수 있는 법률 또는 규제 변경 리스크(예컨대 작업장 안전 등)	§11.3.1
reinsurance (재보험)	보험회사, ECA 또는 DFI 앞 보험을 재가입	§8.6.6, §16.5.4
Relief Event (구제 이벤트)	완공 또는 프로젝트 운영을 저해하는 일시적인 force majeure. 이러한 이벤트가 발생한 경우 각각의 당사자들은 default를 적용받지 않고 문제를 해결할 시간을 가질 수 있다.	§7.8, §8.2.6, §8.5.2, §9.9
representations and warranties (진술 및 보장)	금융의 기초가 되는 정보에 대하여, 그리고 정보가 오류가 있을 경우 책임을 지겠다는 프로젝트 회사의 확약사항	§14.9
Request for Proposal (제안요청서)	공공조달절차 입찰참여를 촉구하는 문서	§3.7.6
Request for Qualification (입찰참가의향서)	공공조달절차의 최초(자격심사) PQQ 단계에서 예비 입찰자들의 재무적·기술적 역량 제출 요구서('RFQ')	§3.7.5
rescue refinancing (rescue 리파이낸싱)	문제가 발생한 프로젝트 대출에 대한 리파이낸싱	§14.16.4

구분	정의	참조
Reserve Account (예비계좌)	미래 비용이나 대출 원리금 상환 목적으로 프로젝트 회사의 현금흐름 일부를 예치해두는 계좌 (대주단이 통제). cf. DSDRA, MRA	§14.3.2, §14.4.1
reserve cover ratio (매장량 커버비율)	자원개발 프로젝트에 있어 LLCR 역할을 하는 비율	§12.3.5
reserve risk (매장량 리스크)	프로젝트에 필요한 양보다 적은 양의 자원이 매장되어 있는 리스크	§9.8.4
Reserve Tail (매장량 tail)	대출만기 이후에도 남아있는 매장량. cf. Debt Tail	§9.8.4, §12.3.5, §14.4.4
Residual Cushion	Debt Tail 참조	§7.2.3, §12.3.4, §12.4, §12.4.1, §14.4.4
residual value risk (잔여가치 리스크)	사업계약 이후 프로젝트 가치에 대한 리스크	§6.2, §7.2.5, §7.10.7, §7.10.9, §9.11
Restricted Procedure (제한경쟁입찰)	입찰서류가 제출된 이후 협상이 이루어지지 않는 공공조달절차	§3.7.4
retainage (유보금)	COD를 달성할 때까지 프로젝트 회사가 각 기성금 지급액 중 일부를 유보하는 금액	§8.2.9
retained risk (리스크 부담)	PPP 또는 공정 플랜트 프로젝트에서 계약당국이 부담하는 리스크 또는 의무	§7.6, §15.2
retention amount (유보금)	retainage 참조	§8.2.9
Revenue Bond	(공공부문) 수입만을 재원으로 하는 Muni bond 시장 채권	§4.3.1, §15.20, §17.6.4
Reverting Asset	계약기간이 종료되면 프로젝트를 계약당국 앞 이전하는 PPP 계약 대상 자산. cf.Non-reverting Asset	§6.2, §7.2.5, §7.10.7, §9.14
revenue risk (수입 리스크)	생산물 판매 또는 서비스 사용을 통해 프로젝트 회사가 충분한 수입을 낼 수 있는지와 관련된 상업적 리스크	§9.6
RFP	Request for Proposal 참조	§3.7.6
RFQ	Request for Qualification 참조	§3.7.5
right of way (통행권)	인근 부지에 대한 접근권 (예컨대 원료를 프로젝트로 이송하는 파이프라인)	§8.8.2
risk matrix (리스크 매트릭스)	프로젝트 리스크와 그 경감방안을 정리한 표	§9.3
rollover risk (rollover 리스크)	대출잔액이나 상환스케줄이 변경될 때 이자율 스왑 계약이 체결되지 않을 수 있는 리스크	§10.3.1
RPI swap	inflation swap 참조	§10.4.3
Rule 144a	QIB와 사모사채를 거래할 수 있도록 허용하는 법령	§4.3.3
SACE	SACE SpA, 이탈리아 ECA	§15.16, §16.4.6

구분	정의	참조
SAFETEA-LU	미국의 Safe, Accountable, Flexible, Efficient Transportation Equity Act: A Legacy for Users 2005. 교통 프로젝트에 대한 PAB 한도를 상향하고, PPP 프로젝트에 대하여 TIFIA가 제공하는 지원을 늘린 법규정	§4.3.1, §15.4
scheduled maintenance (계획된 보수)	사업계약에 프로젝트 보수를 위하여 별도로 할당한 시간. cf. planned outage, unplanned maintenance	§9.7.5
SEC	미국 증권거래위원회(Securities and Exchange Commission)	§4.3.3
second loss (2차 손실)	프로젝트에 발생한 손실규모가 선순위 대출금보다 큰 경우, 초과손실을 흡수하는 공공부문의 대출 또는 지급보증	§4.3.3
secondary investors (2차 투자자)	프로젝트 완공 이후 primary investors로부터 지분 전부 또는 일부를 매입하는 투자자. cf. primary investors	§14.17
securitization (증권화)	은행 대출을 pooling하여 비은행권 투자자들에게 매각하는 절차. cf. CLO	§5.2.10
	신용카드매출채권 등 매출채권을 pooling하여 채권투자자들에게 매각하는 절차	§4.3.1
senior debt (선순위 대출금)	선순위 대주단이 제공하는 대출금	
senior lender (선순위 대주단)	메자닌 대출, 후순위 대출의 원리금 및 주주 앞 배당 이전에 원리금을 상환받을 수 있으며, 프로젝트 회사 청산시 가장 높은 순위의 변제권을 부여받는 대주들. cf. mezzanine lenders, subordinate lenders 이 책에서는 다른 용례가 없는 경우 선순위 대주단은 '대주단'으로 칭하였다.	§4.5.1, §12.2.2, §14.14.5
sensitivity analysis (민감도 분석)	보다 부정적인 영업환경을 하에서 프로젝트 Banking Case의 가정들이 어떤 정도로 변화하는지 점검해보는 테스트	§13.9
Service Availability Date	Service Commencement Date 참조	§6.4.1
Service Commencement Date (서비스 개시일)	PPP 프로젝트에서 프로젝트 완공일	§6.4.1
Service Fee (서비스 요금)	PFI 모델에서 계약당국이 지급하는 대금. cf. Contract Payment, Tariff, User Charge, Payment Mechanism	§6.4.1
SFI	State Financial Institution. cf. Policy Bank, 양자 DFI	§15.8
Shadow Bid Model	사업타당성 조사 단계에서 계약당국이 프로젝트 파이낸스를 활용하여 PPP 사업을 조달하기 위한 비용 예측	§3.7.3
Shadow Tolls	프로젝트 사용량에 따라 통행료를 내나, 일반 대중이 아니라 계약당국이 지급. cf. real toll	§6.4.6, §9.6.2
Shareholder Agreement (주주간계약)	프로젝트 회사 설립 및 운영 등과 관련하여 사업주들간 체결하는 계약	§3.6.2
SIB	미국 State Infrastructure Bank. 연방 자금을 활용하여 교통 인프라 프로젝트에 메자닌 금융을 제공하는 기관	§15.4.1, §17.5.2, §17.5.3
Simest	Società Italiana per le Impresse all'Estero. CIRR 기반 보조금과 비구속성 금융을 제공하는 이탈리아 정책금융기관	§16.4, §16.4.6
SINOSURE	China Export & Credit Insurance Corporation, 중국 ECA	§16.4, §16.4.3

구분	정의	참조
site risk (사업부지 리스크)	사업부지의 취득 또는 컨디션과 관련된 리스크	§8.2.5, §9.5.1, §9.5.2
site-legacy risk (기존 사업부지 오염 리스크)	기존에 존재했던 사업부지 오염 리스크	§9.10.3
social impact bond (사회적 영향 채권)	채권상환 재원이 특정된 사회적 결과에 의존하는 방식의 채권	§17.6.3
social infrastructure (사회 인프라)	학교, 병원, 교도소, 공공주택, 정부부처 및 경찰소 등 공공건물. cf. economic infrastructure; Accomodation project	§2.3, §2.5.2
SOE	state-owned enterprise	§11.6
Soft FM	Building-Service Contract 참조	§2.5.2, §8.4
Soft Mini-perm	투자자들의 리파이낸싱을 촉진하기 위하여 완공 후 2-3년부터 cash sweep을 요구. Hard Mini-perm 참조	§14.4.4, §14.16.4
sole supplier	output dedication 참조	§8.5.1
Solvency II	생명보험회사 앞 자본금 비율 요구를 도입한 EU의 2009년 'Solvency II' Directive	§17.4.4
SoPC	영국 재무성의 Standardisation of PF2 Contract(v. 5, London, 2012). 다른 많은 국가에서도 도입된 PPP 표준 형태	§6.1
sovereign risk (국가 리스크)	사업소재지국 정부 앞 리스크. cf. sub-sovereign risk	§11.6
Spens clause (스펜스 조항)	par floor 참조	§10.3.4
Sponsor (사업주)	프로젝트 회사 투자를 통해 사업을 발굴하고 이끌어나가는 주체	§3.2
SPV	Special Purpose Vehicle. 프로젝트 차입 이외 다른 업무를 수행하지 않는 독립법인; 프로젝트 회사는 SPV인 경우가 대부분이다.	§3.6.1
standby finance (예비금융)	프로젝트 회사의 현금흐름이 예상보다 낮을 경우 인출할 수 있는 금융	§15.5
state aid (국가보조)	계약당국의 지원이 제공되는 프로젝트를 그렇지 않은 프로젝트와 경쟁할 수 없게 하는 EU 규칙	§3.7.9
Step-in Right (개입권)	Drect agreement에 의거, 대주단이 채권보전을 위하여 프로젝트 계약을 직접 관리할 수 있는 권리. cf. Emergency Step-in, substitution	§8.11
structural risk (구조적 리스크)	contract mismatch 참조	§9.12
Sub-Contractor (서브계약자)	Sub-Contract에 따른 의무를 이행하는 자	
Sub-Contract (서브계약)	Project Agreement를 제외한 프로젝트 회사의 Project Contract	§2.5; 제8장
subordinated debt (후순위 대출금)	대출 원리금을 상환받는 순서가 선순위 대출 원리금 뒤이나 배당보다는 높은 대출금. cf. mezzanine debt	§4.5.1, §12.2.2, §14.14.5

구분	정의	참조
subrogation (대위권)	보험금 또는 보증금이 지급된 경우, 보험회사 또는 보증인이 프로젝트 자산을 통제하는 행위	§8.6.5, §16.2.5, §16.3
sub-sovereign risk (서브소버린 리스크)	사업소재지국 정부가 아닌 공공부문의 리스크	§11.6
Substantial Completion (실질 완공)	프로젝트가 요구되는 성능 또는 기술적 측면을 충족하였다는 사실의 확인	§8.2.7
Substitution (대체)	대주단이 직접계약에 의거하여 프로젝트 회사의 권리 및 프로젝트 계약의 의무를 승계할 대체자를 선임할 수 있는 권리	§8.11
Sunset Date (일몰일)	최종 완공일. 이 때까지 완공을 하지 못할 경우 EoD 발생	§7.10.1, §8.2.7
Support Service Agreement (지원서비스계약)	기술제공, 예비부품 제공 등과 관련하여 프로젝트 회사와 사업주 중 하나가 체결하는 계약	§3.6.3
swap credit premium (스왑 신용 프리미엄)	이자율 스왑에 가산되는 신용위험가산율	§10.3.1
swap provider (스왑 제공자)	프로젝트 회사 앞 이자율 스왑, 인플레이션 스왑 및 통화스왑 등을 제공하는 은행	§10.3.1, §10.4.3, §10.5.2, §14.14.1
sukuk bond (이슬람 채권)	이슬람 원칙에 따라 발행되는 채권으로, 이자를 지급하는 대신 차주의 비즈니스에 대한 투자수익을 지급	§4.5.4
syndication (신디케이션/모집)	금융주선사가 자신이 인수한 금액을 다른 대주들과 나누는 절차	§5.2.8
TA	Technical Advisor. Lenders' Engineer 참조	
take-and-pay contract (take-and-pay 계약)	구매자가 정해진 가격에 제품을 구매하나, 반드시 구매할 의무는 없는 계약	§6.3.1, §8.5.1
take-or-pay contract (take-or-pay 계약)	구매자가 반드시 정해진 가격에 제품을 구매하거나, 구매하지 않을 경우라도 대금을 지급할 의무가 있는 계약	§6.3.1, §8.5.1
target repayment (목표상환방식)	일시적인 현금흐름 부족에 대응할 수 있는 유연성 높은 상환방식	§12.5.4
Tariff (요금, 계약대금)	PPA 또는 유사한 공정 플랜트 사업계약에 의거 지급되는 Contract Payment	§6.3.5
Tax Increment Finance	도심재개발 재원조달 방법	§17.6.4
Technical Support Agreement	Support Service Agreement 참조	§3.6.3
technology risk (기술적 위험)	프로젝트에 사용되는 기술이 새로운 기술이거나 실제로 적용된 바 없는 기술일 때 동반되는 위험	§9.7.1
tenor (대출기간)	term 참조. 대출기간	§12.5.1
term (기간, 조건)	프로젝트 계약의 기간	§7.2
	최종 대출금 상환이 이루어지는 때까지의 기간	§12.5.1
	여러 조건들 중 하나. term sheet 참조	
Term Loan B	기관투자자들이 제공하는, 초기 상환금액은 적고 만기 balloon 방식의 상환을 적용하는 금융	§17.5.4
term sheet	프로젝트 파이낸스 주요 조건들을 기술한 서류	§5.2.7, §14.2

구분	정의	참조
Termination Sum (계약해지대금)	생산물구매자/계약당국이 조기 계약해지에 따라 지급해야 하는 금액	§7.10
Third-Party Liability insurance (제3자책임보험)	Public Liability Insurance 참조	§8.6.1, §8.6.2
third-party revenue (제3자 수입)	계약대금이 아닌 다른 방식으로 프로젝트 회사가 얻는 수입	§7.3.4, §7.10.2
third party risk (제3자 리스크)	프로젝트 계약당사자가 아닌 이와 관련된 사항으로 완공이 지연될 수 있는 리스크	§9.5.9
Throughput Contract	파이프라인 사용과 관련된 프로젝트 계약	§6.3.1
Tied Aid (구속성 원조)	ECA 금융과 DFI 금융의 혼합금융. 후자의 제공은 전자의 수출과 연계되어 있다. cf. OECD Consensus, United Financing	§16.4
TIF	Tax Increment Finance 참조	§17.6.4
TIFIA finance (TIFIA 금융)	미국 1998 Transportation Infrastructure Finance and Innovation Act('TIFIA') 및 후속 법률조치를 통하여 인프라 프로젝트에 제공되는 금융	§15.4.2, §17.5.2, §17.5.3
TIFU	PPP 프로젝트에 대한 갭파이낸싱을 제공하는 영국의 British Trasury Infrastructure Finance Unit	§15.7
Tolling Contract (tolling 계약)	원재료가 무료로 공급되는 원재료공급계약으로, 프로젝트 회사는 이의 가공 수수료만 받는다.	§8.5.1
tranche	프로젝트 전체에 대한 단일한 조건의 금융이 아니라, 서로 각각 다른 조건이나 다른 당사자가 존재하는 투자 또는 금융의 일부	
Transportation Contract (교통계약)	Throughput Contract 참조	§6.3.1
tripartite deed (3자간 계약)	Direct Agreement 참조	§8.11
turnkey contract (턴키 건설계약)	디자인/건설 또는 엔지니어링/조달/건설 등 완결된 프로젝트를 제공하는 계약. D&B 계약, EPC 계약 참조	§8.2, §9.5
U.S.Exim	Export-Import Bank of the United States. 미국의 ECA	§16.4.4
Unavailability	프로젝트가 가용성을 충족시키지 못하는 기간	
undertatking (약정)	representations and warranties 참조	§14.9
Unitary Charge (단위 요금)	Service Fee 참조	§6.4.1
unplanned maintenance (계획에 없던 정비)	미리 예상하지 못했던 문제에 대응하기 위한 정비. (공정 플랜트 프로젝트와 관련) forced outage라고도 알려져 있다. cf. scheduled maintenance	§9.7.5
unsolicited bid (사업주 개발사업 입찰)	계약당국이 요청하지 않은 PPP 사업제안	§3.7.1, §15.18
Untied financing (비구속성 금융)	ECA 또는 공공기관이 수출여부와 무관하게 제공하는 금융	§16.4

구분	정의	참조
unwind cost	breakage cost 참조	§10.3.1, §10.3.4, §10.4.3, §14.14.1, §14.14.2
Usage Charge	Energy Charge 참조	§6.3.5
User Charge (사용자 요금)	Energy Charge 참조	§6.3.5
Value for Money (합당한 가치)	생산물구매자/계약당국이 프로젝트 리스크를 민간부문 앞으로 이전할지 여부를 결정하는 잣대	§9.2
Variable Charge (변동비 요금)	Energy Charge 참조	§6.3.5
variable bond (계약변경채권)	최초 발행 이후 추가적인 자본지출을 위하여 추가 발행할 수 있는 채권	§5.4, §7.6.3
VAT	Value-added tax; cf. GST	§11.3.2, §13.5.1, §13.7.5
vendor finance (벤더 금융)	프로젝트 회사 앞 기자재 또는 서비스 공급자가 제공하는 대출금	§4.5.3
VfM	Value for Money 참조	§9.2
VGF	Viability Gap Funding 참조	§15.11
Viability Gap Funding	양허계약과 관련된 건설보조금('VGF')	§15.11
WACC	Weighted Average Cost of Capital	§12.8
warranties (하자보증)	건설/기자재와 관련된 문제에 대하여 건설회사가 제공하는 보증. cf. collateral warranties, representations and warranties	§8.2.9
Waterfall	Cascade 참조	§14.4.2
willingness to pay (지급의사)	양허계약에 있어, 사용자가 사용료를 지급하려는 의지/능력	§9.6.3
windfall gain (거저이익)	리파이낸싱 또는 지분매각 등을 통하여 PPP 사업 투자자가 누리는 정치적으로 민감한 이익	§14.16.2, §14.17.1
winner's curse (승자의 저주)	낙찰자가 양허계약과 관련하여 교통량이나 이용률 등에 지나치게 낙관적인 입장을 보이는 행위	§9.6.3
witholding tax (원천징수세)	프로젝트 회사가 해외 대주단 또는 투자자 앞 대출 원리금이나 배당을 지급하기 전 사업소재지국 정부가 징수하는 세금	§12.7.1, §13.7.6
without recourse (무소구)	non-recourse 참조	
working capital (운전자금)	재고 관련 비용 및 매출채권 현금화 이전 발생하는 비용	§13.5.1
World Bank (세계은행)	International Bank for Reconstruction and Development, 정부 앞 금융을 제공하는 MDFI	§16.5.1
wrapped bond (보증부 채권)	채권보증보험회사가 보증하는 채권	§4.3.2
yield (수익률)	투자금이나 대출금에 대한 이윤	

PRINCIPLES OF
PROJECT FINANCE (Second Edition)
프로젝트 파이낸스 원리

초판발행 : 2022년 4월 1일

저　　자 | E.R.Yescombe
옮 긴 이 | 이 주 흥
감 수 자 | 이 주 희

펴 낸 곳 | (주)남강기획인쇄
출판등록 | 2001년 2월 7일 제2009-000152
주　　소 | 서울 중구 필동로 31-1 [04623]
전자우편 | sebibang@hanmail.net
전화번호 | 02-463-6593

가격 : 35,000원

ISBN : 979-11-970025-4-0